Verhandlungen

des

Fünfundzwanzigsten Deutschen Juristentages.

Herausgegeben

von

dem Schriftführer-Amt der ständigen Deputation.

Dritter Band.

(Verhandlungen.)

Berlin 1901.

Commissions-Verlag von J. Guttentag, Verlagsbuchhandlung,

G. m. b. H.

Inhalts-Verzeichniß.

Statut
des
deutschen Juristentages.

---

§ 1.

Der Zweck des deutschen Juristentages ist: eine Vereinigung für den lebendigen Meinungsaustausch und den persönlichen Verkehr unter den deutschen Juristen zu bilden; auf den Gebieten des Privatrechts, des Processes und des Strafrechts den Forderungen nach einheitlicher Entwickelung immer größere Anerkennung zu verschaffen, die Hindernisse, welche dieser Entwickelung entgegenstehen, zu bezeichnen und sich über Vorschläge zu verständigen, welche geeignet sind, die Rechtseinheit zu fördern.

§ 2.

Der deutsche Juristentag tritt in der Regel alljährlich zusammen, doch ist die ständige Deputation ermächtigt, aus Gründen der Zweckmäßigkeit ausnahmsweise die Wiedereinberufung des Juristentages erst in dem auf dessen letzten Zusammentritt folgenden zweiten Kalenderjahre vorzunehmen.

§ 3.

Zur Mitgliedschaft berechtigt sind die deutschen Richter, Staatsanwälte, Advocaten und Notare, die Aspiranten des Richteramts, der Anwaltschaft und des Notariats, sowie jeder, der nach seinen Landesgesetzen zum Richteramte, zur Anwaltschaft oder zur Ausübung des Notariats für befähigt erkannt ist, ferner die Lehrer an den deutschen Hochschulen, die Mitglieder der gelehrten Academien, die Doctoren der Rechte und die rechtsgelehrten Mitglieder der Verwaltungsbehörden.

§ 4.

Die Mitgliedschaft beginnt mit dem Empfange der Mitgliedskarte. Sie berechtigt zur Theilnahme an den Verhandlungen und an der Abstimmung.

§ 5.

Der Beitrag der Gesellschaftsmitglieder beträgt Sechs Mark jährlich und ist innerhalb vier Wochen nach Beginn des neuen Jahres zu entrichten, widrigenfalls derselbe durch Postvorschuß eingezogen wird. Nimmt ein Mitglied den mit Postvorschuß beschwerten Brief nicht an, so wird dies einer ausdrücklichen Austrittserklärung gleich erachtet. — Für die am Orte des Juristentages selbst zu lösende Anmeldungskarte sind Drei Mark zu entrichten.

§ 6.

Den Plenarverhandlungen des deutschen Juristentages gehen der Regel nach Abtheilungsberathungen voraus. Zu diesem Zwecke werden durch freiwillige Einzeichnungen der Mitglieder folgende vier Abtheilungen gebildet:

1) Abtheilung für Privatrecht, insbesondere Obligationen- und Pfandrecht, juristisches Studium und praktische Ausbildung.
2) Abtheilung für Handels-, Wechsel-, See- und internationales Recht.
3) Abtheilung für Strafrecht, Strafproceß und Gefängnißwesen.
4) Abtheilung für Gerichtsverfassung und Civilproceß.

Die Abtheilungen wählen ihre Vorsitzenden, Schriftführer, Berichterstatter und benachrichtigen den Vorsitzenden der Plenarversammlung (§ 7), sobald ihre Berathungen über einzelne Gegenstände geschlossen sind; ihre Anträge sind schriftlich zu fassen. In jeder Abtheilung stimmen nur Diejenigen mit, welche sich in die betreffende Abtheilung bereits eingezeichnet haben.

Sämmtliche Beschlüsse der Abtheilungen werden in der Plenarversammlung mitgetheilt. Es findet jedoch eine Erörterung und Entscheidung im Plenum nur dann statt, wenn dieselbe von der betreffenden Abtheilung vorgeschlagen, oder wenn sie von mindestens zehn Mitgliedern beantragt und von der Plenarversammlung beschlossen wird. Ueber die Vorfrage, ob dem von mindestens zehn Mitgliedern gestellten Antrage auf Plenarentscheidung stattzugeben, wird nur einem der Antragsteller und dem Berichterstatter das Wort ertheilt.

§ 7.

Die Verhandlungen der Plenarversammlung leitet ein Vorsitzender, welcher für die Dauer eines jeden Juristentages in der ersten Plenarversammlung durch Stimmzettel oder Acclamation gewählt wird. Derselbe benennt zwei bis vier Stellvertreter und vier Schriftführer. Er bestimmt die Tagesordnung und kann einzelne Gegenstände, ohne Vorberathung in den Abtheilungen (§ 6), unmittelbar zur Plenarberathung stellen. Auch ist er befugt, Nichtmitglieder als Zuhörer zuzulassen.

§ 8.

Bei allen Beschlüssen der Plenarversammlung und der Abtheilungen entscheidet einfache Majorität der anwesenden Mitglieder, bei allen Wahlen relative Majorität und im Falle der Stimmengleichheit das Loos.

§ 9.

Wird Schluß der Debatte beantragt, so wird über diesen Antrag sofort abgestimmt. In der Plenarversammlung sind alle Anträge mit Ausnahme des Antrages auf Schluß der Debatte schriftlich zu stellen.

§ 10.

Vor dem Schlusse eines jeden Juristentages wird von der Plenarversammlung durch Acclamation oder in einem einzigen Scrutinium durch Stimmzettel eine aus neunzehn Mitgliedern und dem Präsidenten des letzten Juristentages als Ehrenpräsidenten bestehende ständige Deputation gewählt. Die Liste der zur Acclamation vorzuschlagenden Personen wird durch den Präsidenten der Plenarversammlung, seine Stellvertreter und je zehn von jeder Abtheilung gewählte Vertrauensmänner gemeinschaftlich festgestellt.

Die ständige Deputation hat folgende Befugnisse und Obliegenheiten:

1) sie sorgt für die Ausführung der von dem Juristentage gefaßten Beschlüsse, veranlaßt nach eigenem Ermessen den Druck der Protocolle und Vorlagen, bewirkt die Vertheilung der Drucksachen an die Mitglieder und verwahrt alle Acten und Schriftstücke des Juristentages;

2) sie bestimmt Zeit und Ort des nächsten Juristentages, trifft die für denselben nöthigen Vorbereitungen, erläßt die Einladungen, stellt die vorläufige Tagesordnung auf, wobei sie in der Regel nur die bis zum 31. Mai des laufenden Jahres eingegangenen Vorlagen zu berücksichtigen hat, und bereitet Abänderungsvorschläge in Betreff der Geschäftsordnung für die Plenarversammlung vor;

3) sie nimmt die Beitrittserklärungen neuer Mitglieder entgegen, fertigt die Mitgliedskarten aus, empfängt die Beiträge, bestreitet die Ausgaben und legt der folgenden Deputation Rechnung;

4) sie ergänzt sich selbst, falls eins oder mehrere Mitglieder während des Geschäftsjahres ausscheiden.

Die Deputation wählt aus ihrer Mitte einen Vorsitzenden, einen Schriftführer, welcher ein von der Deputation festzusetzendes Pauschquantum für baare Auslagen erhält, und einen Cassirer. Der Letztere ist verpflichtet, der ständigen Deputation bei ihrem jedesmaligen Zusammentritt einen Cassenabschluß vorzulegen. Die Deputation läßt durch eines oder mehrere ihrer Mitglieder die Rechnung prüfen und die Casse revidiren.

Die Deputation bestimmt Ort und Zeit ihrer Zusammenkunft. Zur Gültigkeit ihrer Beschlüsse ist die Einladung sämmtlicher Mitglieder, sowie die Mitwirkung von wenigstens fünf Mitgliedern erforderlich.

§ 11.

Abänderungen dieses Statuts können zwar von der Plenarversammlung durch einfache Stimmenmehrheit, jedoch nur auf schriftlichen Antrag, der vier Wochen vor dem Zusammentritt des Juristentages der ständigen Deputation (§ 10) überreicht worden, beschlossen werden.

Der

XXV. Deutsche Juristentag

soll am

11., 12. und 13. September 1906 zu Bamberg

stattfinden.

Begrüßungs-Abend Montag, den 10. September Abends 8 Uhr in dem Garten oder im Saale der Harmonie.

Vorsitzender des Ortsausschusses:
Herr Oberlandesgerichts-Senatspräsident Schmidt in Bamberg.

Alle Gesuche um Unterkunftsvermittelung bitte ich bis spätestens 1. September mit der Note „Juristentag" an den Stadtmagistrat Bamberg zu richten.

Vorläufige Tagesordnung:

I. Erste Plenarsitzung:

Dienstag, den 11. September, Vormittags 9 Uhr.

1. Wahl des Vorsitzenden und Ernennung seiner Stellvertreter und der Schriftführer.
2. Vertheilung der Berathungsgegenstände an die Abtheilungen.
3. Bericht des Kammergerichtsraths Thinius-Berlin, in Vertretung des Schriftführers, über die Rechtsentwickelung in Deutschland seit dem letzten Juristentage.
4. Geschäftliche Mittheilungen.

II. Sitzungen der Abtheilungen:

Dienstag, den 11. September, nach Schluß der Plenarsitzung und Mittwoch, den 12. September, Vormittags 9 Uhr.

Berathungsgegenstände:

1. Welche Stellung ist in dem zu erwartenden Versicherungsgesetze den Versicherungsgesellschaften auf Gegenseitigkeit zu gewähren?
   Gutachten des Professors Dr. Ehrenberg-Göttingen. (in den Verhandlungen des 24. Juristentages) und des Professors Dr. Weyl-Kiel.
   Berichterstatter: Dr. Sammer-Gotha und Rechtsanwalt Dr. Ludwig Fuld-Mainz.
2. Werden durch das Bürgerliche Gesetzbuch die Vorschriften über den Übergang und die Führung adliger Namen berührt?
   Gutachten des Reichsgerichts-Senatspräsidenten Freiherrn von Bülow-Leipzig, des Professors Dr. Krückmann-Greifswald und des Privatdocenten Dr. Opet, damals in Bern (abgedruckt in den Verhandlungen des 24. Juristentages).
   Berichterstatter: Geheimer Justizrath Professor Dr. Gierke-Berlin und Geheimer Justizrath Wilke-Berlin.
3. Wie ist den Unzuträglichkeiten zu begegnen, welche die neuerdings hervorgetretenen Meinungsverschiedenheiten zwischen dem Reichsgericht und dem Preußischen Gerichtshofe für Kompetenzkonflikte für die Rechtsverfolgung ergeben?
   Gutachten des Rechtsanwalts Hailliant-Bromberg.
   Berichterstatter: Rechtsanwalt Dr. Lövinson-Berlin.
4. Bedarf es gesetzlicher Vorschriften darüber, unter welcher Voraussetzung ein Geisteskranker vor der Entmündigung in eine Anstalt gebracht und ein entmündigter Geisteskranker dort gegen seinen Willen festgehalten werden darf?
   Gutachten des Professors Dr. Bernhöft-Rostock.
   Berichterstatter: Geheimer Ober-Justizrath Vierhaus-Berlin.
5. In wie weit sind an die Veröffentlichung von Briefen ohne Zustimmung des Verfassers beziehungsweise seiner Erben Nachtheile zu knüpfen?
   Gutachten des Professors Dr. Mitteis-Leipzig und des Rechtsanwalts am Reichsgericht Dr. Wildhagen-Leipzig.

Berichterstatter: Landgerichtspräsident von Pfaff-Tübingen und Rechtsanwalt Dr. Richard Alexander Katz-Berlin.

6. Soll der Verleger berechtigt sein, das Verlagsrecht ohne Zustimmung des Autors zu übertragen?

Gutachten des Dr. Osterrieth-Berlin und des Rechtsanwalts Dr. Richard Alexander-Katz-Berlin.

Berichterstatter: Professor Dr. Pappenheim in Kiel und Rechtsanwalt am Reichsgericht Dr. Wildhagen-Leipzig.

7. Empfiehlt sich, die strafrechtliche Verfolgung der Verletzung des Urheberrechts nach dem Vorbilde des österreichischen Gesetzes vom 26. December 1895 (§ 51) auf wissenschaftliche Eingriffe einzuschränken?

Gutachten des Geheimen Ober-Regierungsraths Dr. Daude-Berlin.

Berichterstatter: Professor Dr. Pfaff-Wien und Dr. Osterrieth-Berlin.

8. Wie ist im Strafprozesse der Gerichtsstand der begangenen That bezüglich der Vergehen der Presse zu regeln?

Gutachten des Kammergerichtsraths Dr. Kronecker-Berlin und des Professors Dr. Franz von Liszt dort.

Berichterstatter: Oberlandesgerichts-Präsident Wirklicher Geheimer Ober-Justizrath Hamm-Köln. Der zweite Berichterstatter ist noch unbestimmt.

9. Empfiehlt es sich, das Universitätsstudium und den Vorbereitungsdienst der Juristen gemeinsam für das Deutsche Reich zu ordnen?

Gutachten des Professors Dr. Wach-Leipzig und des Oberlandesgerichtsraths Unger-Jena, sowie kürzere Meinungsäußerungen:

des Oberlandesgerichts-Senatspräsidenten Späing-Königsberg i. Pr., des Ober-Landesculturgerichts-Präsidenten Rintelen-Berlin, des Wirklichen Geheimen Ober-Regierungsraths Noell-Berlin und des Oberverwaltungsgerichtsraths Schultzenstein-Berlin.

Berichterstatter: Professor Dr. Kahl-Berlin und Justizrath Dr. Goldschmidt-Berlin.

III. Zweite Plenarsitzung:

Mittwoch, den 13. September, Vormittags 9½ Uhr.

1. Mittheilung der Beschlüsse der Abtheilungen.
2. Verhandlung über die von den Abtheilungen dem Plenum überwiesenen Berathungsgegenstände.
3. Wahl der Mitglieder der ständigen Deputation.

Berlin, den 17. Juli 1900.

Der Schriftführer
Geheimer Justizrath **Richard Wilke**,
Berlin W. 9, Eichhornstr. 4.

Verzeichnis der Mitglieder

der

ständigen Deputation

nach der Wahl des 25. Juristentages 1900.

Nr.	Name.	Stand.	Wohnort.
1	Dr. Heinr. Brunner	Geh. Justizrath, Professor	Berlin.
2	Dr. Eck	desgleichen	Berlin.
3	Dr. Enneccerus	desgleichen	Marburg.
4	Dr. Otto Gierke	desgleichen	Charlottenburg.
5	Dr. Goldschmidt (Schatzmeister)	Justizrath	Berlin.
6	Hamm	Wirkl. Geh. Ober-Justizrath Oberlandesgerichtspräsident	Köln.
7	Dr. Kahl	Geheim. Justizrath, Professor	Berlin.
8	Dr. Olshausen	Oberreichsanwalt	Leipzig.
9	Freiherr von Pechmann	Director der bayerischen Handelsbank	München.
10	Dr. Pfaff	Professor	Wien.
11	Dr. Reatz	Geheimer Justizrath	Gießen.
12	von Schnell	Ministerialrath	München.
13	Dr. Stenglein	Reichsgerichtsrath a. D.	Leipzig.
14	Dr. von Stösser (Vorsitzender)	Oberlandesgerichts-Senatspräsident	Karlsruhe.
15	Dr. Strohal	Professor	Leipzig.
16	Thomsen	Landesgerichtspräsident	Münster.
17	Thinius	Kammergerichtsrath	Berlin.
18	Vierhaus	Geheimer Ober-Justizrath	Berlin.
19	Dr. Wildhagen	Rechtsanwalt am Reichsgericht	Leipzig.
20	Dr. Richard Wilke (Schriftführer)	Geheimer Justizrath	Berlin.

Alphabetisches Verzeichniß

derjenigen

Mitglieder des deutschen Juristentages

welche

dem Verein im Jahre 1901 angehören.

Name.	Stand.	Wohnort.
Abel	Justizrath	Hannover, Kanalstr. 4.
Abt, F.	Rechtsanwalt	Colmar (Elsaß), Judengasse.
Ackermann, Fr.	Geh. Ober-Justizrath	Dessau.
Ackermann, Gustav	Geheimer Hofrath	Dresden, Marienstr. 22.
Adams, Hubert	Notar	Aachen, Wilhelmstraße.
Dr. Aegidi	Geh. Legationsrath z. D., Professor	Berlin, Tauenzienstr. 6.
Dr. van Aken	Rechtsanwalt	Karlsruhe (Baden).
Albert, Anton	Rechtsanwalt	Bamberg.
Dr. Albrecht, C.	Rechtsanwalt	Hamburg (Börsenhaus), Adolfsbrücke 4 I.
Albrecht	Amtsrichter	Ostrowo (Bezirk Posen).
Albrecht	Landgerichtsdirector	Potsdam.
Dr. Alexander-Katz, Richard	Rechtsanwalt	Berlin, Kleistfir. 8.
Allonas	Notar	Straßburg (Elsaß), Johannisstaden.
Alster, G.	Justizrath	Cassel, Ständeplatz 13.
Dr. Andrae	Landgerichtsdirector	Landsberg a d. Warthe.
Dr. André	Geh. Regierungsrath, Oberbürgermeister	Chemnitz (Sachsen).
Anhaeuser	Oberlandesgerichtsrath	Cöln a. Rhein, Eintrachtstr. 101.
Annuß	Stadtrath	Posen.
Anschütz, E.	Justizrath	Leipzig.
Dr. Anschütz, Reinh.	Rechtsanwalt	Leipzig.
Antonetty	Rechtsanwalt	Cöln a. Rhein.
Dr. Apelt	Geh. Regierungsrath	Dresden, Eliasstr. 22.
Arndts	Justizrath	Berlin, Charlottenstr. 59.
Arndts	Geheimer Justizrath	Leipzig.

Name.	Stand.	Wohnort.
Arnold	Amtsrichter	Znin.
Aron, Erich	Amtsrichter	Straßburg (Elsaß), Schillerstr. 4.
Aronsohn	Rechtsanwalt	Bromberg.
Asch	Rechtsanwalt	Pleschen.
Dr. Asch	Rechtsanwalt	Posen.
Ascher	Präsident der Königl. General-Kommission	Münster (Westfalen).
Dr. Aschrott	Landgerichtsrath	Berlin, Hohenzollernstr. 19.
Aßmann, Arnold	Gerichtsassessor	Berlin.
v. Auer	Justizrath	München, Herrenstr. 13.
Dr. Auerbach, E.	Rechtsanwalt	Frankfurt a. Main, Zeil 19.
Ausner	Generallandschafts-rath	Posen.
Averdunk	Rechtsanwalt	Potsdam.
Dr. Baasch, Ernst	Bibliothekar der Commerz-Bibliothek	Hamburg, Börsen-Arkaden.
Dr. v. Bar	Geh. Justizrath, Prof.	Göttingen.
Dr. Baer, M. H.	Justizrath	Frankfurt a. Main, Börsenstr. 15.
Barckhausen	Landgerichtsdirektor	Cassel.
Bärwinkel, Emil	Justizrath	Leipzig.
Dr. de Bary	Justizrath	Frankfurt a. Main.
Bauer, Ludwig	Rechtsanwalt	Augsburg.
Bauer, Siegfried	Notar	Durlach (Baden).
Bauer	Justizrath	Höchst a. Main.
Bauer	Rechtsanwalt	Berlin, Friedrichstr. 127.
Baumann, Georg	Amtsrichter	Bamberg.
Dr. Baumann	Rechtsanwalt	Berlin, Neue Friedrichstr. 50.
Dr. Baumert	Rechtsanwalt	Spandau, Potsdamerstraße.
Becher, Fr.	Rechtsanwalt	München.
Bechtel, Jakob	Landgerichtsrath	Frankenthal (Pfalz).
Beck, Andreas	k. Bezirksamtsassessor	Bamberg.
Beck, Ferd.	Rechtsanwalt	Baden-Baden.
Beck, Hugo	Rechtsanwalt	Leipzig, Plauenschestr. 2.
Dr. Becker, Robert	Justizrath	Düsseldorf.
Beckh, G.	Justizrath	Nürnberg.
Dr. Beckh, Herm.	Justizrath	Nürnberg.
Dr. Beeck	Landgerichtsdirektor	Hamburg, Eilenau 31.
Behrend, Johannes	Rechtsanwalt	Danzig, Brodbänkengasse 17.
Bender, J.	Notar	Karlsruhe (Baden).
Berendes	Oberlandesgerichts-rath	Frankfurt a. M., Savignystr. 50.
Berger, Julius	Justizrath	Leipzig.
Dr. Berlin, Max	Landgerichtsrath	Nürnberg, Frauenthorplatz 37.

Name.	Stand.	Wohnort.
Bernhard	Amtsrichter	Lesum.
Dr. Beschütz	Oberlandesgerichts-secretair	Hamburg, Oberstr. 83.
Dr. Beseler	Oberlandesgerichts-präsident	Kiel.
Beutler, Carl Emil	Rechtsanwalt	Reichenbach (Voigtland).
Dr. Bierling	Geh. Justizrath, Prof.	Greifswald.
Dr. Biermann	Professor	Gießen.
Bindewald	Justizrath	Magdeburg.
Dr. Bingner	Senatspräsident, Wirkl. Geh. Rath	Leipzig, Beethovenstr. 12.
Birkenbihl	Landrichter	Frankfurt a. M., Friedrichstr. 30.
Dr. Birkmeyer	Professor	München, Osterwaldstr. 95.
Bittner	Gerichtsassessor	Magdeburg, Heydeckstr. 9.
Blume	Reichsgerichtsrath	Leipzig.
Dr. Blumenfeld	Rechtsanwalt	Hamburg, gr. Bleichen 5.
v. Bock, W.	Vicepräsident des Livländischen Hof-Gerichts a. D.	Bamberg.
Boecking	Senatspräsident	Straßburg. i. Elsaß.
Dr. Boisselier, C. Th.	Rechtsanwalt	Bremen, Soyastr. 19.
Bojunga	Justizrath	Hannover.
Dr. Boner, F. A.	Dispacheur	Bremen, Börsen-Nebengebäude.
Dr. v. Bönninghausen	Rechtsanwalt	Hamburg.
Dr. Borchardt, Osc.	Assessor	Berlin, Französische Str. 32.
Borchers, Ad.	Justizrath	Celle.
Dr. Bornhak	Professor	Berlin, Blücherplatz 1.
Bötzow	Staatsanwalt	Essen a. d. Ruhr, Kaiserstr. 49.
Boyens	Justizrath	Leipzig.
Bozi	Landrichter	Aurich.
Dr. Brackenhoeft	Rechtsanwalt	Hamburg, gr. Bleichen 5.
Dr. Brasseur, Xaver	Advocat	Luxemburg.
Dr. Braun	Justizrath, Bankdirector	Berlin, Behrenstr. 3.
Braunbehrens	Reichsgerichtsrath	Leipzig.
Breslauer	Rechtsanwalt, Notar	Rawitsch.
Dr. Brink, L.	Notar	Mayen (Rheinland).
Brink	Rechtsanwalt	Nakel.
Broich	Notar	Kerpen (Bezirk Cöln a. Rh.).
Brown	Landgerichtsrath	Berlin, Zietenstr. 24.
Dr. Bruch, Ludwig	Rechtsanwalt	Mainz, Kaiserstr. 10.

Name.	Stand.	Wohnort.
Dr. Brück	Professor	Breslau, Alexanderstr. 18.
Dr. Brück	Justizrath	Wiesbaden.
Brühl	Oberlandesgerichtsrath	Dresden, Werderstr. 43.
Brümmer	Senator	Rostock (Mecklenburg).
Dr. Brunner	Geh. Justizrath, Prof.	Berlin, Lutherstr. 36.
Brzezinski	Rechtsanwalt	Königsberg i. Pr., Kneiph. Langgasse 57.
Bülau, Ernst	Rechtsanwalt	Zwickau (Sachsen).
Dr. Freih. v. Bülow	Reichsgerichts-Senatspräsident	Leipzig, Münzstr. 28.
Bunsen, Friedrich	Ober-Amtsrichter	Rostock (Mecklenburg).
Dr. Burchard, Joh	Privatdocent	Berlin, Kurfürstendamm 26.
Burgheim Paul	Rechtsanwalt	Minden (Westfalen).
Dr. Busch, Eduard	Justizrath	M.-Gladbach.
Dr. van Calker	Professor	Breslau.
Dr. Callmann	Rechtsanwalt	Cöln a. Rh., Mohrenstr. 5.
Callomon, Hugo	Justizrath	Breslau.
Dr. Carlebach	Notar	Ars (Mosel).
Cäsar	Justizrath	Homburg v. d. Höhe.
Dr. Caspari, F.	Justizrath	Frankfurt a. M., Zeil 7.
Dr. Chormann	Rechtsanwalt	Mülhausen (Elsaß), Hoffnungstr. 9.
Christ, Alois	Landgerichtsrath	Fürth.
Dr. Cillis	Rechtsanwalt, Justizrath	Bonn.
Citronn	Rechtsanwalt	Schrimm.
Claaßen	Oberlandesgerichtsrath	Marienwerder (Westpreußen).
Dr. Cohen, Max	Rechtsanwalt	Hamburg.
Dr. Cohn, L.	Rechtsanwalt	Bremen, Markt 15.
Dr. Cohn, Ludwig	Justizrath	Breslau, Agnesstraße.
Dr. Cohn, Georg	Professor	Zürich (Schweiz), Minervathor 46.
v. Coellen	Justizrath	Cöln a. Rh.
Dr. Cosack	Professor	Bonn.
Crome, Paul	Rechtsanwalt	Berlin.
Dr. Crome, Carl	Professor	Bonn, Meckenheimerstr. 80.
Dr. Crone	Amtsrichter	Schubin.
Dr. Crusen	Prof. der Gefängniswissenschaft, Beirath für Gefängniswesen im Kaiserl. Japan. Minist. des Innern	Tokio, Jap., Ischigaya kagacho Nichome 10
Danielcik	Kammergerichtsrath	Berlin, Lützow Ufer 14.
Daus, J.	Justizrath	Altona (Elbe).

Name.	Stand.	Wohnort.
David, Cornelius	Justizrath	Frankenthal (Pfalz).
David, Hugo	Rechtsanwalt	Frankenthal (Pfalz).
Dr. Degenkolb	Geh. Hofrath, Prof.	Leipzig, Bismarckstr. 16.
Dr. Deiß	Rechtsanwalt	Leipzig, Bismarckstr. 2.
Delbrück	Kammergerichtsrath	Groß-Lichterfelde, Sternstr. 15.
Denso	Landgerichtsdirector	Berlin, Hedemannstr. 3.
Dr. Dernburg	Geh. Justizrath, Prof.	Westend-Charlottenburg, Kirschenallee.
Deschauer, Julius	Oberlandesgerichtsrath	Bamberg.
Dr. Detmold	Professor	Göttingen.
Dr. Dickel	Amtsgerichtsrath	Berlin, Uhlandstr. 14.
Dr. Dickel	Kammer-Assessor	Wernigerode.
Dietrich	Rechtsanwalt	Prenzlau.
Dietz, Michael	Rechtsanwalt	Bamberg.
Dinkgräve	Rechtsanwalt	Aurich.
Dr. Dittmar	Staatsminist. d. Justiz	Darmstadt.
Dohrn, Eugen	Rechtsanwalt	Itzehoe.
Dölitzsch, Arthur	Geheimer Justizrath	Altenburg (Sachsen-Altenburg).
Donle, Ernst	Landgerichtspräsident	Bamberg.
Dorner, E.	Landgerichtspräsident	Karlsruhe (Baden), Karlstr. 38.
Dr. Dornitzer	Rechtsanwalt	Nürnberg.
Dose, Wolf	Justizrath	Kiel, Vorstadt 43.
Dove, Heinrich	Landgerichtsrath	Charlottenburg, Savignyplatz 11.
Dr. Drucker	Rechtsanwalt	Leipzig.
Dürr, Joseph	k. Landgerichtsrath	Bamberg.
Dürr	Justizrath	München.
Duesberg, Otto	Justizrath	Bochum.
Dütsch, Michael	Landgerichtdirector	Bamberg.
Dumreicher	Reichsgerichtsrath	Leipzig.
Dunst	Landgerichtsdirector	Meseritz (Posen).
Dr. v. Dziembowski	Rechtsanwalt	Posen.
Eberhard, L.	Justizrath	Hanau.
Ebermayer	Staatsanwalt	Bamberg.
Dr. Eck	Geh. Justizrath, Prof.	Berlin, Maaßenstr. 26.
Eckenweber, Otto	Rechtsanwalt	Lichtenfels.
Dr. Eddelbüttel	Rechtsanwalt	Hamburg, Heuberg 11.
Edzard, E.	Rechtsanwalt	Bremen, Steinbrücke 1.
Dr. Ehrenberg	Universitätsprofessor	Göttingen.
Dr. Ehrlich, Eugen	Universitätsprofessor	Czernowitz.
Dr. Eichelmann	Staatsrath, Professor der Rechte	Kiev (Rußland).
Eichner	Amtsgerichtsrath	Wongrowitz.
Eisele, A.	Rechtsanwalt	Ellvangen.

Name.	Stand.	Wohnort.
Elenz	Geh. Ober-Justizrath, Senatspräsident am Oberlandesgericht	Cöln a. Rh.
Eller	Landgerichtsrath	Berlin, Kleiststr. 16.
Elsperger, W.	Landgerichtspräsident	Hof (Bayern).
Eltzbacher, Carl	Rechtsanwalt	Cöln a. Rh., Unter-Sachsenhausen 11/15.
Elven	Justizrath	Cöln a. Rh., Robertstr. 15.
Elze	Justiz- und Stadtrath	Halle a. S.
Enderlein, E.	Rechtsanw., Justizrath	Ansbach, Promenade.
v. Endres, Philipp	k. Oberlandesgerichtspräsident	Nürnberg.
Engel, J.	Oberlandesgerichtsrath	Hamburg-Hohenfelde, Eilenau 34.
Dr. Engelmann	k. Landgerichtsrath	München.
Dr. Enneccerus	Geh. Justizrath, Prof.	Marburg (Hessen).
Dr. Enzmann	Justizrath	Chemnitz (Sachsen).
Dr. Ephraim, Mart.	Rechtsanwalt	Frankfurt a. M.
Dr. Epstein, Emil	Rechtsanwalt	Augsburg.
Dr. Epstein	Rechtsanwalt	Breslau, Schweidnitzerstr. 31.
Erythropel	Justizrath	Leipzig.
Eschenbach, Aug.	Rechtsanwalt	Berlin, Schützenstr. 52.
Esser, Rob.	Justizrath	Cöln a. Rh., am Hof 20.
Dr. Eulitz	Rechtsanwalt	Dresden, Johannisstaden 23.
Eysoldt, Arthur	Rechtsanwalt	Dresden-Altstadt, Moritzstr. 15.
Dr. v. Faber	Staatsminister	Stuttgart, Schloßstr. 39.
Fahle	Rechtsanwalt	Posen.
Falk	Rechtsanwalt	Cöln a. Rh.
Falkenbach	Justizrath	Merzig.
Falkmann	Kammergerichtsrath	Berlin, Lutherstr. 6.
Dr. Fastenrath	Hofrath	Cöln a. Rh., Christophstr. 12.
Dr. Antoine-Feill sen., H. F. A.	Rechtsanwalt	Hamburg, Adolphsbrücke 4.
Dr. Antoine-Feill, H. R.	Rechtsanwalt	Hamburg, Adolphsbrücke 4.
Feldmann	Rechtsanwalt	Swinemünde.
Dr. Felisch	Wirkl. Admiralitätsrath	Berlin, Stromstr. 36.
Fendel	Amtsgerichtsrath	Schwelm.
Fenner	Geheimer Justizrath	Leipzig.
Dr. Fester, Adolf	Justizrath	Frankfurt a. M.
Fiedler	Rechtsanwalt	Lehe bei Bremerhaven.
Finke	Amtsgerichtsrath	Schroda.
Dr. Finkelnburg	Strafanstalts-Direct.	Wohlau.

Name.	Stand.	Wohnort.
Dr. Fischer, Otto	Geh. Justizrath, Prof.	Breslau.
Fischer I, J. J.	Justizrath	Cöln a. Rh., Burgmauer 31.
Fischer II, G.	Rechtsanwalt	Cöln a. Rh., Burgmauer 31.
Fischinger, U.	Oberbahnamtsofficial	Bamberg.
Fleck, Hugo	Amtsrichter	Mülheim a. Rh.
Dr. Fleck, Otto	Amtsrichter	Rheydt (R.-B. Düsseldorf).
Fleischmann, Mart.	Oberlandesgerichtsrath	Bamberg.
Fließ	Rechtsanwalt	Fraustadt.
Fließ	Rechtsanwalt	Stettin, Schützenstr. 33/34.
Foeckersperger, Michael	Landgerichtsrath	Schweinfurt.
Foertsch	Reichsgerichtsrath	Leipzig, Windmühlenstr. 49.
Dr. Fösser, R.	Justizrath	Frankfurt a. M., Roßmarkt 6.
Dr. Frank, Reinh.	Professor	Halle a. S.
Francke	Amtsgerichtsrath	Alfeld (Hannover).
Frege	Geh. Justizrath	Klitschdorf
Frenkel	Justizrath	Leipzig, Katharinenstr. 29.
Freund	Geh. Justizrath	Breslau I, Altbüßerstr. 2.
Frey	Justizrath	Wiesbaden.
Freytag, Otto Emil	Rechtsanwalt	Leipzig, Nicolaistr. 17.
Dr. Friedberg	Geh. Hofrath, Prof.	Leipzig, Karl Tauchnitzstraße.
Dr. Friede, Hugo	Rechtsanwalt	Hamburg, gr. Theaterstr. 12.
Friedländer, S.	Rechtsanwalt, Notar	Berlin, Holzmarktstr. 68.
Dr. Friedländer	Bankdirector	Weimar.
Dr. Friedleben, Fritz	Rechtsanwalt	Frankfurt a. M.
Dr. Friedrichs	Rechtsanwalt	Verden (Hannover).
Fröhlich	Justizrath	Cöln a. Rh., Richmodstraße.
Dr. Frommhold	Professor	Greifswald.
Fuchs, Eugen	Rechtsanwalt	Berlin, Hedemannstr. 15.
Fuchs I, Max	Rechtsanwalt	Berlin, Zimmerstr. 5/6.
Dr. Fuchs	Rechtsanwalt	Berlin, Hedemannstr. 15.
Fuchs	Amtsgerichtsrath	Illkirch-Grafenstaden.
Dr. Fuld, L.	Justizrath	Frankfurt a. M.
Dr. Fuld, L.	Rechtsanwalt	Mainz, Bahnhofstr. 6.
Fürst	Rechtsanwalt	Heidelberg.
Gäbel, E.	Rechtsanwalt	Schneidemühl.
Gäbhard, Adam	Staatsanwalt	Aschaffenburg.
Dr. Gahn	Rechtsanwalt	Bamberg.
Dr. Gaitzsch	Rechtsanwalt	Chemnitz (Sachsen).
Gall, Alfred	Justizrath	Danzig.
Dr. Gallinger	Rechtsanwalt	Nürnberg.

Name.	Stand.	Wohnort.
Gaenßler	Justizrath	München, Salvatorstr. 18.
Gättens, R.	Amtsrichter	Rostock (Mecklenburg).
Dr. Gebhard	Geheimrath, Prof.	Charlottenburg, Hardenbergstr. 24.
Gebhard, Carl	Landgerichtsrath	Bamberg.
Gebhard, Carl	Senatspräsident	München, Thierschstr. 40.
Gebhard	Rechtsanwalt	Frankfurt a. d. Oder.
Dr. Geiger, B.	Justizrath	Frankfurt a. Main, Zeil 19.
Dr. Gelpke, Max	Rechtsanwalt, Notar	Berlin, Französische Straße 43.
Dr. Gengler	Rechtsanwalt	Bamberg.
Dr. Gentsch	Rechtsanwalt	Leipzig, Katharinenstraße.
Gerhard, Otto	Justizrath	Braunschweig.
Gerichten, Friedrich	Ober-Amtsrichter	Pirmasens.
Gesenius	Geh. Regierungsrath	Berlin, Eichhornstr. 5.
Dr. Gierke	Geh. Justizrath, Prof.	Charlottenburg, Carmerstr. 12.
Gisevius	Geh. Ober-Justizrath, Landgerichtspräsident	Posen.
v. Gizycki, Dr.	Oberregierungsrath	Posen, Naumannstr. 11.
Dr. Glas	Rechtsanwalt	Schneidemühl.
Gliemann	Erster Staatsanwalt	Meseritz (Posen).
Gliemann	Erster Staatsanwalt	Elbing.
Dr. Glöckner	Rechtsanwalt	Frankfurt a. M.
Glogowski	Rechtsanwalt	Rawitsch.
Dr. Glücksmann, Alfr.	Referendar	Görlitz.
Goecke, F.	Justizrath, k. Notar	Cöln a. Rhein.
Dr. Goldenring	Landgerichtsrath	Straßburg (Elsaß), Vogesenstr. 18.
Dr. Goldfeld, Jul.	Rechtsanwalt	Hamburg, ABC-Straße 6.
Dr. Goldschmidt, J.	Justizrath	Berlin, Potsdamerstraße 121c.
Dr. Goldschmidt, L.	Landgerichtsrath	Bochum.
Dr. Gordan, F.	Erster Staatsanwalt	Duisburg.
Dr. Gorius	Rechtsanwalt	Cöln a. Rhein.
Goerrig	Rechtsanwalt	Cöln a. Rhein.
Goßmann, Georg	Rechtsanwalt	Berlin, Charlottenstr. 57.
Gotthardt, Georg	Landgerichtsrath	Bamberg.
Gotthein, Georg	Bergrath	Breslau.
Gotthelf	Justizrath	München, Salvatorstraße.
Gottschalk, Leop.	Rechtsanwalt	Cöln a. Rhein, Komödienstraße.
Dr. Gottschalk	Amtsgerichtsrath	Solingen.
Dr. Gradenwitz	Professor	Königsberg (Preußen).
Graf, Karl Joseph	Landgerichtsrath	Bamberg.
Dr. vom Grafen	Rechtsanwalt	Cöln a. Rhein.
Griese	Gerichtsassessor	Posen, Provinzialständische Verwaltung
Grieser	Justizrath	Colberg.

Name.	Stand.	Wohnort.
Gronau	Rechtsanwalt	Berlin, Friedrichstr. 111.
Groß, Friedrich	Rechtsanwalt	Mergentheim.
Dr. Freiherr v. Groß	Staatsminister	Weimar.
Dr. Grote, H.	Richter	Bremen, Gerichtshaus.
Dr. Grueber, Erw.	Professor	München, Gieselastr. 5/6.
Gruner, Fr.	Justizrath	Berlin, Tauenzienstr. 2.
Dr. Gryczewski	Oberlandesgerichts-präsident	Posen.
Dr. Guhrauer	Rechtsanwalt	Berlin, Kommandantenstr. 68/69.
Gülde, G.	Rechtsanwalt	Rochlitz (Sachsen).
Gunck, Franz	Rechtsanwalt, Notar	Elberfeld, Osterfelderstraße.
Gunzenhäuser	Landgerichtsrath	Nürnberg.
Dr. Güterbock	Geh. Justizrath, Prof.	Königsberg (Preußen), Königstr. 63.
Dr. Gutfleisch	Rechtsanwalt	Gießen.
Guttmann, Julius	Rechtsanwalt	Berlin, Alexanderstr. 28.
Guttmann, Eduard	Rechtsanwalt	Magdeburg, Breiteweg 146.
Guttmann	Rechtsanwalt	Wiesbaden.
v. Haas, H.	Geheimer Rath	Bamberg.
Haber	Rechtsanwalt	Leipzig, Bismarckstr. 18.
Dr. Häberlein, E. J.	Rechtsanwalt	Frankfurt a. M.
Dr. Hachenburg Max	Rechtsanwalt	Mannheim C. 2 N. 23.
Häckermann	Rechtsanwalt	Greifswald.
Hahn	Justizrath	Wongrowitz
Dr. Haillant, Napoleon	Rechtsanwalt	Bromberg.
Hamburger	Rechtsanwalt	Berlin.
Dr. Hamburger	Geheimer Justizrath	Frankfurt a. M.
Hamburger, Naphtali	Handelsrichter	Posen.
Dr. Hamm	Wirkl. Geheim. Ober-Justizrath, Oberlandesgerichtspräsident	Cöln a. Rh.
Hammacher	Dr. jur.	Berlin, Kurfürstenstr. 115.
Hammer	Justizrath	Chemnitz (Sachsen).
Handt	Oberlandesgerichts-rath	Celle.
Hannemann	Erster Staatsanwalt	Görlitz.
Hansch	Amtsrichter	Labischen.
Hänsel	Rechtsanwalt	Bergen auf Rügen.
Dr. Harburger	Oberlandesgerichts-rath, Prof.	München.
v. Harder, Alexand.	Rechtsanwalt	Mannheim N. 2. 1.

Name.	Stand.	Wohnort.
Dr. Harmening	Rechtsanwalt	Jena.
Dr. Harnier, Aug.	Geh. Justizrath	Berlin, Passauerstr. 4.
Dr. Harnier, Ed.	Rechtsanwalt	Cassel.
Dr. Hartmann, K. A.	Landgerichts-präsident	Plauen (Voigtland).
Hase, Otto	Geh. Justizrath	Altenburg (Sachsen-Altenburg).
Hasse	Landgerichtsdirector	Breslau.
Dr. Hasselbach	Rechtsanwalt	Wiesbaden, Rheinstr. 41.
Hattenbach	Landgerichtspräsident a. D.	Oldenburg (Großherzogthum).
Dr. jur. v. Haupt, Stephan	Amtsrichter	Bamberg.
Häusler	Geh. Justizrath	Braunschweig.
Hausmann, W.	Rechtsanwalt	Berlin.
Dr. Hayum	Rechtsanwalt	Tübingen.
Dr. Hecht, L.	Rechtsanwalt	Frankfurt a. M., Neue Zeil 53.
Dr. Hecht, Felix	Geh. Hofrath	Mannheim.
Dr. Heck	Professor	Halle a. d. Saale, Ulestraße.
Heerwagen	Oberlandesgerichtsrath a. D.	Bamberg.
Heilpern, S.	Rechtsanwalt	Leipzig, Katharinenstraße.
Heim, Michael	Rechtsanwalt	Würzburg, Paradeplatz.
Dr. Heimann, Alfr.	Rechtsanwalt	Berlin, Wilhelmstr. 88.
Dr. Heink, Paul Friedrich	Advocat	Zürich (Schweiz), Sonnenquai 1.
Dr. Heinsheimer, Julius	Landgerichtsrath	Karlsruhe (Baden).
Heintz, Jacob	Bezirksamtsassessor	Bamberg.
Heiser, Fritz	Referendar	Frankfurt a. Main, Feldstr. 20.
Held	Amtsrichter	Bamberg.
Ritter v. Heller	Staatsrath	München, Müllerstr. 45a.
Hellmann	Landgerichtsrath	Burtscheid-Aachen.
Dr. Hellmann, Friedr.	Professor	München, Gabelsbergerstr. 1a.
Dr. Hellwig	Professor	Erlangen.
Henckel	Rechtsanwalt	Nienburg a. d. Weser.
Dr. Ritter v. Henle, S.	Geh. Hofrath	München, Bückleinstr. 14.
Henle, Otto	Landgerichtsdirector	Bayreuth.
Hennig, G.	Amtsgerichtsrath	Gommern (Provinz Sachsen).
Dr. Henning	Rechtsanwalt	Greiz.
Henrich	Justizrath	Völklingen a. d. Saar.
Hentschel, Oscar	Amtsgerichtsrath	Augustusburg b. Schellenberg (Sachsen).
Herhaus	Gerichtsassessor	Hillesheim.
Herr	Justizrath	Leipzig, Leplaystr. 1.

Name.	Stand.	Wohnort.
Dr. Hertz, G.	Senator	Hamburg, Magdalenenstr. 3.
Dr. Herz	Justizrath	Wiesbaden.
Herzfeld	Justizrath	Halle a. d. Saale.
Dr. Hesdörffer, M. H.	Rechtsanwalt	Frankfurt a. M., gr. Bockenheimstr. 25.
Dr. Hesekiel	Landgerichtsrath	Berlin, Hallesche Straße 6.
Heß, Oscar	k. Oberlandesgerichtsrath	Bamberg.
Dr. Heß, Ludwig	Rechtsanwalt	Ellwangen.
Dr. Heumann	Rechtsanwalt	Bremen.
van der Heyde	Rechtsanwalt	Rüdesheim a. Rh.
Dr. Heyden, C.	Syndicus a. D.	Essen a. d. Ruhr, Lindengut 154.
Dr. Heyl	Syndicus	Bremen, Lübeckerstr. 19.
Heymann	Justizrath	Altona (Elbe).
Dr. Heymann, S.	Rechtsanwalt	Hamburg, Gerhofstr. 19.
Dr. Hick	Ober-Landesgerichtsrath	Karlsruhe (Baden).
Dr. Hiedemann	Rechtsanwalt	Cöln a. Rhein, Berlich 43.
Hielscher	Rechtsanwalt	Bentschen.
Hildebrand, H. C. F.	Senator	Bremen.
Hilf	Justizrath	Limburg a. d. Lahn.
Dr. Hilpert	Justizrath	Nürnberg, Hauptmarkt 11.
Dr. Hilse, Benno	Kreisgerichtsrath a. D., Syndicus	Berlin, Königgrätzerstr. 61.
Dr. Hilse, Carl	Syndicus, Professor	Berlin, Königgrätzerstr. 61.
Dr. Hinsberg, A.	Rechtsanwalt	Barmen, Berlinerstr. 31.
Dr. v. Hippel, R.	Professor	Göttingen.
Dr. Hirl	Bezirksgerichtsrath a. D.	München, Thorwaldstr. 12.
Hirsch, Felix	Rechtsanwalt	Berlin, Prinzenstr. 32.
Hirsch	Rechtsanwalt	Schwelz a. d. Weichsel.
Hirschberg	Landrichter	Thorn.
Hirschhorn, R.	Rechtsanwalt, Justizrath	Gießen.
Hirt, Joseph	Oberamtsrichter	Bamberg.
Hoffmann, Max	Landgerichtsrath	Augsburg.
Dr. Hoffmann, E.	Geheimer Ober-Regierungsrath	Berlin, Courbièrestr. 10.
Hoffmann, Th.	Oberlandesgerichtsrath	Nürnberg, Bayreutherstr. 46.
Hoeflein, Moses	Rechtsanwalt	Bamberg.
Hofmann	Amtsrichter	Rennerod.
Hofmann, Franz	Oberamtsrichter	Ebern.

Name.	Stand.	Wohnort.
Hoegg	Justizrath	Wollstein (Posen).
Dr. Hölder	Geh. Hofrath, Prof.	Leipzig.
Dr. Holdheim, Paul	Justizrath	Frankfurt a. Main.
Holland, W.	Staatsanwalt	Braunschweig, Wendethorpromenade 2.
Holz	Rechtsanwalt	Berlin, Behrenstr. 27.
Dr. Hommel	Rechtsanwalt	Schweinfurt.
Höniger	Justizrath	Inowrazlaw.
Dr. Horwitz, O.	Rechtsanwalt	Hamburg, gr. Reichenstr. 15/17.
Dr. Hübler	Geheimer Ober-Regierungsrath, Prof.	Berlin, Landgrafenstr. 3.
Dr. Huch	Rechtsanwalt	Braunschweig.
Dr. Humser	Justizrath	Frankfurt a. Main.
Hundt, Carl	Justizrath	Krefeld.
Jacobi, O.	Rechtsanwalt	Bergen auf Rügen.
Dr. Jäger, Otto	Notar	Rombach (Lothringen).
Dr. Jahn	Rechtsanwalt, Notar	Bremerhaven.
Jarecki	Rechtsanwalt	Posen.
Jelito, Emil	Oberamtsrichter	Landau (Pfalz), Stadthausgasse 14.
Jentzsch, C.	Landgerichtsrath	Magdeburg, Augustastraße.
Jerusalem, A.	Landgerichtsrath	Saarbrücken.
Dr. Immerwahr	Privatdocent	Berlin, Regentenstr. 9.
Joachim	Rechtsanwalt	Berlin, Königgrätzerstr. 65.
Jockisch, Wilhelm	Amtsgerichtsrath	Posen, St. Adalbertstr. 3.
Jonas	Rechtsanwalt	Berlin, Spandauerbrücke 1.
Joseph	Rechtsanwalt	Berlin, Prinzenstr. 34.
Dr. Josephson, C. M.	Rechtsanwalt	Hamburg, Neuer Wall 14.
Josephthal, Gustav	Justizrath	Nürnberg, Karolinenstr. 6.
Dr. Jouvenal	Rechtsanwalt	Cassel.
Isaacsohn	Amtsgerichtsrat	Posen.
Dr. Isenbiel	Ober-Staatsanwalt	Berlin, Augsburgerstr. 37.
Dr. Israel, Alfr.	Rechtsanwalt	Hamburg, hohe Bleichen 23.
Dr. Israel, Simon	Rechtsanwalt	Hamburg, gr. Bleichen 5.
Jüdel, Otto	Justizrath	Hannover.
Jüßen, Peter	Rechtsanwalt	Cöln a. Rhein, Habsburgerring 10.
Dr. Kahl	Geh. Justizrath, Prof.	Berlin, Kurfürstenstr. 114.
Kapferer	Rechtsanwalt	Cöln a. Rhein.
Kassel, Eduard	Rechtsanwalt	Berlin, Leipzigerstr. 10.
Dr. Katz, Edwin	Rechtsanwalt	Berlin, Französische Straße 114.
Kaufmann, Felix	Justizrath	Berlin, Jüdenstr. 51.
Kaufmann	Amtsgerichtsrath	Straßburg (Elsaß), Zürcherstr. 1.
Kaulla, Max	Rechtsanwalt	Stuttgart, Moserstr. 20.
Kayser	Notar	Zabern (Elsaß).

Name.	Stand.	Wohnort.
Keferstein	Oberbürgermeister	Lüneburg.
Keibel	Amtsrichter	Birnbaum.
Dr. Keller, A.	Justizrath	Straßburg (Elsaß), Schlossergasse 25..
Keller	Notar	Straßburg.
Kempner, M.	Rechtsanwalt	Berlin, Landgrafenstr. 18.
Kerckhoff	Notar	Diedenhofen.
Kerscher, Sebastian	Sekretär	Bamberg.
Kielhorn	Amtsrichter	Inowrazlaw.
Dr. Kilzer, W.	Justizrath	Frankfurt a. Main, Goethestr. 17.
Dr. Kipp	Professor	Erlangen.
Dr. Kirch	Justizrath	Königswinter.
Dr. v. Kirchenheim	Professor	Heidelberg.
Kitz	Erster Staatsanwalt	Verden (Hannover).
Kleckow	Rechtsanwalt	Grünberg (Schlesien).
Klein, Frdr.	Regierungsrath u. Bezirksamtmann	Bamberg.
Dr. Kleinfeller	Professor	Kiel, Niemannsweg 101.
Dr. Klewitz, A.	Amtsrichter	Altena (Westfalen).
Dr. Klöppel, Peter	Justizrath, K. Rechtsanwalt beim Reichsgericht, Privatdocent a. d. Universität	Leipzig, Schenckendorfstr. 8.
Klüpfel	Finanzassessor, Fabrikdirector	Essen a. d. Ruhr, Hohenzollernstr. 17.
Knappe, Wilhelm	Oberlandesgerichtsrath	Bamberg.
Knein, H.	Landgerichtsdirector	Aachen.
Dr. Kniep	Professor	Jena.
Knöpfler	Justizrath	Marienwerder (Westpreußen).
Koch, Adolf	Rechtsanwalt	Jever.
Dr. Kockerols	Notar	Coblenz.
Dr. Koffka	Kammergerichtsrath	Berlin, Kurfürstenstr. 87.
Dr. Köhler	Oberamtsrichter	Waldshut.
Dr. Köhne, Paul	Amtsgerichtsrath	Berlin, Joachimsthalerstr. 12.
Koelle	Amtsrichter	Clausthal.
Koenig	Landgerichtsdirector	Coblenz.
Köppel	Rechtsanwalt	Belgard (Pommern).
Köppen	Rechtsanwalt	Bromberg.
Dr. Korn, Alfr.	Rechtsanwalt	Berlin, Friedrichstr. 238.
Kortum, Karl	Justizrath	Naumburg a. d. Saale.
Krah	Oberlandesgerichtspräsident	Celle.
Krampf, Jos.	Rechtsanw., Justizrath	Würzburg.

Name.	Stand.	Wohnort.
Kranzfelder, Alfr.	Landgerichtsrath	Bamberg.
Krapp	1. Staatsanwalt	Fürth i. B.
Kraußold	Justizrath	München, Museumstraße.
Kreger, Georg	Landgerichtsrath	Hof.
Kreppel, Fr. Ludw.	Justizrath, Notar	Bamberg, Judengasse 12.
Kreß, Hermann	Landgerichtspräsident	Meiningen.
Dr. Frhr. v. Kreß	Justizrath	Nürnberg, Füll 12.
Dr. Kretschmar, Paul	Rechtsanwalt	Leipzig, Annstr. 9.
Krieg, Emil	Rechtsanwalt, Notar	Leipzig, Peterstr. 15.
Dr. Kronecker	Kammergerichtsrath	Berlin, Kurfürstendamm 241.
Dr. Kronfeld	Rechtsanwalt	Berlin, Mohrenstr. 45.
Dr. Krückmann	Professor	Greifswald.
Krüger, E.	Justizrath	Halberstadt.
Dr. Krüger	Landrichter	Saargemünd.
Krüll, Georg	Rechtsanwalt	Elberfeld.
Krumbiegel	Notar	Elberfeld.
Küchendahl	Justizrath	Stettin.
Kühn	Landgerichtsrath	Gnesen.
Kühn, E.	Rechtsanwalt	Meerane (Sachsen).
Kühn	Justizrath	Trachenberg (Schlesien).
Kulemann, W.	Landgerichtsrath	Braunschweig.
Dr. Kulenkampff, Jul.	Rechtsanwalt	Bremen.
Kulenkampff, Herm.	Rechtsanwalt	Bremen, Domsheide 3.
Kummerfeld	Amtsrichter	Tremessen.
Kumreuther	Rechtsanwalt	Frankfurt a. Main.
Kunkel	Rechtsanwalt	Landsberg a. d. Warthe.
Dr. Kurlbaum, C.	Wirkl. Geheimer Rath, Oberlandesgerichtspräsident, Excellenz	Stettin, Schillerstr. 11.
Kusel, A.	Rechtsanwalt	Karlsruhe (Baden), Friedrichsplatz 10.
Lähr	Amtsgerichtsrath	Belgard (Pommern).
Lamp	Rechtsanwalt	Elmshorn i. Holstein.
Dr. Lamprecht	Landrichter	Hamburg, Sophienterrasse 3.
Dr. Landau, Felix	Rechtsanwalt	Berlin, Potsdamerstr. 27.
Dr. Landsberg	Gerichtsassessor	Offenbach a. Main, Ludwigstraße 2.
Landsberg	Rechtsanwalt	Posen.
Landsberger	Rechtsanwalt	Oels (Schlesien).
Dr. Langbein, Oscar	Justizrath	Leipzig, Schloßgasse.
Lange	Rechtsanwalt	Straßburg (Elsaß), Marktgasse 8.

Name.	Stand.	Wohnort.
Lasker	Justizrath	Landsberg a. d. Warthe.
Laubhardt, E.	Amtsgerichtsrath	Zehlendorf.
Laue, Walter	Rechtsanwalt	Berlin, Kochstr. 9.
Lauff, J. P.	k. Notar a. D., Justizrath	Köln.
Lazarus	Rechtsanwalt	Berlin, Schöneberger Ufer 40.
Dr. Lebin	Justizrath	Berlin, Friedrichstr. 44.
Ledermann, Heinr.	Secretär	Bamberg.
Dr. Lehmann	Gerichtsassessor	Berlin, Eisenacherstr. 3a.
Dr. Lehmann, Rud.	Rechtsanwalt	Hamburg, gr. Reichstr. 67.
Dr. Lehmann, Karl	Professor	Rostock (Mecklenburg).
Lehnebach	Rechtsanwalt	Straßburg (Elsaß), Münstergasse 22.
Leiber	Justizrath	Straßburg (Elsaß), Kleberstaden 16.
Leipheimer	Rechtsanwalt	Stuttgart.
Dr. Lenel	Professor	Straßburg (Elsaß), Goethestr. 9.
Dr. Lennig	Rechtsanwalt	Straßburg (Elsaß), Blauvolkengasse 2.
Dr. Leonhard	Geh. Justizrath, Prof.	Breslau, Kaiser Wilhelmstraße.
Dr. Leoni	Ministerialrath	Straßburg (Elsaß), Sturmstaden 97.
Dr. Frhr. v. Leonrod	Staatsminister der Justiz	München, v. d. Tannstr. 7.
Lerno, Franz	Oberlandesgerichtsrath	Bamberg.
Lesse	Geheimer Justizrath	Berlin, Magdeburgerstr. 26.
Leuchert	Notar	St. Avold.
Levi	Rechtsanwalt	Bonn.
Levi	Rechtsanwalt	Stuttgart.
Dr. Levis, Otto	Amtsrichter	Pforzheim.
Levot	Rechtsanwalt	Cöln a. Rh.
Dr. Levy	Advokat	Amsterdam.
Levy, Leopold	Gerichtsassessor	Berlin, Belle-Allianceplatz 4.
Lewald, E.	Justizrath	Leipzig, Simsonstr. 2.
Lewin	Amtsgerichtsrath	Grünberg i. Schlesien.
Dr. Lewin	Rechtsanwalt	Stettin, Breitestr. 33.
Dr. Lewinski	Justizrath	Posen.
Leyser	Rechtsanwalt	Charlottenburg, Bismarckstr. 110.
Lezius	Geheimer Justizrath	Köthen (Anhalt).
Liebster, Arno	Justizrath	Leipzig, Salzgasse 1.
Dr. Lilia	Gerichtsassessor	Trier, St. Marien.
Dr. v. Lilienthal	Professor	Heidelberg.
Dr. Linckelmann	Rechtsanwalt, Notar	Hannover.
Lindner, Gustav	Oberlandesgerichtsrath	Bamberg.
Dr. Lippmann, Jul.	Rechtsanwalt	Hamburg, Neust. Fuhlentwiete 31.

Name.	Stand.	Wohnort.
Dr. Lisco	Geh. Ober-Justizrath	Berlin, Landgrafenstr. 3.
Dr. v. Liszt, Franz	Geh. Rath, Professor	Charlottenburg, Hardenbergstr. 19.
Litthauer	Justizrath	Berlin, Lindenstraße.
Löhmann, R.	Oberlandesgerichtsrath	Hamburg, Uhlenhorstweg 11.
Lohmann	Geh. Ober-Justizrath Senatspräsident	Berlin, Tauenzienstr. 24.
Dr. Lohse, G.	Hofrath	Leipzig, Katharinenstr. 20.
Lorenz, Kaspar	Oberlandesgerichtsrath	Bamberg.
Dr. Lorey	Justizrath	Frankfurt a. M., Hirschengraben 8.
Löser, Ottomar	Rechtsanwalt	Frankfurt a. d. Oder.
Dr. Lossen	Landgerichtsrath	Straßburg (Elsaß), Manteuffelstr. 17.
Löwe	Landgerichtsrath	Berlin, Wichmannstr. 19.
Löwenstein I, Leop.	Rechtsanwalt	Stuttgart.
Löwenthal, Otto	Rechtsanwalt	Altona, Königstr. 11.
Löwenthal, F.	Rechtsanwalt	Schwerin (Mecklenburg).
Dr. Loewi	k. Notar	Bamberg.
Dr. Loewinsohn, Martin	Rechtsanwalt	Berlin, Potsdamerstr. 112.
Dr. Lubszinski,	Rechtsanwalt	Berlin, Jerusalemerstr. 44/45.
Dr. Ludolph	Landgerichtsrath	Detmold.
Lüdtke	Landgerichtsrath	Berlin, Heidestr. 53.
Ludwig	Königl. Hoheit Prinz von Bayern	München.
Dr. Luge, August	Staatsanwalt	Meiningen.
Dr. Lührs, H.	Rechtsanwalt	Nienburg a. d. Weser.
Dr. Lürmann	Senator	Bremen.
Lustig	Rechtsanwalt	Gleiwitz.
Mack, Oscar	Landgerichtsdirector	Bamberg.
Mack, Oscar	Landgerichtspräsident	Aschaffenburg.
Mahla, Friedrich	Rechtsanwalt	Landau (Pfalz).
Mahlstedt	Landgerichtsrath	Flensburg.
Mainhard	Landgerichtsrath	Karlsruhe (Baden).
Dr. v. Mandry	Professor	Tübingen.
Dr. Mann	Rechtsanwalt	Stettin.
Mannheimer	Rechtsanwalt	Posen.
Dr. Mansfeld	Landrichter	Braunschweig, Rosenthal 7.
Martell	Oberlandesgerichtsrath	Posen.
v. Martens, C.	Oberamtsrichter	Geislingen (Württemberg).
Dr. Martin, R.	Senatspräsident	Hamburg, Werderstr. 42.
Martins	Oberbürgermeister	Glogau.

Name.	Stand.	Wohnort.
Matthaei, F.	Amtsgerichtsrath	Hannover.
Maurer, Carl	Landgerichtsrath	Mannheim, Rosengartenstr. 21.
Dr. May, B.	Rechtsanwalt	Frankfurt a. Main, Bleidenstr. 1.
Dr. May, Hermann	Rechtsanwalt	Hamburg, gr. Bleichen 42.
Dr. May, Hugo	Rechtsanwalt	Hamburg, gr. Bleichen 42.
Dr. Mayer, Carl	Rechtsanwalt	Cöln a. Rhein, Georgstr. 5a.
Dr. Mayer	Amtsrichter	Dresden-Altstadt, Theresienstr. 16.
Mayer, F.	Landgerichtsdirector a. D.	Eichstätt.
Dr. Mayer, Moritz	Rechtsanwalt	Frankenthal (Pfalz).
Dr. Mayer, F. Carl	Justizrath	Gotteszell (Württemberg).
Dr. Mayer, F. P.	Rechtsanwalt	Mainz.
Dr. Mayer, Otto	Professor	Straßburg (Elsaß), Schlossergasse.
Mayrhöfer	Oberlandesgerichtsrath	Nürnberg.
Mecke, W.	Gerichtsassessor	Bonn.
Mecke, W.	Geheimer Justizrath	Leipzig, Salomonstr. 5.
Mehnert	Rechtsanwalt	Altenburg.
Meier, Heinrich	Geheimer Justizrath	Kiel.
Meisner, Christian	Rechtsanwalt	Würzburg.
Meisner, L.	Justizrath, Rechtsanwalt	Bamberg, Kapuzinerstraße.
Dr. Meisner	Geheimer Justizrath, Senatspräsident	Posen, Neumannstr. 13.
Meister	Rechtsanwalt	Stettin, Bismarckstr. 6.
Melchior, Victor	Justizrath	Dortmund.
Dr. Menzen, Carl Degenhard	Amtsgerichtsrath	Frankfurt a. Main, Liebigstr. 32.
Merckle	Rechtsanwalt	Frankenthal (Pfalz).
Dr. Merkel, R.	Professor	Freiburg (Baden).
Merkel, Hans	k. II. Staatsanwalt	Bamberg.
Metz, August	Rechtsanwalt	Gießen.
v. Metzsch, Hugo	Rechtsanwalt	Leipzig.
Dr. Meurer	Professor	Würzburg.
Meuser, Paul	Rechtsanwalt	Cöln a. Rhein, Hansaring 46.
Meyer, Sigmund	Justizrath	Berlin, Kaiser Wilhelmstr. 43.
Meyer, Wilhelm	Justizrath	Coblenz.
Dr. Meyer, Fritz	Justizrath	Frankfurt a. Main, Neue Zeil 63.
Dr. Meyer, Max	Rechtsanwalt	Frankfurt a. Main, Zeil 44.
Dr. Meyer	Geh. Hofrath, Prof.	Heidelberg.
Meyer, Otto	Landrichter	Lüneburg.
Meyerhoff, Georg	Rechtsanwalt	Berlin.
Michaelis	Amtsgerichtsrath	Straßburg, Ohmachtstr. 5, I.

Name.	Stand.	Wohnort.
Dr. Michel, Richard	Fabrikant	Bamberg.
Milch	Stadtrath	Breslau.
Milentz	Amtsgerichtsrath	Stettin, Lindenstr. 12.
Dr. Minden	Syndicus des Pfandbriefamtes	Berlin, Tempelhofer Ufer 1b.
Dr. Mirus	Rechtsanwalt, Hofrath	Leisnig i. Sachsen.
Dr. Mittelstraß, A.	Rechtsanwalt	Hamburg, gr. Bleichen 42.
Dr. Mittermaier, W.	Professor	Bern.
Dr. Mohr	Landgerichtsdirector	Bremen.
Mohr, O.	Rechtsanwalt	Rudolstadt.
Mohrmann	Justizrath	Verden (Hannover).
Dr. Moll, H.	Justizrath	Berlin, Karlsbad 26.
Moll	Landgerichtsrath	Berlin, Kurfürstenstr. 98.
Montigny	Oberlandesgerichtsrath	Cöln a. Rhein, Hansaring 49.
Morsbach	Rechtsanwalt	Bonn.
Mörschel	Justizrath	Würzburg.
Moßdorf, Henry	Rechtsanwalt	Erfurt, Eimergasse.
Moßler	Notar	Straßburg (Elsaß).
Motty	Rechtsanwalt, Justizrath	Grätz (Posen).
Mügel	Geh. Ober-Justizrath	Berlin, Kurfürstendamm 32.
Dr. Mühsam, Benno	Rechtsanwalt	Berlin, Genthinerstr. 5.
Muller, C. H.	Rechtsanwalt	Rostock (Mecklenburg).
Dr. Müller, Ernst	k. Amtsrichter	Fürth.
Müller	Landgerichtspräsident	Bielefeld.
Dr. Müller, Gustav	Rechtsanwalt	Bremen.
Müller, L.	Rechtsanwalt	Erfurt.
Müller, Ed.	Oberlandesgerichtsrath	Karlsruhe (Baden), Westendstraße.
Dr. Müller, Ernst	Rechtsanwalt	Metz, Esplanaden 4.
Dr. Müller, Ernst	Amtsrichter	Fürth.
Müller	Geh. Ober-Justizrath, Senatspräsident	Posen, Oberwallstr. 2.
Müller, Julius	Rechtsanwalt	Verden (Hannover).
Munk	Landgerichtsdirector	Berlin, Burggrafenstr. 18.
Dr. Muskat, Eugen	Amtsrichter	Gottesberg (Schlesien).
Neitzel	Rechtsanwalt	Zabern (Elsaß).
Nentwig	Landgerichtspräsident	Gleiwitz.
Neubauer	Senatspräsident	Berlin, Würzburgstr. 3.
Neuer, Wilhelm	Rechtsanwalt	Cöln a. Rhein.
Neuhaus	Rechtsanwalt	Frankfurt a. Main.

Name.	Stand.	Wohnort.
Dr. Neukamp	Oberlandesgerichtsrath	Cöln a. Rhein.
Neumann I, S.	Rechtsanwalt	Berlin, Oranienstr. 142.
Dr. Neumann, Hugo	Rechtsanwalt	Berlin, Potsdamerstr. 118.
Neumann, Ad.	Justizrath	Sorau (Niederlausitz).
Neundörfer	Ober-Amtsrichter	Mainz, Gartenfeldstr. 17.
Niedner, Alexander	Landrichter	Meiningen.
Niemand	Landpfennigmeister	Heide (Holstein).
Dr. Niemeyer	Professor	Kiel.
Dr. Nienholdt	Rechtsanwalt	Leipzig, Schlossergasse 24.
Dr. Nokk, Wilhelm	Staatsminister, Minister d. Justiz, des Cultus u. d. Unterr.	Karlsruhe (Baden), Bismarckstr. 57.
von Oberniedermayr, Anton	Oberlandesgerichtspräsident	Bamberg.
Obuch, Carl	Rechtsanwalt	Graudenz.
Oehme, O. F.	Justizrath	Leipzig.
Ollendorf	Rechtsanwalt	Breslau, Zwingerplatz 2.
Ollmann	Rechtsanwalt	Greifswald.
Dr. Olshausen	Ober-Reichsanwalt	Leipzig, Lessingstraße 1.
Dr. Opet, Otto	Gerichtsassessor, Privatdocent	Kiel.
Dr. Oppenheim	Professor	London, W.L. 3 The Albany Piccadilly.
Dr. Oppenheim, L.	Rechtsanwalt	Mainz.
Oppler	Landrichter	Metz.
Orgler	Geheimer Justizrath	Posen.
Dr. Orgler	Rechtsanwalt	Posen.
Dr. Oertmann, Paul	Professor	Villencolonie Grunewald, Königsallee 34.
Dr. Ortweiler	Rechtsanwalt	Meiningen.
Oßwald	Oberbürgermeister	Altenburg.
Dr. jur. Osterrieth	Schriftsteller	Berlin.
Dr. Oswalt	Justizrath	Frankfurt a. M., Neue Mainzerstr. 68.
Ott, Heinrich	Rechtsanwalt	Straßburg (Elsaß), Bahnhofstr. 2.
Ott, Otto	Amtsrichter	Bamberg.
Dr. Otto, Victor	Geheimer Justizrath	Dresden, Karolastr. 7.
Dr. v. Oven	Senator	Frankfurt a. M., Hiedemannstr. 39.
Packscher	Rechtsanwalt	Berlin, Potsdamerstr. 5.
Dr. Pappenheim	Professor	Kiel.
Pauli, Emil	Landgerichtsrath	Stettin, Philippstr. 74.
Pausch	Justizrath	Kronach.
Freiherr von Pechmann, W.	Director der Bayerischen Handelsbank	München, Maffristr. 5, II.

Name.	Stand.	Wohnort.
Dr. Peine	Amtsrichter	Hamburg, Oberstr. 81.
Peiser	Amtsgerichtsrath	Danzig.
Peltasohn, Leopold	Justizrath	Liegnitz.
Dr. Pernice	Geheimrath, Professor	Berlin, Genthinerstr. 13F.
Dr. Pescatore	Professor	Greifswald.
Petrich	Rechtsanwalt	Samter.
Peyser	Rechtsanwalt	Wreschen.
Pfaff	Landgerichtspräsident	Tübingen.
Pfitzner	Amtsgerichtsrath	Tremessen.
Dr. Pflüger	Professor	Bonn, Colmantstr. 24.
Pfrang, Carl	Landgerichtsrath	Bamberg.
Dr. Pilling, Carl	Justizrath	Dresden, Dippoldiswalderstr. 13.
Placzek	Rechtsanwalt	Posen.
Dr. Planck	Wirkl. Geheimer Rath, Prof., Excellenz	Göttingen.
Pohlmann	Amtsrichter	Rawitsch.
Pomorski	Rechtsanwalt	Ostrowo.
Pöppel	Rechtsanwalt	Driesen.
Porzelt, Heinrich	Ober-Landesgerichtsrath	Bamberg.
Dr. Preuß	Privatdocent	Berlin, Matthäikirchstr. 29.
Priber	Rechtsanwalt	Frankenberg (Sachsen).
Protzen	Amtsgerichtsrath	Ratibor.
v. Puttkamer	Staatssecretär	Straßburg (Elsaß), Kleberstaaden.
Rabe	Ober-Staatsanwalt	Cöln a. Rhein, Richard Wagnerstr. 39.
Rabenhofer, Josef	Ober-Landesgerichtsrath	München, Sonnenstr. 3.
Raddatz	Ober-Landesgerichtsrath	Posen, Louisenstr. 18.
Raht	Justizrath	Weilburg.
Dr. Rau	Justizrath	München, Niedermarkt 6.
Rauch, Gottfried	Oberlandesgerichtsrath	Bamberg.
Dr. Reatz	Justizrath	Gießen.
Dr. Regelsberger	Geheimrath, Professor	Göttingen.
Dr. Rehm, Paul	Professor	Charlottenburg, Fasanenstr. 19.
Reich	Geheimer Justizrath	Magdeburg, Kaiserstr. 97.
Reichensperger	Landgerichtsdirector	Cöln a. Rhein, Steinfeldergasse.
Dr. Reinach, Carl	Geheimer Justizrath	Mainz.
Dr. Reinach	Justizrath	Mülhausen (Elsaß).
Dr. Reinartz	Justizrath	Düsseldorf, Eckstr. 15.
Reincke	Reichsgerichtsrath	Leipzig.
Reinhold, Ph.	Justizrath	Frankenberg (Sachsen).

Name.	Stand.	Wohnort.
Reiß, Paul	Justizrath	Frankfurt a. M., Neue Mainzerstr. 31.
Dr. Reuling	Justizrath	Berlin, Friedrichstr. 14.
Rheinwald	Oberlandesgerichtsrath	Stuttgart.
Richter	Amtsgerichtsrath	Graudenz.
Rieck	Landgerichtspräsident	Bromberg.
Dr. Riedel	Amtsgerichtsrath	Berlin, Heinrich Kiepertstr. 2.
Riedel, Friedrich	Oberamtsrichter	Euerdorf.
Riedel, Sigmund	Amtsgerichtssecretär	Bamberg.
Dr. Riedler	k. Kreisarchivsecretär	Bamberg.
Dr. Riemenschneider	Rechtsanwalt	Bremerhaven.
Dr. Riesenfeld, C. E.	Handelskammersyndicus	Breslau, Augustastr. 120.
Rieß	Justizrath	Cassel.
Dr. Rieß	Rechtsanwalt	Forchheim.
Dr. Rießer, J.	Justizrath, Bankdirector	Berlin, Schinkelplatz 1/2.
Rieth	Justizrath	Cöln a. Rhein.
Riff	Rechtsanwalt	Straßburg (Elsaß), Gr. Steinstr. 30.
Riffart	Justizrath	Cöln a. Rhein, Berlich.
Rinagel, Hans	Rechtsanwalt	Bamberg.
Ring	Kammergerichtsrath	Berlin, Schöneberger Ufer 46.
Rittleng sen., Alfr.	Notar	Straßburg (Elsaß), Blauvolkengasse.
Dr. Rocholl, A.	Regierungsassessor	Stettin, Berliner Thor 9.
Dr. Rodewald, C.	Rechtsanwalt	Celle.
Dr. Roedler	Geheimer Justizrath, Landgerichtsdirector	Metz.
Roedlinger	Landgerichtsrath	Posen.
Dr. v. Rohland, W.	Professor	Freiburg (Baden).
Rohmer, Eugen	I. Staatsanwalt	Bamberg.
Röhrig	Rechtsanwalt	Berlin, Kanonierstr. 44.
Romberg	Geheimer Justizrath	Leipzig, Sternwartenstr. 79.
Roeppel	Eisenbahndirections-Präsident	Posen.
Dr. Roscher, Th.	Rechtsanwalt, Notar	Hannover.
v. Rose	Gerichtsassessor	Hildesheim.
Dr. Rosenfeld	Rechtsanwalt	Mannheim.
Dr. Rosenthal, F.	Justizrath	München, Perusastr. 1/2.
Dr. Rosin	Geheimrath, Professor	Freiburg (Baden), Güntherstthal 64.
Rothlauf, Georg	Rechtsanwalt	Bamberg.
Dr. Rothschild, Paul	Landrichter	Cöln a. Rhein, Herwartstr. 22.

Name.	Stand.	Wohnort.
Rothschild	Gerichtsassessor	Trier.
Rückel	Justizrath	Bamberg.
Dr. Rumpf, Ernst	Senatspräsident	Frankfurt a. Main, Trutz 27.
Saassen, J. H.	Justizrath, Notar	Bonn.
Dr. jur. Sack, Th.	Schriftsteller	München, Herzog Heinrichstr. 24.
Sachs, Emil	Justizrath	Leipzig.
Dr. Salinger, Ludwig	Rechtsanwalt	Berlin, Friedrichstr. 91.
Salinger	Rechtsanwalt	Wollstein.
Dr. v. Salis	Professor	Bern (Schweiz).
Dr. Salomon	Rechtsanwalt	Berlin, Lindenstr. 66.
Salz	Rechtsanwalt	Posen.
Dr. Samter	Justizrath	Berlin, Mohrenstr. 65.
Dr. Sammer, K.	Bankdirector	Gotha.
Sänger A. II.	Rechtsanwalt	Stuttgart.
Schäfer, Wilhelm	Amtsgerichtsrath	Inowrazlaw.
Schäfer	Landgerichtsdirector	Ostrowo (Posen).
Schäfer	Amtsrichter	Schönlanke.
Dr. Schall, R.	Rechtsanwalt	Stuttgart, Büchsenstraße.
Dr. Scharlach	Rechtsanwalt	Hamburg, Nobelshof.
Dr. Scheick	Rechtsanwalt	Bamberg.
Dr. Scheiff	Rechtsanwalt	Cöln a. Rhein.
Schenke, Friedr.	Amtsrichter	Ziegenrück.
Scherer	Justizrath	Aschaffenburg.
Dr. Scherer	Rechtsanwalt	Bremen, Oberestr. 63.
Dr. Scherer, M.	Rechtsanwalt	Leipzig, Nürnbergerstr. 40.
Dr. Scherer	Rechtsanwalt	Mainz, Clofestr. 6.
Dr. Schiffner	Professor	Innsbruck.
Schillinger, Franz	Landgerichtsrath	Bayreuth.
Dr. Schlauch, Walter	Syndicus d. Disconto-Gesellschaft	Berlin W. 50, Meineckestr. 2.
Schlieckmann, Alb.	Geh. Justizrath	Halle a. d. Saale.
Schloß	Rechtsanwalt	Heilbronn.
Dr. Schloßmann	Professor	Kiel.
Schmid	Oberlandesgerichtsrath	Celle, Bahnhofstr. 14.
Schmidt, Christian	Ober-Landesgerichts-Senatspräsident	Bamberg.
Dr. Schmidt, Joseph	Advocat	Elbogen (Böhmen).
Schmidt	General-Postdirectionsrath a. D.	Cassel, Ständeplatz 23.
Dr. Schmidt-Polex, C.	Rechtsanwalt	Frankfurt a. Main.

Name.	Stand.	Wohnort.
Dr. Schmidt, Carl	Rechtsanwalt	Fürth (Bayern).
Schmidt	Landrichter	Gnesen.
Dr. Schmidt	Erster Staatsanwalt	Mainz, Ludwigstr. 4.
Schmidt	Ministerialdirector	Schwerin (Mecklenburg).
Dr. v. Schmitt	Justizrath	Bamberg.
Schmitt, Friedr.	Amtsrichter	Bamberg.
Dr. Schmit, Florian	Rechtsanwalt	Luxemburg, Neuthor-Allee 11.
Schmitz, Emil	Rechtsanwalt	Cöln a. Rhein, Gereonsdriesch 11a.
Dr. Schneegans	Justizrath	Straßburg (Elsaß), Gewerbslaube 9.
Schneider	Rechtsanwalt	Berlin, Zimmerstr. 95/96.
Schneider	Amtsgerichtsrath	Posen, Königsplatz 5.
Schnell	Ministerialrath	München, Königstr. 9.
v. Schnell, Julius	Ministerialrath	München.
Dr. Schöller	Landrichter	Düsseldorf.
Dr. Scholz	Oberverwaltungsgerichtsrath	Berlin, Potsdamerstr. 46.
Schorcht	Justizrath	Hameln a. d. Weser.
Schöttländer	Rechtsanwalt	Posen.
Dr. Schramm	Rechtsanwalt	Bremen.
Dr. Schreiner	Justizrath	Cöln a. Rhein.
Dr. Schrock, E.	Rechtsanwalt	Marienwerder (Westpreußen).
Schröder	Justizrath	Eisleben.
Dr. Schröder, R.	Geheimrath, Professor	Heidelberg.
Schubert	Staatsanwalt	Erfurt.
Schüler	Rechtsanwalt	Dortmund.
Dr. Schultz	Justizrath	Hagen (Westfalen).
Schultz, Alfred	Rechtsanwalt	Schönlanke.
Dr. Schultze, Alfred	Professor, Oberlandesgerichtsrath	Jena.
Dr. Schulz	Professor, Oberbibliothekar	Leipzig, Jakobstr. 10.
Schumacher	Rechtsanwalt	Cöln a. Rhein.
Schumann, Heinr.	Rechtsanwalt	Mösbach (Baden).
Dr. Schuster, Heinr.	Prof. a. d. Universität	Prag.
Schwabach	Regierungsrath	Hamburg-Pöseldorf, Schultzweg 9.
Schwartz	Landgerichtsrath	Ludwigsburg.
Schwartz, Martin	Referendar	Steglitz-Berlin, Schloßstr. 30.
Dr. Schwartz, Jos. Christ.	Docent	Potsdam, Neue Königstr. 18a.
Dr. v. Schwarze, Joh.	Reichsgerichtsrath	Leipzig, Beethovenstraße.
Schwindt	Erster Bürgermeister	Gnesen.
Dr. v. Seeger	Professor	Tübingen, Karlstr. 3.

Name.	Stand.	Wohnort.
Seeler, H.	Rechtsanwalt	Berlin, Friedrichstr. 131.
Dr. v. Seeler, Wilh.	Professor	Kiev (Rußland), Lipki Elisabethstr. 6.
Dr. Seelig	Justizrath	Leipzig, Schreberstr. 13.
Dr. Segalla	Rechtsanwalt	Hamburg.
Seibert	Amtsrichter	Bremerhaven.
Dr. Seitz, Carl Josef	Landgerichtsrath a. D.	München, Bruderstr. 1, I.
Seligmann, Moritz	Handelsrichter	Cöln a. Rhein, Casinostr. 12.
Dr. Seligsohn	Rechtsanwalt	Berlin, Behrenstr. 17.
Dr. Seligsohn	Rechtsanwalt	Wiesbaden.
Senff	Rechtsanwalt	Berlin, Markgrafenstr. 16.
Senft	Regierungsrath	Bamberg.
Dr. Seuffert, H.	Geh. Justizrath, Prof.	Bonn.
Seyfert, E. H.	Senatspräsident	Dresden, Stephanienstr. 30.
v. Sicherer, Theodor	Senatspräsident	Augsburg, Stettenstr. 12.
Dr. v. Sicherer	Professor	München, Königinstr. 11.
Dr. Siebert	Justizrath	Frankfurt a. Main, Alte Rathhofstr. 10.
Siebert, Fritz	Rechtsanwalt	Wiesbaden, Adolfsallee 5.
Siegel I	Rechtsanwalt	München, Dienerstr. 20.
Dr. Sieger, F.	Rechtsanwalt	Frankfurt a. Main.
Sieveking	Justizrath	Altona (Elbe).
Dr. Silbermann	Rechtsanwalt	Ansbach.
Dr. Siméon	Landrichter	Landsberg a. d. Warthe.
Dr. Simon, H. V.	Rechtsanwalt	Berlin, Victoriastr. 5.
Simon	Oberlandesgerichtsrath	Posen.
Dr. Simonis, Adolf	Bürgermeister	Rostock (Mecklenburg).
Simons, W.	Landrichter	Meiningen.
Simonson	Oberlandesgerichtsrath	Breslau.
Sitz, Wilhelm	Notar	Barr (Elsaß), Taufliebstraße.
Dr. Slavyk, Vincenz	Rechtsanwalt	Halle a. d. Saale, gr. Steinstr. 13.
Slawski	Landgerichtsrath	Posen.
Dr. Sobernheim	Justizrath	Berlin, Charlottenstr. 33a.
Soehr, Heinr.	Amtsgerichtsrath	Belgard.
Söldner, Wilhelm	I. Bürgermeister	Schweinfurt.
Spangenberg	Rechtsanwalt	Hannover, Georgstr. 13.
Dr. Frhr. v. Spiegel v. u. z. Pechelsheim	Landgerichtsdirector	Cöln a. Rhein.
v. Spreckelsen	Rechtsanwalt	Bremen.
Stadelmayer	Landgerichtsrath	Bamberg.
Dr. Stachow	Rechtsanwalt	Bremen, Domsheide 10/12.
Stapff, A.	Justizrath	Weimar.

Name.	Stand.	Wohnort.
Dr. Staub I, H.	Rechtsanwalt	Berlin, Charlottenstr. 33.
Dr. Stauder, Karl	Rechtsanwalt	Nürnberg.
Steinbach	Geheimer Justizrath	Magdeburg, Kaiserstr. 34.
Stelling	Amtsgerichtsrath	Rotenburg (Hannover).
Stellmacher	Reichsgerichtsrath	Leipzig.
Dr. Stenglein	Reichsgerichtsrath a. D.	Leipzig, Seeburgstr. 44.
Stern, Jaques	Referendar	Berlin, Alexanderstr. 26.
Stern, Max	Amtsrichter	M.-Gladbach
Dr. Stern	Rechtsanwalt	Mannheim.
Sternberg	Amtsrichter	Zielenzig.
Dr. Stintzing, W.	Privatdocent	Leipzig.
Stoeckel, Paul	Oberlandesgerichtsrath	Bamberg.
Dr. v. Stoesser	Senatspräsident a. D.	Karlsruhe (Baden), Hirsch 51.
Dr. Kekule v. Stradonitz, S.	Fürstlich Schaumburg. Kammerherr	Groß-Lichterfelde (Berlin), Marienstr. 16.
Straub, Philipp	Oberstaatsanwalt	Bamberg.
Straube	Landrichter	Halberstadt, Spiegelstr. 16a.
Frhr. v. Strauß	k. Regierungsdirector	Bayreuth.
Strelitz	Rechtsanwalt	Stettin, Reifschlägerstr. 4.
Dr. Strohal, Emil	Professor	Leipzig, Jacobstraße.
Dr. Strube, Aug.	Referendar	Bremen, Brake 5.
Dr. Struckmann	Amtsrichter	Königswinter (Rhein).
Dr. Struckmann	Geheimer Ober-Regierungsrath	Berlin, Landgrafenstr. 15.
Stucky, Carl	k. Bezirksamtmann	Ebermannstadt.
Stüler, Ludw.	Amtsgerichtsrath	Heiligenstadt (Eichsfeld).
Stumpff	Landgerichtspräsident	Wiesbaden.
Dr. Suling, W.	Rechtsanwalt	Bremen.
Süpfle, H.	Oberamtsrichter	Heidelberg.
Dr. Süpfle, Robert	Rechtsanwalt	Karlsruhe (Baden), Kaiserstr. 109.
Sutro	Justizrath	Bochum.
Spring	Rechtsanwalt	Danzig, Langer Markt 6.
Tachau, A.	Rechtsanwalt	Hamburg.
Tafel, Hermann	Rechtsanwalt	Stuttgart.
Teichen	Syndicus	Berlin, Kurfürstendamm 23.
Dr. Teuscher	Justizrath	Sommerfeld, Bez. Frankfurt a. d. Oder.
Theremin	Landgerichtsrath	Schweidnitz.
Thiel	Justizrath	Wreschen.
Thiele	Oberlandesgerichtsrath	Königsberg i. Preußen, Ziegelstr. 10.
Thinius	Kammergerichtsrath	Berlin, Calvinstr. 30.

Name.	Stand.	Wohnort.
Thomsen	Amtsgerichtsrath	Emden.
Dr. Thomsen	Oberlandesgerichtsrath	Hamburg, Moorweidtstr. 26.
Dr. Thomsen	Professor	Kiel, Rawenthor-Allee 5.
Thomsen	Landgerichtspräsident	Münster (Westfalen).
Throner, Ludwig	Notar, Justizrath	Bad Kissingen.
Thurm, E.	Justizrath	Cöln a. Rhein, Margarethenkloster.
Timendorfer	Rechtsanwalt	Berlin, Oranienstr. 145/146.
Trautner	Rechtsanwalt	Bamberg.
Dr. Trömel	Rechtsanwalt	Dresden-Altstadt.
Dr. Tröndlin	Ober-Bürgermeister	Leipzig, Rathhaus.
Trummler	Landgerichtsrath	Verden (Hannover).
Dr. v. Tuhr, A.	Professor	Straßburg (Elsaß), Schwarzwaldstraße.
Dr. Türck	Amtsgerichtsrath	Battenberg.
Türk	Rechtsanwalt	Berlin, Zimmerstr. 87.
Uhde	Oberstaatsanwalt	Posen.
Dr. Ullmann, E.	Professor	München, Ludwigstr. 29.
Ullmann	Rechtsanwalt	Posen.
Ulrich, Julius	Landgerichtsrath	Bamberg.
Utting	Landgerichtspräsident	Bayreuth.
Varenkamp, Carl	Rechtsanwalt	Düsseldorf, Blumenstr. 19.
Velde	Justizrath	Diez a. d. Lahn.
Vierhaus	Geh. Ober-Justizrath	Berlin, Fasanenstr. 98.
Vierling, Albert	k. Oberlandesgerichtsrath	München.
Viëtor	Landgerichtsrath	Hildesheim (Hannover).
Le Viseur	Rechtsanwalt, Notar	Posen.
Vleugels	Notar	Köln, St. Apernstr. 17.
Voß	Rechtsanwalt	Birnbaum.
Dr. Wach	Professor	Leipzig.
Wächter	Amtsgerichtsrath	Hameln a. d. Weser.
Wagner	Notar	Niederbronn.
Waldstein	Rechtsanwalt	Altona a. d. Elbe.
Walther, K.	Landgerichtsdirector	Frankfurt a. Main, Böhmerstr. 52.
Dr. Warburg, J.	Rechtsanwalt	Altona a. d. Elbe, Palmallee 3.
Warschauer	Rechtsanwalt	Tremessen.
Dr. Wassermann	Rechtsanwalt	Bamberg.
Wassermann	Rechtsanwalt	Hamburg, Neuer Wall 34.
Wassermeyer	Justizrath	Bonn.
Dr. Weber	Justizrath	München.
Dr. Weber, Herm.	Geh. Justizrath	Offenbach a. Main.
Weber, Heinrich	Landgerichtsrath	Bamberg.
Wedekind	Landgerichtsrath	Danzig.

Name.	Stand.	Wohnort.
Wedemeyer	Gerichtsassessor	Göttingen.
Wegner	Justizrath	Berlin, Probststr. 6
Weichsel, O.	Reichsgerichtsrath	Leipzig.
Weidig	Amtsgerichtsrath	Darmstadt.
Weidner, G.	Landgerichtsrath	Kempten.
Weingarten, Emil	Rechtsanwalt	Pößneck.
Weiß, Eduard	Oberlandesgerichtsrath	Bamberg.
Weißler, Adolf	Rechtsanwalt	Halle a. d. Saale, gr. Steinstraße.
Wendelstadt, Adolf	Geheimrath	Berlin, Brücken-Allee 3.
Wenning	Rechtsanwalt	Cassel.
Wenninger, Anton	Oberlandesgerichtsrath	Bamberg.
Werner	Geh. Ober-Justizrath	Berlin, Lutherstr. 48/49.
Dr. Werner, Joseph	Rechtsanwalt	Bamberg.
Werner, Emil	Rechtsanwalt	Magdeburg, Kaiserstr. 13.
Werner	Justizrath	Naumburg a. d. Saale.
Werren	Justizrath	Aschersleben.
Werry v. Limont, Emil	Amtsrichter	Trier.
Dr. Werthauer	Rechtsanwalt	Leipzig, Markt 5.
Dr. Wertheimer	Rechtsanwalt	Baden-Baden.
Werther, Franz	Landrichter	Frankfurt a. Main.
Dr. Westerkamp	Geh. Justizrath, Prof.	Marburg (Hessen).
Dr. Weyer	Landgerichtsdirector	Straßburg (Elsaß), Universitätsplatz 5.
Dr. Weyl, R.	Professor	Kiel, Niemannsweg 12.
Dr. Wiegand	Lloyddirector	Bremen.
Wielandt, K.	Reichsgerichtsrath	Leipzig, Plagwitzerstr. 11.
Wieruszowski	Landgerichtsrath	Cöln a. Rhein, Richard Wagnerstr. 30.
Wiethaus	Landgerichtsdirector	Dortmund.
Dr. Wildhagen	Rechtsanwalt	Leipzig, Leibnizstr. 26/28.
Dr. Wilke, Richard	Geheimer Justizrath	Berlin, Eichhornstr. 4.
Wilke, Karl	Rechtsanwalt, Notar	Berlin, Eichhornstr. 4.
Winter	Rechtsanwalt	Neuburg a. d. Donau.
Wintterlin	Präsident	Stuttgart, Olgastr. 73.
Witte	Landgerichtspräsident	Düsseldorf.
Dr. Wittelshöfer	Rechtsanwalt	Fürth (Bayern).
Witting	Oberbürgermeister	Posen.
Wize	Rechtsanwalt	Posen.
Wolf, Joh. Baptist	Oberamtsrichter	Bamberg.
Dr. Wolf, Ignaz	Landgerichtspräsident a. D.	Bamberg.
Dr. Wolf, Eduard	Rechtsanwalt	Dresden, Johannisstr. 19.

Name.	Stand.	Wohnort.
Wohlfahrt, J. M.	Oberlandesgerichtsrath	Bamberg.
Wolfen	Rechtsanwalt	Bromberg, Kasernenstr. 1.
Wolff, Eugen	Rechtsanwalt	Berlin, Unter den Linden 60.
Dr. Wolff	Rechtsanwalt	Berlin, Potsdamerstr. 26b.
Wolfsthal, Max	k. II. Staatsanwalt	Bamberg.
Wolinski	Rechtsanwalt	Posen.
Wreschner I, Ludw.	Rechtsanwalt	Berlin, Kommandantenstr. 5/6.
Wronker	Rechtsanwalt	Berlin, Kaiser Wilhelmstr. 49.
Wunder	Notar	Straßburg.
Wunder, August	Justizrath	Bischheim a. d. S. bei Straßburg (Elsaß).
Wüstenfeld	Reichsgerichtsrath	Leipzig, Schweigreicherstr. 13.
Zapf	Landgerichtsrath	Bamberg.
Zborowski	Amtsgerichtsrath	Inowrazlaw.
Dr. Zehme, F.	Rechtsanwalt	Leipzig.
Zeller	Oberlandesgerichtsrath	Bamberg.
Zelter	Gerichtsassessor	Stettin.
Dr. Ziegler, A. Gottfr.	Privatier	Würzburg, Paradeplatz 4.
Zihr, Georg	Rechtsanwalt	Bamberg.
Ziemssen	Kammergerichtsrath	Berlin, Klopstockstr. 25.
Dr. Zinkeisen, Max	Landrichter	Hamburg-Uhlenhorst, Zimmerstr. 31.
Zinkeisen, Alex.	Justizrath	Leipzig, Kl. Burgstr. 4.
Dr. Zirndorfer	Rechtsanwalt	Frankfurt a. Main.
Dr. Zitelmann	Geh. Justizrath, Prof.	Bonn.
Dr. Zorn	Geh. Justizrath, Prof.	Bonn.
Zschucke, Th.	Amtsrichter	Leipzig, Floßplatz 34.
Zückler	Justizrath	Glauchau.
Zündorf, Friedr.	Rechtsanwalt	Cöln a. Rhein, Elisenstr. 19.
Zutt, Adolf	Rechtsanwalt	Karlsruhe (Baden).

Niederländischer Juristenverein, z. H. des Herrn Professor Dr. G. A. van Hamel, Amsterdam, 48 Nicolas Witsenkade.

Verzeichniß
der
österreichisch-ungarischen Mitglieder des Deutschen Juristentages
im Jahre 1901.

Name.	Stand.	Wohnort.
Dr. Benedikt, Edmund	Hof- und Gerichtsadvocat	Wien I, Schottenring.
Dr. Beran, Wladimir	k. k. Staatsanwalt-Stellvertreter	Graz.
Dr. Berger, Samuel	Advocat	Kaposvar (Ungarn).
Dr. Beurle	Advocat	Linz, Landstr. 9.
Dr. Biach, Wolf	Hof- u. Gerichtsadvocat	Wien I, Jüdenplatz 5.
Dr. Boschan, Eugen v.	Hof- u. Gerichtsadvocat	Wien I, Teinfaltstr. 7.
Dr. v. Bozoki	Kgl. Rath, Director d. Kgl. Rechtsacademie	Großwardein.
Dr. Buchtel, Alfred	k. k. Gerichtssecretär	St. Pölten (N.-Ö.).
Dr. Coumont, Eduard	Advocat	Wien I, Wallfischg. 4.
Dr. Czuka, Eduard	Advocat	Sa. Ujhely (Ungarn).
Dr. Dworschak, Joh.	Advocat	Deutsch-Landsberg.
Dr. Ehrenzweig, Armin	k. k. Gerichtssecretär	Wien-Döbling, Vegagasse 5.
Dr. Feigl, Oskar	Advocat	Wien I, Maria-Theresienstraße 22.
Dr. Feistmantel, Carl Ritter v.	Advocat	Wien.
Dr. Finschger, Josef	Advocat	Graz.
Dr. Foltanek, Franz	k. k. Notar	Wien II, Praterstr. 8.
Dr. Frankl, David	Hof- u. Gerichtsadvocat	Wien I, Dornerhof.
Dr. Frankl, Emil	Hof- u. Gerichtsadvocat	Wien I, Fleischmarkt 1.
Dr. Frankl, Otto	Univ.-Professor.	Prag III, Brückeng. 22.
Dr. Freund, Gustav	Advocat	Prag I, Schuleng. 9.
Dr. Fried, Alfred	Advocat	Wien VII, Kircheng. 7.
Dr. Friedmann, Otto	k. k. Univ.-Professor	Wien, Hernals Sieringgasse.
Dr. Fröhlich, Eugen, R. v. Fröhlichsthal	k. k. Hofrath	Graz.
Dr. Fürst, Max	Hof- u. Gerichtsadvocat	Wien I, Werderthorg. 15.
Dr. Geller, Leo	Hof- u. Gerichtsadvocat	Wien I, Franz Jos. Quai 11.
Gerichtszeitung, allg. österreichische, z. Hdn. Dr. Karl Schreiber	k. k. Sectionsrath im Eisenbahnministerium	Wien.
Dr. Goldschmid, Alfr.	Advocat	Prag, Obstmarkt 9.
Dr. Greistorfer, Carl	Advocat	Graz.

Name.	Stand.	Wohnort.
Dr. Groß, Siegfried	Hof- u. Gerichtsadvocat	Wien I, Schulterg. 5.
Dr. Gschmeidler, Arth. Edler v.	Advocat	Oberhollabrunn.
Dr. Haberler, Franz R. v.	Advocat	Wien I, Hohermarkt.
Dr. Hanausek, Gustav	k. k. Univ.-Professor	Graz.
Dr. Heilpern, Gustav	Advocat	Wien I, Sulzgries 10.
Dr. Heinrich, Thomas	k. k. Hofrath beim obersten Gerichtshof	Wien VIII, Lerchenfelderstraße 55.
Dr. Heller, Procop	Advocat.	Wien IV, Goldeggasse 5.
Dr. Herz, Ludwig	Advocat	Wien I, Spiegelgasse 2.
Dr. Hiller	Advocat	Graz, Technikerstr. 13.
Dr. Hoffmann, Herm.	Advocat	Salzburg.
Dr. Hohenburger, Victor R. v.	Advocat	Graz.
Dr. Hugelmann, Karl	k. k. Sectionsrath	Wien, k. k. Reichsgericht.
Dr. Hundegger, Leop.	Advocat	Fürstenfeld.
Dr. Hye-Glunek, Frz. Freih. v.	k. k. Oberlandesgerichtsrath	Wien I, Schellinggasse 3.
Dr. Jaeger	Advocat	Salzburg.
Juristische Gesellschaft, zu Hdn. ihres Obmannes Herrn Dr. Willibald Müller		Troppau.
Dr. Kaiser, Johann	Advocat	Ung. Hradisch.
Dr. Kaiserfeld, Wilh. Edl. v.	Sparcassa-Secretär	Graz.
Dr. Kaufmann, Ferd.	Advocat	Znaim.
Dr. Kindinger, Ritter v. Exc.	k. k. Oberlandesgerichtspräsident	Triest.
Dr. Klein, Franz Excell.	k. k. Sectionschef	Wien I, Schillerplatz.
Dr. Klima, Anton	Advocat	Graz.
Dr. Kolbe, Dominik	Hof- u. Gerichtsadvocat.	Wien IV, Alleegasse 28.
Dr. Konirsch, Alfred	Hof- u. Gerichtsadvocat	Wien.
Dr. Környei, Eduard	Advocat	Budapest.
Dr. Krasnopolski	k. k. Univ.-Professor	Prag, Florenzgasse.
Dr. Kunwald, Ludw.	Hof- u. Gerichtsadvocat	Wien I, Schulerstr. 1.
Dr. Lammasch, Heinr.	k. k. Univ.-Professor	Wien VIII, Florianigasse 19.
Dr. Lautner, Franz	k. k. Statthaltereirath	Graz.
Dr. Lichtenstern, Ludw.	Hof- u. Gerichtsadvocat	Wien I, Wipplingerstr. 28.
Dr. Links, S. Emil	Hof- u. Gerichtsadvocat	Wien I, Hohenstaufeng. 2.
Dr. Löw, Gustav	Advocat	Mähr. Schönberg.
Dr. Löwy, M.	Hof- u. Gerichtsadvocat	Wien I, Strauchgasse 1.

Uebersicht

über den Vermögensbestand des Deutschen Juristentages laut Bücherauszug der Deutschen Bank vom 8. September 1900.

A. Effecten:

Mk.	5300	3 1/2 procent. Landsch. Central-Pfandbriefe.
"	6000	3 1/2 procent. Pommersche Pfandbriefe.
"	900	4 procent. Bayerische Prämien-Anleihe.
"	1800	4 procent. Badische " "
"	3000	3 procent. Pommersche Pfandbriefe.
"	2000	3 procent. Sachsenrente.
Sa. Mk.	19000.	

B. Baares Guthaben Mk. 522,87.

Bamberg, den 10. September 1900.

Der Schatzmeister:
Dr. **Goldschmidt**, Justizrath.

Bericht über die Rechtsentwickelung in Deutschland während der beiden letzten Jahre.

Bei der ganz ungewöhnlichen Fülle des diesmal vorliegenden Stoffs muß ich mir nothwendig Beschränkungen bei Erledigung der von mir übernommenen Aufgabe, einen allgemeinen Ueberblick über die Rechtsentwickelung in Deutschland während der letzten beiden Jahre zu geben, auferlegen.

I. Reichsgesetzgebung.

Was zunächst die Reichsgesetzgebung anbelangt, so hat diese seit dem letzten Juristentage die vom Deutschen Juristentage erstrebte Rechtseinheit wiederum in wesentlichen Punkten gefördert.

Es ist zuerst das Hypothekenbankgesetz vom 13. Juli 1899 zu erwähnen. Dasselbe bestimmt den Begriff der Hypothekenbanken dahin, daß darunter Actien-Gesellschaften und Actien-Commanditgesellschaften zu verstehen sind, bei welchen der Gegenstand des Unternehmens in der hypothekarischen Beleihung von Grundstücken und der Ausgabe von Schuldverschreibungen auf Grund der erworbenen Hypotheken besteht. Offenen Handelsgesellschaften, Commanditgesellschaften, Gesellschaften mit beschränkter Haftung, eingetragenen Genossenschaften und einzelnen Personen ist der Betrieb des Unternehmens einer Hypothekenbank untersagt. Eine Ausnahme hiervon macht das Gesetz nur zu Gunsten der eingetragenen Genossenschaften, welche satzungsmäßig bereits vor dem 1. Mai 1898 die Geschäfte der Hypothekenbanken betrieben haben.

Die Hypothekenbanken bedürfen zur Ausübung ihres Geschäftsbetriebes der Genehmigung des Bundesraths, wenn indeß satzungsmäßig die hypothekarische Beleihung nur im Gebiet des Bundesstaats erfolgen darf, in dem die Bank ihren Sitz hat, nur der Genehmigung der Centralbehörde des betreffenden Bundesstaats.

Es ist das staatliche Aufsichtsrecht über die Hypothekenbanken, die Stellung des bei jeder Bank zu bestellenden Treuhänders, der Kreis der von den Banken zu betreibenden Geschäfte und das Kündigungsrecht in Ansehung der Gläubiger wie der Schuldner der Bank genau bestimmt. Die Banken dürfen Grundstücke nur bis zu den ersten $^3/_5$ des Werths, landwirthschaftliche Grundstücke mit Genehmigung der Centralbehörde des Bundesstaats bis zu $^2/_3$ des Werths beleihen. Die Beleihung von Bauplätzen und die Hergabe von Baugelderdarlehn ist nur in beschränktem Maße zulässig.

Aus dem Invalidenversicherungsgesetz in der Fassung vom 13. Juli 1899 ist in privatrechtlicher Hinsicht die Bestimmung bemerkenswerth, daß die Uebertragung, Verpfändung und Pfändung von Rentenansprüchen nur wegen gewisser Forderungen wirksam ist, daß die Rentenforderungen nur gegen bestimmte Forderungen aufgerechnet werden dürfen und ausnahmsweise mit Genehmigung der unteren Verwaltungsbehörde auf Andere übertragen werden können. Entsprechende Bestimmungen sind durch das Reichsgesetz vom 30. Juni 1900 betreffend die Abänderung der Unfallversicherungsgesetze für die Ansprüche aus der Unfallversicherung gegeben.

Dem hervorgetretenen Bedürfniß entsprechend hat die Stellung der Patentanwälte durch Gesetz vom 21. Mai 1900 gesetzliche Regelung erfahren. Danach wird beim Patentamt eine Liste der Patentanwälte geführt. Wer sich in dieselbe eintragen lassen will, muß im Inlande als ordentlicher Hörer

1. einer Universität, technischen Hochschule oder Bergakademie sich dem Studium der naturwissenschaftlichen oder technischen Fächer gewidmet, eine staatliche Prüfung in denselben bestanden haben und dann mindestens 2 Jahre hindurch practisch auf dem Gebiet des gewerblichen Arbeitsschutzes thätig gewesen sein;

2. den Besitz der erforderlichen Rechtskenntnisse durch Ablegung einer Prüfung vor einer — aus Mitgliedern des Patentamts und Patentanwalten bestehenden — Prüfungscommission dargelegt haben. Durch das Gesetz ist auch ein ehrengerichtliches Verfahren gegen Patentanwalte vor einem aus 2 Mitgliedern des Patentamts und 3 Patentanwalten bestehenden Ehrengericht eingeführt.

Das Reichsstempelgesetz hat durch Gesetz vom 14. Juni 1900 in einigen Punkten eine Aenderung erfahren und daraufhin eine neue Fassung erhalten. Dazu hat der Bundesrath sehr eingehende Ausführungsbestimmungen erlassen.

In Gemäßheit des § 482 B.G.B. sind durch die Kaiserliche Verordnung vom 27. März 1899 die Hauptmängel sowie die Gewährfristen beim Viehhandel festgesetzt worden und zwar mit der Unterscheidung von Nutz- und Zuchtthieren einerseits und Schlachtthieren andererseits.

Durch das Gesetz vom 3. Juni 1900 betreffend die Schlachtvieh- und Fleischbeschau ist als Regel eine amtliche Untersuchung des Schlachtviehs, dessen Fleisch zum Genusse für Menschen verwendet werden soll, angeordnet. In dem Gesetz sind Bestimmungen über die Behandlung des für untauglich oder für bedingt tauglich befundenen Fleisches erlassen; es ist die Einfuhr von Fleisch in luftdicht verschlossenen Büchsen, von Würsten und sonstigen Gemengen aus zerkleinertem Fleisch in das Zollinland verboten. Im Uebrigen sind Vorschriften — und zwar zunächst für die Zeit bis Ende 1903 — für die Einfuhr von Fleisch sowie Strafbestimmungen getroffen.

Auf dem Gebiete des Handels- und Seerechts ist das Gesetz vom 22. Juni 1899 betreffend das Flaggenrecht der Kauffahrteischiffe von Bedeutung. Danach sind nur solche Kauffahrteischiffe zur Führung der Reichsflagge berechtigt, welche in ausschließlichem Eigenthum von Reichsangehörigen oder diesen gleich gestellten Gesellschaften stehen und zwar in der Regel erst nach Ertheilung des vom Registergericht auszustellenden Schiffscertificats. Wenn der Eigenthümer einer Schiffspart die Reichsangehörigkeit verliert oder eine Schiffspart in anderer Weise als durch Veräußerung auf einen Ausländer übergeht, können die übrigen Mitrheder, vorausgesetzt, daß sie mindestens $^2/_3$ der Schiffsparten besitzen, vom Registergericht ermächtigt werden, die Schiffspart des Ausländers öffentlich meistbietend versteigern zu lassen. Dabei darf der Zuschlag nur einem Inländer ertheilt werden.

In dem Gesetz sind überdies eingehende Bestimmungen über Eintragung in das Schiffsregister und Strafvorschriften für den Fall des Zuwiderhandelns gegen die Bestimmungen des Gesetzes getroffen. Dabei ist die Bestimmung bemerkenswerth, daß derjenige, welcher wegen Versäumung einer vorgeschriebenen Anmeldung zum Schiffsregister verurtheilt worden, binnen 6 Wochen nach dem Eintritt der Rechtskraft des Urtheils seiner Verpflichtung nicht genügt, wiederholt in Strafe zu nehmen und immer von Neuem mit der gesetzlichen Strafe zu belegen ist, wenn er im Falle einer weiteren Verurtheilung seiner Anmeldungspflicht nicht innerhalb der bezeichneten Frist genügt. Zuwiderhandlungen gegen die Vorschriften über die Flaggenführung sowie gegen die Anordnung, daß das Schiffscertificat oder ein beglaubigter Auszug aus demselben an Bord sein soll und daß ein in das Schiffsregister eingetragenes Schiff seinen Namen und den des Heimathshafens an vorgeschriebenen Stellen in gut sichtbaren und fest angebrachten Schriftzeichen zu führen hat, sind nach ausdrücklicher Bestimmung des Gesetzes auch strafbar, wenn sie im Ausland oder auf offener See begangen werden.

Durch die Verordnung vom 1. März 1900 sind die Vorschriften des Gesetzes auf die Binnenschiffe, welche ausschließlich auf der unteren Donau oder in Ostasien auf dem Westflusse, dem Jangtze-kiang und dem Pai-jo, sowie den Zu- und Nebenflüssen derselben verkehren, ausgedehnt.

Durch die Verordnung des Bundesraths vom 1. Juli 1899 sind Bestimmungen über die Führung des Genossenschaftsregisters und die Anmeldungen zu demselben ergangen.

Das internationale Privatrecht hat eine weitere Regelung durch ein Abkommen zwischen Belgien, Spanien, Frankreich, Italien, Luxemburg, den Niederlanden, Portugal und der Schweiz vom 14. November 1896 gefunden, dem Deutschland, Oesterreich-Ungarn, Dänemark, Rumänien und Rußland laut Protokoll vom 27. April 1899 beigetreten sind. Das Abkommen betrifft zunächst die aus einem Vertragsstaat nach einem anderen in Civil- und Handelssachen zu bewirkenden Zustellungen. Ferner ist angeordnet, daß die gerichtlichen Behörden der Vertragsstaaten sich gegenseitig bei Vornahme von richterlichen Proceß- und anderen gerichtlichen Handlungen Rechtshülfe zu leisten haben. Dabei sind die von der Gesetzgebung des ersuchten Staats vorgesehenen Formen anzuwenden, auf Wunsch jedoch auch andere Formen, sofern nicht etwa die Gesetze des ersuchten Staats das gewünschte Verfahren verbieten. Weiter ist bestimmt, daß Angehörige des einen Vertragsstaates, die in einem anderen als Kläger oder Intervenienten auftreten, wenn sie in irgend einem der Vertragsstaaten ihren Wohnsitz haben, wegen ihrer Eigenschaft als Ausländer oder weil sie keinen Wohnsitz im Inlande haben zur Sicherheitsleistung für die Proceßkosten nicht verpflichtet sind. Entscheidungen, durch welche ein solcher Kläger oder Intervenient in die Proceßkosten verurtheilt worden ist, sind in jedem anderen Vertragsstaate durch die zuständige Behörde für vollstreckbar zu erklären.

In Ansehung des Armenrechts sind die Angehörigen in allen Vertragsstaaten wie die eigenen Staatsangehörigen zu behandeln. Personalhaft in Civil- und Handelssachen soll gegen Angehörige eines Vertragsstaates nur in den Fällen stattfinden, in denen sie auch gegen eigene Staatsangehörige anwendbar sein würde.

Auf dem Gebiete des internationalen Privatrechts bewegt sich auch die Verordnung des Reichskanzlers vom 24. September 1899, betreffend die Vereinbarung zwischen dem Deutschen Reich und Brasilien über die Mitwirkung der beiderseitigen consularischen Vertreter bei der Regulirung von Nachlässen der Staatsangehörigen. Hervorzuheben ist, daß danach das Inventar über den Nachlaß einer Angehörigen der beiden Vertragsstaaten vom Nachlaßrichter unter Zuziehung des Consuls und, wenn ein solcher nicht am Orte ist, unter Zuziehung von zwei Landsleuten des Verstorbenen, in Ermangelung solcher aber unter Zuziehung von zwei vertrauenswerthen Kaufleuten oder Grundbesitzern aufzunehmen ist und daß der Nachlaß zur Liquidirung und Verwahrung dem betreffenden consularischen Vertreter anzuvertrauen ist, der dabei als Vertreter der Erben angesehen wird und diesen allein verantwortlich ist.

Ohne daß auf den Inhalt der betreffenden Gesetze bezw. Verordnung einzugehen ist, sind noch das Gesetz vom 30. Juni 1900 betreffend die Abänderung der Gewerbeordnung, die Reichsschuldenordnung vom 19. März 1900 und die Postordnung vom 20. März 1900 zu erwähnen.

Von den ergangenen Reichsgesetzen wesentlich strafrechtlichen Inhalts gebührt der Militärstrafgerichtsordnung vom 1. December 1898 ganz besonderes Interesse.

1. In derselben wird zunächst festgestellt, welche Personen der Militärstrafgerichtsbarkeit unterstehen. In dieser Hinsicht ist Folgendes hervorzuheben: Auch dem Beurlaubtenstande angehörende Officiere, Sanitätsofficiere und Ingenieure unterstehen wegen Zweikampfs mit tödtlichen Waffen, Herausforderung zu solchem Zweikampf, Annahme eines solchen und Cartelltragens der Militärstrafgerichtsbarkeit. Dagegen bleibt die Verfolgung von Zuwiderhandlungen gegen Finanz-, Polizei-, Jagd- und Fischereigesetze und Verordnungen dieses Inhalts, auch wenn es sich um Angehörige des stehenden Heeres handelt, den bürgerlichen Behörden überlassen, sofern die strafbare Handlung nur mit Geldstrafe oder Einziehung bedroht ist. Bei Betheiligung von Civil- und Militärpersonen an Zuwiderhandlungen gegen die allgemeinen Strafgesetze und bei wechselseitigen Beleidigungen und Körperverletzungen können die betreffenden Militärpersonen den bürgerlichen Gerichten zur Aburtheilung übergeben werden. Die zur Erfüllung ihrer Dienstpflicht eingestellten Militärpersonen unterstehen wegen der vor dem Diensteintritt begangenen Strafthat der Militärstrafgerichtsbarkeit nicht, wenn gegen sie bereits vor dem Dienstantritt ein Urtheil erlassen oder ein Strafbefehl zugestellt ist oder wenn ihre Entlassung aus dem aktiven Dienst erfolgt; diese findet statt, wenn eine Freiheitsstrafe von mehr als 6 Wochen zu erwarten ist.

2. Weiter ist in dem Gesetze die Stellung des Gerichtsherrn geregelt. Es wird unterschieden zwischen dem Gerichtsherrn der niederen und der höheren Gerichtsbarkeit. Die niedere Gerichtsbarkeit erstreckt sich nur auf Personen, die nicht Officierang haben, und an sich nur auf Uebertretungen sowie auf militärische Vergehen, die nur mit Arrest bedroht sind. Der niederen Gerichtsbarkeit bleiben indeß auch eine Reihe von näher bestimmten Vergehen überlassen, sofern nach dem Ermessen des Gerichts-

herrn neben einer Einziehung keine höhere Strafe als Freiheitsstrafe bis zur Dauer von 6 Wochen oder Geldstrafe bis zu 150 Mark zu erwarten ist.

3. Militärgerichte sind die Stand-, Kriegs-, Oberkriegsgerichte und das Reichsmilitärgericht.

a) Die Standgerichte bestehen aus 1 Stabsofficier, 1 Hauptmann — bezw. Rittmeister oder Kapitänleutnant — und 1 Oberleutnant. Sie dürfen auf keine andere oder höhere Strafe als auf Einziehung, Freiheitsstrafe bis zu 6 Wochen oder Geldstrafe bis 150 Mark, im Felde oder an Bord auf Freiheitsstrafe bis zu 3 Monaten oder Geldstrafe bis 300 Mark erkennen.

b) Die Kriegsgerichte sind Berufungsgerichte über die Urtheile der Standgerichte und Gerichte erster Instanz in Ansehung aller nicht zur Zuständigkeit der Standgerichte gehörenden Strafsachen. Sie bestehen aus 5 Richtern und zwar aus 2 Kriegsgerichtsräthen und 3 Officieren, deren Rang sich nach dem des Angeklagten bestimmt, oder aus 1 Kriegsgerichtsrath und 4 Officieren, je nachdem der Gerichtsherr annimmt, daß auf Todesstrafe oder eine Freiheitsstrafe von mehr als 6 Monaten zu erkennen sein wird oder auf eine geringere Strafe. Auch das aus 1 Kriegsgerichtsrath und 4 Officieren zusammengesetzte Kriegsgericht kann indeß auf Freiheitsstrafe bis zu 1 Jahre erkennen.

c) Die Oberkriegsgerichte sind für die Verhandlung und Entscheidung über die Berufung gegen die in erster Instanz erlassenen Urtheile der Kriegsgerichte zuständig. Sie bestehen aus 2 Oberkriegsgerichtsräthen und 5 Officieren.

d) Das Reichsmilitärgericht mit dem Sitz in Berlin ist für die Verhandlung und Entscheidung über das Rechtsmittel der Revision gegen die Urtheile der Oberkriegsgerichte zuständig. Es entscheidet in verschiedenen Senaten und in der Zusammensetzung von 4 zum Richteramt befähigten und 3 militärischen Mitgliedern, wenn die Revision lediglich auf Verletzung processualer Vorschriften oder einer Norm des allgemeinen bürgerlichen Rechts gestützt wird, anderenfalls in der Besetzung von 3 juristischen und 4 militärischen Mitgliedern.

Die Senatspräsidenten und Räthe des Reichsmilitärgerichts werden vom Kaiser auf Vorschlag des Bundesraths, die Oberkriegsgerichtsräthe und die Kriegsgerichtsräthe von den Contingentsherren, in der Marine vom Kaiser auf Lebenszeit ernannt. Die Oberkriegsgerichtsräthe und Kriegsgerichtsräthe können, abgesehen von dem Fall einer Veränderung der Heeresorganisation und einer Mobilmachuug sowie abgesehen von dem Fall, daß eine Versetzung durch das Interesse der Militärrechtspflege dringend geboten ist, wider ihren Willen nur kraft richterlicher Entscheidung und aus den Gründen und unter den Formen, welche die Gesetze bestimmen, dauernd oder zeitweise ihres Amts enthoben oder in eine andere Stelle versetzt werden. Für die Senatspräsidenten und Räthe des Reichsmilitärgerichts gelten dieselben Bestimmungen mit der Maßgabe, daß eine Strafversetzung oder sonstige unfreiwillige Versetzung ihnen gegenüber ausgeschlossen ist. Die Mitglieder der Standgerichte sowie die militärischen Mitglieder der Oberkriegsgerichte werden alljährlich vor Beginn des Geschäftsjahres vom Gerichtsherrn als ständige Richter bestellt. Die militärischen Mitglieder der Kriegsgerichte werden nach einer vor Beginn des Geschäftsjahres festzustellenden Reihenfolge einberufen. Die militärischen Mitglieder des Reichsmilitärgerichts bestimmt der Kaiser auf Vorschlag der Kontingentsherren auf die Dauer von mindestens 2 Jahren.

4. Das Verfahren lehnt sich im Allgemeinen an das der Strafproceßordnung an, allerdings mit mannigfachen Abweichungen. Als zweckmäßige Neuerung erscheint die Bestimmung, daß ein Ablehnungsgesuch ohne Weiteres als unzulässig verworfen werden kann, wenn das Gericht einstimmig der Ansicht ist, daß die Ablehnung nur zur Verschleppung angebracht ist, und daß Entscheidungen der Standgerichte, Kriegs- und Oberkriegsgerichte, durch welche ein Ablehnungsgesuch für unbegründet erklärt wird, nur mit der Entscheidung in der Hauptsache angefochten werden kann. Es wird damit einem Mißbrauch des Ablehnungsrechts entgegengetreten, der nach den Bestimmungen der C.P.O. und St.P.O. sehr wohl möglich ist und in der Praxis der bürgerlichen Gerichte bei einigermaßen geschickter Anwendung des Ablehnungsrechts in gar nicht so seltenen Fällen dazu führte, die Rechtsprechung auf geraume Zeit lahm zu legen.

Bemerkenswerth sind auch die Bestimmungen, daß bei Berechnung der Fristen die Tage nicht mitgezählt werden, an denen der Betreffende durch militärischen Dienst an der Wahrnehmung seiner Rechte verhindert war und daß Wiedereinsetzung in den vorigen Stand auch ohne förmliches Gesuch bewilligt werden kann.

Der Gerichtsherr hat, sobald er von dem Verdacht einer militärgerichtlich zu verfolgenden Strafthat Kenntniß erlangt, ein Ermittelungsverfahren zu veranlassen. Der Gerichtsherr niederer Gerichtsbarkeit beauftragt damit einen Gerichtsofficier, derjenige höherer Gerichtsbarkeit einen Kriegsgerichtsrath. Haftbefehle erläßt der Gerichtsherr. Hinsichtlich der vorläufigen Festnahme gelten im Wesentlichen die Bestimmungen der Str.P.O. Dasselbe gilt hinsichtlich der Zeugenvernehmungen. Die

Beeidigung ist in der Regel bis zur Hauptverhandlung auszusetzen. Der von Zeugen und Sachverständigen zu leistende Eid ist ein Nacheid.

Auf Grund des nach Abschluß des Ermittelungsverfahrens vom Untersuchungsführer erstatteten Berichts bestimmt der Gerichtsherr, ob der Beschuldigte außer Verfolgung zu setzen oder gegen ihn einzuschreiten ist. Im ersteren Fall steht dem Antragsteller, wenn er der Verletzte ist, gegen den ihm zuzustellenden Einstellungsbeschluß binnen einer Woche das Rechtsmittel der Beschwerde an den höheren Gerichtsherrn und gegen dessen ablehnenden Bescheid binnen 14 Tagen der Antrag auf gerichtliche Entscheidung durch das Reichsmilitärgericht zu. Im zweiten Falle beauftrag der Gerichtsherr, sofern er nicht disciplinare Ahndung für angezeigt erachtet oder die Sache an den zuständigen Gerichtsherrn abzugeben ist, in standgerichtlichen Sachen einen Gerichtsofficier, in anderen Sachen einen Kriegsgerichtsrath mit der Erhebung der Anklage. Sehr zweckmäßig erscheint die Bestimmung, daß wenn dem Beschuldigten mehrere strafbare Handlungen zur Last fallen, für die Strafzumessung aber die Feststellung der einen oder anderen Strafthat unwesentlich ist, der Gerichtsherr in Ansehung einer solchen von der Erhebung der Anklage absehen kann und daß eine weitere Anklage wegen der unberücksichtigt gebliebenen Fälle nur innerhalb eines Monats nach Rechtskraft des über die anderen Fälle ergangenen Urtheils zulässig ist.

Die Hauptverhandlung erfolgt öffentlich in Abwesenheit des Gerichtsherrn. Die Oeffentlichkeit kann ausgeschlossen werden, wenn Gefährdung der öffentlichen Ordnung, der Staatssicherheit, militärischer Interessen oder der Sittlichkeit zu besorgen ist. Der Zutritt ist aktiven Militärpersonen nur insoweit gestattet, als sie im Range nicht unter dem Angeklagten stehen. Dem Verletzten kann in jedem Falle der Zutritt gestattet werden.

In der Hauptverhandlung vor dem Reichsmilitärgericht, den Ober-kriegs- und den Kriegsgerichten hat der rangälteste Officier den Vorsitz, während das dienstälteste juristische Mitglied des Gerichtshofs die Verhandlung führt.

Die Beeidigung eines Zeugen darf unterbleiben, wenn die Aussage sich nach der übereinstimmenden Ueberzeugung der Richter als unglaubwürdig oder unerheblich darstellt und in letzterem Falle die Beeidigung nicht beantragt wird.

5. Die Vertheidigung ist erst nach Abschluß des Ermittelungsverfahrens zugelassen, im Verfahren vor den Standgerichten indeß ausgeschlossen. Sie ist nothwendig, wenn ein Verbrechen den Gegenstand der Anklage bildet, es sei denn, daß es sich um eine Strafthat handelt,

die sich nur deshalb, weil sie im Rückfall begangen ist, als Verbrechen darstellt.

Als Vertheidiger sind zugelassen: Officiere des stehenden Heeres und der Marine, des Beurlaubtenstandes, die bei den Militärgerichten beschäftigten Assessoren und Referendare, obere Militärbeamte sowie Rechtsanwalte, welche von der obersten Militärjustizverwaltung — beim Reichsmilitärgericht von dessen Präsidenten — ernannt sind. Ueberdies ist jedem Rechtsanwalt die Uebernahme der Vertheidigung zu gestatten, wenn bestimmte Verbrechen und Vergehen des bürgerlichen Str.G.B. den Gegenstand der Anklage bilden und Gefährdung militärischer Interessen oder der Staatssicherheit nicht zu besorgen ist.

6 Als ordentliche Rechtsmittel kennt die Militärstrafgerichtsordnung die Rechtsbeschwerde, die Berufung und die Revision, Bestimmungen über die sofortige Beschwerde sind nicht aufgenommen; indeß ist die Beschwerde in einer Reihe von Fällen an eine kurze Frist gebunden. Von grundsätzlicher Bedeutung ist die Bestimmung, daß die Berufung gegen die von den Standgerichten und die in erster Instanz ergangenen Urtheile der Kriegsgerichte zulässig ist. — Voraussichtlich wird das Rechtsmittel der Berufung, welches das neue Gesetz den Militärpersonen verliehen hat, den Civilpersonen nicht auf die Dauer versagt werden können. — Die Revision findet nur gegen die Urtheile der Oberkriegsgerichte statt. Eine erhebliche Einschränkung erleiden die Bestimmungen über Zulässigkeit von Rechtsmitteln durch die Vorschrift, daß gegen die im Felde und an Bord ergangenen Urtheile weder Berufung noch Revision stattfindet.

Bemerkenswerth ist noch die allgemeine Bestimmung, daß der Gerichtsherr von den ihm zuständigen Rechtsmitteln auch zu Gunsten des Angeklagten Gebrauch machen kann und daß jedes von dem Gerichtsherrn eingelegte Rechtsmittel die Wirkung hat, daß die angefochtene Entscheidung auch zu Gunsten des Angeklagten abgeändert oder aufgehoben werden kann.

Zur Militärstrafgerichtsordnung ist das Einführungsgesetz vom 15. December 1898 ergangen. Danach kommt dieselbe auch für Bayern und Württemberg nach näherer Bestimmung des Bündnißvertrages vom 23. November 1870 bezw. der Militärconvention vom 21./25. November 1870 zur Anwendung. Nach dem Gesetz vom 9. März 1899 wird indeß für das bayerische Heer ein besonderer Senat bei dem Reichsmilitärgericht errichtet. Für diesen ernennt der König von Bayern den Präsidenten und die Räthe, sowie einen Militäranwalt, bestimmt auch die militärischen Mitglieder desselben. Wenn eine Angelegenheit zugleich Angehörige des bayerischen Heeres und eines anderen Contingents oder der Marine betrifft, so haben der bayerische Senat und ein vom Präsidenten des Reichsmilitärgerichts zu bestimmender anderer Senat zu gemeinschaftlicher Verhandlung und Entscheidung zusammenzutreten.

Mit Rücksicht auf die neue Organisation der Militärgerichtsbehörden ist dann noch das Gesetz vom 1. December 1898 betreffend die Dienstvergehen der richterlichen Militärjustizbeamten erlassen.

Dem strafrechtlichen Gebiet gehört vorwiegend ferner das Reichsgesetz vom 6. Juli 1898 betreffend den Verkehr mit künstlichen Süßstoffen an. Es sind danach unter künstlichen Süßstoffen solche zu verstehen, welche auf künstlichem Wege gewonnen werden und eine höhere Süßkraft als raffinirter Rohr- oder Rübenzucker, aber nicht entsprechenden Nährwerth besitzen. Die Verwendung solcher Süßstoffe zur Herstellung von Nahrungs- und Genußmitteln gilt als Verfälschung im Sinne des Gesetzes vom 14. Mai 1879. Ihre Verwendung bei gewerbsmäßiger Herstellung von Bier, Wein, Fruchtsäften, Conserven, Likören, sowie der Verkauf und das Feilhalten solcher Nahrungs- und Genußmittel, denen künstliche Süßstoffe zugesetzt sind, sind bei Strafe bis zu 6 Monaten Gefängniß oder Geldstrafe bis zu 1500 Mark untersagt.

Den Anforderungen der Gegenwart ist weiterhin durch Erlaß des Reichsgesetzes vom 9. April 1900, betreffend die Bestrafung der Entziehung elektrischer Arbeit, Rechnung getragen. Danach wird mit Gefängniß und mit Geldstrafe bis zu 1500 Mark oder mit einer dieser Strafen belegt, wer einer elektrischen Anlage oder Einrichtung fremde elektrische Arbeit in der Absicht rechtswidriger Zueignung mittels eines Leiters entzieht, der zur ordnungsmäßigen Entnahme von Arbeit aus der Anlage oder Einrichtung nicht bestimmt ist. Daneben kann auf Verlust der bürgergerlichen Ehrenrechte erkannt werden. Der Versuch ist strafbar. Wenn die Handlung in der Absicht, einem anderen Schaden zuzufügen, begangen wird, so ist auf Geldstrafe bis zu 1000 Mark oder Gefängniß bis zu einem Jahr zu erkennen. In diesem Falle tritt die Verfolgung nur auf Antrag ein.

Von weitgehendem Interesse ist sodann das Reichsgesetz vom 25. Juni 1900, betreffend Aenderungen und Ergänzungen des Str.G.B., die vielumstrittene lex Heintze. Es sind dadurch die §§ 180, 181, 184, 362 Str.G.B. anders gefaßt und die §§ 181a, 184a. 184b dem Str.G.B. neu eingefügt worden. Eines näheren Eingehens auf dieses Gesetz glaube ich mich enthalten zu dürfen.

Endlich kommt noch das Reichsgesetz vom 30. Juni 1900 betreffend die Bekämpfung gemeingefährlicher Krankheiten in Betracht. Dasselbe bestimmt eine Anzeigepflicht für den Fall des Eintritts einer Erkrankung oder des Todes an Aussatz, Cholera, Fleck- und Gelbfieber, Pest und Pocken, ordnet weitgehende Schutzmaßregeln, überdies ein Entschädigungsverfahren an und trifft schließlich Strafvorschriften. Gewisse Zuwiderhandlungen gegen das Gesetz werden mit Gefängniß bis zu 3 Jahren bestraft.

Auf dem Gebiete der Gerichtsverfassung ist insbesondere das Reichsgesetz vom 7. April 1900 über die Consulargerichtsbarkeit zu erwähnen. Dasselbe enthält eine umfassende Neuordnung der Zuständigkeit der Consuln und Consulatsgerichte, ferner des Verfahrens in Civil- und Strafsachen sowie in Angelegenheiten der freiwilligen Gerichtsbarkeit.

Weiter ist hier noch die Verordnung des Reichskanzlers vom 8. März 1900 zu vermerken, welche gemäß § 961 C.P.O. das Amtsgericht I in Berlin für zuständig im Aufgebotsverfahren zum Zwecke der Todeserklärung eines Verschollenen erklärt, der weder einen inländischen Wohnsitz gehabt hat noch einem Bundesstaate angehört.

Auch für die deutschen Schutzgebiete ist eine Reihe von Gesetzen und Verordnungen ergangen.

Das Gesetz vom 2. Juli 1899, betreffend die Abänderung und Ergänzung des Gesetzes über die Rechtsverhältnisse der Schutzgebiete, bestimmt, daß deutschen Colonialgesellschaften auf Grund eines vom Reichskanzler genehmigten Gesellschaftsvertrages vom Bundesrath die Fähigkeit beigelegt werden kann, unter ihrem Namen Rechte, besonders Eigenthum und andere dingliche Rechte an Grundstücken zu erwerben, Verbindlichkeiten einzugehen, vor Gericht zu klagen und verklagt zu werden, sowie daß den Gläubigern einer solchen Gesellschaft nur deren Vermögen haftet.

Durch Kaiserliche Verordnung vom 27. März 1899 hat das Reich die Schutzgebiete Deutsch-Neu-Guinea übernommen. Die der Neu-Guinea-Compagnie ertheilten Schutzbriefe sind damit außer Kraft getreten.

Durch die Kaiserliche Verordnung vom 18. Juli 1899 sind die Inselgruppen der Carolinen, Palau und Mariannen und durch Erlaß vom 17. Februar 1900 die Samoainseln westlich des 171 Längengrades den Schutzgebieten zugefügt worden.

Die Verordnung vom 17. Februar 1900, betreffend die Rechtsverhältnisse in Samoa, erklärt das Gesetz über die Consulatsgerichtsbarkeit mit gewissen Modificationen für anwendbar auf die Verhältnisse in Samoa.

Endlich ermächtigt eine Verordnung vom 4. April 1900 den Gouverneur von Kamerun zum Erlaß von Anordnungen zum Schutze des Waldbestandes.

II. Landesgesetze aus Anlaß des B.G.B. und der Nebengesetze desselben.

Die Gesetzgebung der einzelnen Bundesstaaten ist in Folge des Erlasses des B.G.B. und der dazu ergangenen Nebengesetze während der Berichtsperiode eine ungewöhnlich reichhaltige gewesen. Es handelt sich eben darum, die durch die Reichsgesetze geschaffenen einheitlichen Rechtsgrundlagen den Verhältnissen der einzelnen Bundesstaaten entsprechend auszugestalten und praktisch anwendbar zu machen. Dabei haben die Bundesstaaten von der ihnen insbesondere durch das E.G. z B.G.B. gegebenen Befugniß, für zahlreiche Rechtsinstitute Sondervorschriften zu treffen, wie zu erwarten war, ausgiebigen Gebrauch gemacht.

Ich kann es nicht als meine Aufgabe erachten, die Daten der in sämmtlichen Bundesstaaten zum B.G.B. und dessen Nebengesetzen erlassenen Ausführungsgesetze und Verordnungen anzugeben und auf alle Einzelheiten der diesbezüglichen Bestimmungen einzugehen. Ich würde dabei das für die Berichterstattung übliche Maß bei Weitem überschreiten müssen und doch ein ganz vollständiges Bild der Rechtsentwickelung in den Einzelstaaten kaum geben können. Ich muß mich vielmehr darauf beschränken, solche Bestimmungen der Landesgesetze hervorzuheben, die als besonders bemerkenswerth für die Zwecke des Juristentages erscheinen.

A. Im Allgemeinen.

Die Ausführungsgesetze befassen sich durchweg zunächst mit dem Stiftungs- und Vereinswesen, indem sie mit größerer oder geringerer Ausführlichkeit die Mitwirkung des Staats bei der Errichtung von Stiftungen und rechtsfähigen Vereinen, das Aufsichtsrecht und die Befugniß zu Abänderungen der Stiftungsurkunden und Satzungen regeln.

Das Preußische Ausführungsgesetz vom 20. September 1899 enthält insbesondere eingehende Vorschriften über die Familienstiftung, ordnet das Verfahren bei Familienschlüssen, durch welche eine Aenderung der Verfassung sowie die Aufhebung der Stiftung selbst dann erfolgen kann, wenn dies in der Stiftungsurkunde oder durch früheren Familienschluß verboten ist, und bestimmt hinsichtlich der Stiftungen, die nicht Familienstiftungen sind, daß Aenderungen der Verfassung oder Aufhebung der Stiftung durch Beschluß des Vorstandes mit staatlicher Genehmigung zulässig sind. In einer Reihe von Bundesstaaten sind die Grenzen behördlicher Einwirkung auf die Rechtsverhältnisse der Stiftung besonders weit gezogen. So bestimmt z. B. das Hamburger Ausführungsgesetz vom 14. Juli 1899, daß der Senat schon bei der Genehmigung die Bestimmungen des Stiftungsgeschäfts über die Verfassung der Stiftung abändern und ergänzen kann, daß dazu, wenn der Stifter noch am Leben ist, dessen Genehmigung, nach seinem Tode nur die Anhörung seiner Erben nötig ist, daß der Senat auch nachträglich die Verfassung der Stiftung ändern oder ergänzen kann und daß er Mitglieder des Vorstandes der Stiftung aus wichtigen Gründen entlassen und durch andere Personen ersetzen darf. Aehnliche Vorschriften finden sich im Lübischen Ausführungsgesetz vom 30. Oktober 1899, im Bremischen vom 18. Juli 1899 und im Weimarer Ausführungsgesetz vom 5. April 1899.

In Ansehung der juristischen Personen sind durch die Ausführungsgesetze mannigfache Erwerbsbeschränkungen aufgestellt oder beibehalten worden. So bedürfen nach dem Preußischen Ausführungsgesetz ausländische juristische Personen zum Erwerbe von Grundstücken stets, juristische Personen, die in einem anderen Bundesstaat ihren Sitz haben, dann, wenn es sich um Grundstücke im Werthe von mehr als 5000 Mark handelt, der Genehmigung des Königs oder der durch Königliche Verordnung bestimmten Behörde. Juristische Personen, die in Preußen ihren Sitz haben, bedürfen zum Erwerbe von Grundstücken im Werthe von mehr als 5000 Mark in der Regel der Genehmigung der staatlichen Aufsichtsbehörde. Unter wesentlicher Aufrechterhaltung der im Gesetz vom 23. Februar 1870 getroffenen Bestimmungen ist überdies bestimmt, daß Schenkungen und Verfügungen von Todeswegen an juristische Personen zur Wirksamkeit der Genehmigung des Königs oder der von diesem bestimmten Behörde bedürfen, wenn Gegenstände im Werthe von mehr als 5000 Mark in Betracht kommen.

Nach Bayerischem Ausführungsgesetz vom 9. Juni 1899 bedürfen geistliche Gesellschaften zum Erwerbe von Gegenständen des unbeweglichen Vermögens sowie zur Annahme von Schenkungen oder Zuwendungen von Todeswegen landesherrlicher Genehmigung, wenn es sich um Gegenstände im Werthe von mehr als 10 000 Mark handelt. Ausländische juristische Personen, die religiöse oder wohlthätige Zwecke oder Zwecke des Unterrichts oder der Erziehung verfolgen, haben diese Genehmigung schon bei Gegenständen im Werthe über 5000 Mark, im Falle des Erwerbs von Grundeigenthum sogar ohne Rücksicht auf den Werth nöthig. Ebenso ist durch die Mecklenburgischen Ausführungsverordnungen vom 9. April 1899 der Erwerb von Landgütern im Werthe von mehr als 5000 Mark Seitens juristischer Personen an eine Genehmigung geknüpft und zwar in Strelitz an die des Landesherrn, in Schwerin an die des Justizministers. Von der Genehmigung wird abgesehen, wenn eine juristische Person ein Grundstück, an welchen ihr eine Hypothek, Grund- oder Rentenschuld zusteht, im Wege der Zwangsversteigerung erwirbt; es muß jedoch in diesem Falle das Grundstück binnen drei Jahren weiter veräußert werden. Nach den Mecklenburgischen Ausführungsverordnungen zum H.G.B. vom 9. April 1899 können überdies auch Handelsgesellschaften Lehngüter nur mit landesherrlicher Genehmigung, Landgüter im Werthe von mehr als 5000 Mark, die entweder allodificirte Lehngüter, Schutzanlehn oder Erbpachtsgrundstücke sind, nur mit Genehmigung der Landesregierung erwerben.

Nach den Ausführungsgesetzen einiger Bundesstaaten ist ferner die Erwerbsfähigkeit von Ausländern beschränkt. So bedürfen nach dem Hessischen Ausführungsgesetz vom 17. Juli 1899 Ausländer zum Erwerbe von Grundstücken insoweit der staatlichen Genehmigung, als nicht die Gegenseitigkeit verbürgt ist. In Hamburg ist der Erwerb von Grundeigenthum durch Ausländer schlechthin an die Genehmigung des Senats geknüpft.

B. Recht der Schuldverhältnisse.

Auf dem Gebiete des Rechts der Schuldverhältnisse haben insbesondere der Leibgedingevertrag und der Gesindevertrag besondere landesgesetzliche Regelung erfahren.

1. In Preußen hat man sich hinsichtlich des Gesinderechts im Wesentlichen darauf beschränkt, die Vorschrift des § 616 B.G.B. auf das Gesindeverhältniß für anwendbar zu erklären und anzuordnen, daß der Dienstberechtigte seine Entschädigungsansprüche wegen Verletzung der dem Gesinde obliegenden Verpflichtungen gegen dessen Lohnforderung aufrechnen kann.

In den diesbezüglichen Bestimmungen der meisten anderen Bundesstaaten ist der Einfluß, den die Einberung des Dienstboten zur Erfüllung seiner Militärpflicht auf das Dienstverhältniß hat, ausdrücklich geregelt.

Eigenartig erscheint die in den Mecklenburgischen Ausführungsverordnungen getroffene Bestimmung, daß der zur Dienstleistung Verpflichtete ungeachtet eines in der Person des Dienstberechtigten eintretenden Wechsels „zur Stelle und im Dienst" bleibt. In den Gesindeordnungen vom 9. April 1899 ist diese Vorschrift näher dahin bestimmt, daß landwirthschaftliches Gesinde, wenn während der Dienstzeit ein Wechsel in der Person des Dienstherrn eintritt, das Recht und die Pflicht hat, bis zu dem auf den Wechsel folgenden nächsten Herbstumzugstermin im Dienst zu bleiben.

Eine entsprechende Bestimmung findet sich im Braunschweigischen Gesetz vom 12. Juni 1899 betreffend die Abänderung der Gesindeordnung. Danach werden die Dienstverträge mit Acker- und Hofgesinde zu Martini beendigt, wenn der Dienstherr die Wirthschaft 3 Monate vor

Martini abgiebt, müssen aber bis Martini des nächsten Jahres ausgehalten werden, wenn die Abgabe der Wirthschaft innerhalb der letzten 3 Monate vor Martini erfolgt.

Es mag hier auch noch die durch die Weimarer Gesindeordnung vom 11. Oktober 1899 getroffene, anscheinend recht zeitgemäße Vorschrift erwähnt werden, nach welcher die Herrschaft dem Dienstboten den Aufwand untersagen kann, welchen sie dessen Verhältnissen nicht angemessen findet. Durch das angezogene Gesetz ist im Uebrigen auch den Gemeindevorständen die Befugniß eingeräumt, wegen Uebertretung der Gesindeordnung Polizeistrafen zu verhängen, die in Rechtskraft übergehen, wenn nicht binnen 10 Tagen Klage beim ordentlichen Gericht erhoben wird.

2. Abgesehen von Preußen, für welches bereits ein Wildschadengesetz vom 11. Juli 1891 ergangen ist, sind in den meisten Bundesstaaten auch eingehende Bestimmungen über den Wildschaden getroffen. Dabei ist zumeist bestimmt, daß die Ermittelung und Festsetzung des Schadens von Verwaltungsbehörden oder in einem schiedsgerichtlichen Verfahren zu erfolgen hat und daß gegen die erlassenen Bescheide die Beschreitung des Rechtswegs innerhalb bestimmter Fristen zulässig ist. Das Sächsische Gesetz vom 28. Mai 1899 bestimmt indeß, daß die Streitigkeiten über Ersatz von Wildschäden unter Ausschluß des Rechtswegs im Verwaltungswege durch die Amtshauptmannschaft zu entscheiden sind. Ebenso ordnen das Weimarer Ausführungsgesetz vom 5. April 1899 und das Anhalt'sche Wildschadengesetz vom 21. April 1899 an, daß die Ermittelung und Feststellung der Entschädigungen im Verwaltungswege unter Ausschluß des Rechtsweges stattfinden.

Bemerkenswerth erscheint auch die Bestimmung des Elsaß-Lothringischen Ausführungsgesetzes vom 17. April 1899, daß zum Zwecke einer gleichmäßigen Vertheilung der Ausgaben, welche den Gemeinden durch die Verpflichtung zum Ersatz von Schwarzwildschäden erwachsen, sämmtliche Gemeinden eine Wildschadensgenossenschaft mit dem Sitz in Straßburg bilden.

3. Das Bayerische Ausführungsgesetz z. B.G.B. hat den wirthschaftlich wichtigen Bierlieferungsvertrag besonders geregelt. Es wird darunter der Vertrag zwischen dem Brauer und dem Wirth über die Lieferung von Bier verstanden. Dabei ist bestimmt, daß der Wirth Mangels sonstiger Vereinbarung seinen Bedarf an Bier ausschließlich von dem betreffenden Brauer zu entnehmen und der Brauer das jeweils verlangte Bier zu liefern hat.

4. Vielfach enthalten die Ausführungsgesetze ferner Sondervorschriften

über Verjährung gewisser Ansprüche, über die Haftpflicht des Staats wegen Verschuldung der Beamten, über die Behandlung der Fundsachen sowie über das Enteignungswesen. Ueber den letzteren Gegenstand sind in einigen Bundesstaaten besondere Gesetze ergangen.

Ueberall sind ferner, theils in den Ausführungsgesetzen theils in besonderen Gesetzen oder Verordnungen Vorschriften über die Hinterlegung erlassen.

Das Preußische Ausführungsgesetz hat die Hinterlegungsordnung vom 14. März 1879 in vielen Punkten abgeändert. Als Hinterlegungsstellen sind in Preußen neben den bisherigen Stellen durch eine ministerielle Verordnung vom 17. December 1899 noch 15 andere Anstalten für die Hinterlegung von Werthpapieren zugelassen worden.

In der überwiegenden Mehrzahl der Bundesstaaten sind die Amtsgerichte als amtliche Hinterlegungsstellen bezeichnet. Das trifft insbesondere für Bayern zu; indeß ist durch Verordnung vom 18. December 1899 angeordnet, daß die Besorgung des Hinterlegungwesens der Königlichen Bank in München übertragen werden kann.

Nach dem Württembergischen Ausführungsgesetz vom 28. Juli 1899 sind Hinterlegungsstellen die Kassen der Amts- und Landgerichte und des Oberlandesgerichts.

Durch die für das Fürstenthum Reuß jüngerer Linie erlassene Hinterlegungsordnung vom 10. August 1899 ist bestimmt, daß die Hinterlegung bei den Amtsgerichten und dem Landgericht zu erfolgen hat, und zwar bei dem letzteren dann, wenn die Hinterlegung im Zusammenhang mit einer bei demselben anhängigen Angelegenheit steht. Eine entsprechende Bestimmung findet sich im Anhalt'schen Ausführungsgesetz. Das Braunschweigische Gesetz vom 12. Juni 1899 hat die Herzogliche Leihhausanstalt in Braunschweig als amtliche Hinterlegungsstelle für Geld, Inhaber- und Legitimationspapiere sowie für Kostbarkeiten, die Amtsgerichte als solche für andere Werthsachen und andere Urkunden bezeichnet.

Das Elsaß-Lothringische Gesetz vom 1. November 1899 bestimmt die Staatsdepositenverwaltung als Hinterlegungsstelle für Geld, Werthpapiere, sowie sonstige Urkunden und für Kostbarkeiten.

Das Meiningen'sche Gesetz vom 27. December 1899 bezeichnet die Landeskreditanstalt in Meiningen als Hinterlegungsstelle.

Das Oldenburgische Ausführungsgesetz vom 15. Mai 1899 enthält die Sondervorschrift, daß Mündelgeld nicht bei dem Amtsgericht als der amtlichen Hinterlegungsstelle zu hinterlegen ist.

In den meisten Bundesstaaten gilt der Grundsatz, daß hinterlegtes baares Geld in das Eigenthum des Staats übergeht. Für Württemberg ist besonders bestimmt, daß der Eigenthumsübergang auf den Staat nur eintritt, wenn der Hinterleger bei der Hinterlegung keine abweichende Bestimmung getroffen hat. Die Bremische Hinterlegungsordnung vom 18. Juli 1899 beschränkt den Eigenthumsübergang des Geldes auf den Staat ausdrücklich auf Geld, welches in Reichswährung hinterlegt ist. Das vorerwähnte Oldenburgische Gesetz enthält die Sonderbestimmung, daß Gelder, welche 5 Jahre lang hinterlegt gewesen sind, ohne daß in Betreff derselben Verhandlungen stattgefunden haben, in das Eigenthum des Staats übergehen und daß, wenn späterhin Ansprüche erhoben werden, das hinterlegte Geld ohne Zinsen zurückzuzahlen ist.

Es zeigt diese Erörterung bereits, daß das für die Praxis wichtige Hinterlegungswesen in den einzelnen Bundesstaaten recht verschieden gestaltet ist, und es kann sich fragen, ob etwa eine größere Einheitlichkeit zu erstreben sein möchte.

C. Sachenrecht.

Einen breiten Raum nehmen die landesgesetzlichen Vorschriften über das Immobiliarsachenrecht ein.

1. Von besonderer praktischer Bedeutung erscheinen zunächst die Vorschriften über die Form der Verträge, insbesondere die Zuständigkeit der Urkundspersonen.

In Preußen ist es bei der Regel der §§ 313, 875 B.G.B., daß für die Verträge über Uebertragung des Eigenthums an einem Grundstück, über die Belastung eines Grundstücks mit einem Recht, sowie über die Uebertragung oder Belastung eines eingetragenen Rechts gerichtliche oder notarielle Beurkundung erforderlich ist, belassen worden. Eine Ausnahme bildet zunächst der Rentengutsvertrag. Für diesen genügt, bei den durch Vermittelung der Generalcommission begründeten und bei den vom Staate ausgegebenen Rentengütern die einfache Schriftform. Das Gleiche gilt für den in den §§ 16, 17 des Enteignungsgesetzes vom 11. Juni 1874 bezeichneten Vertrag über die freiwillige Abtretung von Grundeigenthum. Ueberdies ist bestimmt, daß, wenn in einem Vertrage über die Uebertragung von Eigenthum an einem in Preußen belegenen Grundstück einer der Vertragsschließenden durch eine öffentliche Behörde vertreten wird, zur Beurkundung auch der Beamte zuständig ist, welcher von dem Vorstande der betreffenden Behörde oder von der vorgesetzten Behörde bestimmt ist. Ferner sind im vormaligen Herzogthum Nassau an Orten, die nicht Sitz eines Amtsgerichts sind, auch die Bürgermeister zuständig, Kauf- und Tauschverträge über Grundstücke ihres Amtsbezirks zu beurkunden, wenn der Kaufpreis oder der Werth des eingetauschten Gegenstandes nicht mehr als 500 Mark beträgt. Diese Befugniß der Bürgermeister ist auf Grund der Verordnung vom 20. December 1899 über die Ortsgerichte in den Oberlandesgerichten Frankfurt a. M. und Cassel in Ansehung der Gemeinden, welche in einem der Verordnung beigegebenen Verzeichniß vermerkt sind, auf die Ortsgerichte übergegangen.

Auch hinsichtlich der Auflassung und der Bestellung oder Uebertragung eines Erbbaurechts ist es in Preußen bei der Regel des B.G.B. (§§ 925, 1015), nach welcher die erforderlichen Erklärungen bei gleichzeitiger Anwesenheit beider Theile vor dem Grundbuchamt abzugeben sind, verblieben. Ausnahmsweise kann hinsichtlich der im früheren Geltungsbereich des Rheinischen Rechts belegenen Grundstücke die Auflassung, sowie die zur Bestellung oder Uebertragung eines Erbbaurechts erforderliche Einigung auch vor einem anderen Preußischen Gericht oder vor einem Preußischen Notar erklärt werden; es kann indeß jeder Theil verlangen, daß die Auflassung vor dem Grundbuchamt erfolgt. Ueberdies bedarf es der gleichzeitigen Anwesenheit beider Theile hinsichtlich der vorbezeichneten Grundstücke bei der Auflassung nicht, wenn die Grundstücke durch ein Amtsgericht oder einen Notar versteigert worden sind und die Auflassung noch im Versteigerungstermin stattfindet.

In einer Reihe von Bundesstaaten — Bayern, Baden, Hamburg, Bremen, Elsaß-Lothringen — gilt der Grundsatz, daß die Amtsgerichte für Beurkundungen, die nach einem Reichsgesetz durch Gericht oder Notar zu bewirken sind, nicht zuständig sind.

Im Uebrigen ist für Bayern bestimmt, daß in Ansehung der in Bayern liegenden Grundstücke die Einigung der Parteien bei Uebertragung von Grundeigenthum und Bestellung eines Erbbaurechts außer vor dem Grundbuchamt auch vor einem bayerischen Notar erfolgen kann und daß, wenn ein Grundstück durch einen Notar versteigert wird und die Auflassung noch im Versteigerungstermin stattfindet, nicht die gleichzeitige Anwesenheit beider Theile erforderlich ist.

In Württemberg kann nach dem Ausführungsgesetz vom 28. Juli 1899 die Beurkundung eines Vertrages über die Uebertragung von Grundeigenthum nicht nur vor dem Grundbuchbeamten, sondern auch vor dem Rathsschreiber hinsichtlich der in dessen Bezirk belegenen Grundstücke erfolgen. Die Auflassung, sowie die Bestellung eines Erbbaurechts kann gleichfalls vor dem Rathsschreiber erklärt werden. Wenn derselbe indeß weder die höhere noch die niedere Prüfung im Departement der Justiz oder des Innern abgelegt hat, so kann ihm die Befugniß zu solchen Beurkundungen durch Beschluß des vorgesetzten Amtsgerichts nach Anhörung der bürgerlichen Collegien entzogen werden.

In Baden sind die Amtsgerichte nach dem Gesetz vom 17. Juni 1899 über die freiwillige Gerichtsbarkeit und das Notariat, abgesehen von einigen dem Familienrecht angehörigen Fällen ausnahmsweise, insofern ihnen die Geschäfte des Grundbuchamts übertragen sind, zur Aufnahme der öffentlichen Urkunden, welche aus Anlaß der ihnen obliegenden Grundbuchführung errichtet werden, zuständig. Die Rathsschreiber der Gemeinden sind als Hülfsbeamte der Grundbuchbeamten ermächtigt, in Abwesenheit der Letzteren bezüglich der zum Grundbuchamt gehörigen Grundstücke die im § 313 B.G.B. bezeichneten Verträge, die auf Grund solcher Verträge erklärte Auflassung, sowie die Einigung über die Bestellung von Sicherungshypotheken zu beurkunden.

Nach dem Sächsischen Ausführungsgesetz vom 18. Juni 1898 kann die Auflassung eines Grundstücks, sowie die Erklärung eines Betheiligten nach § 873 B.G.B., sofern das Grundstück in Sachsen liegt, vor jedem deutschen Gericht oder einem deutschen Notar erklärt werden.

Im Elsaß-Lothringischen Ausführungsgesetz vom 6. November 1899 zum Gesetz über die freiwillige Gerichtsbarkeit bezw. zur Grundbuchordnung wird auch die Zuständigkeit von gewissen Verwaltungsbeamten zur Beurkundung für den Fall anerkannt, daß es sich um Angelegenheiten des Fiscus, der Gemeinden u. s. w. handelt. Die Erklärung über die Auflassung oder Bestellung eines Erbbaurechts kann auch vor einem Elsaß-Lothringischen Notar abgegeben werden.

Nach dem Hamburger Gesetz vom 29. December 1899 sind ausnahmsweise auch die Amtsgerichte als Grundbuchämter zuständig, Schuldurkunden, in denen zugleich die Eintragung bewilligt wird, sowie Abtretungen, Verpfändungen und Quittungen über eingetragene Forderungen aufzunehmen oder zu beglaubigen. Nach dem Bremischen Ausführungsgesetz vom 18. Juli 1899 kann die Auflassung, sowie die Bestellung eines Erbbaurechts außer vor dem Grundbuchamt auch vor einem bremischen Notar erfolgen.

Nach dem Lübischen Ausführungsgesetz vom 30. Oktober 1899 kann die Auflassung außer vor dem Grundbuchamt auch vor einem deutschen Amtsgericht oder Notar erklärt werden. Derselbe Grundsatz gilt — auch hinsichtlich des Erbbaurechts — in Schwarzburg-Rudolstadt nach dem Ausführungsgesetz vom 11. Juli 1899, sowie in Anhalt nach dem Ausführungsgesetz zum B.G.B.

In dem für das Fürstenthum Reuß jüngerer Linie ergangenen Ausführungsgesetz vom 10. August 1899 ist bestimmt, daß die Auflassung,

Bestellung oder Uebertragung eines Erbbaurechts, sowie die Einigung nach § 873 B.G.B. vor dem Grundbuchamt, sowie vor einem anderen Amtsgericht oder vor einem Notar des Fürstenthums erfolgen kann.

In Weimar sind nach dem Ausführungsgesetz vom 5. April 1899 für die Beurkundung eines Vertrages, durch welchen Grundeigenthum übertragen wird, neben den Gerichten und Notaren auch die Gerichtsschreiber bei dem Amtsgericht und die Gemeindevorsteher — und zwar diese hinsichtlich der in ihrem Gemeindebezirk belegenen Grundstücke —, für die Beurkundung der Erklärung aus § 873 G.B.O. neben den Gerichten und Notaren auch die Gerichtsschreiber bei den Amtsgerichten, für die Auflassung und Beurkundung der Bestellung oder Uebertragung eines Erbbaurechts nicht nur die Grundbuchämter, sondern jedes andere deutsche Gericht und jeder deutsche Notar, sowie der Gerichtsschreiber des Amtsgerichts zuständig, in dessen Bezirk das Grundstück liegt. Die Gerichtsschreiber sollen sich jedoch solcher Geschäfte nur mit Ermächtigung ihrer vorgesetzten Behörde unterziehen.

In Coburg-Gotha sind nach dem Ausführungsgesetz vom 20. November 1899 für die Beurkundung von Verträgen nach §§ 313, 873 B.G.B. Gerichte und Notare, ferner gewisse Verwaltungsbehörden, falls sie mit der betreffenden Angelegenheit befaßt sind, sowie die Vorstände der Gemeinden, in deren Bezirk die Grundstücke oder einer derselben liegen, zuständig. Eine wesentlich gleiche Bestimmung gilt in Meiningen nach dem Ausführungsgesetz vom 9. August 1899 mit der Maßgabe, daß auch die Gerichtsschreiber der Amtsgerichte zuständig sind, die betreffenden Beurkundungen vorzunehmen.

Ganz eigenartig ist endlich die Bestimmung des Lippe-Detmold'schen Ausführungsgesetzes vom 17. November 1899, daß in allen Fällen, in denen im B.G.B. gerichtliche oder notarielle Beurkundung erfolgen soll, ausschließlich gerichtliche Beurkundung einzutreten hat.

Die Erörterung, die keine vollständige sein soll, zeigt, daß in den deutschen Bundesstaaten eine ungemein große Verschiedenheit hinsichtlich der Behörden und Personen, von welchen die in Betracht kommenden Erklärungen zu beurkunden sind, herrscht und daß die Prüfung, ob im einzelnen Fall eine gültige Beurkundung erfolgt ist, nicht immer leicht sein wird.

2. In den Ausführungsgesetzen finden sich ferner besondere Vorschriften über das Lehn-, Fideicommiß-, Stammguts- und Erbpachtsrecht.

Bemerkenswerth erscheinen hier zunächst die Mecklenburgischen Ausführungsverordnungen. Durch dieselben werden nicht nur die bisherigen lehnrechtlichen Bestimmungen aufrecht erhalten, sondern wird auch angeordnet, daß jetzt noch Lehen begründet werden können. Hinsichtlich der Fideicommisse ist bestimmt, daß Entfreiung von der Fideicommißsatzung durch landesherrliche Verfügung erfolgen kann. Auch das Erbpachtrecht mit Einschluß des Büdner- und Häuslerrechts ist im Wesentlichen aufrecht erhalten.

Abweichend hiervon ist in zahlreichen Bundesstaaten speciell die Neubegründung einer Erbpacht untersagt. So bestimmt das Oldenburgische Gesetz vom 25. April 1899 betreffend das nutzbare Eigenthum, daß Grundstücke nicht mehr in Erbpacht, Grundheuer u. s. w. gegeben werden können. Denselben Grundsatz spricht das Weimarer Ausführungsgesetz z. B.G.B. mit dem Zusatze aus, daß auf die bestehenden Erbpachtrechte der § 1017 B.G.B. (betreffend das Erbbaurecht) Anwendung finden soll.

Nach Lübischem Ausführungsgesetz zum B.G.B. können in Zukunft nur noch Grundstücke des Staats und öffentlich rechtlicher Anstalten, andere Grundstücke nur mit Genehmigung des Senats mit Erbpachtsrechten belastet werden. Auch in Coburg-Gotha Reuß jüngerer und älterer Linie und Schwarzburg-Rudolstadt ist in Zukunft die Begründung von Erbpacht ausgeschlossen.

Das Badische Ausführungsgesetz hat das Stammgutswesen zum Gegenstand besonderer Regelung gemacht. Gegenstand eines Stammguts kann fortan nur liegenschaftliches Vermögen und dessen bewegliches Zubehör bis zu 10 pCt. bilden. Die jährlichen Einkünfte sollen beim Ritterstande 7—14 000 Mark, beim Herrenstande 26—52 000 Mark betragen. Die bisherigen Stammgüter bleiben bestehen; neue können nur mit staatlicher Genehmigung errichtet werden. Solcher Genehmigung bedarf es auch, abgesehen von der Zustimmung der Stammgutsgenossen, zur Veräußerung und Belastung des Stammguts.

In diesem Zusammenhange mag auch noch die Sonderbestimmung des Sächsischen Ausführungsgesetzes zum B.G.B. vom 18. Juni 1898 erwähnt werden, nach welcher ein Grundstück mit Genehmigung des Justizministers in der Weise belastet werden kann, daß dem Berechtigten das veräußerliche und vererbliche Recht zum Abbau eines den bergbaulichen Vorschriften nicht unterliegenden Minerals zusteht.

3. In einer großen Anzahl von Ausführungsgesetzen ist ferner die Theilung von Grundstücken, in einigen auch die Vereinigung und Zuschreibung erheblichen Beschränkungen unterworfen worden.

Für Preußen sind neue Bestimmungen hierüber nicht ergangen.

Nach dem Hessischen Ausführungsgesetz vom 17. Juli 1899 ist mit einigen Ausnahmen die Theilung von Grundstücken nur insoweit zulässig, als dabei keine selbständigen Trennstücke unter 10 ar Acker, 6 ar Wiese,

50 ar Waldfläche entstehen. Zur Theilung von Waldgrundstücken, sowie zur getrennten Veräußerung solcher ist ministerielle Genehmigung nöthig. Die Theilung eines Gebäudes ist nur mit polizeilicher Genehmigung und nur unter der Voraussetzung zulässig, daß gleichzeitig eine entsprechende Theilung der Grundfläche stattfindet.

In den Hanseatischen Ausführungsgesetzen ist angeordnet, daß Theilung eines Grundstücks nur zulässig ist, wenn dasselbe mit Hypotheken, Grundschulden, Rentenschulden und Reallasten nicht belastet oder der abzuschreibende Theil entlastet wird, es sei denn, daß behördlicherseits Befreiung von dieser Voraussetzung ertheilt wird. Die Theilung städtischer Grundstücke hat in Hamburg und Lübeck ferner zur Voraussetzung, daß alle Theile eine bestimmte geringste Breite an der Straße erhalten. In Lübeck und Bremen ist ferner die Vereinigung eines Grundstücks mit einem anderen nur zulässig, wenn die Grundstücke überhaupt nicht oder nur mit denselben Rechten belastet sind.

In Weimar ist die zuvorige Vertheilung der öffentlichen Lasten Voraussetzung für die Theilung ländlicher Grundstücke. Im Uebrigen gelten dort ähnliche Bestimmungen wie in Hessen.

In Reuß älterer Linie ist die Vereinigung und Zuschreibung von Grundstücken nur zulässig, wenn eine gleiche Belastung mit Reallasten, Hypotheken, Grund- und Rentenschulden herbeigeführt wird.

Ganz eigenartige Vorschriften enthält das Württembergische Ausführungsgesetz zum B.G.B. Danach darf derjenige, der ein oder mehrere Grundstücke im Flächeninhalt von wenigstens drei Hectar, die bisher zusammen bewirthschaftet waren, durch Kauf oder Tausch erworben hat, die Liegenschaften vor Ablauf von drei Jahren nur im Ganzen, anderenfalls nicht mehr als $1/4$ durch Kauf oder Tausch weiter veräußern. Nur ausnahmsweise ist stückweiser Abverkauf zulässig, insbesondere mit Genehmigung der Kreisregierung, die nur dann zu ertheilen ist, wenn die stückweise Veräußerung sich nicht als Handelsspeculation darstellt. Die gegen das Verbot erfolgte Veräußerung ist nichtig. Vorsätzliche Zuwiderhandlung wird als Uebertretung bestraft.

4. Die meisten Ausführungsgesetze enthalten weiterhin Vorschriften über die Belastung der Grundstücke mit Reallasten.

Das Preußische Ausführungsgesetz bestimmt in dieser Hinsicht, daß auch im linksrheinischen Theile der Rheinprovinz, im Kreise Herzogthum Lauenburg und auf Helgoland einem Grundstücke beständige Abgaben und Leistungen mit Ausnahme fester Geldabgaben als Reallasten nicht auferlegt werden können, daß vertragsmäßig das Kündigungsrecht des Eigenthümers nicht auf mehr als 30 Jahre ausgeschlossen und ein höherer

Ablösungsbeitrag als der 25fache Betrag der Rente nicht festgesetzt werden kann.

Nach dem Bayerischen Ausführungsgesetz kann als Reallast außer dem Recht auf Leistungen, die zu einer Leibrente, insbesondere einem Ausgedinge gehören, nur das Recht auf regelmäßig wiederkehrende Leistungen von einem fest bestimmten Geldbetrage oder fest bestimmten Mengen von Bodenerzeugnissen bestellt werden. Dabei muß der Geldbetrag bestimmt werden, durch dessen Zahlung der Eigenthümer die Last ablösen kann.

Nach Elsaß-Lothringen'schem Ausführungsgesetz zum B.G.B. kann ein Grundstück mit einer Reallast nur für wiederkehrende Leistungen belastet werden, zu welchen sich der Erwerber des Grundstücks längstens auf die Lebenszeit des Veräußerers oder eines Dritten verpflichtet hat, also insbesondere mit einem Altentheil oder Leibgedinge.

Im Weimarer Ausführungsgesetz zum B.G.B. ist bestimmt, daß Belastungen eines Grundstücks mit Reallasten nur in der Weise zulässig sind, daß die Reallast mit dem Tode des Berechtigten erlischt und daß die Bestallung einer Reallast zu Gunsten des jeweiligen Eigenthümers eines anderen Grundstücks unzulässig ist.

5. Zumeist ist in den Ausführungsgesetzen auch noch das Kündigungsrecht des Eigenthümers hinsichtlich der Hypotheken, Grund- und Rentenschulden geregelt.

In Preußen ist hierüber bestimmt, daß das Kündigungsrecht des Eigenthümers nur insoweit ausgeschlossen werden darf, daß er nach 20 Jahren unter Einhaltung einer sechsmonatigen Frist kündigen kann.

Ein Eingehen auf die denselben Gegenstand betreffenden Bestimmungen der anderen Landesgesetze würde zu weit führen.

D. Familienrecht.

Die Ausführungsgesetze enthalten sodann durchweg Vorschriften über den Güterstand der zur Zeit des Inkrafttretens des B.G.B. bestehenden Ehen. Besonders eingehende Bestimmungen hierüber giebt das Preußische Ausführungsgesetz und die auf Grund desselben erlassene Königliche Verordnung vom 20. December 1899.

Es sind in allen Bundesstaaten ferner Vorschriften über die Aenderung der Familiennamen, über die Ehelichkeitserklärung, die Annahme an Kindesstatt, über die Behörden, welchen gegenüber die in Betracht kommenden Erklärungen abzugeben sind und welche die etwa erforderliche Genehmigung zu ertheilen haben, gegeben. In den Landesgesetzen sind auch Sondervorschriften über die Anlegung von Mündelgeld getroffen.

In Preußen ist das bekanntlich erst nach heftigen Kämpfen über die Mündelsicherheit der Pfandbriefe geschehen.

In den meisten Bundesstaaten ist es fortan auch zulässig, zur Unterstützung des Waisenrats Waisenpflegerinnen behufs Beaufsichtigung der im Kindesalter stehenden Mündel und Ueberwachung der weiblichen Mündel zu bestellen.

Weiterhin ist landesgesetzlich, zum Theil in den Ausführungsgesetzen, zum Theil in besonderen Gesetzen die Zwangserziehung Minderjähriger neu geregelt worden.

In Preußen ist das durch Gesetz vom 2. Juli 1900 über die Fürsorgeerziehung Minderjähriger geschehen.

Von einer Skizzirung der diesbezüglichen landesgesetzlichen Bestimmungen muß wegen ihres sehr mannigfachen Inhalts hier abgesehen werden.

Als Besonderheit mag hier nur hervorgehoben werden, daß nach dem Elsaß-Lothringischen Ausführungsgesetz zum Gesetz über die freiwillige Gerichtsbarkeit die Staatsanwaltschaft vor jeder Entscheidung über die Anordnung oder die Aufhebung der Zwangserziehung zu hören ist und daß derselben auch ein Beschwerderecht eingeräumt ist. Das Sächsische Ausführungsgesetz zum B.G.B. bestimmt noch besonders, daß auch der Schulvorstand und der Bezirksschulinspector die Anordnung der Zwangserziehung beim Vormundschaftsgericht beantragen können, wenn ein Kind sittlich verwahrlost oder der Verwahrlosung ausgesetzt ist und die der Schule zu Gebote stehenden Zuchtmittel ohne Erfolg sind. Auch nach dem Anhalt'schen Gesetz vom 21. März 1899 ist die Schulbehörde antragsberechtigt.

E. Erbrecht.

Auf dem Gebiete des Erbrechts sind in den Bundesstaaten nur verhältnißmäßig wenige Ausführungsbestimmungen zu den Reichsgesetzen ergangen. Man hat sich im Allgemeinen darauf beschränkt, die amtliche Verwahrungsstelle für Testamente und Erbverträge zu bestimmen. Als solche ist in fast allen Bundesstaaten das Amtsgericht bezeichnet worden, und zwar mit der Maßgabe, daß auch die Notare die von ihnen aufgenommenen letztwilligen Verfügungen dorthin abzuliefern haben. Das Sächsische Gesetz enthält dabei noch die besondere Anordnung, daß die Notare diese Ablieferung persönlich binnen einer Woche zu bewirken haben. Abweichend von der Regel bestimmt das Lübische Ausführungsgesetz zum B.G.B., daß die amtliche Verwahrung von Testamenten und Erbverträgen den Amtsgerichten **und** den Notaren zusteht.

F. Gerichtsverfassung und Verfahren.

Mit Rücksicht auf das B.G.B. und dessen Nebengesetze ist in den Bundesstaaten auch die Organisation der gerichtlichen Behörden und das vor denselben stattfindende Verfahren nach mannigfacher Richtung hin einer Neuregelung unterworfen worden. Hinsichtlich der streitigen Gerichtsbarkeit ist das im Allgemeinen nur in beschränktem Maße geschehen, während sich auf dem Gebiete der freiwilligen Gerichtsbarkeit zum Theil recht erhebliche Neuerungen zeigen.

I. Streitige Gerichtsbarkeit.

1. Besondere Beachtung verdient zunächst eine Bestimmung des Hamburger Ausführungsgesetzes vom 22. December 1899 zur Civilproceßnovelle. Danach kann der Vorsitzende des Proceßgerichts auf Antrag einer Partei und auf deren Kosten anordnen, daß die Aussagen der vor dem Proceßgericht vernommenen Zeugen und Sachverständigen, sofern deren Feststellung nach §§ 160, 161 C.P.O. erforderlich ist, sowie die an dieselben gerichteten Fragen stenographisch aufgezeichnet werden. Die zugezogenen Stenographen sind vor Beginn der Verhandlung auf getreue Niederschrift eidlich zu verpflichten. Die Reinschrift der stenographischen Aufzeichnung ist dem Protocoll beizufügen.

2. Die Entmündigung wegen Trunksucht oder Verschwendung kann nach den ergangenen landesgesetzlichen Vorschriften auch vom Gemeindevorstande oder vom Armenverbande beantragt werden. In Preußen ist dieses Antragsrecht dem Armenverbande eingeräumt, dem die Fürsorge für den zu Entmündigenden im Falle seiner Hülfsbedürftigkeit zufallen würde. Bemerkenswerth erscheint in dieser Hinsicht das Elsaß-Lothringische Ausführungsgesetz zur C.P.O. Danach kann die Entmündigung auf Grund eines Gemeindebeschlusses auch vom Bürgermeister der Gemeinde, in welcher der zu Entmündigende Wohnsitz, Aufenthalt oder letzten Wohnsitz gehabt hat, beantragt werden, sofern der nach § 646 C.P.O. zur Antragstellung Berechtigte nicht in der Gemeinde wohnt oder es unterläßt, innerhalb einer ihm vom Bürgermeister zu setzenden Frist von mindestens 1 Monat den Antrag zu stellen.

3. Hinsichtlich des Zwangsvollstreckungsverfahrens findet sich vielfach die Bestimmung, daß die Zwangsvollstreckung wegen Geldforderungen gegen den Fiscus, eine Gemeinde und andere öffentlich rechtliche Korporationen oder Anstalten nur unter gewissen besonderen Voraussetzungen zulässig ist. Die betreffenden Bestimmungen gehen zumeist dahin, daß die Zwangsvollstreckung erst vorgenommen werden darf, nachdem der be-

treffenden Behörde von der beabsichtigten Zwangsvollstreckung Mittheilung gemacht und seit der Mittheilung eine bestimmte Frist verstrichen ist. In Preußen sind diesbezügliche neuere Bestimmungen nicht ergangen.

In den einzelnen Bundesstaaten sind weiterhin Ausführungsgesetze zum Gesetz betreffend die Zwangsversteigerung und Zwangsverwaltung erlassen. In dieser Beziehung ist hervorzuheben, daß in einigen Staaten die Obliegenheiten des Vollstreckungsgerichts in gewissem Umfange den Notaren zugetheilt sind.

So bestimmt das Bayerische Ausführungsgesetz zur Grundbuchordnung und dem Zwangsversteigerungsgesetz vom 9. Juni 1899, daß das Vollstreckungsgericht bei Anordnung der Zwangsversteigerung zugleich die Ausführung derselben einem Notar zu übertragen hat, dem dann alle auf die Versteigerung bezüglichen Amtshandlungen mit Einschluß der Entscheidungen über Aussetzung des Verfahrens und über den Zuschlag zustehen.

Aehnliche Bestimmungen sind für Baden durch Gesetz vom 18. Juni 1899 und für Elsaß-Lothringen durch das Ausführungsgesetz vom 13. November 1899 getroffen.

Das Württembergische Ausführungsgesetz vom 28. Juli 1899 bestimmt, daß die Amtshandlungen des Vollstreckungsgerichts, soweit es sich nicht um Anordnung, Aufhebung, Verbindung des Verfahrens oder Zulässigkeit des Beitritts handelt, auch die Zwangsversteigerung nicht ein Grundstück betrifft, bezüglich dessen das Vollstreckungsgericht zugleich Grundbuchamt ist, von einem Vorstand des Vollstreckungsgerichts zu bestellenden Commissär, d. h. einem ausreichend befähigten Gemeindebeamten oder auch einem Grundbuchbeamten oder Bezirksnotar wahrzunehmen sind.

In den für Mecklenburg-Schwerin und Strelitz erlassenen Ausführungsverordnungen zum B.G.B. ist angeordnet, daß die Zwangsvollstreckung in Grundstücke von den Grundbuchämtern zu verfügen ist.

4. Auch hinsichtlich des Aufgebotsverfahrens finden sich vielfach Sondervorschriften. Es mag hier die Bestimmung des Sächsischen Ausführungsgesetzes zur C.P.O. erwähnt werden, nach welcher das Amtsgericht in Dresden ausschließlich zuständig ist, für das Aufgebotsverfahren zum Zwecke der Kraftloserklärung von Schuldurkunden auf den Inhaber, die der Sächsische Staat ausgestellt oder für deren Bezahlung er Haftung übernommen hat, sowie für das Aufgebotsverfahren zum Zwecke des Ausschlusses eines zu einer Familienanwartschaft oder einem Lehnsquantum Berechtigten, über dessen Leben oder Aufenthalt nichts bekannt ist.

II. Freiwillige Gerichtsbarkeit.

a) Grundbuchwesen.

Ganz besonders reichhaltig ist die Landesgesetzgebung auf dem Gebiet des Grundbuchwesens gewesen.

In der überwiegenden Mehrzahl der Bundesstaaten sind die Obliegenheiten des Grundbuchamts den Amtsgerichten übertragen. Das gilt insbesondere für Preußen, Sachsen und Bayern. Eine erhebliche Abweichung von dieser Regel zeigt sich indeß in Württemburg und Baden, zum Theil auch in Mecklenburg.

Nach dem Württembergischen Ausführungsgesetz zur G.B.O. vom 28. Juli 1899 wird in jeder Gemeinde ein Grundbuchamt als staatliche Behörde errichtet. Dasselbe wird von demjenigen Bezirksnotar verwaltet, zu dessen Bezirk der Grundbuchbezirk gehört. Im Bedürfnißfalle können an Stelle der Bezirksnotare auch andere Personen — sogenannte Geschäftsmänner — mit den Verrichtungen des Grundbuchamts betraut werden. Dieselben sollen regelmäßig die höhere oder niedere Dienstprüfung im Departement der Justiz oder des Innern bestanden haben; der Justizminister kann indeß auch ungeprüfte Personen, die durch ihre bisherige Verwendung im Güterbuch- und Pfandbuchwesen ihre Befähigung nachgewiesen haben, als Grundbuchbeamte anstellen. Für die Bezirke der Städte, die Sitz eines Amtsgerichts sind, können die Geschäfte des Grundbuchamts durch den Justizminister mit Zustimmung der bürgerlichen Kollegien dem Amtsgericht übertragen werden. Hinsichtlich der standesherrlichen und ritterschaftlichen Güter sind die Amtsgerichte ohnehin Grundbuchämter.

Die Grundbücher werden in den Gemeinden geführt und aufbewahrt, welche die zur Geschäftsführung erforderlichen Räume herzugeben, auch für Bedienung zu sorgen haben.

Die Grundbuchbeamten haben die außerhalb ihres Wohnsitzes belegenen Gemeinden zum Zwecke der Geschäftserledigung periodisch zu besuchen. In einer Gemeinde, in welcher das Grundbuchamt nicht vom Amtsgericht verwaltet wird, ist, solange der Grundbuchbeamte sich nicht am Sitz des Grundbuchamts befindet, der Rathsschreiber in Vertretung desselben berechtigt und verpflichtet, die schriftlichen Erklärungen, welche für das Grundbuchamt eingehen, in Empfang zu nehmen, den Eingang darauf zu vermerken, die Einsicht des Grundbuchs und der darin in Bezug genommenen Urkunden nach den darüber ergangenen Bestimmungen zu gestatten und auf Verlangen Abschriften zu ertheilen und zu beglaubigen.

Die von Bezirksnotaren und Geschäftsmännern verwalteten Grundbuchämter stehen unter der Dienstaufsicht der Amtsgerichte und der diesen übergeordneten Justizbehörden. Das Gleiche gilt für die Rathsschreiber in Grundbuchangelegenheiten. Bei dem vorgesetzten Amtsgericht kann auch die Entscheidung eines nicht vom Amtsgerichte verwalteten Grundbuchamts nachgesucht werden.

Ganz ähnliche Vorschriften sind für Baden durch das Ausführungsgesetz vom 12. Juni 1899 getroffen. Zu dem letzteren Gesetze sind durch Verfügung des Justizministers vom 4. Mai, 6. Juni und 3. Juli 1900 eingehende Ausführungs- und Ueberleitungsbestimmungen ergangen. Bemerkenswerth ist noch, daß in Baden in Gemeinden mit mehr als 10 000 Einwohnern durch Gemeindebeschluß mit Genehmigung der Minister des Innern und der Justiz das Grundbuchamt auch als Gemeindeamt errichtet werden kann.

In Mecklenburg-Schwerin und Strelitz sind die Grundbuchämter gleichfalls nicht immer mit den Amtsgerichten verbunden. Es bestehen vielmehr besondere Grundbuchämter für ritterschaftliche Güter, sowie städtische Grundbuchämter. Jedem Grundbuchamte muß ein Beamter vorstehen, der zum Richteramt befähigt ist. Auch in Ansehung der Einrichtung der Grundbücher zeigen sich in den einzelnen Bundesstaaten Verschiedenheiten.

In Preußen hat man die Einrichtung der Grundbücher nach dem durch die Grundbuchordnung vom 5. Mai 1872 für Gegenden mit zersplittertem Grundbesitz zugelassenen Formular II aufgegeben. Das jetzt vorgeschriebene Formular weicht von dem Formular I der Grundbuchordnung vom 5. Mai 1872 nicht sehr erheblich ab. Es zerfällt danach das Grundbuchblatt in ein Bestandsverzeichniß und drei Abtheilungen für 1. die Eigenthums- und Erwerbsverhältnisse, 2. Lasten und Beschränkungen, 3. speciell Hypotheken, Grund- und Rentenschulden. In vielen anderen Bundesstaaten bestehen dieselben oder doch wesentlich gleiche Einrichtungen. Für Sachsen und einige thüringische Staaten sind indeß Vorschriften erlassen, nach denen das Grundbuchblatt nur aus drei Abtheilungen, nämlich 1. der Sache, 2. des Eigenthümers, 3. der Lasten besteht, ohne daß hinsichtlich der letzteren unterschieden wird, ob es sich um Hypotheken, Grund- und Rentenschulden oder um Belastungen anderer Art handelt.

b) Vormundschafts- und Nachlaßangelegenheiten.

In den meisten Bundesstaaten sind die Obliegenheiten des Vormundschafts- und Nachlaßgerichts den Amtsgerichten zugewiesen. Das ist insbesondere in Preußen der Fall. Eine wesentliche Neuerung besteht nur darin, daß in Preußen das Amtsgericht die Vermittelung einer Auseinandersetzung jetzt einem Notar des Landgerichtsbezirks übertragen kann und übertragen muß, wenn der Antrag vor dem ersten Verhandlungstermin von allen Betheiligten oder im Termin von allen erschienenen Betheiligten gestellt wird. Ueberdies ist die Mitwirkung der Dorf- und Ortsgerichte bei Erledigung von Angelegenheiten der freiwilligen Gerichtsbarkeit, zumal der Nachlaßsachen geregelt und im Anschluß daran bestimmt, daß den Justizverwaltungsbehörden, zunächst den Amtsgerichten in Angelegenheiten der freiwilligen Gerichtsbarkeit das Aufsichtsrecht über die Dorf- und Ortsgerichte zusteht.

In Mecklenburg-Schwerin und Strelitz sind die den Vormundschafts- und Nachlaßgerichten obliegenden Verrichtungen in den Landstädten und deren Gebiet den Magistraten, bezw. den von diesen verordneten Waisengerichten und sonstigen Deputationen zugewiesen. Ausgenommen von dieser Gerichtsbarkeit der Magistrate sind indeß die landesherrlichen Beamten und Diener, Geistliche, Officiere, Eigenthümer ritterschaftlicher Güter, sowie die Frauen und Kinder dieser Personen. Für das Gebiet der Ritterschaft stehen die Verrichtungen des Vormundschafts- und Nachlaßgerichts, allerdings mit zahlreichen Einschränkungen, dem Gutsherrn zu.

Eine bemerkenswerthe Regelung hat das Vormundschaftswesen in Hamburg erfahren. Es ist daselbst durch Gesetz vom 14. Juli 1899 betreffend die Vormundschaftsbehörde eine collegiale Vormundschaftsbehörde eingerichtet. Dieselbe besteht aus einem ersten nnd einem zweiten Vorsitzenden und zwölf nichtrechtsgelehrten Mitgliedern. Der Vormundschaftsbehörde sind vier Secretäre und die erforderliche Anzahl von Buchhaltern und Kanzleibeamten beigegeben. Sie erläßt sachliche Entscheidungen in Abtheilungen, die aus einem Vorsitzenden und zwei nichtrechtsgelehrten Mitgliedern bestehen. In gewissen Fällen, insbesondere dann, wenn es sich um die Sachleitung handelt, entscheidet der Vorsitzende allein. Die Verpflichtungen der Vormünder und Pfleger nimmt der Vorsitzende vor oder beauftragt damit einen Secretär, der indeß in diesem Falle die Fähigkeit zum Richteramt haben muß. Die Secretäre führen das Protocoll in den Sitzungen des Plenums und der Abtheilungen. Sie haben in den ihnen zugewiesenen Sachen Bericht zu erstatten und an den Sitzungen, zu welchen sie zugezogen werden, mit berathender Stimme theilzunehmen. — Als bezeichnend für die Hamburger Verhältnisse mag nebenbei bemerkt werden, daß das Gehalt des ersten Vorsitzenden der Vormundschaftsbehörde auf 12.000 Mk., das der Secretäre auf 5000 bis 7500 Mk. festgesetzt ist.

Eine collegiale Vormundschaftsbehörde ist auch in Württemberg vorgesehen. Es ist für jede Gemeinde eine staatliche Behörde bestehend aus dem Bezirksnotar und vier Waisenrichtern eingerichtet. Der Bezirksnotar ist Vorsitzender des Vormundschaftsgerichts und trifft als solcher allein die den Geschäftsgang und die Vorbereitung der Entscheidungen betreffenden Anordnungen. Der Ortsrichter der Gemeinde ist als solcher Waisenrichter, sofern er nicht verzichtet; die übrigen Waisenrichter werden vom Gemeinderath gewählt. Die Wahlen unterliegen der Bestätigung des Amtsgerichts. Gewisse wichtige Geschäfte des Vormundschaftsgerichts sind dem Amtsgerichte vorbehalten. Bei diesem kann auch eine Aenderung der Entscheidungen des ordentlichen Vormundschaftsgerichts nachgesucht werden.

Ferner ist für jede Gemeinde ein Nachlaßgericht als staatliche Behörde eingerichtet, auf welche die Vorschriften über die ordentlichen Vormundschaftsgerichte entsprechende Anwendung finden. Die Waisenrichter sind regelmäßig auch Mitglieder des Nachlaßgerichts.

c) Beurkundungswesen.

Die in den Ausführungsgesetzen über das Beurkundungswesen getroffenen Bestimmungen sind zum Theil schon oben berührt worden. Hier soll nur noch nachgetragen werden, daß auch in Ansehung der in der Praxis besonders wichtigen Unterschriftsbeglaubigungen die Landesgesetze erheblich von einander abweichen.

Als Regel kann aufgestellt werden, daß die öffentliche Beglaubigung von Unterschriften von den Amtsgerichten und den Notaren erfolgen kann. In einigen Bundesstaaten, wie in Bayern, Reuß jüngerer Linie, Bremen und regelmäßig auch in Hamburg, ist indeß die Zuständigkeit der Amtsgerichte zur Beglaubigung von Unterschriften ausgeschlossen. Ferner sind in einer ganzen Reihe von Bundesstaaten auch die Gerichtsschreiber der Amtsgerichte für die öffentliche Beglaubigung von Unterschriften zuständig. So in Sachsen, Oldenburg, Meiningen, Lübeck, Bremen, Reuß jüngerer Linie. In Lübeck sind überdies die Senatssecretäre, in Bremen auch andere Beamte ermächtigt, öffentliche Unterschriftsbeglaubigungen vorzunehmen, insbesondere der Bureauvorsteher des Amtes Bremerhaven, die Polizeicommissare und auch die Gerichtsvollzieher. Die diesen Bremischen Beamten ertheilte Ermächtigung bezieht sich jedoch nicht auf Unterschriftbeglaubigungen in Grundbuchsachen, ferner nicht auf Beglaubigungen von Unterschriften tauber, stummer oder blinder Personen und nicht auf Beglaubigungen zu Erklärungen, die in fremder Sprache abgefaßt sind.

In Preußen hat man es bei der reichsgesetzlichen Regel, daß die Amtsgerichte und die Notare für die öffentliche Beglaubigung einer Unterschrift zuständig sind, belassen. Im Uebrigen sind die Ortsvorsteher in den Hohenzollern'schen Landen, die Bürgermeister im vormalig Hessischen Amtsbezirk Homburg und in den Gebieten des vormaligen Herzogthums Nassau, sowie der Stadt Frankfurt a. M. — mit Ausnahme des Stadtgebiets —, sowie die Ortsgerichtsvorsteher in den vormals Großherzoglich Hessischen Gebietstheilen für befugt erklärt, die Unterschriften von Personen zu beglaubigen, die ihren Wohnsitz oder gewöhnlichen Aufenthalt in dem betreffenden Amtsbezirk haben. Es gilt dies jedoch nicht für Orte, die Sitz eines Amtsgerichts sind. Insoweit für die betreffenden Amtsbezirke durch Verordnung vom 20. December 1899 Ortsgerichte errichtet sind, ist die Zuständigkeit der betreffenden Beamten auf die Ortsgerichte übergegangen.

d) Notariatswesen.

Im Zusammenhang mit der freiwilligen Gerichtsbarkeit ist in den Bundesstaaten auch das Notariatswesen neu geordnet worden.

In Preußen ist es auch in dieser Hinsicht im Wesentlichen bei den bisherigen Bestimmungen verblieben. Die Notare müssen Richterqualität haben; sie sind Staatsbeamte, die indeß kein Gehalt, sondern nur die Gebühren für die von ihnen aufgenommenen Acte beziehen. Ihre Zuständigkeit ist im Vergleich mit dem früheren Rechtszustande erweitert. So hinsichtlich der bereits erwähnten Vermittelung von Auseinandersetzungen, ferner hinsichtlich der Vornahme und Beurkundung von Zustellungen, der Vornahme von Siegelungen und Entsiegelungen im Auftrage eines Gerichts oder Konkursverwalters. Als Neuerung ist hervorzuheben, daß die Notare nach Maßgabe des Reichsgesetzes über freiwillige Gerichtsbarkeit ihre Dienste einer armen Partei unentgeltlich zu gewähren haben.

Nach dem Bayerischen Notariatsgesetz vom 9. Juni 1899 sind die Notariate staatliche Behörden. In jedem Amtsgerichtsbezirk soll mindestens ein Notariat bestehen. Der Amtsbezirk eines Notariats umfaßt den Landgerichtsbezirk. Die Notare sind öffentliche Beamte. Eigenartig ist, daß sie nicht zugleich Rechtsanwalte sein können. Der Notar bezieht kein Gehalt, sondern nur Gebühren. Wenn dabei sein Einkommen nicht die Höhe der Bezüge eines Amtsrichters erreicht, kann ihm indeß ein Zuschuß aus der Staatskasse bewilligt werden. Endlich ist ausdrücklich bestimmt, daß der Staat für den Schaden haftet, den ein Notar oder Notariatsverweser in Ausübung des Amts durch Verletzung seiner Amtspflichten einem Dritten zugefügt hat.

Abweichend von der in Bayern geltenden Vorschrift ist für Sachsen, Anhalt, Reuß jüngerer Linie und Schwarzburg-Sondershausen angeordnet, daß zu Notaren nur Rechtsanwälte zu ernennen sind.

Eine eigenartige Bestimmung findet sich im Bremischen Gesetz über freiwillige Gerichtsbarkeit vom 18. Juli 1899 insofern, als dort bestimmt ist, daß der Notar bei dem Amtsgericht, in dessen Bezirk er angestellt ist, Sicherheit in Höhe von 10 000 Mk. zu bestellen hat.

Zumeist ist in den betreffenden Landesgesetzen auch das Disciplinarverfahren über die Notare geregelt.

e) Kostenwesen.

Endlich sind in den Bundesstaaten auch die Bestimmungen über die Gerichtskosten in Angelegenheiten der freiwilligen Gerichtsbarkeit, sowie über die Gebühren der Notare, Rechtsanwälte und Gerichtsvollzieher, sowie Zeugen und Sachverständigen einer mehr oder minder weitgehenden Neuregelung unterworfen worden. Ein Eingehen hierauf erscheint nicht angezeigt.

III. Landesgesetze, die mit dem B.G.B. in keinem näheren Zusammenhange stehen.

Von den während der Berichtsperiode ergangenen Landesgesetzen, die mit dem B.G.B. und dessen Nebengesetzen in keinem näheren Zusammenhang stehen, sind folgende zu erwähnen:

In Preußen sind durch Verordnung vom 27. December 1897 den bestehenden, landespolizeilich genehmigten Versicherungsgesellschaften auf Gegenseitigkeit, die in Preußen ihren Sitz haben, die Rechte der juristischen Personen verliehen worden.

Es ist das Gesetz vom 2. Juli 1898 betreffend das Anerbenrecht in der Provinz Westfalen und in den Kreisen Rees, Essen, Duisburg, Ruhrort und Mühlheim ergangen. In den industriereichen, im Gesetz bestimmt bezeichneten Theilen der betreffenden Bezirke erfolgt danach die Eintragung und Löschung der Anerbengutseigenschaft nur auf Antrag derjenigen, welche über das Landgut letztwillig verfügen können, hinsichtlich der in den übrigen Theilen belegenen Landgüter dagegen von Amtswegen auf Ersuchen des Specialcommissars, sofern dieselben ihrem Hauptzweck nach zum Betriebe der Land- oder Forstwirthschaft bestimmt sind, sich zur selbständigen Nahrungsstelle eignen, auch mit einem, wenn auch räumlich getrennten Wohnhause versehen sind. Der Specialcommissar hat vor dem beabsichtigten Antrage auf Eintragung oder Löschung den Eigenthümer zu hören. Bei Meinungsverschiedenheiten entscheidet die

Anerbencommission, bestehend aus dem Specialcommissar und zwei Sachverständigen. Gegen die Entscheidung der Anerbencommission kann Beschwerde bei der Berufungscommission eingelegt werden.

Der Anerbe erhält $1/3$, im Landgerichtsbezirk Duisburg $1/5$ des Anrechnungswerthes des Landgutes als Voraus. Die Abfindung der Miterben kann regelmäßig nur in einer Rente, die dem 25. Theile des Abfindungscapitals entspricht, dagegen in Capital gefordert werden, wenn sie im Einzelnen nicht mehr als 100 Mk beträgt. Geschwister des Anerben können standesgemäßen Unterhalt auf dem Gute gegen standesgemäße, ihren Kräften entsprechende Mitarbeit bis zur Großjährigkeit beanspruchen; solange sie von dieser Befugniß Gebrauch machen, können sie nicht Zahlung oder Verzinsung des Abfindungscapitals oder der Abfindungsrenten fordern.

Als Anerbe geht regelmäßig der ältere Sohn und in Ermangelung von Söhnen die ältere Tochter, in einigen Amtsgerichtsbezirken indeß der jüngere Sohn und in Ermangelung von Söhnen die jüngere Tochter vor.

Zwecks Erleichterung der Rentengutsbildung ist das Gesetz vom 12. Juli 1900 betreffend die Gewährung von Zwischenkredit bei Rentengutsgründungen erlassen. Danach kann, soweit Rentengüter durch Vermittelung der Generalcommission errichtet werden, der zur Abstoßung von Schulden der aufzutheilenden oder abzutrennenden Grundstücke und zur Besetzung der Rentengüter mit den nothwendigen Gebäuden erforderliche Zwischenkredit aus dem Reservefonds der Rentenbanken bis zum Betrage von 10 Millionen Mark entnommen werden.

Das Gesetz vom 7. August 1899 betreffend die Ergänzung der Vorschriften über die Ausübung der Jagd auf eignem Grund und Boden bestimmt, daß die Bildung eines eigenen Jagdbezirks auch zulässig ist, wenn die betreffenden Grundstücke in verschiedenen Landestheilen liegen.

Das Gesetz vom 2. September 1899 betreffend den Charfreitag reiht diesen Tag den bürgerlichen allgemeinen Feiertagen mit der Maßgabe an, daß in Gegenden mit überwiegend katholischer Bevölkerung die herkömmliche Werkthätigkeit, abgesehen von öffentlich bemerkbaren oder geräuschvoller Arbeiten in der Nähe der Gotteshäuser, nicht verboten ist.

Das Gesetz vom 30. Juli 1899 betreffend die Anstellung und Versorgung der Communalbeamten regelt die betreffenden Verhältnisse im Wesentlichen im Anschluß an die für die Staatsbeamten gegebenen Vorschriften. Es bestimmt überdies, daß über streitige vermögensrechtliche Ansprüche der Communalbeamten oder ihrer Hinterbliebenen aus dem Dienstverhältniß der Kreisausschuß, sofern ein ländlicher Communalverband in Betracht kommt, anderenfalls der Bezirksausschuß zu beschließen hat und daß gegen den Beschluß binnen sechs Monaten Klage im ordentlichen Rechtswege erhoben werden kann.

Im Anschluß hiervon mag auch auf das Gesetz vom 18. Juli 1900 betreffend die — den Gemeinden zufließende — Waarenhaussteuer erwähnt werden. Auf den Inhalt des vornehmlich socialpolitisch bedeutungsvollen Gesetzes kann hier nicht näher eingegangen werden.

Durch das Gesetz vom 16. September 1899 betreffend die Schutzmaßregeln im Quellgebiet der linksseitigen Zuflüsse der Oder sind eine Reihe von Eigenthumsbeschränkungen hinsichtlich der in Betracht kommenden Grundstücke angeordnet. Es wird die forstwidrige Nutzung von Holzungen untersagt; Rodungen dürfen nur mit Genehmigung des Regierungspräsidenten erfolgen. Der Letztere kann auch Wiederaufforstungen anordnen, Entwässerung von Moorflächen, Beackerung und Beweidung von Grundstücken untersagen, auch Beseitigung und Verlegung von Wegen anordnen. Für die den Eigenthümern erwachsenden Nachtheile ist der Staat, die Provinz und die Gemeinde zu je $1/3$ ersatzpflichtig. Die Entschädigung wird Mangels Einigung vom Regierungspräsidenten festgesetzt, gegen dessen Entscheidung binnen vier Wochen der ordentliche Rechtsweg offen steht.

In engem Zusammenhange mit diesem Gesetze steht das weitere Gesetz vom 3. Juli 1900, betreffend Maßnahmen zur Verhütung von Hochwassergefahren in der Provinz Schlesien, durch welches angeordnet wird, daß bestimmte Nebenflüsse der Oder und Zuflüsse dieser Nebenflüsse nach den Vorschriften des Gesetzes auszubauen und zu unterhalten sind.

Durch das Gesetz vom 19. September 1899, betreffend die Gerichtsorganisation für Berlin und Umgegend, ist die Errichtung eines neuen Landgerichts III in Berlin-Charlottenburg und die Errichtung neuer Amtsgerichte in Berlin-Reinickendorf, Berlin-Schöneberg, Groß-Lichterfelde, Lichtenberg, Neu-Weißensee und Pankow angeordnet. Der Zeitpunkt des Inkrafttretens des Gesetzes soll durch Königliche Verordnung bestimmt werden.

Auf strafrechtlichem Gebiete ist das Gesetz vom 2. Mai 1900, betreffend die Hinterziehung und Ueberhebung von Verkehrsabgaben, zu erwähnen.

Für Bayern ist zunächst das Gesetz vom 15. Juni 1898, betreffend die Abänderung einiger Bestimmungen des Gesetzes vom 26. Februar 1850 über Versammlungen und Vereine, bemerkenswerth. Dasselbe hat die bekannte Bewegung wegen des Verbots der Verbindung der Vereine unter sich zur Veranlassung. Das Gesetz verbietet die Theilnahme Minderjähriger an politischen Vereinen. Es gestattet Frauen die Theilnahme an politischen Versammlungen nur dann, wenn die Letzteren zur Berathung von Berufs- und Standesinteressen oder von Fragen der Erziehung, des Unterrichts, der Armen- und Krankenpflege berufen sind. Die Verbindung mit außerdeutschen Vereinen ist verboten, wenn die Unterweisung unter einen gemeinsamen Willen vorgesehen ist; indeß können Ausnahmen gestattet werden. Das Gesetz trifft auf Versammlungen nicht zu, welche auf Grund gesetzlicher Bestimmungen von Amtswegen berufen sind, welche zur Vorberathung für die Mitglieder solcher Versammlungen dienen sollen, ferner nicht auf Wahlversammlungen aller Arten öffentlicher Wahlen.

Das Gesetz vom 12. Dezember 1899, die Fortsetzung der Grundentlastung betreffend, enthält eine Abänderung eines Gesetzes vom 2. Februar 1898, wodurch die bereits im Jahre 1848 angebahnte Grundentlastung insofern fortgeführt wird, als die damals eingeführten Bodenzinscapitalien, welche unkündbar waren und nach Wahl statt annuitätenweiser Tilgung übernommen werden konnten, für kündbar erklärt und mit Hülfe des Staats zurückgezahlt werden.

Durch die Allerhöchste Verordnung vom 4. Mai 1900, betreffend die Bildung von Notariatskammern wird bestimmt, daß für jeden Oberlandsgerichtsbezirk eine Notariatskammer bestehend aus neun gewählten Mitgliedern zu bilden ist.

Das Gesetz vom 30. Juni 1900 endlich ordnet eingehend das Verfahren bei der Abmarkung von Grundstücken, deren Grenzen unbestritten feststehen, aber nicht durch Grenzzeichen gesichert sind, sowie die Obliegenheiten der Feldgeschworenen beim Abmarkungsgeschäft.

Von den Sächsischen Landesgesetzen ist zunächst das Gesetz vom 10. Juni 1898, betreffend Abänderung des Gesetzes über den Urkundenstempel vom 13. November 1876, zu erwähnen.

Das Gesetz vom 20. Juni 1898 enthält Abänderungen und Ergänzungen des Allgemeinen Berggesetzes.

Von besonderer Bedeutung ist das Gesetz vom 21. Juni 1898, betreffend die Abänderung des Gesetzes über das Vereinswesen und das Versammlungsrecht. Danach ist die Verbindung von Vereinen unter einander zulässig. Politische Vereine dürfen indeß mit außerdeutschen Vereinen nur mit Genehmigung des Ministeriums des Innern in Verbindung treten. Die Theilnahme Minderjähriger an Versammlungen, welche politischen Zwecken dienen, ist verboten.

Durch Verordnung vom 30. August 1898 ist bestimmt, daß bei allen Neubauten an leicht sichtbarer Stelle ein Anschlag anzubringen ist, der

Stand, Vor- und Zunamen des Bauherrn und Bauleiters in deutlich lesbarer unverwischbarer Schrift angiebt und daß Zuwiderhandlungen gegen den Bauherrn und Bauleiter, die für die Beobachtung der Vorschrift in gleicher Weise verantwortlich sind, als Uebertretung geahndet werden.

Für Württemberg ist ein Gesetz vom 28. December 1899, betreffend die Besteuerung des Umsatzes von Grundstücken, ergangen. Danach werden Kauf-, Tausch- und andere entgeltliche Geschäfte, welche den Erwerb des Eigenthums an Grundstücken und gleichstehenden Rechten betreffen, mit 1,20 Mk. vom Hundert des steuerpflichtigen Werths besteuert.

In Baden ist das umfassende Wassergesetz vom 26. Juni 1899 ergangen. Dasselbe bestimmt, daß die öffentlichen, d. h. von Natur oder durch künstliche Veranstaltung für den öffentlichen Verkehr mit Schiffen oder verbundenen Flössen benutzbaren Flüsse, Canäle und Seeen mit ihren Nebenarmen, Sammelbecken u. s. w. im Eigenthume des Staats, die natürlichen, nicht öffentlichen Wasserläufe mit ihren Ableitungsgräben im Eigenthume der Gemeinden, die künstlichen nicht öffentlichen Wasserläufe im Eigenthume desjenigen stehen, der Rechte durch Rechtsgeschäft oder sonst geeignete Vorgänge daran erworben hat. Es werden in dem Gesetze Bestimmungen über die Aenderungen am Wasserlaufe und Ufer, über die Benutzung der Gewässer, über die Rechte der Ober- und Unterlieger und über die Führung des Wasserbuchs getroffen. In einem besonderen Abschnitte sind die wasserrechtlichen Zwangsbefugnisse, z. B. Gestattung des Leinpfads, Freihaltung der Ufergrundstücke, in einem weiteren die Befugnisse zur Wasserbenutzung und Entwässerung geregelt. Endlich enthält das Gesetz auch Bestimmungen über die Wassergenossenschaften, sowie Strafvorschriften. Zu dem Gesetze ist dann noch eine Reihe von Ausführungsverordnungen ergangen.

Durch das Gesetz vom 20. August 1898, die geschlossenen Hofgüter betreffend, ist das Anerbenrecht neu geregelt Das Anerbenrecht steht in erster Reihe dem jüngsten Sohn zu. Dem Anerben muß $^1/_5$ des ganzen Ertragswerthes frei von Lasten verbleiben. Wenn mehrere geschlossene Hofgüter vorhanden sind, tritt eine getrennte Erbfolge ein. Zum Vollzuge des Gesetzes ist die Verordnung vom 5. Juni 1900 ergangen

Durch die Bekanntmachung vom 20. November 1899, das Polizeistrafgesetzbuch betreffend, haben die noch geltenden Bestimmungen des Polizeistrafgesetzbuchs vom 31. Oktober 1863, nachdem dasselbe mehrfache Abänderungen und Ergänzungen erfahren, eine einheitliche Zusammenstellung erhalten.

In organisatorischer Hinsicht kommt die Verordnung vom 14. Januar 1899 in Betracht, nach welcher in Heidelberg mit dem 1. Mai 1899 ein neues Landgericht errichtet ist. Eine sehr beachtenswerthe Neuerung ist durch die Verordnung vom 2. Juni 1900 in Baden eingeführt. Danach kann den Oberamtsrichtern, welche bei einem mit mehr als drei Richtern besetzten Amtsgericht die Oberaufsicht führen, der Titel Amtsgerichtsdirector mit dem Range der Oberlandesgerichtsräthe und Landgerichtsdirectoren verliehen werden.

In Hessen ist durch das Gesetz vom 24. Juli 1899, betreffend die Umwandelung und Ablösung von Reallasten, eine große Anzahl von Reallasten und Dienstbarkeiten auf Antrag des Berechtigten oder Verpflichteten für ablösbar erklärt. Der Berechtigte kann die Ablösung nur verlangen, wenn dem Verpflichteten das Ablösungscapital von der Staatsschuldenverwaltung dargeliehen werden kann. Die Ablösungssumme besteht, wenn der Berechtigte sein Recht zu versteuern hat, in dem 18fachen, anderenfalls in dem 25fachen Betrage und, wenn der Fiscus der Pflichtige ist, in dem 21- bezw. 29fachen Betrage des einjährigen Bruttoertrages.

Ferner ist auch für Hessen ein neues Gesetz vom 12. August 1899 über den Urkundenstempel erlassen.

Der Fortentwickelung der Verkehrsmittel trägt die Verordnung vom 10. October 1899, die Fahrräder und Automobilen betreffend, Rechnung.

Für Mecklenburg-Schwerin ist nur die Verordnung vom 22. Juni 1900, betreffend den Betrieb und die Beaufsichtigung des Salzbergbaus, und

für Mecklenburg-Strelitz die Verordnung vom 18. Mai 1900 zur Ausführung des Freizügigkeitsgesetzes zu erwähnen.

In Weimar ist durch das Nachtragsgesetz vom 1. April 1899 zum Gesetz, betreffend die Einführung von Friedensrichtern, bestimmt, daß die Zwangsvollstreckung auch aus den vor dem Friedensrichter abgeschlossenen Vergleichen stattfindet, daß dieselbe indeß erst beginnen darf, nachdem der Schuldtitel mindestens einen Tag vorher zugestellt worden ist.

Für Oldenburg ist das Gesetz vom 19. April 1899, betreffend das Grunderbrecht, ergangen. Nach demselben kann jede behauptete landwirthschaftliche oder sonst wirthschaftliche Besitzung von mindestens 1 ha Größe und 15 Mk. Reinertrag durch Verfügung des Eigenthümers die Eigenschaft einer Grunderbstelle erlangen. An derselben findet das Grunderbrecht ein bevorzugtes Erbrecht eines Miterben statt, wenn die gesetzliche Erbfolge eintritt, und zwar unter den gesetzlichen Erben I. Ordnung, sowie, falls der Erblasser ohne Hinterlassung eines Ehegatten stirbt, auch unter den Erben II. Ordnung. Der Grunderbe wird in einigen Bezirken durch die ältere, in anderen durch die jüngere Geburt bestimmt. Er erwirbt das Alleineigenthum der Grunderbstelle gegen die Verpflichtung, den Werth derselben zur Erbmasse einzuschießen und mit der Berechtigung, in einigen Bezirken 15 pCt., in anderen sogar 40 pCt. des schuldenfreien Werths der Stelle im Voraus zu nehmen.

Durch das Gesetz vom 25. April 1899 ist das Obereigenthum bei dem sogenannten nutzbaren Eigenthum ohne Entschädigung aufgehoben und hat der Erbpächter, Grundheuermann u. s. w. auf Grund des Gesetzes freies Eigenthum erlangt.

Für Coburg-Gotha ist zunächst das Gesetz vom 15. Juli 1899, betreffend die Thronfolge in den Herzogthümern Coburg und Gotha, zu erwähnen, ferner das Berggesetz vom 23. Oktober 1899 und das Gesetz vom 14. November 1899, betreffend die Errichtung eines Verwaltungsgerichtshofs. Sodann ist durch Verordnung vom 22. April 1900 der Verkehr mit Motorwagen auf offenen Wegen, Straßen und Plätzen geregelt.

In Anhalt ist durch Gesetz vom 17. März 1899 das Pfandleihgewerbe geordnet. Das Gesetz verhält sich über die Höchstbeträge, die ein Pfandleiher für die gewährten Darlehen nehmen darf, die Fälligkeit der letzteren, die Führung des Pfandbuchs und der Verkauf des Pfandes. Es bestimmt, daß der Inhaber eines Pfandscheins Dritten, auch dem Pfandleiher gegenüber, zur Ausübung der Rechte des Verpfänders berechtigt ist, ohne die Uebertragung dieser Rechte nachweisen zu müssen. Verabredungen zu Gunsten des Pfandleihers, die gegen das Gesetz verstoßen, sind nichtig.

Von besonderem Interesse ist das Gesetz vom 16. April 1899, betreffend den Vertragsbruch in ländlichen Arbeitsverhältnissen. Nach demselben werden landwirthschaftliche Arbeiter, die widerrechtlich den Antritt der Arbeit verweigern oder die Arbeit verlassen, mit Geldstrafe bis zu 30 Mk. bestraft. Die Strafverfolgung setzt einen Antrag des Arbeitgebers voraus, der binnen einer Woche nach Begehung der Strafthat gestellt werden muß. Das Gesetz erklärt auch die zwangsweise Zuführung des vertragsbrüchigen Arbeiters durch die Polizeibehörde auf den binnen einer Woche zu stellenden Antrag des Arbeitgebers für zuläßig. Es bedroht ferner denjenigen, der landwirthschaftliche Arbeiter zu widerrechtlicher Verweigerung des Arbeitsantritts oder Verlassung der Arbeit verleitet, mit Geldstrafe bis zu 150 Mk. oder Haft. Andererseits bedroht es den Arbeitgeber, der widerrechtlich die Annahme der Arbeiter verweigert oder dieselben entläßt, ohne ihnen die vertragsmäßige Vergütung zu gewähren, mit Geldstrafe bis zu 60 Mk. oder Haft. Endlich wird bestimmt, daß landwirthschaftliche Arbeiter, welche ihre Arbeitgeber zu gewissen Handlungen oder Zugeständnissen dadurch zu bestimmen suchen, daß sie die Einstellung der Arbeit oder die Verhinderung derselben bei einzelnen oder mehreren Arbeitgebern unter einander verabreden, mit Gefängniß bis zu einem Jahre bestraft werden.

Wesentlich dieselben Vorschriften finden sich in dem für Reuß jüngerer Linie erlassenen Gesetz vom 12. Mai 1900, betreffend die Bekämpfung des Vertragsbruchs landwirthschaftlicher Arbeiter und Arbeitgeber.

Für Schwarzburg-Rudolstadt kommt hier nur noch die Verordnung vom 28. Februar 1900, betreffend die Führung ausländischer academischer Grade in Betracht. Danach bedürfen Staatsangehörige des Fürstenthums, sowie diejenigen Personen, die zwar dem Fürstenthum nicht angehören, in demselben aber wohnen oder sich vorübergehend zu Erwerbszwecken aufhalten, zur Führung außerhalb Deutschlands erworbener Doctorgrade oder anderer academischer Würden ministerieller Genehmigung.

Vorschriften wesentlich gleichen Inhalts über denselben Gegenstand sind auch

für Waldeck durch Verordnung vom 5. Februar 1900 und

für Schaumburg-Lippe durch Verordnung vom 2. Mai 1899 ergangen.

Für Schaumburg-Lippe kommt überdies noch das Stempelgesetz vom 21. December 1899 und das Gesetz vom 25. März 1900, betreffend die Aufhebung kirchlicher Abgaben und Leistungen in Betracht. Durch das letztere Gesetz wird bestimmt, daß die an die Kirche, Pfarre, Küsterei oder Schule zu entrichtenden beständigen Abgaben und Leistungen, welche auf einem Grundstück ruhen und aus dem Kirchen-, Pfarr- oder Schulverbande entspringen, gegen eine Entschädigungsforderung aufgehoben werden.

Auch in Lippe-Detmold ist ein Gesetz vom 24. März 1899, betreffend den Vertragsbruch ländlicher Arbeiter, erlassen. Es werden dadurch gewisse Bestimmungen der Gesindeordnung vom 29. Februar 1864 auf das Verhältniß zwischen den Unternehmern eines land- und forstwirthschaftlichen Betriebes und den ländlichen Arbeitern für anwendbar erklärt.

Weiterhin ist durch Gesetz vom 13. December 1899, betreffend die Anlegung und Veränderung von Straßen und Plätzen in Städten und ländlichen Ortschaften, ein Fluchtliniengesetz ergangen.

ziehung seiner Entscheidungen. Weiter enthalten sie die Geschäftsordnung für das Patentamt. Sie regeln die Erfordernisse der Patentanmeldung, die Vollmachten zur Vertretung in Patentangelegenheiten und die berufliche Vertretung der Parteien durch Patentanwälte und autorisirte Privattechniker. Sie bestimmen auch Voraussetzungen, Zeit, Umfang und Art der gewerbmäßigen Ausübung der Erfindungen, gewähren mittellosen Personen unter Umständen rundweg, sowie vorläufig unentgeltliche Vertretung und ordnen endlich den zeitweiligen Patentschutz von Erfindungen auf inländischen Ausstellungen.

Eine Nothverordnung vom 16. August 1899 regelt neu die Gebühren von Vermögensübertragungen und die Sicherung der von Nachlässen zu erhebenden Gebühren.

Die — auch das wirthschaftliche Verhältniß zu Ungarn ordnende und das Bankprivilegium erneuernde — Nothverordnung vom 21. September 1899 verfügt die völlige Einlösung der Staatsnoten und die Ausprägung von silbernen fünf Kronenstücken mit Zahlkraft im Privatverkehr bis zu 250 Kronen, nimmt die Emission von Banknoten über je fünf Kronen in Aussicht und läßt vom 1. Januar 1900 ab die Kronenwährung als ausschließliche gesetzliche Währung an die Stelle der bisherigen österreichischen Währung treten. Die Verordnung stellt für die seit 1. Januar 1900 geschlossenen Rechtsgeschäfte die Vermuthung auf, daß die in ihnen ohne Bezeichnung einer Währung genannten Summen in der Kronenwährung zu verstehen seien, und regelt eingehend die Frage über den Einfluß der Einführung der Kronenwährung auf Privatrechtsverhältnisse, insbesondere verschiedene Arten älterer Geldschulden.

Besondere Beachtung verdient auch das in der Verordnung vom 20. September 1899 gegebene Regulaiv für die Errichtung und Umbildung von Actiengesellschaften auf dem Gebiete der Industrie und des Handels. Während früher die Gewährung der Concession zur Errichtung von Actiengesellschaften der Hauptsache nach von dem freien Ermessen der Staatsverwaltung abhing, erklärt das Regulativ, die Staatsverwaltung werde die Bewilligung immer dann ertheilen, wenn der Plan des Unternehmens den Anforderungen der bestehenden Gesetze und Verordnungen entspricht.

Endlich ist noch das Gesetz vom 1. März 1900 zu erwähnen, welches für den Fall der Einführung von Grundbüchern in Vorarlberg einige grundbuchrechtliche Sonderbestimmungen, erleichternde Gebührenvorschriften und Beschränkungen der Theilung von Gebäuden nach materiellen Antheilen einführt.

Die sonstigen Gesetze bieten kein allgemeines Interesse.

Druck von Leonhard Simion in Berlin SW.

Gutachten.

Die zur Erörterung stehende Frage:

„Ob es sich empfehle, das Universitätsstudium und den Vorbereitungsdienst des Juristen gemeinsam für das Deutsche Reich zu ordnen?"

muß ich theilen, den ersten Theil bejahend beantworten, den zweiten verneinen.

I. Schon im Jahre 1878, als die sogenannte Reichsjustizgesetze berathen waren, wurde in den politischen Kreisen der Gedanke laut, daß es wünschenswerth sei, das juristische Prüfungswesen einheitlich für Deutschland zu regeln. Der Wunsch erfüllte sich nicht. In allen Ordnungen, welche demnächst über die Prüfungen und deren Voraussetzungen in den einzelnen Staaten erlassen wurden, fand das Gemeinschaftsgefühl nicht seine Rechnung; die Differenzen blieben bestehen. Mit der Einführung des Bürgerlichen Gesetzbuchs mußte das Studium des neuen Rechtes in den Studienplan der Universitäten eingeführt werden und sind diesem Bedürfniß entsprechend unter dem Vorgang Preußens für die Zulassung zur ersten juristischen Prüfung neue Bestimmungen in allen deutschen Staaten getroffen, welche sämmtlich so viele gemeinschaftliche Grundzüge an sich tragen, daß es nach meinem bescheidenen Ermessen kein Bedenken haben kann, die letzten Verschiedenheiten auszugleichen und den Univertätsunterricht auf gemeinsamer Grundlage für das Deutsche Reich einheitlich zu ordnen. Die Vortheile, welche damit erreicht wurden, näher auseinanderzusetzen, ist hier nicht der Ort, wie ich es mir auch an dieser Stelle versagen muß, bestimmte Vorschläge zur Neuordnung zu machen. In dieser Beziehung will ich nur betonen, daß mit Rücksicht auf das erweiterte Studium die Verlängerung der Studienzeit — ohne Einrechnung des militärischen Dienstjahres — auf $3^1/_2$ Jahre angezeigt erscheint. Ein Hauptgewinn wäre es, wenn dabei die richtigen Mittel und Wege gefunden würden, die es ermöglichten, bei voller Aufrechthaltung der Studienfreiheit den jungen Juristen, der die staatliche Laufbahn einschlagen will, von vornherein zum ernsten Fachstudium anzuhalten.

II. Wenn ich sonach den ersten Theil der vorgelegten Frage bejahend beantworte, und die gemeinsame Ordnung des Universitätsstudiums als erstrebenswerth bezeichne, so muß ich dagegen zu dem zweiten Theile der Frage, was den praktischen Vorbereitungsdienst anlangt, dessen Beibehaltung prinzipiell wohl allgemein anerkannt werden wird, eine ablehnende Stellung einnehmen. Die in Betracht kommenden Verhältnisse sind, wie mir scheinen will, in den einzelnen Bundesstaaten zu verschiedenartig, um eine Ausgestaltung des Vorbereitungsdienstes nach einem Muster für ganz Deutschland als voraussichtlich nutzbringend empfehlen zu können. Was für Bayern gut ist, das paßt insonderheit für Preußen mit ganz anderen Verwaltungseinrichtungen ganz und gar nicht. Der praktische Vorbereitungsdienst, wie er gegenwärtig in Preußen besteht, entspricht nach meiner Ansicht durchaus den preußischen Verhältnissen, und meine ich, daß die gegebenen Vorschriften, soviel Formales darin auch enthalten ist, richtig angewendet, voll geeignet sind, die Referendare zu praktisch tüchtigen Richtern heranzubilden. Für einen Rückschritt würde ich es erachten, wenn die Zeit des Vorbereitungsdienstes nur des Gleichmaßes wegen abgekürzt werden sollte, oder wenn man dazu übergehen wollte, nach dem Vorbilde von Bayern mit dem Vorbereitungsdienst bei den Gerichten noch einen Vorbereitungsdienst bei Verwaltungsbehörden zu verbinden. Nach reiflicher Erwägung komme ich zu dem Schluß, daß es nicht angezeigt ist, eine allgemeine Schablone für die Einrichtung des Vorbereitungsdienstes aufzustellen, daß vielmehr jedem Staate die Freiheit gelassen werden soll, den Vorbereitungsdienst so auszugestalten, wie es seine staatlichen Verhältnisse erfordern. Die Verschiedenheit der Ausgestaltung hat auch ihr Gutes.

Dr. Chales.
Senats-Präsident a. D.

Der Unterzeichnete glaubt die ihm zur Aeußerung vorgelegte, in der diesjährigen Plenarversammlung des Juristentags zur Erörterung stehende Frage:

> „Empfiehlt es sich, das Universitätsstudium und den Vorbereitungsdienst des Juristen gemeinsam für das Deutsche Reich zu ordnen?“

beantworten zu sollen, wie folgt.

Nachdem durch die Justizgesetzgebung des Reichs auch für das Privatrecht Geltung und Bedeutung des Particularrechts gänzlich in den Hintergrund geschoben worden ist, dürfte nunmehr auch nach dem Ermessen des Unterzeichneten der Zeitpunkt gekommen sein, um die Vorbedingungen für den Erwerb der Qualifikation zum Richteramt in den deutschen Einzelstaaten auf der Grundlage von § 2 des Gerichtsverfassungsgesetzes einheitlich zu regeln. Gerade der Juristentag dürfte das geeignete Organ sein, um den Landesregierungen die erwünschte Anregung zu einheitlichem Vorgehen in der Angelegenheit zu geben, für deren Ordnung der Weg der Reichsgesetzgebung — zumal nach den im Schlußsatz des cit. § 2 den Einzelstaaten gewährten Vollmachten — weder erforderlich erscheint, noch auch gesicherte und prompte Ergebnisse in Aussicht stellt.

Die Frage ist zu einem Theil, nämlich insoweit es sich um die theoretische, durch akademischen Unterricht sicher zu stellende, durch das Bestehen der ersten Dienstprüfung zu bekundende Vorbildung des Richterstandes handelt, durch die umfassende Literatur specieller dem Gegenstande gewidmeter Erörterungen nach meinem Urtheil hinreichend vorbereitet. Thatsächlich erscheint ihre einheitliche Lösung ermöglicht nicht allein durch die wesentliche Gleichmäßigkeit, welche der akademische Rechtsunterricht in Umfang, Zielen und Methoden schon vorlängs angenommen und seit Erlaß des Bürgerlichen Gesetzbuchs mit dem Wegfall der Particularrechte bis zu völliger Vereinheitlichung gesteigert hat; sie wird nach meinen Erfahrungen verbürgt auch durch die gleichmäßige Handhabung der ersten juristischen Prüfung. Das Maß der Anforderungen, die in derselben an den Rechtscandidaten thatsächlich gestellt werden, kann heutzutage in den verschiedenen Einzelstaaten, soweit es sich um die juristischen Disciplinen handelt, so ziemlich als ein gleiches bezeichnet werden. Schwierigkeiten können meines Erachtens nur zwei Punkte machen; einmal die Verlängerung der Studienzeit über die reichsgesetzlich vorgeschriebene Minimalfrist von drei Jahren hinaus. Indessen ist diese Frage vorwiegend eine der preußischen Justizverwaltung, da in den vornehmlich außer Preußen in Betracht kommenden Staaten*) kraft gesetzlicher Bestimmung (so Bayern 4 Jahre; Baden $3^1/_2$ Jahre) oder bestehender Praxis (so Württemberg 4 Jahre) eine längere Studienzeit besteht. Erwäge ich die mannigfachen pro und contra sprechenden Momente, so würde nach meinem Ermessen die Verlängerung des Trienniums um 1 Semester als Minimaldauer des Rechtsstudiums Aussicht auf allgemeine Zustimmung finden. Der zweite Punkt, über den ein Ausspruch des Juristentags in hohem Grade wünschenswerth wäre, ist die Hereinziehung der Staatswissenschaften in den Kreis der akademischen Studien und der Prüfungsgegenstände. Davon unten.

*) Ueber das Königreich Sachsen fehlen mir die Nachrichten.

Größer allerdings erscheinen die bisher weniger ins Auge gefaßten Bedenken, die sich einer einheitlichen Gestaltung des Vorbereitungsdienstes in den Einzelstaaten entgegenstellen. Insoweit sie sich auf die Verschiedenheit des geltenden Rechts stützten, haben sie, nachdem auch für das bürgerliche Recht die Uniformität im Wesentlichen hergestellt ist, an Gewicht erheblich verloren. Nach meinem Dafürhalten erscheinen die vorhandenen Schwierigkeiten keineswegs als unüberwindlich, sobald man sich darauf beschränkt, die wesentlichen Gesichtspunkte festzustellen, und darauf verzichtet, auf organisatorische Fragen, wie die Rechtsstellung der Referendare, die Formation der zur Abnahme der zweiten höheren Dienstprüfung zu bestellenden Kommissionen, einzugehen. Hält man daran fest, daß die wissenschaftliche Qualification für das Referendariat vermöge der Gleichartigkeit der im ersten Examen zu stellenden Anforderungen überall die nämliche sein muß; und daß das Ziel, auf welches eine sachgemäße Gestaltung des Vorbereitungsdienstes hinzuarbeiten hat, für alle deutschen Justizverwaltungen das gleiche ist, nämlich die Fähigkeit, ein richterliches Amt selbständig auszuüben, so ergiebt sich damit, wie ich meine, auch von selbst die Gliederung, die der practische Dienst der Referendare für die verschiedenen Seiten der Civil- und Strafjustiz aufweisen sollte, wie dieselbe in Al. 3 des § 2 des Gerichtsverfassungsgesetzes in Aussicht genommen ist. Der Juristentag würde hiernach die hier getroffenen, und was die Beschäftigung bei der Staatsanwaltschaft betrifft, in Gestalt von Ermächtigungen gekleideten Bestimmungen zu specialisiren haben. Ob nicht eine Beschäftigung auch bei Oberlandesgerichten als Endstadium in der Ausbildung der Justizreferendare in Vorschlag zu bringen wäre, möchte ich anheimstellen. Als wesentlich würde ich die Feststellung betrachten, daß die zweite Justizprüfung im Gegensatz zu der ersten theoretischen eine vorwiegend practische zu sein hat, da sie bestimmt ist, die Fähigkeit und Gewandtheit des Candidaten zu richterlicher Rechtsanwendung im Bereiche der Civil- und Strafjustiz zu beurtheilen. Wesentlich würde sodann meines Erachtens sein eine Verständigung innerhalb des Juristentages über die Dauer des Vorbereitungsdienstes. Eine solche Verständigung würde möglicherweise weniger überzeugend wirken, wenn sie etwa auf Beschlüsse über die auf die einzelnen Stadien des Referendariats zu verwendenden Zeitfristen sich gründete. Ersprießlicher würde es mir erscheinen, auf die Gesammtdauer desselben abzustellen. Ich möchte glauben, daß es in Verwerthung der im Schlußsatz des § 2 cit. gegebenen Ermächtigung heutzutage angemessen wäre, den für den Vorbereitungsdienst in Ansatz zu bringenden Zeitraum auf $3\frac{1}{2}$ Jahre festzusetzen und damit eine Ausgleichung zwischen Preußen und Sachsen (welche Staaten bei Verlängerung der Studienfrist über das Triennium hinaus in der Lage sein könnten, ihre 4jährige Frist abzukürzen) und den süddeutschen Staaten herbeizuführen, welche übereinstimmend an der reichsgesetzlichen 3jährigen Frist festhalten. Bei diesem Vorschlage leitet mich u. A. folgender Gesichtspunkt.

Es ist nämlich im Vorstehenden lediglich das Interesse des Justizdienstes zum Ausgangspunkt der Erörterungen gemacht und das Bedürfniß der Justizverwaltungen, für einen theoretisch wie praktisch gleichmäßig geschulten und vorgebildeten Richterstand gemeinsame Sorge zu tragen, in den Vordergrund gestellt worden. Aber es ist nicht zu verkennen, daß die in Rede stehende Frage — und zwar sowohl für den Studiengang des angehenden Juristen als auch für die Regelung des Vorbereitungsdienstes — sich einigermaßen komplicirt durch das Interesse, das die innere (sogenannte allgemeine) Verwaltung der Einzelstaaten und auch der Reichsdienst an der sachgemäßen Heranbildung der Beamten ihres Ressorts zu nehmen hat. Daß bei der Ausbildung der Verwaltungsbeamten das juristische Element eine hervorragende Stelle einzunehmen hat, wird heutzutage überall anerkannt. Aber die Frage, auf welche Weise dem Verwaltungsbeamten neben der Rechtskenntniß das unbedingt erforderliche Maß staatswissenschaftlicher Kenntnisse zweckmäßig zu vermitteln sei, ist, wie die Dinge heute stehen, eine durchaus ungeklärte. Von den gegenwärtig in Deutschland bestehenden drei Systemen, dem bayerisch-badischen, dem württembergischen, dem preußischen, erfreut sich nach dem Eindruck, den ich gewonnen habe, keines der allgemeinen Billigung und in höherem oder minderem Maße wird die Reformbedürftigkeit derselben anerkannt. Gegen das mir etwas veraltet erscheinende bayerische System (einheitlich 3jähriger Dienst der Aspiranten des Justiz-, des inneren Verwaltungs-, des höheren Finanzdienstes) wird der Einwand erhoben, daß das vorwiegende juristisch-formale Element der Vorbildung die schaffende und anregende Initiative des künftigen Verwaltungsbeamten zu erdrücken geeignet sei. Und wenn in Baden, wo in neuerer Zeit (1880) ähnliche Einrichtungen getroffen worden sind, die damit gemachten Erfahrungen als günstige bezeichnet werden, so möchte zu beachten sein, daß die Gesichtspunkte, von denen man dort ausgegangen ist: „bei der Kleinheit des Staates sei es bei guter Besetzung der Verwaltungsstellen nothwendig, aus einer größeren Zahl die für die Verwaltung besonders geeigneten Personen *auswählen* zu können," eine Uebertragung der Einrichtungen auf größere Staaten, zumal auf Preußen kaum zulassen würden (vergl.: Die Vorbildung zum höheren Verwaltungsdienste; Berichte und Gutachten veröffentlicht vom Verein für Socialpolitik, 1887 S. 139). Die Mängel, die dem preußischen System*) (Gesetz vom 11. März 1879 betreffend die Befähigung für den höheren Verwaltungsdienst) vorgeworfen werden, gründen sich darauf, daß trotz der Einrichtung des von der Justiz getrennten Regierungsreferendariats für eine planmäßige volkswirthschaftliche und socialpolitische Bildung des späteren Verwaltungsbeamten zu wenig Sorge getragen werde, und in der That erscheint die Bestimmung des Gesetzes, daß der Gerichtsreferendar bei seinem Gesuch um die Ernennung zum Regierungsreferendar den Nachweis „staatswissenschaftlichen Studiums" auf der Universität zu führen hat, als unzureichend. — Eine höchst gründliche und umfassende politische Ausbildung des Verwaltungsbeamten ermöglicht — wie ich aus eigener Erfahrung bezeuge — das heutige württembergische System (Vo. vom 7. November 1885) mit seiner Trennung des akademischen Bildungsganges für Juristen einerseits und Regiminalisten und Cameralisten andererseits, der getrennten ersten Dienstprüfung und getrenntem Referendariat mit auffallend kurzem Vorbereitungsdienst für die jungen Verwaltungsbeamten, dem die zweckmäßig gestaltete zweite Dienstprüfung in den beiden Ministerien ohne Zeitverlust zu folgen pflegt. Einzuwenden bleibt die mangelhafte juristische Schulung, eine Folge der akademischen Ueberbürdung mit so vielen disparaten Fächern.

Bei solchen Verschiedenheiten würde es nach meinem Dafürhalten nicht zu empfehlen sein, wenn der Juristenstag die zur Zeit offene, heikle Frage zum Gegenstand seiner Erörterungen machte. Seinen Beschlüssen wird ein Erfolg um so sicherer in Aussicht zu stellen sein, je mehr dieselben sich an § 2 des G.V.G. anlehnen und darauf verzichten, die allerdings als Ideal zu betrachtende Forderung eines vollkommen einheitlichen Vorbereitungsdienstes für Justiz- und Administrativbeamte aufzustellen. Nach den Erfahrungen, die in Preußen gemacht worden sind, wo dieser von Graf Eulenburg 1869 gelegentlich der Vorlage des Gesetzentwurfs über die Vorbildung der Richter geltend gemachte Gedanke dem lebhaftesten Widerspruch in beiden Häusern des Landtags begegnete (vergl. die citirten Berichte S. 171), wäre an eine allgemeine Verwirklichung jener Forderung nicht zu denken und schwerlich wird die preußische Regierung sich zu einem Verzicht auf eine besondere Staatsprüfung der Verwaltungsbeamten bereit finden lassen.

Immerhin, wenn ich auch geneigt bin, in der zur Erörterung gestellten Frage den Ausdruck „Jurist" als „richterlicher (oder Justiz-)

*) Wesentlich gleichartig sind die Einrichtungen im Königreich Sachsen, vergl. die citirte Zusammenstellung S. 13.

beamter" zu fassen, so möchte ich dennoch glauben, daß der Juristentag dem hohen Interesse, das die Administration in den deutschen Einzelstaaten an der Entscheidung derselben zu nehmen hat, unter allen Umständen durch seine Beschlüsse Rechnung zu tragen haben wird. Ich halte die Möglichkeit nicht ausgeschlossen, daß sobald es gelingt, die Vorbildung des Richterstandes in den Einzelstaaten gemeinsam zu ordnen, die zu treffende Vereinbarung, zumal in Preußen, den willkommenen Anstoß und Anhalt geben wird, die wissenschaftliche und praktische Vorbildung der Verwaltungsbeamten neu zu ordnen. Daß auch dieses in den Einzelstaaten gleichmäßig geschehe, dazu freilich ist ein Bedürfniß nicht vorhanden.

Auf zwei Punkte möchte ich hiernach hinweisen. Einmal nämlich wird für die Gestaltung des juristischen Bildungsganges auf der Universität und die Einrichtung der ersten Dienstprüfung die Forderung zu erheben sein, daß den juristischen Disciplinen auch die grundlegenden Staats- (und Social-)wissenschaften zur Seite treten und das Examen sich auch thatsächlich auf die letzteren ausdehne. Es würde von Werth sein, sich nicht mit der allgemeinen Formel des preußischen Gesetzes von 1869: „Grundlagen der Staatswissenschaften" zu begnügen, sondern die Lehrfächer, auf die es ankommt, speciell zu bezeichnen. Als unerläßlich kommen nach meiner Erfahrung drei in Betracht: Allgemeine und besondere Volkswirthschaftslehre, Finanzwissenschaft und Verwaltungslehre (im Sinne Stein's, also Polizeiwissenschaft verbunden mit Verwaltungsrecht). Einer näheren Begründung bedarf der Vorschlag wohl nicht. Eine einheitliche Gestaltung der wissenschaftlichen Vorbildung für den Beamtenstand würde den Studirenden aller deutschen Staaten ein zusammenhängendes und gleichmäßiges Arbeitspensum auferlegen, sie würde vor Allem dem künftigen Justizbeamten zu einer tieferen Erfassung der seiner wartenden hohen Aufgabe führen und geeignet sein, ihn vor allzu formalistischer Auffassung der Rechtsprechung zu behüten.

Hieran möchte ich den zweiten Vorschlag knüpfen, dessen allgemeiner Verwirklichung freilich, wie nicht zu verkennen ist, erhebliche praktische Schwierigkeiten entgegenstehen; nämlich die Forderung, daß in Anwendung der den Justizverwaltungen in § 2 al. 4 des G.V.G. gegebenen Ermächtigung „einen Theil des dem Vorbereitungsdienste gewidmeten Zeitraums, höchstens 1 Jahr, im Dienste bei Verwaltungsbehörden zu verwenden", dem Gerichtsreferendar eine, vielleicht auf 1/2 Jahr zu bemessende Beschäftigung bei Verwaltungsbehörden auferlegt; oder wenigstens (ohne Verlust an Anciennität) von der Justizverwaltung ermöglicht werde. Es würde sich also um Verallgemeinerung der in Bayern und

Baden obligatorisch, in Sachsen fakultativ (vergl. die angeführte Schrift S. 11) bestehenden Einrichtung handeln. Als diejenigen Behörden, an die hierbei zu denken ist, bezeichne ich die (unteren) Staatsverwaltungsbehörden, die Gemeindebehörden, endlich in Ländern mit instanzmäßig organisirter Verwaltungsrechtspflege (also in Preußen) die Verwaltungsgerichte unterster Instanz. — Zur Begründung dieses Vorschlages möchte ich nicht allein aufmerksam machen auf den großen Vortheil, der sich dem jungen Aspiranten des Staatsdienstes damit eröffnet, daß ihm die Entscheidung über den seiner eigentlichen Neigung und Befähigung entsprechenden Lebensberuf erleichtert wird. Es ist meines Erachtens auch hinzuweisen auf den wesentlichen Vortheil, der für den künftigen Richter*) die Bekanntschaft mit Materien und Procedurformen ergiebt, die die bürgerliche Justiz auf das Wesentlichste ergänzen. Vor Allem dürfte zu betonen sein der hohe Werth, den der Einblick in die Praxis der Staats- und Gemeindeverwaltung für die Gewinnung eines tieferen Verständnisses und eines unbefangenen und selbständigen Urtheils gegenüber den Fragen des öffentlichen und Wirthschaftslebens dem künftigen Richter gewährt.

S. M.

v. Martitz,
Oberverwaltungsgerichtsrath, Professor
an der Universität Berlin.

*) und Rechtsanwalt.

Stenographische Berichte.

Erste Plenarsitzung

des

Fünfundzwanzigsten Deutschen Juristentages

zu Bamberg am 11. September 1900

im Schützenhaus.

(Beginn: Vormittags 9 Uhr.)

Reichsgerichtsrath a. D. Dr. **Stenglein** (Leipzig): M. H., ich bitte Platz zu nehmen. Indem ich im Namen der ständigen Deputation die Erschienenen herzlichst begrüße, eröffne ich den 25. Deutschen Juristentag. Das erste Geschäft, welches der Juristentag vorzunehmen hat, ist, daß er sich einen Vorsitzenden erwählt. Diese Wahl hat bis jetzt regelmäßig durch Acclamation stattgefunden und die ständige Deputation hat mich deshalb beauftragt, Ihnen vorzuschlagen, daß wir einen Mann erwählen, der mit zu den Gründern des Deutschen Juristentags gehört, der seit 40 Jahren unentwegt zur Fahne des Juristentags hielt, der also sicher der Geeignete ist, um an unserem Jubiläums-Juristentag den Vorsitz zu übernehmen: ich schlage Ihnen vor, durch Acclamation zum Vorsitzenden zu erwählen den Herrn Senatspräsidenten Dr. von Stoesser-Karlsruhe. (Lebhaftes Bravo.) Sind Sie damit einverstanden? (Wiederholter Beifall.) Ihr Zuruf beweist mir, daß ein Widerspruch, der ja die Acclamation ausschließen würde, nicht besteht, und ich glaube also annehmen zu dürfen: Ihr Erwählter ist Herr Dr. von Stoesser, und ich bitte ihn, den Vorsitz zu übernehmen.

Oberlandgerichts-Senatspräsident a. D. Dr. **von Stoesser** (Karlsruhe) (den Vorsitz übernehmend): Hochgeehrte Herren: Sie haben durch die freundliche Zustimmung zum Vorschlag der ständigen Deputation, mich zum Vorsitzenden zu erwählen, ihr ein großes Vertrauensvotum gegeben. Allerdings gestehe ich Ihnen offen, daß es nicht in meinem Sinn gewesen ist; ich habe nie und nimmer diese hohe Ehre erstrebt und mich bisher damit begnügt, treu und redlich dem Juristentag zu dienen. Nach meinem

Sinne wäre es eher am Platz gewesen, der bisherigen Tradition getreu, entweder einen hervorragenden Mann der Wissenschaft oder ein ausgezeichnetes Mitglied unseres höchsten Gerichtshofs zu dieser hohen Würde zu berufen. Dieser Tradition hat auch entsprochen, daß Männer wie Geheimrath von Waechter, Bluntschli, Gneist, und nach ihnen die um den Juristentag hochverdienten Mitglieder des Reichsgerichts, wie Drechsler und Stenglein an diesen Sitz berufen wurden. Indessen haben Sie schon aus den Worten meines verehrten Herrn Vorgängers gehört, daß der Juristentag dieses Mal nicht einen solchen Mann, dem diese würdigen Eigenschaften zur Seite stehen, sondern, in dem Jahre des Jubiläums, auch einen Jubiläumsmann zu dieser hohen Ehrenstelle berufen sollte. Sie haben gehört, daß ich vor 40 Jahren, als der Deutsche Juristentag gegründet wurde, in die ständige Deputation gewählt worden bin und ihr seither ununterbrochen angehöre. Wie einst, als Geheimrath von Waechter den damaligen Hofgerichtsrath von Stoesser als Mitglied der Deputation verkündete, beschlich mich gestern eine ähnliche Ueberraschung, als ich von meinen verehrten Freunden und Kollegen aus der ständigen Deputation aufgefordert wurde, dieses Amt zu übernehmen. Indessen bringe ich wenigstens den guten Willen mit und glaube, daß auch ein Mann, der fast noch einmal so alt ist, als der Deutsche Juristentag, und ihm während dessen Dauer redlich gedient hat, die Leitung unbedenklich übernehmen kann. Dieses Amt ist viel mehr Ehr' und Freud' als eine Last. Der Deutsche Juristentag darf übrigens in dem heurigen Jubiläumsjahr, glaube ich — und Sie werden mit mir übereinstimmen — mit gutem Gewissen und mit hoher Befriedigung, ja mit einem gewissen Stolz auf seine bisherige Thätigkeit zurückblicken. Er hat die Zwecke, welche er nach § 1 seiner Satzungen verfolgt, nämlich:

> „Eine Vereinigung für den lebendigen Meinungsaustausch und den persönlichen Verkehr unter den deutschen Juristen zu bilden; auf den Gebieten des Privatrechts, des Processes und des Strafrechts den Forderungen nach einheitlicher Entwicklung immer größere Anerkennung zu verschaffen, die Hindernisse, welche dieser Entwicklung entgegenstehen, zu besprechen und sich über Vorschläge zu verständigen, welche geeignet sind, die Rechtseinheit zu fördern"

mit redlicher Arbeit zu verwirklichen gesucht. Schon in den ersten Jahren hatte er die Genugthuung, daß der endliche Abschluß des Deutschen Handelsgesetzbuches durch sein Drängen beschleunigt worden ist. Wir hatten späterhin das Strafgesetzbuch, im Jahre 1879 die verschiedenen Proceßordnungen mit dem Gerichtsverfassungsgesetz, endlich die Krone der ganzen Gesetzgebung, das Deutsche Bürgerliche Gesetzbuch, welches in diesem Jahre zum ersten Male zur Herrschaft gelangt ist, zu begrüßen, wahrlich eine politische und wirthschaftliche Errungenschaft, um die wir seit Jahrzehnten gekämpft haben, und Sie werden mit mir unserer bisherigen redlichen Arbeit das Zeugniß geben, daß gerade die Grundsätze, sowohl im Großen und Ganzen als auch in vielen Einzelbestimmungen, welche der Deutsche Juristentag bisher als die allgemeine Meinung, das allgemeine Rechtsbewußtsein im deutschen Volke ausgesprochen hat, in diesen Gesetzgebungen ihren Ausdruck gefunden haben.

Und wenn nun auch diese großen Errungenschaften endlich erzielt sind, m. H., der Deutsche Juristentag hat noch nicht aufgehört zu leben und in seinem Leben redlich und tüchtig zu arbeiten. Es bleibt immer noch eine große Aufgabe in Verfolgung der Ziele, welche sich der Deutsche Juristentag gesteckt hat. Nachdem die Hauptsache glücklich erreicht, bleibt uns übrig, noch manche Lücke auszufüllen, immer weiter auszufeilen, zu vervollkommnen, so daß die mancherlei Vorbehalte, die uns namentlich in dem großen Gesetzgebungswerke noch begegnen, mehr und mehr verschwinden werden. Denn darin liegt meines Erachtens nun hauptsächlich unsere Aufgabe, gemeinsam dahin zu wirken, daß diejenigen Rechtsnormen, welche einer gemeinsamen Gesetzgebung noch nicht für fähig erachtet worden, zum allgemeinen Bewußtsein kommen und dann auch ihren gesetzgeberischen Ausdruck finden werden.

Und so begrüße ich denn auch den heurigen Juristentag, den fünfundzwanzigsten in diesem Jahrhundertsjubiläum, mögen wir nun am Ende oder am Anfange eines Jahrhunderts stehen. Dieser Jubiläumsjuristentag ist von großer Bedeutung. Wir können uns nach allen Richtungen hin nur darüber freuen, was wir bisher durch unsere redliche, eifrige Arbeit erreicht haben, aber auch vertrauensvoll hoffen, daß wir mit unserer Aufgabe nie und nimmer schon vollständig abgeschlossen haben, vielmehr immer weiter und weiter mit voller Freudigkeit und Kraft wie segensreichem Erfolge arbeiten werden. In diesem Vertrauen und in dieser Hoffnung eröffne ich wiederholt den 25. Deutschen Juristentag. (Lebhafter Beifall.)

Es hat sich zum Worte gemeldet Herr Oberlandesgerichtspräsident v. Oberniedermayr. Bevor jedoch der Herr Präsident das Wort ergreift, vollziehe ich in Gemäßheit der Statuten die Wahl des sog. Bureaus und bitte als unsere weiteren Präsidenten anzuerkennen Herrn Oberlandesgerichtspräsidenten v. Oberniedermayr, Herrn Geheimrath Prof. Dr. Brunner, Herrn Prof. Dr. Pfaff-Wien und Herrn Senatspräsident Schmidt. Als Schriftführer erlaube ich mir zu berufen Herrn Prof. Dr. Hiller-Graz, Herrn Ersten Staatsanwalt Rohmer, Herrn

Rechtsanwalt Dietz, Mitglied der Anwaltskammer hier, und Herrn Rechtsanwalt Crome-Berlin. (Zustimmung.)

Wir werden nun die Ehre haben, den Herrn Oberlandesgerichtspräsidenten v. Oberniedermayr zu hören.

Oberlandesgerichtspräsident **v. Oberniedermayr** (Bamberg): Meine hochgeehrten Herren! Seine Königliche Hoheit der Prinzregent Luitpold von Bayern haben geruht, mich zu beauftragen, der XXV. Versammlung des Deutschen Juristentages seinen huldvollsten Gruß zu entbieten mit dem Wunsche, daß den Theilnehmern dieser Versammlung der Aufenthalt in der schönen bayerischen Frankenstadt Bamberg eine dauernde angenehme Erinnerung gewähren möge. Ich beehre mich hiermit diesem Allerhöchsten Auftrage zu entsprechen.

Ich habe ferner in Vertretung der Königlich bayerischen Staatsregierung diese Versammlung des Deutschen Juristentages, welcher nunmehr auf eine vierzigjährige Thätigkeit zurückblickt, zu dem reichen Erfolge derselben herzlich zu beglückwünschen.

Die Gründung des Deutschen Juristentages im Jahre 1860 war eine wahrhaft patriotische That. Die Männer, welche sich bei derselben betheiligten, haben sich die Förderung der einheitlichen Rechtsentwicklung in Deutschland und einer einheitlich deutschen Gesetzgebung auf den Gebieten des Civilrechts und des Strafrechts zur Aufgabe gestellt zu einer Zeit, aus welcher zwar zwei hochbedeutende Gesetzeswerke, die „Allgemeine Deutsche Wechselordnung“ und das „Allgemeine Deutsche Handelsgesetzbuch“ in unsere Zeit hereinragen, welche aber sonst einer einheitlich deutschen Gesetzgebung wenig günstig war.

Dem Streben des Vereins des Deutschen Juristentages nach einheitlicher Entwicklung des deutschen Rechtes lag das im ganzen Volke vorhandene, bei den Gründern des Deutschen Juristentages besonders lebhafte Bewußtsein der Zusammengehörigkeit aller deutschen Volksstämme zu Grunde, welches die Sehnsucht nach einem starken föderativen Verbande der deutschen Staaten in einem großen und mächtigen deutschen Reiche rege hielt, eine Sehnsucht, die durch die großen Ereignisse der Jahre 1870 und 1871 Erfüllung fand.

Diese großen Ereignisse haben die Wege geebnet, auf welchen die einheitliche Rechtsentwicklung und die Gesetzgebung rasche Fortschritte machten.

Mit der Unterstützung des Deutschen Juristentages durch gründliche Berathungen und Begutachtungen hat die deutsche Gesetzgebung nunmehr das große Werk der Schaffung einheitlichen deutschen Rechts auf dem

Gebiete des Civilrechts und des Strafrechts, einschließlich des Proceßrechts, zum Abschluß gebracht.

Der Verein des Deutschen Juristentages kann daher nach Ablauf von vierzig Jahren, mit welchen er einen bedeutsamen Abschnitt seines Wirkens zurückgelegt hat, auf dieselben mit dem befriedigenden Bewußtsein zurückblicken, sich um die deutsche Gesetzgebung wohl verdient gemacht zu haben.

Mit diesem Abschnitte ist aber die Aufgabe des Deutschen Juristentages nicht abgeschlossen.

Seine Aufgabe wird es weiter sein, die einheitliche organische Fortbildung der codificirten Rechte in Wissenschaft und Praxis zu fördern und die Gesetzgebung bei Schaffung positiven Rechtes für diejenigen Rechtsverhältnisse zu unterstützen, für welche das reiche Volksleben eine solche fernerhin nothwendig machen wird.

Die bayerische Staatsregierung gibt sich der Hoffnung hin, daß der Deutsche Juristentag auch dieser weiteren Aufgabe stets gerecht werden wird.

(Beifall.)

Präsident: Geehrte Herren! Sie haben bereits durch ihre allseitige Zustimmung und Anerkennung den Dank, welchen der Deutsche Juristentag dieser freundlichen und ehrenvollen Begrüßung schuldet, zum Ausdruck gebracht. Der Deutsche Juristentag tagt nun zum 5. Male im Königreiche Bayern, zuerst in München, dann in Nürnberg, Würzburg, Augsburg und heute nun in Bamberg, dessen Ruhm uns allen bekannt und der gestern aus beredtem Munde in unsere lebhafte Erinnerung wieder gebracht worden ist. Die huldvolle Theilnahme, namentlich des Königlichen Hauses in Bayern, ist uns schon wiederholt zu Theil geworden; ebenso haben wir schon öfters, theils von den verantwortlichen Rathgebern der Krone, theils heute aus dem Munde des verehrten hiesigen obersten Richters gehört, welche lebhafte Theilnahme auch seitens der Königlich bayerischen Staatsregierung dem Deutschen Juristentage entgegengebracht wird. Ich glaube, in Ihrer aller Sinne zu handeln, wenn ich unseren lebhaftesten Dank für die freundliche Begrüßung, wiederholt ausspreche!

(Lebhafter Beifall.)

Ich gebe nun das Wort Herrn Prof. Dr. Kahl.

Geheimerath Prof. Dr. **Kahl** (Berlin): M. H.! Ich habe die Erlaubniß erbeten und erhalten, vor Eintritt in die weitere Tagesordnung das Wort zu ergreifen, um einen Mann hier zu begrüßen, welcher wie Einer dem Deutschen Juristentage nahe steht und auf dessen freudigste

Theilnahme allerwege rechnen darf. Es ist der Herr Geh. Justizrath Wilke aus Berlin. Er feiert heute, am 11. September, das 50jährige Jubiläum seines Eintritts in den preußischen Staats- und Justizdienst.

Da darf ich denn wohl auch ohne spezielles Mandat mich für berechtigt halten, zunächst im Namen aller aus Deutschlands Gauen hier versammelten Juristen ihn zu diesem Festtage auf das Herzlichste zu beglückwünschen. (Bravo!)

Aber ich habe mich noch eines besonderen Auftrages zu entledigen. Die Berliner Juristenfacultät hat beschlossen, Sie, hochverehrter Herr Jubilar, an diesem Tage zu ihrem Doctor juris utriusque honoris causa zu promoviren. (Beifall.) Als ihr derzeitiger Decan habe ich die hohe Ehre, im Verein mit meinen hier anwesenden Berliner Collegen Brunner und Gierke Ihnen diesen Beschluß zu eröffnen und Ihnen das Ehrendiplom zu überreichen.

Verzeihen Sie, hochverehrter Herr Jubilar, daß ich Sie hier so unvermuthet überfalle. Noch gestern Abend hatte ich die Absicht, Ihnen davon Mittheilung zu geben; aber mir wurde gesagt, wenn Sie es wüßten, so würden Sie sich der Execution durch die Flucht entziehen (Heiterkeit), und lediglich wegen dieses Fluchtverdachtes werden Sie hier überrascht.

Vor einigen Monaten waren Sie Zeuge der feierlichen Ehrenpromotion Ihres nicht minder angesehenen Collegen Lesse in Berlin. Damals habe ich ausgesprochen, daß nach feststehender Tradition die Berliner Juristenfacultät diese höchste Auszeichnung nur selten und nur dann verleihe, wenn sie sich wirklichen und hervorragenden rechtswissenschaftlichen Verdiensten gegenüber sieht. Diese Voraussetzung trifft auch bei Ihnen in ausgezeichnetem Maße zu. Ihre erbrechtlichen Schriften, Ihre Gutachten und Referate auf den mannigfachsten Rechtsgebieten, Ihre Stellung als Syndicus der Savigny-Stiftung haben Sie längst den Männern der Wissenschaft angereiht.

Wären wir nun heute wie damals in Berlin, so würde ich nicht verfehlt haben, in pontificalibus vor ihnen zu erscheinen, um auch äußerlich den Act so feierlich wie möglich zu gestalten. Aber ich bin der Meinung, was ihm an äußerem Glanz abgehe, werde reichlich ersetzt und überwogen durch die Anwesenheit von Vertretern der ganzen deutschen Juristenschaft (Bravo!). Ja, ich erachte, daß diese bescheidene Feier sich recht eigentlich passend und sachgemäß in die Tagung der deutschen Juristen einfüge. Schon um deswillen, weil in eben dieser Ehrung eines hervorragenden Mitgliedes des deutschen Anwaltstandes die geistige Einheit und Gemeinschaft von Theorie und Praxis, an welche der Erfolg unserer Arbeit hier gebunden ist, spezifisch zum Ausdruck gelangt. (Bravo!) Sodann aber, weil wir in Ihnen einen besonders erfolgreichen und eifrigen Förderer der deutschen Rechtseinheit begrüßen dürfen. Ihr Eintritt in den preußischen Staatsdienst fiel in eine Zeit, in welcher der deutsche Gedanke und die Hoffnung politischer und damit rechtlicher Einheit eben einen tiefen Niedergang erlitten hatten. Ihre Wiederbelebung und endliche Erfüllung haben Sie während eines halben Jahrhunderts nicht bloß mit erlebt, sondern persönlich mit erstrebt. Als Schriftführer der ständigen Deputation des Deutschen Juristentages haben Sie in oftmaligen Berichten über die Rechtsentwickelung auf diese Einheit den Blick gelenkt. Als Mitglied der zweiten Kommission für das Bürgerliche Gesetzbuch haben Sie an hervorragender, entscheidender Stelle diese Rechtseinheit selbst mit bauen helfen.

So begrüße ich denn, hochverehrter Herr Jubilar, Sie an Ihrem heutigen Ehrentage mit den herzlichsten Glücks- und Segenswünschen. Ich finde es eine schöne Fügung, daß Sie gerade im Kreise der Männer, die die berufenen Vertreter des Gedankens der Rechtseinheit sind, einen Teil des Dankes und der Anerkennung für Ihre zahlreichen Verdienste empfangen dürfen. Allerdings auf Ihr 50jähriges Doctorjubiläum werden Sie ja wohl verzichten müssen. Aber der Hoffnung darf ich, so wie wir Sie heute vor uns sehen, wohl Ausdruck geben, daß Sie noch recht, recht lange in Gesundheit erhalten bleiben mögen Ihnen selbst, den Ihrigen, dem Rechte, dem Juristentag, dem Vaterland!

(Lebhafter Beifall und Händeklatschen.)

Präsident: Geehrte Herren! Mit eigener Freude und eigenem Stolze sind wir den beredten Worten des verehrten Herrn Geheimrats Prof. Dr. Kahl gefolgt, wie wenn diese Ehre und diese Freude uns selbst zu Teil geworden wäre. Wir gönnen dem verehrten Herrn Kollegen und verdienstvollen Schriftführer des Deutschen Juristentages diese Auszeichnung, und ich glaube, wir können unsere Freude und unsere Anerkennung über seine bisherige Thätigkeit nicht besser aussprechen, als daß wir uns aus vollem Herzen dieser ausgezeichneten Ehrung, welche er von der juristischen Fakultät der ersten deutschen Universität, Berlin, erhalten hat, anschließen. Sie haben das bereits gethan, allein noch einmal wollen wir unserem verehrten Jubilar von Herzen den innigsten Glückwunsch für diese große Ehrung darbringen, und bitte ich Sie denn wiederholt, sich von Ihren Sitzen zu erheben!

(Geschieht.)

Geh. Justizrath **Wilke:** Meine sehr geehrten Herren! Daß ich überrascht worden bin, das können Sie sich denken. Es ist für jeden Juristen von der Zeit der Universität an gewiß das höchste Ziel, das er sich überhaupt stellen kann und zwar eigentlich nur wenn er etwas vermessen ist, stellen kann, daß er einmal aufgenommen würde in eine der Fakultäten einer deutschen Universität. Der Doctor juris einer deutschen Universität gilt immer als die höchste Ehre. Daß nun mir diese höchste Ehre, die, wie ich allerdings versichern kann, sehr unerwartet kam, daß mir diese zu Theil geworden ist, das müßte mich ja lediglich mit Freude erfüllen. Die Freude ist aber, ich kann es nicht leugnen, nicht ganz ungemischt, denn die Freude ist gemischt mit dem Gefühle der Beschämung. Die Gründe davon auseinander zu setzen, das werden Sie mir erlassen, Sie werden sie sich selber denken. Wenn einem Verdienste angerechnet werden oder vorgehalten werden, dann wird es einem erst recht zu Gemüthe geführt, wie wenig es zutrifft. Aber das mag ja dahingestellt bleiben. So viel ist sicher, daß die Herren und die Fakultät beabsichtigt und erreicht haben, mir eine große Freude zu erweisen. Wenn ich denke, daß ich vor 50 Jahren austrat aus der Fakultät und jetzt wieder in die Fakultät eintrete, daß ich gewissermaßen Kollege werde der vielen bedeutenden und verehrten Männer, auf welche ich immer mit größter Verehrung emporgesehen habe, so ist es ein erhebendes Gefühl; es muß mich hoch erfreuen, und die Freude überwiegt alle anderen Gefühle. Ich wollte das nur kurz aussprechen, und den verehrten Herren der Friedrich Wilhelms-Universität, deren juristischer Fakultät anzugehören ich nunmehr die Ehre habe, meinen allerherzlichsten Dank aussprechen, daß Sie meiner so gedacht haben.

Präsident: Ich ertheile nun dem Herrn Justizrath Goldschmidt das Wort.

Justizrath Dr. **Goldschmidt** (Berlin): Hochverehrter Herr Geheimrath, lieber Freund und Kollege! Wem, wie Ihnen soeben, die höchste Ehre zu Theil geworden ist, die einem deutschen Juristen zu Theil werden kann, der hat bis zu einem gewissen Grade das Recht auf allzu große Bescheidenheit verwirkt (Heiterkeit). Dieses Recht ist freilich ein höchst persönliches und darum unantastbares; es ist, um mich eines uns jetzt geläufig gewordenen Ausdrucks zu bedienen, ein „Persönlichkeitsrecht" und wie jedes echte Persönlichkeitsrecht auch mit der wirksamen Funktion des Untersagungsrechts ausgestattet. Von diesem Untersagungsrecht haben Sie, hochverehrter Freund, ausgiebigen Gebrauch gemacht; zwar nicht in Worten, aber durch concludente Handlungen. Ihrem juristischen Scharfsinn ist es gelungen, einen Weg zu finden, um officielle Kundgebungen als solche scheinbar unmöglich zu machen; denn Sie haben sich wenige Tage vor dem heutigen in der Liste der Rechtsanwälte löschen lassen und kurze Zeit vorher Ihren Abschied als Notar genommen. Aber wie jedes Untersagungsrecht findet auch das Ihrige seine natürliche Schranke an einem entsprechenden Rechte auf der anderen Seite; und dieses Recht ist das Recht Ihrer Berufsgenossen auf Dankbarkeit, auf Liebe und Verehrung gegen den Mann, der ein halbes Jahrhundert lang in den verschiedensten Stellungen seiner juristischen Thätigkeit, seinem Beruf und insbesondere der engeren Gemeinschaft, der er seit vielen Jahrzehnten angehört, zur Zierde und zur Ehre gereicht hat. Ich möchte den beredten Worten, die Sie soeben vernommen, nicht solche hinzufügen, die nur geeignet sein könnten, den mächtigen Eindruck, den jene Worte hervorgerufen haben, abzuschwächen. Ich bitte Sie daher, nur noch von mir als sichtbares Zeichen unserer Liebe und Verehrung, und zwar zunächst im Auftrage des Vorsitzenden des Vorstands der Anwaltskammer in Berlin, diese Adresse und im Namen des Vorstands des Berliner Anwaltvereins dieses Zeichen unserer Liebe und Verehrung in Empfang zu nehmen, durch welches Sie zum Ehrenmitglied des Berliner Anwaltvereins ernannt werden. Ich schließe mit dem lebhaften Wunsche, daß es uns noch lange Jahre vergönnt sein möge, zu Ihnen als der Verkörperung aller Tugenden und Vorzüge eines echten deutschen Anwalts emporblicken zu können.

(Lebhafter Beifall.)

Geh. Justizrath Dr. **Wilke:** Ich könnte ja darauf nur beinahe dasselbe erwidern, was ich eben gethan habe. Denn nächst der Anerkennung der Universität sehe ich in der Liebe und Verehrung meiner Kollegen das Höchste, was ich erstreben könnte, und wenn Sie mir versichern, daß diese mir wohlgesinnt sind, so beglückt mich das in hohem Maße. Nehmen Sie für sich und meine Kollegen meinen herzlichen Dank.

Präsident: Wir sind noch nicht fertig. Herr Rechtsanwalt Simon hat das Wort.

Rechtsanwalt **Simon** (Berlin): Herzlich verehrter Herr Geheimrath! Fünfzig Jahre waren Sie des Rechtes, das Sie beherrschen, treuer Diener. In diesen Dienst stellten Sie Ihre mannhafte Kraft, ihm weihten Sie die Herzenswärme, die Ihnen eignet. Kraft und Wärme durchströmten all' Ihr Thun, mochten Sie Rath ertheilen den Ihnen Vertrauenden oder als Streiter stehn im Kampf um's Recht, mochten Sie in Gesetzgebung oder Wissenschaft die Rechtsentwicklung fördern oder eintreten für das

Wohl des Anwaltstandes. Sie wurden der Stolz Ihrer Berufsgenossen, vor allem des engeren Kreises, der Sie während der letzten Jahrzehnte den Seinen nennen durfte. Die Liebe und Verehrung, die diesen Kreis an Ihre Person knüpfen, verlangten an dem heutigen Ehrentag gebieterisch einen Ausdruck, der den Tag selbst überlebt. So vereinten sich 15 Anwälte des Kammergerichts, Ihnen eine Sammlung rechtswissenschaftlicher Abhandlungen darzubringen; wir, College Neumann und ich, dürfen Ihnen diese Arbeiten namens der Anwaltschaft des Kammergerichts als Festgabe überreichen. Sie haben uns durch Ihr Beispiel gelehrt, unseren Beruf nicht als Handwerk, sondern als Kunst aufzufassen, die nur ausüben kann, wer feinsinnig die Verhältnisse des Lebens zu erforschen sucht und den Zusammenhang mit der Wissenschaft nicht verliert. Der bescheidene Versuch will wenigstens unser Streben bezeugen, nach Ihrem Vorbild zu wirken. Gedenken Sie, wenn Ihr Blick künftig auf diese Sammlung fällt, ebenso freundlich der Anwaltschaft des Kammergerichts wie diese, des sind wir gewiß, immerdar in Treuen Ihrer gedenken und in Ehrerbietung zu Ihnen emporblicken wird.

(Beifall.)

Präsident: Nach dieser schönen und ehrenvollen Familienfeier schlage ich Ihnen vor, nun zur ernsten Arbeit überzugehen.

Als dritter Gegenstand unserer heutigen Berathung im Plenum ist vorgeschlagen „Bericht des Kammergerichtsraths Thinius-Berlin, in Vertretung des Schriftführers, über die Rechtsentwicklung in Deutschland seit dem letzten Juristentage“. Seit zwei Jahren hat der Deutsche Juristentag nicht mehr stattgefunden, während welcher Zeit die Reichs- und Landes-Gesetzgebung in ausgiebigster Weise thätig gewesen ist. Die einzelnen Berichte, sowohl für das ganze deutsche Reich, als auch für die einzelnen deutschen Länder, sind gesammelt und von dem Herrn Kammergerichtsrath Thinius in einer umfassenden Denkschrift bearbeitet. Mit seinem Einverständniß glaubt die ständige Deputation, daß wir im Interesse der Zeitersparniß von dem vollständigen Vortrage dieses außerordentlich interessanten denkwürdigen Werkes Umgang nehmen sollten. Dasselbe wird ohnedies gedruckt und ehestens in Ihre Hände gelangen. Unter diesen Verhältnissen glaubten wir Ihnen vorschlagen zu dürfen und zu sollen, daß wir, da auch eine nur übersichtliche Darstellung des gesammelten Stoffes unsere Zeit lange in Anspruch nehmen würde, ist, uns damit begnügen, festzustellen, daß dieser Bericht erstattet ist, und daß wir im Interesse der Zeitersparniß von der vollständigen Mittheilung Umgang nehmen. Wenn die Herren damit einverstanden sind, wird also statt des mündlichen Vortrags in Bälde der vollständige Bericht Ihnen mitgetheilt werden. Sind Sie damit einverstanden?

(Zustimmung.)

Nun werden wir die Vertheilung der Berathungsgegenstände an die Abtheilungen vornehmen.

Ich bitte Sie, m. H., die Festschrift zur Hand zu nehmen, worin Sie die Gegenstände der heurigen Tagung und Berathung finden; die ständige Deputation schlägt Ihnen vor, im Hinblick darauf, daß drei Abtheilungen gebildet worden sind, eine Abtheilung für bürgerliches Recht und Rechtsstudium, die ihre Sitzungen hier in diesem Saale der Schützengesellschaft abhalten wird, eine zweite Abtheilung für die Fragen aus dem Urheber-, Verlags- und Strafrecht, die in dem Saale der Gesellschaft Harmonie tagt, eine dritte Abtheilung über die Fragen aus dem Proceß- und Kompetenzrecht, die in dem Saale der Ressource sich versammelt, und zu verweisen: an die erste Abtheilung die Fragen 1, 2, 9, an die zweite Abtheilung die Fragen 5, 6, 7 und an die dritte Abtheilung die Fragen 3, 4, 8. Nach dem Schluß der heutigen Sitzung im Plenum werden also die verehrten Herren, welche sich für die eine oder andere Abtheilung erklärt haben, sich in die betreffenden Räume verfügen und dort nach Maßgabe unserer Satzungen weiter verfahren, und bitte ich die Vorsitzenden, auch schon ihr Augenmerk darauf zu richten, daß aus jeder Abtheilung zehn Vertrauensmänner gewählt werden, welche die ständige Deputation am Schluß unserer Tagung vorschlagen werden. Es ist zweckmäßig, wenn die Herren sich heute schon im Allgemeinen über die einzelnen Persönlichkeiten verständigen, damit bei unserer nächsten Plenarsitzung diese Vertrauensmänner der Vollversammlung mitgetheilt werden können und diese Vertrauensmänner dann in die Lage gesetzt werden, ihre Vorschläge an die Vollversammlung des Deutschen Juristentages zu richten. Im Uebrigen glaube ich, auf die bisherige Uebung verweisen zu dürfen.

Von geschäftlichen Mittheilungen sind mir bisher nur folgende zugegangen: Zunächst habe ich den geehrten Herren mitzutheilen, daß heute Vormittag ½ 12 Uhr in der Wirthschaft zu den drei Kronen eine Versammlung stattfinden wird zur Berathung über die Notarverhältnisse. Die Herren werden eingeladen, sich dort einzufinden. Ferner ist von einem Herrn Kraft ein schriftlicher Antrag eingereicht worden, worin er verschiedene Vorschläge macht betreffs eines Gesetzes über die Controlle der als vereidigter Psychiater zu Stande gekommenen Gutachten; ich glaube, daß die Sache an die ständige Deputation zur weiteren geschäftlichen Behandlung abgegeben werden kann. Sind die Herren damit einverstanden? — Einstimmig.

Etwas Weiteres habe ich heute Ihnen nicht mitzutheilen und schließe also, wenn etwas Weiteres nicht angeregt wird, die heutige Vollversammlung mit der Bitte an die verehrten Herren, daß Sie jetzt und soweit nothwendig am heutigen Nachmittag, und morgen die Fragen in Berathung nehmen; am Donnerstag um 9 Uhr werden wir die zweite Plenarberathung haben. Die Herren Vorsitzenden sind selbstverständlich gebeten, auch jeweils schriftlich Mittheilung zu machen über die Erklärungen, bezw. Kundgebungen und Beschlüsse der einzelnen Abtheilungen, mit dem Anfügen, ob dieselben lediglich zur Kenntniß der Vollversammlung gebracht werden sollen, oder auch zur weiteren Berathung durch dieselbe sich eignen.

Damit schließe ich die Sitzung.

(Schluß 10 Uhr.)

Erste Sitzung der ersten Abtheilung
am 11. September 1900.

(Beginn: Vormittags 10 Uhr.)

Auf Vorschlag des Herrn Geh. Justizrath Prof. Dr. Gierke wird Herr Senatspräsident Dr. von Stoesser-Karlsruhe zum Vorsitzenden gewählt, welcher zu seinem Stellvertreter den Direktor der bayerischen Handelsbank, Herrn Freiherrn von Pechmann-München und zu Schriftführern die Rechtsanwälte Herren Dr. Albrecht-Hamburg und Dr. Hugo Neumann-Berlin ernennt.

Vorsitzender: Die Herren wissen, daß uns zur Berathung zugewiesen worden sind die Fragen 1, 2 und 9. Die Frage 1 beschäftigt sich mit den Versicherungsgesellschaften auf Gegenseitigkeit, 2 mit den Vorschriften über den Uebergang der Führung adeliger Namen und 9 betrifft die Frage, ob es sich empfiehlt, das Universitätsstudium und den Vorbereitungsdienst der Juristen gemeinsam für das deutsche Reich zu ordnen. Die beiden ersten Fragen, 1 und 2, werden uns vielleicht am wenigsten aufhalten und es wird uns wohl gelingen, diese noch heute Vormittag bezw. in den Mittag oder Nachmittag hinein zu erledigen, so daß wir uns dann mit vollen Kräften morgen mit der Frage 9 beschäftigen können. Sind die Herren mit diesem allgemeinen Plane einverstanden?

(Jawohl!)

Gut, so gehen wir sofort zur Berichterstattung über die Frage 1 über:

> Welche Stellung ist in dem zu erwartenden Versicherungsgesetze den Versicherungsgesellschaften auf Gegenseitigkeit zu gewähren?

und kündige sofort auch den Antrag des Berichterstatters dahin an:

> Der Deutsche Juristentag erkennt an, daß der Entwurf eines Gesetzes über die privaten Versicherungsunternehmungen eine geeignete Rechtsgrundlage für die Versicherungsvereine auf Gegenseitigkeit bietet.

Ich ertheile zunächst dem Herrn Berichterstatter das Wort.

Berichterstatter Bankdirektor Dr. **Samwer** (Gotha): Hochgeehrte Herren! Als die Frage nach der rechtlichen Stellung der Gegenseitigkeitsgesellschaften auf die Tagesordnung des deutschen Juristentages gestellt wurde, war es nicht wahrscheinlich, daß das von allen Seiten ersehnte Reichsversicherungsgesetz bald zu Stande kommen würde. Erklärte doch der württembergische Minister des Innern noch vor etwa zwei Jahren, daß bis zum Erlaß dieses Gesetzes geraume Zeit verstreichen werde, da erhebliche Meinungsverschiedenheiten beständen. Aber rascher, als er erwartet hatte, wurden die Arbeiten im Reichsamt des Innern gefördert. Bald nach dem Auseinandergehen des vorigen Juristentags, der wegen Ueberlastung unseren Gegenstand vertagt hatte, am 26. November 1898, veröffentlichte der Reichsanzeiger den Entwurf eines Gesetzes über die privaten Versicherungsunternehmungen. In diesem Jahre ist ein zweiter Entwurf erschienen, der in dem III. Abschnitt über die Versicherungsvereine auf Gegenseitigkeit keine erheblichen Aenderungen aufweist. Wollen wir uns über die wünschenswerte Stellung der Versicherungsgesellschaften a. G. schlüssig machen, so legen wir unseren Verhandlungen am besten diesen neuen Entwurf zu Grunde.

Zwei Gutachten sind uns erstattet worden, davon das erste im Jahre 1897, also vor dem Erscheinen des Gesetzentwurfs, durch Prof. Victor Ehrenberg. Der Verfasser hat in seinem Handbuch des Versicherungsrechts die Gegenseitigkeitsgesellschaft nach allen Richtungen untersucht, beschränkt sich aber hier auf die Feststellung der Sonderrechte ihrer Mitglieder, um ihre Eigenart scharf zu kennzeichnen und einer schablonenhaften Gleichstellung mit der Aktiengesellschaft entgegenzuarbeiten. Das zweite Gutachten, von Prof. Weyl abgegeben, nimmt den Entwurf des Jahres 1898 zum Ausgangspunkt und empfiehlt nach einer Prüfung der gegen ihn geäußerten Bedenken, den Gegenseitigkeitsvereinen im wesentlichen diejenige rechtliche Stellung zu gewähren, die der Entwurf in Aussicht genommen hat.

Der Entwurf regelt die Verhältnisse der privaten Versicherungsunternehmungen, behandelt also die öffentlichen Versicherungsanstalten a. G. nicht und schließt ferner die bereits gesetzlich geordneten eingeschriebenen Hilfskassen, Innungs- und Knappschaftskassen von seinem Geltungsbereich aus. Die anderen bestehenden Gegenseitigkeitsanstalten mit juristischer Persönlichkeit sollen mit Ausnahme der eingetragenen Genossenschaften und der sächsischen eingetragenen Vereine dem neuen Rechte unterworfen werden. Dagegen sollen die bestehenden Gegenseitigkeitsgesellschaften ohne juristische Persönlichkeit ihm nicht unterliegen; aber die Aufsichtsbehörde kann sie veranlassen, die Concession nachzusuchen oder den Geschäftsbetrieb einzustellen. Wird die Concession ertheilt, so wird aus der Societät eine juristische Person des neuen Rechts. In Zukunft dürfen Unternehmungen, die nach dem Grundsatze der Gegenseitigkeit die Versicherung ihrer Mitglieder betreiben wollen, nur in der Form des „Versicherungsvereins auf Gegenseitigkeit" errichtet werden.

Dieser ist nach dem Entwurf eine Personenvereinigung von nicht geschlossener Mitgliederzahl. Während bei der Versicherungsaktiengesellschaft die geschlossene Zahl der Actionäre als Versicherer erscheint und die Versicherungsnehmer der Gesellschaft nur als Dritte gegenüberstehen, während hier die Unternehmer Gewinn aus dem Versicherungsgeschäfte erstreben, treten im Gegenseitigkeitsverein die Versicherungsnehmer zugleich als Versicherer auf, um die den einzelnen treffenden Vermögensschäden durch die Gesammtheit ausgleichen zu lassen. Nicht Gewinn, sondern die Befriedigung eines wirtschaftlichen Bedürfnisses zum Selbstkostenpreise ist der Zweck der Gegenseitigkeitsanstalt. Deshalb ist ihr Betrieb nicht gewerblicher Natur, deshalb untersteht sie an und für sich nicht dem Handelsrecht.

Bisher hatten wir Gegenseitigkeitsgesellschaften in den Formen der Societät und der juristischen Person. Der Entwurf will in Zukunft nur solche mit juristischer Persönlichkeit entstehen lassen. Und zwar soll der Gegenseitigkeitsverein die Rechtsfähigkeit erlangen mit der von der Aufsichtsbehörde ertheilten Erlaubniß zum Geschäftsbetriebe, während die Versicherungsactiengesellschaft noch der Eintragung in's Handelsregister bedarf, um als juristische Person zu entstehen. Die Eintragung des Gegenseitigkeitsvereins hat keine constitutive Bedeutung. Die Behörde, von der die Concession gegeben und eine eindringende materielle Aufsicht geübt wird, gehört entweder dem Reiche oder einem Einzelstaate an, je nachdem das Unternehmen die Grenzen eines Einzelstaates überschreitet oder sich innerhalb derselben hält. Sie hat zu prüfen, ob es auf einer gesunden Grundlage ruht; deshalb braucht der Gründungshergang nicht, wie das Actienrecht es vorschreibt, von anderer Seite nachgeprüft zu werden. Leider haben bis in die jüngste Zeit hinein Schwindler außerhalb des Gebietes der Concessionspflicht zur Ausbeutung des Publicums gerade Gegenseitigkeitsanstalten gegründet, weil diesen der Schutz einer festen Rechtsform und die Nachprüfung von unbetheiligter Seite fehlten. Dem soll durch die Nothwendigkeit der Concession und die staatliche Ueberwachung vorgebeugt werden.

Gleichem Zwecke dient auch der Gründungsfonds, der dem neuen Gegenseitigkeitsvereine nur ausnahmsweise fehlen darf. Er wird von Kapitalisten aufgebracht, um dem Vereine die Mittel zur Gründung und zum Betriebe, sowie eine Sicherheitsreserve zur Verfügung zu stellen. Er ist baar einzuzahlen, so weit nicht nach der Satzung vorläufig eigene Wechsel gegeben werden dürfen. Die Darleiher haben kein Kündigungsrecht, können aber auf die baare Einzahlung feste Zinsen bis zu 4 pCt. und aus dem etwaigen bilancemäßigen Ueberschuß einen kleinen Gewinnantheil erhalten. Sie haben einen Anspruch auf Rückzahlung des Kapitals aus den Jahreseinnahmen in den durch die Satzung bestimmten Tilgungsraten; dieser Anspruch steht aber im Liquidations- wie im Konkursverfahren an letzter Stelle, zu seiner Befriedigung dürfen weder Umlagen noch Nachschüsse ausgeschrieben werden.

Obgleich der Gegenseitigkeitsverein kein Gewerbe betreibt, vollzieht sich sein Geschäftsbetrieb doch, wenn der Wirkungskreis nicht eng begrenzt ist, in ähnlicher Weise wie der Betrieb gewerblicher Versicherungsunternehmungen. Deshalb bestimmt der Entwurf, daß die für Kaufleute im 1. und 3. Buch des H.G.B. gegebenen Vorschriften auf ihn entsprechende Anwendung finden sollen. Dadurch werden die Vorschriften namentlich über das Handelsregister, über die Firma, über Handelsbücher, Prokura, Handlungsgehülfen und Agenten, sowie das Handels-Obligationenrecht für den Gegenseitigkeitsverein nutzbar gemacht. Ausdrücklich werden jedoch die §§ 1—7 des H.G.B. über die Kaufleute von der Anwendung ausgeschlossen, und das ist nicht nur richtig, weil die Versicherungsvereine a. G. kein Handelsgewerbe betreiben, sondern auch dringend erwünscht, um sie gegen neue und wahrscheinlich verstärkte Bedrängnisse von Seiten der Steuerbehörden zu schützen.

Wie das H.G.B. dem Vollkaufmann den Minderkaufmann gegenüberstellt, so der Entwurf den größeren Gegenseitigkeitsvereinen die kleinen Vereine mit sachlich, örtlich oder hinsichtlich des Personenkreises eng begrenztem Wirkungskreis, wie z. B. locale Sterbecassen, Kuhgilden, Geschworenen-Entschädigungsvereine. Für die kleinen Vereine gelten nicht die für Kaufleute gegebenen Bestimmungen, nicht die dem Actienrecht nachgebildete Organisation und so manches andere, sondern im wesentlichen das Vereinsrecht des bürgerlichen Gesetzbuches. Im einzelnen ihre Ausnahmestellung zu verfolgen, würde zu weit führen.

Die Organe des Gegenseitigkeitsvereins entsprechen denen der Actiengesellschaft. Der Vorstand und der Aufsichtsrath haben ähnliche Rechte und Pflichten wie die gleichen Behörden der Actiengesellschaft. Die für das oberste Organ dieser, die Generalversammlung, aufgestellten Normen sollen auch auf das oberste Organ des Gegenseitigkeitsvereins entsprechende Anwendung finden. Letzteres muß aber nicht die Generalversammlung der Mitglieder sein, vielmehr schlägt der Entwurf vor, auch eine Versammlung von Vertretern der Mitglieder zuzulassen. Dieser Vorschlag wird von einigen Seiten lebhaft angefochten, so daß ich näher darauf eingehen muß.

Die älteren Gegenseitigkeitsgesellschaften haben sich zum Theil in eigenartiger Weise organisirt, indem sie neben einer ausführenden und einer controllirenden Behörde als Willensorgan die Versammlung von Vertretern der Theilhaber ausgebildet haben. Die in neuerer Zeit gegründeten Gegenseitigkeitsvereine haben zum großen Theile dagegen die Generalversammlung nach dem Muster des Actienrechts eingeführt. Es fragt sich, ob diese im Gegensatz zu der älteren deutschen Rechtsentwicklung obligatorisch eingeführt werden soll. Das würde nur zu rechtfertigen sein, wenn die Generalversammlung dem Gegenseitigkeitsverein zweifellos angemessen ist und vor der Mitgliedervertretung entschiedene Vorzüge besitzt. Aber diese Voraussetzungen sind nicht gegeben.

Da die Versicherungsbeiträge auf statistischer Grundlage berechnet werden und diese Grundlage nur dann einen zuverlässigen Anhalt bietet, wenn zahlreiche gleichartige Interessen gegenüber der gleichen Gefahr versichert werden, neigt alle Versicherung zum Großbetriebe. Auch der Gegenseitigkeitsverein, obwohl er nicht nach Gewinn strebt, muß viele Mitglieder werben, und unter einer tüchtigen Verwaltung gelingt es ihm durch seine wohlfeilen Leistungen leicht. Die größte private Feuerversicherungsgesellschaft auf Gegenseitigkeit, die Gothaer, hat jetzt rund 375 000 Mitglieder, darunter in Berlin allein 20—30 000. Die größte Lebensversicherungsgesellschaft auf Gegenseitigkeit in Deutschland, gleichfalls zu Gotha, zählt mehr als 90 000 Mitglieder. Die Theilhaber der später gegründeten Lebensversicherungsanstalten zu Leipzig, Stuttgart und Karlsruhe nähern sich dieser Zahl, und der erst vor 25 Jahren entstandene preußische Beamtenverein besitzt heute schon mehr als 30 000 Theilhaber in der Lebensversicherung.

Kann man eine Versammlung sämmtlicher Mitglieder eines so großen Vereins abhalten? Wo findet sich ein gedeckter Raum, diese Menge zu fassen? wo ein Vorsitzender, sie zu leiten? wo ein Redner, sich ihr verständlich zu machen? Vergeblich werden wir danach suchen. Ist dem aber so, dann dürfen wir vom Gesetzgeber nicht verlangen, daß er die Generalversammlung als ein nothwendiges Organ einführe. Mag er den Gegenseitigkeitsvereinen, die sie kraft ihrer Satzung besitzen, es überlassen, sich mit ihr abzufinden. Wird sie ihnen zu groß, so können sie durch die Einführung der Mitgliedervertretung Abhilfe schaffen.

Bis jetzt haben sich freilich die Generalversammlungen bei Gegenseitigkeitsvereinen noch nicht als zu groß erwiesen. Es zeigt sich, daß die meisten Theilhaber von ihrem Mitgliedschaftsrecht keinen Gebrauch machen, sondern sich nur als Versicherte fühlen. Sie wollen nicht die Opfer an Geld, Zeit und Mühe, die durch eine Reise nach dem Sitze der Anstalt und durch die Theilnahme an der Versammlung erwachsen, auf sich nehmen. Meist kommen nur am Ort wohnende Mitglieder in die Versammlung, und auch sie nur spärlich. Die Zusammensetzung einer solchen Generalversammlung hängt ganz vom Zufall ab.

Wie steht es dagegen mit der Mitgliedervertretung? Sie wird durch die Mitglieder oder einen Theil von ihnen gewählt. Kraft des ihnen ertheilten Mandats halten die Vertreter sich für verpflichtet, in den Versammlungen zu erscheinen. Sie dringen in die für den Laien nicht leicht zu durchschauenden Fragen des Versicherungswesens ein und sind daher besser als die Zufallspräsenz einer Generalversammlung geeignet, in ihren Beschlüssen das Rechte zu treffen. Ja, man kann diesem obersten Organ wichtige Beschlüsse überlassen, die Personen- und Sachkenntniß erfordern, wie z. B. die Wahl der Directoren. Vereine mit Generalversammlungen pflegen solche Gegenstände dem Controlorgane, dem Aufsichtsrath, zu überlassen, weil ihrem obersten Organ die erforderliche Kenntniß abgeht. So ist die Mitgliedervertretung mehr als die Generalversammlung befähigt, die Function eines Willensorgans auszuüben. Zudem zeigt die Geschichte der ältesten und größten Vereine uns, daß die Mitgliedervertretung im Stande gewesen ist, segensreich zu wirken. Sollte man da diese Anstalten zwingen, auf die bewährte Einrichtung zu verzichten? Oder sollte man auch nur für die Zukunft neuen Vereinen die Erfüllung des Wunsches, sich dieser Einrichtung zu bedienen, versagen?

Ihre Gegner führen an, daß sie eine offenbare Ungerechtigkeit enthalte und das Gegenseitigkeitsprincip durchbreche. Gewiß wäre eine Versammlung aller Mitglieder ein ideales oberstes Organ, aber sie ist bei größeren Vereinen unmöglich. Ein Theil der Mitglieder muß sich hier unter allen Umständen der Theilnahme enthalten, damit die Versammlung zu verhandeln und zu beschließen vermag. Die abstrakte Gerechtigkeit und das absolute Gegenseitigkeitsprincip können in diesem Punkte nicht befriedigt werden. Die Verhältnisse des Lebens verlangen unerbittlich eine Einschränkung. Es fragt sich daher, ob man auf dem Papier die Versammlung sämmtlicher Mitglieder als oberstes Organ einführen will, indem man sich darauf verläßt, daß thatsächlich doch nur eine ganz beschränkte Anzahl erscheinen wird, oder ob man einen Theil der Mitglieder — etwa die mit niedrigen und mittleren Summen Versicherten — ausschließen will oder ob man die Mitgliedervertretung gestattet.

Der erste Weg ist bei größeren Vereinen für den Gesetzgeber ungangbar, weil eine besonders wichtige Frage doch einmal viele Tausende von Mitgliedern in die Generalversammlung führen könnte. Den zweiten Weg empfiehlt Reichsgerichtsrath Sievers in seiner vortrefflichen Studie über den Versicherungsverein a. G., indem er meint, daß ein gewisses Mindestmaß der Versicherungssumme für die Ausübung der gesellschaftlichen Rechte, soweit sie in der Theilnahme an den Befugnissen des obersten Organs bestehen, gerechtfertigt werden könne. Aber ganz abgesehen davon, daß eine derartige plutokratische Maßnahme bei Vielen Anstoß erregen wird, verbürgt der Vorschlag keineswegs die ständige Theilnahme der hoch Versicherten an den Versammlungen. Ihm gegenüber besitzt die Mitgliedervertretung größeren Werth. Freilich nimmt sie vielen Mitgliedern den direkten Antheil an der Thätigkeit des obersten Organs, aber erfahrungsgemäß legen sie auf diese Mitwirkung keinen Werth, sondern wollen gut und billig versichert sein. Wäre die Ansicht des Publikums anders, so würden die Versicherungsactiengesellschaften keine Versicherungsnehmer finden: denn letztere haben in dem Organismus der Actiengesellschaft weder eine Versammlung noch eine Vertretung. Zudem wird, wenn das Reichsversicherungsgesetz mit der vorgeschlagenen weitgehenden Staatsaufsicht zu Stande kommt, jeder Versicherungsnehmer in der Lage sein, durch Beschwerden die Aufsichtsbehörde zur Untersuchung der Mißstände zu veranlassen, die er sonst in der Generalversammlung hätte rügen können.

Der zweite Gutachter, Prof. Weyl, tritt den Gegnern der Mitgliedervertretung zur Seite. Dagegen hält der erste Gutachter, Prof. Ehrenberg, in einem Artikel der Deutschen Juristenzeitung es für dankenswerth, daß der Entwurf die Organisation der Gegenseitigkeits-Gesellschaften nicht einfach in die Schablone der Actiengesellschaft gepreßt, sondern als oberstes Organ auch eine andere Gestaltung als die „völlig unbrauchbare" Generalversammlung zugelassen hat. Ebenso loben Einhauser und Hager in ihren Besprechungen des Entwurfs es, daß die Generalversammlung für den Gegenseitigkeitsverein nicht vorgeschrieben wird.

Mir scheint, daß auch die Freunde der Generalversammlung dem Entwurfe in diesem Punkte zustimmen können, weil er sie neben der Mitgliedervertretung zur Wahl stellt. So kann jeder Verein sich entscheiden, ob er mit diesem oder jenem obersten Organe den Nutzen seiner Mitglieder fördern will.

Dagegen halte ich die fernere Bestimmung, daß die durch das oberste Organ auszuübenden Obliegenheiten auf mehrere dem Vorstand und dem Aufsichtsrath übergeordnete Organe vertheilt werden können, nicht für zweckmäßig. Für mehrere koordinirte oberste Organe ist ein Bedürfniß nicht vorhanden.

Für alle Verbindlichkeiten des Vereins haftet seinen Gläubigern nur das Vereinsvermögen, die Gläubiger können ein einzelnes Mitglied nicht in Anspruch nehmen. Zu dem Vereinsvermögen aber gehören auch die Ansprüche des Vereins gegen die Mitglieder auf Beiträge.

Aus der Gegenseitigkeit folgt, daß die Beiträge der Theilhaber ebenso wie die Leistungen des Vereins unter gleichen Voraussetzungen nach gleichen Grundsätzen bemessen sein müssen. Im Uebrigen hat die Satzung festzustellen, in welcher Weise und in welchem Maße die Beiträge zu leisten sind. Sie kann vorschreiben, daß Vorschüsse ein Mal oder wiederkehrend zu zahlen sind oder daß die Beiträge nach Maßgabe des eingetretenen Bedarfs nachträglich umgelegt werden sollen. Sie hat darüber zu bestimmen, ob im ersteren Falle, wenn die Vorschüsse zur Deckung der Verpflichtungen nicht ausreichen, Nachschüsse geleistet werden müssen oder nicht, und ob im Falle der Nachschußpflicht wie in dem des Umlageverfahrens die Zahlungsverbindlichkeit des Mitglieds auf einen Höchstbetrag beschränkt sein soll.

Man hat die beschränkte Haftung der Mitglieder des Gegenseitigkeitsvereins bekämpft, weil sein Credit und seine Anziehungskraft darunter leiden könnten. Aber der Credit hängt in erster Linie von der Zuverlässigkeit der Rechnungsgrundlagen und von der Tüchtigkeit der Verwaltung ab, und die Anziehungskraft wird durch die beschränkte Haftung eher gestärkt als geschwächt. Sollte das Vereinsvermögen einschließlich der beschränkten Nachschüsse oder Umlagen nicht ausreichen, um die Verbindlichkeiten zu decken, so muß eine verhältnißmäßige Kürzung der Versicherungsansprüche eintreten; wird solche Reduction in der Satzung zugelassen, — und es empfiehlt sich, vorzuschreiben, daß die Satzung bei beschränkter Haftung sich hierüber ausspreche — so kann der Concurs vermieden werden. Aber auch ohne diese Zulassung soll nach dem Entwurf die Aufsichtsbehörde ermächtigt werden, die Verpflichtungen einer Lebensversicherungsanstalt aus laufenden Versicherungen um höchstens ein Drittel zu ermäßigen, wenn es im Interesse der Versicherten geboten erscheint, den Ausbruch des Concurses zu verhüten. Diese nach englischem Vorbild entworfene Bestimmung soll nicht nur für Gegenseitigkeitsvereine, sondern auch für Actiengesellschaften gelten.

Die Haftung des Mitglieds für die Vereinsschulden beginnt mit dem Abschluß des Versicherungsvertrags, durch den es Mitglied wird. Da Versicherungsverhältniß und Mitgliedschaft einander bedingen, steht das Mitglied mit seinen Ansprüchen aus dem Versicherungsverhältniß dem

Gegenseitigkeitsvereine nicht wie der Versicherungsnehmer dem Erwerbsversicherer als Dritter gegenüber: nach § 26 des Entwurfs darf es eine Forderung an den Verein nicht gegen die Forderung des Vereins auf Beitragsleistung aufrechnen und nach § 51 steht es im Falle eines Vereinsconcurses mit seinen Ansprüchen aus dem Versicherungsverhältniß hinter den übrigen Concursgläubigern zurück; nur die Darleiher des Gründungsfonds sind, wie schon erwähnt, noch weiter zurückgestellt. Grundsätzlich muß die Mitgliedschaft mit dem Versicherungsverhältniß auch enden. Doch kann die Satzung die Mitglieder darüber hinaus haften lassen; bestimmt sie nichts, so werden die ausgeschiedenen Mitglieder noch zu den etwaigen Nachschüssen oder Umlagen des letzten Geschäftsjahres verhältnißmäßig herangezogen und, wenn der Concurs innerhalb eines Jahres nach dem Ausscheiden ausbricht, auch zur Deckung der Vereinsschulden. Andererseits aber darf die Satzung auch bestimmen, daß ausgeschiedene Mitglieder bei der Vertheilung von Ueberschüssen berücksichtigt werden sollen.

Ist ein Ueberschuß vorhanden, so zeigt sich, daß die Mitglieder mehr gezahlt haben, als vom Vereinszweck erfordert wurde. Das Mehr fließt an sie zurück. Doch kann diese Rückgewähr dadurch verzögert werden, daß zunächst der Gründungsfonds aus den Jahreseinnahmen zu tilgen und nicht nur in dieser Höhe, sondern, nach der Satzung, auch darüber hinaus ein Reservefonds zu bilden ist, um für außergewöhnliche Verluste Deckungsmittel zu bieten.

Von den Sonderrechten, die dem einzelnen Mitgliede in seinem Interesse gewährt sind, hebt der Entwurf das Recht auf gleiche Behandlung hervor. Er macht von dem Grundsatze, daß Sonderrechte ohne die Zustimmung des Berechtigten nicht beeinträchtigt werden dürfen, die bereits erwähnte Ausnahme, daß die Ermäßigung der Lebensversicherungsansprüche sämmtlicher Mitglieder zugelassen wird, wenn sie der Aufsichtsbehörde im Interesse der Mitglieder zu liegen scheint.

Im Interesse der Mitglieder wird es aber auch häufig liegen, daß die Satzung des Vereins, insbesondere die Versicherungsbedingungen abgeändert werden, um neuen sittlichen Anschauungen und neuen wirthschaftlichen Bedürfnissen zu genügen und damit auch die Concurrenzfähigkeit des Vereins zu sichern. Selbstverständlich darf durch die von dem obersten Organ zu beschließende und von der Aufsichtsbehörde zu genehmigende Aenderung der Satzung kein Sonderrecht verletzt werden. Aber als Sonderrecht kann das Mitglied nicht ansprechen, daß ihm ein Ueberschußantheil zugeschieden werde, der auf Grund des vor der Satzungsänderung beschränkteren Risikos des Vereins zu berechnen sei. Dehnt ein Feuerversicherungsverein seine Ersatzpflicht auf Explosionsschäden aus, so sind die hierfür gezahlten Summen aus den Beiträgen sämmtlicher Mitglieder zu decken, nicht nur aus den Beiträgen derer, die nach der Ausdehnung der Ersatzpflicht beigetreten sind oder die Satzungsänderung anerkannt haben. Einen ausgezeichneten Fingerzeig dafür, was als statutarisches Sonderrecht der Mitglieder anzusehen und deshalb nicht ohne deren Zustimmung abzuändern ist, geben uns die Entscheidungen des Reichsgerichts und Ehrenberg's Gutachten.

Der Entwurf hat diese Frage noch nicht für spruchreif gehalten.

Eingehend regelt er dagegen die Auflösung und Liquidation des Vereins. Das nach Bezahlung der Schulden verbleibende Vermögen wird, wenn die Satzung nichts Anderes bestimmt, an die zur Zeit der Auflösung vorhandenen Mitglieder vertheilt und zwar nach dem für die Ueberschußvertheilung festgesetzten Maßstabe. Ist das Unternehmen — sei es ein Gegenseitigkeitsverein oder eine Actiengesellschaft — zahlungsunfähig oder überschuldet, so hat der Vorstand es der Aufsichtsbehörde anzuzeigen und diese beantragt, wenn sie eine Sanirung nicht für möglich hält, bei Gericht die Eröffnung des Concurses. Dem Gericht wird die Beantwortung der schwierigen Frage, ob eine Ueberschuldung vorliegt, abgenommen: es muß dem Antrage stattgeben.

Dies ist im Wesentlichen die vom Entwurf geplante Rechtsstellung des Gegenseitigkeitsvereins. Er will aber auch eine Zwitterbildung zulassen, die jetzt in geringer Zahl vorhanden ist: daß nämlich Gegenseitigkeitsvereine — mit Ausnahme der kleinen — zugleich Versicherungen gegen feste Prämien abschließen. Mitglieder sind hier allein die gegenseitigen Versicherungsnehmer. Durch die Uebernahme von Versicherungen der Nichtmitglieder verfolgen sie eine Gewinnabsicht, sie wollen an diesen Versicherungen verdienen. Insoweit ein solcher Verein gegen feste Prämie versichert, ist er nicht Gegenseitigkeitsverein, sondern Erwerbsunternehmen. Der genossenschaftliche Charakter der Gegenseitigkeitsgesellschaften wird hierdurch getrübt. Es ist nicht einzusehen, weshalb die Aufsichtsbehörde neu entstehenden Vereinen auf Gegenseitigkeit die Versicherung gegen feste Prämie soll gestatten dürfen. Läßt man die bestehenden Anstalten fortgewähren, so geschieht allen Wünschen Genüge.

Ich bin mit den Professoren Ehrenberg und Weyl der Ansicht, daß die von dem Entwurfe vorgeschlagene Stellung des Gegenseitigkeitsvereins in den wesentlichen Punkten zweckmäßig ist. Die Redactoren haben es verstanden, der Eigenart dieses aus dem gemeinnützigen Sinn deutscher Männer erwachsenen Gebildes gerecht zu werden, und geben ihm durch klares Recht eine werthvolle Stütze. Hoffen wir, daß es bald gelingt, diesen Schlußstein dem Bau des deutschen Vereinsrechts einzufügen!

Ich beantrage, folgende Resolution zu fassen:

„Der deutsche Juristentag erkennt an, daß der Entwurf eines Gesetzes über die privaten Versicherungsunternehmungen eine geeignete Rechtsgrundlage für die Versicherungsvereine auf Gegenseitigkeit bietet."

(Beifall).

Vorsitzender: Sie haben mir bereits zugestimmt, den aufrichtigen Dank für das gründliche Referat auszusprechen. Der Mitberichterstatter ist Herr Rechtsanwalt Dr. Ludwig Fuld aus Mainz.

Mitberichterstatter Rechtsanwalt Dr. **Fuld** (Mainz): Meine hochgeehrten Herren! Nach Veröffentlichung des Entwurfs des Reichsgesetzes über die privaten Versicherungsunternehmungen zeigte es sich, daß bei der Beurtheilung der Stellung, welche der Entwurf den Versicherungs-Gesellschaften auf Gegenseitigkeit oder, um uns des terminologischen Ausdrucks zu bedienen, den der Entwurf selbst angewendet hat, den Versicherungsvereinen auf Gegenseitigkeit verliehen hat, unter den Kritikern eine sehr weitgehende Meinungsübereinstimmung bestand. Diese vor Allem in grundsätzlicher Hinsicht vorhandene Meinungsübereinstimmung besteht auch zu meiner Genugthuung zwischen dem ersten Herrn Referenten und dem Correferenten, und ich bin deshalb in der angenehmen Lage, mich bei der Erstattung meines Correferats ziemlich kurz fassen zu können. Auch ich, meine Herren, bin der Ansicht, daß der Entwurf bei der Regulirung der Stellung der Versicherungsvereine auf Gegenseitigkeit in der Hauptsache der Lage und den praktischen Bedürfnissen der Versicherungsvereine durchaus entsprechend Bestimmungen getroffen hat und daß wir nur den Wunsch äußern können, daß bei der parlamentarischen Verhandlung nicht in Folge von Einwirkungen aus Interessentenkreisen eine Verschlimmbesserung desselben, sei es in der Commission oder im Plenum, herbeigeführt wird. Es ist sehr bemerkenswerth, meine Herren, daß von den Kritikern, welche dem Juristenstande angehören, dieses Urtheil so gut wie ausnahmslos getheilt wird und daß die Opposition gegen die Entwürfe des Versicherungsgesetzes — wir haben ja jetzt zwei Entwürfe und, wie ich höre, wird der dritte bald herauskommen — in Ansehung der diesbezüglichen Vorschriften mehr in den Spalten der Versicherungspresse ihren Ausdruck und Vertretung gefunden hat und zwar theilweise in einer höchst leidenschaftlichen, der Bedeutung der Sachlage meines Erachtens wenig entsprechenden Weise. Die grundsätzliche Uebereinstimmung, meine Herren, zwischen dem Herrn Referenten und mir hindert mich aber nicht, daß ich in Ansehung mehrerer Punkte, die der Herr Referent in seinem Vortrage eingehend berührt hat, nicht ganz Hand in Hand mit ihm gehe. Es würde, meine Herren, nicht den Gepflogenheiten des deutschen Juristentages entsprechen, über Einzelheiten der Gesetzesvorlage Beschluß zu fassen. Mit Rücksicht auf die große Zahl der Vorschriften über die Versicherungsvereine auf Gegenseitigkeit würde eine Discussion über die Detailvorschriften zu casuistisch, ja überhaupt unmöglich sein. Es würde sich daher meines Erachtens empfehlen, wenn wir dem Antrage, den Ihnen der Herr Referent unterbreitet hat und dem ich auch grundsätzlich durchaus beistimme, beitreten. Wollen Sie mir aber gestatten, doch in meinem Referate noch auf zwei Punkte einzugehen, welche der Herr Referent in seinem Vortrage erwähnt hat, bezüglich deren ich aber theilweise nicht ganz der gleichen Ansicht bin wie er. Es ist dies umsomehr angezeigt, weil diese beiden Punkte sowohl in der juristischen Literatur wie auch in der Versicherungsliteratur den Gegenstand einer sehr ausgedehnten und eingehenden Erörterung gebildet haben und man es doch nicht verstehen würde, wenn wir über diese Punkte, welche für die Versicherungspraxis zum Theil von einschneidender Bedeutung sind, hinweggehen würden, ohne sie überhaupt in unseren Erörterungen gestreift zu haben.

Zu diesen Punkten, meine Herren, rechne ich vor Allem die Frage, ob auch bei den Versicherungsvereinen auf Gegenseitigkeit die Generalversammlung obligatorisch als oberstes Organ des Gesellschaftswillens bestellt werden soll. Sie haben, meine Herren, von dem Referenten gehört, daß in der juristischen Kritik dies zum Theil verlangt worden ist. In wesentlich höherem Maße ist dies dagegen in der Versicherungspresse gefordert worden und zwar zum Theil unter sehr temperamentvollen Ausfällen gegen die Gothaer Bankausschüsse, denen man den Vorwurf gemacht hat, daß durch ihren directen Einfluß die Verfasser des Entwurfs des Reichsgesetzes sich zu der von ihnen vorgeschlagenen Regelung hätten bestimmen lassen, und gegen die man weiter die Klage erhob, daß sie sich in der Versicherungspraxis gegen jeden frischen Luftzug hermetisch abschließen würden und mit der Zeit fortzuschreiten nicht im Stande wären. Meine Herren, der Herr Referent hat Ihnen ausgeführt, daß überwiegende Gründe gegen die Bestellung der Generalversammlung als obligatorisches Gesellschaftsorgan sprechen; die Gründe, die er für diese seine Ansicht geltend gemacht hat, sind im Wesentlichen folgende. Erstens sagt der Herr Referent, es liege ein Bedürfniß dafür nicht vor, weil die Mitglieder eines Gegenseitigkeitsvereins sich nicht sowohl als Gesellschafter, denn vielmehr als Versicherte fühlen. Zweitens wird behauptet, daß die Mitglieder von ihrem Rechte, bei den Generalversammlungen zu erscheinen, keinen Gebrauch machen würden. Drittens wird gesagt, daß die Mitglieder gar nicht im Stande wären, auf den komplicirten Geschäftsbetrieb und den komplicirten Geschäftsorganismus eines großen Versicherungsunternehmens einen relevanten Einfluß üben zu können, und endlich wird betont, daß es bei den großen Versicherungsgesellschaften, z. B. der Gothaer und der Leipziger, schon aus praktischen Gründen unmöglich sei, eine Generalversammlung abzuhalten, bei der auch nur der zehnte Theil der Mitglieder präsent wäre. Meine Herren, ich kann diese Gründe, die der Herr Referent für seine Ansicht angeführt hat, nicht als durchschlagend anerkennen. Wenn ich es auch meinerseits nur als richtig erachte, daß daran festgehalten werden muß, daß die Organisation der Versicherungsvereine auf Gegenseitigkeit nicht schlechtweg nach Schema F und nach Analogie der Actiengesellschaften geregelt werden soll, und wenn ich auch völlig damit übereinstimme, daß der Gesetzgeber volle Veranlassung hat, sich zu hüten, mit rauher Hand in die bewährte Organisation eines solchen Unternehmens wie der Gothaer Versicherungsgesellschaft oder anderer bewährter Versicherungsgesellschaften einzugreifen, so dürften doch der Bestellung der Generalversammlung als Organ des obersten Gesellschaftswillens ausreichende Hindernisse nicht entgegenstehen, weder vom Standpunkt des Rechts noch auch vom Standpunkt der Versicherungspraxis. Ich kann mich nicht zu der Ansicht emporschwingen, daß diese Frage praktisch eine allzu große Bedeutung hat, und verstehe deshalb auch nicht die Leidenschaftlichkeit, mit der dieselbe von einem Theile der Versicherungspresse erörtert wird. Was zunächst die thatsächliche Unmöglichkeit anlangt, eine Versammlung von 5000 oder 10 000 Versicherten abzuhalten — eine Unmöglichkeit, auf die insbesondere der Herr Referent in seinen literarischen Veröffentlichungen über den Entwurf des Versicherungsgesetzes hingewiesen hat — so ist ja selbstverständlich zuzugeben, daß diese Unmöglichkeit besteht. Aber es dürfte doch schwerlich jemals vorkommen, daß die Versicherten sich zu einer Generalversammlung in einer auch nur annähernd dieser Zahl gleichkommenden Stärke einfinden würden. Meine Herren, wir wissen Alle, wie es mit der Präsenz der Mitglieder bei den Generalversammlungen der Actiengesellschaften steht. Wieviel Actionäre kommen in normalen Zeiten zu der Generalversammlung einer Actiengesellschaft, und zwar auch bei den ganz großen Actiengesellschaften? Es giebt ja auch Actiengesellschaften, bei denen die Zahl der Actionäre sich nach Tausenden stellt. Meine Herren, es bedarf doch ganz außerordentlicher Ereignisse, es bedarf des Auftauchens vitaler Fragen, die mit dem Leben und dem Sterben der Actiengesellschaften in causalem Zusammenhang stehen, damit eine auch nur einigermaßen ansehnliche Zahl von Actionären sich in der Generalversammlung einfindet. Im Allgemeinen ist doch die Zahl der Actionäre, die zu einer Generalversammlung kommt, so groß, daß man sie bequem mit den Fingern der beiden Hände zählen kann. Ich glaube, meine Herren, daß sich die Sachlage bei den Versicherungsvereinen auf Gegenseitigkeit im Allgemeinen genau so stellen würde wie bei den Actiengesellschaften. Wenn es richtig ist — und ich persönlich habe durchaus nicht den geringsten Zweifel gegen die Richtigkeit dieser Behauptung —, daß bei den Versicherungsvereinen auf Gegenseitigkeit die Mitglieder sich nicht sowohl als Gesellschafter, denn vielmehr als Versicherte fühlen, daß also mit anderen Worten das persönliche Moment, das Moment des persönlichen Zusammenhangs, auf das ja bei dieser Frage ein großer, meines Erachtens ein zu großer, ja ein übertriebener Werth gelegt wird, vollständig in den Hintergrund tritt, — wenn das der Fall ist, so wird im Allgemeinen und regelmäßig die Mehrheit der Versicherten schwerlich geneigt seit, Zeit und Geld zu opfern, um an den Ort zu reisen, an welchem die Generalversammlung stattfindet. Anders natürlich — diese Möglichkeit muß ich zugeben — in Zeiten, in denen anomale Ereignisse in Frage kommen, wo es sich um das Wohl und Wehe, um das Fortbestehen der Versicherungsgesellschaft handelt, da wäre es schon möglich, daß eine stattlichere Anzahl von Versicherten sich zu der Generalversammlung einfindet. Aber, meine Herren, in solchen Zeiten würde dies nicht nur nicht zu bedauern, sondern sogar nothwendig und nützlich sein, und ich persönlich stehe auf dem Standpunkt, daß ich es nicht als gerechtfertigt erachten kann, wenn der Gesetzgeber den Versicherten die Möglichkeit, auch nur die theoretische Möglichkeit der directen Theilnahme an der Verwaltung des Vereinsvermögens, an dem Geschäftsgange des Unternehmens durch die von dem Herrn Referenten günstig beurtheilte Regelung entziehen würde. Es wäre das meines Erachtens doch eine Art von Entrechtung der Mitglieder, für die eine zwingende Veranlassung meines Erachtens nicht vorhanden ist. Der Umstand, daß es für Personen, welche dem Versicherungswesen ferner stehen, schwierig, ja, ich gebe sogar zu, überhaupt unmöglich ist, auf den komplicirten Betrieb eines Versicherungsunternehmens irgend einen directen oder indirecten Einfluß auszuüben, steht meines Erachtens der Qualification der Generalversammlung als obersten Gesellschaftswillens nicht im Wege. Meine Herren, ich möchte auch hier auf die Analogie mit den Actiengesellschaften verweisen. Wie viele Actionäre sind in der Lage, bei der Generalversammlung einer Hypotheken-Actienbank, einer Elektricitätsgesellschaft oder gar eines Kleinbahnunternehmens auf Actien einen directen Einfluß auf den Geschäftsbetrieb durch ihr Erscheinen bei der Generalversammlung auszuüben? Ich glaube, meine Herren, die allerwenigsten. Wenn aber dieser Grund, daß eine directe Beeinflussung vermöge mangelnder Geschäftskenntniß auf den Geschäftsbetrieb bei der Generalversammlung von den Actionären nicht ausgeübt werden kann, wenn dieser Grund, sage ich, den Gesetzgeber nicht abgehalten hat, die Generalversammlung, wie es dem Rechtsprincip entspricht, als oberstes Gesellschaftsorgan bei den Actiengesellschaften anzuerkennen, so weiß ich nicht, mit welchem Recht sich der Gesetzgeber bei der Regelung der Frage bezüglich der Versicherungsvereine auf Gegenseitigkeit auf einen principiell anderen Standpunkt stellen könnte.

Meine Herren, man hat weiter behauptet, daß ein Bedürfniß für die Bestellung der Generalversammlung als oberstes Organ nicht besteht. Ich kann dem Herrn Referenten so viel zugeben, daß bei den großen Versicherungsgesellschaften auf Gegenseitigkeit, in erster Linie bei der Gothaer Lebensversicherungsbank und bei den anderen großen Gesellschaften auf Gegenseitigkeit, die dank ihrer trefflichen Leitung zu einer so hohen Blüthe gekommen sind, daß sie gewissermaßen eine nationale Bedeutung erlangt haben, eine nationale Bedeutung, deren Anerkennung man jüngst erst auf der Pariser Weltausstellung zur großen Genugthuung jedes deutschen Besuchers begegnen konnte, das Bedürfnis der Bestellung der Generalversammlung als obersten Organs des Gesellschaftswillens nicht vorhanden ist. Ich denke aber, Sie werden mir zugeben und ich glaube, auch der Herr Referent wird dieser Ansicht sein: es giebt verschieden geleitete Versicherungsvereine in Deutschland und nicht jede Versicherungsgesellschaft auf Gegenseitigkeit ist so gut geleitet wie die von mir erwähnten erstklassigen Institute. Außerdem, bedarf es gar nicht des Nachweises des Bestehens eines besonderen Bedürfnisses, um eine Forderung zu empfehlen, welche als gerecht und billig zu erachten ist, weil sie dem Wesen der Gesellschaft und zwar jeder Gesellschaft, der Gesellschaft des Handelsrechts sowohl wie der Gesellschaft des bürgerlichen Rechts entspricht. M. H., in letzter Linie kommt doch der Gesellschaftswille nur dadurch zum Ausdruck, daß die sämmtlichen Gesellschafter in der Lage sind, diesen ihren Willen zu äußern. Der bekannte etwas paradoxe Satz von Jean Jacques Rousseau: „La volonté générale ce n'est pas la volonté des tous ......“ paßt jedenfalls nicht für Gesellschaften des Privatrechts, mag man ihn immerhin auch auf Gesellschaften des öffentlichen Rechts anwenden und insofern als richtig anerkennen.

Wenn schließlich der Herr Referent ausführt, daß von dem Rechte activer Teilnahme an der Generalversammlung im Allgemeinen gar kein Gebrauch gemacht werde, so scheint es mir, als ob er damit schon theilweise seine vorher geäußerten Befürchtungen selbst widerlegt; denn wenn er selbst der Ansicht ist, daß im Allgemeinen die Versicherten nicht zu den Generalversammlungen reisen werden, so ist auch die Befürchtung, daß zehntausend oder fünftausend Personen kommen, die zu versammeln unmöglich wäre, theilweise schon entkräftet. M. H., ich glaube aber auch, daß der Grund, wenn man seine Richtigkeit einmal zugeben will, entweder zu viel oder zu wenig beweist. Mit demselben Argument, daß nämlich wegen der notorischen Interesselosigkeit ein Bedürfniß nicht anerkannt werden könne, könnte man ja auch die Generalversammlung bei Aktiengesellschaften, bei den eingetragenen Vereinen, bei den Genossenschaften usw., überhaupt bei allen Societätsbildungen beseitigen, denn wir wissen Alle und es ist bekannt genug, daß im Allgemeinen der Besuch der Generalversammlungen jeder Societätsbildung ein recht schlechter, ein sehr unbefriedigender und mangelhafter zu sein pflegt. Für den Gesetzgeber kommt aber dieses Moment gar nicht in Betracht. Ob die Gesellschaftsmitglieder von dem ihnen eingeräumten Rechte Gebrauch machen wollen oder nicht, dies zu entscheiden ist lediglich ihre Sache. Haben die Gesellschafter ein solches Vertrauen zu der Geschäftsleitung, daß sie glauben auf ihre Anwesenheit bei der Generalversammlung verzichten zu können, nun wohl, mögen sie es thun; dies zu entscheiden, kommt nur ihnen zu. Der Staat aber hat die Pflicht, dafür zu sorgen, daß sie in der Lage sind, ihren Gesellschaftswillen zum Ausdruck zu bringen, und dieser Pflicht kommt der Staat eben nur dadurch nach, daß er die Generalversammlung als oberstes Gesellschaftsorgan anerkennt.

M. H., wenn ich hiernach der Ansicht bin, daß der Entwurf dahin abgeändert werden muß, daß auf die obligatorische Einführung der Generalversammlung nicht verzichtet werden kann, so möchte ich doch eine gewisse Garantie dagegen haben, daß die bewährte Organisation der großen Institute, die ich vorhin genannt habe, durch diese Vorschrift gestört würde. Es dürfte sich deshalb empfehlen, wenn der Entwurf dahin modificirt würde, daß man in das Einführungsgesetz eine Bestimmung aufnimmt, durch welche den älteren, bereits bestehenden Versicherungsgesellschaften auf Gegenseitigkeit ihre Organisation in ähnlicher Weise gewahrt würde, wie dies beispielsweise zu Gunsten der älteren Actiengesellschaften geschehen ist durch das Einführungsgesetz zur Actiennovelle von 1884 und noch neuerdings durch das Einführungsgesetz zum Handelsgesetzbuche vom 10. Mai 1897. Sie wissen ja Alle, daß es eine Streitfrage ist, ob die älteren Actiengesellschaften, die unter der Herrschaft des früheren Rechts entstanden sind, nach Maßgabe des neuen Rechts verpflichtet sind, einen Aufsichtsrath zu bestellen. Man hat es seinerzeit nicht als angemessen erachtet, in die bewährte Organisation der älteren Actiengesellschaften, welche des Aufsichtsraths entbehren und dafür einen sogenannten Verwaltungsrath besitzen, einzugreifen; die jüngste Rechtsprechung bejaht allerdings die Frage der Bestellung eines Aufsichtsrathes bezüglich ihrer; ein ähnlicher Vorbehalt könnte meines Erachtens zu Gunsten der älteren Versicherungsgesellschaften auf Gegenseitigkeit, deren Organisation sich bewährt hat, durch das Einführungsgesetz getroffen werden. Diese Regelung würde den Vorzug haben, daß einerseits dem Anspruche der Gesellschaften, ihre bewährte Organisation zu erhalten, durchaus Rechnung getragen würde, während andererseits der Gesetzgeber sich im übrigen im Einklang befinden würde mit den Principien, welche unser Gesellschaftsrecht im bürgerlichen Recht und Handelsrecht beherrschen.

Eine weiterer Punkt, m. H., der mir wichtig erscheint, ist die Eintragung der Gegenseitigkeitsvereine in das Handelsregister. M. H., ich bin mit dem Herrn Referenten der Ansicht und halte auch heute noch daran fest, daß die Gegenseitigkeitsvereine keine Kaufleute sind und wegen des mangelnden gewerblichen Charakters auch keine Kaufleute sein können, ich darf wohl hinzufügen, in Wahrheit auch keine sein wollen. Von dem Entwurfe ist die Eintragung in das Handelsregister vorgeschrieben; es hat dieser Vorschlag aber seitens der Versicherungsvereine, insbesondere seitens des Verbandes deutscher Feuerversicherungsgesellschaften, eine starke Opposition gefunden, und man hat verlangt, daß an Stelle der Eintragung in das Handelsregister die Eintragung in ein anderes Register vorgeschrieben werde. So viel ich mich erinnere — ich bitte den Herrn Referenten, mich zu berichtigen, falls mein Gedächtniß in diesem Augenblicke nicht getreu sein sollte — hat der Herr Referent in seinen literarischen Publicationen auch diesen Vorschlag empfohlen.

(Zuruf des Berichterstatters: Nicht wesentlich!)

Jedenfalls ist derselbe von hervorragender theoretischer Seite befürwortet worden. Ich glaube nicht, m. H., daß dies ein praktischer Vorschlag wäre, und stimme insofern dem Gutachten, das Herr Prof. Weyl für den letzten Juristentag erstattet hatte, bei; es empfiehlt sich nicht, die Amtsgerichte noch mit einem neuen Register zu belasten, nachdem sie gerade Register genug zu führen haben und seit dem ersten Januar mit dem Vereinsregister und dem Güterrechtsregister einen Ballast von Arbeit bekommen haben, den sie ohnehin schon kaum bewältigen können. Es würde das zu einer Verwirrung in der Praxis führen, für die ein genügender Grund nicht vorhanden ist. Ich glaube auch, daß die Befürchtungen, welche man von Seiten der Versicherungsgesellschaften an die Eintragung in das Handelsregister geknüpft hat, daß dadurch die Kaufmannsqualität zum Ausdruck, zur Anerkennung gebracht würde und daß in Folge dessen die Versicherungsgesellschaften in den Einzelstaaten zu der landesgesetzlichen Gewerbesteuer herangezogen werden würden, nicht gerechtfertigt ist. Es könnte wohl bei der parlamentarischen Behandlung des Gesetzentwurfes durch eine knappe, präcise und keinem Zweifel Raum gebende Declaration dafür gesorgt werden, daß die Landesgesetze nicht in der Lage wären, die Versicherungsvereine auf Gegenseitigkeit zur Gewerbesteuer heranzuziehen.

M. H., das sind im wesentlichen die beiden Punkte, bezüglich deren es mir von Wichtigkeit erschien, Ihre Aufmerksamkeit auf sie zu lenken; ich unterlasse es aber, einen besonderen Antrag daneben zu stellen, weil unseren Gewohnheiten die Beschlußfassung über solche Detailfragen nicht entspricht. Ich schließe mich dem Antrage des Herrn Referenten an und kann meinerseits nur wünschen, daß der Entwurf, der im großen Ganzen als eine vorzügliche, auf der Höhe der deutschen Versicherungswissenschaft stehende Geistesarbeit bezeichnet werden kann, in Bälde im Reichsgesetzblatte verkündet werde und damit eine neue Aera unseres seither schon bewährten, aber noch in der aufsteigenden Entwickelung begriffenen Versicherungswesens beginne.

(Beifall.)

Vorsitzender: Auch dem Herrn Mitberichterstatter gebührt unser voller Dank.

Ich eröffne nun die Besprechung über diesen Gegenstand. Herr Prof. Dr. Ehrenberg!

Prof. Dr. **Ehrenberg** (Göttingen): Als einer Ihrer Gutachter werden Sie vielleicht erwarten, daß ich ein Wort zur Sache sage, doch möchte ich mich auf einige kurze Bemerkungen beschränken. Ich möchte zunächst darauf hinweisen, daß die Gegenseitigkeitsgesellschaft ein Gebilde ist, welches sich von anderen Vereinen doch ganz wesentlich unterscheidet, so daß es wirklich im höchsten Grade bedenklich wäre, wenn man sie unter irgend eine Schablone pressen wollte, und gerade bei der Frage der Organisation kommt dieses Moment entscheidend in Betracht. Es ist ja die Gegenseitigkeitsgesellschaft der einzige Verein, — und das ist der Punkt, der auch in den so zutreffenden Referaten der beiden Herren nicht berührt worden ist — der einzige Verein, bei dem ein Schutz für die Mitgliedschaft überhaupt nicht besteht. Bei den meisten Vereinen kann zwar auch eine Exkludirung, ein Ausschluß von Mitgliedern erfolgen, aber nur unter gewissen Voraussetzungen, welche in der Regel im Statut vorgesehen sind, und nöthigenfalls wird der Richter entscheiden, ob die Voraussetzung zu einer Exkludirung vorhanden ist. Bei manchen Gesellschaften ist eine Exkludirung sogar vollständig ausgeschlossen, besonders bei den Actiengesellschaften und ähnlichen Bildungen: Ob der Actionär auf dem Fürstenthrone sitzt oder im Zuchthause, das ist für seine Stellung zur Gesellschaft völlig gleichgiltig. Und nun denken Sie dagegen die Gegenseitigkeitsgesellschaft; da kann der Vorstand jederzeit dem Versicherten kündigen, er kann jeden Augenblick, wenn die Zeit abgelaufen ist, ein Jahr oder drei Jahre, dem Versicherten sagen: ich erneuere den Vertrag nicht wieder. Nicht einen Schatten von Recht hat das Mitglied dagegen; es kann nicht an die Generalversammlung appelliren, der Vorstand beschließt es. Ebenso kann der Vorstand, wenn ein Brand, ein sonstiger Schaden eingetreten ist, sagen: ich hebe den Vertrag auf. Die Gegenseitigkeitsgesellschaft ist die einzige Vereinsform, bei der schlechterdings kein Schutz für die Mitglieder besteht; schon aus diesem Grunde ist eine Versammlung der Mitglieder kein sehr gewichtiges Organ. Doch gilt dies nicht bei Lebensversicherungsgesellschaften. Ich habe, wenn ich mich recht erinnere, bereits in meinem Gutachten hervorgehoben, daß unterschieden werden muß zwischen Lebensversicherungsgesellschaften und anderen Versicherungsgesellschaften. Das, was ich eben sagte, trifft auf die Lebensversicherungsgesellschaften nicht zu; wenn ich mein Leben versichert habe, so bin ich Zeit meines Lebens Mitglied, und da kann kein Vorstand und Niemand mich hinauswerfen; dagegen bei allen anderen Gesellschaften ist das, wie gesagt, möglich. Wenn nun der Gesetzgeber eine Organisation schafft und ein Organ als obligatorisch vorschlägt, dann ist doch die Hauptfrage, die man sich vorzulegen hat: wird das Organ diesen Voraussetzungen, die der Gesetzgeber und die Natur der Sache von ihm verlangen, entsprechen oder nicht? und bei der Frage nach der Zweckmäßigkeit einer Generalversammlung: hat das einzelne Mitglied ein genügendes Interesse an der Gesellschaft, eventuell in wichtigen Momenten hinzureisen nach der entfernten Stadt, Geldopfer, Zeitopfer zu bringen, hat es ein genügendes Interesse oder nicht? Und da antworte ich: bei den Lebensversicherungsgesellschaften wird man sagen können: ein solches Interesse ist vorhanden, ähnlich wie bei den Actiengesellschaften, auch wenn es sich nur, sagen wir, um 5 Actien à 1000 Mark handelt. Wenn kritische Fragen zur Erörterung stehen, warum soll ich dann nicht nach Berlin reisen, 50—60 Mark daran wenden, um abzustimmen, falls ich nicht eine vertrauenswürdige Person habe, die ich mit meiner Vertretung beauftragen kann? Dagegen wenn ich an eine Feuerversicherungsgesellschaft jährlich 30 Mark Prämie zahle und nun kommt eine wichtige Frage, z. B. wegen Aufnahme neuer Arten von Risiken, warum soll ich mir da die Reisekosten auferlegen? Wenn es mir nicht paßt, so trete ich einer anderen Gesellschaft bei, und es ist unnöthig, daß ich da Opfer bringe. Deshalb sage ich: bei der Lebensversicherung hat sich der Werth einer Generalversammlung gelegentlich gezeigt, besonders als die Gothaer das Kriegsrisiko einführte, da schrieen die Versicherten, die sich sonst niemals um die Beschlüsse, die in Gotha gefaßt wurden, kümmerten: „Wir sind mundtodt; was diese biederen braven Leute in Arnstadt, Gotha u. s. w. beschlossen haben, dem müssen wir uns unterwerfen!" Wenn so etwas bei der Gothaer Feuerversicherungsgesellschaft passirte, so würden die unzufriedenen Mitglieder einfach austreten; bei der Lebensversicherungsgesellschaft dagegen handelt es sich um ihre großen Ersparnisse, es steht die Versorgung ihrer Hinterbliebenen auf dem Spiele, die Versicherten sind zeitlebens an die Gesellschaft gebunden, so daß man glauben kann, dies alles wird ein Antrieb für sie sein, um bei dringenden Umständen wirklich eine genügende Generalversammlung herzustellen, bei den anderen Versicherungsgesellschaften nicht. Und deshalb bin ich persönlich der Ansicht — ich will das nicht als einen Antrag formuliren —: bei allen anderen Gesellschaften sollte der Gesetzgeber die Generalversammlung verbieten und sagen: wir müssen Organe schaffen, die eine wirkliche Garantie gewähren. Dagegen den Lebensversicherungsgesellschaften könnte man es freistellen; in dringenden Fällen wird das Mitglied, wie gesagt, schon genügendes Interesse haben, die Generalversammlung zu besuchen. Aber einen Zwang zur Bildung einer Generalversammlung würde ich auch hier nicht billigen. Das ist meine persönliche Auffassung von der Sache. Warum die Versicherungsgesellschaften gerade nach Generalversammlungen schreien, das liegt ja auf der Hand. Die Generalversammlungen hat man mehr in der Hand, die Majoritäten kann man machen. Ich will gar nicht erinnern an das erwähnte Kündigungsrecht, so daß man unbequeme Mitglieder mit der Zeit hinauswerfen kann; die Männer an der Spitze haben die Besucher der Generalversammlung auch sonst leicht in ihrer Hand. Deshalb ist es ein bequemes Organ. Die Bankausschüsse sind nicht so bequem, da hat man mit ganz bestimmten, geschäftsgewandten Leuten zu verhandeln; dort hat man dagegen eine wechselnde Masse vor sich, man braucht nur das nöthige Stimmvieh hineinzuschicken, dann hat man die Majorität.

Das sind die Momente, welche ich kurz darlegen wollte. Im Uebrigen schließe ich mich dem Antrage an, der eine verschiedene Organisation ermöglicht. Daß die Regierungen bisher, besonders die preußische, stets eine derartige Organisation mit Generalversammlung verlangt haben, erklärt sich daraus, daß, wie schon der zweite Herr Referent ausführte, solche Dinge nach Schema F behandelt werden, d. h. der betreffende Referent im Ministerium sagt: „Ich will die Verantwortlichkeit nicht haben, eine neue Organisation zuzulassen, sondern wir haben ein Normalstatut, reiche das ein, dann bekommst du die Concession." Das wird gesagt bei jeder Gesellschaft, die das Bedürfniß hat, in Preußen die Concession zu erhalten, und da Preußen der größte deutsche Staat ist, so ist die Folge, daß dieses preußische Schema fast in jedem einzelnen Falle zur Anwendung gelangt.

Vorsitzender: Wird noch das Wort begehrt? — Das geschieht nicht. Dann ist vorbehaltlich des Schlußwortes für den ersten bez. zweiten Berichterstatter die Verhandlung geschlossen.

Berichterstatter Bankdirector Dr. **Sammer:** M. H., ich glaube nicht, daß es erforderlich ist, nochmals auf Einzelheiten einzugehen. Ich schließe mich dem, was Herr Prof. Ehrenberg bez. der Organisation gesagt hat, an; alle Herren, die hier geredet haben, sind ja einer Meinung, daß der Gesetzentwurf eine gute Leistung ist. Ich möchte daher nur die Resolution nochmals empfehlen.

Der Antrag des Berichterstatters:

> Der Deutsche Juristentag erkennt an, daß der Entwurf eines Gesetzes über die privaten Versicherungsunternehmungen eine geeignete Rechtsgrundlage für die Versicherungsvereine auf Gegenseitigkeit bietet,

wird einstimmig zum Beschluß erhoben. Weiter wird beschlossen, dem Plenum hiervon Kenntniß zu geben und den Berichterstatter Dr. Sammer mit der Berichterstattung zu beauftragen.

Zu Frage 2:

> Werden durch das Bürgerliche Gesetzbuch die Vorschriften über den Uebergang und die Führung adeliger Namen berührt?

erhält das Wort

Geheimer Justizrath Professor Dr. **Gierke** (Berlin): Meine Herren! Die Frage, über die ich Ihnen zu berichten habe, gehört zu den mancherlei Streitfragen, die über den Inhalt unseres geltenden Rechts schon entbrannt waren, bevor dasselbe in Kraft getreten war. Sie hat, so viel ich weiß, seither eine Beantwortung durch die Praxis nicht erfahren, wird aber sicherlich über kurz oder lang an diese herantreten. Die Entscheidung ist um so schwieriger, als es sich, ähnlich wie bei der Frage nach der künftigen Geltung des Gewohnheitsrechts, in der Hauptsache nicht darum handelt, wie das Reden, sondern darum, wie das Schweigen des B.G.B. auszulegen ist.

Das B.G.B. selbst schweigt vollkommen über den Adel. Das E.G. macht wichtige Vorbehalte, die dem B.G.B. gegenüber das bisherige Sonderrecht des hohen Adels aufrechthalten, für die regierenden Häuser unbedingt, für die standesherrlichen Familien das Familien- und Güterrecht nach Maßgabe der Landesgesetze. In gleichem Umfange wahrt es das besondere Familien- und Güterrecht der ehemaligen Reichsritterschaft und der ihr gleichgestellten Familien des niederen Adels. Im Uebrigen dagegen macht es zu Gunsten des niederen Adels keinerlei Vorbehalt für die Landesgesetzgebung. Es macht insbesondere auch da keinen Vorbehalt, wo es über das Namenrecht und wo es über Erwerb und Verlust des Familiennamens Bestimmungen trifft.

Was ist die Folge dieses Verhaltens? Wie steht es insbesondere mit der Anwendbarkeit der Vorschriften des B.G.B. über den Familiennamen auf die adligen Namen?

Seitdem der Reichsgerichts-Senatspräsident Freiherr v. Bülow diese Frage angeregt hat, ist über sie eine lebhafte Discussion in Gang gekommen. Ihnen liegen drei gründliche Gutachten vor, die Dr. v. Bülow, Dr. Krückmann und Dr. Opet erstattet haben. Opet hat sich auch in seinem Werke über das Verwandtschaftsrecht eingehend darüber geäußert. Außerdem Planck, Brettner, Küntzel, Mantey, v. Staudinger, Sohm, Süpfle und zuletzt v. Bülow in der „Deutschen Juristenzeitung" vom 1. September d. J. in einem gegen Sohm gerichteten Aufsatze.

Die bisherige Discussion hat bei aller Verschiedenheit der zu Tage geförderten Ansichten wenigstens in Bezug auf die grundsätzlichen Ausgangspunkte der Entscheidung Klarheit verbreitet. Es sind zwei Sätze, von denen wir auszugehen haben. Der erste Satz lautet: die Institution des Adels als solche wird vom B.G.B. nicht berührt. Der zweite Satz lautet: Für den Adel gilt künftig ein besonderes Privatrecht nur insoweit, als es durch einen im E.G. gemachten Vorbehalt gedeckt wird.

Daß die Institution des Adels als solche vom B.G.B. nicht berührt wird, ist zwar nicht ausdrücklich gesagt. Die Materialien ergeben aber, daß man dies als selbstverständlich ansah. Dabei ging man freilich von der sehr anfechtbaren Annahme aus, daß die Institution des Adels überhaupt außerhalb des Bereiches der Privatrechtscodification liege, weil sie dem öffentlichen Recht angehöre. In Wahrheit ist die öffentlichrechtliche Bedeutung des Adels früher und vollständiger als seine privatrechtliche Bedeutung verschwunden und der Adel überall in Deutschland überwiegend eine Institution des Privatrechts. So wird er auch in älteren Gesetzbüchern und in der Doctrin behandelt. Ich verweise auf die Lehrbücher des deutschen Privatrechts. Allein auf das irrige Motiv kommt nichts an. Der Adel sollte eben in die Neuordnung des Privatrechts nicht einbezogen werden. Mittelbar ist dies auch durch die auf einige Arten des Adels bezüglichen Vorschriften des E.G. anerkannt. Sie setzen voraus, daß Adel besteht und bestehen wird.

Nicht minder unzweifelhaft aber steht fest, daß das B.G.B. jede Möglichkeit abschneidet, an die Zugehörigkeit zum Adel privatrechtliche Folgen zu knüpfen, es handle sich denn um ein besonders vorbehaltenes Gebiet. Hiernach bleibt zwar das Sonderrecht des hohen Adels, das sogenannte „Privatfürstenrecht", und einiges Sonderrecht des niederen Reichsadels und einiger rheinisch-westfälischer Adelsfamilien bestehen. Dagegen ist für den niederen Adel im Ganzen jede bisher etwa noch bestehende Exemtion vom gemeinen Familien-, Güter- und Erbrecht weggefallen. Nur auf den ausschließlich dem Landesrecht vorbehaltenen Gebieten könnten Ausnahmen vorkommen. Indessen bestehen solche Vorrechte schon bisher in den meisten deutschen Staaten nicht mehr. Nur in Bayern gilt noch der Satz, daß Familienfideicommisse, die sonst überall auch bürgerlichen Familien zugänglich sind, lediglich für adlige Familien gestiftet werden können. Der niedere Adel wird also, wie ja meist schon bisher, auch künftig fast durchweg eines privatrechtlichen Sonderrechts darben. Oeffentlichrechtliche Vorzüge könnte ihm das Landesrecht nach Belieben beilegen; doch stehen auch solche ihm heute nur noch vereinzelt zu.

Der Rechtszustand des Adels hat sich somit an sich durch das Inkrafttreten des B.G.B. nicht wesentlich verändert. Der hohe Adel ist ein geschlossener Geburtsstand mit umfassendem Sonderrecht geblieben. Der niedere Adel ist ein zweiter Geburtsstand, mit dem im Allgemeinen ein Sonderrecht nicht verknüpft ist. Man kann daher zweifeln, ob man ihn überhaupt noch als „Stand" im Rechtssinne bezeichnen darf. Indeß wäre das ein Wortstreit. Denn jedenfalls bleibt er ein Inbegriff rechtlich besonders qualificirter Personen. Und ein besonderes Recht ist mit der Zugehörigkeit zum niederen Adel zweifellos verbunden: das Recht, als adlig anerkannt zu werden. Dies ist ein gegenüber Jedermann durchsetzbares Persönlichkeitsrecht. Es gewährt einen gewissen socialen Vorzug, aber es hat auch juristische Bedeutung. Familienfideicommisse und Stiftungen aller Art sind häufig nur Personen von Adel oder von bestimmt qualificirtem Adel zugänglich. Nach den Hausgesetzen oder

Hausobservanzen mancher hochadliger Häuser genügt niederer Adel oder doch eine bestimmte Art des niederen Adels zur Ebenbürtigkeit. Hiernach allein schon erscheint die Zugehörigkeit zum Adel als rechtlich erhebliche Eigenschaft. Und in diesem Sinne wird man dem Adel im Ganzen den Charakter eines „Standes" nicht absprechen können. Ob daneben das Landesrecht noch irgend welche Vorzüge im öffentlichen oder privaten Recht mit dem Adel verknüpft, scheint mir nicht von grundsätzlicher Bedeutung zu sein. Jedenfalls kann ich nicht den Ausführungen Opet's beitreten, nach denen der Adel da, wo sich noch ein Vorrecht nachweisen läßt, wie in Bayern, Baden, Hessen, Mecklenburg, auch in Preußen, als Stand fortbestände, in den übrigen Ländern dagegen aufgehört hätte, im Rechtssinne zu existiren. Mir scheinen die Folgerungen, die Opet hieraus zieht, schon an der geschichtlich entwickelten und trotz der staatlichen Zersplitterung festgehaltenen Einheit des deutschen Adelsrechts zu scheitern.

Giebt es somit noch heute Adel im Rechtssinne, so fragt es sich, aus welcher Quelle die Entscheidung der Frage zu schöpfen ist, ob eine Person dem Adelsstande angehört und wie beschaffen ihr Adel ist? Zweifellos aus dem Landesrecht, also dem bisherigen gemeinen deutschen Recht und den bisherigen Partikularrechten. Bis zur Abänderung sind also die bisherigen gemeinrechtlichen und partikularrechtlichen Rechtssätze über Erwerb und Verlust des Adels in Kraft geblieben. Einige A.G. zum B.G.B., wie Mecklenburg-Schwerin § 11, Braunschweig § 4, haben dies ausdrücklich bestimmt, die anderen setzen es stillschweigend voraus. Unberührt bleibt so das Recht der deutschen Landesherren in jedem Staat, den Adel zu verleihen. Unberührt aber bleiben auch die Regeln über die Fortpflanzung des vorhandenen Adels. Der niedere Adel wird weiterhin durch eheliche Abstammung vom adligen Vater und durch Verheirathung mit dem adligen Manne erworben, während das Erforderniß der Ebenbürtigkeit nur für den hohen Adel gilt. Der ehelichen Geburt steht, anders als beim hohen Adel, die Legitimation durch nachfolgende Ehe gleich; die Ehelichkeitserklärung dagegen nur insoweit, als nicht das Landesgesetz oder der Inhalt der staatlichen Verfügung ein Anderes festsetzt. Das uneheliche Kind der adligen Mutter ist nicht adlig. Ebensowenig geht der Adel durch Annahme an Kindesstatt über, wenn nicht landesherrliche Verleihung hinzutritt. In Kraft geblieben sind auch die geltenden Rechtssätze über Verlust des Adels durch Verheirathung, Verzicht u. s. w. In gleicher Weise entscheidet sich nach Landesrecht, welcher Beschaffenheit ein Adel ist: ob erblich oder persönlich, ob Uradel oder Briefadel, ob Ahnenadel (alter Adel) oder neuer Adel, wie die Ahnenzahl zu berechnen ist u. s. w.

In allen diesen Fragen also bleibt das Landesrecht souverän. Dagegen kann es über das für den Adel geltende Privatrecht besondere Normen nur innerhalb des vom B.G.B. vorgezeichneten Rahmens aufstellen. Zum Privatrecht gehört das Namenrecht. Dies ist durch § 12 des B.G.B. außer Zweifel gesetzt. Somit fällt auch der Erwerb und Verlust des adligen Namens unter die Regeln des B.G.B. Denn zwischen adligen und bürgerlichen Familiennamen macht das B.G.B. keinen Unterschied; auch der „adlige" Name ist ein „bürgerlicher" Name. Für den hohen Adel ermöglicht nun freilich gerade hier der Vorbehalt des E.G. abweichende Bestimmungen der Hausgesetze und des Landesrechts. Es sind also die bekannten Sätze des Privatfürstenrechts in Kraft geblieben, nach denen nicht blos uneheliche Kinder, sondern auch Mantelkinder und Kinder aus Mißheirathen und morganatischen Ehen nicht in die Familie eintreten und den Familiennamen nicht erwerben, nach denen die unebenbürtige Frau den Namen des Mannes nicht theilt, nach denen Annahme an Kindesstatt keine Familienmitgliedschaft und somit auch kein Recht auf den Familiennamen giebt. Anders beim niederen Adel. Bei ihm beschränkt sich hinsichtlich des Namensrechts die Macht der Landesgesetze auf die Regelung der Namensänderungen. Denn zweifellos, obschon in einem Artikel der Kreuzzeitung auch dies bestritten worden ist, hat das B.G.B. in die bisher geltenden Rechtssätze über Erwerb und Verlust des Namens durch öffentlichrechtliche Verfügungen nicht eingegriffen. Dagegen finden die Vorschriften des B.G.B. über Erwerb und Verlust des Namens durch familienrechtliche Vorgänge schlechthin und ohne Möglichkeit landesgesetzlicher Abänderung auf adlige Familiennamen Anwendung. Das uneheliche Kind der adligen Mutter tritt in die adlige Familie ein und erwirbt den adligen Familiennamen. Ein adliger Mann, der ein Mädchen heirathet, das bereits ein von einem Anderen erzeugtes uneheliches Kind hat, kann diesem Kinde seinen eigenen adligen Familiennamen beilegen. Die Annahme an Kindesstatt überträgt ohne landesherrliche Mitwirkung den adligen Familiennamen des Annehmenden. Ebenso gelten unbedingt auch für adlige Familiennamen die Regeln des B.G.B. über den Einfluß der Ehe und der Ehescheidung auf den Namen der Frau. — Das sind die unabweislichen Consequenzen der Vorschriften des B.G.B., wie sie zuerst v. Bülow zutreffend entwickelt und keine Gegenausführung widerlegt hat.

Allein auf der andern Seite ergiebt sich aus dem, was ich früher gesagt habe, daß mit dem adligen Familiennamen noch keineswegs der Adel erworben oder verloren wird. Denn über Erwerb und Verlust des Adels entscheidet ja das Landesrecht. Dies hatte v. Bülow ursprünglich nicht oder doch nicht genügend hervorgehoben. In seinem Gutachten aber holt er es nach. Ebenso führt Krückmann richtig diese Unterscheidung durch. Es kann also Jemand einen adligen Familiennamen führen, ohne adlig zu sein. So das uneheliche Kind der adligen Mutter, so das vom Adligen angenommene Kind. Und es kann Jemand den adligen Familiennamen aufgegeben haben und doch adlig bleiben. So die geschiedene, bürgerlich geborne Ehefrau des Adligen, die den Namen des Mannes aufgiebt. Zu den Rechten des Adels gehört, wie wir gesehen haben, das Recht, sich als adlig zu bezeichnen. Also ein Adelsprädicat zu führen, sich eines adligen Wappens zu bedienen u. s. w. Wer nicht adlig ist, darf, wie ja auch das St.G.B. vorsieht, kein Adelszeichen führen.

Hiernach bleibt nur eine einzige Frage offen, nur sie kann den Gegenstand eines ernstlichen Streites bilden. Es ist die Frage, was bei einem adligen Familiennamen integrirender Bestandtheil des Namens und was etwa bloß ein mit dem Familiennamen verbundenes Adelsprädicat ist. Die Frage ist vor Allem brennend für das einfache dem Namen vorgesetzte „von". Sie muß aber auch für die einen höheren Adelsrang ausdrückenden Bezeichnungen „Freiherr", „Graf", „Fürst", „Herzog" beantwortet werden.

Es sind drei Antworten möglich.

Man kann erstens in dem vorgesetzten Wörtchen „von" und ebenso in den weiteren Adelstiteln ein bloßes Adelszeichen sehen. So namentlich Mantey, im Wesentlichen auch Brettner, Küntzel, Staudinger. Dann darf, wer den adligen Familiennamen erworben hat, ohne adlig zu sein, dieses Adelszeichen nicht führen. Das uneheliche Kind eines Fräulein von Rosenfeld muß sich einfach Rosenfeld, der Adoptivsohn eines Grafen von Berg muß sich Berg nennen. Dann aber ergiebt sich auch, daß die Namen von Bismarck und Bismarck, Bülow und von Bülow, Freiherr Grote und Grote als Namen vollkommen identisch sind. Die Weglassung des Adelszeichens läßt den Namen als solchen unberührt, die Hinzufügung ändert den Namen nicht. Folglich kann auch der Namensschutz des § 12 sich auf das „von" nicht miterstrecken. Bisher konnte z. B. jedes Mitglied der Familie von Bonin gegen einen Herrn Bonin, der sich von Bonin nannte, eine civilrechtliche Klage wegen Namenanmaßung anstellen. Dies würde nothwendig wegfallen. Herr Bonin maßt sich ja nicht einen anderen Namen, sondern nur ein Adelszeichen an. Hiergegen giebt es keinen privatrechtlichen, sondern nur öffentlichrechtlichen Schutz. Der Herr von Bonin ist also auf die Anzeige beim Staatsanwalt beschränkt. Genau so, als wenn ein Herr Schmidt sich von Schmidt nennen wollte!

Man kann zweitens in dem Wörtchen „von" und etwa auch in den höheren Adelstiteln einen bloßen Namensbestandtheil sehen. Es gebe eben bestimmte adlige Familiennamen, die sich durch ihre äußere Bildung regelmäßig von den bürgerlichen unterscheiden. Der Name von Hirschfeld sei mit dem Namen Hirschfeld nicht identisch. Dies ist für das einfache „von" die Ansicht unserer drei Gutachter. Dann könne unweigerlich auch das uneheliche Kind und das Wahlkind den vollen Namen der adligen Mutter oder des Wahlvaters führen. Dafür erstrecke sich dann aber auch der Namensschutz des § 12 zugleich mit auf das „von".

Man kann endlich drittens antworten, das „von" und vielleicht auch der höhere Adelstitel sei gleichzeitig Namensbestandtheil und Adelszeichen. So scheint Planck zu entscheiden. Auch in diesem Falle geht, wo das B.G.B. das Recht auf den Familiennamen zuspricht, der volle adlige Familienname über. Ebenso tritt der volle Namensschutz ein. Doch wäre einschränkend hinzuzufügen, daß der nicht adlige Träger des Familiennamens das „von" eben nur als Namensbestandtheil und nicht als Adelszeichen gebrauchen dürfte. Nimmt man also z. B. an, daß ein festes Gewohnheitsrecht die Abkürzung des bürgerlichen von in v. verbietet, so würde der Adoptivsohn eines Herrn von Krause sich nur „von Krause" und nicht „v. Krause" schreiben dürfen. Jedenfalls würde er in der Militärrangliste als „von Krause" mit ausgeschriebenem „von" figuriren. Unmöglich dagegen kann man, wenn man dem „von" diese doppelte Eigenschaft zuschreibt, mit Planck den Standpunkt wechseln und in der Frage des Namensschutzes das „von" als Namensbestandtheil, in der Frage des Namensüberganges dasselbe „von" als Adelsprädikat behandeln. Auch wenn die ganze zweite Kommission den Standpunkt ihres Generalreferenten getheilt haben sollte, kann eine so widerspruchsvolle Annahme dadurch nicht gerettet werden.

Für welche Antwort nun soll man sich entscheiden?

Was zunächst die höheren Adelstitel angeht, so sprechen m. E. überwiegende Gründe dafür, sie nicht als integrirende Bestandtheile, sondern lediglich als Adelsprädikate, die einen bestimmten Adelsrang ausdrücken, anzusehen. Hierfür erklärt sich auch v. Bülow, der ursprünglich anderer Meinung gewesen war, in seinem Gutachten. Ebenso Krückmann. Allerdings gehören auch diese Titel zum Namen, aber sie sind nicht untrennbare Bestandtheile, sondern bloße Zubehörungen des Namens. Ihre Führung ist durch Adel bestimmter Art bedingt. Hierfür läßt sich vor Allem ihre geschichtliche Herkunft geltend machen. Der

Titel „Freiherr“ drückte einst den Besitz der Vollfreiheit auf Grund eines vollkommen freien Grundeigenthums aus, die Titel „Graf“, „Fürst“, „Herzog“ wiesen auf den Besitz eines Reichsamtes hin. Allmählich freilich wurden sie zu leeren Titeln. Allein vollständig sind sie noch heute nicht mit dem Namen verwachsen. Derselbe adlige Familienname wird von verschiedenen Zweigen der Familie mit oder ohne einen solchen Zusatz geführt; in manchen Familien giebt es freiherrliche und gräfliche, gräfliche und fürstliche Linien. Oft führt überhaupt nur das Familienhaupt die höhere Titulatur. In herzoglichen und fürstlichen Linien heißen oft die anderen Mitglieder Prinzen und Prinzessinnen. Die Form des Titels wechselt bei männlichen und weiblichen Familienangehörigen: Freiherr, Freiin, Freifräulein; Graf, Gräfin, Comtesse usw. (Freilich giebt es auch polnische Namen auf ki und ka). Bei ausländischen Titeln scheint eine Uebersetzung zulässig. Endlich kommen diese Titel bei Bürgerlichen überhaupt nicht vor und bedeuten bei Adligen, wenn sie geführt werden, stets eine bestimmte Rangstufe des Adels. So wird man in der That annehmen dürfen, daß es sich hier um reine Adelsprädikate handelt, über deren Erwerb und Verlust das Landesrecht entscheidet, während das B.G.B., wo es über den Familiennamen Bestimmungen trifft, nur den Namensrest ergreift.

Schwieriger liegt die Frage bei dem einfachen „von“!

Es kann m. E. keinem Zweifel unterliegen, daß das Wörtchen „von“ seiner geschichtlichen Herkunft nach ursprünglich lediglich Namensbestandtheil und nicht Adelszeichen gewesen ist. Bei dem Uradel deutet es auf das Stammgut der Familie und gehört so wesentlich zum Namen, wie bei manchen späteren von einer Ortsbezeichnung entlehnten Namen die Anhangssylbe „er“. In dem Namen Otto von Schwerin spielt das „von“ dieselbe Rolle, wie in dem Namen Hugo Schweriner das „er“.

Bekanntlich wurden von unseren Vorfahren ursprünglich nur Vornamen geführt. Bei der Gleichheit vieler Vornamen entstand das Bedürfniß, ein Unterscheidungszeichen hinzuzufügen, um die Träger desselben Vornamens zu unterscheiden. Hierzu verwendete man den Vornamen des Vaters, eine Amtsbezeichnung, einen Hinweis auf eine geistige oder körperliche Eigenschaft, besonders aber auch eine örtliche Herkunftsbezeichnung. Seit dem 11. oder 12. Jahrhundert entstanden dadurch, daß die Unterscheidungszeichen auf die Nachkommen übertragen wurden, die festen Familiennamen. Die Entwickelung war sehr langsam, sie ist zum Theil erst in allerneuester Zeit zum Abschluß gekommen. Am frühesten vollzog sie sich einerseits in den Städten beim Bürgerstande, andererseits bei dem aus freien Rittern und unfreien Dienstmannen erwachsenen

Landadel. Bei dem Landadel nun überwog die Namensbildung durch Ortsbezeichnung, durch Hinweis auf das Familiengut. Aber dieselbe Art der Namensbildung findet sich bei bürgerlichen Familien. Bekannt ist die holländische Namenbildung mit „van". Aber auch deutsche bürgerliche Familiennamen mit „von" giebt es in großer Zahl. Das „von" war also und ist bis heute kein ausschließliches Kennzeichen des adligen Namens. Andererseits war es kein nothwendiges Zeichen für die adlige Eigenschaft des Namens. Manche Adelsnamen wurden mit „zu" oder „auf" gebildet: zur Mühlen, Pförtner zur Hölle", zur Westen. Andere wurden von einem Hofamte entlehnt: Marschall, Schenk (erst später dann Marschall v. Bieberstein, Schenk v. Schweinsberg). Und die Patricier, die in vielen Reichsstädten die Gleichstellung mit dem Landadel durchsetzten, führten überwiegend Namen ohne „von"; erst neuerdings fügte auch der Stadtadel meist seinem Namen ein sinnloses „von" hinzu. Kein Zweifel also: das „von" war ein Element der Namensbildnng, das bei adligen Familiennamen eine sehr erhebliche, aber weder ausschließliche noch unentbehrliche Rolle spielte.

Eine andere Auffassung über die rechtsgeschichtliche Bedeutung des „von" hat nun freilich Sohm in der Deutschen Juristenzeitung entwickelt. Der eigentliche Familienname sei identisch mit dem des Stammguts gewesen: also das Geschlecht Repgow, die Familie Bülow usw., der Name des Gutes ohne „von". Der Name des einzelnen Familiengliedes habe vollständig „Herr von Repgow oder Bülow geheißen", oder Frau von so und so, Fräulein, Junker von so und so usw. Hierbei aber sei das „Herr von" nicht Namensbestandtheil, sondern Titel gewesen. Es bedeute im Sinne der alten Vorstellung des Gesammteigenthums am Stammgut „Mitherr", Miteigenthümer des fraglichen Ritterguts. Ist das Gut nicht mehr im Familienbesitz, so bedeutet das „von" eine fictive Mitherrschaft. Bei den späteren Adelsverleihungen wurde ein Rittergut fingirt, z. B. das Rittergut „Müller" oder „Schmidt". Hier bedeutet also das „von" die fiktive Mitherrschaft eines fingirten Ritterguts! Sohm geht so weit, zu behaupten, daß auch heute die Uebertragung des „von" auf die Nachkommen sich nach den Regeln über die Succession in Stammgüter richten müsse. Diese aber ist bekanntlich im E.G. dem Landesrecht vorbehalten. Indessen diese ebenso geistreichen wie gewagten Ausführungen meines verehrten Freundes dürften schwerlich vor genauerer Prüfung Stand halten. v. Bülow hat sie in der neuesten Nummer der Juristenzeitung eingehend widerlegt. Ich bemerke hier nur, daß Sohms geschichtliche Darlegung auf die überwiegende Masse der niederen Adelsfamilien gar nicht paßt, weder auf freiritterliche Geschlechter mit bloßem

Lehnbesitz, noch auf die Geschlechter der unfreien ritterlichen Dienstmannen, die niemals Herren waren; daß auch bei den altfreien Geschlechtern mit allodialem Grundbesitz zur Zeit der Namensbildung die Idee eines Familieneigenthums nicht ausgeprägt genug war, um die Bezeichnung aller Familienangehörigen als „Herren" des Guts zu ermöglichen; daß Sohm die gleichartige bürgerliche Namensbildung mit „von" und die adlige ohne „von" unbeachtet läßt; daß endlich unter keinen Umständen eine derartige erst von Sohm wieder entdeckte Bedeutung des „von", wenn sie je bestanden hat, sich im Rechtsbewußtsein erhalten, die Form der Adelsverleihungen bestimmt hat und heute fortdauert.

Das „von" war also ursprünglich bei adligen wie bei bürgerlichen Familien lediglich Namensbestandtheil. Es ist jedoch im Laufe der Zeit offenbar zugleich Adelszeichen geworden. Den Weg hierzu bahnten die seit dem Mittelalter sich häufenden Adelsverleihungen, seitdem es üblich wurde, hierbei nach dem Vorbilde der meisten Familien des Uradels den bisherigen Namen mit einem oft sinnlosen „von" zu schmücken. Zumal nun auch der Uradel da, wo er bisher des „von" darbte, ein „von" annahm. Freilich nicht ausnahmslos. Die Freiherren Grote kommen bis heute ohne „von" aus. Aber fast durchweg, wie die Schicksale der alten Amtsnamen, der patrizischen Namen und solche Namenbildungen wie „von zur Westen" zeigen. So gewöhnte man sich, das „von" als Adelszeichen zu betrachten. Die heutige Volksanschauung neigt sicherlich dazu, jeden Herrn „von" als adlig anzusehen und beim Mangel des „von" den Adel zu bezweifeln.

Aber hat damit das „von" aufgehört, Namensbestandtheil zu sein?

Ich war, m. H.! auf dem vorigen Juristentage geneigt, mit v. Bülow, Krückmann und im Wesentlichen auch Opet diese Frage zu verneinen. Mir schien, daß gerade beim Uradel die ursprüngliche Bedeutung des „von" noch lebendig geblieben ist. Die Familiennamen v. Schwerin und Schwerin, v. Usedom und Usedom werden auch heute als verschieden empfunden. Bei dem neueren Briefadel schien mir die Sache zweifelhaft. Indessen, da Uradel und Briefadel in der Frage jedenfalls nicht getrennt werden dürfen, glaubte ich, der Auffassung den Vorzug geben zu müssen, daß auch hier die mit der Nobilitirung verbundene Hinzufügung eines „von" zum bisherigen Namen nicht bloß Verleihung eines Adelszeichens, sondern zugleich Namensänderung sei. Dies schien mir auch der Auffassung des Lebens zu entsprechen. Gerade deshalb, meinte ich, habe Jacob Grimm seinen bekannten Widerspruch gegen die Sitte, berühmte Namen durch Zusatz eines „von" zu verändern, erhoben. Gerade deshalb auch entschließe sich z. B. unser Volk so schwer, Goethe und Schiller als

„von Goethe" und „von Schiller" zu benennen. Auch wird ja häufig die Adelung von weiterer Namensänderung begleitet. So, um bei bekannten Juristen zu bleiben, wurde Arndt zu Arndt v. Arensberg, Schulze zu v. Schulze-Gävernitz. Kann man hier sagen, der neue Namen sei Arndt-Arensberg, Schulze-Gävernitz u. s. w., das „von" nur Adelszeichen?

Allein bei näherer Ueberlegung meine ich doch, daß überwiegende Gründe dafür sprechen, das „von" bei adligen Namen im Sinne des heutigen Rechts für ein bloßes Adelszeichen zu erklären. Mir scheint, daß gegenüber dem geschichtlichen Ursprunge des „von" eine derartige Auffassung im Leben sich durchgesetzt hat und vor Allem in der bisherigen Landesgesetzgebung zum Durchbruch gekommen ist. Ich erinnere daran, daß bisher überall theils, wie in Preußen, kraft ausdrücklicher Bestimmung, theils der Sitte gemäß, der Familienname der adligen Mutter auf ihr uneheliches Kind, des adligen Wahlvaters auf das Wahlkind, ohne das „von" übergegangen ist! Daß, so lange der Adel durch Betreibung eines bürgerlichen Gewerbes verloren ging, der Name ohne „von" fortgeführt wurde. Mein berliner Schneidermeister stammt von den Rittern von Eppendorff und nennt sich Eppendorff; eine Zeit lang hieß die Familie „Eppendorfer". Daß, als eine Aberkennung des Adels durch Strafurtheil zulässig war, der Name ohne „von" zurückblieb. So noch heute in Oesterreich: Herr von Schönerer wurde zu Herrn Schönerer! Endlich mache ich darauf aufmerksam, wie bei der Verleihung eines bloß persönlichen Adels sicherlich die Vorstellung überwiegt, daß das „von" bloßes Adelszeichen ist. Wenn in Bayern der persönlich Geadelte und seine Ehefrau sich „von" nennen, die Kinder des „von" darben, in Württemberg die Ehefrau auch kein „von" führt, so wird man kaum sagen dürfen, daß die Mitglieder desselben Hausstandes verschiedene Namen führen.

Ist aber eine derartige Auffassung möglich, so ist sie jedenfalls vorzuziehen. Sie entspricht, wie ich glaube, der Absicht des Gesetzgebers. Sie vermeidet einen gewaltsamen Bruch mit dem bisherigen Rechtszustande. Sie erspart eine Fülle von Unzuträglichkeiten, wie sie eintreten müssen, wenn nach B.G.B. der volle adlige Name übergeht, nach Landesrecht der Adel versagt bleibt. Ich meine, daß man das B.G.B. überall möglichst so auslegen muß, wie es mit den Anschauungen und Bedürfnissen des Lebens am besten übereinstimmt und die geschichtliche Continuität unserer Rechtsentwicklung am wenigsten unterbricht.

Mein Ergebniß ist:

Durch das B.G.B. werden die Vorschriften über den Uebergang und die Führung von Adelszeichen nicht berührt.

Die höheren Adelstitel, wie Freiherr, Graf, Fürst, Herzog, sind bloße Adelszeichen, nicht Namensbestandtheile. Ueberwiegende Gründe sprechen dafür, bei adeligen Familiennamen auch das einfache „von" heute als bloßes Adelszeichen zu betrachten.

(Beifall.)

Mitberichterstatter Geh. Justizrath Dr. **Wilke** (Berlin): M. H.! Im Wesentlichen nicht einverstanden mit der Begründung der dem Juristentage vorliegenden Gutachten, schließe ich mich den meines Erachtens überzeugenden anderweit veröffentlichten Ausführungen der Herren Küntzel und Mantey dahin an, daß das B.G.B. in Betreff der adligen Namen nichts Neues eingeführt hat.

Der erste Herr Berichterstatter steht im Wesentlichen auf dem gleichen Standpunkte. Denn das von ihm hervorgehobene Schweigen des B.G.Bs. ist in der Gesetzgebung doch die gewöhnliche Art, sich zu benehmen, wenn man nichts Neues einführen will.

Die Gutachten der Herren Krückmann und Opet gehen davon aus, daß Adelsprädicate, insbesondere das Wort „von" im Namen eines Adligen keine Auszeichnung, sondern einen integrirenden Theil des Familiennamens bilden. Wäre diese Annahme richtig, dann hätten sie auch Recht mit der radikal gezogenen Consequenz, daß der Nichtgebrauch oder gar die Ablegung des Adelsprädicats eine nur mit obrigkeitlicher Genehmigung zulässige, sonst aber die Bestrafung wegen Führung falschen Namens nach sich ziehende Namensänderung sei.

Dem bis 1900 geltenden Rechtszustande würde damit kraß in's Gesicht geschlagen.

Die bis dahin wohl in allen Bundesstaaten geltenden Vorschriften, welche dem angenommenen und ebenso dem per rescriptum legitimirten Kinde eines adligen Vaters dessen Namen „ohne die Unterscheidungen des Adels", dem unehelichen Kinde einer adligen Mutter ihren Geschlechtsnamen, aber nicht den adligen Namen beilegen, sind immer so verstanden worden und können füglich nicht anders verstanden werden, als daß

> der Geschlechtsname des Adligen unabhängig ist vom Adelsprädicat

und

> daß mit dem Wegfalle der Adelsunterscheidung der Geschlechtsname nur aufhört, ein adliger Name zu sein.

So ist die Sache in den Fällen behandelt, wo nach dem alten Preußischen Strafrechte gegen einen Adligen auf Verlust des Adels erkannt wurde.

Der Meinung, daß das Adelsprädicat integrirender Theil des Namens sei, steht auch die Thatsache entgegen, daß der — sei es direct, sei es indirect, z. B. in Preußen durch Verleihung des Schwarzen Adlerordens — Geadelte sich des Adelsprädicats „von" vor seinem Familiennamen bedienen darf, ohne daß ihm sein Name so von dem Landesherrn geändert ist. Es wird ihm stets nur die Befugniß gegeben, nicht aber die Pflicht aufgelegt, seinem Namen das „von" beizufügen und dadurch die ihm verliehene Auszeichnung nach Außen erkennbar zu machen.

Noch weise ich darauf hin, daß nach dem geltenden Reichsstrafgesetze die unbefugte Annahme von Adelsprädicaten strafbar ist, und daß nach den Verfassungsurkunden das Kronrecht der Verleihung von Adelsprädikaten (mit Vorrechten nicht verbundener Auszeichnungen) nicht, wozu es die Gutachten der Herren Krückmann und Opet degradiren wollen, identisch ist mit der untergeordneten bloßen Genehmigung zur Namensänderung.

Abgesehen von den höheren Adelstitulaturen besteht das Adelsprädicat in nichts Anderem als in dem vorgesetzten Worte „von". Macht man dieses Wort „von" aus einem Adelsprädicate zu einem integrirenden Theile des Namens, so greift man dadurch ein in das Strafrecht und in die geltenden Kronrechte. Kraft öffentlichen Rechts, als eine mit Vorrechten nicht versehene Auszeichnung verleiht der König den Adel und damit das Adelsprädicat, dieses Prädicat darf also nur von Denjenigen geführt werden, denen es kraft öffentlichen Rechts gebührt. Nicht bestritten werden kann, daß die Frage, ob ein Geadelter auf den Adel verzichten kann, im B.G.B. überhaupt nicht behandelt ist. Sie gehört nicht dorthin, weil sie öffentlichen Rechtens ist. Nach dem geltenden öffentlichen Recht ist Verzicht zulässig — ja in manchen Bundesstaaten sogar für gewisse Fälle geboten. Besteht nun aber die jetzt mit dem Adel verbundene Auszeichnung wesentlich nur in Führung des Adelsprädicats, so muß mit dem Verzicht auf den Adel auch die Auszeichnung wegfallen. Die Zulässigkeit des Verzichtes auf das Adelsprädicat zeigt deutlich, daß das Adelsprädicat kein Theil ist des — unverzichtbaren — Familiennamens.

Gewiß kommt es vor, daß öfters auch bürgerliche Namen ebenso wie adlige Namen lauten. Natürlich dürfen hier die Theile des Namens, die als Adelsprädicate klingen, es aber nicht sind, nur als Stücke des Familiennamens behandelt werden. Das hat aber mit unserer jetzigen Frage Nichts zu thun. Dasselbe gilt für den Fall, wenn mit dem Namen eines Adeligen Nichts verbunden ist, was als Adelsprädicat gelten kann. In beiden Fällen liegt eben kein „adliger Name", das heißt kein Adelsprädicat vor.

Ebenso hat Freiherr von Bülow in seinem Gutachten darin Recht, daß für viele, namentlich alte, adlige Namen das Wörtchen „von" ursprünglich nicht Adelsprädicat, ja, daß dies, wie der erste Herr Berichterstatter sagt, früher sogar die Regel gewesen ist; aber man zieht daraus zu Unrecht den Schluß, daß dieses Wort deshalb auch jetzt unabhängig vom Adel zum Familiennamen gehöre. Sondern auch in diesen alten Adelsfamilien ist eben im Laufe der Zeit das ursprünglich nicht Adelsprädicat gewesene Wort „von" zum Adelsprädicat geworden. Keinenfalls hat sich bei diesen Namen altadliger Familien Etwas geändert durch das B.G.B. Ist bei ihnen das Wort „von" jetzt keine Adelsauszeichnung, kein adliger Name, dann war es das auch früher nicht, dann würde also auch schon nach dem A.L.R. und den sonstigen Landesrechten der Familienname mit dem Wörtchen „von" auf die angenommenen Kinder des adligen Vaters und auf die unehelichen Kinder der adligen Mutter übergegangen sein. So ist es aber doch nicht gewesen. Sondern immer hat man in diesen Fällen auch bei den alten Familien das Wörtchen „von" regelmäßig als Adelsprädicat behandelt; und das wird auch künftig geschehen. Unter keinen Umständen aber ist aus den mit dem bisherigen Rechte gleichlautenden Vorschriften des B.G.Bs. über den Uebergang der Namen zu folgern, daß die Rechtsgrundsätze über den Uebergang der bisher nicht als Familiennamen behandelten Adelsprädicate geändert seien.

Die Behauptung, daß das B.G.B. hier Etwas geändert habe, ist um so weniger am Platze, als feststeht, daß sowohl die I. als auch die II. Commission zur Berathung des Entwurfs in eingehender Weise sich dahin ausgesprochen hat, daß die Vorschriften über Erwerb und Verlust des Adels unzweifelhaft dem öffentlichen Rechte angehörten und auf Seiten keines der gesetzgebenden Factoren die Richtigkeit dieser Meinung beanstandet ist, vielmehr die im Sinne der Herren Krückmann und Opet gestellten Anträge sowohl von der II. Vorcommission als auch von der Reichstagscommission ausdrücklich abgelehnt sind. In der That lagen zu dieser Regelung der Sache gute Gründe vor. Keine Rücksichten des Individualrechts, sondern öffentliche Rücksichten liegen denjenigen Vorschriften der Landesgesetze zu Grunde, durch welche die Führung und der Uebergang von Adelsauszeichnungen anders geregelt wird als die der Familiennamen.

Nicht einmal die Führung der Familiennamen ist ein ausschließlich dem Privatrecht angehörendes Recht, sondern es handelt sich dabei ebenso sehr um die im öffentlichen Rechte begründete Verpflichtung des Einzelnen, nur den ihm zukommenden Namen zu führen.

In scharfem Gegensatze zu den Herren Krückmann und Opet hat das Reichsgericht in dem Band 29 der Entscheidungen abgedruckten Urtheile einem Kläger von Orelli die Legitimation zuerkannt, gegen die vom Beklagten beanspruchte Führung des Namens Orelli zu klagen und damit ausgesprochen, daß durch Beisetzung des Wörtchens „von“ der Familienname kein anderer wird.

Wenn es in jenem Gutachten heißt, daß der Sprachgebrauch das Wort „von“ als Bestandtheil des Namens ansehe, so sah man bei Abfassung des B.G.Bs. das nicht so an, und ich bestreite, daß der Sprachgebrauch dahin geht. Im Gegentheil! Man nehme ein Adreßbuch, ein Conversationslexicon, eine Rang- und Quartierliste zur Hand. Wird Einer von Ihnen die adligen Namen unter „V“ suchen? Nein, überall stehen sie mit ihren Namen ohne das „von“, ja sogar das „von“ wird in der Regel abgekürzt, nur mit „v.“ angegeben. Umgekehrt! z. B. unsern jetzigen Wirthe in Bamberg, Herrn Vonhaus, findet man unter „V“. Ganz allgemein sieht man das Adelsprädicat an als ehrende Auszeichnung des Mannes, nicht aber als seinen Namen. Hierfür berufe ich mich ferner darauf, wie von den berufenen Stellen aus die geadelten Männer in der Oeffentlichkeit bezeichnet werden. Hier unterscheidet man bei den Männern mit „von“ regelmäßig, ob das „von“ Theil des Namens ist oder Adelsprädicat. Die Namen unserer berühmten Männer sind:

Bismarck, Goethe, Schiller, Moltke, Roon, Volta,

nicht aber

Fürst Bismarck, von Goethe, von Schiller, Graf Moltke, Graf Roon, Graf Volta,

und was den Letzteren betrifft, so kennt wohl Jedermann Volta, aber die Wenigsten wissen überhaupt von seinem Adelsprädicate.

Alle Plätze, Straßen, Brücken, die in unseren Städten nach jenen Männern benannt sind, tragen nur die Familiennamen.

Das gilt auch von den weniger allgemein bekannten Männern, wenn öffentliche Straßen, Brücken, Denkmäler nach ihren Namen genannt werden.

Der Einwand des einen Herrn Gutachters, daß es in solchen Fällen auf die incorrekte Bezeichnung nicht ankomme, weil der Name auch so den Träger genügend bezeichne, trifft hier nicht zu. Gerade in diesen Fällen will man correkt verfahren. Wer einem Manne ein Denkmal für alle Zeiten setzt, will ihn gewiß so nennen, wie er heißt. Niemand mißachtet durch Weglassung des Wörtchens „von“ die den großen Männern verliehenen Adelsauszeichnungen, nur sind das nicht ihre Namen, nicht die richtigen Namen, die fortleben sollen. Auch sie selber nennen sich oft, wie Mantey mit Recht hervorhebt, bei Unterzeichnung der wichtigsten Urkunden mit dem bloßen Namen, ohne Adelsprädicat.

Umgekehrt, wo das „von" oder „van" Bestandtheil des Namens ist, da nimmt man es auch auf in die ihren Denkmälern beigefügten Namen. „Van Dyk" wird überall so genannt werden; und in Berlin heißen die nach dem später als Freiherr geadelten Minister von der Heydt genannte Straße und Brücke nicht „Heydt-Brücke" und „Heydt-Straße", sondern „von der Heydt-Brücke" und „von der Heydt-Straße", weil die Worte „von der" hier kein Adelsprädicat, sondern Namensbestandtheil waren.

Hiernach halte ich den Antrag des ersten Herrn Berichterstatters für allein gerechtfertigt.

Er stimmt im Wesentlichen mit dem Ergebnisse, nicht aber mit der Begründung des — verzeihen Sie, wenn ich mich so ausdrücke — Bülow'schen Gutachtens und richtet an Sie die Bitte,

> sich dahin auszusprechen, daß der Uebergang und die Führung von Adelszeichen durch das B.G.B. nicht berührt wird.

Absichtlich sage ich „Adelszeichen", nicht „adlige Namen", denn auch der Adlige hat nur einen (wenn auch vielleicht aus mehreren Worten zusammengesetzten) Namen, nicht aber hat er einen unadligen Familiennamen und daneben den adligen Namen. Ist ihm, weil er geadelt, gestattet, diesem Namen ein Wort oder mehrere Wörtchen beizufügen, so führt er neben seinem Namen ein Adelsprädicat. Wo in Gesetzen von „adeligen Namen" im Gegensatze von „Familien-Namen" gesprochen wird, ist damit immer nur das Adelsprädicat gemeint.

(Beifall.)

Vorsitzender: Auch als jüngster Doctor hat der Herr Berichterstatter sich als der alte Wilke bewährt.

(Bravo!)

Bevor wir in die Erörterung eintreten, erlaube ich mir, Ihnen den Wortlaut des Antrags in das Gedächtniß zurückzurufen. Der Antrag geht im Wesentlichen dahin, daß die gestellte Frage verneint wird in folgender Fassung:

> „Durch das B.G.B. werden die Vorschriften über den Uebergang und Führung von Adelszeichen nicht berührt."

Dann wird noch erläuternd hinzugefügt, womit auch der zweite Berichterstatter einverstanden ist:

„Die höheren Adelstitel, wie Freiherr, Graf, Fürst, Herzog, sind bloße Adelszeichen, nicht Namensbestandtheile. Ueberwiegende Gründe sprechen dafür, bei adligen Familiennamen auch das einfache „von“ heute als bloßes Adelszeichen zu betrachten.“

Das ist der übereinstimmende Antrag der beiden Herren Berichterstatter.

Das Wort hat Herr Kammerherr Dr. Kekule von Stradonitz.

Fürstlicher Kammerherr Dr. **Kekule von Stradonitz** (Groß-Lichterfelde): Meine Herren! Die lichtvollen Ausführungen der Herren Vorredner gestatten mir, mich weit kürzer zu fassen, als ich ursprünglich vor hatte zu thun, und ich kann gleich vorweg erklären, daß ich mich dem Antrage des Herrn Geh. Rath Dr. Gierke aus voller Ueberzeugung anschließe. Wenn ich mir gestatte, noch einige Punkte hervorzuheben, so geht das mehr aus dem Beweggrunde hervor, einige Einzelheiten aus dem Adelsrechte, die Ihnen vielleicht ganz oder theilweise unbekannt sind, bei dieser Gelegenheit darstellen zu können. Ehe ich davon im Zusammenhange spreche, möchte ich nur über die Sohm'sche Fiktionstheorie ein Wort sagen, die Idee von der fingirten Gutsherrschaft, von dem fingirten Rittergut. Ein Körnchen Wahrheit steckt doch darin, wie sich aus der Praxis der Wiener Kanzlei nachweisen läßt. Es ist nämlich früher die durchgehende Praxis gewesen, daß, wenn Personen geadelt wurden, ihrem Namen ein Ortsname, ich möchte lieber sagen, ein örtlicher Name angehängt wurde. Und zwar galt die Bestimmung, daß das immer ein fingirter Ortsname sein mußte. Auf diese Weise sollte Verwechselungen vorgebeugt werden. Also z. B.: wenn ein Herr Müller geadelt wurde und wünschte den Namen „Müller von Rosenberg“, so ging das nicht, weil es Orte dieses Namens gab; wenn er aber „Müller von Rosenstein“ heißen wollte, so wäre das bewilligt worden, wenn Orte dieses Namens im Reiche nicht existirten. Es war sehr gebräuchlich, solche fingirte Ortsnamen dem Familiennamen anzuhängen. Diese Idee des fingirten Herrschafts- oder Ortsbegriffs ist freilich in der Praxis der Wiener Kanzlei schließlich soweit geschwunden, daß man dazu gekommen ist, Namen wie „Kadich Edler von Pferd“ zu bilden, weil der Betreffende sich für Pferdezucht interessirte; wenn aber ein Ort „Pferd“ zufällig in dem Bereiche der österreichisch-ungarischen Monarchie vorhanden gewesen wäre, so würde man auch diese Namensform vermieden haben.

Das wollte ich vorausschicken.

Die Frage nun, um die es sich handelt und die von den Herren Gutachtern und Vorrednern behandelt worden ist, scheint mir, wenn ich alles andere beiseite lasse, im Wesentlichen auf die Frage zurückzulaufen, wie ja auch hervorgehoben wurde, ob das „von" auch bei adligen Namen Namensbestandtheil ist oder nicht. Nun möchte ich zunächst gleich hervorheben, daß es sehr viel mehr Individuen im Bereiche des Deutschen Reiches giebt, welche das „von" in ihrem Namen haben und doch bürgerlich sind, wie gewöhnlich geglaubt wird. Ich schätze, auf ziemlich genauer Kenntniß der Thatsachen fußend, die Zahl der bürgerlichen Individuen, welche das „von" berechtigt führen, namentlich in Norddeutschland, auf ungefähr 100 000. Bei ihnen ist das „von" unzweifelhaft Namensbestandtheil. Die Frage, ob auch das adelige „von" ein Namensbestandtheil sei, ist von den Herren Vorrednern verneint worden und namentlich hat mein verehrter Lehrer Herr Geh. Rath Dr. Gierke, was ich für vollständig berechtigt halte, hervorgehoben, daß man nicht auf die alte Geschichte der Entstehung der adligen Namen zurückgehen kann, wenn man den heutigen Zustand kennen lernen will. Daß zur Zeit der Entstehung des Adels auch das „von" Bestandtheil der Namen gewesen ist, ist wohl zweifellos. Man muß vielmehr fragen: Wie ist es geworden unter der Herrschaft des Instituts des Briefadels? Und ich glaube mich auch mit voller Ueberzeugung dahin aussprechen zu sollen, wie es Herr Geh. Rath Dr. Gierke schon gethan hat: seitdem ist das adlige „von" unzweifelhaft nicht mehr Bestandtheil des Namens, sondern Adelszeichen.

Der Inhalt meiner weiteren Ausführungen wird nun dahin gehen, in einzelnen Punkten Ihnen das näher zu belegen. Da möchte ich vor Allem hervorheben, daß der Edelmann zweifellos das Recht hat, sich des „von" vor seinem Namen zu bedienen, nicht aber die Pflicht. Das geht schon aus der Fassung der Diplome hervor. Ich habe hier ein preußisches Diplomkonzept mitgebracht und kann Ihnen den Wortlaut daraus vorlesen, und das ist mutatis mutandis der überall übliche Wortlaut, übernommen übrigens von der Reichskanzlei:

> „Wir 2c. (tot. tit.) erheben und versetzen hierdurch und in Kraft dieser Urkunde den N. N. . . . . . . in den erblichen Adelstand Unserer Monarchie und Lande und verleihen ihm und seinen sämmtlichen vorgedachten Nachkommen alle Gerechtsame und Vorzüge dieses Standes, insbesondere das Recht, sich nunmehr „von N. N." zu nennen und zu schreiben . . . . . ."

Es ist also gar nicht davon die Rede, daß der betreffende Geadelte die Pflicht hat, sich „von" N. N. zu nennen, zu welcher Konsequenz man nothwendig kommen müßte, wenn das „von" Namensbestandtheil wäre und somit durch die Verleihung des Adelsstandes eine Namensänderung herbeigeführt würde. Wäre das der Fall, so würde ein Adliger, wenn er einem zuständigen Polizeibeamten gegenüber seinen Namen unter Weglassung des „von" nennen würde, sich unzweifelhaft einen falschen Namen beigelegt haben und strafbar sein. Doch das nebenbei. In den Diplomen wird also nur das Recht erheilt, nicht die Pflicht auferlegt. Dagegen muß man allerdings sagen, daß in der neuesten Zeit sämmtliche Ur-Adelsfamilien auch dann, wenn sie früher das „von" nicht führten, von diesem Rechte Gebrauch machen bis auf die eine sächsische Familie Metzsch, die mit Zähigkeit bis auf wenige Ausnahmen daran festhält, sich bloß „Metzsch" zu nennen und den Namen des betreffenden Gutes, der den Zweig der Familie bezeichnen soll, mit „zu" hinten anzufügen.

Ein zweiter Punkt, auf den ich zurückkommen möchte, obgleich er von Herrn Geh. Rath Wilke, wenn ich mich recht erinnere, schon hervorgehoben wurde, ist die Adelsentsagung. Es kann keinem Zweifel unterliegen, daß der Adel niedergelegt werden kann. Ich habe im Jahre 1896 über die „Form und Wirkung der Adelsentsagung nach den in Preußen geltenden Bestimmungen" eine in der juristischen Literatur ziemlich unbekannte kleine Abhandlung veröffentlicht*) und glaube darin den Nachweis geführt zu haben, daß in Preußen wenigstens die Adelsentsagung, jedenfalls bis zum Inkrafttreten des bürgerlichen Gesetzbuches, genau in derselben Form möglich war, wie nach dem Allgemeinen Landrechte, nämlich ohne Genehmigung der staatlichen Autorität. Nun ist es doch andererseits bekannt, daß eine Namensänderung nur gestattet ist mit Genehmigung behördlicher Autorität. Das ist ein unleugbarer Widerspruch, der nur dadurch gelöst werden kann, daß man sagt: bei adligen Namen ist das „von" nicht Namensbestandtheil. Wenn der Edelmann ohne behördliche Genehmigung das „von" ablegen, darauf verzichten kann, der Bürgerliche auf das „von" in seinem Namen aber nicht, so ist das nur dadurch aufzuklären, daß es in dem einen Falle Namensbestandtheil ist, in dem anderen nicht.

Ich habe dann ferner in einem Vortrage, gehalten am 15. November 1898 im Verein „Herold" in Berlin über „Adel und bürgerliches Gesetzbuch" einige weitere Punkte hervorgehoben, die gleichfalls mit der Namensbestandtheilstheorie nicht in Einklang zu bringen sind. Ich möchte da zunächst den Sprachgebrauch erwähnen. Herr von Bülow hat zwar mit Nachdruck betont, er habe sich an Standesgenossen gewendet und sie gefragt, ob sie das Gefühl hätten, daß das „von" ein Bestandtheil ihres Namens sei oder nicht, und hätte von ihnen die

---

*) Deutscher Herold, Jahrgang 1896 Nr. 7.

Antwort bekommen: jawohl, es sei Namensbestandtheil. Ich muß durchaus bestreiten, daß diese gemeinsame Ueberzeugung, wie ich wohl sagen möchte, der Edelleute existire. Ich glaube, wenn man zu einer klaren Antwort darüber kommen will, müßte man die betreffenden Herrn nicht fragen, ob sie das Gefühl haben, daß das „von" Namensbestandtheil ist oder nicht, sondern man müßte ihnen sagen: die und die Konsequenzen hat es, wenn das „von" Namensbestandtheil ist, und die und die Konsequenzen, wenn es ein Namensbestandtheil nicht ist, — wie glaubst du, daß es damit ist? Ich kann vor Allem nicht glauben, daß ein Edelmann das Gefühl hat, wenn er einem Schutzmann oder Polizeibeamten gegenüber oder in einer Unterschrift das „von" wegläßt, einen falschen Namen anzuwenden. Es ist ganz bekannt, daß die meisten oder sehr viele hohe Staatswürdenträger ihre Namen ohne das „von" unterschreiben. Das würde zum Mindesten, ich möchte sagen, eine Bummelei sein, wenn das „von" Namensbestandtheil wäre. Ist das „von" aber Namensbestandtheil, so bin ich der Ansicht, daß man das ganz gleichmäßig beurtheilen müßte, ob ein Mann, der „Hildebrand" heißt, sich plötzlich bloß „Brand" schriebe, oder ein Edelmann, der „von Müller" heißt, sich einfallen ließe, sich bloß „Müller" zu schreiben. Wenn das „von" Namensbestandtheil ist, so ist beides die Führung eines falschen Namens.

Der Sprachgebrauch ist unzweifelhaft gegen die Namensbestandtheilstheorie. Man pflegt doch nicht zu sagen, wenn man von einem Bekannten spricht: ich habe „von Bonin" gestern getroffen, sondern: ich habe „Bonin" getroffen. Man pflegt auch nicht zu sagen: „lieber von Bonin", wenn man überhaupt so intim steht, daß man sich diese Anredeform gestatten darf, sondern man sagt: lieber Herr von Bonin" oder „lieber Bonin", „lieber Bülow" oder wie sonst der Name ist.

Zwischen dem bürgerlichen und dem adligen „von" besteht unzweifelhaft noch ein weiterer ganz bedeutender Unterschied. Das adlige „von" kann der Landesherr verleihen, indem er einem bisher nicht Adligen den Adelsstand verleiht; das bürgerliche „von" kann unzweifelhaft nicht verliehen werden. Ich möchte wenigstens den Minister sehen, der einen landesherrlichen Erlaß gegenzeichnen würde, in dem einem Herrn Müller der Name Herr „von Müller" verliehen wird, ohne daß der Betreffende gleichzeitig geadelt wird.

Auf den Wortlaut des Diploms habe ich schon hingewiesen. Auf den schwarzen Adlerorden ist von anderer Seite mit Recht hingewiesen worden. Wenn heuzutage — ich kann es wohl übergehen, seit wann das geschieht — Jemand den schwarzen Adlerorden bekommt, so erhält er dadurch sofort den Adelsstand. Ganz folgerichtig erhalten die Ritter des schwarzen Adlerordens auch kein Adelsdiplom, sondern bloß einen Wappenbrief. Es scheint mir ganz unmöglich anzunehmen, daß in der bloßen Ordensverleihung eine Namensänderung mit enthalten wäre, und ebenso unmöglich, anzunehmen, daß in dem bloßen Wappenbriefe eine Namensänderung enthalten wäre, selbst wenn man annehmen wollte, durch ein gewöhnliches Adelsdiplom werde der Name geändert.

Ein anderer Punkt ist folgender: Es ist bekannt, daß der polnische Adel zur Zeit der polnischen Republik keine Adelspartikel kannte. Der Adlige wurde durch das Prädikat „generosus", der Nichtadlige durch das Prädikat „nobilis" gekennzeichnet. Also ein „generosus" ist ein polnischer Edelmann, ein „nobilis" nicht. Mit den Landestheilen, die an Preußen kamen, wurde der Adel natürlich mit übernommen und er gilt als übernommen durch die Huldigung. Seit den Huldigungen der jetzt preußischen, ehemals polnischen Landestheile nennt sich der ehemalige polnische Adel, der jetzt preußischer Adel geworden ist, vollständig einstimmig „von" so und so, er hat seitdem das Adelszeichen „von" seinem Namen vorgesetzt. Wenn also nun wirklich angenommen würde, das „von" sei Namensbestandtheil, wobei die weitere Konsequenz zweifellos ist, daß das „von so und so" ein anderer Name ist wie das einfache „so und so", so ergäbe sich die merkwürdige Konsequenz, daß der ganze Adel in den jetzt preußigen, früher polnischen Landestheilen mit einem Schlage durch die Huldigungen seine Namen geändert hätte.

Es ist schon darauf hingewiesen worden, daß das adlige „von" in der Rangliste in Folge einer allerhöchsten Kabinetsordre mit „v.", das bürgerliche mit „von" geschrieben wird. Ich glaube, man wird sagen müssen, derartige Verschiedenheit in der Schreibweise würde unmöglich sein, wenn nicht ein Unterschied bestände zwischen dem adligen „von" und dem bürgerlichen „von" in der Richtung, daß es bei dem bürgerlichen Namen Bestandtheil ist, bei dem adligen aber nicht.

Ich bin in der Lage, zum Beleg für diese meine Ansicht und die Ansicht der Herren Berichterstatter zwei amtliche Schreiben theilweise zur Kenntniß zu bringen. Das erste ist ein Schreiben des Königl. Sächs. Gesammtministeriums, und das andere ist ein Erlaß der drei Minister des Königl. Hauses, der Justiz und des Innern in Preußen. Der preußische Erlaß führt aus:

„Die Ansicht, daß nach den §§ 1706, 1758 des Bürgerlichen Gesetzbuchs Adelsprädikate fortan auch auf uneheliche und Adoptivkinder übergehen, beruht auf einer unrichtigen Auffassung dieser Paragraphen. Dieselben entsprechen lediglich den §§ 640, 682 Theil II Titel 2 des Allgemeinen Landrechts und entscheiden wie diese nur die Frage, welchen Familiennamen das uneheliche oder an Kindesstatt angenommene Kind erhält. Wie aber das Landrecht von dieser Frage die andere Frage streng scheidet, ob das uneheliche Kind auch den adligen Namen der Mutter, das von einem Adligen angenommene Kind auch die Vorrechte und Unterscheidungen des Adels erwirbt (§§ 641, 684 a. a. O.), so sind für die Entscheidung dieser zweiten Frage auch künftig nicht die §§ 1706, 1758 des Bürgerlichen Gesetzbuchs, sondern die öffentlich-rechtlichen Vorschriften der Landesgesetze über den Erwerb des Adels, mithin für ihr Geltungsgebiet die angeführten Vorschriften des Allgemeinen Landrechts maßgebend. Bei der Ausarbeitung des Bürgerlichen Gesetzbuchs ist in allen Stadien an der Auffassung festgehalten worden, daß über den Erwerb und den Verlust des Adels und der damit zusammenhängenden Befugniß zu Führung des Adelszeichens nicht das Bürgerliche Gesetzbuch Bestimmungen zu treffen habe, sondern, daß diese Frage, als dem öffentlichen Rechte angehörend, dem Landesrechte zu überlassen sei (Protokolle der 1. Kommission S. 6072 ff., 12 697; Motive zum Entwurf 1. Lesung Bd. 4 S. 106 f., 621 f.; Protokolle der 2. Kommission Bd. 4 S. 97 f.; Stenographische Berichte des Reichstages 1895/97 3. Anlageband S. 2052 ff.; 2071). Wenn dem gegenüber von einzelnen Schriftstellern in mehr oder weniger weitem Umfange die Ansicht vertreten wird, daß das Adelszeichen „von“ Bestandtheil des Familiennamens sei und deshalb nach Maßgabe der Vorschriften des Bürgerlichen Gesetzbuchs auf das uneheliche oder an Kindesstatt angenommene Kind übergehe, so können wir die in dem Gesuch ausgesprochene Besorgniß nicht theilen, daß sich die Praxis der Gerichte dieser Ansicht anschließen werde. Denn die letztere hat in der Literatur bereits wiederholt eingehende Widerlegungen gefunden, namentlich durch Planck, Kommentar zum B.G.B. Bd 1 Anm. 3 zu § 12, Bd. 4 Anm. 2 zu § 1355; Gruchot's Beiträge 1897 S. 441 ff.; v. Staudinger und Sohm in der Deutschen Juristen-Zeitung 1898 S. 362, 1899 S. 8. Vor Allem aber läßt das inzwischen unter dem 20. September 1899 ergangene Ausführungsgesetz zum Bürgerlichen Gesetzbuch (G.S. S. 177, 246), indem es im Art. 89 Nr. 1c von der Aufhebung des 2. Titels des zweiten Theiles des Allgemeinen Landrechts auch die §§ 641, 684 ausnimmt, keinen Zweifel darüber, daß diese Vorschriften nach der Auffassung der Preußischen Gesetzgebung von dem neuen Reichsrecht unberührt bleiben. Diese Stellungnahme der Landesgesetzgebung wird wesentlich dazu beitragen, daß die unrichtige Ansicht einzelner Schriftsteller bei den Gerichten keinen Eingang findet. Die aufrecht erhaltenen landesrechtlichen Vorschriften bringen den Grundsatz, daß die Präpositionen „von", „zu" und ähnliche bei adeligen Namen nicht Theil des Familiennamens, sondern Adelsprädikate sind, mit größter Deutlichkeit zum Ausdruck."

Soweit der Preußische Erlaß, dem ich in allen Punkten nur zustimmen kann.

Der Sächsische Erlaß lautet:

„Der Erwerb des Adelsrechts und damit zugleich das Recht auf das Adelsprädikat bestimmt sich, weil der Adel eine Einrichtung des öffentlichen Rechts ist, nach den Vorschriften des letzteren und nicht nach denen des Privatrechts. Dies gilt auch, nachdem das Bürgerliche Gesetzbuch für das Deutsche Reiche in Kraft getreten ist. Dasselbe enthält sich nicht nur jeder Vorschrift über den Adel, sondern steht auch grundsätzlich auf dem Standpunkte, daß das Adelsrecht nach wie vor einen Bestandtheil des öffentlichen Landesrechts zu bilden habe.

Hat nun zeither in Sachsen als anerkannter Grundsatz des öffentlichen Rechts gegolten, daß die Berechtigung zur Führung des Adelsprädikats nur eine Folge der ehelichen Abstammung von einer adelsberechtigten Person oder Ausfluß besonderer Verleihung bezw. ausdrücklicher Anerkennung Seitens des Landesherrn sein könne, so besteht kein Grund zu der Annahme, daß die Aufrechterhaltung dieses Grundsatzes durch das neue Bürgerliche Recht — welches übrigens in den einschlagenden Vorschriften der §§ 1706, 1758 mit denen der §§ 1801, 1796 des Sächsischen Bürgerlichen Gesetzbuchs sachlich übereinstimmt — gefährdet sei. Wenn in der Wissenschaft auch die Meinung vertreten worden ist, daß das Wort „von" lediglich als ein Theil des Familiennamens anzusehen sei und demzufolge auch nach den soeben angeführten Vorschriften des Deutschen Bürgerlichen Gesetzbuchs auf das uneheliche Kind einer adeligen Mutter und auf denjenigen, der von einer Person adeligen Standes angenommen wird, ohne Weiteres übergehe, so wurzelt diese Ansicht in der Auffassung, daß die Frage nach der Bedeutung des Wortes „von" nicht dem öffentlichen, sondern dem Privatrechte angehöre. Diese Auffassung kann nach dem Obigen für das Herrschaftsgebiet des Sächsischen Rechts nicht als zutreffend anerkannt werden."

Zum Schluß nur noch ein paar Worte über die Ausführungsgesetze der übrigen Bundesstaaten zum Bürgerlichen Gesetzbuche. Sie stimmen so ziemlich einhellig mit den Motiven zum Bürgerlichen Gesetzbuche dahin überein, daß die Zugehörigkeit zum Adelstande eine Frage des öffentlichen Rechts ist, daß das adlige „von“ nicht Namensbestandtheil ist und daß in Folge dessen das Bürgerliche Gesetzbuch die landesgesetzlichen Bestimmungen nicht berührt. Ich glaube, es wird sich erübrigen, die einzelnen Bestimmungen hier vorzutragen. Ich möchte nur allgemein sagen, daß die Regelung natürlich keine in allen Einzelstaaten gleichmäßige ist. In dem Fürstenthum Lippe, in Sachsen-Coburg, Sachsen-Weimar, im Großherzogthum Hessen in den beiden Mecklenburg, in Braunschweig, in Bayern, in Preußen finden sich jedenfalls Bestimmungen in den Ausführungsgesetzen, welche ganz unzweifelhaft darthun, daß von der Landesgesetzgebung das „von“ nicht als Namenbestandtheil angesehen wird. Bei dieser Sachlage kann ich Sie nur bitten, dem Antrage in der Form, wie er von dem ersten Herr Berichterstatter formulirt worden ist, Ihre Zustimmung zu geben.

Hofrath Professor Dr. **Rosin** (Freiburg i. B.).: Ich kann nicht umhin, zu erklären, daß ich mit den Vorschlägen der Herren, die vor mir geredet haben, und namentlich mit den Anträgen des Herrn Referenten in dieser Frage in einem Punkte nicht vollständig übereinstimme. Mein verehrter Lehrer Gierke — ich constatire dieses Verhältniß ebenso wie mein Herr Vorredner ausdrücklich, gerade trotz meiner Nichtübereinstimmung — mein verehrter Lehrer hat hervorgehoben, daß für die Interpretation des Bürgerlichen Gesetzbuchs der Standpunkt stets der entscheidende sein müsse, wie dasselbe am besten mit den Anschauungen der betheiligten Kreise und mit den Bedürfnissen des Verkehrs sich vereinigen lasse. Dieser Standpunkt ist, wie ich glaube, der ganz richtige, und soweit Herr Geheimrath Dr. Gierke aus diesem Standpunkte Folgerungen gezogen hat positiver Art, trete ich ihm vollständig bei, nämlich nach der Richtung, daß durch die Bestimmungen des Bürgerlichen Gesetzbuchs die Normen der Landesgesetze, z. B. des preußischen Landrechts, wonach bei Adoption der Adel nicht übergeht, nicht berührt werden. Es sah sich nun aber der Herr Referent veranlaßt, daraus auch die negative Folgerung zu ziehen, daß, wenn das „von“ ein Adelszeichen ist, der Schutz, welchen das Bürgerliche Gesetzbuch im § 12 für den Namen gewährt, dem Mitgliede einer adligen Familie für dieses „von“ nicht mehr zustehen könne; das sei unausweichlich, daß, wenn Jemand, der „Bonin“ heißt, sich „von Bonin“ nennt, es für ein Mitglied der Familie von Bonin kein Recht giebt, nach § 12 des Bürgerlichen Gesetzbuchs dem Bonin die Führung des Namens „von Bonin“ zu bestreiten.

Diese Consequenz kann ich nicht mitmachen, und ich glaube, daß es dem Herrn Referenten auch nicht ganz leicht geworden ist, dieselbe seinerseits zu ziehen. Er hat uns selbst offenbart, daß er bei dem letzten Juristentage mehr geneigt gewesen ist, sich einer anderen Anschauung anzuschließen, und ich glaube auch, daß alles Dasjenige, was er sowohl als die anderen Herren vorgetragen haben, nur im Stande ist, zu beweisen, daß in der That das „von“ in überwiegendem Maße nach unserer heutigen Anschauung, namentlich in Folge des Aufkommens des Briefadels, ein Adelszeichen ist, aber nicht nachgewiesen scheint mir, daß es seinen älteren Charakter eines Zubehörs des Namens absolut verloren hat. Wenn ich diesen Punkt hervorhebe und mich dabei in Gegensatz zu den Anschauungen meines verehrten Lehrers setze, so stütze ich mich besonders darauf, daß, wie mir scheint, er da einen Weg einschlägt, der mit seinen sonstigen fundamentalen Anschauungen nicht ganz übereinstimmt. Ich habe die Ueberzeugung, und der unmittelbare Herr Vorredner hat constatirt, daß auch Herr v. Bülow bei Befragung eines seiner Standesgenossen diese Auskunft bekommen hat, daß der Adel, wenigstens der Uradel, thatsächlich das Bewußtsein hat, daß das „von“ zu seinem Namen gehört, und ich sehe nicht ein, warum man den Mitgliedern dieser altadligen Familien diesen Rest von genossenschaftlichem Bewußtsein, diesen Rest von Schutz, den das Bürgerliche Gesetzbuch ihnen gewährt und den sie vertheidigen wollen, nehmen soll. Ich glaube also, daß gerade in der Ablehnung des auch das „von“ umfassenden Namensschutzes für die älteren adligen Familien eine Abtragung eines Restes von genossenschaftlichem Familienbewußtsein liegt, das sich in diesen betheiligten Kreisen erhalten hat, und ich sehe nicht ein, weshalb wir diese Consequenz ziehen sollen. Der Herr Referent hat sich auf den Standpunkt gestellt: entweder Adelszeichen oder Namen, und ist das „von“ Adelszeichen, so kann kein Namensschutz dafür existiren, und ist es Name, so finden alle Bestimmungen des Bürgerlichen Gesetzbuchs unbedingt darauf Anwendung. Das ist also unbedingt gesagt: Sein oder Nichtsein. Ich will auf die fundamentale juristische Frage nicht eingehen, ob ein solcher scharfer Standpunkt: Sein oder Nichtsein, überhaupt auf juristische Begriffe paßt. Es spricht, wie mir scheint, viel dafür, daß das Sein oder Nichtsein nur Anwendung findet auf körperliche Erscheinungen, nicht auf juristische Begriffe, die nur dazu da sind, den Willen des Gesetzgebers und das Bedürfniß der Praxis zu verwirklichen. Ich würde von diesem Standpunkte aus nicht einsehen, warum man nicht sagen kann:

in Bezug auf die Vorschriften für den Uebergang des adligen Namens erscheint uns das „von" lediglich als ein Adelszeichen; soweit es sich aber um den privatrechtlichen Schutz des Namens handelt, erscheint es uns als ein Bestandtheil des Namens. In jedem Falle muß doch beachtet werden, daß, wenn sich erweisen läßt, der Wille des Gesetzgebers ist wirklich darauf gegangen, diese beiden Consequenzen jede für sich nach ihrer Richtung zu ziehen, wir keinen Grund haben, lediglich auf Grund einer juristischen begriffsmäßigen Feststellung uns über den Willen des Gesetzgebers hinwegzusetzen. Ich bin nun der Ansicht, daß die Meinung, die Planck in seinem Commentar ausgesprochen und die der Herr Referent auch hervorgehoben hat und die Beides will, die praktisch richtige ist und dem Bewußtsein der betheiligten Kreise entspricht. Man könnte nun vielleicht sagen: ja, das Bewußtsein der betheiligten Kreise, daß das „von" zu ihrem Namen gehört, ist richtig nur für den Uradel, nicht aber für den modernen Briefadel; nun lassen sich aber die beiden rechtlich nicht vollständig trennen, folglich müssen wir einen entschiedenen Standpunkt einnehmen. Ja, da frage ich mich: warum soll dieser entschiedene Standpunkt zu Ungunsten des Uradels eingenommen werden? Das Bewußtsein des Uradels, der doch den Kern des Adels bildet, warum soll es nicht das Entscheidende sein gegenüber dem des Briefadels? Gut also, wir wollen den Herren von Bonin und wie sie Alle heißen, die uralten adligen Geschlechter, die Möglichkeit geben, auch mittelst der Civilklage auf Grund des § 12 des Bürgerlichen Gesetzbuchs ihre Adelsprädicate zu vertheidigen; die Herren von Müller oder von Schulze, die mit diesem Namen geadelt worden sind, werden ohnehin keine Veranlassung nehmen, im Wege der Civilklage von diesem Rechte Gebrauch zu machen. Also ich glaube, nachdem Planck nachgewiesen, daß jedenfalls in der zweiten Commission seine Ansicht die vorherrschende gewesen ist, haben wir keinen Grund, uns derselben zu verschließen. Der Uebergang von adligen Namen wird danach durch das Bürgerliche Gesetzbuch nicht berührt; es bleibt bei den Bestimmungen der Landesgesetze, welche etwa dahin gehen, daß durch Adoption ein Uebergang des Adels nicht stattfindet; aber auf den Standpunkt: das muß von den adligen Familien erkauft werden mit dem Verlust des Rechtes, welches jeder bürgerlichen Familie durch den § 12 des Bürgerlichen Gesetzbuchs gegeben ist, vermag ich mich nicht zu stellen. Es will mir das nicht einleuchten, es kommt mir das vor wie eine unbillige, durch die Bedürfnisse des Lebens nicht geforderte Consequenzmacherei — sit venia verbo —, und in dieser Richtung scheinen mir auch manche Aeußerungen des Herrn Vorredners zu liegen. Wenn er gesagt hat: wenn das „von" zu dem Namen gehört, so begeht jeder eine unbefugte Aenderung des Namens, der das „von" einmal wegläßt, so bin ich durch diese scheinbare Führung ad absurdum durchaus nicht überzeugt. Es wird von dem Herrn Vorredner gesagt: in dem Adelsbriefe ist geschrieben, daß verliehen worden sei das Recht, sich „von" zu nennen. Warum soll es nicht Adelsbestandtheile geben, die nach der Art der Verleihung fakultativer Natur sind, durch deren Weglassung man kein Vergehen gegen die Bestimmung des Strafgesetzbuchs begeht: du mußt deinen wirklichen Namen führen? Diesen Bestandtheil muß man eben nicht führen, weil er eine besondere sociale Hervorhebung und eine besondere sociale Ehre repräsentirt.

Also ich würde der Meinung sein, meine Herren, daß man das, was der Herr Referent vorgeschlagen hat, acceptiren kann in seinen positiven Bestandtheilen; ich würde es aber nach meiner Auffassung für richtig halten, wenn ein Zusatz gemacht würde am Schlusse des Gierkeschen Antrages:

> „doch ist für die Praxis anzuerkennen, daß die Gewährung des Namensschutzes im Sinne des § 12 des Bürgerlichen Gesetzbuchs auch für den adligen Namen einschließlich des Adelszeichens dem Sinne des Gesetzbuchs entspricht".

Ich enthalte mich zunächst, einen solchen Antrag zu stellen, weil ich es für nicht richtig halte, Anträge zu stellen, bei denen man nicht die Aussicht der Annahme hat. Ich besitze zunächst diese Aussicht noch nicht und will abwarten, ob meine Ausführungen Anklang in der Versammlung gefunden haben. Sollte das der Fall sein, so würde ich diesen Antrag schriftlich einreichen.

Landgerichtsrath Dr. **Engelmann** (München): Vielleicht ließe sich ein Ausweg finden, um einen solchen Bruch mit der Consequenz, wie ihn der Herr Vorredner empfiehlt, zu vermeiden, ohne daß berechtigte Interessen beeinträchtigt werden. Wenn es richtig ist — und gerade vom bayerischen Standpunkte aus ist es erfreulich, daß die überwiegende Mehrheit der Anwesenden den Meinungsumschwung des ersten Herrn Vortragenden mit Beifall begrüßt hat —, wenn es richtig ist, daß das „von" nicht ein Theil des Namens ist, so wird eine Klage aus § 12 des Bürgerlichen Gesetzbuchs allerdings nicht zuzulassen sein gegenüber demjenigen, der sich unzulässiger Weise des Wortes „von" bedient. Aber, meine Herren, damit ist doch, meine ich, keineswegs ausgeschlossen, daß nicht irgend ein Mitglied der Familie von Bonin gegen denjenigen, der sich unbefugter Weise „von Bonin" nennt, wenn ein Interesse für ihn daran besteht, eine Feststellungsklage anstellt, dahingehend, daß der

Andere nicht berechtigt ist, sich als Mitglied der Familie zu bezeichnen, oder daß demselben eine Zugehörigkeit zur Familie von Bonin nicht zustehe. Wenn ich mich nicht sehr irre, hat das Reichsgericht in einem älteren Erkenntniß eine derartige Klage bereits zugelassen, obgleich man von dem § 12 des Bürgerlichen Gesetzbuchs damals noch Nichts wußte, und ich sehe nicht ein, warum dadurch, daß das Namensrecht nunmehr gesetzlich geregelt ist, und daß wir für den Namen einen speciellen Schutz haben, es ausgeschlossen sein soll, eine Feststellungsklage in dem Sinne zu stellen, wie ich es hier angeregt habe. Dadurch würden wir den großen Vorzug gewinnen, der Consequenz treu bleiben zu können und doch den betheiligten Kreisen, falls ein Interesse für sie daran besteht, die Führung adliger Namen seitens Unbefugter zu verhindern, zu ihrem Rechte zu verhelfen. Eventuell bleibt dann, wenn der Betreffende sich weiter „von Bonin" nennen würde, selbstverständlich die Anrufung der Obrigkeit, wie schon ausgeführt wurde, vorbehalten; aber ohne einen ganz eklatanten Bruch mit der Consequenz glaube ich nicht, daß die Doppelnatur des „von", wie sie von dem Herrn Vorredner behauptet wurde, zu billigen wäre.

Kammerherr Dr. **Kekule von Stradonitz:** Meine Herren! Ich möchte nur darauf aufmerksam machen, daß einzelne Landesgesetze in den Ausführungsbestimmungen diese Frage ausdrücklich berühren. So sagt die Mecklenburg-Schwerin'sche und die Mecklenburg-Strelitz'sche „Verordnung zur Ausführung des Bürgerlichen Gesetzbuchs vom 9. April 1899" in § 11 ausdrücklich:

„Die Vorschriften des § 12 des Bürgerlichen Gesetzbuchs finden auf das Recht zur Führung des Adels entsprechende Anwendung."

Die Hessische Bestimmung*) lautet so:

„Die Vorschriften des § 12 des Bürgerlichen Gesetzbuchs finden auf das Recht zur Führung der Adelsbezeichnung auch insoweit, als sie nicht Bestandtheile des Namens sind, entsprechende Anwendung."

Also hier ist schon damit gerechnet, möchte ich sagen, daß man das bloße „von" als Namensbestandtheil ansehen könnte.

Die Bestimmung für das Fürstenthum Lippe**) lautet:

„Die Vorschriften des § 12 des Bürgerlichen Gesetzbuchs finden auf das Recht zur Führung des Adels entsprechende Anwendung."

---

*) Gesetz, die Ausführung des Bürgerlichen Gesetzbuchs betreffend. Vom 17. Juli 1899. Artikel 3.

**) Ausführungsgesetz zum Bürgerlichen Gesetzbuch vom 17. Novbr. 1899. § 2.

Und ein Braunschweigisches „Ausführungsgesetz zum Bürgerlichen Gesetzbuch vom 12. Juni 1899" sagt im § 4:

„Die Vorschriften des § 12 des Bürgerlichen Gesetzbuchs finden auf das Recht zur Führung des Adels entsprechende Anwendung."

Ich möchte zunächst darauf verzichten, dem noch irgend etwas hinzuzufügen. Ich glaubte annehmen zu sollen, daß vielleicht die Herren, die noch sprechen wollen, diese Bestimmungen nicht so gegenwärtig haben, und daß deren Kenntniß für sie nützlich wäre.

Berichterstatter Geh. Justizrath Dr. **Gierke:** M. H.! Es ist eigentlich nur in einem Punkte, in Bezug auf die Erstreckung des Namensschutzes auf das „von", eine Meinungsverschiedenheit hervorgetreten. Die Mittheilungen des letzten Herrn Redners über Bestimmungen des Ausführungsgesetzes, die mir allerdings noch unbekannt waren, sind mir sehr werthvoll, sie bestätigen aber meine Ansicht. Das Wort „entsprechend" beweist, daß man in allen diesen Ländern die Anwendung des § 12, wenn es sich blos um das Adelsprädikat handelt, nicht für möglich hielt. Das Landesgesetz begründet also neben dem Namensschutz offenbar einen besonderen privatrechtlichen Schutz der Adelszeichen. Es schafft somit gewissermaßen ein neues Privatrecht. Ob es dies überhaupt kann, ist freilich wieder eine schwierige Frage. Jedenfalls construirt es das Recht, ein Adelszeichen im Namen zu führen, als ein gegen jedermann verfolgbares besonderes Privatrecht. Außerdem bin ich mit dem zweiten Herrn Vorredner durchaus darin einverstanden, daß eine Feststellungsklage darauf, daß jemand nicht adelig ist, zulässig ist, so bald der Kläger ein Interesse an dieser Feststellung nachzuweisen vermag. Dagegen muß ich meinem Freunde und Kollegen Rosin darin widersprechen, daß er es für möglich erklärt, das „von" könne für gewisse Beziehungen Namensbestandtheil, für andere Nichtbestandtheil sein. Ein Mittelding zwischen Sein und Nichtsein kann es doch wohl auch in anderen Fällen nicht geben. Wäre das „von" beides — Adelszeichen und Familiennamen —, so fänden auch, das habe ich bereits ausgeführt, die Bestimmungen des Bürgerlichen Gesetzbuchs über die Familiennamen ohne weiteres Anwendung. Auf die Motive zu dem Entwurfe des Bürgerlichen Gesetzbuchs kommt es nicht an. Es gilt das, was als Gesetz verkündet worden ist, nicht, was einzelne Mitglieder der Kommission sich dabei gedacht haben. Ist das „von" im Sinne des § 12 ein Bestandtheil des Familiennamens, so möchte ich sehen, wie ein Gericht entscheiden würde, wenn ein Herr von Bonin die Klage direct aus § 12 anstellt gegen den Adoptivsohn eines anderen Herrn von Bonin, der sich „von Bonin" ohne landesherrliche Einwilligung nennt. Sagt er in der Klage: das „von" ist ein Namensbestandtheil, so hat er eben kein Recht, dem Beklagten die Führung des vollen Namens mit „von“ zu verbieten. Also ich glaube, daß, wenn nicht die Feststellungsklage oder eine landesrechtliche Vorschrift durchgreift, eine entsprechende Anwendung des § 12 des Bürgerlichen Gesetzbuchs ausgeschlossen ist. Schließlich mache ich darauf aufmerksam, daß es sich bei den Vorschriften des B.G.B., die hier in Frage stehen, nicht blos um den Familiennamen, sondern vor allem um die Zugehörigkeit zur Familie handelt. Das Namensrecht ist nur Folge der Familienzugehörigkeit. In diesem Punkte aber ist das bisherige Recht gründlich und ohne die Möglichkeit landesrechtlicher Abweichung geändert. Daran kann kein Landesrecht mehr rütteln, daß das uneheliche Kind der adeligen Mutter Mitglied ihrer Familie ist, nur ohne zugleich adlig zu sein; die Familie hat dann ein unadeliges Mitglied, aber Mitglied der Familie ist es unzweifelhaft. Ebenso kann durch Adoption usw. die Zugehörigkeit zur adeligen Familie ohne den Adel erlangt werden. Also ich glaube mich doch gegen den Vorschlag des Herrn Dr. Rosin aussprechen und bei der von mir ursprünglich vorgeschlagenen Resolution stehen bleiben zu sollen.

Rechtsanwalt Dr. **Neumann** (Berlin): Ich bin nur durch den Vorschlag des Herrn Prof. Dr. Rosin veranlaßt worden, in die Debatte einzugreifen. Ich würde es für sehr unerwünscht halten, wenn er den Antrag stellen würde. Ich bin der Meinung, daß der § 12 anwendbar ist, auch wenn die Frage im Sinne des Antrags Gierke beantwortet wird. Der § 12 spricht nämlich nicht von Familiennamen, sondern nur von den Namen, und es ist bekannt, daß darauf die Meinung fußt, welche auch das Pseudonym unter dem Schutz des § 12 stellt. Es würde also nur darauf ankommen, ob die Bezeichnung als Herr von Bonin in dem Sinne eine Namensbezeichnung ist, daß damit die Identität eines bestimmten Menschen festgestellt wird und ob diese Identitätsbezeichnung geeignet ist, als Name rechtlich anerkannt zu werden. Wird diese Frage bejaht, dann bleibt § 12 anwendbar, ohne daß es im übrigen darauf ankommt, ob ein Familienname vorliegt oder nicht. Ich glaube aber, daß diese ganze Frage und ein sie behandelnder Antrag über den Rahmen der uns durch die Tagesordnung gestellten Frage hinausgeht, und ich möchte deshalb Herrn Prof. Dr. Rosin bitten, von der Absicht, den Antrag zu stellen, definitiv Abstand zu nehmen.

Hofrath Prof. Dr. **Rosin** (Freiburg i. B.): Ich möchte nur bemerken, daß ich dem Ersuchen des Herrn Schriftführers Folge geben werde, denn der Zweck, den ich gehabt habe, ist eigentlich im wesentlichen erreicht worden. Der Herr Schriftführer hat gemeint, daß § 12 anwendbar sein würde auch neben dem Vorschlage des Herrn Referenten, und dann hat der Herr Referent selbst im Anschluß an einen anderen der Herren Vorredner wenigstens zugegeben, daß die Anstellung einer Feststellungsklage im Falle eines nachweisbaren Interesses auf Nichtführung des Adelprädikates zulässig sein würde. Das genügt wohl für die Praxis und ich habe kein Interesse, den von mir angekündigten Antrag formell einzubringen.

Vorsitzender: Nachdem dieser Antrag nicht gestellt worden ist, habe ich keine Frage zu stellen, ob er unterstützt wird, und wir werden also von diesem Antrage bei der Abstimmung absehen. Dagegen glaube ich, daß es zweckmäßig ist, den Antrag des ersten Herrn Berichterstatters zu trennen. Der erste Satz wird vermuthlich einstimmige Annahme finden; der zweite Satz ist, allerdings aus Consequenzrücksichten, beanstandet worden von Herrn Professor Rosin, und deshalb dürfte es sich empfehlen, eine getrennte Abstimmung über diese beiden Sätze vorzunehmen.

Geh. Justizrath Dr. **Wilke:** Nachdem Herr Prof. Dr. Rosin erklärt hat, einen Antrag nicht stellen zu wollen, verzichte ich auf das Wort.

Bei der Abstimmung wird der erste Satz des Antrags Gierke:

> Durch das Bürgerliche Gesetzbuch werden die Vorschriften über den Uebergang und die Führung von Adelszeichen nicht berührt,

einstimmig, der zweite Satz:

> Die höheren Adelstitel, wie Freiherr, Graf, Fürst, Herzog, sind bloße Adelszeichen, nicht Namensbestandtheile. Ueberwiegende Günde sprechen dafür, bei adeligen Familiennamen auch das einfache „von" heute als bloßes Adelszeichen zu betrachten,

mit überwiegender Mehrheit angenommen. Man beschließt weiter, den Beschluß dem Plenum zur Kenntnißnahme mitzutheilen, und beauftragt den Berichterstatter Geh. Justizrath Prof. Dr. Gierke mit der Berichterstattung.

(Schluß 1 Uhr.)

Zweite Sitzung der ersten Abtheilung
am 12. September 1900.

(Beginn: Vormittags 9 Uhr.)

Nach Vollziehung der Wahl von Vertrauensmännern für die Wahl der ständigen Deputation theilt der Vorsitzende mit, daß die dritte Abtheilung ihre heutige Sitzung erst dann beginnen werde, wenn die erste Abtheilung den Gegenstand ihrer heutigen Tagesordnung erledigt haben werde, und zwar weil eine große Anzahl ihrer Mitglieder den Verhandlungen der letzteren beiwohnen wollte.

Vorsitzender: Es ist eine Eingabe eingegangen von einem Herrn Falk, pensionirtem Secretär in Straubing, welcher in ähnlicher Weise wie gestern eine Eingabe um Bestellung von Vertheidigern in einer weiteren Ausdehnung, als bisher gesetzlich zulässig war, bittet. Die Eingabe wird an die ständige Deputation zur weiteren Erledigung abgehen.

Ferner liegt eine Eingabe eines gewissen Georg Oetker vor, welcher unter einer Rechtsangelegenheit viel zu leiden behauptet und Abhilfe durch den Juristentag erwartet. Wir werden ihn über die Erfolglosigkeit solcher Eingaben an den Juristentag belehren. Außerdem habe ich bereits dem verehrten Herrn Berichterstatter über unser heutiges Thema eine Mittheilung gemacht, die vielleicht zu Ihrer Erheiterung dient, und ich werde ihm das überlassen zur geeigneten Benutzung.

(Ruf: Verlesen!)

Ich bin sonst kein Freund von Verlesen, will es aber thun. Das Schreiben ist an den Präsidenten des Juristentages gerichtet und lautet:

Hochverehrter Herr!

Durch Preußens Herrschaft geht ein Stück nach dem anderen unserer bayerischen Rechte für uns verloren! Die dringende Bitte ergeht somit an Ew. Hochwohlgeboren, einen Damm zu setzen, damit es nicht noch immer ärger wird!! Wir wollen für unser

Bayern keine neuen Verpreußungen mehr! Namentlich wollen wir im Universitätsstudium absolut: Römische Rechtsgeschichte und das System des römischen Privatrechts gelehrt haben.

Von Preußen ist uns noch nichts Gutes gekommen,

(Heiterkeit!)

nur Elend! Sogar unsere Militärgerichtsbarkeit-Hoheit haben sie uns genommen, dieselbe gehört nach Bayern und nicht nach Berlin!! So daß wieder so und so viel Familien ihr Einkommen in Berlin verzehren müssen,

(Heiterkeit!)

anstatt in München.

(Erneute Heiterkeit!)

Wir setzen alles Vertrauen in Ew. Hochwohlgeboren, dahin zu wirken, daß das System des römischen Privatrechts, römische Rechtsgeschichte an unseren Universitäten fort und fort gelehrt wird, die Preußen können für sich thun, was sie wollen.

(Heiterkeit!)

In aller Hochachtung ergebenst

Bayerische Unterthanen.

Das Bürgerliche Gesetzbuch ist voll von Thorheiten

(Heiterkeit!)

und bringt uns Unglück.

Nun, meine Herren, das ist ein weiteres Gutachten zu der Frage des Universitätsstudiums und ich bitte, unseren Herrn Berichterstatter, diese weitere Erkenntnißquelle in geeignete Berücksichtigung zu ziehen.

Nun gehen wir im Ernst zu unserer Arbeit. Gegenstand unserer heutigen Tagesordnung ist die Frage:

Empfiehlt es sich, das Universitätsstudium und den Vorbereitungsdienst der Juristen gemeinsam für das Deutsche Reich zu ordnen?

Ich bitte den Herrn Referenten, das Wort zu nehmen.

Berichterstatter Geh. Rath Prof. D. Dr. **Kahl** (Berlin): M. H.! Zu dem Gegenstande dieses Referats liegen bereits zahlreiche und werthvolle Materialien aus früherer Zeit vor:

Parlamentarisches: Die Verhandlungen der Reichsjustizkommission zu Titel I des deutschen Gerichtsverfassungsgesetzes; des preußischen

Abgeordnetenhauses bei Berathung des Ausführungsgesetzes dazu; des Reichstages bei Berathung der Rechtsanwaltsordnung;

Verhandlungen des Juristentages von 1878, Abtheilung IV;

Beschlüsse der Eisenacher Conferenz der deutschen Rechtslehrer von 1896;

Verhandlungen des Deutschen Anwaltstages in Mainz von 1899;

Beschlüsse der VII. Landesversammlung der internationalen kriminalistischen Vereinigung in Straßburg vom Juni 1900.

Nicht wenig Litterarisches: ich hebe hervor Gneist's und Gierke's Gutachten von 1878, Goldschmidt's Buch über Rechtsstudium und Prüfungsordnung, Gelegenheitsausführungen in der periodischen Fachpresse; in der Deutschen Juristenzeitung zuletzt der Artikel von Hamm und in derselben Nummer ein Artikel, den ich erst heute früh lesen konnte, von Krückmann, dessen Schlußeindruck auf mich freilich war: Herr, dunkel ist der Rede Sinn!

(Heiterkeit.)

Speciell für den Verwaltungsdienst die vom Verein für Socialpolitik 1887 veröffentlichten X werthvollen Gutachten und Berichte. Dazu endlich die gedruckten Gutachten und gutachtlichen Aeußerungen zu dieser Tagung von Wach, Unger, Späing, Rintelen, Noell, Schultzenstein.

Nach der Fülle des Materials könnte die Sache spruchreif sein. Zusammenhang und Gedankengang, Uebereinstimmung oder Divergenz aller dieser Vorarbeiten noch einmal darzustellen, kann die gegenwärtige Berichterstattung unmöglich auf sich nehmen. Die Bekanntschaft mit ihrem wesentlichen Inhalte habe ich ebenso vorauszusetzen, wie die Bekanntschaft mit den rechtlichen Vorschriften über das juristische Studium.

An ungedrucktem gutachtlichem Material liegt mir ein zweifaches vor. Einmal eine Aeußerung des Herrn Senatspräsidenten Dr. Châles-Cöln, welcher die Einheitsfrage in Beziehung auf das Universitätsstudium bejaht, in Beziehung auf den Vorbereitungsdienst verneint. Zweitens eine ziemlich eingehende Aeußerung des Herrn Oberverwaltungsgerichtsraths Prof. Dr. von Martitz-Berlin, welcher bezüglich der Ausbildung der Justizbeamten im praktischen Ergebnisse vollständig mit den auch von mir vertretenen Auffassungen übereinstimmt, aber darin abweicht, daß er eine über das Maß des Universitätsstudiums und des gerichtlichen Vorbereitungsdienstes hinausgehende Gemeinsamkeit in der Ausbildung von Justiz- und Verwaltungsbeamten nicht nur zur Zeit, sondern überhaupt und principiell ablehnt. Auch diese beiden brieflichen Aeußerungen liegen zur Kenntniß der Herren hier bereit.

Im weiteren möchte ich mich nun dessen enthalten, Zustimmung oder Widerspruch im Einzelnen zu markiren. Denn nicht darauf kommt es jetzt mehr an, von welchen Instanzen oder Autoritäten und wann von ihnen eine bestimmte Ansicht zur Sache geäußert worden sei. Alle brauchbaren Bausteine sind auch ohne Ursprungszeugniß dankbar zu verwerthen. Aber die Zeit der Deliberationen sei überhaupt abgeschlossen. Der Juristentag wolle durch eine Kundgebung zum Handeln drängen. Nicht als ob periculum in mora wäre. Man könnte ohne Gefahr für die Sache ganz gut mit dem Bestehenden noch eine Weile auskommen. Es ist kein Grund zur Hast oder zu Pessimismus. Aber wollen wir abwarten, bis alle Zweifel der Vergangenheit auch in unserer Mitte gehoben sind, wird uns der Gang der Ereignisse unseren Einfluß auf die Sache vorweg nehmen. Nur ein doppeltes Anliegen habe ich im Rückblick auf die bisherige Entwickelung: eine Feststellung und eine Bitte. Die Feststellung, daß der Juristentag als solcher sich noch nicht beschlußmäßig vinculirt hat. Im Plenum hat überhaupt eine Verhandlung und Abstimmung über die Frage nicht stattgefunden. Wir haben freie Bahn. Und die Bitte: möge doch Niemand, der früher schon eine bestimmte Ansicht in der Sache, wenn auch öffentlich, geäußert hat, sich dadurch jetzt gebunden fühlen. Wir stehen vor neuen Erfahrungen und Situationen. Wir müssen mit dem Entschluß an die Berathung dieser Frage herantreten, ohne alle Voreingenommenheit nur die im Bedürfniß der Gegenwart und einer berechenbaren, d. h. unserer Verantwortlichkeit anvertrauten Zukunft gelegenen Sachgründe auf uns wirken zu lassen; auch mit der Geneigtheit, Kleineres zurückzustellen, wo dadurch vielleicht ermöglicht würde, Größeres einheitlich zu erreichen.

Wer sich das Ganze des weitschichtigen Problems einmal überdacht hat, sieht sich am Ende seiner Ueberlegungen vier Grundfragen gegenübergestellt:

An welchen Punkten erscheint eine einheitliche Ordnung des juristischen Bildungsganges auf Universität oder in der Praxis nothwendig?

Welche Gebiete gegentheilig sind grundsätzlich oder wenigstens unbedenklich der landesrechtlichen Freiheit und Ordnung vorzubehalten?

Bleiben nach Absteckung der Grenzen nach diesen beiden Seiten Fragen übrig, bezüglich deren die weitere Erfahrung abzuwarten, daher gegenwärtig die Entschließung auszusetzen ist?

Auf welchem Wege endlich und in welcher Form ist die als nothwendig erkannte Einheit anzustreben?

In die Beantwortung dieser Fragen will ich nun mein Referat an Hand der gedruckten Leitsätze im weiteren einkleiden. Aber zuvor noch ein Allgemeines. Ueber die principielle Vorfrage, ob denn überhaupt und warum eine mindestens relative Einheit des juristischen Bildungswesens im Reiche anzustreben sei, habe ich eine selbständige Thesis nicht aufgestellt. Nicht in der Absicht, mich darüber auszuschweigen, sondern weil ich es nicht für nothwendig und für nicht rathsam halte, daß der Juristentag Selbstverständliches beschließe. Nicht für nothwendig. Die Frage der Einheit ist im Grundsatze positiv rechtlich bereits durch die Normativbestimmungen der §§ 2 bis 5 des Gerichtsverfassungsgesetzes bejaht. Für nicht rathsam, weil sich bei der Prüfung des Materials je länger je fester die Ueberzeugung in mir gebildet hat, daß es besser vermieden werde, die Beweisgründe für die Nothwendigkeit gemeinsamer Ordnungen in allgemeinen Formeln auszuprägen. Sie beweisen zu wenig oder zu viel, in beiden Fällen Nichts. Ich möchte in dieser Beziehung eine zweifache Erinnerung anbringen, welche mir zugleich Gelegenheit giebt, den, wie ich erachte, einzig richtigen Höhenstandpunkt bei der Gesammtbeurtheilung der Frage zu gewinnen.

Für's Erste: die Einheitsfrage auf diesem Gebiete ist keine reichspatriotische Frage. In ihrer Behandlung klingen nicht selten hohe Töne vaterländischer Begeisterung wieder. An sich gewiß überaus sympathisch. Aber ein überflüssiger Aufwand, ablenkend von der Linie kühler Ueberlegung. Die patriotische Grundstimmung ist im Kreise der deutschen Juristen selbstverständlich und auch für alle unsere Entschließungen in dieser Frage ein unwillkürlich wirksamer Regulator. Aber im Uebrigen handelt es sich bei dem Widerstreit der Meinungen hier nirgends um die Gegensätze von Reichsbegeisterung und Partikularismus. Nicht einmal um eine ernsthafte Competenzfrage. Konnte noch beim Gerichtsverfassungsgesetz die ängstliche Sorge, daß nicht durch zu weitgehende Normirung des juristischen Bildungswesens der Justizhoheit der Einzelstaaten Abbruch geschehe, irgend welche Rolle spielen, so kann diese Erwägung heute ausscheiden. Man kann unbedingt zu den Bundesregierungen das Vertrauen haben, daß sie concediren werden, was im Reichsinteresse liegt. Gewiß, die Frage der materiellen Rechtseinheit selbst war und ist immer zugleich eine politische Frage höherer und höchster Ordnung. Die Frage der einheitlichen Vorbildung der Juristen aber ist lediglich eine Resultante daraus, welche, so wichtig und bedeutungsvoll immer, doch frei von allen patriotischen Gefühlszusätzen rein auf dem Boden der nüchternsten Zweckmäßigkeit und Verstandeserwägung gezogen werden muß. Wer wirklich glaubt, der Umstand, daß unsere jungen Juristen nach einem Schema gelehrt und examinirt werden, werde „zur Stärkung des Einheitsgefühls der ganzen Nation beitragen“, scheint mir in Täuschung befangen über die Grundkräfte, aus welchen der deutsche Patriotismus erwächst.

Und damit unmittelbar zusammenhängend das Andere. Man sagt: die deutsche materielle Rechtseinheit erfordere, um zur Wahrheit zu werden, auch die Einheit der juristischen Vorbildung. Das ist nicht nur richtig, sondern so richtig, daß es überhaupt der einzig zutreffende allgemeine Beweisgrund ist für die Nothwendigkeit einheitlicher Ordnung des juristischen Bildungswesens. Aber der Satz muß auch richtig ausgelegt und verstanden werden, sonst wird er für die Angelegenheit eine Gemeingefahr. Er ist nicht zutreffend, wenn er, wie vereinzelt geschehen, als Beweisgrund für die formale Vereinheitlichung des ganzen juristischen Bildungsganges gerade auf dem bestimmten Wege reichsgesetzlicher Action verstanden sein will. Denn solche Formalisirung würde noch durchaus nicht die gebotene Durchschnittsgleichheit in der Höhe erkenntnißtheoretischer und practischer Ausbildung unserer Juristen garantiren. Es handelt sich doch hier nicht um technische Handfertigkeiten, nicht um einen zunftmäßigen Befähigungsnachweis wie bei einem ehrsamen Handwerk. Es handelt sich um den Besitz geistiger Kräfte, deren kunstgerechte Beherrschung weit abliegt von der Voraussetzung formaler und absoluter Gleichheit. Wäre der Schluß von der materiellen Einheit des Rechts auf die formale Einheit der juristischen Ausbildung in dem gedachten Sinne wirklich richtig, dann würde er, entsprechend der doch nur theilweise bestehenden Rechtseinheit, immer auch nur beweiskräftig sein können für eine theilweise Unificirung der juristischen Vorbildung. Die dann unausweichliche Consequenz einer dualistischen Normirung der Ausbildung unserer jungen Juristen wäre aber das Verkehrteste, was überhaupt eintreten könnte. Man käme folgerichtig zu dem Verlangen, die Ausbildungsweise im bürgerlichen Recht, abgerechnet die landesrechtliche Verlustliste im Einführungsgesetz, sowie innerhalb des öffentlichen Rechts für Strafrecht, beide Processe und einige Bestandtheile des Verwaltungsrechts durch reichsgesetzliche Vorschriften, den Rest durch particuläre Ordnungen zu regeln. Ein absolut unmögliches Theilungsprincip! Niemand will diese Folgerung. So vermeide man auch die mißverständliche Prämisse.

Die Fehlerquelle des Trugschlusses liegt auf der Hand. Sie liegt in dem hier zu eng und äußerlich gefaßten Begriffe unserer deutschen Rechtseinheit. Man denkt zumeist nur an die Codification des bürgerlichen Rechts. Dieser Horizont ist zu eng abgesteckt. Nicht, weil wir jetzt in der Hauptsache ein einheitliches codificirtes Privatrecht haben, bedürfen wir einheitlicher Ausbildung unserer deutschen Juristen, sondern weil unser deutsches Rechtssystem als geschichtlich gewordenes ein einheitliches Ganzes ist, mag es immerhin noch ein inhaltlich verschiedenes und auf der Wirksamkeit verschiedener Rechtsquellen beruhendes sein. Die Codification des bürgerlichen Rechts ist nicht der Grund, sondern nur ein neuer mächtiger Anstoß zu dem Verlangen der einheitlichen Ausbildung. Das Verlangen war, wie es ja thatsächlich auch alsbald erhoben worden ist, begründet, sobald der Thatbestand einer staatlich nationalen Einheit gegeben, sobald für Rechtspflege und Rechtshilfe die Grenzpfähle der Einzelstaaten gefallen waren. Jene geschichtlich verwurzelte Einheitlichkeit des deutschen Rechts hat auch vordem bestanden, aber sie war verdunkelt, sie war gebunden, gefesselt in der Zeit der staatlichen Isolirung. Jene Zusammenhänge sind wieder blosgelegt, wieder frei geworden durch die Reichseinheit und sie bestehen nicht minder für die noch partikulär getrennten und getrennt bleibenden Bestandtheile des öffentlichen Rechts wie für das Privatrecht, dessen Quellenströme nunmehr im Bürgerlichen Gesetzbuch zusammengeflossen sind, und an welches bei der nationalen Rechtseinheit zumeist allein gedacht wird. Niemand wird verkennen, daß auf Grundlage der Stein-Hardenbergischen Gesetzgebung sich in wesentlichen Richtungen eine geisteseinheitliche Entwickelung des deutschen Verwaltungsrechts vollzogen hat; Niemand, daß das deutsche constitutionelle Staatsrecht bei aller Verschiedenheit im Detail sich nach wesentlich gleichen Grundprincipien entwickelt hat; Niemand, daß das deutsche Staatskirchenrecht eine Einheit seiner Grundzüge aufweist. Ueberall tausend Verbindungen und Zusammenhänge, welche durch oft verschlungene Fäden ineinander überführen. Diese große historische Einheit ist unsere, ganz unabhängig von der fortschreitenden reichsgesetzlichen Codification bestehende nationale Rechtseinheit. Sie bedingt die einheitlich gestaltete Ausbildung der deutschen Juristen in allen Zweigen des Rechts. Denn das Eine erklärt das Andere, weil das Eine aus dem Anderen erwachsen ist. Das ist die schlichte Wahrheit, welche in dem Schluß von der nationalen Rechtseinheit auf die Einheitlichkeit der juristischen Ausbildung gelegen ist. Aber sie ist so einfach, so selbstverständlich und klar, daß sie nicht erst als ein Programm aufgestellt zu werden braucht. Der Standpunkt, daß man sich so zu sagen gesättigt auf die befriedigenden Ergebnisse der juristischen Ausbildung in seinem Partikularstaat zurückziehe und von hier aus die Einheitsbestrebungen für überflüssig erkläre, ist für den Deutschen Juristentag ein unmöglicher.

(Bravo!)

Die Nothwendigkeit der Einheit steht im Grundsatze fest. Alles Uebrige ist Maßfrage.

Nun zum Einzelnen! Zunächst das Maß der Einheit. Ich bitte, meine verehrten Hörer, sich nicht zu ängstigen, wenn ich verhältnißmäßig länger bei diesem ersten Theile der Thesen verweile. Späteres läßt sich kurz sagen.

Ich erachte, einheitliche Regelung sei nothwendig oder dringend wünschenswerth in folgender Hinsicht: hinsichtlich des Universitätsstudiums für seinen wissenschaftlichen Plan, für seine Dauer und für das Maß der Anforderungen an die erste juristische Prüfung; hinsichtlich des Vorbereitungsdienstes für seine Theilung unter Gerichten, Rechtsanwaltschaft und Verwaltungsbehörden, für seine Dauer und für das Maß der Anforderungen an die zweite juristische Prüfung.

Einheitliche Regelung hinsichtlich des Universitätsstudiums zuerst. Die Erörterung der hierher gehörigen Fragen pflegt mit der Frage der Dauer des Universitätsstudiums eröffnet zu werden. Es ist richtiger, die Frage des wissenschaftlichen Planes voranzustellen. Denn von der zu bewältigenden Aufgabe allein hängt die Bemessung der Zeitdauer ab. Die Aufgabe umfaßt Privatrecht, öffentliches Recht, Hülfswissenschaften. Für das Privatrecht ist Dank der Initiative der deutschen Rechtslehrer selbst Einheit des wissenschaftlichen Planes bereits erreicht. Das Bürgerliche Gesetzbuch der Mittelpunkt des privatrechtlichen Unterrichts und Studiums, römisch-gemeines und deutsches Privatrecht älterer Ordnung in der Stellung propädeutischer Fächer, Handels- und Wechselrecht in ihrer früheren Bedeutung. Aber schon die ersten Semester der neuen Ordnung haben eine von vielen unter uns vorausgesehene Erfahrung gezeitigt. Die Melodie: „weg Corpus juris, weg Pandekten" war den Studenten allzu eindringlich vorgesungen. Sie haben sich zwar mit lobenswerthem Eifer auf das Bürgerliche Gesetzbuch gestürzt, aber es ist die Neigung hervorgetreten, die Bedeutung der propädeutischen Fächer, zumal des römischen Rechtes, zu unterschätzen. Hatte man durch die Betonung der centralen Stellung des Bürgerlichen Gesetzbuches im künftigen Unterrichtsplane verhindern wollen, daß die Beschäftigung mit ihm zur bloßen Gesetzeskunde herabsinke, so hat bald die Erfahrung viel eher die Gefahr seiner Ueberschätzung auf Kosten der unentbehrlichen Vorstudien im älteren Rechte heraufgeführt. Die Aufgabe bei einer in Aussicht zu nehmenden neuen Ordnung ist: das richtige Verhältniß von Bürgerlichem Gesetzbuch und Propädeutik muß wiederum entsprechend eingerenkt, die Bedeutung des Bürgerlichen Gesetzbuchs als des unmittelbar anwendbaren Rechts muß zwar voll aufrecht erhalten, aber der nicht blos relative, sondern zugleich absolut wissenschaftliche Werth der sogenannten propädeutischen Fächer wieder zur Geltung gebracht werden. Auch im Gebiete des öffentlichen Rechts ist schon jetzt der wissenschaftliche Plan im wesentlichen einheitlich. Diese Einheit ist schon durch die Einheit des materiellen Rechts im Gebiete der Strafrechts, der beiden Prozesse, durch die Existenz eines Reichsstaats und eines Reichsverwaltungsrechts, durch den internationalen Charakter des Völkerrechts und eines Theiles des Kirchenrechts garantirt. Sie wird im Grundsatze auch nicht berührt von der fortbestehenden Differenz der Einzelstaatsrechte und der Landeskirchenrechte. Denn daß diese innerhalb der einzelnen Staaten und Landeskirchen besondere Berücksichtigung erfahren müssen, hebt die Einheit der wissenschaftlichen Aufgabe so wenig auf, als sie im Gebiete des Privatrechts durch die besondere Auseinandersetzung der Landesrechtlichen Vorbehalte aufgehoben wird. Läßt nun in beiden, im Privatrecht und im öffentlichen Recht, die Einheit des wissenschaftlichen Planes schon jetzt Wesentliches nicht eigentlich vermissen, so um so mehr der Betrieb dessen, was ich unter dem Begriff Hülfswissenschaften zusammenfassen möchte. Die Verschiedenheiten selbst sind bekannt. Als das Ziel einheitlicher Regelung wäre hier in's Auge zu fassen ein doppeltes: einmal ernstlichere, d. h. nicht blos fictive Vertiefung der allgemeinen Vorbildung in den Grundlagen der Philosophie und der Universalgeschichte. Die Einrichtung des bayerischen sogenannten philosophischen Jahres garantirt diese Vertiefung allein noch nicht. Die Zwangscollegien werden belegt, aber nicht immer gehört. Man braucht nicht eine bestimmte Zahl von Vorlesungen über Allgemeinbildung zu fordern. Aber man muß erreichen, daß die gymnasialen Keime von Allgemeinbildung mindestens nicht verkümmern, sondern insoweit zur Reife gebracht werden, als nothwendig für eine höhere politische Bildung, die vom Juristen unzertrennlich sein muß, soll anders der Einfluß des ganzen Standes auf das Volksleben gewahrt bleiben. Und sodann gründlichere Beschäftigung mit den Staatswissenschaften! Die Forderung bedarf hier, wie ich erachte, keines rechtfertigenden Wortes. Unser Privat- und öffentliches Recht ist durchsetzt mit sozialen Elementen und Problemen. Hier genügt nicht gelegentliches und lückenhaftes Wissen, hier ist die Einsicht auch nicht blos in die „Grundlagen“, sondern in die Hauptprobleme des ganzen Systems zu fordern und prüfungmäßig zu controlliren. Dies der Plan.

Nach ihm hat sich die Dauer der Studienzeit zu bemessen. Bayern hat bekanntlich vier, Baden 3½, alle übrigen 3 Jahre, das Mindestmaß des Gerichtsverfassungsgesetzes. Drei Jahre sind zu kurz bemessen.

Es komme doch niemand mehr mit dem Einwande, er selbst habe seinerzeit das Studium bequem in drei Jahren absolvirt. Wir stehen neuen, unermeßlich erweiterten Aufgaben gegenüber. Niemand mehr mit den Beispielen von hervorragend begabten Jünglingen, welche nach sechs Semestern ein glänzendes Examen gemacht haben. Wir müssen mit dem Durchschnitt rechnen. Niemand mehr mit den Kurerfolgen von geriebenenen Einpaukern, welche einem verbummelten Genie in viel kürzerer Zeit das erforderliche Examensquantum eingeimpft haben.

(Bravo!)

Der Gebrauch der außerakademischen Repetitorien kann als Schlußergänzung fleißiger Studienzeit überaus nützlich und empfehlenswerth sein, insofern er dazu dient, die Präsenz des Wissens zu stärken, die Fähigkeit rascher Auffassung und richtiger Ausdrucksweise zu befestigen, Lücken des Wissens zu ergänzen u. dgl. mehr. Aber als Ersatz regelrechten Universitätsstudiums kann Einpaukerei doch niemals in Parallele gestellt werden. Als Ersatz erzielt sie im günstigsten Falle eine ganz oberflächliche Dressur. Daß einzelne Blender aus der Mache geldgieriger Einpauker die Examenscommissionen getäuscht haben, das kann an dieser Erfahrung und an diesem Resultate nichts ändern. Es komme niemand mehr gegen die Verlängerung der Studienzeit mit dem Einwande der Opfer an Zeit und Geld. Das Zeitopfer ist durch gerechte Bemessung der Vorbereitungszeit zu corrigiren, davon hernach. So viel aber das Geldopfer betrifft, so ist zu unterscheiden. Mittellose, aber begabte und fleißige Studirende werden nach wie vor die Mittel für ein weiteres Semester bei uns parat gestellt finden. Mittellose und zugleich unbegabte und faule aber mögen uns vom Leibe bleiben. Bliebe endlich noch der Einwand, ein weiteres Semester werde lediglich die Bummelzeit verlängern. Dieser Einwand ist unbegründet. Davon wird in anderem Zusammenhange noch kurz die Rede sein. Ich wiederhole allen diesen Einwänden gegenüber: drei Jahre sind zu kurz. Es wird billig sein, in dieser Frage auf das Urtheil und die Erfahrungen der Rechtslehrer ein entscheidendes Gewicht zu legen. In überwältigender Mehrheit haben sie sich direct für die Verlängerung ausgesprochen. Sie wird schon durch die nothwendige stärkere Betonung der Hilfswissenschaften nach dem vorhin entwickelten wissenschaftlichen Plane erfordert. Sie wird ferner erfordert durch die endlich auch dem öffentlichen Recht zu Theil gewordene Berücksichtigung. Vor allem aber — und das ist nun die Hauptsache — ganz unaufschieblich eben durch die Neuordnung des Privatrechts. Die Beschränkung auf drei Jahre hat, wenigstens in Preußen, es mit sich gebracht, daß der Beginn des Studiums im deutschen bürgerlichen Recht schon auf das zweite Semester zu verlegen war. Das ist für den Durchschnitt die Quelle alles Unsegens geworden. Daher die Vernachlässigung der propädeutischen Fächer. Dem Lehrer des Bürgerlichen Gesetzbuchs wird zugemuthet, das System des bürgerlichen Rechts in dogmengeschichtlicher Entwickelung vorzutragen. Das kann aber nicht heißen, daß er die Aufgabe habe, jedes Rechtsinstitut von den zwölf Tafeln an bis zum usus modernus des gemeinen Rechts neu und funditus darzustellen. Das kann vernünftigerweise doch nur heißen, daß der Rechtssatz des Bürgerlichen Gesetzbuchs, der das unmittelbar anwendbare Recht darstellt, organisch angeknüpft werde an seine geschichtlichen Hauptentwickelungsformen. Diese selbst aber muß der Hörer im Zusammenhange ihrer eigenen Entstehungs- und Bildungszeit bereits in sich aufgenommen und geistig verarbeitet haben. Mit einem Worte: der Lehrer muß sie voraussetzen können. Diese Voraussetzung hat der Student in einem und zumal im ersten Semester noch nicht erfüllen können. Alle Begriffe sind noch zu lose. Er kann sie noch nicht beherrschen, er kann damit noch nicht rechnen. Und selbst wenn er die Geschichte und das System des römischen Privatrechts in sich aufgenommen haben sollte, so fehlt ihm geschichtlich und dogmatisch doch noch der andere Quellenarm des Bürgerlichen Gesetzbuchs, das deutsche Recht. Es ist zu widerrathen, zwei Disciplinen in ein Semester zu verlegen, deren eine erst aus der anderen erklärt werden soll. Resultat: das Bürgerliche Gesetzbuch gehört nicht vor das dritte Semester! Für römisches und deutsches Recht muß der breitere Raum mindestens eines Jahres belassen sein, und eben dies bedingt unvermeidlich die Ausdehnung um ein Semester. Ich möchte glauben, daß auch Bayern damit auskommen könnte, wenn es sein zum Theil fictives philosophisches Jahr um die Hälfte kürzte. Man könnte dann zu einer Einheitlichkeit gelangen. Aber natürlich ist mein Antrag nicht, mit der Forderung von sieben Semestern Bayern nötigen zu wollen, sein achtes Semester aufzugeben. Ich spreche hier von einem namentlich für Preußen und die anderen Staaten außerhalb Badens zu erreichenden Mindestmaß. Dazu tritt aber noch für die Verlängerung ein außerordentlich wichtiges ideales Moment. Der Todfeind wissenschaftlicher Ausbildung ist das Brotstudium. Und dieser Todfeind wird im Bereiche meiner Erfahrungen geradezu gezüchtet durch das bestehende System. Der Student sieht sich möglichst rasch an das unmittelbar anzuwendende Recht herangedrängt, er wird angewiesen, alsbald das Augenmerk auf das zu richten, was er im Examen gebrauchen und in der Praxis versilbern kann. Darüber geht die Freude an der Wissenschaft als solcher, darüber der geschichtliche Sinn verloren. Daher die Abneigung vor den Quellen, daher die ängstliche Abschätzung, sich thunlichst auf das äußerst Nothwendige zu beschränken. Nicht nur die geistige, sondern auch die sittliche Höhenlage des Berufsstandes steht in Frage, wenn es nicht rechtzeitig gelingt, solchen Geist des Banausenthums zu bannen. Daher mindestens sieben Semester.

Soll aber die einheitliche Ordnung von wissenschaftlicher Aufgabe und Studienzeit auch praktisch wirksam sein, dann muß sie nothwendig sich abschließen in einem einheitlich begrenzten Maße von Anforderungen für den Akt, welcher die Universitätszeit abschließt, für die erste juristische Prüfung. Einheitlichkeit der Prüfungsanforderungen ist ferner nothwendig, um die Durchführung des Grundsatzes der sogenannten Freizügigkeit auf diesem Gebiete ehrlich zu sichern. Machen zwar die größeren Staaten von ihr zur Zeit keinen Gebrauch, weil sie selbst an Ueberproduction von Candidaten leiden, so beziehen doch umgekehrt nicht selten die kleineren Staaten einen Theil ihres Personalbedarfs aus den größeren. Einheitlichkeit der Prüfungsanforderungen ist endlich nothwendig, weil es keine selbständige allgemeine Prüfungsordnung für den Reichsdienst giebt, sondern, abgesehen von einzelnen Specialzweigen der Reichsverwaltung, wie Aeußerem u. A., der im Einzelstaat erbrachte Befähigungsnachweis auch für Justiz- und Verwaltungsdienst im Reiche befähigt. Keineswegs schließt die hier geforderte Einheitlichkeit der materiellen Prüfungsanforderungen auch die Gleichheit der Organisation und die Gleichheit der Prüfungsmethoden und -Formen in sich ein. Ich habe noch später zu begründen, daß ich darin landesrechtliche Freiheit für unbedenklich halte. Die Prüfung selbst ist nur ein Formalact. Nur darauf kommt es an, daß die Gegenstände der Prüfung und innerhalb ihrer die Minimalgrenzen der wissenschaftlichen Anforderungen gleichmäßig normirt seien. Die Formen und Mittel dagegen, die Methoden, um an der abgesteckten Profilhöhe den Stand der Kenntnisse zu messen, mögen immerhin verschiedene sein. So viel aber diese Gleichheit der materiellen Anforderungen selbst betrifft, so kann sie eine absolute natürlich nur sein, so weit die Einheit des materiellen Rechts besteht. Sie wird immer eine relative bleiben, so weit das partikuläre Privat- und öffentliche Recht den Gegenstand der Prüfung bilden muß. Im Großen und Ganzen besteht für Privat- und öffentliches Recht diese Einheitlichkeit der Anforderungen schon jetzt. Inwiefern einzelne Staaten mit Recht sich rühmen, in der Höhe ihrer Prüfungsanforderungen anderen voraus zu sein, bleibe hier dahingestellt. Ist dies der Fall, dann mögen sich die Zurückgebliebenen nach den Höherstehenden strecken. Das Maß der Anforderungen darf gewiß nicht überspannt werden im Interesse unserer Studirenden, ihrer körperlichen und geistigen Gesundheit. Es soll aber immerhin das für die Durchschnittsanlage höchst Erreichbare sein. Jedenfalls sind für die streng rechtlichen Disciplinen die Differenzen unter den Einzelstaaten hier nicht zu groß, um nicht leicht einen Ausgleich gewinnen zu können. Etwas anders liegt die Sache hinsichtlich der Hülfswissenschaften. Hier wird in einzelnen Staaten gründlich reformirt werden müssen. Die Staatswissenschaften vor allem müssen allgemein obligatorischer Prüfungsgegenstand der Juristen sein. Ueber das Maß läßt sich, wie ich erachte, unschwer eine Einigkeit erzielen. Darüber hier kein Wort. Ich gehe aber noch einen Schritt weiter. Ich erachte, daß auch eine einheitliche facultative Einrichtung dahin getroffen werden müsse, die Prüfungscommissionen zu ermächtigen, nach Lage des einzelnen Falls einen kleinen oder kleinsten Theil der Prüfungszeit auf Fragen der historischen oder philosophischen Allgemeinbildung verwenden zu dürfen. Schon die Thatsache einer solchen ausdrücklichen Vollmacht halte ich für werthvoll, um den Studenten, ich will nicht sagen zu nöthigen, aber anzuleiten, sein juristisches Fachstudium im Zusammenhange mit der Allgemeinbildung zu erhalten.

Zweitens: Einheitliche Regelung hinsichtlich des Vorbereitungsdienstes. Hier muß ich nun, indem ich vorgreifend mit einem Worte auf den zweiten Absatz der Thesen unter I eingehe, zunächst eine Beschränkung eintreten lassen, zu welcher ich mich nur schweren Herzens entschließe. Ich habe bisher der späteren beruflichen Trennung der Juristen in Justiz- und Verwaltungsbeamte noch keine Erwähnung gethan. Ich habe damit zum Ausdruck bringen wollen, wie ich überhaupt als außer Discussion stehend betrachte, daß vor beendigtem Universitätsstudium eine itio in partes in keinem Sinne einzutreten habe. Ich wende mich damit beispielsweise gegen bestehende Einrichtungen in Württemberg, wo schon zur Zeit des Universitätsstudiums Juristen auf der einen, Kameralisten und Regiminalisten auf der anderen Seite theilweise auseinander gehen. Es sind insbesondere auch langjährige Erfahrungen meines verehrten Collegen von Martitz aus seiner Zeit in Tübingen, welche mich überzeugt haben, daß diese Trennung bereits in der Universitätszeit nicht von Vortheil sei. Aber an der Grenze des Eintrittes in den Vorbereitungsdienst ist an der Frage der weiteren Verbindung oder Trennung nicht mehr vorbeizukommen und muß zu ihr Stellung genommen werden.

Ich darf vorausschicken: Prinzipiell vertrete ich den Standpunkt, daß eine einheitliche Vorbildung beider bis einschließlich der zweiten juristischen Prüfung einzutreten habe.

(Bravo!)

Dieser Standpunkt hat sich mir als bewährt herausgestellt schon durch meine persönliche Ausbildung in Bayern, er hat sich mir im Zusammenhange der neueren Rechtsentwickelung je länger, je mehr befestigt. Das Dogma von der Durchführbarkeit einer absoluten Scheidung von Privat- und öffentlichem Recht ist längst überwunden. Tausend Berührungen und Uebergänge! Einen einzigen Blick in das Bürgerliche Gesetzbuch! Auch der Gesetzgeber des Privatrechtes hat dem Zusammenhange Schritt für Schritt Rechnung tragen müssen. Ungezählte Rechtsinstitute haben ihre Privat- und öffentlich rechtliche Seite. Man denke an Vereins- und Gewerbe-, Jagd-, Fischerei-, Bergrecht, Versicherungsrecht und vieles Andere. Das Privatrecht voller Verwaltungsrecht, das Verwaltungsrecht voller Privatrecht. Man vergegenwärtige sich ferner die Ausbildung der Verwaltungs-Rechtspflege, an welcher nun schon fast alle deutschen Staaten Theil haben. Der Verwaltungsrichter muß die beiden Instrumente genau so virtuos zu handhaben verstehen, wie das Mitglied eines Competenzgerichtshofes. Ich denke, es bedarf in diesem Kreise eines näheren Nachweises des Wechselzusammenhanges nicht. Der Verwaltungsbeamte bedarf der praktischen Schulung im Justizdienst wie auch umgekehrt. Für das principiell Richtige kann ich daher nur halten, daß die Entscheidung für Justiz oder Verwaltung dem jungen Juristen vorbehalten bleibe bis nach Ablegung der zweiten juristischen Prüfung.

(Bravo!)

In einigen gedruckten Gutachten findet sich der Standpunkt gleichfalls vertreten und ebenso habe ich der von so hervorragend sachkundiger Seite jüngst in der Deutschen Juristenzeitung geschehenen Vertretung dieser Ansicht mich lediglich gefreut.

Ich ziehe nun, wie Sie aus diesem Absatz der Thesen entnehmen, gleichwohl hier nicht die eigentlich gebotene Consequenz. Ich möchte dem Juristentage nicht empfehlen, eine Resolution hinsichtlich der einheitlichen Vorbildung von Justiz- und Verwaltungsbeamten jetzt zu fassen. Schon rein aus praktischen Erwägungen. Es ist möglich, daß ein solcher Beschluß nur per majora zu Stande käme in einer zufälligen Zusammensetzung, wodurch er an Gewicht verlieren würde. Die Ausführung eines solchen Beschlusses wäre aber jedenfalls thatsächlich zur Zeit nicht zu erwarten. Preußen hat, so viel da und dort zu vernehmen war, seit Jahren eine vorsichtig und sorgfältig erwogene neue Ausbildungsordnung für seine Verwaltungsbeamten vorbereitet; und wenn auch neuere Strömungen jetzt zu bestehen scheinen für den Gedanken einer einheitlichen Zusammenfassung beider im Vorbereitungsdienst, so ist doch kaum zu erwarten, daß ohne Weiteres das bayerische oder badische oder hessische System, wonach die einheitliche Ausbildung besteht, verallgemeinert würde. Dazu kommt noch Eins. Es ist thatsächlich anzuerkennen, daß in der Verschiedenheit der Verwaltungsorganisation, die zumal in Preußen ungemein complicirt ist, der Durchführung der Vereinheitlichung hier zur Zeit noch ungleich mehr und ungleich größere Schwierigkeiten gegenüberstehen, als der einheitlichen Ordnung des Vorbereitungsdienstes im Justizwesen. Daher halte ich für rathsamer, sich mit der mittleren Linie zu begnügen, wie ich sie im zweiten Absatz von Thesis I zum Ausdruck gebracht habe. Einerseits: am gerichtlichen Vorbereitungsdienst nehmen auch die Verwaltungsaspiranten theil, — das besteht auch schon in Preußen und daran wäre Nichts zu ändern. Andererseits: alle weitergehenden Wünsche auf Vereinheitlichung möge man vorläufig zurückstellen. Ich meine eben, man sollte nicht durch Vertretung von Unerreichbarem das etwa Erreichbare gefährden. Die Frage der besonderen Ausbildung der Verwaltungsbeamten stelle ich daher für das Weitere zurück und beschränke mich auf die einheitliche Regelung des Vorbereitungsdienstes für die Justizbeamten, worunter ich Richter und Rechtsanwälte zusammenfasse.

Sie soll sich organisch an die einheitliche Regelung des Universitätsstudiums anschließen. Sie gestatten zunächst ein allgemeines Wort. Die beiden Thesen 1 und 2 unter I sehen einheitliche Regelung für je drei parallel gelagerte Punkte innerhalb des Universitätsstudiums und Vorbereitungsdienstes vor. Ich fordere innerhalb beider Stufenfolgen die relative Gemeinsamkeit, weil ich von der Voraussetzung ausgehe, daß die beiden Stadien der juristischen Ausbildung selbst eine Einheit sind und sein müssen. Die bisherige Entwickelung war viel zu einseitig und stark von der Betonung der verschiedenartigen Aufgaben der Universitätslehrer und der Praktiker an dem heranzubildenden jungen Juristen beherrscht. Das hatte viel nachtheilige Folgen für das Verhältniß von Theorie und Praxis: gegenseitige Mißverständnisse, Mißtrauen, Klagen und Anklagen, Mangel eines einheitlichen Verantwortlichkeitsbewußtseins, einer einheitlichen Berufsfreudigkeit. Die Litteratur giebt Zeugniß davon. Das grundsätzliche Verhältniß kann nur das der Einheit sein. Gewiß, die Wege, die speciellen Aufgaben sind für das Universitätsstudium und den Vorbereitungsdienst verschiedene. Aber das letzte Ziel der thunlichst vollkommenen Berufsvorbildung ist das gleiche. Die Mittel, welche der Erreichung dieses letzten Zieles dienen sollen, sind daher, meine ich, im Geiste organischen Zusammenwirkens von Theoretikern und Praktikern, organischen Ineinandergreifens auf den einzelnen Stufenfolgen des juristischen Bildungsganges parallel zu reguliren. Eben deshalb kann ich auch einem Standpunkte nicht beitreten, welcher die Frage des Einheitsbedürfnisses zwar für das Universitätsstudium bejaht, für den Vorbereitungsdienst aber verneint.

Die Einheit beziehe sich demgemäß auch hier auf ein Dreifaches: auf den Arbeitsplan, auf die Dauer und auf die Abschlußprüfung.

Auf den Arbeitsplan der Praxis. Auch hier ist dieser als die maßgebende Hauptsache voranzustellen. Die Hauptaufgabe ist, daß der junge Jurist nunmehr auf allen Hauptgebieten der Rechtspflege die Rechtsanwendung erlerne. Zwischenhinein möchte ich bemerken; bei dieser Gelegenheit der gemeinschaftlichen Regelung könnte wohl auch für die erstmalig geprüften Rechtsbeflissenen eine einheitliche Visitenkarte gedruckt und die Standeseinheit von Referendaren, Rechtspraktikanten, Accessisten, Rechtscandidaten u. s. w. auch terminologisch festgelegt werden.

(Heiterkeit.)

Nennen wir sie vorläufig einheitlich „Referendare". Von dem Vorbereitungsdienste kann nicht verlangt werden, daß er fertige Praktiker schaffe. Diese schafft erst das Leben, die Erfahrung, die verantwortliche Amtsführung. Der Vorbereitungsdienst hat den Referendar insoweit zu schulen, daß ihm nunmehr eine selbständige Amtsführung anvertraut werden mag. Die Gebiete des Vorbereitungsdienstes seien Gerichte, Rechtsanwaltschaft, Verwaltung. Unter ihnen handelt es sich um die Oeconomie der Vertheilung. Darin herrscht Einmüthigkeit, daß dem richterlichen Dienst der Löwenantheil gehöre, und da ich nicht voraussetze, daß der Punkt principiell angegriffen werde, so verzichte ich zunächst auf nähere Begründung. Ebenso herrscht im Grundsatze volle Einmüthigkeit über den hohen Werth und die Nothwendigkeit ausgiebigen Vorbereitungsdienstes in der Rechtsanwaltschaft. Nur Maßfragen sind Gegenstand von Meinungsverschiedenheiten Die weitestgehende Meinung fordert mehrjährigen anwaltschaftlichen Vorbereitungsdienst als nothwendige Voraussetzung und besondere Durchgangsetappe für die Befähigung zum Richterdienst. Englische Einrichtungen haben hier vorbildlich gewirkt. Als communis opinio kann sich diese Auffassung keinesfalls behaupten. Ich finde sie auch meinerseits zu weitgehend. Ich würde sie schon deshalb hier nicht hartnäckig vertreten, weil sie einen Hinderungsgrund bilden muß für Verständigung. Ihr Wahrheitskern dagegen, der einzigartige, durch Nichts zu ersetzende Werth einer ernsten anwaltschaftlichen Vorbildung, wird ausnahmslos anerkannt, und es wird nur darauf ankommen, ihm hernach einen ziffermäßigen Ausdruck zu geben, welcher allgemein annähernd zu befriedigen vermag. Die größte Meinungsverschiedenheit besteht noch in Ansehung des Vorbereitungsdienstes der künftigen Justizbeamten in der Verwaltung. Hier ist zu unterscheiden

Justizverwaltung und sonstige innere Verwaltung. Die Vorbereitung im staatsanwaltschaftlichen Dienste der Justizverwaltung wird überall mindestens für nützlich gehalten und in den Gutachten namentlich als amtsanwaltschaftlicher Dienst empfohlen. Hinsichtlich des eigentlichen inneren Verwaltungsdienstes aber hängt die Verschiedenheit der Einrichtungen und Auffassungen mit der schon berührten Einheit oder Trennung in der praktischen Ausbildung von Richtern und Verwaltungsbeamten zusammen. Wo diese Ausbildung dualistisch gestaltet ist, wird in der Regel eine noch so kurze praktische Beschäftigung künftiger Richter und Rechtsanwälte im inneren Verwaltungsdienst für nutzlos gehalten und ausgeschaltet. So in Preußen. Wo sie dagegen schon jetzt eine einheitliche ist, tritt der innere Verwaltungsdienst zwar zeitlich hinter dem Umfange der gerichtlichen Praxis zurück, wird aber, vor allen Dingen auch in Bayern, als nothwendiger Theil der Vorbereitungspraxis eingeschaltet. Dieses System halte ich in jedem Falle für richtig und für nothwendig. Der künftige Richter muß eine, wenn auch nur eben orientirende praktische Einsicht in die Organisation, die Zuständigkeitsverhältnisse, den eigenartigen Geschäftsbetrieb der Verwaltung erhalten. Der Anwalt, wie ich meine, ohnehin, da er dem Publikum vor Gerichts- und Verwaltungsinstanzen mit seiner Rechtskenntniß dienen soll.

Aber in welchem Verhältniß? Das führt auf die Dauer des Vorbereitungsdienstes und die Oeconomie seiner Vertheilung auf die einzelnen Dienstzweige. Mein Gedanke ist: innerhalb der Einheit des Gesammtstudienplanes dem Vorbereitungsdienst die Hälfte! Ich stimme auch hier für das arithmetische Mittel von $3\frac{1}{2}$ Jahren. Bei richtiger Verwendung nach den Zeugnissen erfahrenster Praktiker zweifellos voll ausreichend. Was aber die Vertheilung auf die einzelnen Dienstzweige betrifft, so würden zwecks Ausführung des besprochenen Planes meines Erachtens zuzuweisen sein: $1\frac{1}{2}$ Jahre dem Vorbereitungsdienst an den Gerichten; 1 Jahr dem Vorbereitungsdienst in der Rechtsanwaltschaft, wobei die Voraussetzung, daß auch dieser Dienst als ein ernstlicher Arbeitsdienst aufgefaßt werde, stillschweigend besteht; 1 Jahr endlich dem Verwaltungsdienst, dessen eine Hälfte man dem staatsanwaltschaftlichen Dienst überlassen mag, dessen andere Hälfte einer inneren Verwaltungsstelle zu widmen wäre, einem Landrathsamte, einem Bezirksamte, einer städtischen Verwaltung u. s. w. Das wäre eine Neuerung für Preußen, aber eine fortschrittliche und segenbringende, eine jedenfalls bessere Zeitverwendung als vielfach Beschäftigungslosigkeit oder Protokollführung bei den Gerichten.

(Zustimmung.)

In ihrer Gesammtdauer entspräche hiernach die auf die juristische Ausbildung zu verwendende Zeit mit 7 Jahren der bisherigen. Resultat: diese Reform ist ohne Zeitopfer durchzuführen. Womit auch der früher berührte Einwand gegen die Verlängerung der Studienzeit auf sieben Semester sich widerlegt.

Und endlich auch Einheitlichkeit der Anforderungen für die zweite juristische Prüfung. Die Gründe sind dieselben wie im Falle der ersten Prüfung. Ohne die Einheitlichkeit der materiellen Anforderungen verbleibt auch hier die Einheitlichkeit der praktischen Ausbildung selbst wirkungslos. Ohne sie keine wahre Freizügigkeit. Ohne sie keine Garantie in der Einheitlichkeit der Ausbildung für den Reichsdienst.

Soweit das Maß der Einheit.

Es ist damit von selbst das Freigebiet landesrechtlicher Ordnung abgegrenzt, und ich wende mich zu These II. Jener bliebe vorbehalten erstens der gesammte Unterrichtsbetrieb auf den Universitäten. Seine Einrichtung und Controle bliebe die Aufgabe der Unterrichtsverwaltung in den Einzelstaaten. Hier wäre höchstens der Wunsch anzubringen, die einzelstaatlichen Unterrichtsverwaltungen möchten nicht zu weit gehen mit der Reglementirung des akademischen Unterrichtsplanes, mit der Normirung der Zahl der Lehrstunden, der Lehrmethoden, der Regelung der schriftlichen Arbeiten, der Einrichtung der exegetischen und praktischen Uebungen und Anderem. Normative Ordnungen hierüber sind eine Wohlthat, wie überall die Ordnung eine wohlthätige Macht darstellt. Aber eine Ordnung, innerhalb welcher die Freiheit der Individualität ihre volle Geltung behalten muß. In dieser Individualität beruht die Stärke des deutschen Universitätsunterrichts.

Zweitens bliebe der landesrechtlichen Ordnung vorbehalten die theoretische Fortbildung der im Vorbereitungsdienst stehenden Referendare. Damit sind schöne Anfänge gemacht. Sie sind der Weiterbildung fähig und werth und ich habe diesen Punkt als besondere Thesis aufgenommen lediglich zu dem Zwecke, um eine Anregung zu geben, daß die Einrichtung da, wo sie besteht, ausgebaut, wo sie noch nicht besteht, eingeführt werde. „Wie die Wissenschaft nicht unpraktisch sein soll, so darf die Praxis nicht unwissenschaftlich sein.“ An die Praxis angelehnte wissenschaftliche Curse, von Praktikern selbst geleitet, sind die bestgeeigneten Veranstaltungen, um den einheitlichen Geist und Grundcharakter von theoretischer und praktischer Ausbildung lebendig zu erhalten.

Hinsichtlich dieser beiden Punkte wird der Vorbehalt landesrechtlicher Regelung kaum angegriffen werden. Anders steht es vielleicht mit dem dritten hier angereihten Punkte: der Organisation und der Form beider juristischen Prüfungen. Die einheitliche Prüfungsorganisation und -Form ist vielfach gefordert. Ich muß dringend widerrathen, auf dieser Forderung beschlußmäßig zu bestehen. Und zwar nicht so sehr aus prinzipiellen Gründen, als aus Erwägungen der Zweckmäßigkeit. Auch diese Forderung würde lediglich die auf anderen Gebieten nothwendige Einheit verhindern können oder auf unabsehbare Zeit vertagen. Auf allgemein befriedigende Verständigung ist nicht zu rechnen. Schriftliche Prüfung? Sogenannte wissenschaftliche Abhandlungen oder Clausurarbeiten? Mündliche Prüfung, in welcher Dauer, öffentlich oder nicht öffentlich? Prüfung durch Universitätslehrer allein, oder unter Vorsitz von Regierungscommissaren, oder allein durch Praktiker, oder durch gemischte Commissionen? Einmal im Jahre, zweimal oder wie oft? So viele Fragen, so viele und noch mehr Meinungsverschiedenheiten. Einheitliche Regelung scheint mir bei der ausgesprochenen Eingenommenheit für bestimmte Organisationen und Formen thatsächlich zur Zeit unerreichbar. Sie ist auch nicht so wichtig, als es vielen scheint. Wichtig ist nur das Maß der Anforderungen selbst. Die Gestaltung des Prüfungsactes ist gewiß nicht gleichgültig, tritt aber in ihrer Bedeutung dahinter zurück. Man täusche sich darüber nicht, daß selbst innerhalb eines und desselben Staates die Einheitlichkeit des Erfolges keineswegs durch die formale Einheitlichkeit der Organisation und der Prüfungsmethoden garantirt ist. Es hängt im letzten Grunde alles ab von der Grausamkeit oder Herzensmilde der Correctoren und Examinatoren. Nur dies, daß alle pflichtmäßig an ein gegenständliches Gleichmaß von Mindestanforderungen gebunden sind, kann einige Garantie schaffen. Alles andere bleibt relativ trotz der Einheit der Organisation und der Methode. Und endlich, man kann nicht einmal unbedingt sagen, daß die Einheit schlechthin absolut rathsam sei. Denn es gilt auch hier: Eines schickt sich nicht für Alle. Die Verhältnisse der größeren, mittleren, kleineren Staaten influiren ganz wesentlich auf die Prüfung. Andere Einrichtungen können nützlich und nöthig sein für die thüringischen Staaten und für Preußen. Alles das führt mich zu der Empfehlung, das ganze Fragengebiet über Organisation und Form der Prüfungen von unseren Beschlüssen und Einheitsforderungen auszuscheiden. Man kann die Gemeinsamkeit hierin unbedenklich der Zukunft überlassen und die Sache vorläufig dem Landesrecht vorbehalten.

Zu meiner These III: überhaupt noch nicht spruchreif erachte ich die Frage der sogenannten Zwischenprüfungen. Sie bildet einen Bestandtheil der weiteren Frage, ob und welche Controlmaßregeln für den Fleiß unserer Studierenden der Rechte nothwendig seien. So weit bei diesen Erwägungen von der historischen Tradition ausgegangen wird, daß unsere juristischen Studenten typisch faul seien, muß ich vom Standpunkte der Erfahrungen der Gegenwart dem hier auf das allerbestimmteste und feierlichste widersprechen.

(Bravo!)

Sie stehen hinsichtlich des Fleißes hinter keiner anderen Facultät zurück. Insoweit kann ich auch exceptionelle Controlmaßregeln nicht für nöthig halten. Ob sich nicht Mittel und Wege werden finden lassen, eine im akademischen Geist gehaltene wohlthätige Aufsichtsführung über die Studienweise namentlich der Anfangssemester eintreten zu lassen, bleibe noch ganz dahingestellt. Aber Schulzucht wollen wir nicht auf der Universität.

(Sehr richtig!)

Die für's Leben nothwendige Arbeitsenergie — und die ist viel wichtiger als das Maß der Kenntnisse selbst — diese Arbeitsenergie muß in der Freiheit sittlicher Selbstentscheidung gewonnen werden.

(Bravo!)

Was die Universitäten Großes geleistet haben, haben sie in der Luft eben dieser Freiheit geleistet. Nur die Höhe des Ziels, der Ernst des Examens darf den Regulator dieser Freiheit bilden. Männer werden anders nicht erzogen. Mit der ernsten Gestaltung der juristischen Prüfung ist schon alles Wesentliche gemacht. Aber damit möchte ich nun noch nicht definitiv über die specielle Maßregel der sogenannten Zwischenprüfungen abgesprochen haben. Denn sie steht nicht blos unter dem Gesichtspunkte einer Controlmaßregel. Es ist ihr zugleich eine für den Bildungserfolg selbst bestimmende pädagogische Seite zugeschrieben worden. Indessen keineswegs ist diese Frage durch die Erfahrungen bereits zur Beschlußfassung gereift. Die Analogie des Tentamen physicum der Mediciner ist für unsere Verhältnisse absolut nicht beweiskräftig. Schon darum nicht, weil wir durchaus nicht billigen können, daß die in dem Zwischenexamen geprüften Gegenstände bei der Hauptprüfung ausfallen. Das wäre der Tod des römisch-rechtlichen Wissens und der Quellenkunde. Die einseitig getroffene bayerische Einrichtung ist mir von hervorragenden bayerischen Rechtslehrern selbst als durchaus nicht nachahmungswerth bezeichnet worden. Die Ansichten in der ganzen Frage gehen ungemein auseinander. Und zu allem kommt das rechtliche Bedenken. Wach's Meinung, daß die Zwischenprüfung nach der Fassung des Gerichtsverfassungsgesetzes rechtlich unzulässig sei, hat sehr viel für sich. Wer den § 2 genau prüft, kann kaum anders schließen, als daß die in Absatz 1 daselbst geforderten zwei juristischen Prüfungen nicht zu den

Minimalforderungen gehören, welche nach Absatz 4 beliebig durch die Landesgesetzgebung erweitert werden könnten. Indessen, m. H., eine Doctorfrage! Jedenfalls: non liquet, und ich widerrathe daher in diesem Punkte eine Beschlußfassung, sei es für, sei es gegen diese Einrichtung. Weitere Erfahrungen sind abzuwarten. Um aber aus meinem Herzen keine Mördergrube zu machen, sage ich wenigstens dies: hätte ich meinem Kopfe allein folgen wollen und nicht praktisch maßvollen Erwägungen, so hätte ich die Thesis so gefaßt: Zwischenprüfungen sind rechtlich unzulässig und principiell zu verwerfen.

(Bravo!)

In These IV bleibt noch die eine Frage, auf welchem Wege und in welcher Form die als nothwendig erkannte Einheit durchzuführen sei. Es ist der Weg der Reichsgesetzgebung empfohlen. Ich perhorrescire ihn sehr bestimmt. Und zwar zu allererst, wie ich ganz offen ausspreche, weil der Gegenstand nach meiner Meinung schlechterdings nicht die Einmischung politischer Parteiinteressen verträgt. Nichts wäre gewisser als diese Einmischung im Reichstage und nichts verhängnißvoller! Wir gebrauchen keine Ordnung unseres juristischen Bildungswesens auf der Grundlage von politischen Compromissen. Der Versuchung, dies näher auszuführen, will ich widerstehen. Aber ein anderes. Der Gegenstand empfiehlt sich an sich nicht zur gesetzlichen Bindung, wenigstens nicht zur Zeit. Aus verschiedenen Gründen. Die erfolgreiche Durchführung ist von der freien und freudigen Aufnahme einer einheitlichen Ordnung in den einzelnen Bundesstaaten abhängig. Gilt es erst, etwaige Competenzanzweifelungen dabei im Bundesrathe niederzustimmen, dann ist nichts zu erwarten. Auch ist nicht rathsam, sich die Möglichkeit der Abänderung durch die Gesetzesform zu verlegen oder zu erschweren. Nicht als ob man häufige Veränderungen schon im Anfang in Aussicht nehmen wollte; aber die Fragen stehen in zu engem Zusommenhange mit dem Fluß der materiellen Rechtsentwickelung, als daß es nicht schon bald einmal als schweres Hemmniß empfunden werden könnte, den Gesetzgeber für eine Einzelheit ansprechen zu müssen. Die Vorschläge sind so gedacht, daß sie ausnahmslos im Rahmen der Normativbestimmungen des Gerichtsverfassungsgesetzes durch landesrechtliche Verwaltungsanordnung ausführbar sind. Dies alles weist mich auf den Weg der freien Vereinbarung unter den Bundesregierungen der Einzelstaaten hin. Der Gedanke, daß die einen oder anderen einer solchen Vereinbarung sich zunächst unzugänglich erweisen könnten, vermag mich von der Empfehlung dieses Weges nicht abzubringen. Die Macht der Thatsachen, das Bedürfniß der Freizügigkeit und manches andere verbürgt zuletzt doch die allgemeine Verständigung.

Daß sie um so erfolgreicher sein würde, wenn sie auf der Grundlage commissarischer Berathungen sich vollzöge, zu welchen Rechtslehrer und Praktiker zugezogen werden, will ich ohne nähere Motivirung einfach ausgesprochen haben. Kommt, wie ich hoffe, eine irgend welche Verständigung hier auf dem Juristentag zu Stande, so wäre es vielleicht zweckmäßig, seine Beschlüsse den Bundesregierungen zur geneigten Würdigung zuzusenden.

Ich schließe damit mein Referat. Ich habe mich dabei leiten lassen von dem Bestreben, unter Zurückstellung von persönlichen Ansichten und Wünschen, unter Zurückstellung von Zweifelhaftem und viel Bestrittenem das auf der mittleren Linie Erreichbare vorzuschlagen.

(Sehr gut!)

Ich bin ausgegangen von dem Grundsatze: unitas in necessariis, in aliis libertas. Ich füge, m. H., auch das Dritte noch hinzu: in omnibus caritas und meine damit: Theoretiker und Praktiker müssen in der Erörterung dieser Fragen weitherzig und duldsam gegen einander sein!

(Anhaltender lebhafter Beifall).

Die gedruckt vorliegenden Thesen des Berichterstatters lauten:

I. Einheitliche Ordnung des juristischen Bildungsganges ist geboten

1. hinsichtlich des Universitätsstudiums
   a) für seinen wissenschaftlichen Plan,
   b) für seine Dauer (7 Semester), und
   c) für das Maß der Anforderungen an die erste juristische Prüfung;
2. hinsichtlich des Vorbereitungsdienstes
   a) für seine Theilung unter Gerichte, Rechtsanwaltschaft und (Justiz und innere) Verwaltungsbehörden,
   b) für seine Dauer ($3^1/_2$ Jahre), und
   c) für das Maß der Anforderungen an die zweite juristische Prüfung.

Dabei ist vorausgesetzt, daß jedenfalls hinsichtlich des Universitätsstudiums und des gerichtlichen Vorbereitungsdienstes der Bildungsgang für Justiz und Verwaltung der gleiche sei. Dagegen sind weiter gehende Wünsche hinsichtlich einheitlicher Regelung einer gemeinschaftlichen Vorbildung von Justiz- und Verwaltungsbeamten mindestens zur Zeit zurückzustellen.

II. Der landesrechtlichen Regelung sind vorzubehalten

1. der gesammte Unterrichtsbetrieb auf den Universitäten,
2. die theoretische Fortbildung der im Vorbereitungsdienst stehenden Referendare (Rechtspraktikanten ꝛc.),
3. die Organisation und Form beider juristischen Prüfungen.

III. Noch nicht spruchreif, sowohl hinsichtlich der rechtlichen Zulässigkeit im Allgemeinen, als hinsichtlich der Entscheidung darüber, ob einheitliche Ordnung, ob landesrechtliche Freiheit, ist die Frage der sogenannten Zwischenprüfungen.

IV. Die gebotene einheitliche Ordnung des juristischen Bildungsganges ist nicht durch einen Akt der Reichsgesetzgebung herzustellen, sondern unter commissarischer Zuziehung von Vertretern der Wissenschaft und Praxis auf dem Wege freier Vereinbarung unter den Regierungen der deutschen Einzelstaaten anzustreben.

Vorsitzender: Sie haben ihren Vorsitzenden enthoben, den aufrichtigen Dank für diesen ausgezeichneten Vortrag dem Herrn Berichterstatter auszusprechen.

Nun gebe ich das Wort dem zweiten Berichterstatter Herrn Justizrath Dr. Goldschmidt (Berlin).

Mitberichterstatter Justizrath Dr. **Goldschmidt** (Berlin): Meine geehrten Anwesenden! Ich befinde mich in der für den zweiten Referenten wenig beneidenswerthen Lage, mit dem ersten Herrn Referenten so sehr übereinzustimmen, daß mir nichts Anderes übrig bleibt, als, wollte ich gleichfalls ein Referat im engeren Sinne des Wortes hier erstatten, zum allergrößten Theil dasjenige zu wiederholen, was Sie soeben in so vortrefflicher Form aus dem Munde des ersten Herrn Referenten gehört haben. Aber es tritt auch noch ein weiterer persönlicher Umstand hinzu, der mir die Erledigung meiner Aufgabe erschwert. Das ist der Umstand, daß ich in die Lage käme, mich selbst zu wiederholen, und das halte ich eigentlich für noch viel schlimmer. Der erste Herr Referent hatte die Güte, unter den Materialien, die er erwähnte, und die seinem Gutachten zu Grunde liegen, auch die Verhandlungen des Mainzer Anwaltstags zu erwähnen. Dieser Anwaltstag hat im vorigen Jahre stattgefunden. Ich habe dort das Referat über die uns hier beschäftigende Frage gehabt und ich bin nicht in die Lage gekommen, seit dem vorigen Jahre in irgend einem wesentlichen Punkte meine Ansicht zu ändern. Und wenn der erste Herr Referent von der bisher nicht widerlegten Fiktion ausgeht, daß dieses Material, auf das er Bezug genommen hat, der verehrten Versammlung bekannt ist, so würde, wie gesagt, für mich eben nichts Anderes übrig bleiben, als dasjenige zu sagen, vielleicht in abgeschwächter Form zu sagen, was ich bereits gesagt habe.

Unter diesen Umständen werden Sie einen von mir hiermit ausgesprochenen Verzicht auf das Referat als im Interesse der Sache gewiß für dankenswerth erachten. Gleichwohl kann ich mich nicht so kurz fassen, wie ich es wünschte, weil bei aller Uebereinstimmung in den Principienfragen doch einige kleine Differenzen in der Begründung zwischen dem ersten Herrn Referenten und mir zurückgeblieben sind; und wenn ich auch weit davon entfernt bin, nach dem Princip zu handeln, daß es erforderlich sei, auch bei vollständiger Einigkeit in der Hauptsache über die Gründe zu streiten, weshalb man einig ist (Heiterkeit), so habe ich doch der Aufgabe mich nicht entziehen können, Ihnen wenigstens in den allgemeinsten Zügen und in der denkbar knappsten Form nur dasjenige mitzutheilen, was den Gegenstand oder, wenn ich so sagen darf, den sachlichen Niederschlag meines Mainzer Referats gebildet hat. Sie werden daraus ohne weiteren Kommentar, an einzelnen Stellen aber auch mit einem solchen, ersehen, wo die volle Uebereinstimmung zwischen beiden Referenten vorhanden und wo eine solche zu vermissen ist.

Ich bin damals davon ausgegangen, daß die gesetzliche Verlängerung der Dauer der Universitätsstudien der Juristen auf 4 Jahre — damals ist die Anforderung weiter gegangen, als sie hier formulirt worden ist — nicht zu empfehlen sei; allerdings ein sehr schwerwiegender principieller Widerspruch, und ich muß bekennen, daß ich auch durch die Gegengründe des Herrn Referenten in meiner Auffassung nicht wankend geworden bin. Der erste Herr Referent hat darauf hingewiesen, daß es zwei Categorien von Studenten gebe — ich glaube, diese Zahl ist nicht erschöpfend; aber ich will sie vorläufig einmal als richtig und zutreffend annehmen —, nämlich, was die unvermögenden Studenten anbetrifft: strebsame unvermögende Studenten und verbummelte unvermögende Studenten; für die strebsamen sei die Verlängerung der akademischen Studienzeit um ein halbes Jahr nicht von Uebel, für diese würde gesorgt werden und dadurch falle auch das financielle Bedenken fort, welches gegen diese Maßregel vorläufig geltend gemacht werde; für die schlechten, unvermögenden Studenten brauche nicht gesorgt zu werden, diese könnten uns vom Leibe bleiben, wie der Herr Vorredner sich ausdrückte. Das ist ganz richtig. Aber ich mache doch darauf aufmerksam, daß eine derartige Minimalforderung doch auch recht nachtheilig wirken kann gerade auf diejenige Categorie von Studenten, die sich der Gunst des Herrn Referenten und auch unserer Gunst gewiß erfreuen, nämlich die der strebsamen Studenten. Es giebt eine ganze Anzahl von Studenten, die das von ihnen erforderte Pensum in einer kürzeren Zeit zu bewältigen vermögen. Ich weise namentlich auf die große Zahl derjenigen Studenten hin, die durch das Militärjahr unbehelligt die Reife für das erste Examen, mögen die Forderungen so hoch gespannt werden, wie sie wollen — jedenfalls werden sie vernünftigerweise sich doch auf dem erreichbaren

Niveau erhalten; das hoffe ich wenigstens —, bereits nach drei Jahren zu erlangen im Stande sind und es thatsächlich erlangen. Weshalb sollen diese gezwungen werden, ein halbes Jahr zu opfern? Ich glaube nicht, daß das erwünscht ist. Ich bin vollkommen mit dem Herrn Referenten darin einverstanden, daß das Maß der Anforderungen bei der Prüfung so hoch wie irgend möglich gesteckt werden muß. Darin liegt aber auch eine vollkommene Gewähr dafür, daß die Zeit für das Studium thatsächlich nicht zu kurz bemessen werden wird. Deshalb bleibe ich auf dem Standpunkt, den ich auf dem Mainzer Anwaltstag eingenommen habe, stehen. Ich glaube, daß die bisherigen Minimalforderungen des Gerichtsverfassungsgesetzes ausreichend sind, und daß, soweit sie im Einzelfalle nicht ausreichen, diesem Mangel dadurch abgeholfen werden kann, daß die Anforderungen für das erste Examen so hoch gespannt werden, daß sich nothwendigerweise usuell eine längere Frist für Diejenigen herausbildet, die derselben bedürfen, um jenen Ansprüchen im vollen Umfange zu genügen.

Was die Unterrichtsfrage anbetrifft, m. H., so werden Sie jedenfalls von mir, als einem Nichtakademiker, eine lange Auseinandersetzung über die sich hier anschließenden außerordentlich weitschichtigen, wichtigen und tiefgreifenden Fragen nicht erwarten. Dies werden Sie um so weniger thun, als Alles, was hierüber gesagt werden kann, in vollendeter Weise, nach Form und Inhalt, Ihnen bereits durch den ersten Herrn Referenten zu Gehör gebracht worden ist. Ich kann mich also hier darauf beschränken, zu erwähnen, daß ich, vom Standpunkte der Praxis die unbestreitbare Forderung, der ja auch thatsächlich genügt ist, an den Unterrichtsplan der Universitäten stelle, daß dem akademischen Unterricht unter Beibehaltung des bisherigen Lehrplans — ich füge in Parenthese hinzu: im Wesentlichen auf der Grundlage, wie sie in der Eisenacher Conferenz festgestellt ist — das **geltende** öffentliche und Privatrecht zu Grunde zu legen sind. —

Ich habe sodann, was den Vorbereitungsdienst anbetrifft, die Forderung aufgestellt, daß

> die nach Beendigung des Universitätsstudiums abzulegende mündliche und schriftliche Prüfung vor einer aus praktisch im Richteramt, in der Staatsanwaltschaft oder in der Rechtsanwaltschaft geschulten Universitätslehrern bestehenden Commission stattzufinden habe.

Dies ist freilich ein Novum; und hier gestatte ich mir eine kleine Nachlese zu den Ausführungen des ersten Herrn Referenten.

M. H., es ist in Deutschland, namentlich in den parlamentarischen Versammlungen — ich weise auf die bekannten Frühschoppen-Debatten im preußischen Abgeordnetenhause hin, die sich ja fast bei jeder Justizetat-Berathung wiederholt haben — darüber geklagt worden, daß der juristische Unterricht auf den Universitäten der erforderlichen „Anregung“ entbehre. Es ist sehr viel von der „Langweiligkeit“ der Docenten gesprochen worden. Es ist darauf hingewiesen worden, daß sich dieselben hauptsächlich in einer Sphäre bewegen, die längst geschichtlich abgeschlossen ist, daß die jungen Leute viel zu sehr mit Antiquitäten beschwert würden, daß ihnen vor allen Dingen der Blick in das lebendige Getriebe der Gegenwart so gut wie verschlossen bleibe. Ich will auf die Frage nicht näher eingehen, ob diese Vorwürfe in vollem Umfange begründet sind. Aber ich meine doch, daß hier ein Postulat vorliegt, dessen Begründetheit sich im Laufe der Zeit immermehr herausgestellt hat; daß nämlich eine gewisse Fühlung mit dem Leben der juristischen Praxis auch von den Rechtslehrern verlangt werden müsse, ein Postulat, dem man aber thatsächlich in den letzten Decennien auf deutschen Universitäten in großem Umfange gerecht zu werden bemüht gewesen ist. Es kann deshalb nicht schaden, daß etwas, was als Product einer Zeitströmung thatsächlich eingetreten ist, vielleicht auch durch Gesetz oder Verordnung festgelegt werde; und diesem Umstande wollen Sie es zuschreiben, wenn ich darauf besonderes Gewicht gelegt habe, daß bei der Berufung der Rechtslehrer nicht das entscheidende Gewicht, aber doch immerhin ein gewisser Werth darauf gelegt werden solle, daß sie der Praxis nicht fremd gegenüberstehen! —

Der Vorschlag, den ich mir in Bezug auf die Dauer des Vorbereitungsdienstes in Mainz gestattet habe, hat einen etwas radikalen und revolutionären Anschein. Ich bin nämlich darin so weit gegangen, den Vorbereitungsdienst auf zwei Jahre zu beschränken. Das ist gewiß vom Standpunkt unserer preußischen Einrichtungen und auch vom Standpunkte der Einrichtungen in manchen deutschen Partikularstaaten eine arge Ketzerei. Es sieht dies aber schlimmer aus, als es wirklich ist!

Was die Vertheilung dieser zwei Jahre anbetrifft, so hatte ich vorgeschlagen, daß je ein halbes Jahr bei Untergerichten, bei Obergericht und Staatsanwaltschaft, in der Rechtsanwaltschaft und bei einer Verwaltungsbehörde zu absolviren sei. Aber ich habe, wie ich glaube, diesen Eingriff in die bisherigen Gepflogenheiten dadurch etwas gemildert, daß ich einen weiteren Vorschlag gemacht habe, einen Vorschlag, zu dem der erste Herr Referent bis zu einem gewissen Grade Stellung genommen hat, und zwar, wenn ich ihn recht verstanden habe, wesentlich im verneinenden Sinn. Ich hatte vorgeschlagen:

> Nach Ablegung der zweiten Staatsprüfung ist eine mindestens zweijährige selbständige Thätigkeit des jungen Juristen in der Rechtsanwaltschaft zu erfordern, vor deren Beendigung die Erlangung der Befähigung zum Richteramt und die Zulassung zur Rechtsanwaltschaft nicht zu ertheilen ist. Wer die Befähigung zum Richteramte oder zur Rechtsanwaltschaft erlangen will, hat der Landesjustiz-Verwaltungs-Behörde bezw. dem Vorstande der Anwaltkammer seines Bezirks den Nachweis ausreichender Beschäftigung in der Rechtsanwaltschaft während dieses Zeitraums zu führen.

Das Wesen dieser Neuerung besteht darin, daß es ein Theil des Vorbereitungsdienstes ist und bleiben soll, daß aber diesem Theil des Vorbereitungsdienstes ein weiteres Examen nicht zu folgen habe. M. H., in Bezug auf die Vielheit der Examina vertrete ich eine etwas radikale Auffassung. Ich bin der Meinung, daß Examina überhaupt ein nothwendiges Uebel sind, das über das unerläßliche Maß nicht ausgedehnt werden sollte.

(Sehr richtig!)

Ich sage ein „nothwendiges" Uebel, und dadurch erübrigt sich alle und jede Auseinandersetzung darüber, ob es in dem gegenwärtigen Zeitpunkt geboten oder auch nur möglich ist, **ganz** davon abzusehen. Auch hier knüpfe ich an die historisch gewordenen Verhältnisse an, gehe davon aus, daß von dem ersten Examen nicht abzusehen sei und lasse mir noch ein zweites Examen gefallen; aber ich wünsche, daß der Mensch in Deutschland, wenn er sich der Juristerei widmet, noch in jungen Jahren das beseligende Gefühl genießen möge, daß es nun mit der Examinirerei bei ihm zu Ende sei. Das Gespenst des Examens wirkt lähmend auf die geistige Entwickelung sehr Vieler und nicht gerade der Unbegabtesten. Ich meine, daß, wenn die jungen Leute, die durchschnittlich mit 21 Jahren in die Praxis eintreten, die Aussicht haben, mit 23 Jahren, d. h. noch als gereifte Jünglinge, sich dem letzten Examen zu unterwerfen, damit allen Ansprüchen genügt ist, die nach dieser Richtung erhoben werden können. Davon aber, daß es nothwendig oder erforderlich sei, daß die jungen Juristen bis in das angehende Mannesalter hinein, bis zum 27., 28. Jahre und nicht selten darüber hinaus von dem Gespenste des Examens geängstigt werden, daß dieser Alb sie in einem Alter bedrücken müsse, in welchem Angehörige anderer Berufsstände der Hörigkeit der Lehrjahre längst entwachsen sind (Mediciner, Philologen, Techniker 2c.), davon habe ich mich im Laufe der Jahre, je mehr ich mich mit dieser Frage beschäftigt habe, immer weniger überzeugen können.

Freilich soll mit den ersten zwei Jahren, mit dem Vorbereitungsdienst in unserem Sinn, die Vorbereitung nicht abgeschlossen sein; aber die Prüfungen sollen aufhören. Ja, die nach meiner Auffassung ernsthafte Vorbereitung für die Praxis soll jetzt erst recht beginnen. Selbstverständlich stimme ich mit dem ersten Herrn Referenten darin überein, daß ich die Vorbildung bei dem Rechtsanwalt für außerordentlich wichtig halte. Dieser Punkt bildet den am wenigsten angefochtenen Theil meines in Mainz im Jahre 1899 dargelegten Programms. Doch gehe ich hier viel weiter als der erste Herr Referent: ich halte die sog. Anwaltstation für unerläßlich sowohl für denjenigen, der später Rechtsanwalt werden will, als auch für denjenigen, der einst auf der sella curulis zu sitzen berufen ist. Auch für ihn ist die Kenntniß des praktischen Lebens unentbehrlich, auch er kann die Praxis am sichersten und besten kennen lernen aus einer Thätigkeit in der Rechtsanwaltschaft.

Nun entsteht aber hier die außerordentlich wichtige und schwierige Frage: Wie soll dieser Theil des Vorbereitungsdienstes geordnet werden? Denn Nichts ist leichter, als Postulate aufzustellen; schwieriger schon die Frage, wie ihnen in der Praxis genügt werden soll. Und was diesen Punkt anlangt, so bin ich allerdings zu dem Bekenntniß genöthigt, daß es in dieser Hinsicht noch recht mangelhaft bestellt ist. Soll Jeder, der die Zulassung zur Rechtsanwaltschaft erhalten hat, auch gleichzeitig die Befugniß erhalten, jüngere Berufsgenossen heranzubilden? Soll die Fiktion von dem Verstande, den das Amt verleiht, hier in diesem Maße überspannt werden? Ich glaube, diese Frage ist unbedenklich zu verneinen. Stellt man sich auf den Standpunkt, daß dieser Theil des Vorbereitungsdienstes ein Theil der Erziehung des jungen praktischen Juristen ist, so bin ich der Meinung, daß sich hieraus die unabwendbare Consequenz ergiebt, daß diese Erziehung nur in Hände gelegt werden könne, die der Aufgabe gewachsen sind. Um diesen Zweck zu erreichen, bedarf es sehr ernsthafter Veranstaltungen, an denen es bisher nicht mehr und nicht weniger als vollständig gefehlt hat.

Es sei mir gestattet, eine kleine Digression zu machen und auf einen im Wesentlichen social-politischen Vorschlag hinzuweisen, den ich vor etwa zwei Jahren im Berliner Anwaltverein gemacht habe, dessen Schwerpunkt, wie sich hiernach von selbst versteht, auf einem ganz anderen Gebiet als dem uns jetzt hier beschäftigenden liegt. Ich hatte damals vorgeschlagen: Bureaus zum Zwecke unentgeltlicher Rathertheilung an

Arme und auch zum Zwecke unentgeltlicher Vertretung in Rechtsstreitigkeiten zu errichten, mit einem Wort: eine Art Reform unserer bisherigen Armenrechtspflege. Ich hatte vorgeschlagen, an diese Institution aber auch gleichzeitig die Ausbildung der praktischen Juristen zu knüpfen, d. h. eine Stätte zu schaffen, um jüngeren Rechtsanwälten und auch den Referendaren, also auch denjenigen, von welchen es zur Zeit noch nicht feststeht, ob sie sich dem Rechtsanwalts- oder dem Richterstande zuwenden wollen, Gelegenheit zu geben, das Rechtsleben aus unmittelbarer Anschauung der ihm zu Grunde liegenden Thatbestände kennen zu lernen. Ich glaube, daß sich dieser Gedanke wohl verwirklichen läßt. Ueber die Art und Weise, wie dies zu geschehen hat, muß ich mich selbstverständlich an dieser Stelle und zu dieser Stunde näherer Ausführungen enthalten. So viel aber steht fest, daß die Forderung, es solle jeder ein oder zwei Jahre vor dem letzten Examen oder nach dem letzten Examen — ich lege zunächst auf diese verschiedenen Schattirungen keinen entscheidenden Werth — bei einem Rechtsanwalt zubringen, nicht zu erreichen ist ohne entsprechende Veranstaltungen, und ich möchte es bei dieser Gelegenheit nicht unterlassen, der besonderen Aufmerksamkeit der Justizverwaltungen die Sorge für solche zu empfehlen, die die Ausbildung in der Rechtsanwaltspraxis zu einer ernsthaften und wirksamen zu machen geeignet ist. Hierher gehören, nach meiner Ueberzeugung die von mir empfohlenen Rechtsbureaus in erster Reihe! —

> Die unmittelbar auf den zweijährigen Vorbereitungsdienst folgende zweite Staatsprüfung

— so hatte ich ferner in Mainz vorgeschlagen —

> ist vor einer aus Richtern, Rechtsanwälten und Beamten der Justizverwaltungsbehörden unter Zuziehung eines praktisch geschulten akademischen Rechtslehrers zusammengesetzten Kommission abzulegen.

Ich nehme an, daß über diesen Punkt ein ernsthafter Streit nicht entstehen kann. Ich glaube auch den ersten Herrn Referenten dahin verstanden zu haben, daß er im Wesentlichen gleicher Meinung mit mir ist. Ueber die Zusammensetzung der Justizprüfungskommission hat sich der erste Herr Referent wohl nicht ausgesprochen. Das Wesentliche in meinem Vorschlage liegt aber darin, daß diese Kommission ausschließlich aus Praktikern, vielleicht unter Zuziehung eines Theoretikers — was ich aber nicht für unbedingt nothwendig halte — zusammengesetzt sein muß und zwar als naturgemäßes Gegengewicht gegen die Zusammensetzung der Kommission bei der ersten Prüfung, die ich in Uebereinstimmung mit dem ersten Herrn Referenten ausschließlich in die Hände der akademischen Lehrer gelegt haben will. Ist das erste Examen lediglich dazu bestimmt, um dem Candidaten Gelegenheit zu geben, den Beweis zu führen, ob und inwieweit er die wissenschaftliche Reife für den juristischen Beruf erlangt hat, so ist es ganz natürlich, daß die Prüfung nach dieser Richtung hin lediglich in den Händen der Universitätslehrer liegen muß; und dies ist um so nothwendiger, wenn, wie dies heute in so überzeugender Weise ausgeführt worden ist, auch die Staatswissenschaften und das öffentliche Recht in den Kreis der Prüfungsgegenstände einbezogen, bezw. besonders betont werden sollen. Den Herren Oberlandgerichtsräthen, aus denen sich ja zum größten Theil die Prüfungskommissionen bei der ersten Prüfung zusammensetzen, zuzumuthen, daß sie auch staatswissenschaftliche Prüfungen abhalten, geht, wie ich glaube, viel zu weit; eine Zumuthung, für welche die thatsächlichen Verhältnisse auch nicht die geringste Handhabe darbieten. Ich halte es überhaupt für vom Uebel, die Anforderungen an Prüfende und Prüflinge so hoch zu schrauben, daß ihnen nicht entsprochen werden kann. Gesetzliche und regelmentarische Bestimmungen müssen zur Wahrheit werden können; sind sie aber zu hoch gespannt, dann bleibt immer ein Deficit, und es ist dann besser, auf derartige Anforderungen zu verzichten. Stellen wir das Postulat der Einbeziehung der Staatswissenschaften in den Kreis der Gegenstände, mit denen sich die erste Prüfung beschäftigen soll, dann ist auch unbedingt dafür zu sorgen, daß die geeigneten Elemente in der betreffenden Kommission vertreten sind. Man kann die Prüfung dieser Gegenstände nicht den Praktikern überlassen, und ich glaube einem Widerspruch nicht zu begegnen, wenn ich ganz generell die Ansicht vertrete: die Praktiker gehören überhaupt nicht in die erste Prüfungskommission.

(Bravo!)

Ich habe endlich im Hinblick darauf, daß eine große Anzahl Fragen, die hier berührt worden sind — es ist unmöglich, auf alle Detailfragen näher einzugehen — noch nicht spruchreif ist, den Wunsch ausgesprochen:

> Daß bei der Neugestaltung des Rechtsstudiums und des Vorbereitungsdienstes zu den in Aussicht genommenen Vorarbeiten Mitglieder der Rechtsanwaltschaft zugezogen werden.

Das ist ein ganz specieller Wunsch, der eigentlich auf den Juristentag nicht gehört, den ich aber auch nur der Vollständigkeit wegen hier registrire.

Das war im Wesentlichen dasjenige, was ich auf dem Mainzer Anwaltstage zu erreichen bestrebt gewesen bin. Die Resolution, die dort einstimmig angenommen worden ist, hatte folgenden Wortlaut:

> Der 14. Deutsche Anwaltstag zu Mainz empfiehlt die baldige Neuregelung des juristischen Universitätsstudiums und des Vorbereitungsdienstes im Wege der Reichsgesetzgebung.

Hier muß ich nun bekennen, daß ich nicht ganz auf demselben Standpunkt geblieben bin, auf den ich mich damals stellen zu sollen geglaubt habe. Ich stimme nämlich darin mit dem ersten Herrn Referenten vollkommen überein, daß die Neuregelung im Wege der Reichsgesetzgebung den allergrößten Schwierigkeiten begegnen kann. Diese Schwierigkeiten sind von ihm dargelegt worden. Ich will nicht wiederholt darauf eingehen. Zwar gehe ich nicht so weit wie der erste Herr Referent, diesen Weg zu „perhorresciren". Im Gegentheil, ich würde es für außerordentlich erwünscht erachten, wenn die Verhältnisse so lägen, daß wir die Erreichung dieser Aufgabe in die Hände der Reichsgesetzgebung legen könnten. Aber sie liegen nicht so und deshalb lassen wir vorerst diesen Weg offen; und insofern halte ich die in der Fassung der Frage, wie sie den Herren Gutachtern vorgelegen hat, im Keime enthaltene Resolution, von der ich wünsche, daß sie auch thatsächlich als solche vom Juristentag angenommen werde, sogar für einen taktischen Fortschritt der Resolution des Deutschen Anwaltstages gegenüber. Hier ist nämlich die Frage der Regelung im Wege der Reichsgesetzgebung weggeblieben. Die Frage lautet, ob es sich empfehle, das juristische Universitätsstudium, den Vorbereitungsdienst und das Prüfungswesen gemeinsam zu ordnen. Die Gemeinsamkeit kann auch auf anderem Wege erreicht werden. Es ist nicht nothwendig, daß dies im Wege der Reichsgesetzgebung geschehe, wenn ich auch diesen Weg für den naturgemäßen und in erster Linie gegebenen erachte und nur mit großem Widerstreben, aus Gründen der Zweckmäßigkeit für den Augenblick von ihm absehen würde; und der erste Herr Referent hat ja darauf hingewiesen, daß dies sehr wohl im Wege der Verständigung der einzelnen Regierungen geschehen könne. Ich bin auch der Meinung, daß das, was wir von der Reichsregierung und von den Reichsorganen in diesem Augenblicke erwarten können, nichts ist als eine fruchtbare Initiative in dieser Richtung. Die Verwirklichung des Gedankens mag zunächst den Einzelverwaltungen überlassen werden. Wir haben ja auf anderen Gebieten in der Rechtsentwicklung ähnliche Erscheinungen zu verzeichnen. Unser Handelsrecht ist auf diesem Wege allgemeines deutsches Recht geworden, ebenso das Wechselrecht u. s. w. Es bedarf also nicht unbedingt eines Aktes der Reichsgesetzgebung, auch nicht einmal eines Akts der Reichsverwaltung, um Einheitlichkeit in diesen Dingen zu erzielen. Es genügt, wenn überhaupt die Sache in Angriff genommen wird, und ich glaube, daß damit auch im Wesentlichen die Aufgabe des Juristentages erledigt ist, wenn es ihm gelingt, die Anregung für die Inangriffnahme dieser Dinge zu schaffen. Ich meine deshalb, Ihnen folgende Resolution vorschlagen zu wollen:

> Der 25. Deutsche Juristentag hält es im Interesse der Aufrechterhaltung der Einheit des deutschen Rechts für dringend geboten, das juristische Universitätsstudium, den Vorbereitungsdienst und das Prüfungswesen für das Deutsche Reich gemeinsam zu ordnen.

In Bezug auf diesen Satz lassen Sie mich noch einige Worte hinzufügen. Es heißt „für das Deutsche Reich gemeinsam zu ordnen": das Deutsche Reich ist hier als Destinatär, nicht als Mittelsperson gedacht. Mit den Worten „im Interesse der Aufrechterhaltung der Einheit des deutschen Rechts" sollen keineswegs patriotische Gefühlsmomente in die Sache hineingetragen sondern Richtung und Zwecknatur der Reform gekennzeichnet werden. Das Patriotische versteht sich hier von selbst. Ich glaube also mich in diesem Punkt kurz fassen zu dürfen, wenn ich versichere, daß dieser Zusatz, diese ganz kurze Motivirung rein sachlichen Inhalts ist. Die Aufrechterhaltung der Einheit des deutschen Rechts ist das wesentliche Interesse, das uns alle bewegt. Wir wünschen, daß nicht im Wege der Particulargesetzgebung oder gar particularer Verwaltungs-Einrichtungen der deutsche Einheitsgedanke Schiffbruch leide, daß die Rechtseinheit, die in schwerem Kampfe errungen ist, uns nicht „im Verwaltungswege" verloren gehe. Das ist der einzige Grund, der mich veranlaßt hat, diesen Zusatz zu machen.

Weitere Ausführungen behalte ich mir für den Lauf der Debatte vor.

(Beifall durch Händeklatschen.)

Vorsitzender: Herr Justizrath Dr. Goldschmidt hat den glänzenden Beweis geliefert, daß die Juristen im Stande sind, auch wenn sie verschiedener Meinung sind, doch einen gleich ausgezeichneten Vortrag zu halten. Es haben sich bereits mehrere Herren zum Wort gemeldet und noch weitere Anträge angekündigt.

(Zurufe.)

Nach der Reihenfolge der Anmeldung hat zuerst Herr Hofrath Dr. Rosin das Wort.

Hofrath Prof. Dr. **Rosin** (Freiburg i. B.): M. H., der erste Herr Referent hat so lichtvolle Leitsätze der Versammlung unterbreitet, daß es sich, wie mir scheint, für die folgenden Redner nur darum handeln kann, im Anschluß an dieselben eine gewisse Nachlese zu halten. Ich glaube, im Allgemeinen werden seine Leitsätze die Zustimmung des Juristentags finden, und ich für meine Person gebe ihnen jedenfalls den Vorzug vor der, wie mir persönlich scheint, etwas farblosen Resolution, die der zweite Herr Referent vorgeschlagen hat. Gerade daß der erste Herr Referent es verstanden hat, seinen Leitsätzen einen so vollen Inhalt zu geben und zugleich das Wesentliche zu bezeichnen, auf das die Aufmerksamkeit des Juristentags und der Regierungen zu richten ist, das macht diese Leitsätze zu einer vorzüglichen Grundlage für unsere weiteren Berathungen und Wünsche.

Indessen bin ich doch nicht in der Lage, in allen Punkten mich übereinstimmend mit dem Herrn Referenten zu verhalten. Diese Punkte, die ich kurz berühren will, verknüpfen sich zum Theil mit anderen Punkten, in denen ich mich in voller Uebereinstimmung mit dem Herrn Referenten befinde, und insoweit mögen Sie mir Ihre gütige Erlaubniß gewähren, auch diese Punkte mit in den Kreis der Besprechung zu ziehen.

Der erste Herr Referent ist kurz über die Frage hinweg gegangen, ob principiell überhaupt eine einheitliche Regelung des vorwürfigen Gegenstandes zu erfolgen habe. Er hat diese Frage eigentlich als außer Discussion stehend bezeichnet, und es gebührt ihm, wie ich glaube, der Dank des Juristentags, dessen Aufgabe die Förderung des einheitlichen Rechts in Deutschland ist, daß er in dieser klaren, präcisen und durchschlagenden Weise den Standpunkt des Juristentages bezeichnet hat. Ich schließe mich hier vollinhaltlich dem an, was er gesagt hat, namentlich allen Punkten seiner Begründung. Ich freue mich, daß ein so ausgezeichneter Universitätslehrer, wie unser Herr Referent, in diesem Punkte den gegentheiligen Standpunkt eingenommen hat gegenüber einem Gutachten, das uns von Seiten eines anderen hochgeschätzten Universitätslehrers vorgelegt worden ist. Ich glaube also, einheitliches Recht und einheitliche Rechtsausbildung gehören unbedingt nothwendig zusammen.

Auf das von mir zuletzt erwähnte Gutachten, das Ihnen gedruckt vorliegt, möchte ich nur in einem Punkt eingehen. Zweimal findet sich nämlich dort etwa folgende Wendung: „Wir besitzen in unserem Heimatlande und in anderen deutschen Einzelstaaten die und die Einrichtung, wir wollen keine reichsgesetzliche Regelung; denn wir wissen nicht, ob wir nicht die bewährte Einrichtung dabei verlieren und schlechter fahren als jetzt.“ M. H., dieses, ich kann es nicht anders nennen, Mißtrauensvotum gegen eine reichsrechtliche Regelung kann ich nicht theilen. Steht man auf dem Standpunkte dieses Mißtrauens, so kann man es geltend machen gegen alle 16 Punkte, die in Artikel 4 der Reichsverfassung als zur Competenz des Reichs gehörend bezeichnet sind. Haben wir das Reich, so haben wir auch das Recht und die Pflicht des vollen Vertrauens zu demjenigen, was es unternimmt.

(Zustimmung.)

Aber, m. H., von diesem Standpunkte aus, den ja der Herr Referent, wie ich eben zu hören mich freue, vollständig theilt, verstehe ich es nicht vollkommen, daß er seine Resolution unter IV vorgeschlagen hat. Das scheint mir doch ein bedenklicher Rückfall in denjenigen Standpunkt, den er selbst so ausgezeichnet bekämpft hat. Ich gestehe offen, für mich liegt die Sache so: Haben wir eine einheitliche Regelung nothwendig und ist diese Frage bejaht, so erfolgt die einheitliche Regelung durch diejenige Organisation des deutschen Volks, welche für die Regelung einheitlicher Bedürfnisse gegeben ist, d. h. durch das Reich. Der zweite Herr Referent hat gesagt, „es geht ja so auch ganz gut", obgleich, wie ich anerkennen muß, er gesagt hat, ihm sei die reichsgesetzliche Regelung lieber. „Es geht so auch ganz gut", hat er gesagt und hat auf das Handelsgesetzbuch und die Wechselordnung hingewiesen, die ja auch ohne reichsgesetzliche Regelung zu Stande gekommen sind. Dann sind wir glücklich wieder bei den Zeiten des alten deutschen Bundes angekommen. Die Art, wie das deutsche Handelsgesetzbuch und die Wechselordnung zu Stande gekommen sind, soll vorbildlich für die Zustände im heutigen Deutschen Reiche sein?

Ich sage, eine Formulirung, durch welche ausdrücklich in Negation gesagt wird: „Die gebotene einheitliche Ordnung des juristischen Bildungsgangs ist nicht durch einen Akt der Reichsgesetzgebung herzustellen", kann ich nicht acceptiren und, ich glaube, der Deutsche Juristentag kann sie auch nicht acceptiren. Das wäre im Widerspruch mit seiner ganzen Tendenz, die von Anfang an auf die Förderung der Einheit und zwar der Reichseinheit gegangen ist. Ich würde es allenfalls begreiflich finden, wenn der Herr Referent formulirt hätte mit Rücksicht auf die praktischen Verhältnisse, welche vorliegen:

> Die gebotene einheitliche Regelung des juristischen Bildungsganges ist auf dem Wege einer Vereinbarung unter den Regierungen der Einzelstaaten anzustreben, eventuell auf dem Wege der Reichsgesetzgebung herzustellen.

D. h. wenn es nicht geht mit der Verständigung der Einzelstaaten, dann soll das Reich eintreten. Das bleibt immer das letzte Refugium;

denn das müssen wir uns sagen: ist diese einheitliche Ordnung anzustreben durch freie Vereinbarung der Einzelstaaten, so kann, was angestrebt werden soll, auch mißlingen, und tausend politische Ereignisse haben das bewiesen. Wo stehen wir aber, wenn die einheitliche Ordnung, die angestrebt wird unter den Einzelstaaten, mißlingt? Dann haben wir eben gar nichts und alle unsere Leitsätze, die unter I bis III aufgestellt sind, fallen in's Wasser. Außerdem bitte ich zu berücksichtigen und namentlich diejenigen Herren, welche vielleicht in einer Ausdehnung der Reichsgesetzgebung geneigt sein möchten einen allzu weit gehenden Drang nach dem Unitarismus zu sehen, bitte ich zu berücksichtigen, daß der Gegensatz, unter dem wir zum großen Theil leben, gar nicht der ist: „reichsrechtliche Regelung oder volle Freiheit für jeden Einzelstaat", sondern daß der Gegensatz zum großen Theil der ist: „reichsrechtliche Regelung oder preußische Regelung, der die anderen Staaten bedingungslos nachfolgen müssen."

(Widerspruch.)

Das ist thatsächlich auf vielen Gebieten so. Das hat sich auch bei der preußischen Studienordnung gezeigt, die nach dem Inkraftreten des Bürgerlichen Gesetzbuches zur Einführung gelangt ist, welche manchen Mangel hat, und der sich die Einzelstaaten doch nolens volens, namentlich im Interesse des einheitlichen Studiums auf den Universitäten, anschließen mußten. Ich bin weit davon entfernt, mit dem, was ich gesagt habe, dem preußischen Staat etwa einen Vorwurf zu machen, als ob er die Einzelstaaten vergewaltigen wollte; durchaus nicht, aber die Macht der Verhältnisse ist groß genug: wenn Preußen mit der Wucht seines ganzen Staatsgebietes und mit der Wucht seiner staatlichen Interessen für irgend eine Regelung im Gebiete seines Staates eintritt, dann bewirkt es eben von selbst, daß auf der Grundlage der einheitlichen Interessen die anderen Staaten auf demselben Wege nachfolgen müssen. Das gilt namentlich auf allen denjenigen Gebieten, auf denen das Universitätsstudium und die Freizügigkeit auf den Universitäten in Frage steht.

Dann kommt noch eins dazu. Ich kann nicht finden, daß es ausgeschlossen bleiben sollte, die einheitliche Regelung auf dem Wege der Reichsgesetzgebung vorzunehmen. Ich finde, daß in einer so wichtigen Frage, wie die der juristischen Vorbildung ist, die Volksvertretung unseres Deutschen Reichs, nach der wir Jahrzehnte lang zusammen mit dem Gedanken eines einheitlichen Reichs gestrebt haben, hier bei Seite gestellt werden soll. Ich glaube, es geht ganz gut an, in dieser Frage auch die Volksvertretung des Deutschen Reichs, den Reichstag, zu betheiligen. Deshalb werde ich mir erlauben, Ihnen dann vorzuschlagen:

> Die gebotene einheitliche Ordnung des juristischen Bildungsganges ist bei commissarischer Zuziehung von Vertretern der Wissenschaft und Praxis

— diese Worte nehme ich vorweg; diese Zuziehung halte ich für geboten, gleichviel ob reichsgesetzlich geregelt wird oder im Wege der Verständigung der Einzelstaaten unter einander; also:

> ist bei commissarischer Zuziehung von Vertretern der Wissenschaft und Praxis durch einen Akt der Reichsgesetzgebung herzustellen, oder doch, wenn dies nicht ausführbar ist, auf dem Wege freier Vereinbarung unter den Regierungen der deutschen Einzelstaaten anzustreben.

Das ist der eine Punkt. Nun komme ich auf einen zweiten Punkt, der für mich eigentlich das Centrum meines Interesses bildet. Mein Interesse — und ich fürchte nicht, daß dieses Interesse für ein individuelles oder einseitiges erklärt werden wird — das Interesse, das ich hier dabei zu vertreten mich anschicke, ist das Interesse der Freizügigkeit unter den deutschen Universitäten. Ich spreche damit zwar zugleich pro domo; denn an dieser Freizügigkeit sind vor allen Dingen die süddeutschen Universitäten, an deren einer zu lehren ich die Ehre habe, wesentlich mit betheiligt; aber ich fürchte nicht, daß man mir vorwerfen wird, ich spräche damit einseitigen Interessen zu Liebe. Denn die Freizügigkeit unter den deutschen Universitäten ist ein Gesammtgut der deutschen Nation; davon wird der ganze Juristentag mit mir überzeugt sein.

(Bravo!)

Die deutschen Universitäten sind von jeher deutsche Universitäten gewesen, sie haben ihre beste Kraft aus dem Gesammtboden des Vaterlandes genommen und haben sich redlich bemüht, diese Kraft der heranwachsenden Jugend des Vaterlandes mit voller Hand im Sinne eines einheitlichen Deutschlands auszutheilen, und deshalb ist diese Freizügigkeit ein nothwendiges und durch keine Angriffe zu erschütterndes Gut. Sie gewährt den jungen Juristen — Sie werden alle damit einverstanden sein — nicht blos die Möglichkeit, Universitätslehrer der verschiedensten wissenschaftlichen Richtungen zu hören, die verschiedensten wissenschaftlichen Richtungen sich zu eigen zu machen, sondern sie gewährt namentlich — und das ist nicht zu unterschätzen — den jungen Juristen aller deutschen Einzelstaaten die Möglichkeit, auch Land und Leute in anderen deutschen Staaten kennen zu lernen und damit die Ueberzeugung zu gewinnen, daß Nord und Süd, Ost und West bei uns zusammengehören und Alldeutschland nur durch die harmonische Zusammenfassung aller seiner Theile gebildet wird.

(Bravo!)

Also die Freizügigkeit der deutschen Universitäten ist es, für die ich eintrete, und vom Standpunkt der Freizügigkeit der deutschen Universitäten wehre ich mich auf das nachdrücklichste dagegen, daß insoweit in Absatz III die Frage des Zwischenexamens als noch nicht spruchreif bezeichnet wird. M. H., diese Frage ist spruchreif; denn sie ist eine Lebensfrage für die Freizügigkeit der deutschen Universitäten, und Lebensfragen sind immer spruchreif.

Ich gestehe nun freilich: was die Spruchreife anbetrifft, so kann ich mich damit sehr wohl einverstanden erklären, daß man die Frage, ob Zwischenexamen oder nicht, ruhig in den Hintergrund stelle. Ich bin zwar der vom Herrn Referenten abweichenden Meinung, daß es mir scheint, als wenn das Gerichtsverfassungsgesetz einer landesrechtlichen Einführung eines Zwischenexamens nicht entgegensteht. Ich glaube nicht, daß das Gerichtsverfassungsgesetz den Schutz der Studierenden gegen eine dritte Prüfung bezw. erste Zwischenprüfung im Auge gehabt hat.

(Heiterkeit!)

Ich glaube also, reichsgesetzlich steht dem nichts entgegen. Dagegen stimme ich mit dem Herrn Referenten vollständig überein, wenn er sagt, wünschenswerth ist diese Zwischenprüfung in keinem Falle. Am liebsten wäre es mir, namentlich im Interesse der Freizügigkeit der deutschen Universitäten, von dieser Zwischenprüfung würde gar nicht die Rede sein, und insofern stimme ich der Tendenz, die in dem Gutachten des Herrn Geheimrath Wach hervortritt, allerdings zu; denn daß die Einführung des Zwischenexamens — darüber gebe ich mich keinen Illusionen hin — es mag beabsichtigt sein oder nicht, thatsächlich die Wirkung der Beschränkung der Freizügigkeit, nicht blos unter den Universitäten der einzelnen Staaten, sondern in einem großen Staat wie Preußen sogar die Wirkung der Beschränkung der Freizügigkeit unter den Universitäten der einzelnen Provinzen haben wird, davon bin ich überzeugt. Die Erfahrungen, die wir bereits seitens der juristischen Studierenden gemacht haben, ihren Studiengang mit Rücksicht auf das künftige Examen einzurichten, sind für mich vollständig beweisend. Schon jetzt studiert von preußischen Studenten kaum einer noch das fünfte oder sechste Semester auf einer anderen Universität als auf derjenigen, auf welcher er sein Referendarexamen zu machen beabsichtigt.

(Sehr richtig!)

Kommt nun noch das Zwischenexamen dazu und wird gerade, was der Herr Referent auch verlangt hat, im Refendarexamen noch einmal auf die propädeutischen Fächer eingegangen, so wird sich der junge preußische

Jurist sagen: es ist viel besser, ich mache mein Referendar-Examen da, wo die mitprüfenden Professoren schon aus dem Zwischenexamen wissen, was ich gelernt habe. Und um des Zwischenexamens willen wird er die beiden vorhergehenden Semester bei den prüfenden Professoren hören wollen. Wenn also dem Referendarexamen das Zwischenexamen vorausgeht, dann verlieren sie das zweite und dritte Semester für andere Universitäten auch noch und es bleibt schließlich nur noch das erste Bummelsemester übrig, in dem die Studenten eine andere Universität besuchen können.

(Zuruf!)

Nun wird mir zugerufen, das Zwischenexamen kann überall gemacht werden. Ich habe aber schon bemerkt, daß, selbst wenn das in der Hauptsache anerkannt würde, immer noch die Gefahr der Beschränkung der Freizügigkeit durch die Richtung der meisten Studierenden auf die praktische Seite des Examens bestehen bleiben würde. Wie weit die Tendenz der Studierenden geht, ihr Augenmerk auf das zu richten, was reglementsmäßig vorgeschrieben oder auch nur angedeutet ist, das können wir jederzeit erfahren. In der preußischen Prüfungsordnung ist nur beispielsweise — man hat gar nicht eine entsprechende Absicht im Ministerium gehabt — ein Plänchen aufgestellt, wie sich etwa die verschiedenen Vorlesungen auf 6 Semester vertheilen können, ohne daß die Stundenzahl zu bedeutend ist. Man hat im Ministerium nicht beabsichtigt, eine bindende Anweisung zu geben. Was geschieht aber? Es ist an mich schon eine ganze Anzahl von Fällen in meinem ja beschränkten Wirkungskreis herangetreten, wo junge Leute zu mir gekommen sind und gesagt haben: wir haben uns bei ihnen im Handelsrecht usw. eingeschrieben, es steht aber im Plan, wir dürfen erst im 4. Semester das hören, und wir sind erst im 3. Semester; dürfen wir uns nicht wieder streichen? Da sagte ich: Streichen Sie sich in Gottes Namen, ich will Ihrem Glücke nicht entgegenstehen. Aus diesen Anfragen können Sie sich aber einen Schluß machen, wie es später wird, wenn man durch das Zwischenexamen eine viel stärkere Klippe, möchte ich sagen, eine noch viel weniger biegsame Gestaltung des Studiums bekommen wird.

Nun ist aber die andere Frage die: Wie steht es mit der allgemeinen Anerkennung des Zwischenexamens? Darum ist es mir im Wesentlichen von größtem Werthe, daß die reichsgesetzliche Regelung vorgesehen wird. Ob Zwischenexamen oder nicht, lasse ich meinetwegen dahingestellt. Es sprechen manche Gründe für ein Zwischenexamen,

(Widerspruch)

es sprechen viele Gründe gegen ein Zwischenexamen. Ich persönlich bin gegen das Zwischenexamen; aber ich erkenne an, man kann auch etwas dafür sagen. Das sind Dinge, die erörtert werden können. Das ist auch nicht das in erster Reihe Entscheidende. Ich würde das Zwischenexamen nicht wollen. Wenn es aber eingeführt werden sollte, dann soll es unbedingt reichsgesetzlich geregelt werden, und reichsgesetzlich soll namentlich, oder für mich nur eventuell durch eine Vereinbarung der Einzelstaaten, unbedingt die gegenseitige Anerkennung des Zwischenexamens festgesetzt werden; denn wenn wir diese gegenseitige Anerkennung des Zwischenexamens nicht haben, ist die Freizügigkeit unter den Universitäten thatsächlich vernichtet. Darüber wird uns kein Gott hinweghelfen, und darum sage ich: amicus Plato, magis amica veritas. Wir befinden uns gastlich aufgenommen in Bayern; das kann mich nicht verhindern, der Wahrheit die Ehre zu geben. Ich bedauere es, daß man in Bayern das Zwischenexamen in einseitiger Weise eingeführt hat. Wenn Preußen nun kommt und führt es auch ein — und es hat das formelle Recht, Preußen ist bedeutend größer als Bayern —, dann kehrt es sich nach keinem andern Staate und die gegenseitige Anerkennung wird nicht festgesetzt. Wohin kommen wir dann? Ich glaube, daß die bayerischen Universitäten es an ihrem Leibe spüren würden, und daß die 4000 Münchener Studenten nicht in der Anzahl wieder erscheinen werden wie jetzt.

Deshalb werde ich mir erlauben, den zweiten Antrag dahin zu formuliren, daß die Ziffer III des Herrn Referenten gestrichen und dafür in Ziffer I Nr. 1 unter litera c eingeschoben wird:

> Es ist eine einheitliche Ordnung des juristischen Bildungsganges geboten:
>
> 1. hinsichtlich des Universitätsstudiums
>   a) für seinen wissenschaftlichen Plan,
>   b) für seine Dauer, und
>   c) für seine etwaige Unterbrechung durch ein Zwischenexamen, wobei eventuell die gegenseitige Anerkennung desselben durch alle deutschen Staaten nothwendig ist.

Jetzt komme ich noch zu dem dritten und letzten Punkte. Dieser bezieht sich darauf: ich werde einen weiteren Antrag formuliren, wonach der Schlußsatz der Ziffer I gestrichen werde, der dahin lautet:

> Dagegen sind weitergehende Wünsche hinsichtlich einheitlicher Regelung einer gemeinschaftlichen Vorbildung von Juristen und Verwaltungsbeamten mindestens zur Zeit zurückzustellen.

Der Herr Referent hat hervorgehoben, er sei eigentlich der Meinung, daß die Ausbildung der jungen Juristen und Verwaltungsbeamten bis zum Schluß des zweiten Examens eine gleiche sein soll. Dem stimme ich von ganzem Herzen bei. Wenn aus praktischen Gründen der Herr Referent geglaubt hat, diesen Zusatz aufnehmen zu müssen, so, glaube ich, ist er darin zu weit gegangen. Wenn ich die praktischen Rücksichten gelten lasse, gut, schweige man darüber; es genügt, wenn man sagt: es ist vorausgesetzt, daß jedenfalls hinsichtlich des Universitätsstudiums dieser Vorbereitungsdienst der gleiche sei, und damit fertig! Warum ausdrücklich die Negative bestätigen? „Mindestens zur Zeit zurückzustellen“, d. h. aber: „eigentlich vollständig zurückzustellen“, und das will doch der Herr Referent selber nicht. Er hat gesagt, er wolle aus seinem Herzen keine Mördergrube machen und hat uns seine eigentliche Meinung mitgetheilt. Ich fordere ihn auf, zu verhindern, daß Andere aus seinem Herzen eine Mördergrube machen, und bitte Sie, sich meinem Antrag anzuschließen.

Nun darf ich wohl noch ein Wort sagen. Sehr erfreut bin ich darüber, daß der Herr Referent voraussetzt, daß jedenfalls hinsichtlich des Universitätsstudiums und des gerichtlichen Vorbereitungsdienstes der Bildungsgang für Justiz und Verwaltung der gleiche sei. „Hinsichtlich des Universitätsstudiums“: das ist meines Erachtens eine Anforderung, die nicht energisch genug erhoben werden kann. Es ist noch weiter dabei vorausgesetzt — ich will das nicht antragsmäßig formuliren; aber ich denke, der Herr Referent wird mit mir übereinstimmen —, daß dieser nothwendige gleiche Vorbereitungsdienst so geregelt wird, daß dabei auch gerade diejenigen Fächer als zu ihm gehörend zur Geltung kommen, die für beide Seiten erforderlich sind,

(Sehr richtig!)

namentlich die Staatswissenschaften und, was den Herrn Referenten und mich persönlich angeht, das Verwaltungsrecht.

Hinsichtlich des Verwaltungsrechtes möchte ich nicht unterlassen, als einer der Vertreter des Verwaltungsrechtes an deutschen Hochschulen hier vor Ihnen eine Lanze für die Bedeutung, die das Verwaltungsrecht für das juristische Studium hat, zu brechen. Unser Verwaltungsrecht ist heute etwas ganz Anderes als früher; wie der Herr Referent schon angedeutet hat, das tiefe Eingreifen der Verwaltung in die Sphäre des persönlichen Lebens hat geradezu das Verwaltungsrecht zu einem Stück socialen Privatrechts gestaltet. In diesem Stück socialen Privatrechts mischen sich in instruktiver und glücklicher Weise sowohl die Ideen eines festen und sicheren Privatrechtsanspruchs als auch die Ideen der Unterordnung dieses Rechts unter das allgemeine Wohl. Das sind die beiden

Ideen, die hier zusammen sowohl dem Juristen wie dem Verwaltungsbeamten zu Gemüthe geführt werden müssen, und auch der Jurist braucht heute das Verwaltungsrecht. Darüber brauche ich vor Ihnen, die Sie die Gesetze kennen, nicht weiter zu reden; ich brauche nur an unsere Arbeiterversicherungsgesetze und unsere weitverzweigten Polizeigesetze zu erinnern. Wenn es aber vorkommen kann — und es ist vorgekommen —, daß, wenn ein Unfall in einer Fabrik passirt und der Arbeiter sich an verschiedene Leute wendet, an die untere Verwaltungsbehörde, an den Gewerberath, an den Anwalt, und fragt, wie er sich verhalten soll, wie er zu einer Entschädigung kommen soll, und sie ihm dann rathen, er solle den Fabrikanten civilrechtlich verklagen, und nachdem er dies gethan, dann das Gericht ihm das Armenrecht bewilligt, verhandelt, Beweisbeschluß faßt und endlich nach zwei Jahren, als die Civilkammer zufällig anders besetzt wird, die Erleuchtung kommt und der Mann, der reichsgesetzlich versichert war, erst jetzt abgewiesen wird — der Fall ist in den Amtlichen Nachrichten des Reichsversicherungsamtes Jahrgang 1891 nachzulesen — ich muß sagen, wenn das vorkommen kann, so ist das, milde gesagt, ein Mangel; das werden Sie mir zugeben.

(Heiterkeit.)

Andererseits brauchen die Verwaltungsbeamten aber auch eine tüchtige juristische Ausbildung. Es ist in dem Gutachten des Herrn Oberverwaltungsgerichtsraths Schultzenstein hervorgehoben worden, daß die Einseitigkeit des Standpunktes, wonach der Jurist es nur mit dem Recht und der Verwaltungsbeamte es nur mit der Zweckmäßigkeit zu thun habe, längst überwunden sei. Es kann meines Erachtens nicht schaden, wenn bei der Vorbereitung beides zu seinem Rechte kommt.

(Bravo!)

Den Verwaltungsbeamten zeichnet vor Allem die Erfassung der praktischen Verhältnisse des Lebens aus; aber diese soll bei dem Juristen nicht zurückstehen. Der Richter und der Rechtsanwalt sind doch nicht bloß Maschinen für einen syllogistischen Schluß, der auf den Thatbestand gemacht wird, sondern sie sollen die Gesetze kennen und nach den Bedürfnissen des praktischen Lebens auslegen können, und demzufolge würde meines Erachtens eine volle Gleichheit des Vorbereitungsdienstes bis zum zweiten Examen für alle Betheiligten das Beste sein — für die jungen Juristen, denn es wird ihnen die Entscheidung, wohin sie gehen wollen, bis zum letzten Kreuzungspunkt der beiden Straßen vorbehalten, und auch für die betheiligten Instanzen, für die Justiz wie für die Verwaltung. Die Justiz hat den Vortheil, daß ihre Angehörigen auch in den Lebensverhältnissen, die der Verwaltung nahestehen, geschult sind, und die Verwaltung hat den Vortheil, daß sie juristisch geschulte Beamte, die das Recht in vollem Umfang verstehen, erhält.

Demnach will ich diese drei Anträge formuliren und werde sie schriftlich einreichen. Darf ich es nach der Ordnung der Leitsätze, die der Herr Referent aufgestellt hat, kurz resümiren, so werde ich beantragen,

unter Ziffer I 1 c einzuschalten:

für seine etwaige Unterbrechung durch ein Zwischenexamen, wobei eventuell die gegenseitige Anerkennung desselben durch alle deutsche Staaten nothwendig ist.

Weiter bitte ich den Schlußsatz des letzten Absatzes von I: „Dagegen sind weitergehende Wünsche" u. s. w. zu streichen. Endlich bitte ich die Ziffer IV folgendermaßen zu fassen:

Die gebotene einheitliche Ordnung des juristischen Bildungsganges ist bei kommissarischer Zuziehung von Vertretern der Wissenschaft und Praxis durch einen Act der Reichsgesetzgebung oder doch, wenn dies nicht ausführbar ist, auf dem Wege freier Vereinbarung unter den Regierungen der deutschen Einzelstaaten anzustreben.

(Bravo und Händeklatschen.)

Oberlandesgerichtsgräsident **Hamm** (Köln): Die Anträge, die der Herr Vorredner gestellt hat, treffen zum Theil mit dem zusammen, was ich beantragen wollte. Insbesondere möchte ich zu zwei Punkten nur eine andere Redaktion der Anträge vorschlagen. Was zunächst die Frage der sogenannten Zwischenprüfung betrifft, so bin ich der Meinung, daß wir über die Frage, ob Zwischenprüfungen zweckmäßig sind oder nicht, uns hier nicht aussprechen sollten. Es will das der Herr Referent ja auch nicht. In diesem Punkte stimmen wir überein, ebenso bin ich mit dem Referenten der Meinung, daß wir uns hier nicht über die Frage der rechtlichen Zulässigkeit der Zwischenprüfungen aussprechen sollten, wenn ich auch meinerseits den Paragraph 2 Absatz 1 des Gerichtsverfassungsgesetzes so auslege, daß derselbe nur ein Minimum verlangt und demgemäß die bayerische Einrichtung für rechtlich zulässig halte. Dagegen finde ich mit Herrn Professor Rosin es unrichtig, daß der Herr Referent in Nr. III auch die Frage, ob bezüglich der Zwischenprüfungen einheitliche Ordnung geboten oder landesrechtliche Ordnung angängig sei, für noch nicht spruchreif erklärt. Ich will zugeben, die Frage, ob Zwischenprüfungen zweckmäßig oder gar erforderlich sind, ist noch nicht spruchreif; jedenfalls soll sie heute noch nicht zum Spruch kommen. Aber die Frage, ob bezüglich der Zwischenprüfungen einheitliche Regelung oder

Ordnung durch Landesrecht zu erfolgen hat, ist spruchreif, und nach den Ausführungen des Herrn Prof. Rosin, denen Sie zugestimmt haben, muß auch ich erklären, wenn Bayern eine Zwischenprüfung hat und andere Staaten nicht, dann ist das ein völliges Durchbrechen der Freizügigkeit der Studenten. Es muß ja die Einrichtung der Universitätsvorlesungen da eine ganz andere sein, wo in einer Zwischenprüfung die einleitenden Fächer geprüft werden. Der bayerische Student kann nicht an eine Universität gehen, wo keine Zwischenprüfung besteht; denn dort ist die Einrichtung der Vorlesungen ganz anders. Ein nicht bayerischer Student, der zunächst eine nicht bayerische Universität besucht hat, kann ebenso nicht nach Bayern gehen; das ist unmöglich, weil dort in Folge der Zwischenprüfung die Vorlesungen anders eingerichtet sind. Ist es schon ein Hinderniß der Freizügigkeit, wenn Zwischenprüfungen eingerichtet werden, so ist es ein noch viel größeres Hinderniß, wenn die eine Universität solche hat und die andere nicht.

Diese Frage ist spruchreif und ich möchte mit dem Herrn Vorredner sagen: einheitliche Regelung ist geboten auch für die Frage der sogenannten Zwischenprüfungen, ob sie auf den deutschen Universitäten eingeführt werden sollen oder nicht. Sein Satz ist nur zu komplizirt, und ich würde vorschlagen, daß wir statt dessen als d unter I 1 einfügen: „die Frage der sogenannten Zwischenprüfungen" — da lassen wir unerörtert, ob wir sie haben wollen oder nicht — „muß gemeinsam geregelt sein". Es darf nicht ein Staat sie einführen und der andere nicht.

Bezüglich der zweiten Frage, die der Herr Vorredner gestreift hat, — der Frage des gemeinsamen Vorbereitungsdienstes für Justiz und Verwaltung — bin ich nicht ganz seiner Meinung. Die weise Mäßigung, durch die sich die Anträge des Herrn Referenten auszeichnen, zeigt sich vor Allem gerade in diesem Punkte. Wenn es da heißt: „Dagegen sind weitergehende Wünsche hinsichtlich einheitlicher Regelung einer gemeinschaftlichen Vorbildung von Justiz- und Verwaltungsbeamten mindestens zur Zeit zurückzustellen," so bin ich damit völlig einverstanden. Es läßt sich das für Deutschland nicht gemeinsam ordnen. Das hängt zu sehr mit der Organisation der Verwaltung in den einzelnen Staaten zusammen, und diese ist wenigstens zur Zeit noch zu verschiedenartig. Die Regelung der Ausbildung für die Verwaltung muß jedem Einzelstaat überlassen werden. Dagegen möchte ich doch einen Schritt weitergehen als der Referent und ganz im Sinne seines Gedankenganges, nachdem wir zunächst festgestellt haben, daß das Universitätsstudium und der juristische Vorbereitungsdienst für Justiz und Verwaltung gleich sein sollen, nun noch weiter aussprechen: Es muß jedenfalls der Gerichtsreferendar auch ein Jahr im Vorbereitungsdienst bei der Verwaltung arbeiten. Das ist eine Einrichtung, die viele deutsche Staaten haben und bezüglich deren die anderen, insbesondere Preußen, nachfolgen sollten. Wir haben es in Bayern, in Elsaß-Lothringen, in Baden, in Hessen, nicht, wie gesagt, in Preußen. Dem, was Herr Rosin in dieser Beziehung ausgeführt hat, stimme ich voll zu und ich habe versucht, in der Juristenzeitung eine Lanze dafür einzulegen. Es ist meines Erachtens im Interesse einer guten Rechtspflege dringend nothwendig, daß unsere Juristen in engere Beziehung zu den Aufgaben der Verwaltung gebracht werden. In der Praxis habe ich wiederholt mit Befremden gesehen, wie wenig die jungen Juristen aus ihrer Vorbereitungszeit Verständniß für die socialen Aufgaben des Richters mitbringen. Die Bemühungen, die jungen Amtsrichter zu einer über das Formelle hinausgehenden Mitarbeit mit den Waisenräthen, zu einer hingebenden Mitarbeit bei der Fürsorge für die entlassenen Gefangenen u. s. w. heranzuziehen, sind sehr oft vergebens. Da trifft man häufig auf sehr geringes Interesse für dergleichen Aufgaben bei den jungen Leuten. Sie sind eben darauf nicht geschult. Sie sind zu theoretisch ausgebildet, betrachten es nur als ihre Aufgabe, feine Rechtsfragen zu entscheiden, und die kommen beim Amtsgericht nicht alle Tage vor.

(Heiterkeit.)

Der Richter, insbesondere der Einzelrichter muß Freude haben am praktischen Verkehr mit den kleinen Leuten, muß Freude am Menschen haben.

(Lebhaftes Bravo.)

Deshalb bitte ich, nehmen Sie meinen Vorschlag an und streichen Sie die Worte: „Dagegen sind weiter gehende Wünsche u. s. w. mindestens zur Zeit zurückzustellen." Fahren Sie statt dessen, nachdem gesagt ist:

> Dabei ist vorausgesetzt, daß jedenfalls hinsichtlich des Universitätsstudiums und des gerichtlichen Vorbereitungsdienstes der Bildungsgang für Justiz und Verwaltung der gleiche ist,

so fort:

> und daß die Gerichtsreferendare (Rechtspraktikanten u. s. w.) während eines Theils ihres Vorbereitungsdienstes bei einer Verwaltungsbehörde beschäftigt werden.

(Zustimmung.)

Ich bin auch einverstanden, daß man versuchen sollte, mit $3^1/_2$ Jahren Vorbereitungsdienst auszukommen. Der Vorbereitungsdienst dauert in Preußen jetzt 46 Monate. Meines Erachtens kann er sehr wohl etwas verkürzt werden. Nach meiner Auffassnng läßt sich im Vorbereitungsdienst eine volle praktische Ausbildung überhaupt nicht erreichen. Das Beste für die Praxis lernen wir erst, wenn wir im Amte sind. Es ist das, wie mit dem schwimmen lernen. Wer schwimmen lernen will, muß ins Wasser. Ein Arbeiten im Vorbereitungsdienst unter Anleitung und Aufsicht ist etwas gar anderes, als wenn ich selber unter eigener Verantwortlichkeit etwas leisten muß.

(Sehr richtig!)

Zudem werden die jungen Juristen vielfach auf subalterne Dinge eingefuchst und von den Gerichtsschreibern zu deren Erleichterung ausgenutzt.

(Lebhafte Zustimmung.)

Ich glaube, wir können deshalb ganz gut die Klammer bei der Dauer des Vorbereitungsdienstes mit 3½ Jahren stehen lassen.

Ich bitte, diese beiden Anträge anzunehmen.

Dann möchte ich aber mit aller Entschiedenheit mich dagegen aussprechen, daß die Nr. IV in der Weise geändert werden soll, wie es der Herr Vorredner will. Hier einen Akt der Reichsgesetzgebung zu verlangen, hat sehr viel Bedenken und nach meinem Gefühl ist es ein großer Vorzug der Vorschläge des Herrn Berichterstatters, daß er von einem Akt der Reichsgesetzgebung absieht. Wir würden sonst leicht in Konflikte kommen, zu Eingriffen in die Landeshoheit bei Verwaltungsfragen, die jeder Staat für sich regeln will und muß. Selbst wenn wir es aber auch machen wollten, ein solches Reichsgesetz kommt gar nicht zu Stande. Machen wir uns darüber keine Illusionen! Und dann: wie ist in den einzelnen Staaten das Universitätsstudium und der Vorbereitungsdienst geordnet? Allerdings wohl zunächst durch ein Gesetz! Aber darin stehen nur ein paar Grundsätze, und die Hauptsache liegt in den Verwaltungsverordnungen.

(Sehr richtig.)

Man muß dieses Detail auch jeden Tag ändern können. Wir können doch z. B. nicht wohl durch ein Reichsgesetz festlegen; ob ein Jurist Nationalökonomie hören muß. Was in derartigen Einzelheiten vorgeschrieben wird, muß jeden Tag geändert werden können. Das läßt sich weder durch Reichsgesetz, noch durch Landesgesetz ordnen, sondern muß in der Hauptsache im Wege der Verordnung geregelt werden. Es muß freier Spielraum gegeben werden. Das ist der richtige Weg. Ich bin überzeugt, daß, wenn wir auf die Reichsgesetzgebung lossteuern, dies uns nicht zum Ziele führt. Ich bitte deshalb dringend, damit wir etwas erreichen, die Nr. IV so festzuhalten, wie sie der Herr Referent vorgeschlagen hat.

Zum Schluß möchte ich auch in meinem Namen dem Herrn Referenten danken für die Art, wie er die Anträge gefaßt hat. Der Antrag des Herrn Gegenreferenten hält sich nach meiner Ansicht zu allgemein, er ist zu farblos. Manche Anträge, die hier vorgebracht worden sind, gehen zu weit. Meines Erachtens hat der Referent durch seine Anträge überall eine weise Mäßigung bewiesen und den Spruch bewahrheitet: in der Beschränkung zeigt sich der Meister. Möge es für den Deutschen Juristentag, der heute sein 25. Jubiläum feiert und dem man hier und da schon die Diagnose stellen wollte, daß er an beginnender Altersschwäche leide, ein gutes Omen sein, daß er in dieser wichtigen Frage eine so weise Mäßigung beweist, daß er unter Zurückstellung weitergehender Wünsche Anträge vorbringt, welche die Möglichkeit auf Erfolg haben, und vollen ganzen Erfolg möchte ich allen diesen Anträgen wünschen!

(Anhaltender Beifall.)

Regierungsrath Prof. Dr. **Hiller** (Graz): M. H., ich werde Ihre Zeit durchaus nicht lange in Anspruch nehmen. Wenn der geehrte Herr Vorredner mit der ganz besonderen Anerkennung und Zustimmung für den ersten Herrn Referenten geschlossen hat, so kann ich zur Orientirung über meinen Standpunkt auch meinerseits bemerken, daß ich mich ganz und gar an die Ausführungen und Begründungen des ersten Herrn Referenten anschließe und auch seine Anträge acceptire, nur daß ich hier in zwei Punkten kleine Zusatzanträge stellen werde, deren Motivirung in kurzen Worten Sie mir gütigst gestatten wollen.

Vor Allem was die Frage des 7. oder 8. Semesters, der Dauer der Studien unter I 1 b der Anträge des Herrn Referenten betrifft, möchte ich mir erlauben, die hohe Versammlung doch darauf aufmerksam zu machen, daß nach alle dem, was wir bisher gehört haben, was namentlich der Referent, der Herr Kollege Geheimrath Kahl ausgeführt hat, es wenigstens mir und, ich glaube, auch einem großen Theil der anwesenden Herren undenkbar erscheint, wie das akademische Studium der Rechtswissenschaft auf 6 Semester beschränkt werden soll.

(Sehr richtig.)

Nicht nur die Frage der propädeutischen Kollegien kommt in Betracht, die, wie Sie wissen, in Bayern gehört werden müssen, und die, wie es Ihnen vielleicht minder bekannt ist, in Oesterreich seit Jahren eingeführt sind, sondern auch, abgesehen von diesen philosophisch-propädeutischen Kollegien, deren Werth ich nicht absprechen will, wenn sie in Wirklichkeit gehört würden — aber wir wissen aus Erfahrung, daß sie in der Regel nur belegt und im Genuß der ersten akademischen Freiheit nicht gehört werden — ich sage, selbst abgesehen von diesen Vorlesungen bleibt für das juristische Studium, wie ich nicht zu motiviren brauche, wie auch aus den Ausführungen des ersten Herrn Vorredners hervorgeht, so wenig Raum übrig, wenn wir uns auf die bisher in Preußen üblichen Semester beschränken, daß namentlich mit Rücksicht auf das Bürgerliche Gesetzbuch eine Ausdehnung nicht nur wünschenswerth, sondern geradezu zu fordern ist. Ich glaube, daß die Majorität der geehrten Herren hierüber keinen Zweifel hat.

Wenn der Herr Correferent Dr. Goldschmidt bemerkte, daß er glaube, daß die 3 Jahre für den Begabten vollständig genügten und daß für den Minderbegabten oder etwas nachlässigen und seinen Pflichten weniger treu nachkommenden jungen Mann auch 4 oder 5 Jahre nicht genügten, so gehe ich weiter: ich glaube, daß ein außergewöhnlich begabter studiosus juris, der sehr fleißig ist, vielleicht das ganze akademische Studium, wenn er sich dahintersetzt, auch in zwei Jahren bewältigen kann. Wir haben ja den Beweis, daß diejenigen, die sich neben dem Gymnasium durch Privatstudien für die Humaniora ausbilden, in wenigen Jahren das erreichen können, während wir auf dem Gymnasium 8 oder 9 Jahre damit gequält wurden. Daß also begabte und fleißige Juristen selbst in 2 Jahren das Studium bewältigen können, das gebe ich zu; aber im Allgemeinen glaube ich nicht, namentlich mit Rücksicht auf die gesteigerten Anforderungen besonders in Bezug auf das deutsche Bürgerliche Gesetzbuch und die Behandlung des Studiums, wie sie theilweise eingeführt ist, daß 6 Semester genügen. Daß in Bayern seit Generationen 8 Semester bestehen, daß in Oesterreich 8 Semester für das Rechtsstudium obligatorisch sind, setze ich als bekannt voraus, und es ist noch niemals das Postulat erhoben worden, daß diese Zeit gekürzt werden möge; das würde auch da, wo diese Einrichtung längst eingewurzelt, unmöglich gehen.

Ferner möchte ich mir noch erlauben, was die vorhin von dem Herrn Referenten Geheimrath Kahl erwähnten philosophischen Vorstudien betrifft, eine kurze Bemerkung zu machen. Ich habe zwar bereits anticipirt, indem ich sagte, sie sind sehr werthvoll für den Juristen, wenn sie wirklich gehört würden, und wenn sie den propädeutischen Werth, den sie haben sollen, auch wirklich ausüben könnten. Aber es ist bekannt, daß diese Vorlesungen sowohl in Bayern wie an den österrichischen Universitäten nicht so vom Studirenden gewürdigt werden, wie es sein sollte. Sie werden belegt; aber sie werden mit Ausnahme einiger Kollegien, welche die Jugend besonders interessiren, nur formell behandelt, um mich etwas parlamentarisch auszudrücken.

Ich glaube, um diese Frage zusammenzufassen, daß die 7 Semester, die der erste Herr Referent aufstellte, als die Minimalforderung zu betrachten sind, daß wir von den 7 Semestern rebus sic stantibus nicht ablassen dürfen und daß sogar, wenn die Discussion an anderer Stelle weitergeführt würde, vielleicht noch die Frage zu erörtern wäre, ob nicht die Studienzeit, wie es seit langer Zeit hier im Königreich Bayern vorgeschrieben ist (und vielleicht noch in anderen deutschen Einzelstaaten) auf 8 Semester zu erhöhen sei, namentlich wenn die philosophischen Studien einzubeziehen sind.

Es ist auch bekannt, daß man da, wo es praktisch ist, die philosophischen Studien vorangehen zu lassen, mindestens im ersten Sommersemester doch mit den ersten juristischen Kollegien beginnt, daß Institutionen und Rechtsgeschichte schon im Sommer gehört werden, und in Oesterreich ist es obligatorisch, daß schon im ersten Wintersemester mit den Institutionen, mit deutscher und österreichischer Reichs- und Rechtsgeschichte begonnen wird, und daß die philosophischen Obligatkollegien im Sinne der österreichischen Unterrichtsordnung nebenbei und zwischenhinein zu inskribiren sind bis zur ersten Prüfung und noch darüber hinaus. Ich werde mir also in dieser Beziehung erlauben, nur den Antrag zu stellen, zu Punkt I 1 b bei den Worten „für seine Dauer (7 Semester)“ in der Parenthese das Wort „mindestens“ einzuschalten, sodaß es in der Klammer heißt: „(mindestens 7 Semester).“

Es ist im Laufe der Discussion vielfach erwähnt worden die Frage der Verbindung resp. Trennung der akademischen Vorlesungen über Nationalökonomie, Finanzwissenschaft, der staatswissenschaftlichen Kollegien im engeren Sinne. Wenn es wirklich heute noch so ist, wie mir auf mündliche Umfrage bestätigt wurde, daß der preußische angehende Jurist gar keine Verpflichtung hat, Nationalökonomie und Finanzwissenschaft an der Universität zu hören, daß diese Fächer keine Prüfungsgegenstände sind, so gestehe ich offen, daß mir dies als ehemals bayerischer Jurist und heute seit Jahren in Oesterreich wirkender akademischer Lehrer ganz unfaßbar ist.

(Sehr richtig!)

Ich hoffe, daß da vielleicht ein Irrthum vorliegt?

(Ruf: Nein!)

Dann gestatten Sie mir, daß ich mich aller weiteren Ausführungen enthalte; aber ich glaube, daß das Bestreben aller darauf zu richten sei, daß auch die preußischen Juristen die Verpflichtung haben müssen, in Zukunft für das erste Examen Nationalökonomie, Finanzwissenschaft und ähnliche Fächer, die sich daran knüpfen, z. B., wie es in Oesterreich der Fall ist, auch Statistik zu hören, um eventuell auch darin geprüft zu werden. Das ist aber etwas, was unser Thema nur sekundär berührt.

Was aber nothwendig ist, das wäre doch -- und das ist eine persönliche Meinung von mir — die Loslösung dieser Fächer wie Nationalökonomie, Finanzwissenschaft u. s. w. aus der philosophischen Facultät da, wo sie noch in dieser sind. Es ist bekannt, daß in Süddeutschland, z. B. in Bayern, auch in Tübingen, eine rechts- und staatswissenschaftliche Facultät besteht, daß in München heute noch eine eigene staatswissenschaftliche Facultät besteht, ein Luxus allerdings, den sich minder große Universitäten nicht leisten können. Ich glaube, es würde der Grundidee unserer Studienreform förderlich sein, wenn es mit der Zeit zu erreichen wäre, daß die Nationalöconomie, Finanzwissenschaft u. s. w. aus dem Rahmen der philosophischen Facultät herausgenommen und dorthin gesetzt wird, wo sie naturgemäß hingehört, nämlich in Verbindung mit dem Rechtsstudium.

Was, m. H., die Prüfungsordnung selbst angeht, so erkläre ich, daß ich mit dem, was von dem Herrn Referenten Geheimrath Kahl begründet und beantragt wird, im wesentlichen einverstanden bin. Auch was die Frage der Zwischenprüfungen — und das scheint der sogenannte wunde Punkt zu werden — betrifft, bin ich einigermaßen mit den beiden Herren Referenten, namentlich auch mit Herrn Rechtsanwalt Dr. Goldschmidt einverstanden, und muß zustimmen, daß jedenfalls noch nichts vorbereitet ist. Darüber wird wohl in der ganzen Versammlung kein Zweifel sein, daß wir über die Frage der Zwischenprüfungen, wie sie heute liegt, jetzt nicht beschließen können. Es ist wünschenswerth, es ist nothwendig, meine hochgeehrten Herren, daß über diese Frage vor allem noch reifliche Erwägungen stattfinden, daß, wenn sie z. B. auf die Tagesordnung des nächsten Juristentags gesetzt wird und von der ständigen Deputation zahlreiche Gutachten veranlaßt werden, um diese Frage gründlich zu beleuchten und darzulegen, dann vielleicht der nächste Juristentag in der Lage ist, darüber eine fruchtbringende Discussion zu pflegen. Wir alten Juristen haben ja die Erfahrung, daß gewisse wichtige Fragen auf den nächsten oder zweitnächsten, ja selbst auf den dritten Juristentag verschoben und endlich spruchreif wurden und zur Abstimmung gebracht werden konnten.

Was die Frage der Zwischenprüfung anlangt, so möchte ich auf eins verweisen. Man hat im Laufe der Discussion gesagt, es fehlten uns vollständig die Erfahrungen über die Frage der Zwischenprüfungen. Das hat mich ein bischen frappirt; es hat mich sogar verwundert: östlich vom Deutschen Reich und auch östlich von Bayern, wo wir tagen, liegt ein Staat, der doch von einiger Ausdehnung ist, nämlich Oesterreich, wo seit Generationen die Zwischenprüfungen ganz in demselben Sinne eingeführt sind, wie sie heute zur Discussion stehen. Seit Generationen, sage ich. Ich freue mich, daß ich nicht allein als österreichischer Rechtslehrer hier bin; ich habe die Ehre, von einem erwählten Kreis von Collegen begleitet zu sein, die mir alles bestätigen können, was ich sage, und es ist vielleicht doch auch dem einen oder anderen der reichsdeutschen Herren etwas davon bekannt, daß es da drüben in Oesterreich Zwischenprüfungen giebt. Ich habe mich wirklich sehr gewundert, daß noch nichts davon erwähnt worden ist. Die Erfahrungen sind also vorhanden, und wenn ich auf eine 25jährige akademische Thätigkeit zurückblicke, kann ich sagen, daß die Erfahrungen keine schlechten sind. Es ist — ich thue es aus Rücksicht auf die Anwesenden, daß ich mich kurz fasse — mir jetzt nicht möglich, die Details hierüber näher auszuführen. Ich will es jetzt nicht thun, da es noch Juristentage geben wird, wo ich Gelegenheit haben werde, darüber zu sprechen. Aber dagegen möchte ich mich wenden, daß man sagt, wir haben gar keine Erfahrung. Es sind eben Erfahrungen vorhanden und diese sind, so weit sie von den deutschen Universitäten in Oesterreich kommen, ungefähr die gleichen wie sie sich auch in Süddeutschland bezw. im ganzen Deutschen Reich ergeben müßten. Daß die Erfahrungen keine üblen sind, daß heute die ganze juristische Welt Oesterreichs durchaus nicht anders denkt und sich längst auf die Zwischenprüfungen eingerichtet hat, das erwähne ich nur nebenbei. Daß bei dem großen Andrang zum juristischen Studium die erste Prüfung eine große Klippe und nicht angenehm ist, und daß auch die jungen Juristen in Bayern, seitdem die Unterrichtsverwaltung auf Antrag des Justizministeriums die Zwischenprüfung eingeführt hat, durchaus nicht auf Rosen gebettet sind, davon bin ich vollständig überzeugt; aber das ist eben nicht zu vermeiden und schadet der Sache an sich nicht.

Was nun die einseitige Einführung der Zwischenprüfung, was insbesondere das selbständige Vorgehen des bayerischen Ministeriums bezüglich der Zwischenprüfung betrifft, so ist das heute, wie die Verhältnisse liegen, ein Umstand, der allerdings momentan die Freizügigkeit, aber nur die der Bayern, wenn sie hinausgehen wollen an andere Universitäten, beeinträchtigt; denn kein nichtbayerischer Jurist ist verhindert, in Bayern trotz der Zwischenprüfungen Jura zu hören, wie und wann er will. Aber andererseits ist die Voraussetzung: kommt es zu Zwischenprüfungen, so ist nach den Ausführungen des Herrn Referenten die einzige Möglichkeit, daß sie im Wege der reichsgesetzlichen Verfügung eingeführt werden. Ob das zu erreichen ist und wie das zu machen ist, darüber habe ich mich nicht zu äußern. Aber wenn die Folge die wäre, daß der eine Einzelstaat des Deutschen Reichs die Zwischenprüfung hat, der andere nicht, dann würden allerdings für die Dauer Mißstände eintreten. Ich glaube, daß der bayerische Justizminister Freiherr von Leonrodt, mit dem ich die Ehre hatte vor Jahren hierüber zu sprechen, und von dem ich weiß, daß er seit längerer Zeit schon die Absicht hatte, diese Zwischenprüfung einzuführen, sich wohl bedacht hat, er wolle in diesem Punkte vorangehen, um damit vielleicht auch das Tempo der Einführung derselben in den übrigen deutschen Staaten etwas zu beschleunigen. Und warum soll nicht auch einmal der zweitgrößte Bundesstaat, Bayern, in einer solchen Frage vorangehen und zeigen, daß es doch gut und möglich ist, wie in diesem Falle mit der Zwischenprüfung, dies zu thun.

Was aber die von dem Herrn Vorredner betonte mangelnde Freizügigkeit anlangt, so habe ich den Herrn Collegen Rosin nicht ganz genau verstanden. Er meinte wohl, daß die Freizügigkeit, wenn die Zwischenprüfung bestände, ganz aufgehoben würde; ja er ging so weit, zu sagen, innerhalb des Königreichs Preußen selbst höre sie auf. Da muß ich wieder aus meiner langjährigen Praxis in Oesterreich etwas herholen. Es ist in Oesterreich nicht Sitte, daß die Studierenden besonders der Rechtsfacultät so häufig die Universität wechseln, wie es in Deutschland der Fall ist. Trotzdem thun diejenigen, die dazu die nöthigen financiellen Mittel haben, das Möglichste, um von einer Hochschule an die andere zu gehen, besonders um einmal nach Wien zu gehen. Natürlich richten sie sich so ein, daß sie mindestens ein Jahr bleiben. Ich glaube nicht, daß die Herren der Ansicht sind, es sei zu empfehlen, daß die Herren Studierenden semesterweise die Universität wechseln. Das ist wohl nicht wünschenswerth und kann nicht im akademisch-pädagogischen Interesse liegen. Es besteht also auch eine, wenn auch praktisch nicht so häufige Freizügigkeit längst in Oesterreich, und ich weiß, daß namentlich die bemittelteren Studenten davon Gebrauch machen. Daß sie seltener bethätigt wird wie im Deutschen Reich, das gebe ich zu; hier sind eben durchschnittlich die Vermögensverhältnisse der Studierenden besser als in Oesterreich. Aber man befürchtet, daß durch die Einführung der Zwischenprüfung selbst auf Grund reichsgesetzlicher Regelung für alle Deutschen die Freizügigkeit getödtet sein würde. Daß der Student vor der Prüfung gern diejenigen Professoren hört, bei denen er die Prüfung machen will, das ist selbstverständlich; wo ist aber ein Hinderniß vorhanden, daß ein Rechtshörer vor der ersten rechtshistorischen Prüfung diejenigen Professoren hört, bei denen er die Prüfung zu machen beabsichtigt, und nach dieser Prüfung die Universität wechselt und vor der academischen Schlußprüfung, die man hier die Referendar- oder theoretische Staatsprüfung nennt, diejenigen Professoren hört, die er hören will? Ich sehe hier absolut kein Hinderniß der Freizügigkeit.

Was die Einrichtung der Prüfung selbst anlangt und eine Reihe von Fragen, die damit im Zusammenhang stehen, namentlich die Frage der rechtlichen Zulässigkeit in Bezug auf § 2 des Gerichtsverfassungsgesetzes, so kann ich auf eine Erörterung derselben um so mehr verzichten, als bereits vorzügliche, lichtvolle und eingehende Darlegungen darüber gegeben worden sind.

Ich möchte nun im Hinblick auf dasjenige, was ich bisher mir auszuführen erlaubte, einen zweiten Antrag stellen, daß im Anschluß an Punkt III der Anträge des Herrn Referenten ausgesprochen werde:

> Es ist die Frage über die Zwischenprüfungen auf die Tagesordnung des nächsten Juristentages zu stellen und die ständige Deputation zu ersuchen, das Bestreben darauf zu richten, daß die Sache durch Gutachten möglichst nach allen Seiten noch beleuchtet werde.

Das sind meine beiden Anträge, daß also in I 1 b das Wort „mindestens" vor „7 Semester" eingefügt und zu III hinzugefügt werde, es ist die Frage der Zwischenprüfungen auf die Tagesordnung des nächsten Juristentages zu stellen und noch durch eingehende Gutachten zu beleuchten.

Vorsitzender: M. H., zur Geschäftsordnung sind zwei Anträge eingegangen von Herrn Olshausen und von meinem geehrten Herrn Nachbar, dahin gehend, daß künftige Redner gebeten werden, bezw. daß Ihr Vorsitzender angewiesen wird, darauf zu halten, daß die Vorträge nur noch 10 Minuten dauern.

(Zuruf: 5 Minuten!)

Ich glaube im Sinne unserer eigenen Abtheilung, aber auch im Sinne der Abtheilung III, auf welche wir bekanntlich Rücksicht nehmen müssen, zu handeln, wenn ich die Tendenz dieser Anträge unterstütze. Ich erlaube mir übrigens auch noch weiter darauf aufmerksam zu machen, daß wahrscheinlich der Antrag gestellt werden wird, mit dieser Angelegenheit auch noch die Vollversammlung zu beschäftigen, so daß also diejenigen, welche etwa heute nicht zum Wort kommen oder nicht so ausführlich, wie sie beabsichtigen, zum Wort kommen, morgen noch Gelegenheit haben, ihr Herz weiter auszuschütten.

(Heiterkeit!)

Wohl alle Herren haben eine Abkürzung der künftigen Vorträge gewünscht. Es handelt sich nur noch um die Frage der Zeitbemessung. Es sind 10 nnd 5 Minuten vorgeschlagen.

Der Vorsitzende ist gebunden, den Willen der Abtheilung streng auszuführen. Sie erleichtern vielleicht es dem Herrn Vorsitzenden, streng auf 7 Minuten Redezeit zu halten.

(Heiterkeit und Zustimmung!)

Wenn Sie damit einverstanden sind, werde ich mit aller Entschiedenheit Ihren Willen vollziehen.

(Bravo!)

Es haben noch das Wort die Herren Dr. Scherer, Dr. Wilke, Gierke und Hellwig; Herr Olshausen verzichtet aufs Wort. Zunächst hat also Herr Dr. Scherer das Wort.

Rechtsanwalt Dr. **Scherer** (Leipzig): M. H., ich beantrage einheitliche Regelung der Semesterfrage für ganz Deutschland, und zwar zuerst durch freie Vereinbarung, eventuell auf dem Wege der reichsgesetzlichen Regelung, und bis dahin das Zwischenexamen nicht einzuführen oder, wo geschehen, wieder aufzuheben. Ich bin für einheitliche Regelung dieser Fragen. Der Hauptdifferenzpunkt besteht bezüglich des süddeutschen Systems, welches Justizdienst und Verwaltung vollständig verbinder. Dieses System besteht in Bayern, Hessen, Baden und Elsaß-Lothringen und vielleicht noch in anderen Staaten. Ich meine, Preußen könnte ganz gut noch das System annehmen; denn es wird dadurch der Bildungsgrad seiner Juristen erhöht, und es würde in Süddeutschland einen sehr guten Eindruck machen, wenn auch einmal ein süddeutsches Institut in Norddeutschland Einzug hält, während wir in Süddeutschland immer alles nach dem norddeutschen System einführen müssen. Das Bürgerliche Gesetzbuch ist im Wesentlichen das Preußische Landrecht. Also ich würde dafür sein, daß Norddeutschland einmal eine süddeutsche Einrichtung acceptirt.

Der zweite Punkt betrifft die Fragen, wie das Examen gestaltet werden soll, welche Anforderungen gestellt, welche Collegien gehört werden sollen. Das sind eigentlich nebensächliche Fragen. Wird einheitlich geregelt, so könnten auch hier Verbesserungen angebracht werden.

Was das Zwischenexamen betrifft, so bedeutet das für die Jetztzeit nicht einen Pfad nach der Einheit, sondern einen Pfad des Gegensatzes, und ich bin der Ansicht, daß zunächst Alles vermieden wird, was Verschiedenheiten bringt. Wir haben Verschiedenheiten genug; folglich wollen wir nicht nach dem Wegfall der alten Grenzpfähle hier wieder Neuerungen einführen, die uns nicht der Einheit näher bringen, sondern uns davon entfernen.

Die Frage, wie lange das Studium dauert, ob 3 Jahre u. s. w., wird sich leicht erledigen lassen. Es kann ja der Verordnung durch den Bundesrath überlassen werden; dieser ist immer beisammen und kann es jeden Tag neu verordnen. Nach dem Gesetz von 1879 haben wir die Dauer des Studiums für 3 Jahre. Es kann Jeder seinen Examen machen, wenn er Etwas gelernt hat. Wenn er es besteht, ist es gut, ob er 4 Jahre, 2 oder 1 Jahr studirt hat, das ist ganz gleich.

(Heiterkeit.)

Auf diesem Standpunkt stehe ich. In Hessen hatten wir früher das System: 3jähriges Universitätsstudium und 2 Jahre Praxis. In dem kleinen Rheinhessen ist das ganz gut gegangen. Ich erinnere an Dernburg, den Vater des berühmten Professors, an Kreizenach, an eine ganze Reihe hervorragender Juristen, die unter diesem System ausgebildet worden sind. Also die Zeit reicht vollständig aus, damit die Leute etwas lernen. Nicht die Quantität macht es aus, sondern die Qualität des Studiums, ob Jemand Etwas gelernt hat und Etwas kann.

Von Interesse wäre es mir gewesen, den Namen der Civilkammer zu erfahren, die Herr Prof. Rosin erwähnt hat, die nicht einmal das Unfallversicherungsgesetz gekannt hat. Ich persönlich glaube, daß eine Civilkammer, die so verfährt, schadenersatzpflichtig demjenigen gegenüber werden kann, der in dieser Weise sein Recht verloren hat.

Ich will sofort schließen, um die sieben Minuten Redezeit einzuhalten. Aber Eins will ich noch hinzufügen: den Reichstag absolut bei Seite zu lassen, dazu sehe ich keinen Grund ein. Fürst Bismarck hat den Reichstag gedacht als den Vertreter der Einheit Deutschlands, von dem man erwartet hat, daß er stets von dem Einheitgedanken erfüllt sein wird, und daß er im Stande ist, in ganz Deutschland diese Auffassung zur Geltung zu bringen. Daß der Reichstag bei Seite geschoben wird, das kann ich in keiner Weise begreifen.

Geh. Justizrath Dr. **Wilke** (Berlin): M. H., wir haben neben dem Antrage des ersten Herrn Referenten verschiedene Anträge, zunächst von dem zweiten Referenten, dem Herrn Collegen Goldschmidt. So sehr ich mit einigen dieser Anträge sympathisire, so bin ich doch dafür, daß sie nicht angenommen werden, und ich möchte den Herrn Collegen bitten, die Anträge zurückzuziehen. Sie gehen meines Erachtens zu sehr in das Detail hinein, mit welchem wir uns nicht beschäftigen können.

Was die Anträge des Herrn Rosin anlangt, so bitte ich entschieden, und zwar aus den Gründen, welche Herr Oberlandesgerichtspräsident Hamm so überzeugend und so lebhaft dargelegt hat, nicht auf die Streichung der Nr. IV einzugehen, in welcher ich gerade den besten Theil des ganzen Antrags von der praktischen Seite aus sehe.

Bezüglich der Frage, ob man das Zwischenexamen in den ersten Theil des Antrags hineinbringen soll, will ich nicht dagegen sein, wenn der Herr Referent damit einverstanden ist, das zu streichen. Aber den Gründen des Herrn Oberlandesgerichtspräsidenten Hamm möchte ich noch hinzufügen, daß es meines Erachtens überhaupt nicht Aufgabe der Reichsgesetzgebung ist, Prüfungsordnungen zu erlassen. Daß die Prüfungsordnung für Subalternbeamte nicht von ihr erlassen wird, das wird keinem Zweifel unterliegen; aber auch die Prüfungsordnung für Juristen und Verwaltungsbeamte ist wenigstens zur Zeit noch nicht Sache der Reichsgesetzgebung.

Einverstanden bin ich mit Herrn Prof. Rosin darin, in Nr. I im letzten Absatz den letzten Satz zu streichen, welcher lautet:

> Dagegen sind weitergehende Wünsche hinsichtlich einheitlicher Regelung einer gemeinschaftlichen Vorbildung von Justiz- und Verwaltungsbeamten mindestens zur Zeit zurückzustellen.

Meines Erachtens sind nämlich die Wünsche nicht zurückzustellen, sondern es ist im Gegentheil auszusprechen: „Es ist zu wünschen, daß das Universitätsstudium und der gerichtliche Vorbereitungsdienst für Justiz und Verwaltung der gleiche ist.“ Ferner bin ich gegen den Ausdruck im Beginn des letzten Absatzes: „Dabei ist vorausgesetzt“. Damit wird der ganze erste Antrag abgeschwächt. Auch wenn die Voraussetzung nicht zutrifft, würde doch alles das, was unter I gesagt ist, angenommen werden müssen, und das wird abgeschwächt, wenn wir die Anträge zu I von einer Voraussetzung abhängig machen. Ich möchte jedoch nicht mit Herrn Oberlandesgerichtspräsidenten Hamm wieder die Differenz zwischen Justizbeamten und Verwaltungsbeamten dadurch hineinbringen, daß für die Justizbeamten ein besonderes Erforderniß aufgestellt wird, das für die Verwaltungsbeamten zwar selbstverständlich ist, aber nicht gesagt ist. Es wird dadurch ein Unterschied in die Ausbildung dieser beiden Kategorien hineingebracht, und namentlich das Verlangen, wie es jetzt besteht, und wie es jetzt in dem Absatz 2 zum Ausdruck gebracht werden sollte, daß für die künftigen Verwaltungsbeamten nur die Ausbildung in den gerichtlichen Geschäften dieselbe sei, wie für die anderen Juristen, führt wieder dahin, daß wir Referendarien bekommen, die nachher zur Verwaltung gehen wollen und die zwei Jahre in der Justiz zwar beschäftigt werden sollen, aber Nichts thun, sondern nur auf die Anderen von Oben herab sehen. Die Referendarien bei der Verwaltung betrachten sich häufig gewissermaßen als die Garde

(Heiterkeit)

und sehen auf die Justizbeamten und die untergeordnete Beschäftigung der Justizbeamten herab. Der Unterschied ist nicht zu begünstigen.

Endlich komme ich zu einer Frage, wo ich zu meinem Bedauern den Unwillen der Versammlung herbeiziehen werde. Aber gerade blos dieser Frage wegen habe ich nicht auf meine Anträge verzichtet, um dabei nicht zugleich das Wort zu verlieren. Es ist die Frage der Beschäftigung von Referendaren oder Rechtspraktikanten mit Bureaudienstarbeiten gestreift worden, und zwar ist sie sehr abfällig beurtheilt worden sowohl vom ersten Herrn Referenten als auch vom Herrn Oberlandesgerichtspräsidenten Hamm. Dem wollte ich entschieden widersprechen. Ich bin der Meinung, daß die Beschäftigung der Referendarien mit Protokolliren und mit Bureauarbeiten, namentlich mit Expediren u. s. w. und die Kenntniß der Bureaugeschäfte etwas sehr Nützliches ist.

(Zuruf: Uebermaß!)

Wenn die Herren nachher Amtsrichter werden und die Bureaus revidiren wollen und nicht den kleinen Dienst von Grund aus kennen, dann sind sie die Sache mangelhaft überwachende Richter. Ich weiß aus eigener Erfahrung, wie nützlich es mir gewesen ist, als ich Einzelrichter war, daß ich vorher durch die Justizverwaltung gezwungen war, jeden einzelnen Bureaudienst kennen zu lernen, darin durchgebildet und im Stande war, diesen Dienst zu überwachen.

Was das Protokolliren betrifft, so mache ich darauf aufmerksam, daß man durch Protokolliren am Besten die Formalvorschriften lernt. Es steht im Strafgesetzbuch, wie man es macht. Aber wenn es dazu kommt und die Herren Referendare sollen Protokolle machen, so wissen sie oft nicht, wie sie es zu machen haben, besonders nicht bei Protokollen über Schwurgerichtssitzungen. Ich habe das Gefühl, daß ich dadurch viel gelernt habe, daß ich in Schwurgerichtssitzungen protokolliren mußte, und weil ich der Ausbildung im Bureaudienste zu Danke verpflichtet bin, so hat mich das Gefühl der Dankbarkeit bewogen, dem Unwillen, wie er hier gegen den Bureaudienst hervorgetreten ist, nach Kräften entgegenzutreten.

(Bravo!)

Geh. Justizrath Prof. Dr. **Gierke** (Berlin): Ich bin entschieden für die Beibehaltung der Nr. IV aus den schon angeführten Gründen. Ich halte das für einen großen Vorzug der Anträge des Herrn Collegen Kahl, daß sie sich im Rahmen der Reichsgesetzgebung halten. Wir haben ja bereits ein Reichsgesetz, das die Grundlagen feststellt, und brauchen kein neues. Wir brauchen eine verwaltungsrechtliche Regelung auf Grund freier Vereinbarung der Einzelstaaten, um die speciellen Fragen zu erledigen. Darum halte ich es von vornherein auch nicht für räthlich, auf gewisse Vorschläge des Herrn Correferenten einzugehen, weil sie eben eine Aenderung der Reichsgesetzgebung bedingen würden.

Ich bin ferner ein entschiedener Gegner der Zwischenprüfungen. Die österreichischen Erfahrungen haben durchaus nur diese meine Gegnerschaft zu unterstützen vermocht. Die Freizügigkeit in Oesterreich ist sehr gering; aber nun gar auf unsere deutschen Universitäten kommen kaum noch Oesterreicher, außer wenigen, die sich auf die akademische Laufbahn vorbereiten. Nur Ungarn erscheinen zahlreich. Auch ist bereits deutlich zu merken, daß der Zuzug der Bayern nach Berlin auf Grund der Zwischenprüfung abgenommen hat. Ich erkläre mich im Uebrigen hier mit der vorgeschlagenen Aenderung einverstanden: wenn es Zwischenprüfungen geben soll, müssen sie einheitlich geregelt sein. Ich bin hier für den Antrag Hamm.

Ebenso bin ich damit einverstanden, daß eine Aenderung eintritt in Bezug auf den letzten Absatz von Nr. I, nämlich daß in einigermaßen schärferer Weise zum Ausdruck gebracht wird, daß das positive Ziel immer die einheitliche Ausbildung der Justiz- und Verwaltungsbeamten sein muß.

Was mich nur veranlaßt, noch das Wort zu nehmen, das sind die speciellen Vorschläge unter I, die ich unbedingt anzunehmen bitte, aber mit einigen Aenderungen. Ich stimme zunächst dem Antrag Hiller zu, vor den Worten „7 Semester" einzufügen „mindestens", aus dem einfachen Grunde, weil bisher in Bayern 8 Semester erforderlich sind und ich nicht von Seiten des Juristentages dadurch, daß 7 Semester als Maximum gesetzt werden, einen Zwang zur Verkürzung dieser Frist befördern möchte. Der Herr Referent hat dies auch selbst ausgeführt; es scheint mir aber im Antrag ausgedrückt werden zu müssen. Daß wir uns aber überhaupt für eine Verlängerung der Studiendauer über 6 Semester hinaus aussprechen, das ist unbedingt erforderlich, weil alle berichteten Erfahrungen darin übereinstimmen, daß eine solche Verlängerung unerläßlich ist. Vor Allem hat sich dies in Preußen gezeigt. Von den dagegen angeführten Argumenten möchte ich besonders nachdrücklich das des Herrn Correferenten zurückweisen, daß der besonders Begabte nicht gehindert werden dürfe, früher fertig zu werden. Im Gegentheil! Gerade er sollte richtig und gründlich vorgebildet werden. Durch die preußische Studienordnung wird auch er in einen falschen Bildungsgang gedrängt und macht die Prüfung zu hastig. Die Universitätseinrichtungen müssen doch auf eine bestimmte Semesterzahl berechnet sein und wir können den richtigen Arbeitsplan auf der Universität nur durchführen, wenn wir mindestens ein Semester mehr haben. Die ersten 2 Semester: Hand weg vom Bürgerlichen Gesetzbuch! Das müssen wir haben und das ist nie zu erreichen, wenn wir nur 6 Semester haben.

(Sehr richtig!)

Ich habe in dieser Beziehung in meinen Vorlesungen über das neue bürgerliche Recht die trübsten Erfahrungen in Ansehung der mangelhaften Vorbildung der jungen Leute gemacht, die sofort ein Scharren erheben, sobald man einen allgemeinen Begriff erwähnt, den sie aus dem römischen und deutschen Recht doch kennen müßten. Aber sie kennen ihn nicht, sie kommen zu früh an diese Dinge! In Preußen haben wir überdies den Zwang zu obligatorischen schriftlichen Arbeiten. Auch in dieser Beziehung sind meine Erfahrungen die aller bedauerlichsten. Ich habe früher praktische Uebungen mit schriftlichen Arbeiten gehalten, sie dann wegen meiner Stettiner Vorlesungen ein Jahr ausgesetzt und hierauf unter der Herrschaft der neuen Studienordnung wieder aufgenommen. Da fand ich eine wahre Verwüstung des studentischen Geistes, wie sie eintreten muß, wenn man ein Stück Zwang in die akademische Freiheit hineinpflanzen will. Durchführbar wäre dieses System nur, wenn man weiterginge und eine Controlle ermöglichte, daß die Arbeiten selbständig gefertigt und nicht von einander abgeschrieben werden. Dann haben wir aber statt der Universität die Schule. Also auch in dieser Hinsicht drängen wir eine schädliche Einwirkung zunächst zurück, wenn in Folge der Verlängerung des Studiums die praktischen Uebungen um ein Semester vorwärts geschoben werden und die jungen Leute im Allgemeinen reifer hineinkommen.

Sodann aber bitte ich Sie — das ist mein einziger neuer Antrag —, in I unter Nr. 2 b nach den Worten „für seine Dauer" die Klammer mit den Worten „3½ Jahre" zu streichen, auch mit Rücksicht auf die bayrischen Verhältnisse, wo ja nach allen Erfahrungen 3 Jahre bisher genügten, um die einheitliche praktische Vorbildung für den Justiz- und Verwaltungsdienst zu erzielen. Daß mindestens 3 Jahre erforderlich sind, geht aus dem Gerichtsverfassungsgesetz hervor und braucht nicht gesagt zu werden; aber das Bedürfniß, den Wunsch nach einer Verlängerung dieses Minimums in dem Antrag auszusprechen, kann ich nicht anerkennen.

Gewiß hat Herr Geheimrath Wilke vollkommen Recht; Protokolliren, Expediren, Kenntniß des Bureaudienstes ist nöthig; aber es handelt sich um das vorhandene Uebermaß.

(Sehr wahr!)

Es handelt sich darum, daß zugleich die Referendare, wenigstens in Preußen, praktisch eine financielle Erleichterung des Staates bilden, daß der Staat die für eine sachgemäßere Ausgestaltung des Vorbereitungsdienstes erforderlichen financiellen Opfer nicht bringt. Wenn er sie bringt, würde es in kürzerer Zeit gehen; denn, wie oft gesagt, der praktische Vorbereitungsdienst ist immer nur der Anfang vom Lernen; die wahre praktische Schule ist immer erst das Leben.

Abgesehen von den befürworteten geringen Abänderungen, kann ich mich durchaus einverstanden erklären mit den Anträgen des Herrn Referenten.

(Lebhafter Beifall.)

Prof. Dr. **Hellwig** (Erlangen): M. H., nur ein paar Worte! Es ist von den Zwischenprüfungen viel gesprochen worden. Ich gehöre zu den bayerischen Universitätslehrern, die durch zwei Jahre hindurch einige Erfahrungen gesammelt haben, und es ist vielleicht nicht unangebracht, wenn ich Ihnen von denselben Kenntniß gebe. Gewiß haben wir erfahren, daß Leute, die vielleicht erst nach zwei Jahren angefangen hätten zu arbeiten, nach einem halben Jahre oder nach einem Jahre sich mit gehörigem Eifer hinsetzten, um das römische und deutsche Recht zu erfassen, und wir haben auch die besten Resultate in der Beziehung gesehen, daß eben die in diesem Examen zu fordernden Kenntnisse vorhanden waren. Aber — und dieses Aber ist ein sehr großes — die traurige Folge davon ist gewesen, daß, da in dem Hauptexamen römisches Recht und deutsche Rechtsgeschichte nicht mehr zu prüfen sind, selbst diejenigen, die vor anderthalb Jahren ein glänzendes Zwischenexamen vor uns gemacht hatten (so weit man das damals verlangen konnte), in der Hauptprüfung die einfachsten Begriffe des römischen Rechts nicht mehr beherrschten, und daß in der deutschen Rechtsgeschichte eine ebensolche Leere entstanden war. Wenn das der Erfolg der Einrichtung der Zwischenprüfung ist, so wird sie geradezu verhängnißvoll sein, wenn sie für ganz Deutschland eingeführt wird. Man mag im Augenblick vielleicht in der Begeisterung für das neu errungene Recht über die Cultivirung des römischen und deutschen Rechts etwas geringer denken; aber es wird die

Zeit schon wiederkommen, wo man einsieht oder sich wieder erinnern wird, daß es die Grundlage unseres juristischen Könnens und Wissens ist,

(sehr richtig!)

und wer an dieser nicht rütteln will, der muß, wenn er eine Zwischenprüfung einrichtet, unbedingt darauf bestehen, daß in der Hauptprüfung, gerade so wie bisher schon, die Fächer, die in der Zwischenprüfung geprüft wurden, nochmals verlangt werden. Wer das nicht thut, der untergräbt die Grundlage unserer ganzen Rechtswissenschaft. Wenn man es aber thut, so prüft man zweimal dasselbe und wir sind nichts als diejenigen, welche nichtstrebsame Studenten durch Aufwendung vieler Zeit und Mühe dazu anhalten, etwas früher anzufangen, und das ist, glaube ich, ein Lohn, um deswillen man die Einrichtung nicht treffen soll.

(Bravo!)

Geh. Oberjustizrath **Vierhaus** (Berlin): Nur eine kurze thatsächliche Bemerkung! Herr Geheimrath Gierke hat der viel verbreiteten Meinung Ausdruck gegeben, daß die Heranziehung der Referendare in Preußen zum Bureaudienst zum Zwecke financieller Erleichterung geschehe. Dem gegenüber erlaube ich mir auf folgende zwei Thatsachen zu verweisen. Das Bureaupersonal sämmtlicher Gerichte wird nach bestimmten Grundsätzen bemessen und es wird dabei auf die Mitarbeit der Referendare keine Rücksicht genommen. Es giebt ja auch sehr viele Gerichte, welche keine Referendare haben, namentlich kleine Amtsgerichte. — Zweitens möchte ich darauf verweisen: vor einiger Zeit hat der preußische Herr Justizminister eine Umfrage erlassen, ob nicht die Referendare in einem Maße zum Bureaudienst, insbesondere zur Protocollirung, herangezogen würden, daß die hierzu erforderlichen Kräfte dauernd aus den Referendaren genommen würden, und die Ausbildung darunter leide; bejahendenfalls wurde eine Vermehrung des Gerichtsschreiberpersonals in Aussicht gestellt. Darauf sind auffallend wenig Anträge auf Vermehrung des Bureaupersonals zur Erleichterung der Referendare gestellt worden und diesen Anträgen ist ohne jeden Anstand entsprochen worden. Ich constatire also, daß die preußische Justizverwaltung ihrerseits auf dem Standpunkt steht, daß Referendare nicht zur financiellen Erleichterung der Justizverwaltung beschäftigt werden dürfen, sondern nur zur eigenen Ausbildung.

(Bravo!)

Vorsitzender: Ich glaube feststellen zu dürfen, daß wir hinreichend unterrichtet sind, und erlaube mir den Vorschlag, daß wir unsere Verhandlungen als geschlossen betrachten, selbstverständlich vorbehaltlich des

Schlußwortes der beiden Herren Berichterstatter. Sind Sie damit einverstanden?

(Zustimmung!)

Dann hat Herr Geheimerath Kahl zunächst das Schlußwort.

Berichterstatter Geheimerath Professor Dr. **Kahl** (Berlin): M. H.! Zunächst ist es mir Bedürfniß, herzlichsten Dank auszusprechen für die freundliche, wohlwollende Aufnahme des Referats und der Vorschläge. Es geht daraus hervor, daß alle mit dem besten Willen, irgend etwas zu Stande zu bringen, an die Verhandlung dieser Frage herangetreten sind.

Was die Redaction meiner Thesen betrifft, so bemerke ich von vornherein, daß ich die Form derselben ohne weiteres preisgebe, und daß ich in der Sache bemüht sein werde, so weit entgegenzukommen, als es nur irgendwie im Interesse der Sache mit meinen Anschauungen verträglich sein kann, um eine einheitliche Beschlußfassung herbeizuführen. Sie werden, wie ich voraussetze, ganz damit einverstanden sein, wenn ich auf die einzelnen Ausführungen aller Herren Vorredner, wiewohl ich mir eingehende Notizen gemacht habe, nicht zurückkomme, sondern vielmehr nur auf deren Niederschlag in ihren Anträgen. Ich gestatte mir deshalb zunächst kurz thatsächlich festzustellen, welche Anträge gestellt sind, und dabei sogleich meine zustimmende oder abweichende Stellung zu bezeichnen.

Unter I 1 b ist nach den Worten „für seine Dauer" in der Klammer vor den Worten „sieben Semester" von Herrn Gierke beantragt, das Wort „mindestens" einzufügen. Ich nehme den Antrag ohne weiteres an und bitte unter I 1 zu sagen:

b) für ein Mindestmaß seiner Dauer von sieben Semestern.

Vorsitzender: Ich unterstelle, daß Herr Professor Hiller damit einverstanden ist, daß sein Antrag damit fällt.

(Zustimmung!)

Berichterstatter Geheimerath Prof. Dr. **Kahl** (Berlin): Zu I 1 c ist kein Antrag gestellt, wohl aber angeregt, die Frage der Zwischenprüfung hier einzuschalten. Es liegt dazu eine weitere Fassung von Herrn Rosin und eine kürzere von Herrn Hamm vor. Die weitere des Herrn Rosin würde ich ablehnen, schon aus dem formalen Grunde, weil sie zu lang ist. Sollte er darauf bestehen gegenüber dem Antrag Hamm, so muß sie durch Abstimmung zur Entscheidung gebracht werden. Mit dem Herrn Präsidenten Hamm habe ich bezüglich seines Antrags inzwischen Rücksprache genommen und er hat mir beigestimmt, daß es eine gewisse Bedenklichkeit habe, auszusprechen: „Einheitlichkeit sei geboten für die

Frage der sogenannten Zwischenprüfungen". Darin liegt eine Gefahr. Denn es kann geradezu als eine Art von Aufforderung verstanden werden, solche Prüfungen einzuführen. So weit ich übersehen kann, hat sich niemand für die Zwischenprüfungen begeistert. Herr College Hiller hat nur den Antrag gestellt, daß die Frage insoweit als eine offene behandelt werde, als sie der ständigen Deputation zwecks Verhandlung auf dem nächsten Juristentag überwiesen wird. Nun stimmt Herr O.L.G.-Präsident Hamm mit mir überein, daß er seinen Antrag zurückzieht. Wir empfehlen, die Frage der Zwischenprüfungen in unseren eigentlichen Beschlüssen überhaupt nicht weiter zu berühren. Das widerspricht nicht der beantragten Resolution des Herrn Prof. Hiller. Sie besagt nur eben, daß wir die Frage als offene betrachten, noch Deliberationen anstellen, Erfahrungen abwarten wollen u. s. w. Ich möchte also bitten, in Uebereinstimmung mit Herrn O.L.G.-Präsidenten Hamm einen Zusatz bei c nicht zu machen, sondern es bei meiner Fassung zu belassen. Dagegen würde ich unter III dem Antrag Hiller zustimmen, daß die Angelegenheit dem nächsten Juristentag noch einmal zur besonderen Erörterung überwiesen wird.

Vorsitzender: Der Herr Berichterstatter erleichtert dem Vorsitzenden die Fragestellung außerordentlich. Deshalb bitte ich, daß wir zusammen arbeiten. Ich unterstelle also, daß der Antrag Hamm hier wegfällt.

(Zustimmung!)

Wir werden dann bezüglich dieser Einschaltung wegen der Zwischenprüfung nur noch den Antrag Rosin haben. Ich frage zunächst: ist der Antrag Rosin unterstützt?

(Zustimmung!)

Bleibt der Herr Antragsteller bei seinem Antrag stehen? Der Antrag lautet, unter I 1 c — litera c soll dann nachher als d kommen — einzuschalten:

> für seine etwaige Unterbrechung durch ein Zwischenexamen, wobei eventuell die gegenseitige Anerkennung desselben durch alle deutsche Staaten nothwendig ist.

Hofrath Prof. Dr. **Rosin** (Freiburg i. B.): Zur Geschäftsordnung! Ich setze voraus, daß es herkömmlich und den Anforderungen der Gerechtigkeit entsprechend ist, wenn die Herren Antragsteller, namentlich auch ich, noch das Wort zu einer ganz kurzen Ausführung erhalten.

Vorsitzender: Ich bedaure, diese weiteren Erörterungen nicht zulassen zu können. Es ist der Schluß der Verhandlung unter allseitiger Zustimmung ausgesprochen worden, und ich glaube, es würde gegen die

Geschäftsordnung sein, wenn wir nochmals in die Erörterung der einzelnen Anträge eintreten wollten. Ich stelle also nun fest, daß dieser Antrag Rosin noch zur Abstimmung kommen muß.

Berichterstatter Geheimrath Prof. Dr. **Kahl** (Berlin): Zu I 2a ist kein Antrag gestellt. Zu „b) für seine Dauer 3½ Jahre" hat Herr Geheimrath Gierke beantragt, die Klammer zu streichen, und zwar mit Rücksicht auf Bayern, weil eine Nöthigung, dieses halbe Jahr zuzulegen, wohl nicht stattfinden könne. Ich trete diesem Antrag bei. Der Antrag Gierke ist nun auch der meinige und lautet:

b) „für seine Dauer und".

Zu c ist kein Antrag gestellt.

Es kommt der letzte Absatz von These I: „Dabei ist vorausgesetzt" bis „mindestens zur Zeit zurückzustellen". Hier liegen mehrere Anträge vor. Der eine geht dahin, Absatz 2 solle ganz gestrichen werden. Herr O.L.G.-Präsident Hamm hatte einen Abänderungsantrag gestellt, ist aber mit mir übereingekommen, weil der zweite Satz nicht als Voraussetzung, sondern als Wunsch oder Nothwendigkeit behandelt werden müsse, gemeinschaftlich folgende Fassung zu empfehlen:

> „Dabei ist vorausgesetzt, daß jedenfalls hinsichtlich des Universitätsstudiums und des gerichtlichen Vorbereitungsdienstes der Bildungsgang für Justiz und Verwaltung der gleiche sei. Es ist nothwendig, daß die Gerichtsreferendare (Rechtspraktikanten u. s. w.) während eines Theils des Vorbereitungsdienstes bei einer Behörde der inneren Verwaltung beschäftigt werden."

Ich möchte fragen — ich habe hier den Gang der Verhandlungen nicht genau verfolgen können — ob noch ein weiterer Antrag gestellt worden ist?

(Zuruf!)

Von Herrn Geheimrath Dr. Wilke ist also beantragt worden, zu sagen: „Es ist zu wünschen" statt „Dabei ist vorausgesetzt". Ich gebe zu, daß meine ursprüngliche Fassung mißverständlich ist. Selbst wenn wir die Worte „Dabei ist vorausgesetzt" nur in thatsächlichem Sinne nehmen, so trifft die Voraussetzung wiederum z. B. auf die württembergischen Verhältnisse nicht zu. Daher ist es besser, in einem Ausdrucke Alles zu decken und zu sagen: „Dabei ist zu wünschen" oder — Herr Dr. Wilke wird wohl damit einverstanden sein — schärfer: „Dabei ist zu fordern, daß jedenfalls u. s. w. der Bildungsgang der gleiche sei und daß die Gerichtsreferendare (Rechtspraktikanten u. s. w.) ꝛc. beschäftigt werden."

(Zustimmung!)

Vorsitzender: Ich stelle fest, daß allerdings auch noch ein Antrag Rosin vorliegt, der aber lediglich darauf gerichtet ist, daß dieser letzte Absatz von I gestrichen werde. Es muß also dieser Absatz zur Abstimmung kommen.

Berichterstatter Geheimrath Prof. Dr. **Kahl** (Berlin: Zu II unter 1, 2 und 3 sind keine Gegenanträge gestellt. Dagegen benutze ich die Gelegenheit, um gegenüber meinem geehrten Correferenten Herrn Justizrath Goldschmidt die Bemerkung zu machen, daß eben hier der Hauptgrund liegt, warum ich seinem so knapp gefaßten Antrag nicht zustimmen kann. Er hat, wenn ich recht verstanden habe, allgemein das „Prüfungswesen" aufgenommen, und unter „Prüfungswesen" sind die Prüfungsanforderungen wie die Prüfungsmethoden zusammenzufassen. Beide aber, glaube ich, sollten geschieden werden. Aus diesem Grunde würde ich also hier auf meiner Formulirung bestehen bleiben müssen und den Antrag des Herrn Correferenten meinerseits ablehnen. Sonst sind keine selbständigen Anträge gestellt.

Vorsitzender: Herr Dr. Scherer hat zu III und IV den Antrag gestellt:

> Ich beantrage einheitliche Regelung der beregten Fragen für ganz Deutschland durch freie Vereinbarung, eventuell im Wege der Gesetzgebung.

Berichterstatter Geheimrath Prof. Dr. **Kahl** (Berlin): Der Antrag Scherer ist ein Gegenantrag zu meinem ganzen Antrag, ein Correlat zu dem Antrag des Herrn Correferenten.

Es kommt These III. Ich beantrage im Verfolg des vorhin Gesagten, daß diese Nummer III ganz wegfällt. Die Resolution, betreffend die Verweisung der Zwischenprüfungsfrage auf den nächsten Juristentag, würde zweckmäßig am Schlusse selbständig angefügt.

Zu IV beantrage ich, daß es die Ziffer III erhält und daß hier die Frage der Form erörtert werde. Hier ist der Antrag Rosin nunmehr der dem meinigen entgegenstehende. Ich bedaure, daß ich dem geehrten Herrn Collegen gewissenshalber nicht so weit entgegenkommen kann. Ich muß bei meinem Antrag bestehen bleiben. Ich habe mir überlegt, ob es nicht möglich sein würde zu sagen: „ist zur Zeit nicht durch einen Act der Reichsgesetzgebung herzustellen"; denn wie die Constellation in 20, 30 Jahren sein wird, das haben wir nicht in der Hand, das können wir nicht prognosticiren. Andererseits aber ist dem ausdrücklich widerrathen worden, so daß wir durch Abstimmung feststellen müssen, was die Ansicht der Mehrheit des Juristentages ist. Unter III stelle ich also dasjenige, was in der gedruckten Unterlage unter IV steht.

Zum Schluß würde ich endlich eine Resolution empfehlen, welche den Antrag Hiller aufnimmt, wofür ich mich vorhin schon ausgesprochen habe.

Ich meinerseits bin hiermit an die Grenze dessen gegangen, was ich für ausführbar halte, und ich schließe wiederholt mit dem Wunsche, daß es möglich sein werde, zu einem möglichst einheitlichen Resultat zu gelangen.

(Bravo!)

Mitberichterstatter Rechtsanwalt Justizrath Dr. **Goldschmidt** (Berlin): Der Vorwurf der „Farblosigkeit" der von mir eingebrachten Resolution scheint mir durch den Verlauf der Debatte nicht gerechtfertigt zu sein; denn bei näherer Betrachtung deckt sich der einzig unangefochten gebliebene Theil der Anträge des Herrn Referenten vollinhaltlich mit meiner Resolution, und die Unterschiede bestehen lediglich darin, daß meine Resolution nicht römische und arabische Ziffern und die Buchstaben a, b und c enthält, sondern in einem Satz zusammengefaßt ist. Alles das, was hier in einzelne Abtheilungen aufgelöst ist, wird in meiner Resolution dahin formulirt, daß eine einheitliche Regelung des Universitätsstudiums, des Vorbereitungsdienstes und des Prüfungswesens anzustreben sei; nichts weiter. Ich habe eben im Hinblick darauf und, wie ich glaube, in der ganz zutreffenden Voraussicht, daß jeder andere Punkt den erheblichsten Zweifeln und Bedenken begegnen würde, die Resolution in dieser allgemeinen Fassung vorzuschlagen mir erlaubt, und daß der Verlauf der Dinge diese Erwartung bestätigt hat, glaube ich nicht weiter ausführen zu sollen. Wir haben gesehen, daß außer zu diesem ersten Theil der einheitlichen Ordnung des juristischen Bildungsganges zu jedem andern Antrag Ablehnungsanträge, Modificationsanträge u. s. w. hinzugefügt worden sind, und ich glaube nicht, daß das ein Förderungsmittel ist, um ein Resultat auf dem diesjährigen Juristentag herbeizuführen. Ich bin vielmehr der Meinung, daß jedes Amendement bis zu einem gewissen Grade das Schicksal der von uns gemeinsam angestrebten Ziele zu gefährden geeignet ist. Ich möchte Sie deshalb bitten, m. H., den Antrag des Herrn Geheimrath Kahl unter I, aber allerdings unter Streichung der „7 Semester" bei 1 b und der „3½ Jahre" bei 2 b, vollständig anzunehmen. Ich würde, wenn der Antrag Kahl in dieser Fassung angenommen wird, ohne weiteres meine Resolution zurückziehen; denn der Antrag Kahl würde sich dann vollinhaltlich mit meiner Resolution decken, und insofern er sich nicht ganz damit deckt, und neue Momente enthält, würde ich mich dagegen nicht sperren und dieselben dankbarst acceptiren. Aber weiter geht meine Uebereinstimmung nicht.

Ich bitte ferner den Antrag Kahl zu II abzulehnen. Landesrechtliche Vorbehalte hier als nothwendig hinzustellen, erscheint mir nicht als die unmittelbare Aufgabe des Juristentags; dafür wird anderweit gesorgt werden.

Es erscheint mir auch nicht zutreffend zu sein, unter III etwas zur Abstimmung zu stellen, was noch nicht spruchreif ist.

(Zuruf: Ist zurückgezogen!)

Das ist gestrichen, um so besser! Aber was den letzten Absatz anbetrifft: „Die gebotene einheitliche Ordnung des juristischen Bildungsganges ist nicht durch einen Act der Reichsgesetzgebung herzustellen", so würde ich unbedingt dagegen stimmen, gerade wegen der gesperrt gedruckten Worte „nicht durch einen Act der Reichsgesetzgebung". Wir haben in der Debatte hier wiederholt hervorheben hören und ich selbst habe mit Entschiedenheit darauf hingewiesen, daß gerade die Herstellung der Rechtseinheit auf diesem Gebiete im Wege der Reichsgesetzgebung außerordentlich wünschenswerth, ja das principaliter Wünschenswerthe sei. Wenn wir darauf verzichten, so ist das eben ein Opfer, das wir den gegenwärtigen Verhältnissen bringen. Aber dieses Opfer so weit zu treiben, daß wir auch noch ganz besonders darauf hinweisen, daß dies nicht geschehen solle, das scheint mir zu weit zu gehen und in einer Infragestellung eines Satzes des öffentlichen Rechtes zu gipfeln, der bisher nicht bestritten worden ist; denn die Regelung dieser Materie gehört zur Competenz des Reiches, und diese Frage ist ja auch im bejahenden Sinne bereits dadurch entschieden, daß das Gerichtsverfassungsgesetz die hier vielfach erwähnten und von mir deshalb nicht zu wiederholenden Minimalforderungen aufgestellt hat. Mit andern Worten: in dieser Resolution besonders hervorzuheben, daß wir hier auf den Weg der Reichsgesetzgebung verzichten, will mir nicht als die Aufgabe des Juristentages erscheinen.

Vorsitzender: M. H., Wir gehen zur Abstimmung über. Allein zur Einleitung der Abstimmung möchte ich Ihnen nach den letzten Worten des geehrten Herrn Mitberichterstatters in Erinnerung bringen, daß er den angekündigten Antrag, der dahin lautet: „Der 25. Deutsche Juristentag hält es im Interesse der Aufrechterhaltung der Einheit des deutschen Rechts für dringend geboten, das juristische Universitätsstudium, den Vorbereitungsdienst und das Prüfungswesen für das Deutsche Reich gemeinsam zu ordnen" zurückgezogen hat.

(Zuruf des Mitberichterstatters Dr. Goldschmidt!)

Er soll nur als eventueller Antrag für den Fall gelten, daß der Antrag Kahl nicht in der von ihm empfohlenen Fassung angenommen wird.

Bei der Abstimmung werden die Anträge in folgender Fassung angenommen:

I. Einheitliche Ordnung ist geboten:
   1. hinsichtlich des Universitätsstudiums
      a) für seinen wissenschaftlichen Plan,
      b) für ein Mindestmaß seiner Dauer von sieben Semestern, und
      c) für das Maß der Anforderungen an die erste juristische Prüfung;
   2. hinsichtlich des Vorbereitungsdienstes:
      a) für seine Theilung unter Gerichte, Rechtsanwaltschaft und (Justiz- und innere) Verwaltungsbehörden,
      b) für seine Dauer, und
      c) für das Maß der Anforderungen an die zweite juristische Prüfung;

   Es ist zu fordern, daß jedenfalls hinsichtlich des Universitätsstudiums und des gerichtlichen Vorbereitungsdienstes der Bildungsgang für Justiz und Verwaltung der gleiche sei und daß die Gerichts-Referendare (Rechtspraktikanten u. s. w.) während eines Theils des Vorbereitungsdienstes bei einer Behörde der inneren Verwaltung beschäftigt werden.

II. Der landesrechtlichen Regelung sind vorzubehalten:
   1. Der gesammte Unterrichtsbetrieb auf den Universitäten.
   2. Die theoretische Fortbildung der im Vorbereitungsdienst stehenden Referendare (Rechtspraktikanten 2c.).
   3. Die Organisation und Form beider juristischen Prüfungen.

III. Die gebotene einheitliche Ordnung des juristischen Bildungsganges ist nicht durch einen Akt der Reichsgesetzgebung herzustellen, sondern unter commissarischer Zuziehung und Vertretern der Wissenschaft und Praxis auf dem Wege freier Vereinbarung unter den Regierungen der deutschen Einzelstaaten anzustreben.

IV. Die Frage der Zwischenprüfungen ist auf die Tagesordnung des nächsten Juristentages zu setzen und durch eingehende Gutachten vorzubereiten;

und zwar Punkt II mit überwiegender, III mit unzweifelhafter Mehrheit, die übrigen Punkte einstimmig.

Auf Antrag des Herrn Oberlandesgerichts-Präsidenten Hamm in Köln wird beschlossen, diesen Gegenstand in der Plenarversammlung zur Verhandlung zu stellen. Die Berichterstattung übernimmt Geheimerath Prof. Dr. Kahl.

Vorsitzender: Damit sind unsere Geschäfte erledigt und ich schließe die Sitzung.

(Schluß Nachmittags 1½ Uhr.)

Erste Sitzung der zweiten Abtheilung am 11. September 1900.

(Beginn: Vormittags 11¼ Uhr.)

Auf Vorschlag des Herrn Landgerichtspräsident von Pfaff-Tübingen wird Herr Geh. Justizrath Prof. Dr. Brunner-Berlin zum Vorsitzenden ernannt. Als stellvertretender Vorsitzender wird berufen Herr Landgerichtspräsident Thomsen-Münster, als Schriftführer die Herren Landgerichtsrath Zapf, Rechtspraktikant Baumann und Rechtspraktikant Dechant.

Berichterstatter Landgerichtspräsident **von Pfaff** (Tübingen): M. H., Ich habe zu berichten über die Frage:

> In wie weit sind an die Veröffentlichung von Briefen ohne Zustimmung des Verfassers beziehungsweise seiner Erben Nachtheile zu knüpfen?

Es handelt sich da um ein neues Gesetz, und ich muß sagen, ich bin etwas schüchtern mit neuen Gesetzesvorschlägen in der gegenwärtigen Zeit. Ich gehe davon aus, man sollte die Juristen, die activen Juristen, die Herren Rechtsanwälte und Richter, einmal ein bischen ausruhen lassen von neuen Gesetzen. Allein es ist einmat so, es ist ja schon ein Entwurf da, und es sind auch die Grundlagen da. So will ich denn an die Sache gehen.

Bis jetzt war die Sache geregelt durch das Gesetz vom 11. Juni 1870, betreffend das Urheberrecht an Schriftwerken, Abbildungen, musikalischen Compositionen und dramatischen Werken, und da hieß es in § 1: Das Recht, ein Schriftwerk auf mechanischem Wege zu vervielfältigen, steht dem Urheber desselben ausschließlich zu.

§ 2. Dem Urheber wird in Beziehung auf den durch das gegenwärtige Gesetz gewährten Schutz der Herausgeber eines aus Beiträgen Mehrerer bestehenden Werkes gleich geachtet, wenn dieses ein einheitliches Ganzes bildet.

Das Urheberrecht an den einzelnen Beiträgen steht den Urhebern derselben zu.

§ 3. Das Recht des Urhebers geht auf dessen Erben über. Dieses Recht kann beschränkt oder unbeschränkt durch Vertrag oder durch Verfügung von Todeswegen auf Andere übertragen werden.

§ 4. Jede mechanische Vervielfältigung eines Schriftwerkes, welche ohne Genehmigung des Berechtigten hergestellt wird, heißt Nachdruck und ist verboten.

Hinsichtlich dieses Verbotes macht es keinen Unterschied, ob das Schriftwerk ganz oder nur theilweise vervielfältigt wird.

Als mechanische Vervielfältigung ist auch das Abschreiben anzusehen, wenn es dazu bestimmt ist, den Druck zu vertreten.

Dann heißt es in § 8:

Der Schutz des gegenwärtigen Gesetzes gegen Nachdruck wird, vorbehaltlich der folgenden besonderen Bestimmungen, für die Lebensdauer des Urhebers und dreißig Jahre nach dem Tode desselben gewährt.

Weiter: in § 18:

Wer vorsätzlich oder aus Fahrlässigkeit einen Nachdruck in der Absicht, denselben innerhalb oder außerhalb des Norddeutschen Bundes (Deutschen Reichs) zu verbreiten, veranstaltet, ist den Urheber oder dessen Rechtsnachfolger zu entschädigen verpflichtet und wird außerdem mit einer Geldstrafe bis zu eintausend Thalern bestraft.

Die Bestrafung des Nachdrucks bleibt jedoch ausgeschlossen, wenn der Veranstalter desselben auf Grund entschuldbaren, thatsächlichen oder rechtlichen Irrthums in gutem Glauben gehandelt hat.

Kann die verwirkte Geldstrafe nicht beigetrieben werden, so wird dieselbe nach Maßgabe der allgemeinen Strafgesetze in eine entsprechende Freiheitsstrafe bis zu sechs Monaten umgewandelt.

Statt jeder aus diesem Gesetze entspringenden Entschädigung kann auf Verlangen des Beschädigten neben der Strafe auf eine an den Beschädigten zu erlegende Geldbuße bis zum Betrage von zweitausend Thalern erkannt werden. Für diese Buße haften die zu derselben Verurtheilten als Gesammtschuldner.

Eine erkannte Buße schließt die Geltendmachung eines weiteren Entschädigungsanspruches aus.

Wenn den Veranstalter des Nachdrucks kein Verschulden trifft, so haftet er dem Urheber oder dessen Rechtsnachfolger für den entstandenen Schaden nur bis zur Höhe seiner Bereicherung,

und sodann in § 21:

Die vorräthigen Nachdrucks-Exemplare und die zur widerrechtlichen Vervielfältigung ausschließlich bestimmten Vorrichtungen, wie Formen, Platten, Steine, Stereotypabgüsse 2c., unterliegen der Einziehung. Dieselben sind, nachdem die Einziehung dem Eigenthümer gegenüber rechtskräftig erkannt ist, entweder zu vernichten oder ihrer gefährdenden Form zu entkleiden und alsdann dem Eigenthümer zurückzugeben,

und in § 26, § 27 und § 28:

Sowohl die Entscheidung über den Entschädigungsanspruch, als auch die Verhängung der im gegenwärtigen Gesetze angedrohten Strafen und die Einziehung der Nachdrucks-Exemplare 2c. gehört zur Competenz der ordentlichen Gerichte.

Die Einziehung der Nachdrucks-Exemplare 2c. kann sowohl im Strafrechtswege beantragt, als im Civilrechtswege verfolgt werden.

§ 27. Das gerichtliche Strafverfahren ist nicht von Amtswegen, sondern nur auf den Antrag des Verletzten einzuleiten. Der Antrag auf Bestrafung kann bis zur Verkündung eines auf Strafe lautenden Erkenntnisses zurückgenommen werden.

§ 28. Die Verfolgung des Nachdrucks steht Jedem zu, dessen Urheber- oder Verlagsrechte durch die widerrechtliche Vervielfältigung beeinträchtigt oder gefährdet sind.

Das ist es, was da in Frage kommt. Hier ist von Briefen nicht die Rede, sondern nur allgemein von Schriftwerken, und als Schriftwerk — es kam da auch eine Entscheidung des Reichsgerichts dazwischen — wurden bloß solche anerkannt, welche einen litterarischen Werth haben. Gewöhnliche Briefe sind also dieser Entscheidung nicht unterliegend, sie fallen nicht unter dieses Gesetz, heißt es in der Entscheidung. Das Reichsgericht sagt nämlich in einem Urtheil des I. Civilsenats vom 28. Februar 1898 (Entscheidungen des Reichsgerichts in Civilsachen Band 41 S. 48), indem es die Frage aufwirft, was unter einem Schriftwerk im Sinne des Gesetzes vom 11. Juni 1870 zu verstehen sei:

> Die Revision rügt, daß das Berufungsgericht diesen Begriff verkannt habe, und verweist auf die von Klostermann vertretene Ansicht, wonach jede zur Mittheilung von Gedanken bestimmte Schrift, welche die Möglichkeit vermögensrechtlicher Nutzung gewährt, gegen Nachdruck geschützt und das Erforderniß vermögensrechtlicher Verwerthbarkeit sich lediglich danach bestimmen soll, ob die Schrift entweder von dem Verfasser oder von einem Nachdrucker zum Gegenstande vermögensrechtlicher Nutzung thatsächlich gemacht wird.

Diese Ansicht, durch welche das entscheidende Moment in ein zufälliges, außerhalb des zu beurtheilenden Objectes liegendes Moment verlegt werden soll, kann indessen nicht für zutreffend erachtet werden. Indem das Reichsgesetz nur Schriftwerke für schutzberechtigt erklärt, bringt es damit zum Ausdruck, daß nur Schriften von besonderer Eigenschaft des Schutzes theilhaftig sein sollen. Unbedenklich aber kann angenommen werden, daß gewöhnliche Briefe, deren Inhalt sich im Wesentlichen auf die Mittheilung persönlicher Nachrichten und auf die Besprechung geschäftlicher Angelegenheiten beschränkt, keine Schriftwerke sind.

Nun hat sich, wie Sie Alle wissen, gerade aus diesen Processen das Bedürfniß herausgestellt, der Frage näher zu treten, ob Briefe überhaupt geschützt werden sollen, und es sind in dieser Beziehung ja zwei Gutachten eingefordert worden, ein Gutachten des Herrn Prof. Dr. Mitteis und ein Gutachten des Herrn Rechtsanwaltes Dr. Wildhagen-Leipzig. Beide kommen dazu, aber auf ganz verschiedenem Wege, dem Briefe einen neuen Schutz zu gewähren, freilich nicht so ganz übereinstimmend; das hängt eben mit dem Wege zusammen, auf dem sie zu dem Resultate gekommen sind. Herr Prof. Dr. Mitteis kommt zu folgendem Gutachten:

> Es empfiehlt sich, die unbefugte Veröffentlichung fremder Briefe, auch wenn sie nicht schon als literarische Werke nach den allgemeinen Grundsätzen des Urheberrechts gegen eine solche geschützt sind, dann zu untersagen, wenn sie eine wörtliche Wiedergabe enthält. Als unbefugt soll eine Veröffentlichung gelten, wenn sie ohne Zustimmung des Verfassers und des Eigenthümers der Briefe erfolgt.
>
> Die Wiedergabe soll jedoch erlaubt sein, wenn sie zur Wahrnehmung berechtigter Interessen erfolgt, oder wenn seit dem Tode des Verfassers zehn Jahre abgelaufen sind.
>
> Ebenso soll auf bloße öffentliche Mittheilungen über den Inhalt der Briefe ein Rechtsnachtheil nicht gesetzt werden, soweit dieselben nicht ein specielles Delict begründen, wie Bruch der ärztlichen, amtlichen oder sonst besonders vorgeschriebenen Pflicht zur Verschwiegenheit.
>
> Die nach Absatz 1 verbotene Veröffentlichung wäre mit Geldstrafe bis zu 1500 Mark, sowie Beschlagnahme und Vernichtung etwaiger mechanischer Vervielfältigungen zu bedrohen.

Dann hat Herr Prof. Dr. Mitteis für das Strafgesetzbuch noch einen besonderen Paragraphen beantragt; dieser heißt:

> „Wer sich fremder, wenn auch unverschlossener Briefe, Telegramme, Aufzeichnungen oder sonstiger Schriftstücke bemächtigt, um deren Inhalt kennen zu lernen, oder sie dritten unberechtigten Personen auszuliefern, imgleichen wer eine in dieser Weise erlangte Mittheilung veröffentlicht oder zum Nachtheil des Verfassers oder anderer Personen ausnutzt, wird bestraft.“

Nun, Herr Prof. Dr. **Mitteis** ist zu diesen Vorschlägen dadurch gekommen, daß er von folgenden Erwägungen ausgegangen ist: auch wenn der Brief nicht als litterarisches Object betrachtet werden kann, kann er gewissermaßen ein Stimmungsbild der geistigen Persönlichkeit geben, und in Hinsicht auf Indiscretionen, welche der Adressat dem Briefsteller gegenüber begeht, ist die allgemeine Repression überhaupt nicht zulässig. Gegenüber Dritten soll die Repression nicht stattfinden, insofern sie auf rechtmäßige Weise in den Besitz der Briefe gelangt sind. Er kommt zu der Meinung: Schutz der Briefe als der Träger thatsächlicher Mittheilungen sei geboten. Es sei sehr schwer zu unterscheiden für den Inhaber, ob eine solche Mittheilung überhaupt auf einem Briefe beruhe, nach einer Reihe von Jahren, oder ob es auf mündlicher Mittheilung beruhe, und die mündlichen Mittheilungen sollen geschützt bleiben. Deshalb schlägt er vor, bloß 10 Jahre Schutzzeit zu gewähren.

Herr Dr. **Wildhagen** hingegen stützt seine Ausführungen auf das Urheberrecht. Er sagt: jeder Brief bildet etwas, was von einem gewissen Manne ausgeht, und in diesem allen muß er geschützt werden. Das ist das erweiterte Urheberrecht, und dieses muß sich auf alle Briefe beziehen, sie mögen nun einen Inhalt haben, welchen sie wollen, und weil sich der Schutz auf das Urheberrecht gründet, so muß auch die Verjährungsfrist dieselbe sein wie bei Verletzungen des Urheberrechtes. Die Urheber werden geschützt durch das Gesetz vom 11. Juni 1870. Er schlägt folgenden Satz vor:

> An die Veröffentlichung von Briefen ohne Einwilligung des Verfassers bezw. seiner Erben sind insoweit Rechtsnachtheile zu knüpfen,
>
> 1. als der Verfasser auch der Absender ist und als nach seinem Tode nicht aus besonderen Gründen auf andere Personen als seine Erben die Rechte an den von ihm versandten Briefen übergegangen sind,
> 2. als die Veröffentlichung vorsätzlich geschieht und durch sie irgend ein persönliches oder wirthschaftliches Interesse des Verfassers bezw. seiner Erben, welches vom Rechte zu schützen ist, gefährdet wird.

Er sagt, diesen Zusatz müsse er hauptsächlich deshalb machen, damit keine unnöthigen Processe entstehen. Er sagt, wenn man z. B. wegen einer Stahlfeder oder einer Stecknadel processiren könne, so könne es sich auch darum handeln, daß man wegen Briefe processiren würde, die gar keine Interesse hätten; wenn z. B. Einer einmal seinem Cigarrenhändler bescheinige, daß seine Cigarren gut gewesen seien, so habe das gar kein Interesse, und solchen Processen möchte er vorbeugen.

3. als die Veröffentlichung bei Lebzeiten des Verfassers oder innerhalb 30 Jahre nach seinem Tode erfolgt.

Hier schließt er sich den Ausführungen des Gesetzes vom 11. Juni 1870 an.

4. als die Veröffentlichung nicht zur Vertheidigung von Rechten oder zur Wahrnehmung berechtigter Interessen dient.

Sie sehen also, die Herren kommen dazu, daß den Briefen ein Schutz gewährt werden soll, nur ist der Schutz, den Herr Dr. Wildhagen geben will, ein bedeutenderer als der, den Herr Prof. Dr. Mitteis den Briefen giebt; er ist bedeutender sowohl in der Beziehung auf die Art der Briefe, als auch in Bezug auf die Verjährung; denn Herr Prof. Dr. Mitteis will bloß 10 Jahre Schutzfrist für die Veröffentlichung der Briefe nach dem Tode des Urhebers geben, während Herr Dr. Wildhagen die ganze Zeit, so wie sie in dem Gesetze vom 11. Juni 1870 bestimmt ist, verlangt.

Nun, ich komme dazu, daß ich die Ansicht des Herrn Dr. Wildhagen für die consequentere halte, und ich halte sie deswegen auch für die bessere, weil da alle Briefe geschützt sind. Man kann ja nicht bei jedem einzelnen Briefe noch untersuchen: fällt er unter das Urheberrecht und somit unter das Gesetz vom 11. Juni 1870 oder nicht? Ich glaube, das Reichsgericht hat schon die Entscheidung dieser Frage bei seinen Entscheidungen als eine sehr zweifelhafte erklärt, und man wird gut thun, wenn man da dem Richter eine feste Norm giebt, wenn man sagt: „jeder Brief soll geschützt sein“ und nicht erst den Richter untersuchen läßt: hältst Du dies für dies oder für das? Denn wenn sich auch durch die Doctrin Manches herausbildet, so wird doch über Manches so viel geschimpft und in der Presse gesprochen — ich erinnere nur an den Unfugparagraphen —, daß es viel besser ist, wenn man dem Richter eine ganz feste Norm giebt: das ist ein Brief, und Alles, was ein Brief ist, das fällt unter den Schutz, und Du brauchst nicht erst zu untersuchen, ob das Delict unter das Urheberrecht oder das Reichsgesetz vom 11. Juni 1870 fällt.

Nun ist aber in der Beilage zum „Deutschen Reichs-Anzeiger“ vom 13. Juli 1899 ein neuer Gesetzentwurf erschienen, und der sagt:

§ 1. „Nach Maßgabe dieses Gesetzes werden geschützt:

1. die Urheber von Schriftwerken und solchen Vorträgen, welche dem Zwecke der Erbauung, der Belehrung oder der Unterhaltung dienen;

2. die Urheber von Werken der Tonkunst;

3. die Urheber von solchen Abbildungen wissenschaftlicher oder technischer Art, welche nicht ihrem Hauptzwecke nach als Kunstwerke zu betrachten sind. Zu den Abbildungen gehören auch plastische Darstellungen.

§ 2. Urheber eines Werkes ist dessen Verfasser. Bei einer Uebersetzung gilt der Uebersetzer, bei einer sonstigen Bearbeitung der Bearbeiter als Urheber.

Dann heißt es aber weiter:

§ 37. Wer vorsätzlich oder fahrlässig einen Nachdruck begeht, ist dem Berechtigten zum Ersatze des daraus entstehenden Schadens verpflichtet.

§ 40. Mit Geldstrafe bis zu dreitausend Mark wird bestraft:

1. wer vorsätzlich einen Nachdruck begeht;

2. wer vorsätzlich unter Verletzung der ausschließlichen Befugniß des Urhebers ein Werk gewerbsmäßig verbreitet;

3. wer vorsätzlich unter Verletzung der ausschließlichen Befugniß des Urhebers ein Werk öffentlich aufführt oder vorträgt oder wer vorsätzlich eine dramatische Bearbeitung, die nach § 13 unzulässig ist, öffentlich aufführt.

Soll eine nicht beizutreibende Geldstrafe in Gefängnißstrafe umgewandelt werden, so darf deren Dauer sechs Monate nicht übersteigen.

§ 41. Auf Verlangen des Berechtigten kann neben der Strafe auf eine an ihn zu erlegende Buße bis zum Betrage von sechstausend Mark erkannt werden. Die zu dieser Buße Verurtheilten haften als Gesammtschuldner.

Eine erkannte Buße schließt die Geltendmachung eines weiteren Anspruchs auf Schadenersatz aus.

§ 42. Die widerrechtlich hergestellten oder verbreiteten Exemplare und die zur widerrechtlichen Vervielfältigung ausschließlich bestimmten Vorrichtungen, wie Formen, Platten, Steine, Stereotypen, unterliegen der Vernichtung. Bildet nur ein Theil des Werkes den Nachdruck, so ist auf Vernichtung dieses Theiles und der entsprechenden Vorrichtungen zu erkennen.

Gegenstand der Vernichtung sind alle Exemplare und Vorrichtungen, welche sich im Eigenthume der an dem Nachdruck oder an der gewerbsmäßigen Verbreitung Betheiligten sowie der Erben dieser Personen befinden.

Auf die Vernichtung ist auch dann zu erkennen, wenn der Nachdruck oder die widerrechtliche Verbreitung weder vorsätzlich noch fahrlässig erfolgt. Das Gleiche gilt, wenn der Nachdruck noch nicht vollendet ist.

Die Vernichtung hat zu erfolgen, nachdem dem Eigenthümer gegenüber rechtskräftig darauf erkannt ist. Soweit die Exemplare oder die Vorrichtungen in anderer Weise als durch Vernichtung unschädlich gemacht werden können, hat dies zu geschehen, falls der Eigenthümer die Kosten übernimmt.

§ 44. Wer vorsätzlich außer den Fällen der §§ 38, 39 ein Schriftwerk, an dem ein geschütztes Urheberrecht besteht und das noch nicht erlaubter Weise veröffentlicht worden ist, ohne Einwilligung des Berechtigten wirklich oder dem Inhalte nach öffentlich mittheilt, ist dem Verletzten zum Ersatze des entstehenden Schadens verpflichtet und wird mit Geldstrafe bis zu eintausendfünfhundert Mark bestraft. Soll eine nicht beizutreibende Geldstrafe in Gefängnißstrafe umgewandelt werden, so darf deren Dauer drei Monate nicht übersteigen. Die Vorschriften der §§ 41 bis 43 finden entsprechende Anwendung.

Das Gleiche gilt, wenn Jemand vorsätzlich solche Privatbriefe, Tagebücher oder persönliche Aufzeichnungen anderer Art, an denen ein geschütztes Urheberrecht nicht besteht und die noch nicht erlaubter Weise veröffentlicht worden sind, wörtlich oder dem Inhalte nach unbefugt öffentlich mittheilt. Unbefugt ist eine Mittheilung, die ohne Einwilligung des Verfassers und des Eigenthümers der Schrift erfolgt. Nach dem Tode des Verfassers hat an seiner Stelle, soweit er nicht besondere Bestimmungen getroffen hat, der überlebende Ehegatte über die Einwilligung zu befinden.

Die Vorschriften der Abs. 1, 2 finden keine Anwendung, soweit die Mittheilung zur Widerlegung einer öffentlich aufgestellten Behauptung oder zur Wahrnehmung berechtigter Interessen erfolgt oder wenn seit dem Tode des Verfassers der Schrift 10 Jahre abgelaufen sind.

§ 47. Die Strafverfolgung in den Fällen der §§ 40, 44 bis 46 tritt nur auf Antrag ein. Die Zurücknahme des Antrags ist zulässig.

§ 48. Auf die Vernichtung der widerrechtlich hergestellten oder verbreiteten Exemplare und der zur widerrechtlichen Vervielfältigung ausschließlich bestimmten Vorrichtungen kann nur im Strafverfahren und auf besonderen Antrag des Berechtigten erkannt werden. Die Zurücknahme des Antrags ist bis zur erfolgten Vernichtung zulässig.

§ 49. Wird die Vernichtung von Exemplaren oder Vorrichtungen oder die Zuerkennung des im § 43 bezeichneten Rechtes selbständig verfolgt, so finden die §§ 477 bis 479 der Strafprozeßordnung mit der Maßgabe Anwendung, daß der Berechtigte als Privatkläger auftreten kann.

Sie sehen, es ist hier ein bedeutender Unterschied. Einmal ist die Verfolgung nicht den Gerichten überhaupt überwiesen, sondern blos den Strafgerichten, und dann sind auch weitere Bestimmungen getroffen, z. B. die: der Straflosigkeit, so weit die Mittheilung zur Widerlegung einer öffentlich aufgestellten Behauptung oder zur Wahrnehmung berechtigter Interessen erfolgt und die: nach dem Tode des Verfassers hat nur der überlebende Ehegatte das Recht der Verfolgung. Nun, was das Letztere betrifft, so glaube ich, daß dieser Punkt jedenfalls nicht einzuhalten sein wird; denn es giebt ja viele Leute — ich bin z. B. auch in dem Falle die nie eine Gattin ihr eigen genannt haben, und da muß denn doch auch eine Repression stattfinden können; hier aber wäre ja gar keine Repression für die Erben gegeben.

Und was heißt: „zur Widerlegung einer öffentlich aufgestellten Behauptung oder zur Wahrnehmung berechtigter Interessen erfolgt"? Das Letztere wird natürlich unbedingt gelten müssen; das spielt auf § 193 des Strafgesetzbuches an, wenn man die Veröffentlichung der Briefe unter die Beleidigungen rechnen muß, und dann muß auch ein solcher Schutz gegeben sein; darauf beruht die ganze Nothwehr, daß berechtigte Interessen geschützt werden. Aber was bedeutet: „zur Widerlegung einer öffentlich aufgestellten Behauptung?" Das vermag ich nicht recht einzusehen, und das betont auch der Verfasser des 2. Gutachtens, Herr Dr. Wildhagen, und zwar meines Erachtens mit vollem Rechte. Er sagt: wenn die Widerlegung einer öffentlichen Behauptung im Interesse des Betreffenden ist, so ist das ja gegeben, wenn es heißt: „zur Wahrnehmung berechtigter Interessen". Allein man braucht doch nicht zu sagen: jede öffentlich aufgestellte Behauptung darf auf solche Weise widerlegt werden; denn es kann sein, daß § 193, Wahrnehmung berechtigter Interessen, nicht zutrifft — solche Fälle kann man sich sehr gut denken — und dann wäre es nicht in Ordnung, wenn man diese Bestimmung anwenden würde. Es würde also vollkommen genügen, wenn es heißt „zur Wahrnehmung berechtigter Interessen".

Dann ist Herr Prof. Dr. Mitteis hier vom Entwurf auf andere Weise wieder abgewichen; er sagt: blos die wörtliche Mittheilung von Briefen sei zu strafen, nicht die Mittheilung des Inhaltes. Nun, das ist so eine Sache mit dem Inhalte; da könnte man ein Wort weglassen und sagen: da ist blos der Inhalt gegeben und nicht ein wörtlicher Abdruck des Briefes. Auf diese Unterscheidung, glaube ich, sollte man sich nicht einlassen, sondern man sollte sagen: wenn der wesentliche Inhalt eines Briefes gegeben ist, so ist es nicht straflos zu lassen, und auch nach dem Entwurf vom 13. Juli 1899 ist es strafbar.

Ich würde mir daher erlauben, folgenden Antrag zu stellen:

den 2. und 3. Absatz des § 44 des Entwurfes eines Gesetzes, betr. das Urheberrecht an Werken der Literatur und der Tonkunst, so zu fassen:

Das Gleiche gilt, wenn jemand vorsätzlich solche Privatbriefe, Tagebücher oder persönliche Aufzeichnungen anderer Art, an denen ein geschütztes Urheberrecht nicht besteht und die noch nicht erlaubter Weise veröffentlicht worden sind, wörtlich oder dem Inhalte nach unbefugt öffentlich mittheilt. Unbefugt ist eine Mittheilung, die ohne Einwilligung des Verfassers bezw. Absenders und des Eigenthümers der Schrift erfolgt. Nach dem Tode des Verfassers haben an seiner Stelle, so weit er nicht besondere Bestimmungen getroffen hat, dessen Erben über die Einwilligung zu befinden.

Dann würde ich noch beifügen:

Dieselbe ist nicht als gegeben zu betrachten, wenn auch nur ein Erbe widerspricht.

Ich würde die Majorisirung der Erben doch ausdrücklich ausschließen. Es heißt dann weiter:

Die Vorschriften der Abs. 1 und 2 finden keine Anwendung, soweit die Mittheilung zur Wahrnehmung berechtigter Interessen erfolgt oder wenn die in § 28 des Gesetzes normirten Fristen abgelaufen sind.

Das sind also die Fristen von 30 Jahren nach dem Tode des Verfassers und 10 Jahren nach der ersten Veröffentlichung des Werkes.

Vorsitzender: Die Fragestellung würde sich vereinfachen, wenn wir uns über Folgendes klar werden. Der 2. Abs. lautet in Ihrem Antrage und in dem Entwurfe völlig identisch bis zum Schlußsatze „seit dem Tode".

(Ruf: Nein!)

Eingeschoben ist: „bezw. Absenders!"

(Richtig!)

Da würde das also eventuell in den Wortlaut des Entwurfes einzufügen sein.

Landgerichtspräsident **von Pfaff** (Tübingen): Ich will noch berühren, wie ich darauf komme. Es hat meines Erachtens Herr Dr. Wildhagen ganz richtig darauf aufmerksam gemacht, daß z. B. bei kaufmännischen Briefen der Verfasser nicht der Absender sei, sondern irgend ein Comtoirist den Brief geschrieben haben könnte, der als Verfasser zu bezeichnen sei, aber der Absender sei der betreffende Kaufmann, und in dessen Interesse könne es liegen, z. B. zu verhüten, daß der Betreffende über Geschäftsgeheimnisse Auskunft gebe; dieser sei dann der Berechtigte und nicht der Commis, der vielleicht längst nicht mehr bei dem Kaufmanne sei und gar kein Interesse mehr an dem Briefe habe. Deshalb habe ich nach dem Vorschlage des Herrn Dr. Wildhagen diesen Zusatz gemacht.

Wegen Abwesenheit des Mitberichterstatters, Dr. Rich. Alexander Katz-Berlin, wird auf den zweiten Bericht verzichtet und sogleich in die Verhandlung eingetreten.

Rechtsanwalt Dr. **Scherer** (Leipzig): Zunächst darf ich vielleicht die beiden Referate, die Ihnen mitgetheilt sind, nach einer Richtung in literarischer Hinsicht ergänzen. Ueber die Frage ist in dem Archive des Prof. Serafini in Pisa, „Archivio giuridico", Bd. 47 Seite 584—623, eine sehr interessante Abhandlung Gianinis über das Briefrecht erschienen, welche auch über die Grenzen Italiens hinaus Interesse erregt hat. Sie ist in einem kurzen Auszuge mitgetheilt worden in der „Zeitschrift für französ. Civilrecht", Bd. 23 S. 351.

Es sind dort die Fragen des bisherigen Rechtszustandes sehr eingehend geschildert worden, es ist das Briefeigenthum berührt, was gerade die Frage betrifft, die zuletzt angeregt wurde, betr. des Commis, der einen Brief im Auftrage des Principals schreibt.

Nun in der Sache selbst darf ich vielleicht vorausschicken, daß natürlich die Briefe von jeher eine große Rolle gespielt haben und ebenso natürlich auch die Frage ihrer Veröffentlichung. Ciceros Briefe sind publicirt, und ich erinnere mich noch sehr lebhaft der Zeit, als wir sie im Gymnasium (Untersecunda) gelesen haben. Der Professor erklärte: die allgemeine Ansicht geht dahin, in den Briefen offenbare sich der wahre Charakter eines Menschen ganz anders als in seinem äußeren Benehmen. Es komme z. B. oft vor, daß im öffentlichen Leben ein Mann sich nach außen hin einen anderen Mantel umhänge, als wie er sich selbst in seinen Briefen darstelle. Ich halte diese Ansicht auch für richtig, und es kommt nun noch dazu, daß natürlich die Neugierde der Menschen und ihre Leidenschaften, namentlich im politischen Leben, eine große Rolle spielen, und wir haben Fälle gesehen, daß in der jetzigen Zeit, allerdings nicht in Deutschland, sondern im Auslande, eine Reihe berühmter Persönlichkeiten, die im öffentlichen Leben eine große Rolle spielen, durch die Veröffentlichung von Briefen, die sie namentlich an Empfänger weiblichen Geschlechtes gerichtet haben, mit denen sie nicht verheirathet waren, eine solche Schlappe erlitten, daß sie von der Bildschwäche verschwunden sind.

Die Briefe haben schon in der Bibel eine Stelle gefunden; Sie alle werden sich an den Uriasbrief erinnern, der auch eine Publication erlebt hat, und zwar eine sehr weit gehende. Auch Constant, ein sehr bekannter Herr in Frankreich, hat wegen der Veröffentlichung von Briefen einen Proceß geführt. Ich will nicht sagen, welcher Constant es ist, ich kann ihn nicht genau bezeichnen, weil er im Urtheil auch nicht näher bezeichnet ist. Dieser Constant hat einen Proceß in Paris geführt auf Untersagung der Veröffentlichung von Briefen, die er an Frau Recamier gerichtet hatte, und der Apellhof von Paris hat den Proceß am 10. September 1830 entschieden. Constant hatte den Erfolg, daß die Untersagung der Veröffentlichung erfolgte.

Ich komme nun zu der zweiten Frage: Reicht die heutige Gesetzgebung aus, um überhaupt die Veröffentlichung von Briefen, die unerlaubt erfolgt, ohne die Zustimmung des Autors, zu verhindern, oder sind die Briefe ganz schutzlos?

Mit der Veröffentlichung von Briefen ist es in dieser Hinsicht doch nicht so bestellt, daß unsere jetzige Gesetzgebung nicht in der Lage gewesen wäre, gegen eine solche aufkommen zu können. In England haben die Gerichtshöfe, die bekanntlich nur auf Gewohnheitsrecht bezw. gemeinem Rechte stehen, das im Wesentlichen auf das Corpus juris recurrirt, das Veröffentlichen von Briefen untersagt. Ich erinnere an die Briefe von Chesterfield an seinen Sohn. Die französischen Gerichtshöfe haben in einer ganzen Reihe von Fällen die Veröffentlichung von Briefen untersagt. Es waren in der Regel Briefe, an Frauen gerichtet. Vgl. die oben citirte Abhandlung. In Deutschland ist durch das B.G.B. ein Zustand geschaffen, der Handhaben giebt, die Veröffentlichung von Briefen zu untersagen, § 826, wenn die Veröffentlichung nur geschieht, um jemand zu schädigen. Der engere Standpunkt der lex Aquilia ist vollständig verworfen in dem B.G.B., und es wird namentlich vor doloser Schädigung eines anderen nach dieser Richtung hin ein Schutz gewährt. Dabei sehe ich ganz davon ab, daß Briefe beleidigenden Inhaltes sind oder gar die Sicherheit des Staates betreffen. In letzterer Beziehung reicht unsere Gesetzgebung sehr weit, wie ja die bekannte Publication Gefffens gezeigt hat, welcher nicht aus objectiven Rechtsgründen beim Reichsgerichte außer Verfolgung gesetzt wurde, sondern aus ganz anderen Gründen, die rein thatsächlicher Natur waren und die objective Seite der Sache gar nicht streiften.

Also schutzlos ist man heute in der Sache selbst nicht, und es wird sich nur fragen, ob ein Interesse besteht, jemanden, der einen Brief geschrieben hat, vor dessen Publication er sich schämen muß, einen Rechtsschutz zu gewähren. Wenn jemand mündlich etwas äußert, so ist noch niemand so weit gegangen, daß er vor der Veröffentlichung einer solchen mündlichen Aeußerung geschützt werde. Ich meine, wenn wir überhaupt einmal die Veröffentlichung von Briefen strafrechtlich schützen, muß auch die Veröffentlichung mündlicher Aeußerungen unter einen Rechtsschutz gestellt werden. Denn beim gesprochenen Worte haben viele nicht so die Ueberlegung, es ist rasch gesprochen, wenn aber jemand die Zeit hat, seine Gedanken hübsch zu Papier zu bringen, sie leserlich darzustellen, so soll er einen hohen Schutz seiner Gedanken genießen.

Es ist weiter zu fragen: liegt ein solches Gesetz im öffentlichen Interesse und im ethischen Interesse? Ich verneine die Frage. Wenn jemand einen Brief geschrieben hat, vor dessen Schreiben er sich nicht geschämt hat, so braucht er sich auch nicht zu schämen, wenn er publicirt wird. Kommt es vielleicht vor, daß er im öffentlichen Leben, als Mitglied des Reichstages oder Landtages, steht und durch die Veröffentlichung des Briefes plötzlich weggefegt werden kann, so ist das an sich für ihn unangenehm; ob es aber im öffentlichen Interesse liegt, einen solchen Mann in der großen Rolle, die er spielt, zu erhalten, das ist ein anderer Fall. Wir haben in Deutschland den Fall erlebt, daß jemand in Folge eines Briefes, den er verloren hat, in eine sehr unangenehme Position kam und auch aus dem Reichstage verschwunden ist. Ich meine daher, ein ethisches Interesse an einem Schutze vor der Veröffentlichung solcher Briefe liegt nicht vor. Es könnte nur ein Nützlichkeitsinteresse vorliegen; es könnte sein, daß jemand in der Oeffentlichkeit eine große Rolle spielt, daß an seiner Erhaltung in dieser Rolle der Staat ein Interesse hat. In Deutschland sind bis jetzt solche Fälle noch nicht vorgekommen. Bis jetzt sind in Deutschland die Leute, die hohe Stellungen eingenommen haben, der Publication solcher Briefe nicht ausgesetzt gewesen, und zwar deshalb nicht, weil sie keine geschrieben haben. Ich hoffe auch, daß das zunächst so bleiben wird, und wenn es so bleibt, dann liegt nach meiner Ansicht jedes Interesse fern, welches eine solche strafgesetzliche Bestimmung veranlassen könnte, wie sie hier vorgeschlagen wird.

Es ist richtig, eine Reihe ausländischer Gesetzgebungen enthalten Bestimmungen, die auf die Bestrafung unbefugter Veröffentlichung von Briefen hinauslaufen, allein deshalb ist noch nicht gesagt, daß wir auch ein solches Gesetz brauchen. Als i. J. 1815 in Hannover das französ. B.G. außer Kraft gesetzt und das gemeine Recht wieder eingeführt wurde, hat ein Staatsrath Rehberg (Hannover 1814) eine Schrift veröffentlicht, in der er fragt: paßt überhaupt der Code civil für Deutschland, und er sagt: eine Reihe von Bestimmungen haben für Deutschland gar keinen Zweck. Warum? Weil solche Sensationsprocesse in Deutschland nicht vorkommen. Ich sehe daher nicht ein, weshalb wir ein neues Gesetz solcher Art machen sollen, wenn wir keine Fälle haben, die unter ein solches Gesetz fallen würden. Ich glaube, es ist kein Bedürfniß anzuerkennen, ein solches Strafgesetz zu machen für Fälle, in welchen nicht ein dringendes und absolutes Bedürfniß vorliegt.

Es wird sich nun weiter fragen — es ist ja ein Strafgesetz — ob dieses Gesetz begründet ist im Volksbewußtsein, ob es aus dem Volksbewußtsein heraus begründet werden kann. Ich glaube nicht. Im Allgemeinen steht im Volksbewußtsein die Anschauung fest, daß eine freie Aeußerung der Wahrheit gestattet sein muß und daß es auch gestattet sein muß, daß ein Mann, der im öffentlichen Leben eine große Rolle spielt, in seiner wahren Natur dargestellt wird. Es kann nicht anders sein; das hängt zusammen mit der Preßfreiheit. Gewiß, wenn ein solches Gesetz erlassen wird, wenn eine solche Bestimmung Gesetz werden sollte, welche lautet: alle Briefe dürfen nicht früher als 30 Jahre nach dem Tode des Verfassers veröffentlicht werden, so ist die Preßfreiheit nicht aufgehoben, aber in der That das Recht der freien Meinungsäußerung ganz gewaltig beschränkt, und es wird sich fragen, ob das Recht der freien Aeußerung der Wahrheit wirklich beschränkt werden soll. In dieser Hinsicht sind ja namentlich am Ende des vorigen Jahrhunderts und im Anfange dieses Jahrhunderts eine Reihe von Schriften erschienen, die für die freie Meinungsäußerung eingetreten sind. Sie sind damit begründet worden, daß, so weit die Staatsatmosphäre anlangt, reine Luft erhalten werden soll und daß unlautere Elemente hinweggefegt werden müssen. Fürst Bismarck selbst hat zu einem wesentlichen Grundsatze in der deutschen Reichsverfassung das Recht der freien Meinungsäußerung gemacht und hat persönlich ausgeführt, daß er es im Interesse eines gesunden Staates für nothwendig halte, daß eine freie Meinungsäußerung gestattet sei. Dazu gehört aber nach meiner Auffassung auch das Recht der Veröffentlichung von Briefen, die auf Wahrheit beruhen, mögen sie nun auch in ihrem Inhalte dem Einzelnen, der von der Veröffentlichung betroffen wird, verhängnißvoll sein. Denn gerade dadurch wird ein gesundes, richtiges Staatsleben erhalten.

Mein Antrag geht daher dahin, den jetzigen Rechtszustand aufrecht zu erhalten.

Nachdem auf Vorschlag des Präsidenten die Redezeit auf 10 Minuten beschränkt worden ist, ergriff das Wort

Professor Dr. **Schuster** (Prag): Es ist kein Zweifel, daß es sich in der Angelegenheit, die wir jetzt besprechen, nicht bloß um einen Schutz von urheberrechtlichen Interessen handelt, sondern auch um andere, die ich ohne Rücksicht darauf, ob der Name vollständig paßt, doch a maiori als persönliche oder Individualinteressen bezeichnen will. Nun kann uns das aber keineswegs abhalten, diese Interessen in denselben Formen zu schützen wie die urheberrechtlichen Interessen, und durch ein und dasselbe Gesetz, schon darum nicht, weil ja bereits in verschiedenen geltenden Urheberrechtsgesetzen auch andere als die eigentlichen urheberrechtlichen Interessen geschützt werden, so namentlich in dem belgischen Gesetze und nach dessen Muster in dem neuen österreichischen Gesetze, das diametrale, das contradictorische Gegentheil der Urheberinteressen, die Nichturheber-interessen. Nämlich es kann nach beiden Gesetzen, wenn Jemand unter fremdem Namen ein Werk veröffentlicht, dagegen eingeschritten werden, auch dann, wenn der Name desjenigen, unter dem das Werk veröffentlicht worden ist, zu diesem Werke in gar keiner Beziehung steht, wenn es keine Nachahmung ist, wenn es z. B. nicht eine Copie mit Meister-signatur ist; wenn z. B. der Betreffende, dessen Name mißbraucht worden ist, ganz und gar nicht Maler ist, oder wenn er ganz und gar nicht Schriftsteller ist, so kann er doch dagegen einschreiten, daß Jemand unter seinem Namen ein Gemälde beziehungsweise ein Schriftwerk veröffentlicht. Also, wie gesagt, der Umstand, daß es sich hier nicht bloß um urheber-rechtliche Interessen, d. h. weder um Interessen an der Richtigkeit der äußeren Erscheinung des Werkes, also in ideeller Beziehung, und auch nicht um die Vermögensinteressen handelt, das kann uns nicht abhalten davon, in der Form des Urheberrechts, also in einem Urheberrechtgesetze den Briefen Schutz angedeihen zu lassen.

Andererseits stimme ich auch vollkommen dem erstgenannten Referate bei, wenn es sagt, daß Briefe stets ein Gegenstand des Urheberrechts sind, stets ein literarisches oder — unter Umständen füge ich auch noch hinzu — ein musikalisches oder bildnerisches Product sind. Es kommt nämlich oft vor, daß einem Briefe halb scherzweise angehängt ist eine ganze Composition, daß etliche Zeilen Composition beigegeben sind. Beides haben wir bei Mendelssohn, bei Weber. Es kommt ferner vor, daß eine Zeichnung hinzugefügt ist; ich nenne z. B. Briefe von Moritz v. Schwind an eine verstorbene Tante von mir, die in höchst ergötzlicher Weise mit Randzeichnungen versehen sind und wo auch der Text nicht immer in Worten gegeben, sondern vielfach in Bilder aufgelöst wird. Aber auch da, wo das nicht der Fall ist, wo der Brief nur aus Worten be-steht, liegt doch ein in Worten ausgedrückter Gedanke und somit, wenn auch noch so werthlos und unscheinbar, dasselbe vor, was bei einem literarischen Werke vorhanden ist. Gerade so, wie z. B. der gewöhnlichste Kiesel auch ein Mineral ist, gerade so ist auch der gedankenloseste und — verzeihen Sie den Ausdruck! — dümmste Brief etwas, was litterarisches Interesse hat und haben kann, und Sie wissen, daß durch den Verlauf der Zeit Aufzeichnungen verschiedener Art, nicht bloß Briefe, ein literarisches Interesse erhalten, das oft sehr weit geht. Ich erinnere nur daran, wie z. B. aus dem Mittelalter herrührende Küchenrecepte, aus dem Mittelalter herrührende Glossarien u. s. w. Gegenstand eines hohen literarischen Interesses sind, ganz zu geschweigen davon, wie man heut zu Tage an den Aufzeichnungen gleichgiltigsten Inhalts von Goethe und anderen berühmten Männern ein literarisches Interesse nimmt.

Nun, m. H., diese Auffassung, daß Briefe sehr wohl Gegenstände des Urheberrechts sein können, hat das Gesetz gehabt, welches in Oesterreich von 1846—1895 gegolten hat, das Patent vom October 1846. In den Materialien dazu heißt es:

> Die Textirung, daß ohne Genehmigung des Autors sein wie immer geartetes Manuscript nicht gedruckt werden darf, faßt in Verbindung mit dem Schlußsatze ad b (welcher die Ausdehnung auf den Fall des rechtmäßigen Erwerbs einer Handschrift ausspricht), zugleich das Verbot der in der neuesten Zeit leider häufig gewordenen eigenmächtigen und einseitigen Veröffentlichung von Briefen in sich.

Leider ist das neue österreichische Gesetz vom Jahre 1895 davon abgegangen, indem es nur eine Sammlung von Briefen verbietet. Aber das kann uns nicht davon abhalten, so sehr vortrefflich in vielen Beziehungen das neue Gesetz ist, die Richtigkeit des älteren Gesetzes in einzelnen Bestimmungen anzuerkennen.

Ich muß darauf verzichten, die geistvollen Ausführungen meines Vorredners, welche für eine größere Freiheit in der Veröffentlichung von Briefen sprechen, Punkt für Punkt zu verfolgen, sondern darum bitten, das, was mir für meine Ansicht zu sprechen scheint, hier weiter noch motiviren zu dürfen, wobei ich Ihre Geduld nicht lange in Anspruch nehmen werde.

Nämlich ich finde, daß sowohl die urheberrechtlichen Interessen an einem Briefe als auch die persönlichen in einer vollständig ausreichenden Weise geschützt durch das Urheberrecht werden können, wenn man nur eins ins Auge faßt, daß auch der Adressat ein Interesse daran hat, daß nicht unveröffentlichte Briefe in einer ihm unangenehmen Weise veröffentlicht werden. Ich meine, daß man ohne Bedenken dieses so formuliren kann, daß man dem Adressaten ein Miturheberrecht einräumt. Ich habe mir daher erlaubt, den Antrag zu stellen, man möge für die gesetzliche Formulirung Folgendes vorschlagen:

> Das Urheberrecht an Briefen steht dem Verfasser und seinen Erben zu. Nach der erfolgten rechtmäßigen Absendung erlangen daran der Adressat und seine Erben ein Miturheberrecht.

Das habe ich nämlich hinzugefügt, weil ich der Meinung bin, daß der Erbe des Adressaten als solcher noch nicht das Recht hat, die Ausfolgung der an diesen Erblasser gerichteten Briefe zu verlangen. Ich möchte daher noch hinzufügen:

> Jedoch hat der Erbe des Adressaten dem Verfasser gegenüber keinen Anspruch auf Ausfolgung.
>
> Zur Wahrung berechtigter sachlicher oder persönlicher Interessen ist die Veröffentlichung von Briefen als Beweisdocumente gestattet, soweit sie als solche in Betracht kommen.

Sachlich habe ich dasselbe sagen wollen, was im deutschen Gesetzentwurfe gesagt wird mit „Widerlegung einer öffentlich aufgestellten Behauptung“. Nämlich es scheint mir doch, als ob in diesen Worten des Gesetzentwurfes etwas Berechtigtes läge. Denken Sie z. B., m. H., es behauptet Jemand, der eine Biographie von Richard Wagner schreibt, Richard Wagner sei an dem und dem Tage in Zürich gewesen! Nun bin ich zufällig, nehmen wir an, in dem Besitze eines Briefes von Richard Wagner, der von diesem Tage datirt ist, aber von anderswoher geschrieben ist. Nun ist es doch entschieden ein biographisches und musikwissenschaftliches Interesse, das richtig zu stellen. Also es läßt sich sehr wohl denken, daß das gestattet sein soll.

Rechtsanwalt Dr. **Wildhagen** (Leipzig): Meine hochverehrten Herren! Ueber die Frage, die uns augenblicklich beschäftigt, herrscht ja in den Hauptbeziehungen bislang eine Einmüthigkeit, wie sie gerade in unserem Berufe nur sehr selten anzutreffen ist. Ich bin daher meinem Herrn Collegen Dr. Scherer ganz besonders dankbar, daß er wenigstens in einer Beziehung, allerdings in einer sehr wesentlichen Beziehung, eine abweichende Meinung vertreten hat, indem er sagt: „Wozu überhaupt ein Schutz der Briefe? Daran hat die Oeffentlichkeit gar kein Interesse; ich sehe auch nicht ein, daß ein Bedürfniß dazu vorhanden ist“. Seine Ansicht gipfelt darin: wer einen Brief schreibt, dessen Inhalt ihm schaden kann, muß auch die Folgen einer Veröffentlichung auf sich nehmen. Damit würde grundsätzlich Alles verneint werden. Ich glaube aber, daß diese Auffassung einzig dasteht, wenigstens, was die Literatur betrifft;

denn so weit sind selbst die Gegner des allgemeinen Schutzes nicht gegangen, zu sagen: „Hier ist vollständig freie Bahn; was geschrieben ist, kann auch veröffentlicht werden." Ich glaube, das ist eine falsche Ansicht. Es gehört der Oeffentlichkeit, was für die Oeffentlichkeit bestimmt ist, aber es gehört dem Privatleben, was für das Privatleben bestimmt ist. Es haben sich aus einer solchen falschen Auffassung im Publikum schon heillose Consequenzen ergeben. Ich brauche nur zu erinnern an die abscheuliche Geschichte, wie die beiden Photographen nächtlicherweile in das Sterbezimmer Bismarck's eingedrungen sind, die Leiche auf dem Sterbelager photographirt haben, um die Bilder zu veröffentlichen. Ich will annehmen, daß es bona fide geschehen ist, daß die beiden Photographen geglaubt haben: wir können doch photographiren, was wir wollen. Ich glaube, solche Gesichtspunkte sollten in die Discussion nicht mehr hineingetragen werden! Ich kann nur verweisen, auf die knappe Zusammenstellung in meinem Gutachten; dort wird auch auf den von Herrn Scherer citirten Cicero hingewiesen, und für Cicero selber und durch alle Zeiten, ich möchte sagen, durch alle civilisirten Völker hindurch läßt sich nachweisen, daß davon keine Rede sein kann, daß der Brief vogelfrei ist. Cicero hat gesagt, daß derjenige, der sich vermesse, einen Brief zu veröffentlichen, angesehen werden müsse als einer, der „humanitatis expers et vitae communis ignarus" sei.

Im Uebrigen, wie schon bemerkt, herrscht allgemeines Einverständniß. Leider haben wir — ich bedauere das schmerzlich — die Ausführungen des von der Deputation bestimmten Herrn Correferenten nicht gehört. Principiell bin ich ja anderer Auffassung als Herr Professor Dr. Mitteis, wie Ihnen aus den Gutachten bekannt ist, und ich bedauere deshalb ebenso sehr, daß Herr Professor Dr. Mitteis nicht Gelegenheit genommen hat, hier seinen Standpunkt zu vertreten, da gerade die Erörterung dieser speciellen Frage wegen der Veröffentlichung von Briefen für die Verständigung über die grundlegenden Begriffe des Urheberrechts überhaupt von weittragender Bedeutung werden könnte. Aber es ist nicht meines Ortes, so lange nicht ein Gegner aufgetreten ist, diejenige principielle Auffassung, die ich in meinem Gutachten vertreten habe, zu vertheidigen; ich gehe von dem Standpunkte aus, daß für den Juristentag kein Anlaß besteht, wenn wir uns über das Resultat geeinigt haben, sich über die theoretischen Gründe noch weiter auszusprechen.

Nun weicht der Antrag, den der hochverehrte Herr Referent gestellt hat, von den Ausführungen meines Gutachtens nur ganz wenig ab.

Einmal ist in dem Antrage vorgesehen, was in meinem Gutachten nicht erwähnt wurde, nämlich, daß in dem Falle, wenn der Absender des

Briefes gestorben ist und an seine Stelle seine Erben getreten sind — und nicht, wie in dem Entwurfe wunderbarer Weise vorgeschlagen: seine Wittwe — daß dann alle Erben ihre Einwilligung zur Veröffentlichung geben müssen; es soll also keine Majorisirung der Erben stattfinden. Ich bin vollständig mit diesem Vorschlage einverstanden; er entspricht der von mir vertretenen Auffassung und ist durchaus consequent.

Eine Abweichung besteht sodann insofern, als der Antrag sagen will — es ist das die erste vorgeschlagene Aenderung im § 44 Absatz 2 des Entwurfs —:

„Unbefugt ist eine Mittheilung, die ohne Einwilligung des Ver- „fassers beziehungsweise Absenders und des Eigenthümers „der Schrift erfolgt."

Meine Ansicht geht dahin, das Wort „Verfassers" überhaupt zu streichen und nur „Absenders" zu setzen. Das scheint auch dem Sinne des Herrn Referenten zu entsprechen,

(Zustimmung)

denn wenn eine Differenz zwischen dem Verfasser und dem Absender besteht, soll der Absender vorgehen, mithin wird der Absender geschützt. Wozu braucht dann überhaupt noch der Verfasser genannt zu werden.

Jetzt kommt der dritte Punkt. Da wird es vielleicht auch keines Antrages bedürfen. Ich nehme an, daß sich der hochverehrte Herr Referent auch hier mit einer Abänderung seines Vorschlages einverstanden erklären wird. Er will die Worte „und des Eigenthümers der Schrift" stehen lassen, während ich vorschlagen würde, statt „Eigenthümers" zu sagen „Empfängers". Ich glaubte wenigstens, den Herrn Referenten dahin verstehen zu sollen. Es wurde durchaus zutreffend von einem meiner Herren Vorredner angedeutet, daß es für die Interessen, die wir schützen wollen, gleichgiltig ist, wer den Brief geschrieben hat und wer der Eigenthümer des Papiers geworden ist; daß es nur darauf ankommt, in wessen Namen er geschrieben und abgesandt ist und an wen er gerichtet ist. Der Adressat des Briefes ist der, für den ihn der Absender bestimmt hat; zwischen diesen Beiden besteht das Vertrauensverhältniß, das nicht Jeder nach Belieben der Oeffentlichkeit preisgeben soll.

Und nun komme ich zu dem vierten Punkte, in welchem sich der Antrag von meinem Gutachten unterscheidet. Im Eingange des 2. Absatzes des § 44 des Entwurfs heißt es:

„Das Gleiche gilt, wenn Jemand vorsätzlich solche Privat- „briefe, — — —"

ich lasse die anderen Worte weg —

„an denen ein geschütztes Urheberrecht nicht besteht, und „die noch nicht erlaubter Weise veröffentlicht worden sind, wörtlich „oder dem Inhalt nach unbefugt öffentlich mittheilt."

Der Antrag des Herrn Referenten will die Worte: „an denen ein geschütztes Urheberrecht nicht besteht" beibehalten. Sie wissen aus den Ausführungen des Herrn Professor Dr. Mitteis, daß er mit Anderen sich gegen eine generelle Anwendung des Urheberrechts auf Briefe aller Art, also bis zu dem gewöhnlichen und gewöhnlichsten hinunter, wendet. Der Herr Referent ist speciell dieser Frage nicht näher getreten. Aber Sie haben die Ausführungen des Herrn Professor Dr. Schuster gehört, wonach gar kein Bedenken besteht, Briefe durch das nämliche Recht zu schützen, durch das der Urheber geschützt wird, diesen gleichen Schutz, ursprünglich zur Erreichung größerer Ziele bestimmt, auch dem Absender eines Briefes zu geben. Wenn wir darüber einig sind, m. H., was hat es dann für ein Interesse, in das Gesetz negativ hineinzuschreiben: ein Urheberrecht besteht aber hier nicht? Das wäre etwa so, wie wenn ich einem Gaste sage: Du sollst mein Gast sein, aber eigentlich gehörst Du nicht hierher. Wenn der Brief einen Schutz bekommt, wie ihn das Urheberrecht gewährt, was soll dann die Bemerkung: Eigentlich seid Ihr Briefe aber gar nicht Gegenstand des Urheberrechts?! Ich will diese Frage nicht weiter hereinziehen, sie nicht zum Gegenstand des Streits machen; ich glaube, wir haben sie nicht nöthig, so lange wir über die Gewährung des Schutzes auch für Briefe einig sind. Wenn hierüber Einmüthigkeit besteht, so ist es überflüssig, der Entwicklung der Lehre in der Theorie nach der einen oder anderen Richtung irgendwie bestimmte Weisung zu geben. Ich schlage deshalb vor, daß der Absatz einfach lautet:

> Das Gleiche gilt, wenn Jemand vorsätzlich solche Privatbriefe, Tagebücher oder persönliche Aufzeichnungen anderer Art, die noch nicht erlaubter Weise veröffentlicht worden sind, wörtlich oder dem Inhalt nach unbefugt öffentlich mittheilt.

Dann folgen weiter die Bestimmungen, die Ihnen bereits mitgetheilt worden sind.

Ich will bezüglich dieses Punktes, über den der Herr Referent sich noch zu äußern vielleicht die Güte haben wird, abwarten, bevor ich einen besonderen Antrag stelle, ob sich der Herr Referent nicht aus den von mir kurz angedeuteten Erwägungen heraus damit einverstanden erklärt, daß man die bezeichneten Worte des Entwurfs fallen läßt. Würde das der Fall sein, dann würde ich mich mit den von mir angeregten Abänderungen in vollem Umfange mit dem Antrage des Herrn Referenten einverstanden erklären. Damit lehne ich mich nicht auf gegen den Antrag des Herrn Professor Dr. Schuster. Denn sachlich will Herr Professor Dr. Schuster — ich habe seinen Antrag allerdings nur flüchtig im Wortlaute verlesen hören — genau dasselbe. Der verehrte Herr wird uns Recht geben, daß wir im Deutschen Reiche augenblicklich, da uns ein Gesetzentwurf vorliegt, ein Interesse daran haben, der Reichsregierung, welche den Gesetzentwurf vorgelegt hat, eine Antwort des Deutschen Juristentages zu geben, die sich an den Entwurf eng anschließt. Deshalb liegt es für uns näher, die Formulirung zu wählen, wie sie der Herr Referent vorgeschlagen hat. Da dem auch ein allgemeines Interesse der Rechtswissenschaft nicht entgegensteht, so wird es der verehrte Herr wohl verstehen, wenn ich dem Vorschlage des Herrn Referenten den Vorzug vor seiner Fassung gebe.

Ich bitte also, wenn der Herr Referent seine Zustimmung zu den von mir gewollten Abänderungen giebt, dem Entwurfe des Referenten Ihre Zustimmung zu ertheilen.

Dr. **Osterrieth** (Berlin): M. H., ich stehe durchaus auf dem Standpunkte des Regierungsentwurfes; vor Allem bin ich dafür, daß ein erweiterter Briefschutz gesetzlich eingeführt werde, im Gegensatze zu den Ausführungen des Herrn Dr. Scherer, in denen ich einen leisen Widerspruch zu erkennen glaubte. Er ging davon aus, daß der Verfasser gerade in seinen Briefen sein intimes Innenleben enthülle, während er in seinem öffentlichen Auftreten häufig posire. Ich hätte nun den Schluß erwartet: in Folge dessen muß Jedermann dagegen geschützt werden, daß seine Intimität unbefugt aufgedeckt wird. Ich muß gestehen, daß ich dem Zusammenhange und Gedankengange zwischen Prämisse und Schlußfolgerung nicht ganz folgen konnte.

Was die Anträge des Herrn Referenten betrifft, so stimme ich ihnen ebenfalls im Princip bei, bis auf einen Punkt, der mir allerdings sehr wesentlich erscheint.

Der Herr Referent hat zunächst aus praktischen Erwägungen heraus den Satz ausgesprochen, daß alle Briefe einen gleichartigen Schutz verdienen, ohne Rücksicht darauf, ob sie sich als schutzfähige Schriftwerke darstellen oder nicht. M. H., diesen Gesichtspunkt halte ich für sehr bedenklich. Die Theorie des Urheberrechtes ist heute in Wissenschaft und Praxis noch so umstritten, seine Grundlagen sind noch so unsicher, daß ich es für gefährlich halte, mit der Materie des Urheberrechtes Erwägungen zu verbinden, die eigentlich einem ganz anderen Gebiete angehören. Dies betrifft insbesondere das Recht an Briefen. Der Briefschutz soll nicht deswegen eingeführt werden, weil der Verfasser des Briefes ein litterarisches Werk geschaffen hat, weil er seine Autorpersönlichkeit bethätigt hat, sondern um Jedermann gegen grobe Indiscretionen aus seinem Privatleben zu schützen. Das sind zwei grundverschiedene Dinge, und schon aus dieser allgemeinen theoretischen Betrachtung heraus bin ich dafür, daß diese beiden Materien geschieden werden. Der Briefschutz hängt z. B. viel enger mit dem Namenschutze zusammen, als mit dem eigentlichen Urheberrechte. Ich bin dafür, daß in dem Gesetze auch äußerlich diese Unterscheidung zu Tage tritt.

Die praktischen Bedenken, die der Herr Referent vorgebracht hat, sind ja jedenfalls insofern begründet, als in Processen unter Umständen zu prüfen sein wird, ob ein Brief ein Schriftwerk im Sinne des Gesetzes ist oder nicht. Je nachdem die Entscheidung ausfällt, wird der Schutz nach dem Urheberrechte oder nach den Grundsätzen dieses Persönlichkeitsschutzes einzutreten haben. Aber, m. H., in sehr vielen Urheberrechtsfällen wird der Richter vor die Frage gestellt, ob ein schutzfähiges Geisteswerk vorliegt oder nicht? Diese Prüfung erfordert feine und subtile Unterscheidungen. Das Gleiche gilt von Vorträgen. Jedes gesprochene Wort z. B. würde nach dem Vorschlage des Herrn Referenten schutzberechtigt sein, während wir doch daran festhalten müssen, daß unter schutzfähigen Vorträgen nur solche mündliche Kundgebungen verstanden werden, in denen sich eine geistige Arbeit offenbart.

Es kommen noch weitere praktische Erwägungen hinzu. Es haben sich schon einige Schwierigkeiten bei der Frage herausgestellt, wer eigentlich Hüter der persönlichen Interessen eines verstorbenen Autors sein soll. Der Regierungs-Entwurf hat an die Wittwe gedacht, wie ich glaube, ein verfehlter Versuch. Sie haben sich auf die Erben geeinigt. Aber vielfach sind die Erben sehr wenig geeignete, sogar unwürdige Vertreter der Autorpersönlichkeit des Erblassers. Es sind Fälle bekannt, wo gerade die Erben, die nächsten Hinterlassenen, sich in der pietätlosesten Weise an dem Nachlasse eines Autors vergangen haben. Je länger der Zeitraum, der hinter dem Tode des Autors liegt, um so schwieriger ist es, einen Maßstab dafür zu finden, ob die hinterlassenen Schriften eines Autors veröffentlicht werden sollen, in welchem Umfang und in welcher Form. Noch schwieriger ist es, allgemein festzusetzen, wem die Verfügung darüber zuzusprechen ist. Bezüglich der Frage, wem die Bestimmung zufallen soll, wenn mehrere Erben vorhanden sind, stimme ich im Allgemeinen der Entscheidung des Herrn Referenten zu. Aber wenn Sie sich vorstellen, daß unter Umständen 30 Jahre oder gar 50 Jahre nach dem Tode des Autors eine Razzia nach seinen sämmtlichen Erben veranstaltet werden soll, um ihre Zustimmung zur Veröffentlichung eines Waschzettels oder eines kleinen Briefes zu erlangen, so werden Sie zugeben, daß das keine praktische Maßregel ist. Deswegen möchte ich Sie bitten, die zehnjährige Schutzfrist des Entwurfes wieder herzustellen.

Bezüglich der Frage, ob wir den Schutz dem Absender oder dem Verfasser zubilligen sollen, bin ich ebenfalls für den Regierungs-Entwurf. Ich verstehe das Bedenken des Herrn Referenten vollständig; allein auch die von ihm vorgeschlagene Fassung: „Verfassers bezw. Absenders" scheint mir nicht einwandsfrei zu sein, weil daraus unter Umständen der Schluß gezogen werden könnte, daß beide ein gleiches Recht haben, derjenige, der den Auftrag gegeben und den Brief unterzeichnet hat, und derjenige, der ihn thatsächlich verfaßt hat. Ich meine, darauf, ob man das Wort „Absenders" oder „Verfassers" wählt, kommt es nicht an; denn auf jeden Fall muß in den Motiven doch gesagt werden, was sich der Gesetzgeber darunter gedacht hat. Es ist derjenige gemeint, von dem die Initiative zum Schreiben ausgeht, der die Verantwortung für den Brief trägt und der diese Verantwortung auch durch seine Unterschrift zu erkennen giebt. Ich glaube, das Wort „Verfasser" wird in der Regel noch zutreffender sein, da in dem Worte „Absender" doch nur die mechanische Thätigkeit des Absendens ausgedrückt ist, während es sich im Grunde nur um den handelt, der die Verantwortung für den Inhalt des Briefes übernimmt. Ich würde vorschlagen, das Wort „Absenders" weg zu lassen, aber in den Motiven zu erläutern, daß nicht nur der, der den Brief aufgesetzt hat, sondern auch der, der für den Inhalt des Briefes verantwortlich ist und ihn unterzeichnet hat, als Verfasser gelten soll.

Herr Prof. Dr. Schuster hat ausgeführt, daß der Empfänger, der Adressat, ein Miturheberrecht an dem Briefe habe, und daß auch ihm der Briefschutz zustehen solle. Indessen scheint mir dies etwas bedenklich; denn der Briefschutz besteht doch nur aus der Erwägung heraus, daß Jemand, der einem Anderen eine intime Mittheilung macht, dagegen geschützt werden soll, daß diese Mittheilung ohne seine Einwilligung in weitere Kreise dringt. Aber was ich einem Anderen zu sagen habe, das kann ich laut oder leise sagen; das hängt zunächst nur von mir ab. Der Vorschlag des Herrn Prof. Dr. Schuster würde dazu führen, daß ich als Verfasser eines Briefes nicht das Recht habe, meinen Brief zu veröffentlichen.

Wenn in dem Briefe Dinge enthalten sind, die der Ehre des Empfängers zu nahe treten, so schützt ihn gegen dessen Veröffentlichung das gemeine Strafrecht. Aber man kann Niemand dagegen schützen, daß ihm öffentlich Dinge gesagt werden, die ihm unangenehm sind, und das ist es, was Sie durch diese Fassung bezwecken würden.

Richtig ist dagegen, daß der Eigenthümer eines Briefes nicht verpflichtet ist, das Original zum Zweck der Veröffentlichung herauszugeben.

Ich schlage demgemäß vor, in dem Abs. 1 der Anträge des Herrn Referenten die Worte „bezw. Absenders“ zu streichen und in dem 2. Abs. die Frist des Regierungs-Entwurfes wieder herzustellen. Im Uebrigen stimme ich den Anträgen des Referenten durchaus bei.

Nachdem die Redezeit auf 5 Minuten beschränkt worden ist, erhält das Wort

Rechtsanwalt Dr. **Scherer** (Leipzig): Ich erlaube mir hervorzuheben, daß, wenn ich vorhin die Abhandlung von Serafini citirte, dies nicht gerade deshalb geschehen ist, um speciell darin meine Stütze zu suchen. Im Gegentheil, die Abhandlungen, die erschienen sind, gehen darauf hinaus, den Schutz zu erweitern. Dagegen ist die Abhandlung sehr gründlich gehalten, und die Stelle von Cicero ist darin ebenfalls wörtlich mitgetheilt, ebenso die einschlagenden Stellen aus Labeo und aus dem Corpus juris, die Eigenthumsfrage ist gründlich behandelt u. s. w. Ich habe diese Abhandlung darum citirt, weil sie nach meiner Ansicht die wissenschaftlich gründlichste ist, die überhaupt existirt, und ich habe sie in den Referaten nicht gefunden.

Was nun die Sache selbst betrifft, so wird hier der Satz aufgeführt: „Dem Privatleben, was dem Privatleben gehört!“ Hier ist der Kernpunkt der Sache, nämlich der: darf ein Mann, der im öffentlichen Leben auftritt, der sich etwa um ein Reichstagsmandat bewirbt, dagegen geschützt sein, daß ein Brief, den er geschrieben hat, der ihn aber moralisch degradirt, ohne seine Einwilligung veröffentlicht wird? Darum handelt es sich. Im Uebrigen haben wir bereits einen Schutz. Im Bürgerlichen Gesetzbuch § 823, 826 ff. ist ein noch viel weiter gehender Schutz geschaffen, weiter als in der englischen und französischen Gesetzgebung, denn diese Paragraphen schützen die Ehre ausdrücklich. Aber die andere Frage ist die, ob ein Mann, der im öffentlichen Leben an der Spitze steht, der unter Umständen berufen ist oder in die Lage kommen kann, die Geschicke des Landes zu leiten, sich bei der Wahl ꝛc. gefallen lassen muß, daß ihm solche Briefe, die ihn moralisch degradiren, entgegen gehalten werden, und hier treten öffentliche Interessen ein. Ich sage, ein Mann, der an der Spitze des Staatslebens steht, der im öffentlichen Leben eine große Rolle spielt, muß einen lauteren Charakter haben; deshalb muß die Presse ein Recht haben, einen solchen Mann, wenn er dieser Voraussetzung nicht entspricht, unschädlich zu machen. In Folge dessen stehe ich auf dem Standpunkte des englischen Philosophen **Bentham**: „Realität scheut nicht die Oeffentlichkeit“; und das neue Staatsleben, das Jedem gestattet, an die Spitze des Staates zu treten oder eine entscheidende Rolle im Staatsleben zu spielen, erfordert es, daß das Publikum und das Vaterland davor geschützt werden, daß unmoralische Existenzen unsere Geschicke leiten. Deshalb bin ich geneigt, den Satz auszusprechen: „Dem öffentlichen Leben, was dem öffentlichen Leben gehört!“ Wir wollen lautere Charaktere im Landtage und im Reichstage haben! Deshalb verwerfe ich den Schutz, der hier erstrebt wird, und den Standpunkt, daß wir solche Personen zu schützen hätten. Einen solchen Schutz brauchen wir nicht, einen solchen Schutz halte ich im Interesse des Volkes, der Presse, des Publikums für gefährlich. Deshalb trete ich dagegen auf und sage: wir wollen bei dem bisherigen Rechtszustande bleiben! Dieser hat in den §§ 823—826 B.G.Bs. eine sehr eingehende Sanctionirung gefunden. Ich darf auf einen Fall hinweisen. In einem mir bekannten Wahlkreise standen sich für den Reichstag zwei Candidaten gegenüber, und es wurde gegen den einen ein Placat veröffentlicht des Inhalts: „Der Mann hat ein uneheliches Kind“. Ich will einmal annehmen — damals war es kein Brief —, es wäre ein brieflicher Beleg dagewesen, der Mann wäre fertig gewesen für den betreffenden Wahlkreis. Es war Stichwahl, und nur das hat ihn gerettet, daß die Gegenpartei ein Placat veröffentlichte des Inhalts: „Was wollt Ihr? Euer Candidat hat deren zwei!“

(Große Heiterkeit.)

Wenn die Veröffentlichung eines Briefes ein solches Resultat haben kann, sagt man, dürfen solche Briefe nicht veröffentlicht werden! Ich sage: solche Briefe sind der Veröffentlichung werth, gegen solche Charaktere müssen wir geschützt werden! — Ein weiteres Beispiel: Ein Mann spielt sich als gut kaiserlich auf, plötzlich kommt ein Brief zum Vorschein, und in diesem offenbart sich seine wahre Natur, und man sieht, daß er durchaus nicht gut kaiserlich ist. Warum soll er den Mantel noch länger heraushängen dürfen, warum soll er den Mantel der Heuchelei noch länger tragen dürfen? Das sehe ich nicht ein. Daß man sagt: „Dem Privatleben, was dem Privatleben gehört!“, dem trete ich entschieden entgegen, insoweit solche Verhältnisse in Betracht kommen.

Der Berichterstatter Landgerichtspräsident **von Pfaff** (Tübingen), Schlußwort: M. H.! Der Herr Referent Dr. **Wildhagen** hat vermißt, daß die Rechte des Eigenthümers und des Empfängers nicht aufgeführt sind in meinem Antrag. Ich gestehe zu, daß es nach Umständen gut ist, wenn man den Empfänger auch einführt. Allein ich muß doch auch sagen: wie soll es gehalten werden, wenn der Empfänger den Brief unterdessen verkauft hat? Soll dann der Empfänger auch noch immer zum Einspruch berechtigt sein? Das ist mir denn doch etwas zu bedenklich. Deshalb würde ich dann doch lieber den Ausdruck „Eigenthümer" wählen.

Dann hat Herr Dr. Wildhagen noch — und darin stimme ich mit ihm vollkommen überein — hinzugesetzt, daß die Worte des Entwurfes: „an denen ein geschütztes Urheberrecht nicht besteht" in meinem Antrage wegfallen sollten. Denn das bezieht sich darauf, daß in dem Gesetzentwurf die Fristen anders bestimmt sind für gewöhnliche Briefe, während nach meinem Antrage ja die Frist die gleiche ist wie bei den Urhebersachen, bei den eigentlichen Schriftwerken und bei den gewöhnlichen Briefen. Insofern wird die Streichung unbedenklich sein. Daher würde ich die Worte „an" bis „besteht" streichen in meinem Antrage und würde sagen:

> Das Gleiche gilt, wenn Jemand vorsätzlich solche Privatbriefe, Tagebücher oder persönliche Aufzeichnungen anderer Art, die noch nicht erlaubter Weise veröffentlicht worden sind, wörtlich oder dem Inhalte nach unbefugt öffentlich mittheilt.

Dann möchte ich aber noch auf das erwidern, was mein geehrter Herr Vorredner eben berührt hat. Er spricht davon, daß man bei einer Wahl sagte, daß einer der Candidaten ein uneheliches Kind habe, ohne daß dies habe durch Briefe nachgewiesen werden können; aber selbst wenn man solche Briefe habe, dürfe man nach meinem Antrage nicht einschreiten. Meine Herren! Es würde aber doch bei einer Reichstags- oder Landtagswahl das berechtigte Interesse der Gegenpartei sein, dem anderen Candidaten möglichst viel nachzuweisen und da hat dann doch das öffentliche berechtigte Interesse zum Schutze zu dienen.

Dr. **Osterrieth** (Berlin) zur Geschäftsordnung: Der Herr Referent hat jetzt seinen Antrag noch einmal geändert. Sollte darüber nicht eine Discussion möglich sein? Ich wollte gerade den Antrag stellen, seinen ursprünglichen Text wiederherzustellen.

Vorsitzender: Obwohl ich nicht zur Sache sprechen will, muß ich doch bemerken: Wenn wir den 2. Absatz des § 44 in der Weise ändern, wie es der Herr Referent beantragt hat, so bekommt er doch keinen anderen Sinn. Er lautet nämlich:

> Das Gleiche gilt, wenn Jemand solche Briefe, Tagebücher oder persönliche Aufzeichnungen anderer Art u. s. w.,

während es in Absatz 1 des § 44 heißt:

> Wer vorsätzlich . . . ein Schriftwerk, an dem ein geschütztes Urheberrecht nicht besteht,

so daß durch die Worte „anderer Art" die Auffassung gegeben ist, daß es sich um Briefe handelt, an denen ein geschütztes Urheberrecht nicht besteht. Es müßte vielmehr im Sinne des Antragstellers heißen:

Das Gleiche gilt, wenn Jemand vorsätzlich solche Privatbriefe, Tagebücher oder persönliche Aufzeichnungen, die noch nicht erlaubter Weise veröffentlicht worden sind u. s. w.

Freilich wird auch durch diese Fassung ein geschlossener Gedankengang nicht hergestellt; sondern es müßte eine ganz neue Redaction des Paragraphen stattfinden.

Auf Antrag des Vorsitzenden wird die Fortsetzung der Debatte unter Beschränkung der Redezeit auf 3 Minuten mit Rücksicht auf die geänderte Sachlage von der Versammlung einstimmig beschlossen.

Rechtsanwalt Dr. **Wildhagen** (Leipzig): Das gleiche Bedenken, das eben von dem Herrn Präsidenten angeregt wurde, würde ja auch noch Platz greifen, wie ich anerkennen muß, wenn man statt des Wortes „Verfassers" das Wort „Absenders" nimmt, da sich der Paragraph nicht bloß mit Briefen, sondern auch mit Tagebüchern und Aufzeichnungen beschäftigt. Es würde daher richtiger sein — —

(Zuruf des Professor Dr. **Pfaff** (Wien): Man könnte den Ausdruck „Urheber" nehmen statt „Verfasser" oder „Absender", weil der Absender auch gewissermaßen der Urheber des Briefes ist).

Das wäre ein Ausweg. Da uns aber die Frage nur in Bezug auf Briefe vorgelegt worden ist, so ist es richtiger, auch die Antwort nur auf Briefe zu beschränken, so daß aus dem Antrage die Tagebücher und persönlichen Aufzeichnungen besser überhaupt verschwinden.

Vorsitzender: In § 2 des Entwurfs heißt es:

Urheber eines Werks ist dessen Verfasser.

Es würde also, wenn § 2 stehen bleibt, durchaus nichts ändern, wenn wir statt „Verfasser" „Urheber" sagen.

(Zustimmung).

Rechtsanwalt Dr. **Wildhagen** (Leipzig): Ich möchte mir einen Vorschlag dem Herrn Referenten gegenüber erlauben, nämlich den, daß der Antrag so gefaßt wird:

Das Gleiche gilt, wenn Jemand vorsätzlich solche Privatbriefe, die noch nicht erlaubter Weise veröffentlicht worden sind, wörtlich oder dem Inhalte nach unbefugt öffentlich mittheilt.

Das würde lediglich die Antwort auf die gestellte Frage sein.

(Zustimmung des Referenten von Pfaff (Tübingen).

Dann weiter:

Unbefugt ist eine Mittheilung, die ohne Einwilligung des Absenders — —,

das würde passen, und nun muß ich den Punkt nochmals berühren — und ich möchte bitten, daß die 3 Minuten erst von jetzt ab gerechnet werden —, der hier besonders interessirt, das Recht des Eigenthümers. Es ist richtig, was vorhin Herr von Pfaff sagte, daß auch Fälle vorkommen können, wo außer dem Empfänger noch ein besonderer Eigenthümer vorhanden ist. Solche Fälle fasse ich gerade ins Auge, wenn ich vorschlage, statt „Eigenthümers" „Empfängers" zu sagen. Ich verkenne durchaus nicht, daß Fälle vorkommen können, wo außer dem Empfänger auch der Eigenthümer und vielleicht sogar noch ein Dritter ebenfalls irgend ein Interesse gegen die Veröffentlichung haben können. Diese Fälle scheinen mir aber so fern zu liegen, daß ein Bedürfniß zu ihrer gesetzlichen Regelung zur Zeit noch nicht besteht. Jedenfalls bilden sie nicht den Regelfall. Das schutzbedürftige Interesse, das Jemand gegen die Veröffentlichung eines Briefes hat, beruht regelmäßig nicht darauf, daß er Eigenthümer, sondern, daß er Empfänger des Briefes ist. Deshalb glaube ich, daß es richtig ist, statt „Eigenthümers der Schrift" zu sagen: „Empfängers der Schrift". Ich werde den Antrag aufschreiben und mir sogleich erlauben, ihn zu überreichen.

Nun noch eine Bemerkung zu dem, was Herr Dr. Osterrieth gesagt hat. Herr Dr. Osterrieth zieht vor, „Verfassers" stehen zu lassen und dieses Wort nicht durch „Absenders" zu ersetzen. In der Sache will er im Wesentlichen dasselbe, aber er hält die Aenderung nicht für erforderlich. Ich möchte doch bitten, daß Herr Dr. Osterrieth sich entschließe, meinem Vorschlage, der jetzt auch der des Referenten ist, zuzustimmen. Herr Dr. Osterrieth hat gemeint, dasjenige, was wir sagen wollen, könnten wir in die Motive verlegen. Ich darf wohl erwidern: wir leiden heut zu Tage fast schon unter einem Fluche der Motive. Was wir im Gesetze ausdrücken können, das wollen wir doch auch lieber im Gesetze selbst sagen. „Absender" ist zwar auch keine absolut treffende Bezeichnung, ganz wörtlich genommen umfaßt sie nur den rein äußerlichen Vorgang des Absendens; aber ich weiß keine bessere. Ich wähle die Bezeichnung „Absender", weil sie nach dem gewöhnlichen Sprachgebrauche des Lebens denjenigen bezeichnet, der nach außen hin als Urheber des Briefes gilt, der den Brief nach außen hin repräsentirt. Ich glaube, wir können damit ohne Motive und ihre Erläuterungen im Gesetze selbst deutlich genug sagen, welche Interessen das Gesetz schützen will.

Was die Frage der Schutzfrist betrifft, m. H., so läßt sich darüber schwer streiten, da es eine Frage ist, für die eine Entscheidung aus zwingenden inneren Gründen kaum gefunden werden kann. Die Gründe, aus denen ich für eine längere Frist als 10 Jahre eintrete, habe ich in meinem Gutachten dargelegt. Wir wollen die Frist nur aus der Person des Absenders und nach seiner Lebensdauer bemessen und nehmen dabei nicht auf die Person des Empfängers Rücksicht. Es kann also sehr leicht ein Fall folgender Art vorkommen: ein alter Mann schreibt einem jungen Manne einen Brief, der verletzend für den Empfänger ist. Die Veröffentlichung dieses Briefes 10 Jahre nach dem bald darauf erfolgten Tode des bejahrten Absenders kann für den Empfänger noch sehr gefährlich sein. Der Umstand, daß der Absender 10 Jahre tot ist, hat für die auf dem Spiele stehenden Interessen des Empfängers gar keine Bedeutung. Das wird zwar auch nicht völlig geändert, aber doch erheblich abgeschwächt, wenn die Frist auf 30 Jahre bemessen wird.

Professor Dr. **Schuster** (Prag) zur Geschäftsordnung: Ich möchte mir nur die Bemerkung, sogar eigentlich nur die Anfrage erlauben, ob nicht mein Antrag als der weitestgehende zuerst zur Abstimmung kommen soll.

Vorsitzender: Das wollte ich eben bemerken. Der weitestgehende Antrag ist der von Herrn Prof. Dr. Schuster. Ich werde ihn zuerst zur Abstimmung bringen. Er lautet:

> Das Urheberrecht an Briefen steht dem Verfasser und seinen Erben zu. Nach der erfolgten rechtmäßigen Absendung erlangen daran der Adressat und seine Erben ein Miturheberrecht. Jedoch hat der Erbe des Adressaten gegenüber dem Verfasser keinen Anspruch auf Ausfolgung.
>
> Zur Wahrung berechtigter sachlicher oder persönlicher Interessen ist die Veröffentlichung von Briefen als Beweisdocumenten gestattet, so weit sie als solche in Betracht kommen.

Anträge sind noch gestellt von dem Herrn Referenten, von Herrn Dr. Wildhagen und von Herrn Dr. Osterrieth.

Der Herr Referent hatte zuerst einen Antrag gestellt, der dann durch Herrn Dr. Osterrieth amendirt wurde, so daß auch jene Theile des ursprünglichen Antrages des Herrn Referenten, die er später hat fallen lassen, mit aufgenommen sind in den Antrag des Herrn Dr. Osterrieth.

Es folgt die Abstimmung über den Antrag Schuster, der mit großer Mehrheit abgelehnt wird. Nach Verlesung der übrigen Anträge wird zur Abstimmung darüber geschritten. In einer Eventualabstimmung wird der Satztheil des 2. Abs. des § 44

Tagebücher oder persönliche Aufzeichnungen anderer Art, an denen ein geschütztes Urheberrecht nicht besteht und

gestrichen, so daß die Wortfassung des ersten Satzes des Abs. 2 beschlußgemäß folgende ist:

Das Gleiche gilt, wenn jemand vorsätzlich solche Privatbriefe, die noch nicht erlaubter Weise veröffentlicht worden sind, wörtlich oder dem Inhalte nach unbefugt öffentlich mittheilt.

Zu dem zweiten Satze des Abs. 2 wird zunächst eine Eventualabstimmung darüber vorgenommen, ob für den Fall, daß die Worte „des Verfassers" stehen bleiben, auch die Worte „bezw. Absenders" aufgenommen werden sollen. Der Beschluß geht dahin, daß, wenn „des Verfassers" stehen bleibe, die Worte „bezw. Absenders" hinzugesetzt werden sollen. Bei der Abstimmung darüber, ob zu setzen sei „des Absenders" oder aber „des Verfassers bezw. Absenders" fällt die Entscheidung zu Gunsten der Worte „des Verfassers bezw. Absenders". Mithin lautet der 2. Satz nach dem gefaßten Beschlusse nunmehr also:

Unbefugt ist eine Mittheilung, die ohne Einwilligung des Verfassers bezw. Absenders und des Eigenthümers der Schrift erfolgt.

Alsdann wurden Satz 3 und 4 des 1. Absatzes in folgender Fassung einstimmig angenommen:

Nach dem Tode des Verfassers haben an seiner Stelle, so weit er nicht besondere Bestimmungen getroffen hat, dessen Erben über die Einwilligung zu befinden. Dieselbe ist nicht als gegeben zu betrachten, wenn auch nur ein Erbe widerspricht.

Bei der Abstimmung über den Schlußabsatz zog Dr. Osterrieth seinen Abänderungsantrag, nämlich anstatt „wenn die in § 28 des Gesetzes normirten Fristen abgelaufen sind" zu setzen: „wenn seit dem Tode des Verfassers 10 Jahre abgelaufen sind", zurück; somit bleibt nur der Antrag des Referenten bestehen, und dieser wird in folgender Fassung unverändert zum Beschlusse erhoben:

Die Vorschriften des Abs. 1 und 2 finden keine Anwendung, soweit die Mittheilung zur Wahrnehmung berechtigter Interessen erfolgt oder wenn die in § 28 des Gesetzes normirten Fristen abgelaufen sind.

Hof- und Gerichtsadvocat Dr. **Konirsch** (Wien) zur Geschäftsordnung: Wir haben vorhin beschlossen, die Worte „Tagebücher u. s. w." wegzulassen. Das ist offenbar nicht deshalb geschehen, weil wir diese Tagebücher und sonstigen Aufzeichnungen schutzlos lassen wollten, sondern lediglich in der

Absicht, durch unseren Beschluß nur eine Antwort auf die Frage zu geben, die uns vorliegt. Diese Antwort kann aber nicht beginnen mit den Worten: „Das Gleiche gilt", sondern sie muß ungefähr eingeleitet werden: „Die Bestimmungen des § 44 Abs. 1 haben auch einzutreten, wenn . . ." falls wir uns einerseits an den Wortlaut des Regierungsentwurfes anlehnen und andererseits Worte daraus streichen, so könnte der Eindruck hervorgerufen werden, als ob in Ansehung der gestrichenen Worte materielle Meinungsverschiedenheiten dem Regierungsentwurfe gegenüber bestünden, was doch gewiß nicht der Fall ist.

Vorsitzender: Ich glaube bemerken zu sollen, daß die Worte „Tagebücher u. s. w." gestrichen wurden, weil es heißen sollte „des Absenders" und weil bei Tagebüchern an einen Absender nicht gedacht werden kann. Allein die Abstimmung hat ein entgegengesetztes Resultat ergeben, und ich kann nichts daran ändern.

Rechtsanwalt Dr. **Wildhagen** (Leipzig): Herr Präsident, ich glaube, das Bedenken wird sich erledigen. Wir haben noch gar keine Schlußabstimmung vorgenommen, die Gesammtabstimmung kommt erst noch. Ich bin der Meinung, wenn wir durch unseren Beschluß eine Antwort auf die gestellte Frage geben wollen, so müssen wir uns an die Briefe halten. Dem Bedenken des Herrn Vorredners können wir Rechnung so tragen, daß wir den Eingang in der Weise fassen, wie er vorgeschlagen hat.

Vorsitzender: Dann bitte ich um einen entsprechenden Antrag.

Rechtsanwalt Dr. **Wildhagen:** „Die Rechtsfolgen des § 44 Abs. 1 treten auch ein, wenn u. s. w."

Vorsitzender: Das würde eine neue Abstimmung nöthig machen. Dann würden wir über den neuen Gesammtantrag abstimmen.

Schriftsteller Dr. **Osterrieth** (Berlin): Ich glaube, daß der Paragraph in der jetzigen Fassung eigentlich widersinnig ist und durchaus nicht das zum Ausdruck bringt, was wir haben beschließen wollen, überhaupt auch nicht in Uebereinstimmung zu bringen ist mit dem übrigen Texte des Gesetzes und vor Allem mit Abs. 1 des § 44. Ich würde daher vorschlagen, wenn es die Geschäftsordnung zuläßt, daß eine Commission beauftragt werde, das, was die Versammlung hat beschließen wollen, in eine angemessene Fassung zu bringen, und diese der Section in der nächsten Sitzung zu endgiltiger Annahme vorzulegen.

Vorsitzender: Ich würde damit sehr einverstanden sein. Schon früher habe ich auf die Consequenzen aufmerksam gemacht, die entstehen, wenn der Satztheil „an denen ein geschütztes Urheberrecht nicht besteht" gestrichen wird. Es würde eine wesentliche Erleichterung sein, wenn sich die Herren

Antragsteller bemühen würden, eine passende gemeinschaftliche Formulirung zu finden. Dazu würde sich eine kurze Vertagung der Verhandlung empfehlen.

Die Sitzung wird um $12\frac{1}{2}$ Uhr auf 1 Uhr vertagt.

Nach Wiederaufnahme der Sitzung um 1 Uhr wird folgender Compromißantrag zur Abstimmung gebracht.

Es wird zunächst der Eingang genehmigt in folgender Fassung:

Es wird beschlossen, vorzuschlagen, daß dem § 44 Abs. 2 und 3 des Entwurfes eines Gesetzes, betr. das Urheberrecht an Werken der Literatur und der Tonkunst, so weit er sich auf Privatbriefe bezieht, folgende Fassung gegeben werde:

Das Gleiche gilt, wenn jemand vorsätzlich solche Privatbriefe, die noch nicht erlaubter Weise veröffentlicht worden sind, wörtlich oder dem Inhalte nach unbefugt öffentlich mittheilt.

Hierauf wird im zweiten Satze die Ersetzung des Wortes „Eigenthümers" durch das Wort „Empfängers" beschlossen, so daß dieser Absatz nunmehr also lautet:

Unbefugt ist eine Mittheilung, die ohne Einwilligung des Verfassers bezw. Absenders und des Empfängers der Schrift erfolgt.

Satz 3 und 4 werden unverändert nach dem Antrage des Berichterstatters in folgender Fassung beschlossen:

Nach dem Tode des Verfassers haben an seiner Stelle, soweit er nicht besondere Bestimmungen getroffen hat, dessen Erben über die Einwilligung zu befinden. Dieselbe ist nicht als gegeben zu betrachten, wenn auch nur ein Erbe widerspricht.

Hinsichtlich des dritten Absatzes des § 44 wird folgende Fassung angenommen:

Die Vorschriften des Abs. 1 und 2 finden keine Anwendung, soweit die Mittheilung zur Wahrnehmung berechtigter Interessen erfolgt oder wenn seit dem Tode des Verfassers der Schrift 10 Jahre abgelaufen sind.

Schließlich wurde beschlossen, den Gegenstand dem Plenum zur Kenntnißnahme vorzulegen und Herrn Landgerichtspräsidenten von Pfaff-Tübingen die Berichterstattung zu übertragen.

Hierauf wird zu Punkt 6 der Tagesordnung übergegangen:

Soll der Verleger berechtigt sein, das Verlagsrecht ohne Zustimmung des Autors zu übertragen?

Berichterstatter Prof. Dr. **Pappenheim** (Kiel): Meine Herren! Die Frage, über welche ich die Ehre habe, das Referat zu erstatten, lautet, wie der Herr Präsident schon kundgegeben hat:

„Soll der Verleger berechtigt sein, das Verlagsrecht ohne Zustimmung des Autors zu übertragen?"

Den Inhalt dieser Fragestellung anbetreffend wird man dreierlei als unzweifelhaft anzusehen haben. Erstens, daß die Fassung, „soll der Verleger berechtigt sein" in der Weise zu verstehen ist, daß es sich um ein rechtliches Können des Verlegers handelt, nicht etwa um ein nur obligatorisches Dürfen, so daß also die Verfügungsmacht, nicht nur die Verfügungsbefugniß des Verlegers hier zur Erörterung gelangen soll. Zweitens wird für unzweifelhaft zu erachten sein, daß hier Verleger und Autor verstanden sind im Sinne der Contrahenten eines Verlagsvertrages, so daß also, wie auch der neue Entwurf eines Gesetzes über das Verlagsrecht es behandelt, als Autor auch derjenige gilt, der z. B. als Rechtsnachfolger des eigentlichen Urhebers den Vertrag geschlossen hat. Drittens wird hinsichtlich der Bedeutung des in Frage stehenden Uebertragungsactes darauf hinzuweisen sein, daß es sich hier zunächst nur um die Frage der Rechtsnachfolge kraft eines Willensactes des Verlegers handelt, also nicht auch Fälle der Rechtsnachfolge, wie durch Gesetz, insbesondere durch gesetzliche Erbfolge, in Betracht kommen. Es muß aber hierbei im Auge behalten werden, daß nach geltendem Recht die Frage der Uebertragung auch auf gewisse Fälle der nicht rechtsgeschäftlichen Rechtsnachfolge, namentlich auf den Fall der Zwangsvollstreckung, ihre Rückwirkung übt. Unter Uebertragung wiederum wird ein jedes Rechtsgeschäft zu verstehen sein, welches auf die Herbeiführung einer Sonderrechtsnachfolge in das den Gegenstand des Vertrages bildende Verlagsrecht gerichtet ist. Das Vermächtniß kommt ja jetzt, soweit man hier zwischen Uebertragung unter Lebenden und Uebertragung von Todeswegen unterscheiden würde, nicht direct in Betracht; es hat nur obligatorische Wirkung und verpflichtet den Beschwerten zur Uebertragung des Verlagsrechts unter Lebenden.

Zweifelhaft aber kann die Bedeutung des Wortes sein, auf welches es hier in erster Linie ankommt, des Wortes „Verlagsrecht". Dasselbe wird so verstanden werden müssen, wie es der neue Entwurf versteht, das ist lediglich als das ausschließliche Recht zur Vervielfältigung und Verbreitung. Dieses Recht stellt sich als einen Ausschnitt aus dem Urheberrecht dar, und seine Uebertragbarkeit, für sich betrachtet, kann einem Zweifel kaum unterliegen. Sie ist zwar weder im geltenden Recht ausdrücklich geregelt, noch im neuen Gesetzentwurfe ausdrücklich erwähnt, aber man wird sie, wie das auch seitens der Gutachten mit etwas verschiedener Begründung geschieht, aus der Uebertragbarkeit des Urheberrechtes selber folgern müssen. Indessen kommt das Verlagsrecht für uns nur in so weit in Frage, als es das Verlagsrecht eines Verlegers ist.

Das Verlagsrecht ist ja, wie das auch der neue Entwurf richtig zum Ausdruck bringt, keineswegs an den Verlagsvertrag gebunden. Es kann auch ohne Verlagsvertrag begründet werden, beispielsweise wenn sein Erwerber zur Vervielfältigung des Werkes nicht verpflichtet, sondern nur berechtigt sein soll, sowie andererseits ein Verlagsvertrag auch über nicht geschützte Werke geschlossen werden kann. Das selbständige Verlagsrecht ist wirthschaftlich etwas anderes und dem entsprechend auch juristisch anders zu behandeln als das Verlagsrecht als Theil eines Verlagsvertrages. Die Einräumung des letzteren erfolgt in der Absicht, die Erfüllung des Verlagsvertrages zu gewährleisten, dem Erwerber des Rechts die Sicherheit des Rechtsschutzes dritten gegenüber zu verschaffen und ihm andererseits die Erfüllung seiner Verpflichtungen aus dem Verlagsvertrage, die Vervielfältigung und Verbreitung des Werkes zu ermöglichen und zu erleichtern. Nur das Verlagsrecht des Verlegers d. h. das durch einen Verlagsvertrag eingeräumte Verlagsrecht bildet den Gegenstand unserer Erörterung. Wie auch immer die uns beschäftigende Frage beantwortet werden möge, jedenfalls dürfen die Rechte und die Verbindlichkeiten aus einem Vertrage nicht auseinander gerissen und mechanisch getrennt werden.

In diesem Sinne wird denn auch von beiden Gutachten die Frage behandelt, wenn sie gleich hinsichtlich des Verlagsrechts etwas abweichen. Bei manchen Verschiedenheiten im Einzelnen kommen sie beide übereinstimmend zu dem Ergebniß, daß die gestellte Frage im Allgemeinen verneinend zu beantworten sei, insbesondere auch verneinend zu beantworten sei für den Fall der Zwangsvollstreckung und des Concurses. Es wird aber davon zunächst eine gesetzliche Ausnahme für den Fall der Uebertragung des Verlagsgeschäfts im Ganzen gemacht. Die Frage, ob die Firma unverändert bleiben müsse oder nicht, wird theils nicht aufgeworfen, theils nicht speciell erörtert. Eine zweite Ausnahme wird gemacht für den Fall der abweichenden Vereinbarung. Es sind die beiden Gutachten darin einig, daß das zu schaffende Recht jedenfalls dispositiver Art sein müsse. Als ein besonderer Fall der Uebertragbarkeit kraft abweichender Vereinbarung wird derjenige der Lieferung eines Werkes auf Bestellung behandelt.

Seit dem Abschlusse der beiden Gutachten hat die Sachlage eine wichtige Aenderung dadurch erfahren, daß der Entwurf zu einem Gesetze über das Verlagsrecht erschienen ist. Ich glaube, daß es, wie dies ja auch schon in der Discussion der ersten Frage zu Tage trat, für uns naturgemäß gegeben ist, unsere Erörterung im Hinblick auf diesen Entwurf zu führen. Die Betrachtung seiner Vorschläge wird zu gleicher Zeit die Stellungnahme zu den Gedanken und Vorschlägen der beiden Gutachten von selbst mit sich bringen.

Der neue Entwurf bedient sich des Ausdruckes „Verlagsrecht" in einem doppelten Sinne: In seiner Ueberschrift ist das Wort „Verlagsrecht" in demselben Sinne gebraucht, wie im Art. 76 des Einführungsgesetzes zum Bürgerlichen Gesetzbuche, der das Recht des Verlagsvertrages der landesgesetzlichen Regelung auch für den Fall vorbehält, daß die Verschaffung eines Verlagsrechtes in dem früher erwähnten Sinne nicht stattfindet. In diesem, dem subjectiven Sinne wird das Wort „Verlagsrecht" im § 9 gebraucht, der es als das ausschließliche Recht zur Vervielfältigung und Verbreitung definirt.

Die Begründung dieses Verlagsrechts kann nach dem neuen Entwurf in zwiefacher Weise geschehen. Sie kann entweder den selbständigen Gegenstand eines Vertrages bilden, wie z. B. wenn ein Autor, der jemandem ein Verlagsrecht einräumt, ohne ihn zur Vervielfältigung des Werkes zu verpflichten; oder sie erfolgt als Theil eines Vertrages, der zugleich eine Verpflichtung für den Gegencontrahenten begründet. Wiederum ein specieller Fall ist der, daß dieser Vertrag ein Verlagsvertrag ist. Die Unabhängigkeit von Verlagsrecht und Verlagsvertrag führt aber der Entwurf auch für diesen Fall vollständig durch. Er statuirt die gesetzliche Pflicht des Verfassers, dem Verleger das Verlagsrecht zu verschaffen, „soweit nicht aus dem Vertrage sich ein Anderes ergiebt", faßt also von vornherein die Möglichkeit in's Auge, daß der Verlagsvertrag dem Verleger einen Anspruch auf das Verlagsrecht nicht gewährt. Ebenso regelt er in einem späteren Paragraphen (43) den Fall, daß den Gegenstand des Vertrages ein Werk bildet, an dem ein Urheberrecht nicht besteht, und deshalb auch eine Verpflichtung zur Verschaffung des Verlagsrechtes durch den Vertrag nicht gegeben sein soll.

Indessen die enge Verbindung, welche thatsächlich zwischen dem Verlagsrechte und Verlagsvertrage besteht, kommt auch im Entwurfe sehr deutlich zum Ausdruck. Die Verpflichtung des Verfassers zur Verschaffung des Verlagsrechtes bildet die, wenn auch nicht ausnahmlose Regel bei dem Verlagsvertrage, und ferner bestimmt sich der Umfang dieser Verpflichtung nach dem Umfange der Verpflichtung des Verfassers, sich der Vervielfältigung und Verbreitung zu enthalten und sie dem Verleger zu gestatten. Wenn beispielsweise, wie regelmäßig, nur über eine Auflage contrahirt ist, so ist der Verfasser auch nur für sie verpflichtet, dem Verleger das Verlagsrecht zu verschaffen.

Die Frage der Uebertragung des Vertragsrechtes seitens des Verlegers ist im Entwurfe nicht für sich selbständig geregelt worden. Er handelt nur von der Uebertragung der Rechte des Verlegers aus dem Verlagsvertrage überhaupt, zu denen das Verlagsrecht regelmäßig gehört. Der Inhalt der einschlägigen Vorschriften ist folgender:

Zunächst trennt der Entwurf die Rechte des Verlegers aus dem Vertrage und seine Pflichten. Die Rechte erklärt er (§ 30 Abs. 1 Satz 1) für übertragbar. Dagegen wird es in den Erläuterungen (zu §§ 30, 31) als selbstverständlich bezeichnet, daß ein einseitiges Sichbefreien des Verlegers von seinen Pflichten unmöglich sei. Die Frage, die hier in Betracht kommen könne, sei daher nur die, ob der Verfasser die Erfüllung der Pflichten des Verlegers durch einen Dritten, einen Rechtsnachfolger des Verlegers, dulden müsse. Dann aber erfolgt die Verbindung der Rechte mit den Pflichten in einfacher Art. Es wird bestimmt (§ 30 Abs. 1 Satz 2), daß, wenn der Verleger seine Rechte auf einen Dritten übertragen hat, dann die ihm obliegenden Vervielfältigung und Verbreitung auch durch den Rechtsnachfolger bewirkt werden kann, daß also der Verfasser die Erfüllung des Verlagsvertrages durch den Rechtsnachfolger des Verlegers dulden muß. Es wird ferner bestimmt (§ 30 Abs. 2), daß, wenn der Rechtsnachfolger des Verlegers sich ihm gegenüber zur Vervielfältigung und Verbreitung des Werkes verpflichtet hat, eine Reflexwirkung im Verhältniß des Rechtsnachfolgers des Verlegers zu dem Verfasser eintritt, indem der Rechtsnachfolger direct dem Verfasser „für die Erfüllung der aus dem Verlagsvertrage sich ergebenden Verpflichtungen neben dem Verleger als Gesammtschuldner“ haftbar wird. Es wird endlich bestimmt (§ 31), daß alle Vorschriften des § 30, betreffend die Uebertragbarkeit der Rechte und das Ueberkommen der Pflichten keine Anwendung finden, wenn nach dem Verlagsvertrage die Befugniß des Verlegers, Vervielfältigung und Verbreitung durch einen Anderen bewirken zu lassen, ausgeschlossen ist.

Das sind die Regeln. Abweichungen von ihnen finden sich im Entwurfe in zwiefacher Richtung, indem die Rechte des Verlegers aus dem Verlagsvertrage unter Umständen Einschränkung, unter Umständen Ausdehnung erfahren. Eine Einschränkung der Befugnisse des Verlegers tritt nach § 39 Abs. 1 ein, wenn der Verleger seine Rechte einem Dritten auf Grund eines Kaufvertrages überträgt, der nur über einzelne Werke geschlossen wird. Dann ist der Verfasser bis zur Ablieferung des Werkes zum Rücktritt von dem Verlagsvertrage berechtigt. Dagegen ist eine

Steigerung der Rechte des Verlegers durch § 40 für den Fall des Conkurses in Aussicht genommen. Der Verfasser hat auch im Concursfalle ein Rücktrittsrecht, wenn das Werk zur Zeit der Eröffnung des Verfahrens noch nicht abgeliefert war (§ 40 Abs. 3). Der Concursverwalter andererseits hat das Wahlrecht des § 17 der Concursordnung auch dann, wenn das Werk bereits vor der Eröffnung des Verfahrens abgeliefert worden war (§ 40 Abs. 1, vgl. Erl. dazu § 51). Wenn er nun in Ausübung dieses Wahlrechts auf der Erfüllung des Verlagsvertrages besteht, soll er die Rechte aus diesem „auch in den Fällen" — es handelt sich nur um einen Fall — „des § 31" auf einen Anderen übertragen können (§ 40 Abs. 2 Satz 1), d. h. das Uebertragungsrecht trotz vertragsmäßiger Ausschließung der Befugniß des Verlegers, die Vervielfältigung und Verbreitung durch einen Anderen bewirken zu lassen. Weiterhin aber knüpfte sich an die seitens des Concursverwalters erfolgende Uebertragung die besondere Folge, daß „der Erwerber an Stelle der Concursmasse, in die sich aus dem Vertragsverhältniß ergebenden Verpflichtungen" eintritt (§ 40 Abs. 2 Satz 2). Es entsteht nicht für ihn eine Haftung neben der des verbleibenden ursprünglichen Schuldners, sondern es wird dem Verfasser ein neuer Schuldner substituirt, nur mit der Maßgabe, daß eine subsidiäre Haftung der Concursmasse nach den näheren Bestimmungen des § 40 Abs. 2 Satz 3 Platz greifen soll.

So weit die vom Entwurfe geplante Regelung; sie wird nun kritisch zu betrachten sein. Ich glaube, daß das Urtheil über sie nicht günstig ausfallen kann, weil sie das Interesse der Verleger und zum Theil ihrer Gläubiger einseitig berücksichtigt, demjenigen der Verfasser nicht gerecht wird.

Die Erläuterung geht bei den unserer Frage gewidmeten Erwägungen (§ 42) davon aus, es dürfe zugegeben werden, daß für den Verfasser die Gewähr, welche ihm die Persönlichkeit des Verlegers bietet, bei Abschluß des Verlagsvertrages häufig von wesentlicher Bedeutung ist. Sie stellt dann zunächst fest, daß hieraus allein sich nicht folgern lasse, daß der Verleger die ihm obliegenden Leistungen in Person zu bewirken habe, daß sie ohne Einwilligung des Verfassers nicht von einem Dritten vorgenommen werden dürften. Es wird auf die bekannte Entscheidung des Reichsgerichts hingewiesen, nach welcher der Verleger die ihm obliegenden Leistungen selten durch seine alleinige Thätigkeit ausführen könne, es ihm vielmehr regelmäßig freistehe, die übernommenen Verpflichtungen durch Gehilfen und auch durch Vertreter zu erfüllen. Gegen alles dieses ist nichts einzuwenden. Wer als Verfasser einen Verlagsvertrag schließt, will nicht und kann regelmäßig nicht wollen, daß der Verleger das Buch selbst setze oder in Person vertreibe. Nun aber heißt es in der Erläuterung weiter: „Bleibt hiernach der Verleger jedenfalls in der Lage, die Ausführung des Vertrags, die Vervielfältigung und Verbreitung des Werkes, einem anderen Verleger zu überlassen, so ist nicht abzusehen, weshalb ihm die Uebertragung seiner Rechte aus dem Verlagsvertrage versagt werden sollte." Diese Argumentation ist nicht begründet. Wer einen Vertrag durch seine Gehilfen ausführt, führt ihn darum rechtlich nicht weniger selbst aus. Auch eine „Ueberlassung" an einen anderen Verleger würde daher nur in der Weise zulässig sein, daß der Ueberlassende sich seiner in derselben Weise bediente, wie er sich seiner Gehilfen bei der Erfüllung der vertragsmäßigen Verpflichtung bedient. Ganz anders aber liegt der Fall hier, wo, wie ausdrücklich hervorgehoben wird, nunmehr ein neuer Verleger kraft der Uebertragung berechtigt sein soll, das Werk unter seiner Firma zu veröffentlichen. Nach der Erläuterung freilich kann „darauf, daß im Falle der Uebertragung das Werk auch äußerlich in einem anderen Verlage, also unter der Firma eines fremden Verlegers erscheint, entscheidendes Gewicht nicht gelegt werden".

Aber die nebensächliche Behandlung, welche hier der Firma zu Theil wird, steht in schroffem Widerspruch ebenso zu unserem sonst geltenden Rechte, wie auch zu der allgemeinen Verkehrsanschauung. Die Firma dient ja gerade zur Bezeichnung und zur Kennzeichnung der sie führenden kaufmännischen Persönlichkeit. Ihr Wesen und ihr Werth liegt darin, daß sich in ihr die Eigenart, die Zuverlässigkeit, die Tradition des ganzen Geschäftsbetriebes einen kurzen, für jedermann schnell erkennbaren Ausdruck verschafft. Der ökonomische Werth und das point d'honneur, die in der Führung einer alten Firma liegen, lassen erkennen, daß der Verkehr von dieser Auffassung durchdrungen ist. Wenn die Firma wirklich etwas so Nebensächliches wäre, wie von der Erläuterung vorausgesetzt wird, dann konnte man nur fragen, warum bei der Neugestaltung unseres Handelsgesetzbuches auf die Erhaltung alter Firmen überhaupt Gewicht gelegt werden konnte. Alles, was von den Anhängern des Princips des Firmenwerths gegenüber den Vertretern des Princips der Firmenwahrheit vorgeschlagen worden ist, gründet sich eben auf diejenigen Erwägungen, welche hier als vollkommen unerheblich in den Hintergrund gestellt werden.

Nun sagt ja freilich der § 30 des Entwurfs, daß die Bewirkung der dem Verleger nach dem Vertrage obliegenden Leistungen „auch durch den Rechtsnachfolger bewirkt werden" könne. Er nimmt also nicht an, daß hier ein neuer Schuldner an die Stelle des alten gesetzt werde, und die Erläuterung wiederholt dann (§ 43), daß natürlich durch den Uebertragungsact der erste Verleger von seinen Verbindlichkeiten nicht befreit werde. Aber es muß eben bestritten werden, daß der Rechtsnachfolger, welcher unter seiner Firma ein Buch veröffentlicht, damit lediglich die Pflichten seines Rechtsvorgängers erfüllt und erfüllen kann. Kraft des Verlagsvertrages war der erste Verleger verbunden, auch seine Firma zur Bezeichnung des Buches zu gebrauchen. Der Firmengebrauch bildete für ihn keineswegs blos ein Recht, sondern auch eine Pflicht. Der Verfasser hat ein sehr erhebliches Interesse daran, daß der Verleger sich seiner Firma bedient. Er hat davon den Vortheil, daß ihm nicht nur das Ansehen der Firma zu Gute kommt, sondern auch im Gebrauche der Firma für den Verleger ein Compelle vorhanden ist, seinen geschäftlichen Traditionen entsprechend zu handeln. Was der Verleger dagegen thäte, würde auch ihn selbst schädigen: so wenn er dem Buche eine schlechte Ausstattung gäbe, wenn er es verschleuderte, wenn er auf den Umschlag eines wissenschaftlichen Werkes eine marktschreierische Reclame setzen würde. Er wird alles dies daher um seiner selbst willen nicht thun. Es ist also unrichtig, daß, wenn ein neues Geschäft, das ganz anders geartet ist, als das des ursprünglichen Contrahenten, die Veröffentlichung des Werkes übernimmt, es damit allein schon die Verpflichtungen des früheren Verlegers erfüllt. Das ist um so wichtiger, als die mannigfachen Verpflichtungen des Verlegers in dieser Beziehung nicht in den Verlagsvertrag hineingeschrieben werden können, auch schon deshalb nicht, weil ein anständiger Verleger sich die Wegbedingung eines seinen Geschäftsgepflogenheiten zuwiderlaufenden Verfahrens natürlich nicht gefallen ließe.

Sonach ergiebt sich, daß die Leistung des Verlegers eine individuelle ist, die in dieser Hinsicht wohl verglichen werden kann mit derjenigen des Verfassers. Wenn bei diesem keine Rede davon ist, daß er sich einen Anderen zur Erfüllung seiner Verpflichtungen substituiren kann, so wird man von dem Verleger Aehnliches sagen dürfen. In beiden Gutachten war mit Recht darauf hingewiesen, daß das Verhältnis zwischen Verfasser und Verleger vom Vertrauen zwischen den Betheiligten beherrscht sein müsse. Es handelt sich hier um Rechte und Pflichten, deren Erfüllung von dem freien Willen und der Persönlichkeit der Betheiligten in hohem Grade abhängt. Dies darf das Gesetz nicht zum Schaden des Autors ignoriren. Die Fortdauer der Haftung des Veräußerers ist für den Verfasser von geringem Werthe. Es kann einen Schadensersatzanspruch wegen marktschreierischer Reclame oder wegen minderwerthiger Ausstattung des Buches seitens des Rechtsnachfolgers seines Contrahenten gegen diesen nicht durchsetzen.

Andererseits kann übrigens auch dem Rechtsnachfolger des Verlegers nicht zugemuthet werden, dem Verfasser zu leisten, was ihm der ursprüngliche Verleger nach dem Vertrage leisten sollte. Nach dem Entwurfe kann die „dem Verleger obliegende" Vervielfältigung und Verbreitung auch durch den Rechtsnachfolger bewirkt werden. Insoweit dies möglich wäre, bedürfte es keiner besonderen Erwähnung. Die allgemeine Bestimmung des Bürgerlichen Gesetzbuchs über die Bewirkung der schuldnerischen Leistung durch einen Dritten würde hier genügen. Nach verschiedenen Richtungen erscheint die Vorschrift bedenklich, daß der Rechtsnachfolger, der dem Verleger gegenüber die Verpflichtung zur Vervielfältigung und Verbreitung des Werkes übernimmt, dem Verfasser direct als Gesammtschuldner neben dem Verleger haften soll. Nach wessen Person sollen sich hier die Voraussetzungen für den Eintritt seiner Haftung bestimmen? Und warum soll er nur haften, wenn er sich dem Verleger gegenüber zur Vervielfältigung und Verbreitung verpflichtet hat, nicht auch wenn er, was für den Verfasser doch gleichbedeutend ist, nur das Recht zur Vervielfältigung und Verbreitung vom Verleger erworben hat?

Wenn nach alledem die Hintansetzung der Interessen der Verfasser seitens des Entwurfes nicht als hinlänglich motivirt zu bezeichnen ist, so muß nun andererseits gefragt werden: Wie verhält es sich mit den gegenüberstehenden Interessen des Verlegers? Natürlich befaßt sich die Erläuterung auch mit dieser Frage. Es verlangen, führt sie aus, „auch Interessen des Verlegers, daß er der Möglichkeit nicht beraubt wird, seine Rechte aus den einzelnen Verlagsverträgen im Wege der Veräußerung zu verwerthen." Dies ist in der That der springende Punkt. Die Neigung des Verlegers wird dahin gehen, das Verlagsrecht nöthigenfalls als einen für sich dastehenden Vermögenswerth behandeln zu können, über den er beliebig freie Verfügung hat. Die Begründung betrachtet diese Frage außer für den Fall der Veräußerung auch für das Verhältniß des Verlegers zu seinen Gläubigern, da die Verlagsrechte des Verlegers einen wesentlichen Theil seines Vermögens und damit eine Grundlage für seinen Credit bilden.

Zu Gunsten der Verwerthbarkeit der Verlagsrechte im Wege der Veräußerung wird gesagt: „Die Verhältnisse können es mit sich bringen, daß der Verleger sich genöthigt sieht, sein Geschäft aufzugeben oder einzuschränken, die Richtung seiner Verlagsthätigkeit zu ändern oder auch nur den Verlag eines einzelnen Werkes einem anderen Verleger zu überlassen, der die Herausgabe eines Concurrenzwerkes in Aussicht stellt oder der alle späteren Werke des betreffenden Verfassers in Verlag genommen hat." Wenn alles das zutreffend wäre, so würde es immer noch nicht genug beweisen. Denn hier ist nur die Rede davon, daß der Verleger sich zur Veräußerung genöthigt sieht; die Gewährung des freien Uebertragungsrechts wäre dadurch noch nicht gerechtfertigt. Aber auch abgesehen hiervon, ist jene Begründung nicht genügend. Der Umstand, daß ein anderer Verleger die Herausgabe eines Concurrenzwerkes in Aussicht stellt, reicht nicht aus, um die völlige Nichtberücksichtigung des Autors bei den Entschließungen seines Gegencontrahenten zu rechtfertigen. Und wenn der Wunsch eines Verlegers, eine Gesammtausgabe zu veranstalten, ihm den Erwerb anderer Werke des Verfassers auch ohne dessen Zustimmung ermöglichen sollte, so wäre die Folge einer solchen Regelung geradezu eine Art Leibeigenschaft für den Autor; er müßte alle Verlagsverträge mit demselben Verleger schließen, um sich solcher einseitigen Verfügung gegenüber zu sichern.

Was hier überall vollkommen ignorirt ist, ist die bereits betonte, wesentliche und untrennbare Verbindung, welche zwischen den Rechten und den Pflichten aus dem Verlagsvertrage besteht, und welche auch sonst in dem Entwurfe zu voller Anerkennung gelangt ist. Nach seinem § 1 ist der Verfasser durch den Vertrag verpflichtet, „dem Verleger das Werk zur Vervielfältigung und Verbreitung für eigene Rechnung zu überlassen", der Verleger wiederum verpflichtet, das Werk zu vervielfältigen und zu verbreiten. Die Verpflichtung des Verfassers zur Verschaffung des Verlagsrechts ist zur gesetzlichen Regel erhoben, weil den Zwecken des Vertrages regelmäßig ohne sie nicht Genüge geschehen kann. Die Gestaltung der einseitigen Loslösung des Verlagsrechts von diesem Vertrage widerspricht daher dem Wesen des gegenseitigen Vertrages.

Analog verhält es sich mit der Zwangsvollstreckung. Sicherlich bilden ja die Verlagsrechte einen wesentlichen Bestandtheil des Vermögens des Verlegers; aber sie bilden ihn doch immer nur in Verbindung mit den Pflichten, die mit ihnen zusammenhängen. Die Veräußerung im Wege der Zwangsvollstreckung würde natürlich dem Autor noch viel weniger Gewähr als die freiwillige Veräußerung dafür bieten, daß der Erwerber in der Lage und Willens wäre, die dem Verleger vertragsgemäß obliegenden Leistungen zu bewirken. Der Verfasser, der schon dadurch geschädigt ist, daß sein Verleger überhaupt in Vermögensverfall gerathen ist, soll auch noch den Nachtheil hinzunehmen, daß er nun ohne sein Zuthun mit jemand rechtlich in Beziehung gesetzt wird, von dem er gar nicht weiß, wie er später das Verlagsrecht ausüben wird.

Unter diesen Umständen ist es begreiflich, daß, wie in der Erläuterung erwähnt wird, als Mindestmaß ein Rücktrittsrecht des Verfassers für den Fall der Uebertragung der Rechte aus dem Vertrage seitens des

Verlegers verlangt worden ist. Wir haben schon gesehen, daß der Entwurf im § 39 ein solches Rücktrittsrecht bis zur Ablieferung des Werkes dem Verfasser zugesteht. Zur Rechtfertigung der Unterscheidung darnach, ob das Werk in dem Augenblick der Uebertragung abgeliefert ist oder nicht, bemerkt die Erläuterung (§ 48): „Vor der Ablieferung des Werkes hat der Verleger in der Regel weder Arbeit noch Kosten aufgewendet, da mit der Vervielfältigung erst nach der Ablieferung begonnen werden kann. Erhebliche Vermögensinteressen stehen mithin, bevor das Werk abgeliefert ist, meist nicht in Frage." Indessen diese Erwägung hätte doch höchstens dazu führen können, dem Verleger gegen den zurücktretenden Verfasser etwa einen Schadenersatz oder Vergütungsanspruch einzuräumen; die Frage der Uebertragbarkeit scheint damit nicht genügend beantwortet zu sein. Uebrigens können auch durch einen Rücktritt vor der Ablieferung des Werkes wesentliche Vermögensinteressen des Verlegers geschädigt werden, da doch schon der Anspruch des Verlegers gegen den Autor auf Lieferung des Werkes einen Vermögenswerth darstellt.

Weiterhin wird aber, wie erwähnt, vom § 39 das Rücktrittsrecht dem Verfasser nur gewährt, wenn der Verleger seine Rechte einem Dritten auf Grund eines Kaufvertrages überträgt, der nur über einzelne Werke geschlossen wird. Hier ist zunächst nicht erkennbar, warum die Vorschrift auf den Kaufvertrag beschränkt ist, dem doch mindestens alle sonstigen entgeltlichen Veräußerungen müßten gleichzustellen sein. Warum soll der Verfasser kein Rücktrittsrecht haben, wenn der Verleger durch Tausch oder ein anderes entgeltliches Geschäft seine Rechte einem anderen vor Ablieferung des Werkes überträgt? Aber auch die Ausschließung unentgeltlicher Veräußerungen von der Vorschrift des § 39 Abs. 1 ist nicht gerechtfertigt, zumal da bei ihnen die Nothlage des Verlegers nicht in Frage kommt, die zur Begründung der Uebertragbarkeit überhaupt von der Erläuterung in's Feld geführt wird.

Die Mängel der vom Entwurfe befürworteten Regelung finden sich gesteigert im Falle des Concurses (§ 40). Das Uebertragungsrecht des Concursverwalters soll, wie wir gesehen haben, auch dann Platz greifen, wenn nach dem Verlagsvertrag die Befugniß, die Verbreitung und Vervielfältigung durch einen Anderen bewirken zu lassen, ausgeschlossen ist. Hier wird im Interesse einer schnellen Erledigung, die ja freilich sehr erwünscht ist, nicht einmal respectirt der im Vertrage zum Ausdruck gebrachte, auf Nichtübertragbarkeit gerichtete Wille der Contrahenten. Hier sollte doch zum Mindesten dem Verfasser ein Rücktrittsrecht auch nach erfolgter Ablieferung gewährt werden: Wenn aber der Concursverwalter von dem Uebertragungsrecht Gebrauch macht, wird, wie gezeigt, der Erwerber als neuer Schuldner geradezu dem ursprünglichen substituirt. Er tritt an Stelle der Concursmasse in die sich aus dem Verlagsvertrage ergebenden Verpflichtungen ein, obwohl gar keine Gewähr dafür besteht, daß er auch nur im Stande ist, sie gehörig zu erfüllen.

Ich glaube, daß nach alledem die Regelung des Entwurfes als nicht annehmbar bezeichnet werden muß. Aber in der Praxis würde ohne Zweifel die Stellung des Verfassers eine noch ungünstigere werden, als es nach den Vorschriften des Entwurfes den Anschein hat. Von ihnen würden zwingendes Recht nur die dem Verfasser ungünstigen Bestimmungen des Concursrechts bilden. Die ihm günstigen Vorschriften des § 30 über die Uebertragbarkeit würden abweichender Vereinbarung unterliegen. Nun ist aber notorisch und wird ebenso von den beiden Gutachten, wie in der Erläuterung als unzweifelhaft und selbstverständlich hervorgehoben, daß der Verfasser regelmäßig der wirthschaftlich schwächere und der minder geschäftskundige Theil unter den Contrahenten ist, daß er in Folge dessen nicht leicht eine Abänderung der gesetzlichen Regeln durch den Vertrag zu seinem Vortheile erlangen können wird. Wenn daher der Entwurf in der vorliegenden Gestalt Gesetz werden würde, so würden sehr bald Verzichtsclauseln typisch werden, die sich auf die Vortheile des § 39 bezögen, während umgekehrt solche Clauseln, welche die Nachtheile des § 30 beseitigten, nur sehr selten von den Autoren durchzusetzen wären.

Umgekehrt würden natürlich die Verhältnisse liegen, wenn die Regelung in einem dem Entwurfe entgegengesetzten Sinne stattfände. Wäre die Unübertragbarkeit gesetzlich statuirt, so würde natürlich der Verleger es leichter haben, zu einer abweichenden Vereinbarung zu gelangen, als im entgegengesetzten Falle der Verfasser. So drängt sich denn natürlich hier die Erwägung auf, daß der praktische Unterschied zwischen den beiden Regelungen voraussichtlich nicht so groß werden würde, wie es wohl erwünscht wäre. Die Verleger bedienen sich vielfach bei dem Vertragsabschlusse gedruckter Formulare, deren Herstellung für sie bequem und billig und deren Verwendung ihnen sehr geläufig ist. Es würde daher ohne Zweifel hier wenigstens in einem gewissen Umfange eine Erscheinung zu Tage treten, wie wir sie namentlich auf dem Gebiete des Seefrachtvertrages schon längst beobachten können. Wie die Reder durch Chartepartie- und Connossementsclauseln an die Stelle des gesetzlichen Rechts ein vertragsmäßiges, ihnen sehr viel günstigeres haben treten lassen, so könnten auch die Verleger sich auf den Abschluß von Verlagsverträgen nur einlassen, wenn dieselben zu den von ihnen formularmäßig festgestellten, insbesondere ihnen die Befugniß freier Uebertragung einräumenden Bedingungen erfolgte. Ich glaube indessen nicht, daß auf dem Gebiete des Verlagsvertrages die Dinge jetzt schon so liegen, daß hiergegen mit einem direkten Versuche, zwingendes Recht zu schaffen, vorzugehen wäre. Es wird aber darauf zu achten sein, ob Bestrebungen, wie die der modernen Ringe und Trusts, sich auch in den Verlegerkreisen geltend machen werden. Dann würde an den Gesetzgeber über kurz oder lang die Frage herantreten, ob nicht mit Rücksicht auf die wirthschaftlich ungünstigere Position der Verfasser zwingendes Recht zu schaffen sei. Vorläufig wird, da die Concurrenz auf Seiten der Verleger immerhin eine größere ist, jedenfalls etwas noch immer damit genützt werden können, daß als Regel aufgestellt wird, was der Entwurf als Ausnahme gelten lassen will, die Unübertragbarkeit, wie sie sich aus dem persönlichen Charakter der im Verlagsvertrage mit den Rechten verbundenen Verpflichtungen der Contrahenten als naturgemäß ergiebt.

Allerdings würden von der Regel der Unübertragbarkeit gewisse Ausnahmen schon gesetzlich festzulegen sein, so zuvörderst für den Fall der Uebertragung des Verlagsgeschäfts im Ganzen, wobei jedoch entscheidendes Gewicht darauf zu legen wäre, daß die Firma unverändert bliebe. Dem Verfasser geschähe dann kein Unrecht mit einer solchen Bestimmung, weil er ja in der That regelmäßig mit dem Geschäftsinhaber als solchem contrahirt, ohne sich um seine Persönlichkeit sonderlich zu kümmern; in der Firma verkörpert sich, wie erwähnt, die Leistung des Geschäfts, und ob sie einen anderen Inhaber erhält, das ist von geringerer Bedeutung. An dem Falle des Erbganges läßt sich besonders deutlich sehen, daß der Verfasser den Vertrag nicht schlechthin an die Person seines Gegencontrahenten geknüpft wissen will. Dazu kommt eine weitere Erwägung. Bleibt bei dem Besitzerwechsel durch Veräußerung die Firma unverändert, so wird der Veräußerer selbst nach Möglichkeit darauf sehen, daß die Persönlichkeit des Erwerbers für Erhaltung der Geschäftstradition Gewähr bietet. Es kann daher auch dem Verfasser zugemuthet werden, sich in diesem Falle den neuen Erwerber als Rechtsnachfolger des Verlegers gefallen zu lassen.

Besondere Bestimmungen wären ferner für den Fall des Concurses erforderlich. Hier sollte aber zuvörderst das Rücktrittsrecht des Verfassers im Falle der Uebertragung auch dann Platz greifen, wenn das Werk zur Zeit der Eröffnung des Verfahrens bereits abgeliefert war. Für den Fall, daß der Verfasser dieses Recht nicht ausübt, sollte der Concursverwalter das Recht an eine zur Ausführung des Vertrages geeignete Person übertragen können. Das ließe sich juristisch in verschiedener Weise gestalten, so etwa durch die Vorschrift: Der Concursverwalter darf nicht ohne Einwilligung des Verfassers übertragen, aber von dem Verfasser ist die Einwilligung zu ertheilen, wenn keine besonderen Gründe entgegenstehen.

Aus diesen Erwägungen heraus, meine Herren, möchte ich ihnen den Antrag unterbreiten, die Beschlußfassung als Antrag auf die Frage 6 in der Weise zu gestalten:

„Die Uebertragung des Verlagsrechtes ohne Zustimmung des Autors ist dem Verleger nur in Ausnahmefällen zu gestatten.

Als solche Fälle sind anzuerkennen:

1. Der der Veräußerung des Verlagsgeschäfts im Ganzen unter unveränderter Firma;

2. der des Concurses innerhalb näher zu bestimmender Grenzen. Bei ihrer Fixirung ist den Interessen des Autors Rechnung zu tragen insbesondere

1. durch Gewährung eines nicht auf den Fall des § 40 Abs. 3 des Entwurfs beschränkten Rücktrittsrechts;

2. durch Zulassung der Uebertragung des Verlagsrechtes nur an einen zur Erfüllung der entsprechenden Verpflichtungen geeigneten Verleger;

3 durch Ausschließung der Uebertragbarkeit für den Fall abweichender Vereinbarung."

In diesem Sinne bitte ich Sie, den Beschluß zu fassen.

(Bravo!)

Mitberichterstatter Rechtsanwalt Dr. **Wildhagen** (Leipzig): Meine hochverehrten Herren! Ein Blick auf die Uhr läßt es mich wirklich schmerzlich bedauern, Ihnen bei Beginn meines Vortrages eröffnen zu müssen, daß ich mich leider nicht im Einklange befinde mit den beiden Herren Gutachtern und dem Referate des soeben gehörten Professors Dr. Pappenheim. Ich kann Ihnen daher leider nicht versprechen, daß ich mich ganz kurz fassen werde. Ich werde mich natürlich möglichst auf dasjenige beschränken, was erforderlich ist, um meinen abweichenden, entgegengesetzten Standpunkt klar zu legen. Ich darf dabei von vornherein bemerken, daß die schließlichen Ergebnisse in der Entscheidung verschiedener einzelner Fälle, und auch in der Beurtheilung des Entwurfes, dessen Inhalt eine so lichtvolle und eine so außerordentlich instructive Darlegung durch den Herrn Referenten erfahren hat, im wesentlichen die gleichen sind. Trotzdem ist die Verschiedenheit meines Standpunktes auch für die Beurtheilung einer Reihe anderer Fragen, die im Entwurfe nicht behandelt worden sind, von so einschneidender Bedeutung, daß sie von mir nicht übergangen werden kann.

Die Fälle, welche hier hauptsächlich in's Auge zu fassen sind, können in vier große Gruppen getheilt werden. Es ist einmal der Fall, daß ein Verleger, der sein Geschäft fortsetzt, aus irgend einem wirthschaftlichen Grunde, der an sich gleichgiltig ist, den Wunsch hat, ein in seinem Verlage befindliches Werk zu veräußern an einen bestimmten anderen Verleger, und er bekommt dazu die Zustimmung des Verfassers nicht. Ein zweiter Fall, der vielleicht schon etwas anders aussieht, ist der, wo ein Verleger aus irgend einem Grunde nicht mehr in der Lage ist, sein Verlagsgeschäft fortzusetzen und deshalb seine Verlagswerke veräußern will. Als solcher Fall wird besonders in Betracht kommen, daß der Verleger gestorben ist und an seine Stelle Erben getreten sind, die das Geschäft aus irgend einem Grunde, der wiederum nicht interessirt, nicht fortsetzen können. Die Erben wollen nun entweder ein einzelnes Werk oder das Geschäft im Ganzen mit allen Verlagswerken veräußern, und erlangen dazu die Zustimmung des Verfassers nicht.

Ein dritter Fall, der wiederum vielleicht ganz andere Gesichtspunkte hervortreten läßt, liegt vor, wenn die Gläubiger eines Verlegers kommen und ihm im Wege der Zwangsvollstreckung irgend ein Verlagswerk abpfänden und zu ihrer Befriedigung veräußern wollen. Bedürfen sie dazu der Zustimmung des Autors? Der vierte Fall schließlich ist der, mit dem der Herr Referent sich besonders beschäftigt hat, der Fall des Concurses; er ist schon eingehend des Näheren dargelegt, so daß ich auf das Thatsächliche dieses Falles nicht weiter einzugehen brauche.

In allen diesen Fällen, mögen sie sonst liegen, wie sie wollen, entscheidet in erster Linie der Verlagsvertrag, und zwar nach beiden Richtungen hin; wenn die Veräußerung ausdrücklich für zulässig erklärt ist, so ist sie zulässig, und umgekehrt, wenn sie vertragsmäßig ausgeschlossen ist, so kann das Werk nicht übertragen werden. Ich stimme, das möchte ich gleich an dieser Stelle aussprechen, insoweit mit dem Herrn Referenten vollkommen überein, daß ich schlechterdings trotz einiger Bemühungen mich nicht habe hineindenken können, worin eigentlich die innere und zwingende Rechtfertigung dem Verfasser gegenüber dafür gefunden werden soll, daß für den Fall des Concurses im Entwurf der Concursverwalter ermächtigt wird, selbst über eine ausdrücklich vertragsmäßig stipulirte Unveräußerlichkeit hinwegzuschreiten. Meiner Ansicht nach giebt es hierfür keinen ausreichenden Grund. Die Vorschriften des geltenden Rechts, auf welche die Begründung des Entwurfs als analoge Bestimmungen hinweist, betreffen wesentlich andere Fälle, als den hier in Frage stehenden. Ich meine deshalb, daß diese Bestimmung unter keinen Umständen in das Gesetz hineinkommen darf.

Was die Regelung durch den Verlagsvertrag betrifft, so stehe ich selbstverständlich auf dem Standpunkte, daß sie keine ausdrückliche zu sein braucht; sondern ganz gewiß genügt es, wie bei allen anderen Vertragsbestimmungen, daß sie sich durch Conclusion ergiebt, sie kann also auch eine sogenannte stillschweigende Abmachung sein.

Die Frage, um die es sich hier handelt, ist nun aber, wie hat man sich zu verhalten, wenn überhaupt der Vertrag nichts ergiebt? Daß hier große Meinungsverschiedenheiten bestehen, hat bereits der Herr Referent dargelegt; die einzelnen Ansichten anzuführen, hat keinen Zweck. Hervorgehoben mag nur noch der merkwürdige Umstand werden, daß zwei namhafte Schriftsteller, Wächter und Endemann, sich so diplomatisch über die Frage geäußert haben, daß sie von den Vertretern beider Ansichten für sich in Anspruch genommen worden sind. Aus dem Gutachten des Herren Osterrieth geht hervor, daß das Problem, um das es sich hier handelt, durch eine Collision der Interessen des Verfassers und des Verlegers geschaffen wird. Während die Urheber gemeinsam mit den Verlegern Schulter an Schulter gekämpft haben, so lange es sich um die Ausgestaltung und Anerkennung des Urheberrechtes nach außen gehandelt hat, collidiren hier, wo es sich um die innere Gestaltung handelt, Beider Interessen offenbar mit einander. Es ist nicht unwesentlich, sich einmal kurz Beider Interessen sine ira et studio anzusehen.

Auf der einen Seite die Interessen des Urhebers; diese haben in der schriftstellerischen Behandlung der Frage eigentlich viel mehr Beachtung gefunden als die der Verleger. Die Interessen des Urhebers sind heute auch im Referate des Herrn Referenten uns in der plastischsten Weise dargestellt worden. Es ist gewiß für den Verfasser nicht gleichgiltig, wer das Verlagsrecht über sein Werk ausübt. Es hat große Bedeutung und kann vielleicht ausschlaggebend für das Schicksal seines Werkes werden. Ja, man spricht sogar von Fällen, in denen gute Besprechungen eines Buches mehr dem guten Namen und vor allem den guten Beziehungen der Verlagsfirma zu verdanken gewesen sind als der Güte des Werkes. Es ist daher nicht darüber zu streiten, daß die Verlagsfirma für den Verfasser von sehr erheblichem Interesse ist. Ich möchte aber nicht so weit gehen, wie vielleicht auch der Herr Referent gehen wollte, und wie ausdrücklich Kohler geht, daß die Leistung des einzelnen Verlegers überhaupt absolut individuell ist, daß das, was der Verleger A leistet, nie und nimmer dasselbe ist, was der Verleger B leistet, so daß, wie Kohler sich ausdrückt, jeder Verleger mit seiner Verlagsthätigkeit einen völlig verschiedenen Effect erzielt. Das ist meines Erachtens zu weit gegangen, denn wir haben eine große Anzahl von Verlegern in Deutschland, die vollkommen gleichwerthig neben einander rangiren.

Auf der anderen Seite stehen die Interessen der Verleger, die wir uns mit derselben plastischen Deutlichkeit vor Augen führen müssen. Es sind ebenfalls sehr schwerwiegende und beachtenswerthe Interessen.

Die Situation, in welcher der Verleger auf den Gedanken kommt, die Veräußerung des Verlagswerkes vorzunehmen, kann sehr leicht, wird vielleicht in der Regel die sein, daß er aus dem Verlagsvertrage dem Inhaber des Urheberrechts gegenüber verpflichtet ist, das Werk weiter zu vervielfältigen und zu verbreiten, daß er aber nicht in der Lage ist, das Verlagsgeschäft fortzusetzen. Dann muß er sich jemanden suchen, der für ihn die Vervielfältigung und Verbreitung übernimmt. Nun denken Sie sich in die Lage eines Verlegers, der nach einem solchen Manne auf die Suche geht, ihm aber sagen muß, ich kann Dir die Vervielfältigung und Verbreitung nicht unter Deiner Firma überlassen. Schwerlich wird er dann einen Erwerber finden, während der Verfasser und dessen Rechtsnachfolger dem Verleger sagen: wir halten Dich beim Vertrage, Du hast deine Verpflichtungen weiter zu erfüllen und den Verlag dieses Werkes zu besorgen.

Ein zweiter Punkt: der Verleger schafft, daran ist gar nicht zu zweifeln, zwar nicht allein, aber, zumal wenn die Verlagsthätigkeit erfolgreich ist, zugleich mit durch seine Verlagsthätigkeit einen vielleicht sehr erheblichen Vermögenswerth. Er schafft ihn nicht allein, denn in erster Linie ist die Arbeit des Verfassers nöthig. Aber es ist selbst von entschiedensten Anhängern der absoluten Unübertragbarkeit anzuerkennen, daß nicht blos für das Schicksal eines Werkes die Verlagsthätigkeit von weittragender Bedeutung sei, sondern daß auch der Vermögenswerth, den das Verlagsrecht repräsentirt, zweifellos mit geschaffen wird durch die Thätigkeit des Verlegers. Der Verfasser hat selbst das dringendste Interesse daran, daß der Verleger in der nachdrücklichsten und erfolgreichsten Weise darauf Bedacht ist, ein möglichst hohes Vermögensobject in dem Verlagswerke zu schaffen. Unter gewissen Bedingungen würde es für ihn schon von materiellem Interesse sein, z. B. wenn er mit betheiligt ist; wenn er für jede Auflage ein Honorar bekommt; aber jedenfalls für die idealen Interessen der Ausbreitung seines Werkes ist es unter allen Umständen von Bedeutung.

Daran ist der dritte Gesichtspunkt zu knüpfen: der Credit des Verlegers. Daß seine Verlagswerke eine wesentliche Grundlage des Credits des Verlegers bilden, darüber ist sicherlich nicht hinwegzukommen. Dritte, die mit ihm in Verbindung treten, beurtheilen ihn vorwiegend mit Rücksicht auf die vorhandenen Verlagswerke; sie spielen eine erhebliche Rolle bei der Beurtheilung der Creditwürdigkeit der Firma.

Die Aufgabe gegenüber einer Collision widerstreitender Interessen, die gleichstark und gleichwertig sind, kann nur darin bestehen, in erster Linie eine Lösung zu finden, die versucht, beiden Interessen nach Möglichkeit gerecht zu werden. Daß das alle, die sich an die Frage herangemacht haben, erstreben, ergiebt sich daraus, daß — wie Sie aus den Gutachten sehen und wie Sie aus dem Vortrage des Herrn Referenten gehört haben — noch niemand, der sich eingehend mit der Frage beschäftigte, gewagt hat, das eine oder andere Prinzip, sei es das der Uebertragbarkeit oder sei es das der Unübertragbarkeit, rücksichts- und schrankenlos durchzuführen; sondern, welches Prinzip auch aufgestellt sein möge, stets sind gewisse Concessionen an die andere Auffassung für bestimmte Fälle gemacht worden. Als befriedigende Lösungen des Conflictes kann es selbstverständlich nicht angesehen werden, wenn man sich dabei beruhigt, der Verfasser würde schon ein verständiger Mensch sein und sich mit dem Verleger zu einigen wissen; jedenfalls würde er ihm eine Abfindungssumme geben. Das ist überhaupt keine Lösung, denn es ist der Fall in's Auge zu fassen, daß es vollständig hart auf hart geht, daß Beide dicke Köpfe haben und keiner nachgeben will.

Eine mögliche Lösung wäre es, daß dem Interesse des Einen vom rechtspolitischen Standpunkte eine höhere Bedeutung beigemessen wird als dem Interesse des Anderen. Aber ich glaube, darüber wird Einhelligkeit bestehen, daß das nur ein sehr dürftiges Aushilfsmittel ist und deshalb auch nur im äußersten Nothfalle als Aushilfsmittel wird gebraucht werden können. Außerdem bietet die große Anzahl von Versuchen, darzulegen, daß die Interessen des Einen, des Autors beispielsweise, die überwiegenderen seien, wenig Aussicht auf Einigung bieten, schon aus dem einfachen Grunde, weil bei fast allen diesen Darlegungen blos mögliche Fälle als nothwendige hingestellt werden.

Aus der großen Fülle dieser Darlegungen will ich nur wenige herausgreifen. Es wird beispielsweise öfter ein nur aufs Ideale gerichteter Schriftsteller vorausgesetzt, der gar nicht daran denkt, Geld zu verdienen, auf der anderen Seite aber, wenn ich mich des Ausdrucks bedienen darf, ein mit allen Hunden gehetzter Verleger, der nur darauf sinnt, mit allen Mitteln Profit zu machen; es giebt doch aber auch andere Verleger und andere Verfasser. Oder es wird angenommen, der Verfasser suche sich unter der großen Anzahl aller vorhandenen Verleger diesen einen Einzigen als Mann seines Vertrauens, oder wie es in dem einen Gutachten heißt, als Pathen seines Lieblingskindes aus. Ich kenne aber nicht wenige Fälle, wo davon gar keine Rede sein könnte, wo der Verfasser vielmehr mit seinem Manuscripte unter dem Arm von Haus zu Haus ging und froh war, schließlich überhaupt nur einen Verleger zu finden, selbst wenn dieser ganz und gar nicht nach seinem Herzen war, so daß er ihn lieber heute als morgen gegen einen anderen eingetauscht hätte. Oder endlich es wird für die Uebertragung des Verlagsrechts nur der Fall in's Auge gefaßt, daß der Verleger seine Verlagsrechte an einen Anderen übertragen will, der ein schlechterer Verleger als er ist. Es giebt doch auch Fälle, in denen der Verleger an einen Anderen übertrug, der ein gleich guter oder gar besserer Verleger war als er selbst.

Als geeignetes Mittel zur Lösung des vorliegenden Problems kann ich auch den Versuch nicht ansehen, der Frage durch abstracte logische Deductionen beizukommen, um aus dem theoretischen Begriffe des Urheberrechts oder aus dem Begriffe des Verlagsrechts, dessen Natur und Wesen herzuleiten und die Frage zu entscheiden, ob es ein Vermögensrecht ist oder nicht. Diesen Weg hat das Reichsgericht in der Begründung der Entscheidung des zweiten Straffenats vom 6. April 1888 eingeschlagen. Ich will dieser Begründung nicht kritisch näher treten; für die damals abgegebene Entscheidung war sie m. E. überhaupt nicht nöthig. Trotzdem bleibt es natürlich von großer Wichtigkeit, daß wir einen Ausspruch des Reichsgerichts über diese Frage haben. Abgesehen davon, daß alle die hier in Betracht kommenden grundlegenden Begriffe noch umstritten und zweifelhaft sind und schon deshalb nicht zuverlässige Ausgangspunkte bilden können, ist für Fragen der vorliegenden Art das dialectische Mittel bloßer Deductionen überhaupt nicht geeignet, zu sachgemäßer Entscheidung zu führen.

Es ist vielmehr nöthig, sich in die für das Problem in Betracht kommenden Verhältnisse wenigstens nach den Hauptrichtungen hin zu vertiefen und sich klar zu machen, in welchen Beziehungen Interessen des Verlegers und Interessen des Autors in wirklich empfindlicher Weise auf dem Spiele stehen, und wie weit es möglich ist, die einen zu schützen oder die anderen zu verletzen. Diesem Wege kommen diejenigen schon näher, welche von dem Satze ausgehen, den auch Herr Professor Pappenheim an die Spitze stellte, daß das Verlagsrecht nur in Verbindung mit seinen Pflichten betrachtet werden darf und daß es von diesen nicht getrennt werden kann. Zuvor möchte ich nur noch mit zwei Worten einen Gesichtspunkt ausdrücklich ablehnen, der auch hier bisweilen sein Unwesen treibt, nämlich den „des vermuthlichen Willens der Parteien“. Herr Dr.

Alexander-Katz hat nach meiner Ansicht diesen Gesichtspunkt bereits völlig vernichtet, indem er nachweist, daß der vermuthliche Wille der Partei ein ganz verschiedener sein wird, je nachdem man sich auf den Standpunkt des Verfassers oder des Verlegers stellt.

Damit ist also nichts anzufangen. Sachgemäß treten der Frage — wie schon bemerkt — diejenigen näher, die von dem Gesichtspunkte ausgehen, den Herr Professor Pappenheim an die Spitze gestellt hat. Es wird aber doch noch erforderlich sein, den einschlägigen Verhältnissen nach einigen Richtungen hin weitere Aufmerksamkeit zu schenken. Beim Studium der über gegenwärtige und angrenzende Fragen vorhandenen Literatur tritt die einigermaßen überraschende Erscheinung zu Tage, daß sowohl die Sprache unserer Gesetzgeber als die unserer Schriftsteller ohne weiteres, ohne alle besondere Erörterung darüber, unterstellt, daß das Verlagsrecht ein unbeschränkt oder mehr oder weniger beschränkt übertragenes Urheberrecht sei. Auch der neue Entwurf des Gesetzes über das Urheberrecht steht noch, ebenso wie unser jetzt geltendes Reichsgesetz, genau auf diesem Standpunkte. Die Auffassung ist also: wenn ein Verfasser einen Verlagsvertrag schließt, durch den er für die einzelne Auflage oder für eine bestimmte Zeit oder für ein bestimmtes Gebiet das Vervielfältigungs- und Verbreitungsrecht überträgt, so hat man eine beschränkte Uebertragung des Urheberrechts; wenn er dagegen für alle Auflagen ohne Beschränkung auf Zeit und Raum das Vervielfältigungs- und Verbreitungsrecht überträgt, so hat man eine unbeschränkte Uebertragung des Urheberrechts. Das ist, wie gesagt, der Sprachgebrauch und was noch wichtiger ist: auch die Vorstellungsweise, deren sich das Gesetz und die Schriftsteller bedienen.

Es ist nicht unwichtig, dem gegenüber die Frage aufzuwerfen, ob denn diese Auffassung dem heutigen Stande unserer Kenntniß vom Urheberrecht entspricht. Nach unserem jetzigen Verständniß des Urheberrechts hat der Inhaber des Urheberrechts nicht etwa nur das Recht der Verbreitung und Vervielfältigung, sondern er hat eine ganze Fülle von Machtbefugnissen, einen ganzen Complex von Rechten. Er hat außer den Rechten der Vervielfältigung und Verbreitung das ausschließliche Recht der Veröffentlichung, das Recht, selbst immer an dem Werke zu ändern und Aenderungen von Anderen zu untersagen, er hat das Recht der Aufführung bei dramatischen Werken, das Recht der öffentlichen Vorlesung — kurz und gut, eine ganze Reihe von Rechten — die, wie Ihnen bekannt ist, Kohler unter dem Begriffe „Individualrechte“ zusammenfassen und aussondern will. Es sind ihm hierin eine ganze Reihe von Anderen gefolgt, aber darauf kann ich nicht näher eingehen.

Wissen wir also, daß der Inhaber des Urheberrechts einen ganzen Complex von Befugnissen hat, so entsteht die Frage: kann er diesen ganzen Complex seiner Befugnisse aus dem Urheberrecht auf einen Anderen übertragen, wie beispielsweise der Eigenthümer die Gesammtheit seiner Befugnisse aus dem Eigenthum durch Uebertragung seines Eigentumsrechts übertragen kann? Sicherlich kann er das, darüber sind wir alle einig, der Ausübung nach. Kann er aber sein gesammtes Recht auch der Substanz nach übertragen? Das ist bekanntlich eine große Streitfrage, über die eine ganze Literatur geschaffen ist. Herr Geh. Justizrath Gierke, welcher — wie bekannt — die Zulässigkeit der Uebertragung des Urheberrechts seiner Substanz nach bestreitet, erwähnt als Beispiel, daß ich jemandem sage, ich übergebe dir hier ein von mir angefertigtes Manuscript, ich überlasse es vollständig deinem Belieben, ob du es veröffentlichen willst oder nicht, unter welchem Namen, unter meinem oder deinem Namen ist mir ganz gleichgiltig, ich will keinerlei Ansprüche mehr an dem Werk haben. Nach Gierke würde in solchem Falle immer nur eine Uebertragung des Rechts der Ausübung nach, nicht der Substanz nach vorliegen. — Auch dieser Streitfrage vermag ich hier nicht auf den Grund nachzugehen; es würde das viel zu weit führen. Ich will nur hervorheben, daß die Lehre von der Uebertragbarkeit des Urheberrechts nur der Ausübung nach, nicht der Substanz nach, in einem Falle im Stiche läßt. Das ist im Falle des erblosen Urheberrechts, wenn wie im jetzt geltenden Reichsgesetze das Heimfallsrecht des Fiscus ausgeschlossen ist. Ich schließe als Verfasser eines Werkes einen Verlagsvertrag, dann sterbe ich und hinterlasse keine Erben, damit ist mein Urheberrecht erloschen. Die Folge davon ist, daß wenn der Verlagsvertrag das Urheberrecht nur der Ausübung nach überträgt, der Verleger von dem Augenblicke an, wo der Verfasser gestorben ist, auch das Verlagsrecht nicht mehr geltend machen kann.

Die Lehre von der Unübertragbarkeit des Urheberrechts seiner Substanz nach hat ihren ersten Ausgang genommen von einer Abhandlung Dahn's. In derselben trat er der bis dahin herrschenden Auffassung entgegen, daß das Verlagsrecht mit dem Urheberrechte identisch sei. Er hat zum ersten Male und überzeugend nachgewiesen, daß das unrichtig ist, daß der Verleger bei weitem nicht die gleichen Rechte hat wie der Urheber und daß dem Urheber neben dem Verleger immer noch Befugnisse aus dem Urheberrechte verbleiben. Ich kann dem nur beitreten. Als Grund für seine richtige Behauptung macht Dahn geltend, daß das Urheberrecht nicht übertragen werden könne. Den Grund halte ich nicht für richtig. Der Grund kann auch ein anderer sein und er ist ein anderer, daß nämlich durch den Verlagsvertrag der Urheber sein Urheberrecht nicht übertragen will. Noch niemand hat daran gedacht, weil, wenn der Eigenthümer einen Nießbrauch oder ein Pfandrecht einräumt, ganz zweifellos das Eigenthum nicht übergeht, deswegen zu behaupten, das Eigentumsrecht sei seiner Substanz nach unübertragbar; sondern bis jetzt hat noch jeder angenommen, daß durch Begründung eines Nießbrauchs oder Pfandrechts um deswillen das Eigenthum nicht übertragen wird, weil der Eigenthümer sein Eigenthumsrecht nicht übertragen, sondern behalten will.

Genau so liegt meines Erachtens hier der Fall; der Urheber, welcher einem Anderen das Recht der Vervielfältigung und Verbreitung oder sonst einzelne Befugnisse aus seinem Urheberrecht überträgt, will nur diese Befugnisse übertragen, aber nicht sein Urheberrecht aufgeben; sein Urheberrecht als Complex aller ihm als Urheber zustehenden Befugnisse will er behalten.

Die Ueberlassung einzelner Befugnisse kann in mehrfacher Weise geschehen; es mag als Beispiel zunächst die Ueberlassung des Aufführungsrechts, nicht des Rechts der Vervielfältigung und Verbreitung dienen. Wenn ein Autor das Aufführungsrecht seines Werkes einem einzelnen Schauspieldirector für dessen Theater überläßt, so will das nur heißen, daß der Director das Werk aufführen kann; eine weitere Verfügung über das Aufführungsrecht insbesondere Dritten gegenüber steht ihm nicht zu; es entsteht also ein ähnliches Verhältniß, wie wenn ein Eigenthümer über den Gegenstand seines Eigenthumsrechts einen Leihvertrag abschließt.

Es kann aber auch das Aufführungsrecht in der Weise übertragen werden, daß der Autor dem betreffenden Gegencontrahenten nicht nur sagt: du sollst die Befugniß haben, dieses Werk aufzuführen, sondern ich ermächtige dich auch, diese Befugniß Anderen zu überlassen und sie allen Dritten gegenüber für Dich geltend zu machen. Ein solcher Fall würde vorliegen, wenn jemand beispielsweise mit Blochs Erben in Berlin einen Vertrag abschließt und ihnen das Aufführungsrecht überträgt. Dann liegt ein ähnliches Verhältniß vor wie bei dem jus in re aliena.

Die gleichen Verschiedenheiten können bei der Ueberlassung des Rechts der Vervielfältigung und Verbreitung vorkommen. Es kann beispielsweise ein Autor irgend einer Gesellschaft gestatten, zu einem Feste eins seiner Gedichte in 1000 Exemplaren abzudrucken. Dann sprechen wir nicht von „Verlagsrecht"; in diesem Falle überläßt der Inhaber des Urheberrechts einem Anderen nur obligatorisch die Befugniß, das Gedicht zu einem bestimmten Zwecke zu vervielfältigen; diese blos obligatorische Befugniß zur Vervielfältigung nennen wir nicht „Verlagsrecht". Unter

„Verlagsrecht" verstehen wir nur den Fall, wenn einem Anderen die Befugniß zur Vervielfältigung und Verbreitung in der Weise überlassen wird, daß er dieselbe auch nach außen jedem Dritten gegenüber geltend machen kann, also wenn ein dem jus in re aliena analoges Verhältniß vorliegt. Die „nuda proprietas" verbleibt dem Inhaber des Urheberrechts.

Die Begründung eines Verlagsrechts ist also niemals Uebertragung des Urheberrechts. Das Verlagsrecht ist nicht: beschränkt oder unbeschränkt übertragenes Urheberrecht, sondern überhaupt nicht: übertragenes Urheberrecht. Nur ganz ungenau kann man bei Einräumung eines Verlagsrechtes von Rechtsübertragung sprechen, etwa in dem Sinne, wie der Jurist Paulus gelegentlich erwähnt, es kämen Fälle vor, in denen wir auf Andere etwas übertragen, was wir gar nicht haben, so könne z. B. der Eigenthümer eines Grundstücks das Nießbrauchsrecht an demselben übertragen, obwohl er selbst kein Nießbrauchsrecht daran habe. Will man sich trotzdem dieser ungenauen Redeweise bedienen, so muß man wenigstens daran festhalten, daß das Verlagsrecht nie als unbeschränkt übertragenes Urheberrecht bezeichnet werden kann, sondern nothwendig stets nur als beschränkt übertragenes Urheberrecht bezeichnet werden muß.

Ich halte es aber aus den dargelegten Gründen für richtiger, überhaupt nicht von der Uebertragung des Urheberrechts, sondern von der Begründung eines zwar aus dem Urheberrecht abgeleiteten, aber doch selbständigen Rechtes (Verlagsrecht) zu sprechen. Ein solches Verlagsrecht, ein derartiges Recht an einem fremden Urheberrechte — ich bitte, mich auf diesen Ausdruck nicht festzunageln, ich will ihn hier nur zur Verdeutlichung gebrauchen — kann auf die verschiedenste Art begründet werden: durch ein Rechtsgeschäft von Todeswegen, durch Vertrag, durch Schenkung, Kauf, Tausch u. s. w. In allen diesen Fällen fragt es sich, kann der Inhaber des Verlagsrechts einem Anderen das Verlagsrecht übertragen? Ich glaube, man wird mit mir darüber einig sein, daß das ganz unbedenklich ist, wenn z. B. jemand einem Anderen das Verlagsrecht seines Werkes vermacht. In diesem Falle wird das vermachte Verlagsrecht gerade bestimmt sein, durch Weiterveräußerung verwerthet zu werden. An sich ist das Verlagsrecht ganz zweifellos ein weiter veräußerliches Recht.

Das Verlagsrecht kann aber auch — und das wird das Gewöhnliche sein — begründet werden durch einen Verlagsvertrag. Das Wesen des Verlagsvertrages ist zu erblicken in der Verpflichtung zur Vervielfältigung und Verbreitung der Schrift. Es ist dem Verlagsvertrage nicht wesentlich, daß derjenige, welcher ein Werk zur Vervielfältigung und Verbreitung dem Verleger überläßt, auch der Verfasser des Werkes ist. Deshalb würde es meines Erachtens glücklicher sein, wenn auch der Entwurf (§ 1) in die Begriffsbestimmung des Verlagsvertrages nicht den „Verfasser“ aufnehme, um dann sagen zu müssen, daß derjenige, welcher mit dem Verleger den Vertrag abgeschlossen hat, „als Verfasser gilt“. Der Entwurf selbst (§ 43) erkennt an, daß Gegenstand eines Verlagsvertrages ein Werk sein kann, an dem ein Urheberrecht überhaupt nicht besteht. Er ist durch seine ungenaue Begriffsbestimmung des Verlagsvertrages aber genöthigt, auch in diesem Falle den Ueberlasser des Werkes als „Verfasser“ zu bezeichnen. Ich will nicht weiter über die Güte oder Minderwertigkeit dieser Ausdrucksweise richten, jedenfalls ist es nothwendig, daran festzuhalten, daß unter dem „Verfasser“ des Entwurfes nur der Ueberlasser des Werkes zu verstehen ist.

Vorsitzender (unterbrechend): Darf ich den Herrn Redner auf einen Moment unterbrechen! Um 4 Uhr beginnt das Gartenfest. Wir sitzen seit 9 Uhr hier; jetzt ist es 3/43 Uhr. Ich bitte daher den Herrn Redner, sich möglichst kurz zu fassen, damit wir vor Beginn des Gartenfestes wenigstens noch eine kleine Pause haben.

Mitberichterstatter Rechtsanwalt Dr. **Wildhagen** (Leipzig): Ich bin Ihnen dankbar, daß Sie mich auf die Zeit aufmerksam gemacht haben. Ich sagte aber von vornherein, daß es mir nicht möglich sein würde, kurz zu sein. Ich werde nun aber noch mehr versuchen, mich auf das äußerste Maß zu beschränken.

Fassen wir den Fall in's Auge, daß das Verlagsrecht durch einen Verlagsvertrag begründet ist, dann sind also mit dem Verlagsrechte die Verpflichtungen zur Vervielfältigung und Verbreitung verknüpft. Das Verlagsrecht ist bestimmt und bedingt durch den Inhalt des Verlagsvertrages. Wenn in solchem Falle die Uebertragung des Verlagsrechtes stattfindet, so ist zunächst klar — darüber sind wir alle einig — daß gar keine Rede davon sein kann, daß durch die Uebertragung der Verleger von seinen Verpflichtungen aus dem Verlagsvertrage befreit werde; sie bleiben nach wie vor bestehen. Wie das Reichsgericht bereits richtig bemerkt hat, bildet dieser Satz aber kein Argument gegen die Uebertragbarkeit des Verlagsrechts, denn er kann neben der Uebertragbarkeit sehr wohl bestehen.

Dagegen bedürfen für die Frage, ob die Uebertragbarkeit eines durch Verlagsvertrag begründeten Verlagsrechtes anzuerkennen ist, drei Punkte der Erwägung. Nämlich einmal die Frage: ist dem Inhaber des Urheberrechts zuzumuthen, daß er sich die Erfüllung der Verpflichtung zur Vervielfältigung und Verbreitung durch den Erwerber gefallen läßt? Sodann die zweite Frage: inwieweit erfordert es das Interesse des Inhabers des Urheberrechts, daß er dem Erwerber die Ausübung des Verlagsrechtes untersagen kann. Endlich die dritte Frage: berührt es das Interesse des Inhabers des Urheberrechts, wenn der Erwerber statt des ersten Verlegers das Verlagsrecht durch Verbot, Strafantrag u. s. w. gegen Dritte event. auch gegen den Inhaber des Urheberrechts selbst geltend machen kann?

Was zunächst die dritte Frage betrifft, so ist es meines Erachtens regelmäßig vollkommen gleichgiltig für die gesammten Interessen des Inhabers des Urheberrechtes, ob das Recht Dritten und event. auch ihm selbst gegenüber von demjenigen, mit dem er den Verlagsvertrag abgeschlossen hat, oder ob es von einem Anderen, dem Erwerber, ausgeübt wird. Das Verlagsrecht ist durch den Verlagsvertrag bestimmt umgrenzt, der Erwerber hat kein anderes und kein besseres Recht als der erste Verleger. Es ist daher unter gewöhnlichen Verhältnissen ohne Bedeutung, wer es nach außen geltend macht. Ich darf an den Fall erinnern, den das Reichsgericht entschieden hat. Den drei Malern war es nach ihren Erklärungen vollkommen gleichgiltig, wer das ausschließliche Vervielfältigungsrecht nach außen geltend machte, ob der erste Verleger, mit dem sie abgeschlossen hatten, oder dessen Nachfolger, der von ihm das Recht erwarb. Trotzdem hielt die Strafkammer den letzteren zum Strafantrage nicht für legitimirt, weil die drei Maler als Urheber nicht vorher ihre Zustimmung zu der Veräußerung ertheilt hatten. Die Rücksicht auf das Interesse der Urheber vermochte diese Ansicht keinesfalls zu rechtfertigen.

Was die zweite Frage betrifft, inwieweit das Interesse des Inhabers des Urheberrechts erfordert, daß er die Ausübung des Verlagsrechts durch einen Erwerber verhindern kann, so wird ohne weiteres klar sein, daß ein Bedürfniß dazu nicht vorhanden ist, so lange der Erwerber das ihm überlassene Recht wesentlich in derselben, mindestens vom Standpunkte des Urheberberechtigten aus nicht schlechteren Weise ausübt, als es der Verleger nach dem Vertrage thun muß. Das wird in vielen Fällen zutreffen. So bald aber diese Grenze zu Ungunsten des Urheberberechtigten überschritten wird, muß er dem Erwerber ebenso wie im gleichen Falle dem Verleger eine dem Verlagsvertrage nicht entsprechende Ausübung des Verlagsrechts untersagen können.

Es wird daher im wesentlichen schließlich auf die erste Frage ankommen, ob es dem Inhaber des Urheberrechts zuzumuthen ist, daß er sich die Erfüllung der Verpflichtung des Verlegers zur Vervielfältigung und Verbreitung durch einen Anderen gefallen lassen muß. Meistens wird diese Frage verneint. Es sollen hier nur die hauptsächlichen Gründe für die Verneinung erwähnt werden. Daß es nicht gerade auf die „Person" des Verlegers in dem Sinne ankommen kann, daß der Inhaber des Urheberrechts die gesammte Erfüllung, also die Vornahme aller für die Vervielfältigung und Verbreitung erforderlichen Handlungen persönlich von dem Verleger verlangen könne, wird allseitig anerkannt. Aber es wird Werth auf die Verlagsfirma, die Verlagsanstalt gelegt, so daß der Inhaber des Urheberrechts sich auf die Vervielfältigung und Verbreitung unter einer anderen Verlagsfirma oder unter dem Namen einer anderen Verlagsanstalt nicht einzulassen brauche. Dabei ist aber doch zu beachten, daß durch die Unübertragbarkeit des Verlagsrechts der Inhaber des Urheberrechts gegen eine Aenderung der Firma gar nicht geschützt wird, denn die Aenderung der Firma kann ja genau so beim ersten Verleger erfolgen. Der erste Verleger kann ein Geschäft mit dessen Firma erwerben und sein gesammtes Geschäft unter der erworbenen Firma fortsetzen, indem er seine alte Firma aufgiebt. Dann entsteht ebenfalls die Frage, muß sich der Inhaber des Urheberrechts das gefallen lassen? Wird durch die Vervielfältigung und Verbreitung unter der neuen Firma ein schutzwürdiges Interesse des Urheberberechtigten beeinträchtigt, so kann er dem Verleger diese Ausübung des Verlagsrechts untersagen. Das gleiche Recht muß er gegenüber dem Erwerber haben; aber dadurch ist er auch hinreichend geschützt und sein Interesse erfordert es nicht, daß er dem Erwerber schlechthin die Vervielfältigung und Verbreitung unter einer anderen Firma untersagen könne. Es ist deshalb auch nicht gerechtfertigt, die Unübertragbarkeit des Verlagsrechts auszusprechen, um den Urheberberechtigten gegen den Gebrauch einer neuen Verlagsfirma bei Vervielfältigung und Verbreitung des Werkes zu schützen. Mit dieser Maßregel würde weit über das Ziel hinausgeschossen. Man denke z. B. an einen Fall, wo der Verfasser sein einmaliges Honorar bereits vollständig bezahlt bekommen hat; das Werk, in welches der Verleger bedeutende Mittel brachte, fängt eben an, für ihn seine Früchte zu tragen; nun will der Verleger seinen Verlag auf ein bestimmtes Gebiet einschränken und deshalb jenes Werk an eine Verlagsfirma veräußern, die der seinigen mindestens ebenbürtig oder vielleicht gar besser ist — dann soll der Verfasser oder dessen Erbe der Uebertragung nach Belieben widersprechen können, weil er sich die Vervielfältigung und Verbreitung unter einer anderen Firma nicht gefallen zu lassen braucht? Sodann ist Werth gelegt auf das Ansehen, die Geschäftsverbindungen und ganz besonders auf die persönlichen Beziehungen des Verlegers zu dem Verfasser. Allein das sind ebenfalls Dinge, die sich auch bei dem ersten Verleger sämmtlich vollständig ändern können. Es gilt hier dasselbe wie von dem Wechsel der Firma und der Verlagsanstalt. Die Unübertragbarkeit schützt den Verfasser nicht gegen Nachtheile aus Veränderungen in diesen Dingen. Auch der Verleger und der Verfasser können sich auf's Höchste verfeinden, so daß keine Spur von dem angenehmen und vertrauten Verhältnisse vorhanden ist, daß so oft als selbstverständlich zwischen Verfasser und Verleger unterstellt wird. Gerade in solchem Falle wird die Uebertragung des Verlagsrechts an einen Anderen durchaus keine Verschlechterung zu Ungunsten des Urheberberechtigten zu bedeuten brauchen. Trotzdem soll er ohne Grund der Uebertragung widersprechen können?

Ich kann mich darnach aus den allerdings nur andeutungsweise vorgetragenen Erwägungen — vielleicht werde ich bei der morgen stattfindenden Discussion noch Gelegenheit haben, auf den einen oder anderen Punkt näher zurückzukommen — von der Nothwendigkeit nicht überzeugen, daß es zum Schutze der Interessen der Verfasser, deren Gefährdung von der Uebertragbarkeit des Verlagsrechts gefürchtet wird, erforderlich ist, den Grundsatz der Unübertragbarkeit mit seinen für die Interessen der Verleger höchst nachtheiligen Folgen aufzustellen, sondern glaube, daß auch bei der Uebertragbarkeit des Verlagsrechts die Interessen der Verfasser, deren Schutze die Unübertragbarkeit dienen soll, vollständig gewahrt werden können. Deshalb gelange ich zu dem Ergebnisse, daß das Verlagsrecht — überhaupt und insbesondere auch das durch Verlagsvertrag begründete — übertragbar ist. In dem Falle — es ist allerdings der häufigste — daß das Verlagsrecht durch einen Verlagsvertrag begründet ist, kann durch den Vertrag die Uebertragbarkeit wirksam ausgeschlossen werden; enthält der Vertrag eine Bestimmung darüber nicht, so bleibt es bei der Uebertragbarkeit des Verlagsrechts, aber es ist zweierlei zu beachten; einmal: der Verleger wird durch die Uebertragung des Verlagsrechts von seinen Verpflichtungen aus dem Verlagsvertrage nicht befreit, und sodann: wenn der Erwerber das Verlagsrecht in einer den Interessen des Urheberberechtigten ungünstigeren Art ausübt als es der Verleger nach dem Verlagsvertrage darf, so kann der Inhaber des Urheberrechts dem Erwerber diese Art der Ausübung ebenso untersagen, wie er es dem ersten Verleger gegenüber könnte.

Damit sind Sätze gewonnen, bei denen die wohlbegründeten Interessen beider Theile gewahrt werden können, die die Verfasser, aber auch zugleich die Verleger gegen Mißbräuche und Schädigungen schützen, und die endlich — worauf ich noch besonderen Werth lege — für die verschiedenen im Eingange erwähnten Fälle gleichmäßig verwendbare Grundsätze zur Entscheidung der nämlichen Frage bieten, so daß der Fall des Concurses grundsätzlich nicht anders behandelt wird, als der Fall der Einzelexecution, der Fall des Verkaufs des gesammten Geschäfts mit oder ohne Firma nicht anders als der Fall der Veräußerung eines einzelnen Verlagswerkes.

Wie sich die von mir empfohlenen Sätze praktisch gestalten, mag ein Beispiel lehren. Ich will den Fall der Execution in ein einzelnes Verlagswerk wählen. Die Sache würde so verlaufen: wenn die Gläubiger das Verlagsrecht in der Zwangsvollstreckung zum Verkaufe bringen wollen und einen Erwerber dafür suchen, so wird sich ein ernster Reflectant auf dieses Verlagsrecht regelmäßig zunächst mit dem Urheber in Verbindung setzen, denn er wird gewöhnlich nicht das Risico tragen wollen, daß erst später die Frage zum Austrag gebracht wird, ob die Vervielfältigung und Verbreitung durch ihn dem Verlagsvertrage entspricht und deshalb der Inhaber des Urheberrechts sich dieselbe gefallen lassen muß. Kommt es dabei zu einer Einigung, so ist die Sache damit erledigt; kommt es nicht zu einer Einigung, dann fragt es sich, wie soll nun bei der weiteren Fortführung der Zwangsvollstreckung verfahren werden. Der Reflectant kann auch ohne Zustimmung des Urheberberechtigten das Verlagsrecht unbedenklich erwerben, wenn er sicher ist, daß die Art, wie er das Verlagsrecht ausübt, in keiner Weise dem Inhaber des Urheberrechts nachtheiliger ist als die Ausübung seitens des ursprünglichen Verlegers. Ist dies der Fall, so mag er das Verlagsrecht getrost erwerben, dann kann ihn der Urheber in der Ausübung des Verlagsrechts nicht hindern. Wird aber der Urheber in seinen schutzwürdigen Interessen dadurch beeinträchtigt, daß der Erwerber das Verlagsrecht in einer Weise ausübt, die dem Verlagsvertrage nicht entspricht und die der Urheber auch von dem ersten Verleger nicht zu dulden brauchte, so ist er berechtigt, dem Erwerber die Ausübung des Verlagsrechts zu untersagen.

Nach ganz dem nämlichen Gesichtspunkte sind auch alle die übrigen Fälle zu behandeln, wenn freiwillig ein einzelnes Verlagswerk oder wenn das ganze Geschäft, sei es mit oder ohne Firma, veräußert wird, oder wenn die Veräußerung im Concurse erfolgt, und andere Fälle. Es wird sich dabei ergeben, daß es nicht nur fehlsam ist, als Regel die Unübertragbarkeit des Verlagsrechts hinzustellen, sondern, daß es ebenso unrichtig ist, für bestimmte Kategorieen von Veräußerungen schlechthin die Uebertragung des Verlagsrechts immer zuzulassen.

Was endlich die Fassung des Entwurfes § 30 Abs. 1 betrifft, so könnte ich mit dem ersten Satze: „Die Rechte des Verlegers aus dem

Verlagsvertrage sind übertragbar" einverstanden sein, wenn der zweite Satz lauten würde: „Die Vervielfältigung und Verbreitung darf durch den Rechtsnachfolger nur so bewirkt werden, wie sie nach dem Verlagsvertrage dem Verleger obliegt." Bezüglich des Abs. 2 des § 33, Gesammthaftung des Verlegers und des Erwerbers, stimme ich den Ausführungen des Herrn Referenten bei.

Auf die übrigen Fragen will ich jedenfalls heute nicht mehr eingehen. Ich erlaube mir der hochverehrten Versammlung den Antrag zu unterbreiten:

Der Juristentag wolle beschließen:

Das Verlagsrecht ist übertragbar.

Wenn das Verlagsrecht durch Vertrag begründet ist, so kann durch den Vertrag die Uebertragbarkeit ausgeschlossen werden; mangels einer solchen Bestimmung wird im Falle der Uebertragung

1. der Verleger durch die Uebertragung des Verlagsrechtes von seinen Verpflichtungen gegen den Inhaber des Urheberrechts nicht befreit, und
2. der Erwerber kann das Verlagsrecht nicht in einer dem Inhaber des Urheberrechts ungünstigeren Art ausüben, als es der Verleger nach dem Verlagsvertrage darf.

(Beifall!)

Vorsitzender: Ein Redner hat sich zur Materie nicht gemeldet. Ich ertheile daher dem Herrn Referenten das Wort.

Dr. jur. **Osterrieth** (Berlin): Zur Geschäftsordnung! Ich möchte um Vertagung des Gegenstandes bitten. Die Ausführungen des Herrn Dr. Wildhagen sind interessant genug, um noch eingehend verhandelt zu werden.

Rechtsanwalt Dr. **Simon** (Berlin): Ich bitte das Wort zur Geschäftsordnung! Ich habe einen Antrag eingebracht und möchte ihn noch kurz begründen, da ich leider heute Abend Bamberg wieder verlassen muß. Ich werde mich kurz fassen und Ihre Zeit nur fünf oder zehn Minuten in Anspruch nehmen.

Vorsitzender: Darf ich den Antrag zunächst verlesen!

„Der Verleger ist nicht befugt, die Rechte aus dem Verlagsvertrage ohne Genehmigung des Urhebers zu übertragen. Der Urheber ist verpflichtet, seine Genehmigung zu ertheilen, es sei denn, daß ihm eine solche nach Lage der Umstände, insbesondere mit Rücksicht auf den Ruf oder die Vermögensverhältnisse des Erwerbers, nicht zugemuthet werden kann.

Diese Bestimmung darf nur ausdrücklich und nur durch geschriebene Vereinbarung abgeändert werden."

Ich bitte Sie, wenn Sie es wünschen, den Antrag kurz zu motiviren. Ich glaube, daß die Versammlung noch fünf Minuten oder zehn Geduld haben wird.

Rechtsanwalt Dr. **Simon** (Berlin): Meine Herren! Ich bin der Meinung, daß eine Bestimmung, wonach das Verlagsrecht ohne Einschränkung übertragbar sei, aus den von den Herren Berichterstattern angeführten Gründen unthunlich ist, und halte überhaupt jede allgemeine Regelung der Uebertragbarkeit des Verlagsrechts für verfehlt, weil die Verhältnisse zu verschiedenartig sind. Dagegen bin ich der Meinung, daß eine Regelung bei dem Verlagsvertrage möglich und nothwendig ist. Die Regelung, die Herr Professor Pappenheim vorgeschlagen hat, scheint mir freilich schon deshalb nicht wünschenswerth zu sein, weil dadurch das Gegentheil von dem, was er will, erreicht werden würde. Er schlägt vor: an sich solle das Verlagsrecht nicht übertragbar sein; er hat uns aber selbst gesagt, daß diese Bestimmung stets durch Formular abgeändert werden würde. Daher würde sein Vorschlag praktisch den Effect haben, daß der Verlagsvertrag zwar nicht kraft Gesetzes, wohl aber kraft Privatdisposition regelmäßig übertragbar werden würde. Es hat keinen Sinn, dispositives Recht derart zu normiren, daß, wie man voraussieht, die Parteien regelmäßig anders disponiren werden. Die Frage kann nicht doctrinär, wie es von manchen Seiten, namentlich außerhalb des Juristentages, geschehen ist, gelöst werden. Es handelt sich um eine Interessenfrage, und zwar um die Ordnung der widerstreitenden Interessen von Autor und Verleger. Zweifellos würde es im Interesse des Verlegers liegen, wenn ihm allgemein und uneingeschränkt das Uebertragungsrecht zugestanden würde. Ich glaube auch, daß in der größeren Anzahl der Fälle der Autor gegen die Uebertragung nichts einzuwenden haben wird. Indessen kommen doch auch nicht seltene Fälle vor, in denen die wohlberechtigten Interessen des Schriftstellers der Uebertragbarkeit des Verlagsrechts entgegenstehen.

Wer mit Cotta oder Brockhaus contrahirt, schließt seinen Vertrag dementsprechend ab und denkt nicht daran, daß ihm statt dessen einmal ein beliebiger Dritter gegenüberstehen könnte. Die Interessen des Autors werden geschädigt, wenn — gestatten Sie mir die Umformung einer Bezeichnung des römischen Rechts — eine cessio ad inferiorem vorliegt, das heißt, wenn der Cessionar des Verlagsrechts im Verhältniß zum Cedenten minderwerthig ist und wenn daher anzunehmen ist, daß der Autor einen directen Verlagsvertrag mit dem Cessionar nicht abgeschlossen haben würde.

Darüber kann ja kein Zweifel sein, daß nach allgemeinen Rechts- und Verkehrsgrundsätzen ein Verlagsvertrag nicht übertragbar wäre, wenn dies nicht im Gesetz ausdrücklich vorgesehen oder vertraglich bestimmt wird. Andererseits kann mich dieser Umstand nicht hindern, die von den Verlegern gewünschte Uebertragbarkeit zuzugestehen, so weit dies mit den Interessen des Autors irgend vereinbar ist. Den Interessenconflict glaube ich dadurch lösen zu können, daß ich den Verlagsvertrag zwar im Princip für unübertragbar erkläre, indessen dem Autor die Verpflichtung auferlege, die Genehmigung zu ertheilen, wenn die Verweigerung der Genehmigung sich als Mißbrauch des Rechts darstellen würde, d. h. wenn ihm nach Lage der Sache, insbesondere mit Rücksicht auf Ruf und Vermögensverhältnisse des Cessionars, zugemuthet werden kann, die Genehmigung zu ertheilen.

Ich bin der Meinung, daß hiermit eine allgemeine Lösung vorgeschlagen wird, die alle befriedigen kann. Jede casuistische Regelung der Frage muß zu falschen Ergebnissen führen. So halte ich z. B. den Firmenerwerb durch den Cessionar für grundsätzlich unerheblich. Ein reicher und angesehener Buchhändler, der eine alte Firma hat und nur ein bestimmtes Verlagsrecht erwirbt, würde hierzu der Genehmigung des Autors bedürfen, die willkührlich versagt werden kann! Aber wenn der bisherige Firmeninhaber seine Firma an einen vermögenslosen oder unehrenhaften Mann verkauft, so soll sich der Autor dies gefallen lassen müssen! Das scheint mir eine völlig unmögliche Lösung des Problems. Alle Schwierigkeiten, welche die casuistische Behandlung bietet, werden vermieden, wenn man die Fassung so allgemein hält, wie ich es vorgeschlagen habe, und wie sie nach meiner Auffassung allen berechtigten sachlichen Interessen Rechnung trägt.

Der von mir vorgeschlagene Satz soll zwar nicht zwingendes Recht enthalten, aber es müssen Autor und Verleger gezwungen werden, sich die Sachlage klar zu machen, wenn sie vertraglich etwas Abweichendes bezüglich der Uebertragbarkeit vereinbaren wollen. Ich will verhindern, daß die vorgeschlagene Gesetzesbestimmung formularmäßig außer Kraft gesetzt wird.

Ich beantrage daher, es solle nicht mündlich, sondern nur durch geschriebene Vereinbarung Abweichendes stipulirt werden können, da die sonst, selbst wenn Schriftlichkeit vorgeschrieben würde, abweichenden Vereinbarungen unter Benutzung gedruckter Formulare getroffen werden können und erfahrungsgemäß der Inhalt gedruckter Formulare von den Parteien nicht genügend beachtet wird. Ich verlange weiter ausdrückliche Vereinbarung einer Abweichung. Ich gehe davon aus, daß der Verleger vermeiden wird, zu sagen: es soll mir auch gestattet sein, das Recht zu übertragen an einen Verleger von schlechterem Ruf und schlechterem Vermögen. Ich glaube auch nicht, daß ein Autor, der sich nicht etwa in einer Nothlage befindet, etwas derartiges unterschreiben würde. Ich schlage Ihnen also vor, den von mir formulirten Antrag anzunehmen, d. h. im Princip die Uebertragung von der Genehmigung des Autors abhängig zu machen, aber mit der Verpflichtung, daß dieser die Genehmigung zu ertheilen hat, wenn keine besonderen Umstände und sein berechtigtes Interesse dagegen sprechen.

Vorsitzender: Es ist ein Vertagungsantrag gestellt worden. Ich bitte die Herren, die dafür sind, daß die Verhandlungen auf morgen vertagt werden, die Hand zu erheben!

(Geschieht.)

Der Vertagungsantrag ist, so viel ich sehe, mit überwiegender Mehrheit angenommen.

Ich schließe damit die heutige Sitzung; die Materie wird in der morgigen Sitzung weiter verhandelt werden.

(Schluß 3 Uhr 5 Minuten.)

Zweite Sitzung der zweiten Abtheilung
am 12. September.

(Beginn: Vormittags 9 Uhr.)

Vorsitzender: Zur Frage, die uns heute beschäftigt, ist mir von Herrn Dr. Stintzing folgender Antrag schriftlich übergeben worden.

„Der Urheber hat im Falle der freiwilligen oder nothwendigen Veräußerung des Verlagsrechtes durch den Verleger ein Vorkaufsrecht."

Herr Dr. Stintzing ist nicht zugegen. Ich ertheile zunächst Herrn Dr. Osterrieth das Wort.

Dr. **Osterrieth** (Berlin): Meine Herren! Ich hatte mir ursprünglich vorgenommen eingehend auf die Ausführungen des Herrn Dr. Wildhagen zu entgegnen, die mir bedenklich und gefährlich erscheinen, gerade weil sie mit viel Geschick und Scharfsinn vorgetragen waren. Indessen glaube ich, daß man eine vermittelnde Lösung vorbereitet, der die ganze Section zustimmen könnte, und ich möchte mich daher nur auf einen einzigen Punkt beschränken, nämlich unter allen Umständen an dem Grundsatz festzuhalten, daß das Verlagsrecht ohne Zustimmung des Autors nicht übertragbar sein soll.

Die praktische Ausführung dieses Grundsatzes — unter Berücksichtigung der beiderseitigen Interessen — das ist eine Frage für sich, über die wir uns wahrscheinlich leicht einigen können. Herr Dr. Wildhagen hat gestern ausgeführt, die Frage der Uebertragbarkeit des Verlagsrechts sei nicht zu lösen aus dem vermuthlichen Willen der Parteien heraus, sondern nur aus der Abwägung der beiderseitigen Interessen, wobei die Rechte und Pflichten aus dem Vertrage zusammenzufassen seien. Nun, meine Herren, was den vermuthlichen Willen der Parteien betrifft, so bin ich mit Herrn Dr. Wildhagen insoweit einverstanden, als ich als selbstverständlich annehme, daß die Parteien, der Verleger und der Autor, bei

Abschluß des Verlagsvertrages in der Regel nicht daran denken, daß der Verleger den Verlag auf einen Dritten abtrete. Aber ich glaube, insofern ist bei jeder gesetzlichen Regelung eines Vertragsverhältnisses auf den vermuthlichen Willen der Parteien Rücksicht zu nehmen, als der vermuthliche Wille der Parteien auf die Zwecke gerichtet ist, die durch die Erfüllung des Vertrages verwirklicht werden sollen. Meiner Ansicht nach kann bei der Frage, ob und welche Pflichten und Rechte aus dem Verlagsvertrage auf einen Dritten übertragen werden sollen, nur maßgebend sein, die Rücksicht auf die Zwecke des Verlagsvertrages. Diese Zwecke hängen selbstverständlich mit den Interessen der Autoren und der Verlegers auf's engste zusammen.

Was nun die Interessen betrifft, so möchte ich zunächst hervorheben, daß es nicht ohne weiteres richtig erscheint, die beiderseitigen Interessen, so wie dies von dem Herrn Correferenten geschah, einander als gleichwerthig gegenüberzustellen. Diese Interessen sind nicht congruent. Die Interessen des Autors gehen auf die Erfüllung des Vertrages auf die Verwirklichung des vorgesetzten Zweckes. Die Interessen, die in dieser Frage von Seiten des Verlegers geltend gemacht werden, gehen nicht auf die Erfüllung des Vertrages, sondern dahin, daß er den Vertrag nicht selbst erfüllt, sondern durch einen Anderen erfüllen läßt. Die Bedeutung der Interessen des Verfassers ist von Herrn Dr. Wildhagen anerkannt worden; er hatte selbst ausgesprochen, daß der Autor sehr gewichtiges Interesse daran habe, daß der Vertrag von dem von ihm gewählten Verleger erfüllt werde, ohne aber im Einzelnen auf diese Interessen einzugehen. Andererseits wies er auf das Interesse hin, das der Verleger haben kann, den Vertrag nicht selbst zu erfüllen. Dabei citirte er den Fall, daß die Erben des Verlegers nicht in der Lage sind, den Vertrag selbst zu erfüllen. Ja, meine Herren, wenn die Erben eines Verlegers nicht im Stande sind, den Vertrag selbst zu erfüllen, so sind sie zunächst in der Lage eines Schuldners, dem es schwer fällt, seinen Verbindlichkeiten gerecht zu werden. Meines Erachtens wäre dies an und für sich noch kein Umstand, der den schwerwiegenden Interessen des Autors gegenüber in's Gewicht fallen könnte. Außerdem soll den Verlegern ja dadurch, daß sie den Verlag nicht ohne Genehmigung des Autors auf Dritte übertragen können, das Verlagsrecht nicht ohne weiteres entzogen werden, sondern es soll nur der Controlle des Autors unterstellt werden, auf wen nun diese Rechte und Pflichten übergehen sollen. Ich glaube daher, daß dieser Einwand nicht schwer wiegt.

Der zweite Einwand, der auch in dem Regierungsentwurfe hervorgehoben ist, betrifft die Creditfrage; der Credit des Verlegers werde erschüttert, wenn er befürchten müsse, daß ihm im gegebenen Moment ein wichtiges Vermögensobject ohne weiteres entzogen werden könne.

Meine Herren, es wird bei dieser Betrachtungsweise das Verlagsrecht nicht als ein Vertragsrecht betrachtet, das mit den Pflichten des Verlegers auf das engste verwachsen ist, und das gar nicht gesondert von ihnen bestehen kann, sondern es wird nur als ein Vermögensobject angesehen, ohne Rücksicht, welche Consequenzen weiter daraus für den Autor erwachsen. Thatsächlich aber kann der Credit eines Verlegers in keiner Weise dadurch erschüttert werden, daß allgemein eine für den ganzen Buchhandel, für das ganze Verlagswesen giltige Bestimmung eingeführt wird. Außerdem, meine Herren, hängt der Credit des deutschen Buchhandels von ganz anderen Factoren ab, als von dem Verhältniß zwischen dem Autor und dem Verleger. Diesen einen Punkt möchte ich noch hervorheben. Die Buchhändler haben sich sehr energisch dagegen ausgesprochen, daß die Interessen der Autoren überwiegend berücksichtigt werden. Sie haben dabei mehrfach durchblicken lassen, daß die Existenz unseres Buchhandels schwer gefährdet würde, wenn die Interessen der Autoren zu sehr berücksichtigt werden. Ja, meine Herren, das scheint mir a priori durchaus verfehlt. Es ist ganz richtig, unser Buchhandel ist heute in einer Art Krisis und hat mit schweren Verhältnissen zu kämpfen, es sind aber reine interne Verhältnisse, und ganz allgemein glaube ich, daß die rechtliche Regelung der Beziehungen zwischen dem Autor und dem Verleger in keiner Weise mit der Lage des Buchhandels etwas zu thun hat, daß diese vielmehr von ganz anderen Factoren, das möchte ich noch einmal wiederholen, abhängt, als von dieser Frage. Die Buchhändler bilden eine so starke Macht, daß es ihnen immer leicht fallen wird, die gesetzlichen Bestimmungen so anzuwenden, daß ihnen kein Nachtheil daraus erwächst. Ich halte es gerade für wichtig, daß von Seiten des Deutschen Juristentages einmal bestimmt der Grundsatz ausgesprochen werde, daß die Interessen des Autors energisch geschützt werden müssen, auch wenn diese Interessen nicht so wie die des Buchhandels in Geld abgeschätzt werden können. Die idealen Interessen des Autors sind durch den Entwurf des Gesetzes für das Urheberrecht zum ersten Male berücksichtigt worden. Bei den gesetzlichen Bestimmungen, um die es sich hier handelt, dreht es sich nur um die eine Frage, zählen die idealen Interessen des Autors, die mit der Schaffung, mit der Veröffentlichung seines Werkes verknüpft sind, ebenso schwer als die materiellen Interessen des Verlegers, der ein Buch in Verlag nimmt. Darin liegt der Schwerpunkt der ganzen Frage. Es würde mich sehr freuen, wenn der Deutsche Juristentag sich dahin aussprechen würde, daß die idealen Interessen eben so schwer wiegen und daß in Folge dessen in diesem gegebenen Falle die idealen Zwecke des Autors nicht auf's Spiel gesetzt werden sollen, um es dem Verleger zu ermöglichen, sich seiner Verpflichtungen zu entziehen und seinen Vertrag durch einen Anderen erfüllen zu lassen.

Vorsitzender: Bevor ich Herrn Dr. Konirsch das Wort gebe, habe habe ich einen Antrag zu verlesen, der gemeinschaftlich von Herrn Prof. Pappenheim und Herrn Dr. Wildhagen gestellt worden ist. Der Antrag lautet:

> „Die Uebertragung des Verlagsrechts durch den Verleger auf Dritte kann nicht ohne Einwilligung des Verfassers erfolgen. Der Verfasser ist zur Ertheilung der Einwilligung verpflichtet, es sei denn, daß sie ihm nach den Umständen des Falles, insbesondere mit Rücksicht auf den Ruf und die Vermögensverhältnisse des Erwerbers nicht zugemuthet werden kann.
>
> Eine Abänderung dieser Bestimmungen kann, insoweit durch sie die Rechte des Verfassers beschränkt oder aufgehoben werden sollen, nur ausdrücklich und nur durch geschriebene Vereinbarung erfolgen."

Ich gebe nunmehr Herrn Dr. Konirsch das Wort.

Hof- und Gerichtsadvocat Dr. **Konirsch** (Wien): Meine Herren Die Frage, die uns hier beschäftigt, ist theoretisch schon so eingehend und gründlich erörtert worden, daß ich mich gar nicht mehr zum Worte gemeldet hätte, wenn ich dieselbe nicht ganz kurz von einer anderen, mehr praktischen Seite betrachten wollte. Unsere Aufgabe ist es, hier einen Rechtssatz vorzuschlagen, der — und das kann nicht scharf genug betont werden — jus dispositivum schaffen soll; es soll den Parteien möglich sein, etwas Anderes zu vereinbaren, als das Gesetz bestimmt. Da frage ich mich nun: Was ist das Praktischere, welcher Grundsatz empfiehlt sich mehr als jus dispositivum, der Grundsatz der Nichtübertragbarkeit oder der der Uebertragbarkeit der Verlagsrechte?

Stellen wir uns einmal die Wirkungen vor, welche mit der gesetzlichen Festlegung des einen oder des anderen Grundsatzes verbunden sind. Das Gesetz — nehmen wir an — bestimme als jus dispositivum, daß die dem Verleger eingeräumten Rechte nicht übertragbar seien. Was wird die Folge sein? Die Folge wird meines Erachtens die sein, daß in der weitaus größten Zahl der Fälle eine ausdrückliche Vereinbarung auf Uebertragbarkeit getroffen werden wird. Der Verleger hat ja gar keinen Anlaß, dem Autor einen solchen Vorschlag nicht zu machen; er vergiebt sich damit nichts. Zur Zeit, da beide Vertragstheile mit einander contrahiren, sind sie im besten Einvernehmen. Der Verleger kann gegenüber dem Autor mit Recht darauf hinweisen, daß er nicht nur für sich selbst, sondern auch für seine Erben dagegen Schutz suchen müsse, daß etwa die Erben des Autors in chicanöser Weise die Zustimmung zu einer erforderlich werdenden Uebertragung versagen. Der Autor andererseits, der ja doch in vielen Beziehungen auf den guten Willen des Verlegers angewiesen ist, der ihm großes Vertrauen entgegenbringt und entgegenbringen muß, wird keinen Anstand nehmen, in diesem Zeitpunkte seine Einwilligung zu einer künftigen Uebertragung zu geben, weil er der Ueberzeugung ist, daß der Verleger von diesem Rechte nur dann Gebrauch machen wird, wenn dies wirklich unbedingt nothwendig würde. Dazu kommt, daß bekanntlich große buchhändlerische Vereinigungen bestehen, daß also aller Wahrscheinlichkeit nach ein einheitliches Vorgehen seitens der Verleger erfolgen, und daß dieses einheitliche Vorgehen dem Interesse der Verleger dienen wird.

Nun nehmen wir den zweiten Fall an: das Gesetz bestimmt, die Verlagsrechte seien im Zweifel zwar übertragbare Rechte, doch sei im Falle der Uebertragung der Autor nach dieser oder jener Richtung zu schützen. Da ist nun die Situation eine ganz andere. Ich möchte den Verleger sehen, der nun etwa dem Autor vorschlagen würde, auch diese Schutzbestimmungen durch besondere Vereinbarung zu climiniren! Das wird kein anständiger Verleger thun, das werden insbesondere die großen Corporationen der Verleger dem Autor nicht vorschlagen, und das würde auch der Autor nicht acceptiren.

Nicht darum handelt es sich also, welches der Inhalt der dispositiven Norm des Gesetzes ist, sondern darum in erster Linie, den Autor für den Fall der wirklich eintretenden Uebertragung der Verlagsrechte zu schützen. Ein solcher Schutz kann meines Erachtens in einer praktisch wirksamen Weise, d. h. auf eine solche Art, daß er nicht in der Mehrzahl der Fälle durch besondere Parteienvereinbarung illusorisch wird, nur dann erreicht werden, wenn das Gesetz bestimmt: Das Verlagsrecht ist zwar übertragbar, aber wenn es übertragen wird, dann ist der Autor durch besondere Bestimmungen gegen Verletzung seiner Interessen geschützt.

Dann noch Eines: ich glaube durchaus nicht, daß der Schutz des Autors gegen freiwillige Uebertragung der Verlagsrechte das Wichtigste ist. Der Autor glaubt doch mit einem anständigen, honorigen Verleger zu contrahiren, der von der Uebertragungsbefugniß einen unredlichen Gebrauch nicht machen wird; will aber der Verleger die Interessen des Verfassers schädigen, so kann er dies in vielfacher Weise thun, selbst ohne daß er das Verlagsrecht überträgt. Der viel wichtigere Fall ist der, daß der Verleger gezwungen wird, das Verlagsrecht an einen Anderen zu übertragen, also der Fall des Concurses und der Zwangsvollstreckung. In diesem Falle hat der Verleger ja gar keinen Einfluß darauf, wer die Verlagsrechte erwirbt, und gerade in diesem Falle erscheint es praktisch wichtig, den Autor zu schützen.

Ohne mich in weitere Details einzulassen, ohne insbesondere auch die Gefahr einer Entwerthung der Verlagsrechte näher zu beleuchten, will ich nur noch bemerken, daß der Vermittlungsvorschlag, der heute hier vorgelegt wurde, eigentlich doch darauf hinausläuft, die Verlagsrechte für übertragbar zu erklären. Denn nichts Anderes bedeutet es, wenn ich sage: die Uebertragbarkeit ist zwar an die Zustimmung des Verfassers geknüpft, diese Zustimmung muß aber in der Regel ertheilt werden. Dieser Compromißvorschlag setzt einen positiven, oft schwer zu erlangenden, oft vielleicht erst im Proceßwege zu erzwingenden Act des Verfassers voraus, indem er die Uebertragung an eine ausdrückliche Zustimmung knüpft; weder das Interesse des Verfassers noch auch das des Verlegers ist hiebei genügend geschützt.

Aus diesen Gründen möchte ich mir erlauben, einen Vorschlag zu unterbreiten, der sich im allgemeinen dem fallen gelassenen Antrage des Herrn Dr. Wildhagen und dem Regierungsentwurfe anschließt. Mein Antrag lautet:

„1. Die durch Verlagsvertrag dem Verleger eingeräumten Rechte sind, wenn das Gegentheil von den Parteien nicht ausdrücklich vereinbart ist oder aus den Umständen offenbar erhellt, übertragbar.

2. Falls der Verleger die ihm durch den Verlagsvertrag eingeräumten Rechte durch Rechtsgeschäft unter Lebenden oder von Todeswegen an einen Dritten überträgt, wird er bezw. sein Erbe hierdurch von den vertragsmäßigen Verpflichtungen gegenüber dem Autor nicht befreit; der Uebernehmer der Verlagsrechte haftet dem Autor überdies unmittelbar dafür, die aus dem Verlagsvertrage fließenden Verbindlichkeiten in jenem Umfange zu erfüllen, in welchem der ursprüngliche Erwerber dieser Rechte hierzu verpflichtet ist.

3. Der Autor ist für den Fall des Concurses des Verlegers sowie für den Fall einer Zwangsvollstreckung in die von ihm dem Verleger eingeräumten Rechte durch Gewährung eines Rücktritts- oder Vorkaufsrechtes zu schützen."

Prof. Dr. **Pappenheim** (Kiel): Meine Herren! Auf den Vorschlag des letzten Herrn Vorredners brauche ich deshalb nicht näher einzugehen, weil derselbe sich in allen wesentlichen Theilen mit der vom Entwurfe des Reichsgesetzes vorgesehenen Regelung vollkommen deckt, daher Alles, was ich gestern gegen sie zu sagen hatte, auch gegen diesen Antrag vorzubringen wäre. Nur der letzte Punkt, bezüglich des Vorkaufs- oder Rückkaufsrechts, bedürfte allenfalls einer besonderen Erwägung und Erörterung. Ich möchte sie Ihnen aber doch ersparen, weil inzwischen für mich ein Novum geschaffen ist. Herr Dr. Wildhagen und ich haben Ihnen gemeinschaftlich einen Antrag überreicht, zu dessen Gunsten wir unsere beiden gestern gestellten Anträge zurückziehen.

Der Herr Präsident hat bereits die Güte gehabt, diesen Antrag zur Verlesung zu bringen. Erlauben Sie nun, daß ich mit einigen Worten über das Verhältniß des Antrags zu dem gestern von mir gestellten mich ausspreche und insbesondere darlege, aus welchen Gründen ich geglaubt habe, meinen gestrigen Antrag zu Gunsten des Compromißantrags zurückziehen zu sollen.

Im Princip steht der neue Antrag auf dem Standpunkte, den ich auch gestern vertreten habe. Er stellt die Nichtübertragbarkeit des Verlagsrechts ohne Einwilligung des Verfassers an die Spitze. In zweifacher Beziehung geht der Antrag zu Gunsten des Verfassers über das gestern von mir Befürwortete hinaus: Er kennt einmal keine gesetzlichen Ausnahmen von dem Erfordernisse der Einwilligung, wie ich solche gestern für die Fälle der Uebertragung des Verlagsgeschäftes im Ganzen und des Concurses vorgeschlagen hatte. Sodann befürwortet der neue Vorschlag zwar ebenso, wie mein gestriger Antrag, die Schaffung dispositiven Rechts, er bindet aber dessen Abänderung zu Ungunsten des Verfassers für den einzelnen Fall an das Erforderniß einer ausdrücklichen und geschriebenen Vereinbarung, läßt sie also nicht durch stillschweigende oder formularmäßig gedruckte Erklärung wirksam erfolgen.

Was zunächst diesen letzten Punkt anbetrifft, so konnten für seine Behandlung die bekannten Bestimmungen gleicher Art das Vorbild abgeben, die wir in der neuen handelsrechtlichen Gesetzgebung, zumal im Handelsgesetzbuche erhalten haben. Es macht für die Ausschließung nachgiebigen Rechts mittels der Privatautonomie einen nicht unerheblichen Unterschied, ob sie durch gedrucktes Formular erfolgen kann, oder ob bei Benutzung eines solchen die betreffenden Vereinbarungen geschrieben werden müssen.

Dem allgemeinen Princip, daß die Uebertragung des Verlagsrechts an das Erforderniß der Einwilligung des Verfassers gebunden ist, stellt unser Antrag die Regel gegenüber, daß der Verfasser verpflichtet sein soll, die Einwilligung zu ertheilen. Nach der hinzugefügten Ausnahme soll diese Verpflichtung nicht Platz greifen, insofern für den Verfasser eine für erheblich zu erachtende Verschlechterung seiner Rechtslage durch die Uebertragung herbeigeführt werden würde. Ich glaube, daß die Fassung der Clausel einerseits allgemein genug ist, um die Einordnung der verschiedenen, in Betracht kommenden Fälle zu dulden, andererseits aber auch bestimmt genug, um den Parteien und im Streitfalle dem erkennenden Richter die sichere Beurtheilung zu ermöglichen, ob ein Fall derart gegeben ist oder nicht. Wenn die Voraussetzungen nicht vorliegen, unter welchen nach unserem Vorschlage der Verfasser zur Verweigerung der Einwilligung berechtigt sein soll, würde die Verweigerung sich mindestens regelmäßig als Chicane darstellen. Die meisten, wenn nicht alle hier in Betracht kommenden Fälle werden daher schon durch das Chicaneverbot des § 226 des Bürgerlichen Gesetzbuches getroffen. Aber eine besondere Hervorhebung des Grundsatzes für unseren Fall erscheint schon deshalb angezeigt, weil in der Fassung des Gesetzes ausgedrückt werden soll, daß den die Ertheilung der Einwilligung verweigernden Verfasser die Beweislast hinsichtlich der Voraussetzungen für die Berechtigung seiner Weigerung trifft. In der Sache erscheint dies nur als billig. Denn der Verfasser wird dem Verleger oder Dritten gegenüber leichter den Nachweis der Verschlechterung seiner Lage erbringen können, als etwa der Verleger oder dessen Rechtsnachfolger den negativen Nachweis dafür, daß mit der Uebertragung keine Verschlechterung für den Verfasser gegeben sei.

Hiernach scheint mir, daß mit der Annahme des Compromißvorschlags der allgemeinen Anschauung nichts vergeben werden würde, die ich gestern vertreten habe. Zwei Vorzüge unseres nunmehrigen Antrags aber möchte ich hervorheben. Einmal, daß derselbe eine gleichmäßige Regelung für alle in Betracht kommenden Fälle bietet, so daß es nicht nothwendig ist, die sonst, wie Herr Dr. Wildhagen mit Recht hervorgehoben hat, von jedem Standpunkte aus nothwendigen Ausnahmen in das Gesetz einzufügen. In der Hauptsache stellt sich der Vorschlag, den wir jetzt machen, als Verallgemeinerung einer solchen, gestern von mir für den Fall eines Concurses befürworteten Ausnahmevorschrift dar.

Als ein fernerer wichtiger Vorzug unseres Antrags erscheint mir aber, daß er vielleicht eine Einigung ermöglichen würde, deren Erlangung in der uns beschäftigenden Frage aus naheliegenden Gründen besonders erwünscht wäre.

Aus diesen Gründen empfehle ich Ihnen die Annahme des Compromißantrages.

Rechtsanwalt Dr. **Wildhagen** (Leipzig): Meine Herren! Wie Sie bereits aus den Ausführungen meines verehrten Herrn Vorredners gehört haben, stehe auch ich heute auf dem Standpunkte, daß ich meinen gestern gestellten Antrag, ebenso wie Herr Prof. Pappenheim den seinigen, zu Gunsten unseres gemeinschaftlich gestellten Antrages zurückziehe und Ihnen die Annahme des letzteren empfehle.

Ich habe daher lediglich nöthig, mit wenigen Worten Ihnen zu erklären, aus welchen Gründen ich mich entschlossen habe, diesem neuen Antrage zuzustimmen. Vorweg möchte ich nur einen Punkt klarstellen. Der Grundgedanke, welcher unserem Kompromißantrage als Basis dient, war bereits in dem Antrage des Herrn Dr. Simon enthalten, der gestern von ihm am Schlusse der Verhandlungen gestellt wurde; auch die jetzige Formulirung ist im wesentlichen auf Herrn Dr. Simon zurückzuführen. Herr Dr. Simon kann nur deshalb nicht heute hier als Antragsteller erscheinen, weil er nicht mehr anwesend ist. So kommt es, daß jetzt der Herr Referent und meine Wenigkeit in der Lage sind, nunmehr diesen Antrag äußerlich allein mit unserer Person zu vertreten.

Um nun die Gründe darzulegen, warum ich diesem Antrag zustimme, ist es nicht nöthig, — ich bedauere das zwar, aber trotzdem will ich Ihre Zeit nicht in Anspruch nehmen — auf die Ausführungen des Herrn Dr. Osterrieth einzugehen, die mich in hohem Maße interessirt haben, und insbesondere über die Gleichwerthigkeit oder den größeren oder geringeren Werth der hier einander gegenüberstehenden Interessen zu streiten. Es ist um deswillen nicht nöthig, weil wir alle ja, so weit wir auf dem Boden des Compromißantrages stehen, davon ausgehen, daß weder blos die Interessen der Verfasser noch auch blos die Interessen der Verleger geschützt werden sollen, sondern wir alle wollen eine Rücksichtnahme sowohl auf die Interessen der Verleger als auch auf die Interessen der Verfasser.

Man kann das in verschiedener Weise erreichen; entweder auf dem Wege, daß man sagt, das Verlagsrecht ist übertragbar, es müssen aber die Interessen der Schriftsteller geschützt werden, oder indem man sagt, das Verlagsrecht ist nicht ohne Einwilligung des Verfassers übertragbar, es werden aber die Interessen der Verleger dadurch geschützt werden, daß der Verfasser seine Einwilligung nur unter bestimmten Voraussetzungen — also nicht beliebig — versagen kann. Nun verkenne ich gar nicht, daß sowohl der einen wie der anderen Fassung gewisse Vorzüge und gewisse Mängel anhaften; ich glaube aber, daß gegen die Fassung, wonach das Verlagsrecht unter Wahrung der Rechte des Schriftstellers ohne dessen Einwilligung übertragbar ist, sich hauptsächlich geltend machen läßt, daß diese Regelung den Uebelstand zur Folge hat, daß ein Zustand der Schwebe entsteht. Es würde nämlich in jedem Falle, wo der Verleger veräußert, zunächst die Frage offen bleiben, ob der Erwerber in der That das Recht so erworben hat, daß er dem Verfasser und auch Dritten gegenüber geschützt ist. Denn es würde sich erst später, wenn der Verfasser Einspruch erhebt, entscheiden, ob nach der concreten Lage des einzelnen Falles der Verfasser ein Recht zu begründetem Einspruch hat. Das wird vermieden, wenn man die Fassung wählt, daß die Einwilligung des Verfassers immer erforderlich ist, daß sie aber erzwungen werden kann, wenn der Verfasser keinen gerechtfertigten Grund hat, sie abzulehnen. Dann besteht jeden Augenblick ein klares Rechtsverhältniß, und das ist der Hauptgrund, warum sich die Formulirung empfiehlt, wie sie im Compromißantrage vorgeschlagen ist. Einen großen Vorzug erblicke ich ferner darin, daß durch den Compromißantrag im praktischen Resultat erreicht wird, was ich angestrebt habe; ich lege nicht so sehr Gewicht darauf, ob die Uebertragbarkeit oder Unübertragbarkeit als Princip aufgestellt wird, sondern daß ein praktisch brauchbarer Satz und ein einheitlicher Satz gewonnen wird, welcher für alle Fälle der Veräußerung zutrifft, so daß nicht verschiedene Kategorien der Veräußerungsfälle gebildet werden, für die die Frage der Uebertragbarkeit des Verlagsrechts in verschiedener Weise beantwortet wird.

Ich glaube also, indem ich mich darauf beschränke, diese wenigen Punkte hervorzuheben, Ihnen ebenfalls die Annahme unseres Compromißantrags empfehlen zu können.

Vorsitzender: Es hat sich ferner zum Wort gemeldet Herr Oberlandesgerichtsrat Neukamp. Ich möchte im Interesse der Erledigung unserer Tagesordnung darum bitten, die Redezeit nicht über 10 Minuten auszudehnen.

Ober-Landesgerichtsrath Dr. **Neukamp** (Köln): Meine Herren! Es ist vielleicht etwas kühn von mir, daß ich gänzlich unvorbereitet das Wort ergreife, zumal ich gestern an der Debatte nicht theilnehmen konnte. Aber der Gegenstand interessirt mich derart, daß ich glaube, einige Worte zu demselben äußern zu müssen. Ich bin nämlich der Meinung — und gerade die Aeußerungen des Herrn Dr. Konirsch, dessen Auffassung ich durchaus nicht theile, haben dies mir klar gelegt —, daß selbst der Compromißantrag, wie er von Pappenheim und Dr. Wildhagen gestellt ist, meiner Ansicht nach nur halbe Arbeit thut. Wenn wirklich etwas erreicht werden soll, dann muß man vorschlagen: das Recht des Autors ist unübertragbar, kann nicht ohne dessen Einwilligung abgetreten werden. Dann fallen alle Schwierigkeiten weg, die der ziemlich complizirte Compromißantrag mit sich bringt. Formuliren wir den Antrag in dieser Weise, wie ich mir erlaubt habe, es in Gemeinschaft mit Herrn Dr. Fuld schriftlich zu thun, so fällt die Möglichkeit weg, daß das Autorrecht gepfändet werden kann, und alle Schwierigkeiten und Complicationen kommen in Wegfall. Ich meine, das wäre das einzig Richtige. Denn, meine Herren, lassen Sie mich nur mit zwei Worten auf das Wesen des Verlagsrechts eingehen. Das Verhältniß zwischen dem Autor und dem Verleger ist ein rein persönliches Vertrauensverhältniß. Wenn ich mir von Jemanden einen Dienst erweisen lasse, so will ich gerade den Mann haben, den ich mir zur Besorgung der Arbeit ausgesucht habe. Wenn ich einen Verleger haben will, dann liegt mir gerade an der Person des von mir gewählten Verlegers, den mir kein Anderer ersetzen kann. Es ist ein individuelles Vertrauensverhältniß, und das ist meiner Ansicht nach das Durchschlagende und Maßgebende für die uns hier beschäftigende Frage. Dem Verleger die freie Uebertragbarkeit zu gewähren, halte ich für durchaus überflüssig und sehe nicht ein, warum das nöthig ist. Das Beispiel, das von Herrn Dr. Wildhagen angeführt ist, ist meiner Ansicht nach unpraktisch; ich möchte mal den Verleger sehen, der ein Verlagsrecht weiter überträgt in dem Moment, wo das Buch einen guten Absatz hat. Das kommt niemals vor; wenn das Buch gut geht, dann behält er dasselbe.

(Zuruf: Er stirbt!)

Wenn er stirbt, so ist Universalsuccession möglich; wenn der Sohn das Verlagsgeschäft fortsetzt, dann kann er an dem Vertrag festhalten.

(Zuruf: Der Sohn ist Major!)

Dann kann er das Verlagsrecht nicht übertragen. Nehmen Sie an, der Sohn ist Metzgermeister, und der soll nun mein Buch herausgeben! Ich begreife gar nicht, wie man in dieser Hinsicht verschiedener Meinung sein kann. Ich bin der Meinung, daß wir den Satz festlegen müssen, das Verlagsrecht kann nicht übertragen werden, und gerade die Ausführungen des Herrn Dr. Konirsch haben mich veranlaßt, diesen Satz als jus cogens hinzustellen.

Wie Herr Dr. Konirsch mit Recht ausführte, sind die Verleger gegenüber den Autoren die wirthschaftlich Stärkeren, und gerade in einer Zeit, die es sich besonders angelegen sein läßt, die wirthschaftlich Schwächeren — und das sind die Autoren — zu schützen, da ist es meiner Ansicht nach ganz im Sinne dieser Tendenz, in das Gesetz jenen Satz aufzunehmen. Den Verlegern ist es natürlich eine Kleinigkeit, wie Herr Dr. Konirsch richtig ausgeführt hat, zusammenzukommen und in ihren

Buchhändlervereinen zu beschließen: „Wir machen nur Verträge, in die die Uebertragbarkeit hineingeschrieben wird", und ob die nun mit Tinte hineingeschrieben oder gedruckt vorgelegt wird, das macht keinen Unterschied. Wenn die Verleger geschlossen zusammenhalten, muß der Autor sich fügen. Also die einzige Lösung, welche aus der ganzen Schwierigkeit herausführt, ist die, daß man bestimmt, das Verlagsrecht kann nicht ohne Einwilligung des Verfassers übertragen werden. Und darin finde ich nichts Auffallendes. Wir gestatten nicht einmal einem Miether, daß er sein Miethsrecht überträgt; warum soll der Verleger ein solches Recht haben? Ich sehe in der That keinen Grund ein, einem Recht, das sich auf ein derartiges persönliches Vertrauensverhältniß gründet, die Uebertragbarkeit zu gewähren. Der Verleger kann auch gar nicht dadurch geschädigt werden, daß das Verlagsrecht nicht ohne Zustimmung des Verfassers übertragen werden kann. Der Fall des Erben ist ausgeschlossen, das habe ich schon gesagt; wenn der Verleger stirbt, kann der Erbe den Verlagsvertrag fortsetzen, sofern er das Verlagsgeschäft weiterführt. Andernfalls muß eine Einigung zwischen dem Autor und dem Verleger zu Stande kommen. Aber dem Verleger die Befugniß zu gewähren, einem beliebigen Dritten das Verlagsrecht zu übertragen, das halte ich für undenkbar. Wir kommen, wenn wir die unbeschränkte Uebertragbarkeit zulassen, immer wieder auf die Schwierigkeiten und Complicationen, die der Antrag Pappenheim auf sehr umständlichem Wege beseitigen will. Wir kommen dahin, daß die Verleger durch ihre Verträge festsetzen, daß das jus dispositivum dieses Antrags zu Ungunsten der Verfasser beseitigt wird.

Ich bitte Sie daher, meinen und Herrn Dr. Fulds Antrag anzunehmen, und ich bitte Sie nochmals um Entschuldigung, daß ich unvorbereitet hier das Wort ergriffen habe. Ich zweifle nicht, daß Herr Dr. Fuld unseren Antrag noch eingehender begründen wird.

Rechtsanwalt Dr. **Fuld** (Mainz): Meine hochverehrten Herren! Die bisherige Debatte hat meines Erachtens in ganz klarer Weise die Unmöglichkeit gezeigt, den Grundsatz der Unübertragbarkeit des Verlagsrechts so zu formuliren, wie es durch den Compromißantrag heute beantragt wird. Gestern schien es, als ob von einem Theil der Versammlung der Grundsatz der Uebertragbarkeit als der allein richtige angesehen würde. Diese Stellung ist zu meiner großen Freude in so weit modificirt worden, daß wir über das Prinzip einig zu sein scheinen, über das Prinzip, daß in allen Fällen nur mit Genehmigung des Autors das Verlagsrecht übertragen werden kann.

Aber, meine Herren, dieser ganze Compromißantrag nützt uns für den praktischen Verkehr gar nichts; Sie mögen die rechtsgeschäftliche Vereinbarung der Uebertragbarkeit mit noch so vielen Cautelar-Bestimmungen umgeben, wie es von Herrn Dr. Wildhagen und von dem Compromißantrag vorgeschlagen wird, es ist doch nur ein Schlag ins Wasser; praktisch würde die Folge sein, daß die Rechtslage sich so gestaltet, daß die Uebertragkeit zur Regel, die Nichtübertragbarkeit zur Ausnahme wird. Meine Herren! Es ist ganz richtig, was Herr Dr. Wildhagen gestern gesagt hat, es handelt sich hier um einen Interessenconflict. Aber um einen solchen Interessenconflict handelt es sich in den meisten Fällen bei Gesetzgebungsfragen, denen gegenüber der Staat Stellung zu nehmen hat. Die Gesetzgebung muß sich eben entscheiden, zu Gunsten welcher Interessensphäre sie Partei nehmen will. Nun, meine Herren, wäre es ein eigenthümliches Schauspiel, wenn gerade die deutsche Gesetzgebung sich auf den Standpunkt stellen wollte, daß praktisch die Uebertragbarkeit des Verlagsrechts anerkannt werde. Meine Herren! Warum sollen wir allein unter allen Kulturstaaten der Welt den Grundsatz aufstellen, daß das Verlagsrecht praktisch ohne Genehmigung des Autors übertragen werden kann? Das ist wahrlich nicht angebracht. In fast allen Kulturstaaten, in welchen das Verlagsrecht codificirt ist, hat die Gesetzgebung die Nichtübertragbarkeit ohne Genehmigung des Autors sanctionirt, und in den Staaten, in welchen dasselbe nicht codificirt ist, ist die Gerichtspraxis gleicher Anschauung.

Meine Herren! Wie ist es denn in Frankreich, dem Staate, den man in gewisser Hinsicht als den Idealstaat für den Schutz des immateriellen Eigenthums bezeichnen kann, dem Lande, das uns heute noch auf diesem Gebiet als Vorbild dienen darf? In den ersten Jahrzehnten nach der Einführung des code civil war die Praxis wohl zweifelhaft, aber im Laufe des letzten Menschenalters hat sich die Rechtsübung ganz constant ausgebildet und heute bezweifelt wohl kein Mensch und kein Gericht mehr in Frankreich, daß das Verlagsrecht nicht ohne Mitwirkung des Autors übertragbar ist. Der französische Verlagsbuchhandel befindet sich ganz vorzüglich dabei, und man wird nicht behaupten wollen, daß die französischen Verlagsbuchhändler sich jemals darüber beschwert hätten, daß aus dem Cercle des Librairies jemals eine Stimme laut geworden wäre, welche eine Abänderung dieses Rechtszustandes verlangt hätte. Nicht ein einziger der großen französischen Verlagsbuchhändler hat bisher erklärt, daß die Creditverhältnisse der französischen Buchhändler dadurch beeinträchtigt würden. Auch die Befürchtungen, die man hin und wieder in deutschen Verlagsbuchhändlerkreisen bezüglich dieser Einwirkung auf den Credit äußern hört, werden durchaus nicht allgemein getheilt. Ich habe mit einem bedeutenden und leistungsfähigen Leipziger Verlagsbuchhändler gesprochen, der allerdings den Standpunkt vertrat, daß prinzipiell die Uebertragbarkeit anerkannt werden müsse; derselbe hat aber andererseits die Befürchtung, daß durch das Gegentheil eine nachtheilige Beeinflussung der Creditverhältnisse des Verlagsbuchhandels in Deutschland herbeigeführt werde, weit von sich gewiesen.

Nun gestatten Sie mir noch ein Wort. Die Herren Pappenheim und Wildhagen legen augenscheinlich großen Werth darauf, daß in die Cautelar-Bestimmungen der Satz aufgenommen wird, daß eine Abänderung nur schriftlich vereinbart werden kann. Meine Herren! Ich halte das praktisch für gänzlich werthlos. Wir wissen Alle, wie es mit schriftlichen Abänderungen des Gesetzes gemacht wird. Meine Herren! Ein Beispiel: Seit 9 Monaten ist das Bürgerliche Gesetzbuch in Kraft, wir wissen, daß es eine Reihe von Schutzbestimmungen zu Gunsten der Miether gegenüber den Vermiethern eingeführt hat; wie verhält es sich nun praktisch mit diesen Schutzbestimmungen des Bürgerlichen Gesetzbuchs? Ist der Wille des Gesetzgebers zur Geltung gekommen? Ich sage nein, in 99 von 100 Fällen ist das Gegentheil des Gesetzes vereinbart worden, man hat fast sämmtliche Schutzbestimmungen durch Verträge ausgeschlossen, man hat, soweit nicht das Gesetz als lex cogens besteht, seine Vorschriften durch solche zu Gunsten der Hausbesitzer ersetzt.

Meine Herren! Wollen Sie ganze Arbeit leisten, wollen Sie unser deutsches Verlagsrecht auf die Grundlage stellen, auf welcher man den Interessen der Autoren gerecht wird — dieselben sind heute nicht mehr eine quantité négligeable, wie vor 50 Jahren — so müssen Sie sich entschließen, einen Schritt weiter zu gehen. Herr Prof. Pappenheim hat gestern angedeutet, daß die Behandlung der Unübertragbarkeit als zwingenden Rechts vielleicht für die Zukunft in Aussicht stehe; ich meine, daß es sich dabei nicht mehr um die unbestimmten Klänge eines Zukunftsaccords handelt, sondern um eine schon heute deutlich vernehmbare Melodie, um bei dem Bilde zu bleiben. Stellen Sie daher die Nichtübertragbarkeit unter den Schutz des öffentlichen Rechts. Damit, glaube ich, werden wir nicht nur den Interessen der deutschen Autoren, sondern auch den wahren Interessen der deutschen Verlagsbuchhändler einen Dienst erweisen und für die weitere Entwicklung des Verlagsrechts eine gesunde Basis schaffen. Ich bitte Sie daher, den Antrag, den ich in Gemeinschaft mit Herrn Dr. Neukamp gestellt habe, anzunehmen.

Die Debatte wird geschlossen. Das Schlußwort erhält der

Berichterstatter Prof. Dr. **Pappenheim** (Kiel): Meine Herren! Ich kann mich sehr kurz fassen. Es handelt sich in dem augenblicklichen Stadium, in dem die Debatte geschlossen ist, meines Erachtens sachlich nur noch um die Frage, ob zwingendes Recht geschaffen werden soll oder nicht. Ich glaube nicht, daß man heut zu Tage diese Frage mit „Ja, zwingendes Recht!" beantworten kann. Ich habe ursprünglich daran auch gedacht, glaube aber nicht, daß man damit den wohlverstandenen Interessen auch nur der Verfasser dienen würde. Von der Rückwirkung, welche eine derartige Regelung auf die Verlagsverträge ausüben müßte, ist seitens der Herren Vorredner mit keinem Wort gesprochen worden. Die naturgemäße Folge wäre aber, daß die Verleger beispielsweise die Honorare wesentlich herabzudrücken gezwungen wären. Das Verlagsrecht, für welches der Verleger dem Verfasser doch im Honorar oder je nach dem Vertrag in anderer Art eine Gegenleistung gewährt, würde seinem Werth nach auf ein Minimum reducirt, weil vollkommen in das Unsichere gestellt sein, wenn der Verleger nicht berechtigt wäre, es unter gewissen Umständen auf Dritte zu übertragen. Es scheint aber auch noch nicht erwiesen, daß man schon jetzt die Verfasser in dem Maße als die wirthschaftlich Schwächeren den Verlegern gegenüber betrachten dürfte, wie das auf anderen Gebieten bei der neuerdings erfolgten Regelung von Verträgen für die eine Partei im Verhältniß zur anderen angenommen werden mußte. Bis auf Weiteres dürfte es daher nicht nothwendig sein, das zu schaffende Recht für zwingend zu erklären. Im Gegensatz zu dem Herrn Vorredner kann ich Sie, meine Herren, daher nur bitten, der Nothwendigkeit einer Vereinigung der Interessen von Verfasser und Verleger Rechnung tragen und die Vorschläge des auf diese Vereinigung abzielenden Compromißantrages zu den Ihrigen machen zu wollen.

Vorsitzender: Meine Herren! Es sind nicht weniger als acht verschiedene Anträge eingegangen. Zunächst der Antrag des Herrn Berichterstatters Prof. Pappenheim und der Antrag des Herrn Correferenten Dr. Wildhagen. Beide Anträge sind zurückgezogen, so daß also diese zwei Anträge ausfallen. Es ist dann eingebracht worden der Antrag Simon. Ich werde ihn noch einmal verlesen:

> „Der Verleger ist nicht befugt, die Rechte aus dem Verlagsvertrag ohne Genehmigung des Urhebers zu übertragen. Der Urheber ist verpflichtet, seine Genehmigung zu ertheilen, es sei denn, daß ihm eine solche nach Lage der Umstände, insbesondere mit Rücksicht auf den Ruf oder die Vermögensverhältnisse des Erwerbers nicht zugemuthet werden kann.
>
> Diese Bestimmung darf nur ausdrücklich und nur durch geschriebene Vereinbarung abgeändert werden."

Sie sehen, daß der Antrag Simon ziemlich nahe steht dem Compromißantrag, den die Herren Pappenheim und Wildhagen eingebracht haben.

Es ist ferner eingebracht worden der Antrag Stintzing, der eine weitere Begründung nicht gefunden hat, da Herr Dr. Stintzing nicht anwesend war.

„Der Urheber hat im Falle der freiwilligen oder nothwendigen Veräußerung des Verlagsrechts durch den Verleger ein Vorkaufsrecht."

Es ist außerdem von Herrn Dr. Konirsch der Antrag gestellt worden:

„1. Die durch Verlagsvertrag dem Verleger eingeräumten Rechte sind, wenn das Gegentheil von den Parteien nicht ausdrücklich vereinbart ist, oder aus den Umständen offenbar erhellt, übertragbar.

2. Falls der Verleger die ihm durch den Verlagsvertrag eingeräumten Rechte durch Rechtsgeschäft unter Lebenden oder von Todeswegen an einen Dritten überträgt, wird er, beziehungsweise sein Erbe, hierdurch von den vertragsmäßigen Verpflichtungen gegenüber dem Autor nicht befreit; der Uebernehmer der Verlagsrechte haftet dem Autor überdies unmittelbar dafür, die aus dem Verlagsvertrag fließenden Verbindlichkeiten in jenem Umfang zu erfüllen, in welchem der ursprüngliche Erwerber dieser Rechte hierzu verpflichtet ist.

3. Der Autor ist für den Fall des Concurses des Verlegers, sowie für den Fall einer Zwangsvollstreckung in die von ihm dem Verleger eingeräumten Rechte durch Gewährung eines Rücktritts- oder Vorkaufsrechtes zu schützen."

Ferner der Compromißantrag Pappenheim-Wildhagen:

„Die Uebertragung des Verlagsrechts durch den Verleger auf Dritte kann nicht ohne Einwilligung des Verfassers erfolgen. Der Verfasser ist zur Ertheilung der Einwilligung verpflichtet, es sei denn, daß sie ihm nach den Umständen des Falles, insbesondere mit Rücksicht auf den Ruf oder die Vermögensverhältnisse des Erwerbers nicht zugemuthet werden kann.

Eine Abänderung dieser Bestimmungen kann, insoweit durch sie die Rechte des Verfassers beschränkt oder aufgehoben werden sollen, nur ausdrücklich und nur durch geschriebene Vereinbarung erfolgen."

Endlich haben die Herren Neukamp und Fuld beantragt:

„Der Juristentag wolle beschließen:

Das Verlagsrecht kann nur mit Genehmigung des Urhebers übertragen werden; eine Abänderung dieser Vorschrift ist unstatthaft.“

Wir dürfen uns, meine Herren, bei der Abstimmung nicht der Gefahr aussetzen, daß wir schließlich zu gar keinem Beschluß kommen. Ich glaube daher, daß wir ausgehen müssen von den positiven Anträgen, d. h. von den Anträgen, welche die Uebertragbarkeit des Verlagsrechtes prinzipiell aussprechen, und daß zuletzt abzustimmen ist über den rein negativen Antrag der Herren Neukamp und Fuld, welche die Uebertragbarkeit schlechtweg negiren.

Zur Geschäftsordnung hat das Wort Herr Rechtsanwalt Dr. Alexander-Katz.

Rechtsanwalt Dr. **Alexander-Katz** (Berlin): Ich möchte einen anderen Abstimmungsmodus empfehlen. Ich möchte annehmen, daß zunächst das entgegengesetzte Princip zur Abstimmung gelangt, weil dies der Antrag der Herren Referenten ist. Es würde meines Erachtens zunächst über die Frage abzustimmen sein, ob principiell der Juristentag der Meinung ist, die auch in den Gutachten vertreten worden ist, daß das Verlagsrecht nicht übertragbar ist, weil der Antrag von dem Herrn Referenten ausgeht; und nun sind dazu Amendements, Zusätze beantragt worden, einmal in dem Antrage von Herrn Dr. Simon und das andere Mal im Antrage des Herrn Collegen Wildhagen und des Herrn Prof. Pappenheim. Aber ich bin der Meinung, daß diese Anträge getheilt werden müssen in 3 Theile; man kann sehr wohl denken, daß der eine für Nichtübertragbarkeit des Verlagsrechtes stimmt, aber nicht zustimmt der Bestimmung, daß es jus cogens sein soll, nicht zustimmt der Bestimmung, daß nur handschriftliche Verträge den Grundsatz abändern können. Man kann ebenso gut dann auch der Meinung sein, daß jus cogens zwar obwaltet, aber daß entgegengesetzte Bestimmungen nicht durch Handschrift, sondern etwa durch gedruckte Formulare werden geschehen können — ich meine, daß sie nicht durch Handschrift zu geschehen brauchen, sondern auch durch Druck, und es werden verschiedene Herren gewiß der Meinung sein, daß die Frage der Handschrift noch nicht hinreichend geklärt ist, insofern es nicht bestimmt genug festgestellt ist, ob mit Schreibmaschine hergestellte Formulare . . . .

Vorsitzender: Ich bitte nicht wieder auf die Debatte zurückzukommen!

Rechtsanwalt Dr. **Alexander-Katz:** Ich wollte nur kennzeichnen, wie nothwendig es ist, die Anträge noch zu trennen.

Vorsitzender: Es ist selbstverständlich, daß über einen Antrag der mehrere Absätze enthält, absatzweise abgestimmt wird.

Rechtsanwalt Dr. **Alexander-Katz:** Deshalb wird zunächst über die Anträge und dann über die Amendements abgestimmt werden müssen.

Vorsitzender: Ich kann nicht auf eigene Faust hier Anträge formulieren, sondern muß mich an die vorgelegten Anträge halten. Wenn wir zuerst über den Antrag Neukamp und Fuld abstimmen, welcher ausspricht, daß das Verlagsrecht nicht übertragbar ist, und wenn wir diesen und dann sämmtliche übrigen Anträge ablehnen, kommen wir zu gar keinem Beschlusse.

Rechtsanwalt Dr. **Fuld** (Mainz): Herr Präsident! Dann würde der Beschluß lauten, daß die Uebertragbarkeit vereinbart werden muß und daß das jus cogens ist. Das würde der Beschluß des Juristentages sein, und das wäre doch ein bestimmter Beschluß.

Vorsitzender: Ich werde mir gestatten, zuletzt über Ihren Antrag abstimmen zu lassen.

Rechtsanwalt Dr. **Alexander-Katz** (Berlin): Ich meine, auch der Antrag Fuld zerfällt in zwei wichtige Abschnitte und muß getrennt werden; wenn dann der erste Absatz, der mir von allgemeiner Bestimmung zu sein scheint, angenommen wird, dann wäre ein positives Resultat da, gleichviel, ob die zweite Hälfte acceptiert wird oder nicht.

Vorsitzender: Die Frage der Trennung der einzelnen Anträge, die mehrere Bestandtheile enthalten, ist ja vollständig zu scheiden von der Frage der Reihenfolge, in der die einzelnen Anträge zur Abstimmung gelangen sollen. Es handelt sich jetzt zunächst darum, in welcher Ordnung abgestimmt werden soll. Kommen dann die einzelnen Anträge an die Reihe, so fragt es sich, in welchen Absätzen abzustimmen ist.

Wenn die Versammlung damit einverstanden ist, werde ich von den Anträgen ausgehen, welche den Grundsatz der Uebertragbarkeit des Urheberrechts zur Voraussetzung haben, und da wäre zunächst zu erledigen der Antrag des Herrn Dr. Konirsch.

(Der Antrag Konirsch wird abgelehnt gegen 4 Stimmen.)

Ich erlaube mir dann ferner zur Abstimmung zu bringen den Antrag Stinzing.

(Der Antrag Stinzing wird abgelehnt.)

Es käme dann der Antrag Simon. Wenn ich mich in die Seele des Antragstellers hineindenken würde, so würde ich an seiner Stelle diesen Antrag zu Gunsten des Antrages Pappenheim-Wildhagen zurückziehen.

Rechtsanwalt Dr. **Wildhagen** (Leipzig): Es ist das auch seine Tendenz; es ist aber nicht möglich, den Antrag zurückzuziehen, weil er nicht da ist.

Vorsitzender: Ich werde also über den Antrag abstimmen lassen.

Professor Dr. **Pappenheim** (Kiel): Zur Geschäftsordnung! Ich glaube, der erste Absatz des Antrages Simon stimmt inhaltlich vollständig mit dem, was wir sagen, überein. Die Abstimmung über den Antrag Simon ist identisch mit der über unseren Antrag. Wir haben nur zum Ausdruck gebracht, daß die Giltigkeit der Uebertragung des Verlagsrechtes von der Einwilligung des Verfassers abhängig sein soll.

Vorsitzender: Wenn die Herren es wünschen, lasse ich zunächst über den Antrag Pappenheim-Wildhagen abstimmen.

(Der Antrag wird mit überwiegender Majorität angenommen.)

Es ist also der Antrag Pappenheim-Wildhagen angenommen. Der Antrag Simon entfällt damit von selbst, und ebenso entfällt damit der Antrag Neukamp-Fuld.

Wir hätten damit diese Materie erledigt; ich spreche wohl im Sinne der Versammlung, wenn ich unseren Herrn Berichterstatter, Herrn Prof. Pappenheim bitte, im Plenum zu referiren und die Angelegenheit dem Plenum nur zur Kenntnißnahme, nicht zur abermaligen Beschlußfassung vorzulegen.

Zu Frage 7:

> Empfiehlt es sich, die strafrechtliche Verfolgung der Verletzung des Urheberrechtes nach dem Vorbilde des österreichischen Gesetzes vom 26. December 1895 (§ 51) auf wissentliche Eingriffe einzuschränken?

erhält das Wort der

Berichterstatter Prof. Dr. **Pfaff** (Wien): Die Frage, um die es sich handelt, ist so, wie sie gestellt ist, außerordentlich einfach, viel weniger complicirt, als die Fragen, mit denen sich unsere Abtheilung bisher beschäftigt hat. Die Frage ist eben auf ja oder nein gestellt, und es kommt noch hinzu, daß sie schon vor reichlich 30 Jahren eingehend besprochen worden ist. Ich glaube daher, ohne es mir zum Verdienste anrechnen zu wollen, versprechen zu können, daß ich verhältnißmäßig kurz sein werde.

Bekanntlich verpönen zahlreiche ältere Gesetze über das Urheberrecht jede unbefugte Vervielfältigung auf mechanischem Wege in so allgemeiner Fassung, daß man fragen konnte, ob sie nicht den Nachdruck sogar dann mit Strafe bedrohen wollten, wenn dem Verletzer des Urheberrechts nicht einmal Fahrlässigkeit zur Last fällt. Seit der Mitte des 19. Jahrhunderts hat sich das geändert. Die neuere Gesetzgebung, namentlich in Deutschland und in Oesterreich, ist auch auf diesem Gebiete bestrebt, durch klare Bestimmungen den Grundsatz zur Geltung zu bringen, daß Strafe nur einzutreten hat, wo auch eine Schuld vorliegt.

Welche Schuld aber strafwürdig sei, darüber gehen die Gesetzgebungen und de lege ferenda die Anschauungen der Juristen wie die Postulate der interessirten Kreise noch sehr auseinander. Während z. B. Dänemark und Norwegen auch die fahrlässige Verletzung strafen und ähnlich das englische Recht den culposen Veranstalter des Nachdrucks mit einer Art Buße bedroht, straft Belgien und Holland nur die vorsätzliche Verletzung, in Frankreich und Italien aber ist es nicht außer Zweifel, ob das geltende Recht auf dem strengeren oder mildecen Standpunkt stehe. Besonders interessant aber ist die Wandlung der Anschauungen in Oesterreich und im Deutschen Reiche: Das österr. St.G.B. § 467 bedroht nicht nur den dolosen, sondern auch den culposen Unternehmer des Nachdrucks mit Strafe; nur die Mitwirkenden und die Verbreiter des Nachdruckes werden strafrechtlich verantwortlich bloß dann, wenn sie das fremde Urheberrecht wissentlich verletzen. Ganz ähnlich unterscheidet auch das deutsche Reichsgesetz vom 11. Juni 1870. Dagegen hat das österr. Gesetz vom 26. Dez. 1895 betreffend das Urheberrecht an Werken der Literatur, Kunst und Photographie (§ 51) sowohl den Eingriff in das Urheberrecht, als auch die entgeltliche Verbreitung von Erzeugnissen eines Eingriffs nur dann für strafbar erklärt, wenn diese Handlungen wissentlich vorgenommen werden; nicht anders stellt auch der deutsche Entwurf eines Gesetzes betreffend das Urheberrecht von Werken der Literatur und Tonkunst vom 13. Juli 1899 nur die vorsätzliche Begehung der Urheberrechtsdelicte unter Strafe.

Welches sind die Gründe dieser Veränderung? Daß das Urheberwesen im Laufe der letzten 50 Jahre eine höhere Entwicklungsstufe erreicht hat, und die Zahl der Eingriffe in Urheberrechte fortwährend zunimmt, daraus folgt doch wohl nicht, daß ihm ein verminderter Rechtsschutz genüge, vielmehr erkennt alle Welt und insbesondere der Bericht der österr. Herrenhauscommission mit größter Bestimmtheit an, daß ein Bedürfniß nach Erweiterung und wirksamerer Gestaltung des Urheberschutzes bestehe. Noch weniger ist die Schwächung dieses Schutzes durch die fortgeschrittene Einsicht zu erklären, die wir in das Wesen des Urheberrechtes selbst gewonnen haben. In dieser Richtung steht heut fest, daß die in der älteren Gesetzgebung anerkannten einzelnen Befugnisse den Inhalt des Urheberrechtes nicht erschöpfen, daß sie vielmehr nur Ausflüsse einer höheren Einheit bilden, nämlich des dem Urheber zustehenden ausschließlichen Verfügungsrechtes über das Product seiner geistigen Arbeit. Gegenüber der älteren Auffassung, die das Urheberrecht wie ein anderes „im Verkehr rollendes Vermögensstück" ansah, gehen wir heut davon aus, „daß es sich beim Urheberrecht in erster und letzter Linie um den Rechtsschutz für höchstpersönliche Leistungen", geradezu um ein Persönlichkeitsrecht handelt. Gerade in dem österr. Gesetze ist diese moderne Auffassung zum schärfsten Ausdruck gelangt; das zeigt sich in der Ausschließung des Urheberrechtes als solchen von der Execution in das Vermögen des Urhebers — seine Gläubiger können ihn nicht zwingen, sein Werk der Oeffentlichkeit zu übergeben; das Nämliche zeigt sich in der Behandlung des Miturheberrechts aus dem Gesichtspunkt der ungetheilten Zuständigkeit des Rechtes und der gemeinsamen Verfügung über das Werk; ferner in der ausschließlichen Befugniß des Urhebers, den Schleier der Anonymität oder Pseudonymität zu lüften, selbst wenn alle übertragbaren Ausflüsse des Urheberrechtes einem Anderen zustehen; sodann in der Unübertragbarkeit des Urheberrechtes nach seiner persönlichen Seite durch Singularsuccession; hierher gehört auch der Rechtssatz, daß der Rückfall der auf den Verleger übertragenen Befugnisse nur zu Gunsten des Urhebers oder seines Erben erfolgt, wenn die Herausgabe ohne den Willen und ohne Verschulden des Urhebers drei Jahre lang unterblieb; dem gleichen rein persönlichen Interesse dient die Strafbarkeit der Bezeichnung einer Einzelcopie eines Werkes der bildenden Kunst mit dem Namen oder der Signatur des Urhebers des Originals und die der Bezeichnung eines fremden Werkes mit dem eigenen Namen oder eines eigenen Werkes mit einem fremden Namen. Ja, das österr. Herrenhaus hatte sogar beschlossen, daß eine Verfügung über das Werk, die der Urheber selbst oder mit seiner Zustimmung ein Anderer treffe, selbst wenn es in bewußter Verletzung einer eingegangenen Vertragsverpflichtung geschehe, niemals als strafbarer Eingriff angesehen werden solle, eben weil der Urheber sein eigenes Urheberrecht nicht wohl verletzen könne. Dieser Satz ist allerdings nicht Gesetz geworden. Man hat später im Interesse des Urhebers selbst für wichtiger erachtet, daß auch der Verleger gegenüber dem Urheber den strafrechtlichen Schutz erhalte, weil eine Abschwächung des Schutzes eine allgemeine Herabdrückung der Löhne für die geistige Arbeit nach sich ziehen könnte und weil die im voraus zugesicherte Straflosigkeit solcher Eingriffe geradezu wie eine Aufforderung zum Vertragsbruch erscheinen würde.

Ist hiernach das Urheberrecht ein Recht, dessen Werth und Inhalt sich in dem Schutze der pecuniären Interessen nicht erschöpft, das vielmehr wesentlich höchst persönlichen und unveräußerlichen Interessen des Urhebers zu dienen bestimmt ist, so erscheint ein Recht von solcher Dignität auch um so mehr eines kräftigen Schutzes würdig und bedürftig. Die vertiefte Erkenntniß seines Wesens führt nicht zu irgend welcher Abschwächung seines Schutzes.

Wo also liegen die Gründe für die geschilderte Stellungnahme der neuesten Gesetzgebungsarbeiten? Ich antworte: Sie liegen in der That nicht im Urheberrecht selbst, und es sind auch durchaus nicht neue Gründe. Seit geraumer Zeit besteht eine auf Decrescenz des Strafrechtes gerichtete Strömung: „fort mit dem Strafrecht, so weit es nicht unentbehrlich ist!" Dagegen ist nun in thesi freilich nichts einzuwenden, es fragt sich nur: Wo ist das Strafrecht wirklich entbehrlich? Wer einverstanden ist z. B. mit der Beseitigung der Strafbarkeit der Strikes, muß darum nicht auch die Abschaffung der Strafbarkeit der Kurpfuscherei billigen oder mit der Eliminirung der Strafbarkeit aller Auswüchse des Ratengeschäftes einverstanden sein, wie sie sich in dem österr. Gesetze von 1896 findet. Diese Strömung tritt nun immer mächtiger gerade auf dem Gebiete des Urheberrechts hervor. Bei der Berathung des deutschen Gesetzes von 1870 war sie noch nicht stark genug, um durchzudringen; seither aber hat sie sich erheblich verstärkt. Der Commissionsbericht des österr. Herrenhauses spricht von einer Reformtendenz im Urheberrechte, welche in der Richtung „auf eine Rückstauung der an manchen Stellen allzu weit getriebenen Criminalisirung des Schutzes blos pecuniärer Interessen sich bewegen" werde. Das österr. Gesetz ist dieser Tendenz thatsächlich gefolgt. Gerade in dieser Richtung wurde dieses Gesetz, das ja in der That, wie der cit. Commissionsbericht sagt, ein Werk ist, „welches einen selbständigen Markstein in der zukünftigen Entwicklung des europäischen Urheberrechts bedeuten will", schon zu einer Zeit, da es noch im Stadium des Entwurfes stand, immer wieder und wieder als Muster empfohlen. H. M. Schuster fand de lege ferenda nichts einzuwenden gegen das Erforderniß der Vorsätzlichkeit; Benedikt erklärte, daß man im Allgemeinen der Ausdehnung der culposen Delicte dort, wo es sich nicht um Gefährdung allgemeiner Interessen handelt, nicht zustimmen könne. Für die gleiche Auffassung trat ein van Calker in seinem tüchtigen Buche über die Delicte gegen das Urheberrecht (1894), insbesondere betonend, daß die den Urheberrechtsdelicten nächststehenden Eingriffe in Willensbethätigung, Ehre und Vermögen regelmäßig nur bei doloser Begehung gestraft werden. Nicht anders spricht sich allerneuestens derselbe Schriftsteller und Birkmeyer in ihren kritischen Besprechungen des neuen deutschen Entwurfs aus: die Beschränkung der Strafbarkeit dieser Delicte auf den Fall der Vorsätzlichkeit entspreche dem heutigen Stande der Gesetzgebung und Wissenschaft, sie sei die einschneidendste Verbesserung gegenüber dem bisherigen Recht. Mehr und mehr festige sich die Ueberzeugung, daß der Fortschritt der Gesetzgebung vielmehr in einer Beschränkung als in einer Erweiterung der Criminalisirung bestehe, da eine Ueberspannung des Strafschutzes Symptom weitverbreiteter Nervosität und mit Gefahren für die Rechtsentwicklung verbunden sei.

Die entgegengesetzte Anschauung, die in unserer Frage an jener Behandlung festhalten will, die das Gesetz von 1870 normirt, ist indessen keineswegs verschwunden. Gerade in den Kreisen der am meisten Interessirten macht sie sich laut geltend: Schon gegenüber der Regierungsvorlage verlangte der Wiener Schriftstellerverein Concordia, es möge die Gesetzgebung an der Bestrafung fahrlässiger Urheberrechtsdelicte festhalten. Das nämliche Begehren stellte der vom Börsenverein der deutschen Buchhändler 1893 ernannte außerordentliche Ausschuß für Revision der Urheberrechtsgesetze; und der nämliche Ausschuß hat noch im Oktober 1899 bei seiner Berathung des neuen Entwurfs die Zulässigkeit der Bestrafung des fahrlässigen Nachdrucks warm befürwortet. Mitteis hat den § 51 des österreichischen Gesetzes schon vor 2 Jahren mißbilligt; ebenso bezeichnet ihn nun Schuster als unzureichend. Die gleiche Anschauung theilt auch das dem Juristentage von Herrn Geheimen Regierungsrath Dr. Daude in Berlin erstattete Gutachten. Ich freue mich, daß ich mich der Antwort, die das Gutachten auf unsere Frage giebt, und auch dem größten Theile seiner Begründung anschließen kann. Doch gilt das allerdings nicht von seiner ganzen Argumentation.

Vor Allem muß ich der Behauptung entgegentreten, das österreichische Gesetz von 1895 habe „in Anlehnung an das ältere österreichische Nachdrucksrecht die Fahrlässigkeit straflos gelassen“. Wie ich schon im Beginn meines Berichtes bemerkte, forderte das frühere österreichische Recht den Dolus nur zur Strafbarkeit der Mitwirkung zur Ausführung der Nachbildung und bei dem Handel mit den nachgebildeten Erzeugnissen; die unbefugte Nachbildung selbst aber und die Veranstaltung derselben waren auch im Falle der Fahrlässigkeit strafbar. Daran hat die Theorie nie gezweifelt, und ebenso die Praxis ohne Schwanken festgehalten, wie es denn auch im Gesetze ganz bestimmt ausgesprochen war.

Ebensowenig kann ich zustimmen, wenn das Gutachten behauptet, man habe „sich in Oesterreich offenbar von der Auffassung, daß das Urheberrecht im Resultat doch ein Vermögensrecht sei, noch nicht genügend loslösen können". Das Gutachten selbst führt eine Stelle aus den erläuternden Bemerkungen zur Regierungsvorlage und eine Stelle aus der Rede des Berichterstatters Exner an, in denen das höchstpersönliche Element im Urheberrecht ganz präcis anerkannt ist: Exner nennt das Product des Autors geradezu „im geistigen Sinne unser Kind, ein Stück von uns selbst" — und der Rechtssätze, in denen dieses Element im österreichischen Gesetze und noch mehr in den Beschlüssen des Herrenhauses in einer bis dahin nie dagewesenen Schärfe zur Geltung gelangt ist, habe ich ja schon früher gedacht. Vielleicht ist es gerade der Ueberspannung des persönlichen Elementes zuzuschreiben, daß das österreichische Gesetz nur den dolosen Eingriff straft. Zweifellos wird eine dolos zugefügte Beschädigung von dem Betroffenen schwerer empfunden, als eine fahrlässige. Dem culposen Beschädiger sagt der Beschädigte vielleicht mit lächelndem Gesicht, es habe nichts zu bedeuten — gegen den dolosen Beschädiger braucht er voll Empörung sein Hausrecht oder fordert ihn vor die Mündung der Pistole. Dieser Unterschied ist darin begründet, daß der Beschädigte in dem Dolus des Verletzers einen Stachel findet, der sich wesentlich gegen seine Person richtet. In diesem Sinne hat Windscheid, und ähnlich ein Jahrhundert vor ihm Weber gesagt, es liege in jeder bewußten Rechtsverletzung eine Injurie; darum hat Neustetel in dem Nachdruck, obwohl er in gewissem Sinne als Ausdruck hoher Werthschätzung des nachgedruckten Werkes angesehen werden kann, eine Injurie erblickt, eben weil er eine Negation der Rechtsfähigkeit des Verletzten enthält; in gleichem Sinne bin ich dafür eingetreten, daß die im § 1323 des österreichischen B.G.Bs. erwähnte Genugthuung, wo sie auch die Tilgung der verursachten Beleidigung zu umfassen hat, eine Satisfaction sein will, die nur auf Fälle doloser Verletzungen berechnet ist. Meines Erachtens hängt es mit solchen Erwägungen zusammen, daß das österreichische Gesetz nur den wissentlichen Eingriff in das Urheberrecht mit Strafe bedroht. Allein so gewiß die Frivolität die Beleidigung erschwert, — eine Verletzung des Vermögens wie der Person, eine Beeinträchtigung des Urhebers in der Bethätigung seines freien Willens, in der Verfügung über das Product seines schaffenden Geistes ist die Urheberrechtsverletzung auch dann, wenn sie fahrlässig verübt wurde. Diesem Unterschiede würde man aber schon dadurch gerecht, wenn die Strafe bei fahrlässiger Begehung des Delicts milder bemessen würde.

Stellen wir nun zunächst die Tragweite der durch das neue österreichische Gesetz vor sich gegangenen Aenderung des Rechtes fest. Das ältere Recht strafte grundsätzlich auch den fahrlässigen Eingriff; das jetzige straft nur den, der „wissentlich einen Eingriff in ein Urheberrecht begeht, oder wissentlich Erzeugnisse eines solchen Eingriffs entgeltlich verbreitet." Das Wort „wissentlich" wurde an die Stelle des im Regierungsentwurf enthaltenen Wortes „vorsätzlich" gesetzt, um den Strafrichter aufmerksam zu machen, „daß zum Thatbestand des Eingriffsvergehens das Wissen des Thäters um das Vorhandensein eines fremden Urheberrechtes erforderlich sei, daher es nicht genügt, wenn derselbe, sei es auch vorsätzlich, eine Handlung vornimmt, die sich objectiv als ein Eingriff darstellt". So wörtlich die Commission des Herrenhauses, mit welcher die des Abgeordnetenhauses einverstanden war; in den Plenarversammlungen beider Häuser kam diese Frage nicht zur Erörterung.

Das Gesetz stellt also das positive Erforderniß des Wissens von der Widerrechtlichkeit auf. Daraus zieht Mitteis den Schluß, daß der dolus eventualis hier keine Anwendung finden dürfe.

Anders der österreichische Cassationshof, indem er nicht festhält an dem Erforderniß des wirklichen Wissens. Ein Erkenntniß vom 13. Mai 1898 (Nowak XVII Nr. 2211) erklärt: „Der Thäter muß . . entweder wissen, daß ein Urheberrecht thatsächlich bestehe und daß er die Verfügung ohne Zustimmung der berechtigten Person treffe, oder er muß zum Mindesten den Nachdruck, obwohl er über den Bestand des Urheberrechtes im Zweifel ist, auf die Gefahr hin, daß ein solches bestehe, unternehmen." In einem zweiten Erkenntniß vom 14. Oktober 1898 (Nowak N. F. I Nr. 2277) heißt es: „Wie sich aus dem Zwecke der Strafnorm des § 51 (und anderen Gesetzen) ergiebt, liegt Wissentlichkeit des Eingriffs nicht nur dann vor, wenn der Thäter überzeugt ist, daß er durch sein Thun die Rechte eines Anderen verletzt, sondern auch dann, wenn er nur auf die Gefahr hin handelt, daß sein Thun eine Verletzung fremder Rechte in sich schließe, diese Rechtsverletzung aber mit in den Kauf nimmt, — somit angenommen werden kann, daß ihn auch die Gewißheit derselben von der Delictshandlung nicht abgehalten hätte." Ganz ebenso wurde auch bei Verletzung des Markenrechtes erkannt (Nowak XII Nr. 1454, Erkenntniß vom 30. Mai 1891). Es ist dieselbe Auffassung, die auch van Calker billigt; denn wenn er für nöthig erklärt, daß der Gefahr entgegengetreten werde, daß der dolus eventualis auf einem neuen Gebiete Triumphe feiere, so wendet er sich doch nur gegen die Verwendung dieses Begriffs zum Zwecke der Aufstellung einer Vorsatzpräsumtion.

Die Verwendung des dolus eventualis ist allerdings geeignet, eine Reihe von Fällen der Bestrafung zuzuführen, deren Straflosigkeit das Rechtsgefühl gröblich verletzen würde. Hält man fest an dem Erfordernisse des wirklichen Wissens, so bleibt, wie Mitteis richtig hervorhebt, der Verleger straflos, der ein ursprünglich anonym erschienenes, später aber durch Eintragung des Autornamens in das Register alethonym gewordenes Werk schon im 31. Jahre nach dem Erscheinen abgedruckt hat, und sich darauf beruft, er habe diese Eintragung übersehen oder von der Einführung des Registers keine Kenntniß gehabt, wofern man ihm die Unrichtigkeit seiner Ausflucht nicht nachweisen kann. Genügt dagegen dolus eventualis, so wird damit in diesen wie in zahlreichen ähnlichen Fällen dem verhüllten Dolus die Maske vom Gesicht gerissen, bloßen Vorwänden, hinter denen sich, wie schon das sächsische Mandat vom 18. Februar 1773 erzählt, der Vorsatz gerne verschanzte, die Glaubwürdigkeit versagt; — allein damit läuft man denn doch wieder Gefahr, die bloße Fahrlässigkeit zu strafen, obwohl das Gesetz nur den Vorsatz mit Strafe bedrohen will.

Viel bedenklicher aber bleibt, daß sich wichtige Fälle ergeben, die, sobald das Gesetz nur die Vorsätzlichkeit straft, straflos ausgehen müssen. So bleibt straflos:

1. die fahrlässige Veranlassung einer vorsätzlichen Veranstaltung des Nachdrucks, weil nach dem R.St.G.B. die strafbare Anstiftung Vorsatz des Anstifters voraussetzt;

2. die vorsätzliche Veranlassung einer fahrlässigen Nachdrucks-Veranstaltung, weil die strafbare Anstiftung eine verbrecherische Handlung des Angestifteten voraussetzt, fahrlässiger Nachdruck aber eben nicht als Vergehen erscheinen würde; es bliebe aber auch straflos

3. der vorsätzliche Veranlasser der Veranstaltung des Nachdrucks, wenn der Veranstalter wegen eines in seiner Person vorhandenen Schuldausschließungsgrundes (z. B. wegen Irrthums) straflos bleibt, — weil die accessorische Natur der Anstiftung einen schuldhaften Thäter voraussetzt.

Selbst solche Juristen, die einverstanden sind mit dem Fallenlassen der Strafbarkeit fahrlässiger Urheberrechtsverletzungen, haben sich einiger Bedenken gegen diese Consequenzen nicht erwehren können. Zwar mit den zwei ersten Entscheidungen ist van Calker einverstanden, weil sie den allgemeinen Strafrechtsgrundsätzen entsprechen. Daß aber die Straflosigkeit des dritten Falles Bedenken erregen könne, das giebt auch er zu; nur setzt er sich darüber hinweg, indem er glaubt, bedeutsame Fälle dieser Art könnten nicht vorkommen, da der Anstifter wohl immer als unmittelbarer Thäter werde zur Strafe gezogen werden können. Birkmeyer aber findet es zweifelhaft, ob diese drei Ergebnisse, insbesondere das dritte, wirklich gewollt seien, und ob, wenn dies der Fall sei, diese Rechtsveränderung zu billigen sei, wie er denn auch der Meinung ist, daß in dem Falle sub 3 eine unmittelbare Thäterschaft durchaus nicht immer zu konstruiren sein werde.

Auch auf eine zweite Meinungsverschiedenheit der eben genannten Schriftsteller möchte ich aufmerksam machen, mit der zugleich ein bisher nicht berührter Satz des österreichischen Gesetzes zu erörtern ist. Der neue deutsche Entwurf nennt sieben Vergehen gegen das Urheberrecht; bei sechsen derselben bezeichnet er ausdrücklich die Vorsätzlichkeit als Thatbestandsmerkmal. Nur bei einem, der Unterlassung der Quellenangabe (§ 46 d. E.), das bisher, auch wenn nur fahrlässig begangen, strafbar ist, ist es zwar nicht ausdrücklich gesagt, gleichwohl aber selbstverständlich, daß der Entwurf Vorsätzlichkeit fordert, da er die That als Vergehen qualificirt. Daß dem also sei, nimmt auch Birkmeyer an, findet es aber fraglich, ob die Beschränkung der Strafbarkeit auf den Fall der Vorsätzlichkeit zu billigen sei. Denn „das Delict hat — wie er sagt — mehr den Charakter einer strafbaren Ordnungswidrigkeit, als eines Criminalunrechts", eine solche Ordnungswidrigkeit aber sei strafwürdig, auch wenn sie nur auf Fahrlässigkeit beruhe. Ganz anders van Calker; er wünscht, daß das Gesetz auch hier ausdrücklich sage, daß Strafe nur bei vorsätzlicher Begehung einzutreten habe. In diesem Falle liege eine erhebliche Verletzung des Urheberrechtes vor. Wo dagegen die Quellenangabe nur fahrlässig unterblieben sei, da könne das doch nicht viel höher, denn eine zwar tadels-, aber doch nicht strafwürdige Nachlässigkeit bewerthet werden. Mir erscheint die von van Calker gewünschte Behandlung zwar als die consequentere, aber sie führt unvermeidlich zu dem Ergebniß, daß Unterlassung der Quellenangabe meist unbestraft bleibt. Dieses unbefriedigende Ergebniß vermeidet das österreichische Gesetz, indem es zweifellos auch die Fahrlässigkeit bestraft. Allein wenn hiernach in diesem Falle eine verhältnißmäßig geringfügige fahrlässige Ordnungswidrigkeit strafbar ist, so drängt sich umsomehr die Frage auf, warum die empfindlichsten anderen Eingriffe in das Urheberrecht, wofern sie nur nicht wissentlich vorgenommen werden, unbestraft bleiben? Ob die gegenüber den Grundsätzen des österreichischen bürgerlichen Gesetzbuchs verschärfte civilrechtliche Ersatzpflicht die strafrechtliche Verantwortlichkeit zu ersetzen vermag, bleibt auch hier fraglich. Die Verschärfung besteht nämlich darin, daß hier die Schwere des Verschuldens keine Bedeutung für den Umfang der Ersatzpflicht hat. Auch dem durch einen nur fahrlässigen Eingriff in sein Urheberrecht Verletzten wird nicht nur positiver und negativer Vermögensschaden vergütet, sondern es kann ihm noch überdies eine Entschädigung für erlittene Kränkungen und anderweitige persönliche Nachteile nach freiem Ermessen des Civilrichters zugebilligt werden, und selbst der ohne alles Verschulden Eingreifende wird zur Herausgabe der erlangten Bereicherung angehalten. Ich verkenne durchaus nicht, daß darin eine Verbesserung des früheren Rechtszustandes gelegen ist — eine Verbesserung auch gegenüber der in der Regierungsvorlage beantragten Einführung des Institutes der Buße, die nur der Strafrichter hätte verhängen können, die also nur bei einem strafbaren Eingriff zulässig gewesen wäre. Gleichwohl halte ich es für richtiger, auch fahrlässige Eingriffe in das Urheberrecht grundsätzlich nicht frei zu sprechen von der strafrechtlichen Sühne.

Vor Allem sollte — auch unser Gutachten hebt das hervor — die theoretische Berechtigung dieses Standpunktes nicht in Zweifel gezogen werden. Ist es auch richtig, daß die allgemeine Strafgesetzgebung culpose Delicte gegen das Vermögen in der Regel nicht mit Strafe bedroht, sondern dies nur unter besonderen Voraussetzungen, namentlich dann thut, wenn sie eine gemeine Gefahr mit sich bringen, so kann doch hieraus ein Schluß auf die Urheberrechtsdelicte nicht gezogen werden. Diese richten sich nicht nur gegen das Vermögen, sondern in erster Linie gegen die Person. Diese ist aber auch strafrechtlich nicht nur gegen vorsätzliche Angriffe geschützt. Wenn die culpose Verletzung des menschlichen Körpers der strafrechtlichen Ahndung unterliegt, warum sollte das Gleiche nicht auch gelten von nicht körperlichen Seiten der Persönlichkeit? Und daß ein Eingriff in das Urheberrecht meist zugleich auch eine Vermögensverletzung ist, kann daran nichts ändern, daß er immer eine Verletzung der Person ist. Dies rechtfertigt keineswegs die Versagung des Strafschutzes, postulirt vielmehr neben ihm noch den civilrechtlichen Schutz.

Man hat aber insbesondere eine Inconsequenz darin erblicken zu müssen gemeint, daß das heute in Deutschland geltende Recht Patenteingriffe und Verletzungen des Gebrauchsmusterrechts nur dann bestraft, wenn der Thäter wissentlich widerrechtlich gehandelt hat, während Urheberrechtsverletzungen betreffend Schriftwerke, Werke der bildenden Kunst, Photographie, Muster und Modelle auch schon wegen fahrlässiger Begehung der Strafe unterliegen. Allein es ist mehr als fraglich, ob dieser Vorwurf begründet ist. Zunächst kommt in Betracht, daß das Patentgesetz und das Gesetz über den Schutz der Gebrauchsmuster viel neuer, die anderen hierher gehörenden Gesetze erheblich älter sind: die erstgenannten stammen schon aus jener Zeit, in der die gegen die Criminalisirung gerichtete Tendenz, deren Berechtigung eben in Frage steht, mächtiger geworden war. Zum anderen aber führt unser Gutachten treffend aus, daß beim Patent wie beim Gebrauchsmuster die individualrechtliche Seite zurück, die wirtschaftliche Verwerthung in den Vordergrund tritt, während das Schriftwerk, das Bild auch nach seiner Veröffentlichung seinen individuellen Charakter behält. Zudem heben schon die Motive des Patentgesetzentwurfs hervor, daß man den gewerblichen Verkehr vor der Unsicherheit schützen müsse, der er ausgesetzt wäre, wenn das Publikum über den Inhalt und die Tragweite der Patente sich jederzeit in Kenntniß erhalten müßte — eine Rücksicht, der ja auch das Reichsgesetz von 1870 insoweit Rechnung trägt, als eine Bestrafung wegen Verbreitung von Nachdrucken und wegen Beihilfe nur dann eintritt, wenn der Thäter vorsätzlich gehandelt hat. Denn der Sortimenter kann bei der überreichen Ausstattung des Büchermarktes nicht mit Sicherheit erfahren, ob ein Werk Nachdruck eines anderen sei. Hätte man diese Rücksicht auf den Verkehr nicht walten lassen wollen, so würde die Fahrlässigkeit wohl noch in weiterem Umfange zur Strafe gezogen worden sein.

Nicht minder sprechen auch praktische Erwägungen für das Festhalten an dem derzeit geltenden deutschen Rechte. Das Gutachten rührt von einem Manne her, der als Staatsanwalt und Mitglied des preußischen Sachverständigenvereins überaus reiche Erfahrung auf diesem Gebiete hat. Er aber bezeugt, daß das geltende Recht in der deutschen Praxis zu irgend welchen Bedenken keine Veranlassung gegeben hat. Das Gleiche glaube ich auch von den Erfahrungen behaupten zu dürfen, die man in Oesterreich in jener Zeit gemacht hat, da fahrlässige Eingriffe strafbar waren. Die unter Glaser's Namen erschienene Sammlung strafrechtlicher Entscheidungen verzeichnet in den Jahren 1850—1871 nicht ein einziges im strafrechtlichen Verfahren erflossenes Erkenntniß des Obersten Gerichtshofs in Nachdruckssachen und auch in der späteren Zeit sind Erkenntnisse dieser Art durchaus nicht zahlreich. Gleichwohl wird Niemand glauben, daß fahrlässige Eingriffe in das Urheberrecht eine Seltenheit seien. Allein die im Gesetze an die Fahrlässigkeit geknüpfte Strafdrohung hat nicht nur die Wirkung, die Betheiligten zu erhöhter Aufmerksamkeit, also zur Vermeidung fahrlässiger Verletzungen anzuspornen, sie veranlaßt auch den Verletzer, der Ehre im

Leibe hat, wenn der Eingriff nicht vermieden wurde, dem Verletzten einen annehmbaren Vergleich anzubieten, also sein Versehen wieder gut zu machen, ohne es auf einen Richterspruch ankommen zu lassen. Man sage nicht, es sei eine unzulässige Anomalie, daß selbst eine fahrlässige Vertragsverletzung gestraft werde, die doch ihre ausreichende Sühne durch den Schadenersatz finde. M. E. steht dieser Fall durchaus nicht auf gleicher Linie mit anderen Vertragsverletzungen: Wenn ich Jemandem 1000 Stämme aus meinem Walde verkauft habe, er aber unachtsamer Weise 1200 schlägt und abführt, so genügen meine Augen, die Verletzung meines Rechtes wahrzunehmen. Wenn aber der Verleger, dem ich 1000 Exemplare zu drucken gestattet habe, doppelt so viele druckt, so ist es zwar nicht undenkbar — ich selbst habe einen ähnlichen Fall erlebt — daß der Verleger dem Autor den nicht beabsichtigten Eingriff mittheilt und die Honorardifferenz nachzahlt; aber der Autor wird auf ein solches Verhalten nicht rechnen dürfen, vielmehr wird er in der Regel von dem Eingriff keine Kenntniß erhalten. Die Natur des Verhältnisses bringt es mit sich, daß der Verfasser dem Verleger und seiner Gewissenhaftigkeit volles Vertrauen schenken muß. Um so mehr ist es in der Ordnung, daß dieses Vertrauensverhältniß auch des Strafschutzes nicht entbehre, daß also der Verfasser, wenn er die Vertragsverletzung, sei sie auch nur eine fahrlässige, erfährt, nicht nur auf die Entschädigungsklage gewiesen sei. Zudem: Wie oft ist es denn glaublich, daß der Eingriff nur ein fahrlässiger war? Gleichwohl zeigt die Erfahrung, daß der Nachdrucker seinen dolus fast immer leugnet; bald schützt er Irrthum über die Zeit des ersten Erscheinens des Werkes oder über den Zeitpunkt des Todes des Autors vor, bald Zweideutigkeit des Vertrages, bald Rechtsirrthum u. s. w., und doch kann nicht zweifelhaft sein, daß man von ihm fordern kann, daß er mit der Sorgfalt eines umsichtigen Geschäftsmannes vorgehe, die er auf das Gröblichste verleugnet haben kann, auch wo ihm keine Vorsätzlichkeit, kein wissentliches Eingreifen nachgewiesen werden kann. Straft man auch Fahrlässigkeit, so schneidet man damit eine schwere Menge von Exculpationen ab, die — tausend gegen eins — durchaus unbegründet sind. Besteht man auf dem Nachweis des dolus, so bleibt in vielen Fällen, wo der Beschuldigte bei pflichtmäßiger Aufmerksamkeit das verletzte Recht schlechthin nicht hätte übersehen können, das Unrecht ungesühnt, denn gerade gegen den gewerbsmäßigen Nachdrucker versagt auch die Civilklage den Dienst, da er oft genug insolvent ist.

Dagegen wird aber heut lebhaft eingewendet: für richtig erkannte materielle Rechtssätze dürften wegen etwa drohender Beweisschwierigkeiten nie aufgegeben werden; entspreche es der ratio juris, daß nur der dolus bestraft werde, so dürfe die Fahrlässigkeit nicht auch bestraft werden lediglich um deswillen, weil sie leichter nachzuweisen sei, als der dolus. Thue man das gleichwohl bei den Eingriffen in das Urheberrecht, so könnte man das Nämliche mit gleich gutem Recht auch bei allen anderen bisher nur im Falle der Vorsätzlichkeit strafbaren Delicten thun.

Das zuletzt genannte Argument findet sich merkwürdigerweise gerade bei einem Schriftsteller, der im übrigen unausgesetzt bemüht ist, die eigenthümliche Natur der Urheberrechtsdelicte nach den verschiedensten Seiten zur Geltung zu bringen. Wenn es sich aber um die Voraussetzungen ihrer Strafbarkeit handelt, dann verschwinden alle ihre Eigenthümlichkeiten — dann sollen nur die allgemeinen Strafrechtsgrundsätze gelten ohne Rücksicht darauf, ob die Natur dieser Delicte nicht einen strengeren Strafschutz erheische.

Und doch hat schon bei der Berathung des Gesetzes von 1870 der Abgeordnete Bähr hervorgehoben, wie sehr der Grundsatz lata culpa plane dolo comparabitur die Rechtsordnung durchziehe. Es ist in der That gar nicht selten, daß die Rechtsordnung von einer im allgemeinen für richtig befundenen Regel aus praktischen Gründen abweicht. Nach den Grundsätzen des jus civile haftete der Verkäufer für dicta promissa und für dolos verschwiegene Mängel; es mußte also im letzteren Falle der Käufer den dolus beweisen. Als aber der Marktverkehr lebhafter wurde, befahl das Aedilenedict dem Verkäufer, er habe dem Käufer die nicht in die Augen fallenden Mängel offen zu pronuntiiren. Der § 911 des österr. B.G.B. bestimmt: „Wer nicht durch bloßen Zufall, sondern durch sein Verschulden an der Erfüllung des Vertrages verhindert wird, muß ebenfalls das Reugeld entrichten." M. E. will dieser Rechtssatz nach seiner eigentlichen Bestimmung nur dem dolus entgegentreten. Das Reugeld ist ja nach seiner Natur nur dann zu bezahlen, wenn derjenige, der es versprochen hat, freiwillkührlich von dem Vertrage zurücktritt — mit dem Reugeld erkauft er ja eben das ihm sonst nicht zustehende Rücktrittsrecht. Soll nun aber, wenn dieser sich die Erfüllung des Vertrages selbst unmöglich gemacht hat, der andere Contrahent beweisen müssen, daß dies in der Absicht geschehen sei, die Vertragserfüllung zu eludiren und das Reugeld trotzdem zu ersparen? Nein! sagt die Rechtsordnung; weil der Beweis des dolus hier so schwer ist, daß man ihn billigerweise nicht verlangen kann, soll schon der Beweis eines Verschuldens genügen. Die Practicabilität des, wenn auch nur auf Bekämpfung des dolus zielenden, Rechtssatzes verlangt die Gleichstellung der Fahrlässigkeit mit dem Vorsatz.

Ich meine, daß es auch bei den Delicten gegen das Urheberrecht nicht wesentlich anders ist. Selbst wenn die Absicht der Gesetzgebung nur die wäre, das Urheberrecht gegen vorsätzliche Eingriffe zu schützen, würde sie ihren Zweck nur dann genügend erreichen, wenn sie, soweit an dem bisher geltenden Rechte festhaltend, auch den fahrlässigen Eingriff mit Strafe bedroht.

(Lebhafter Beifall.)

Mitberichterstatter Dr. **Osterrieth** (Berlin): M. H.! Nach den vortrefflichen Ausführungen des Herrn Referenten kann ich mich auf wenige Worte beschränken. Ich gedenke nur einige Punkte mit Rücksicht auf unseren deutschen Gesetzentwurf besonders hervorzuheben.

Nach geltendem Recht wird sowohl der vorsätzliche, als der fahrlässige Nachdruck unter Strafe gestellt. Die Neuerung des Entwurfs beruht auf folgenden Erwägungen, die ich aus den Motiven vorlese; es sind nur wenige Worte:

> „Um so weniger kann es andererseits zu Bedenken Anlaß geben, wenn der Entwurf die rein fahrlässigen Verletzungen des Urheberrechts aus dem Kreise der strafbaren Handlungen ausscheidet. Gewöhnlich steht hier in Frage, ob der Beschuldigte die gebotenen Erkundigungen in thatsächlicher Hinsicht, beispielsweise über die Person, die Staatsangehörigkeit, das Todesjahr des Verfassers, das Verfügungsrecht eines etwaigen Rechtsnachfolgers, eingezogen hat. Eine Bestrafung derartiger Fahrlässigkeit unter solchen Umständen widerspricht den sonst für die Verletzung fremder Vermögensrechte geltenden Vorschriften, führt nicht selten zu Härten und ist jedenfalls geeignet, leichtfertige Strafanzeigen zu befördern. Sie ist aber auch zu einem wirksamen Schutz des Urhebers nicht erforderlich, wie namentlich die Erfahrung in auswärtigen Staaten beweist, deren Gesetzgebung jetzt schon auf den Boden des Entwurfs steht."

Was zunächst die auswärtigen Staaten betrifft, so hat Herr Prof. Pfaff schon darauf hingewiesen, daß in einigen derselben Fahrlässigkeit ausdrücklich verfolgt wird, wie in Norwegen und Schweden, daß in anderen, wie in Belgien und Holland, die Fahrlässigkeit nicht bestraft wird, daß nach englischem Recht zur Strafbarkeit der Veranstaltung des Nachdrucks Vorsatz nicht erfordert wird und daß in Frankreich und Italien die Frage zweifelhaft ist. Ich füge gleich noch hinzu, daß in Frankreich die Frage, ob fahrlässiger Nachdruck strafbar ist, überhaupt nicht in dieser Form von dem Richter entschieden worden ist. Es handelte sich dort nur darum, ob die Feststellung des Dolus nothwendig ist oder ob eine Verurtheilung auch ohne dieselbe erfolgen kann. Eine Unterscheidung zwischen vorsätzlichem und fahrlässigem Handeln steht deswegen nicht in Frage, weil die Fälle fahrlässigen Handelns durch den Eventualdolus gedeckt werden.

Es ist hiernach nicht unbedingt richtig, wenn sich die Motive darauf berufen, daß die Erfahrungen in auswärtigen Staaten beweisen, daß zur Einführung eines wirksamen gesetzlichen Schutzes der Urheberrechte die Bestrafung der Fahrlässigkeit nicht erforderlich sei.

Es ist von Herrn Geheimrath Daube geltend gemacht worden, daß bei uns keine schlechten Erfahrungen mit dem geltenden Rechte gemacht worden sind. Ich möchte dies meinerseits auch bestätigen, wie es von Seiten des Herrn Prof. Pfaff geschehen ist. Demgemäß haben sich auch diejenigen Kreise der Praxis, die die Wirkungen des Gesetzes persönlich zu erfahren Gelegenheit haben, alle gegen den neuen Entwurf ausgesprochen, so von Schriftstellervereinigungen die Association littéraire et artistique internationale, der Verein Berliner Presse, der Deutsche Schriftstellerverband, die Genossenschaft deutscher Componisten, die einstimmig die Wiederherstellung des früheren gesetzlichen Zustandes verlangt haben; ebenso die Buchhändler in der Eingabe des Börsenvereins der deutschen Buchhändler.

Es sind also wesentlich theoretische Erwägungen, die den Verfasser des Entwurfes dahin geführt haben, die Strafbarkeit der Fahrlässigkeit zu beseitigen, und gegen einige dieser theoretischen Erwägungen möchte ich Stellung nehmen.

Man beruft sich wesentlich darauf, daß im Allgemeinen bei Eigenthumsvergehen die Fahrlässigkeit nicht unter Strafe gestellt sei; es wird nun verlangt, daß das analoge Delict des Nachdruckes mit den gemeinen Eigenthumsvergehen auf eine Stufe gestellt werde. M. H., wie von Herrn Geheimrath Dr. Daube und von dem Herrn Referenten überzeugend nachgewiesen wurde, ist der Nachdruck kein reines Eigenthumsvergehen, sondern ein eigenartiges Delict, bei dem ebensowohl oder noch mehr persönliche Momente in Rücksicht zu ziehen sind, als wirthschaftliche. Ich will darauf nicht zurückkommen. Ich möchte aber noch darauf hinweisen, daß, auch abgesehen von diesen persönlichen Momenten noch ein weiterer Unterschied zwischen dem Nachdrucksvergehen nach dem Entwurf und den gemeinen Vermögensdelikten besteht. Bei letzteren ist in den verurtheilenden Erkenntnissen eine ausdrückliche Feststellung des Vorsatzes nicht nothwendig, da der Vorsatz bezüglich der gesammten strafbaren Handlung nicht als Thatbestandsmerkmal erfordert wird. Anders steht es mit dem Nachdrucke nach dem Entwurfe. Es würde in Zukunft in einem verurtheilenden Erkenntniß die Feststellung erforderlich sein, daß das Vorhandensein des Vorsatzes als nachgewiesen zu erachten ist. Es besteht also ein Unterschied bezüglich der thatsächlichen Feststellungen und bei der eine Erschwerung der Verfolgung des Nachdrucks mit sich bringt. Es fragt sich, ob es daher nicht zweckmäßiger wäre, nicht nur das Erforderniß der Fahrlässigkeit, sondern auch das Erforderniß des Vorsatzes gänzlich aus dem Thatbestande des Nachdrucksvergehens zu streichen und, dem Vorgehen Frankreichs folgend, für die Bestrafung des Nachdruckes nur allgemein den strafrechtlichen Dolus zu verlangen. Indessen würde ich das nicht für richtig halten, und zwar, weil zwischen den thatsächlichen Voraussetzungen der Eigenthumsvergehen, denen der Nachdruck am nächsten steht, z. B. des Diebstahls, und dem Nachdruck ein erheblicher thatsächlicher Unterschied besteht. Die beweglichen Sachen, auf die sich der Diebstahl erstreckt, sind in der Regel alle im commercium. Es genügt zur Strafbarkeit der Wegnahme einer beweglichen Sache, daß sie dem Thäter „fremd" war, ohne Rücksicht auf die Person und den Rechtstitel des Eigenthümers. Anders beim Nachdrucke: die große Masse der Werke ist frei, nur ein kleiner Procentsatz ist Gegenstand ausschließlichen Rechtes; daher ist der Nachdruck eines fremden Werkes, nicht ohne Weiteres ein rechtswidriges Aneignen einer fremden Sache, sondern er kann ebensowohl die Aneignung einer im Allgemeinbesitze befindlichen Sache darstellen. Zum Thatbestand des Nachdrucks gehört das Bestehen des Urheberrechts einer bestimmten Person. Hieraus erklärt sich auch, daß der Nachdruck nur auf Antrag verfolgt wird. Es ist daher gerechtfertigt, die subjektiven Thatbestandsmomente des strafbaren Nachdrucks gegenüber denen der gemeinen Vermögensdelicte zu verschärfen.

Ist es hiernach zu billigen, daß das Erforderniß des Vorsatzes ausdrücklich in den Thatbestand des strafbaren Nachdrucks aufgenommen wird, so ist es aber auch unbedingt nothwendig, die Fahrlässigkeit unter Strafe zu stellen. Wenn wir die Vergehen des Strafgesetzbuchs ins Auge fassen, die auch bei fahrlässigem Handeln strafbar sind, so können wir zwei Gruppen unterscheiden: Erstens, eine fahrlässige Handlung wird unter Strafe gestellt, wenn sie an sich rechts- oder sittenwidrig ist und ihre vom Thäter nicht bewußt gewollte Wirkung einen strafbaren Thatbestand darstellt, so z. B. bei fahrlässiger Verursachung des Todes, bei Körperverletzung u. s. w., oder zweitens, wenn eine pflichtgemäße Vorsicht außer Acht gelassen ist, welche die Rücksicht auf das allgemeine Wohl erfordert, z. B. bei dem Falscheide. Wenn wir nun unter diesem Gesichtspunkte die Handlung betrachten, die als Nachdruck in Frage kommt, so ist es klar, daß der Druck eines fremden Werkes an und für sich noch keine rechtswidrige Handlung darstellt; daß er aber zum rechtswidrigen Handeln wird, wenn das Werk Gegenstand eines ausschließlichen Rechts eines Dritten ist. Wenn man ferner bedenkt, daß die Vervielfältigung eines Werkes keine einfache, ohne Ueberlegung mögliche Handlung ist, sondern immer ein Unternehmen darstellt, das geschäftliche Ueberlegung, Verhandlungen mit dem Drucker oder mit dem Geschäftspersonale voraussetzt, so kann man dem Nachdrucker wohl die Pflicht auferlegen, die die allgemeine Consequenz des Urheberrechts überhaupt ist, daß er, bevor er an dieses complicirte geschäftliche Unternehmen schreitet, sich auch versichert, ob er nicht in ein fremdes Recht eingreift. Während ein fahrlässiger Diebstahl kaum zu construiren ist, sind die Fälle, in denen ein Nachdrucker schuldhafter Weise versäumt, sich über die Zulässigkeit des beabsichtigten Nachdrucks zu vergewissern, sehr häufig.

Daß das Merkmal des Vorsatzes allein nicht ausreicht, beweisen auch die Erfahrungen des neuen österreichischen Gesetzes, über die der Herr Referent und auch Herr Prof. Dr. Schuster in einer Mittheilung der vorliegenden Nummer der Deutschen Juristenzeitung eingehend berichtet haben.

Es kommen hierzu noch praktische Erwägungen, die unbedingt gegen die neue Bestimmung des Entwurfs sprechen. Das Gesetz wird unwirksam, wenn der Vorsatz allein strafbar bleiben soll.

Zunächst ist zu bedenken, daß die Civilklage nicht ausreicht. Es ist eine psychologische Thatsache, mit der wir in Deutschland rechnen müssen, daß unser deutsches Publikum eine Civilklage an sich ungern anstrengt und viel eher geneigt ist, den Strafschutz in Anspruch zu nehmen. Man mag dies an sich beurtheilen, wie man will, jedenfalls ist mit dieser Erscheinung zu rechnen, die sich gegenüber den Erfahrungen anderer Länder, wie Frankreich und England, dadurch erklärt, daß der Beweis und die Specificirung eines Schadens vor deutschen Gerichten besondere Schwierigkeiten macht. Zudem schließen Urheberrechtsprocesse wegen der Schwierigkeit der thatsächlichen und rechtlichen Feststellung eines Nachdrucks häufig ein erhebliches Risiko in sich, das ein Verletzter einem zahlungsunfähigen Nachdrucker gegenüber vielfach nicht auf sich zu nehmen geneigt ist.

M. H., ich glaube daher, daß theoretische Erwägungen es nicht rechtfertigen, die Strafbarkeit der Fahrlässigkeit aus dem Gesetze zu streichen, und daß andererseits sehr erhebliche praktische Bedenken gegen diese Neuerung sprechen. Ich beantrage daher, in Uebereinstimmung mit dem Herrn Referenten, es für wünschenswerth zu erklären, die strafrechtliche Verfolgung der Verletzung des Urheberrechts nicht auf wissentliche Eingriffe einzuschränken.

Vorsitzender: Von Herrn Prof. Dr. Pfaff ist der Antrag gestellt:

Die Frage 7 ist rundweg zu verneinen.

Herr Dr. Osterrieth beantragt, es für wünschenswerth zu erklären, daß die strafrechtliche Verfolgung der Verletzung des Urheberrechts nicht auf wissentliche Eingriffe beschränkt werde. Die Anträge sagen sachlich dasselbe. Es dürfte sich daher empfehlen, der Abstimmung den Antrag des Herrn Dr. Osterrieth zu Grunde zu legen.

Inzwischen ist mir von Herrn Dr. Richard Alexander-Katz der Antrag überreicht worden:

Die Bestrafung der Verletzung des Urheberrechts ist auf die Fälle doloser Verletzung zu beschränken.

Rechtsanwalt Dr. **Rich. Alexander-Katz** (Berlin): M. H.! Es ist gewiß ein schweres Unterfangen, wenn ich die Vertheidigung des Antrages übernehme, da er sowohl den Ausführungen der beiden soeben gehörten Herren Referenten widerspricht, als auch dem Gutachten des Herrn Geh. Ober-Regierungsrathes Dr. Daude. Wenn ich es trotzdem wage, habe ich immer für mich einmal das in der Frage citirte österreichische Gesetz und zweitens den Entwurf unseres Autorschutzgesetzes, der doch auch auf Grund ernster Berathungen abgefaßt worden ist. Ich habe nicht vor, eingehend auf die Gründe zurückzukommen, die gegen eine Erweiterung der strafrechtlichen Normen im Allgemeinen existiren. Der Herr Referent hat, wie auch ich dankend anerkennen muß, auf alle Gründe, die für meine Meinung sprechen, ausreichend aufmerksam gemacht und sie klar vorgetragen.

Es bleibt mir nur übrig, auf einige praktische Gesichtspunkte aufmerksam zu machen, die nach meiner Meinung dem deutschen Entwurf den Vorzug geben vor der Entscheidung der Herren Referenten.

Da ist zunächst der Gesichtspunkt für mich maßgebend, daß es einer Einheitlichkeit unserer Autorschutzgesetzgebung hinsichtlich des materiellen Rechts bedarf, dessen bedarf, daß klare Rechtsgedanken hier einmal zum Ausdruck kommen, daß nicht eine gewisse Willkürlichkeit und Regellosigkeit in dem einen Gesetz diese, in dem andern jene Bestimmung zeitigt. In dieser Beziehung hat aber der erste Referent unsere Gesetzgebung nicht vollständig citirt. Er hat allerdings hervorgehoben, daß das Patentgesetz nur die wissentliche Verletzung des Rechts mit Strafe bedroht, und das Gleiche ist ja auch bekanntlich der Fall hinsichtlich des Gesetzes über den Gebrauchsmusterschutz, welches mit dem neuen Patentgesetz gleichzeitig entstanden ist. Er hat aber geglaubt, darauf aufmerksam machen zu sollen, daß bei dem Urheberschutz es in weit höherem Maße auf den Schutz der Persönlichkeitsrechte ankommt als bei dem Patentgesetz, und bei diesem Punkt hätte ihm doch nicht entgehen sollen, daß auch das deutsche Markenschutzgesetz ähnliche Bestimmungen enthält, und zwar nicht bloß für Verletzung der Marke, bei der man vielleicht annehmen kann, daß diese im Wesentlichen auch vermögensrechtlicher Art ist, — obwohl, wie Ihnen bekannt ist, die herrschende Lehre das Markenrecht dem Individualrecht zurechnet, während das Autorrecht zu dem Immaterialrecht gerechnet wird. Aber das Markenschutzgesetz umfaßt ja auch in seinem strafenden Theil, in seinen Strafbestimmungen, das Recht des Namens und das Recht der Firma, und da wird man doch kaum zweifelhaft sein können, daß das Namenrecht ganz hervorragend ein Persönlichkeitsrecht ist, und auch hier wird nur die Wissentlichkeit mit Strafe bedroht.

Nun, was für diese Art der Ordnung der Sache besonders spricht, sind nicht bloß theoretische Erwägungen, wie Herr Dr. Osterrieth gemeint hat, nein, es sind auch sehr bedenkliche praktische Folgen, die eintreten würden, wenn die Bestrafung des Nachdrucks bei bloßer Fahrlässigkeit erfolgen würde.

Es ist zunächst einmal zu berücksichtigen das wichtige Gebiet des Zeitungsverlags. Der Redacteur ist nicht im Stande, eine eingehende Prüfung vorzunehmen, ehe er sich für die Aufnahme eines Artikels entschließt. Das ergiebt sich aus der Natur des Zeitungsgeschäfts. Er muß daher mit einer oberflächlichen Beurtheilung der Sachlage sich in der Regel begnügen, und da wäre es doch bedenklich, den schon ohnehin sehr bedrohten Redacteur bei jeder Fahrlässigkeit noch mit strafrechtlichen Folgen zu bedrohen.

Ferner müssen wir denken an die vielen Fälle der Uebersetzungsliteratur. Sie wissen, daß die Uebersetzungsliteratur bei uns in Deutschland vielfach in den Händen von Damen liegt, von Damen, die das Recht nicht so kennen und auch nicht gewohnt sind, streng juristisch zu prüfen und zu wählen. Es wurde hier nebenher bemerkt, es habe niemals ein deutscher Buchhändler sich übel befunden bei dem bisherigen deutschen Recht, aber gerade in Bezug auf das Uebersetzungsrecht habe ich erst vor wenigen Tagen in den Tageszeitungen einen sehr beherzigenswerthen Aufsatz gelesen, der sich mit diesem Uebersetzungswesen beschäftigt. Die eine Dame giebt an, sie übersetze, weil sie für ihre Kinder den Unterhalt erwerben müsse, die andere thut es, um den Erwerb wohlthätigen Zwecken zuzuwenden, und so giebt es sehr viele verschämte Uebersetzerinnen, die sich mit dem Uebersetzen von Werken befassen, die

Uebersetzungen einem Verleger oder Zeitungsredacteur anbieten, ohne auch nur daran zu denken, daß sie ein ausländisches Produkt nacharbeiten, das geschützt ist. Nun, was macht der Verleger? Der Verleger hat selbstverständlich die Berufspflicht, nachzufragen, ob denn das Werk geschützt ist, das die betreffende Dame übersetzt hat, und dann bekommt er die Antwort, vielleicht doloser Weise: „Jawohl, ich habe die Erlaubniß der Uebersetzung“; dann ist auf Seiten der betreffenden Uebersetzerin zweifellos ein Dolus vorhanden. Aber bei dem Verleger, der sich auf die Angabe einer wissenschaftlich gebildeten Dame stützt, liegt nur Fahrlässigkeit vor, und da wollen Sie, m. H., eine solche Fahrlässigkeit nicht etwa bloß mit der Schadenersatzklage verfolgen lassen, sondern sogar bestrafen? Das, m. H., halte ich nicht für richtig.

Man sagt weiterhin — Herr Prof. Dr. Pfaff hat das erwähnt —, es sei bisher eine Erweiterung des Urheberschutzes vielfach verlangt worden, nicht eine Einschränkung. Nun, m. H., das kann auf unseren Fall nicht zutreffen. Die Erweiterung, die Herr Prof. Dr. Pfaff herbeigeführt wissen will, bezieht sich auf die civilistische Tragweite des Urheberrechts, keinesfalls auf die Frage, in welchen Fällen criminelle Bestrafung eintreten soll. Wir haben andere Erweiterungsvorschläge im Entwurf, die gewiß sehr beherzigenswerth sind, aber mit der Frage der Bestrafung der Fahrlässigkeit hat das nichts zu thun.

Der Herr Referent, Prof. Dr. Pfaff, hat schon erwähnt, daß die jetzige Rechtsprechung über den eventualen Dolus in ähnlicher Weise von dem deutschen Reichsgericht wie von dem obersten österreichischen Gerichtshof in seiner Praxis aufrecht erhalten wird, und er hat vorgetragen, wie die schwerwiegendsten Fälle, die er selbst der Fahrlässigkeit zumißt, auf diesem Wege bestraft werden. Er befürchtet, daß, wenn in dieser Weise weiter judicirt würde, man auf Umwegen zur Bestrafung der Fahrlässigkeit gelangen würde. Diese Befürchtung trifft nicht zu. Insbesondere ist das Beispiel nicht sehr glücklich gewählt, das Herr Prof. Dr. Pfaff angeführt hat. Er sprach von einem Verleger, welcher die doppelte Anzahl der Auflage druckt, die ihm gestattet war, und erwähnte, daß man diese Handlung nur dann straflos lassen solle, wenn er etwa hinterher dem Autor sein Versehen mittheile. Aber, m. H., in diesem Fall liegt zweifellos dolus vor. Der Verleger, der die doppelte Auflage druckt, wird doch wahrscheinlich wider besseres Wissen drucken, wenn er hinterher dem Autor die Ueberschreitung des Rechts nicht bekannt geben sollte. Sollte aber Fahrlässigkeit vorliegen, so ist doch ein solcher Fall ausreichend gedeckt dadurch, daß der Verleger nachträglich den Schaden ersetzt.

Ein wichtiger Grund dafür, daß ich mich gegen die Strafbarkeit der Fahrlässigkeit ausspreche, ist auch der, daß in der Schadenersatzpflicht, die zweifellos anerkannt wird, eine empfindliche Strafe bereits zu finden ist. Es handelt sich nicht nur um die Herausgabe des Vortheils, den der Verleger hat, sondern um den Ersatz des Schadens, den der Verfasser hat, und das ist, glaube ich, in der Regel der größere. Ich meine daher, es wird eine ausreichende Sühne geschaffen durch den Ersatz des Schadens.

Endlich hat der geehrte Herr Referent erwähnt, daß fast jeder Nachdrucker eine Ausrede ersinnt, immer will er es nicht gewesen sein, immer will er es nicht gewußt haben. Das ist aber ein gemeinschaftliches Merkmal aller Delicte; auch die Diebe sind oft nicht geständig, und trotzdem wird die Wegnahme eines fremden Gegenstandes nicht härter bestraft, weil sich der Dieb etwa irgendwie herausreden könnte.

Die Debatte wird geschlossen und es erhält das Schlußwort der

Berichterstatter, Prof. Dr. **Pfaff** (Wien): Ich möchte nur wenige Bemerkungen gegen dasjenige vorbringen, was Herr Dr. Alexander-Katz soeben ausgeführt hat.

Ich hatte den Fall des Namen- und Firmenrechts keineswegs übersehen, meines Erachtens gehört er nicht hierher. Dieses Recht hat mit dem Urheberrecht nichts zu thun, so gewiß es sich dabei auch um Persönlichkeitsmomente handelt. Man hat aber nur eine vermeintliche Inconsequenz in der Behandlung des Urheberrechts gerügt, wo denn selbstverständlich nur wirkliche Fälle des Urheberrechts herangezogen werden dürfen.

Was die Zeitungsredactionen anlangt, so ist es allerdings vollkommen richtig, daß der Zeitungsredacteur nicht so genau prüfen kann, wie der Bücherverleger; aber das wird auch der Richter bei der Inculpation ins Auge fassen, und wenn der Redacteur wirklich nicht in der Lage war, die Sachlage ausreichend zu prüfen, so wird ihm sein Verhalten nicht in dem Maße als Verschulden ausgelegt werden als dem Verleger, der in gleicher Weise vorgegangen ist.

Daß die Uebersetzungsliteratur vorwiegend von Damen gepflegt wird, kann doch die Rechtsordnung nicht zu einem neuen Senatus consultum Vellejanum bestimmen. Wir können diese Frage nicht entscheiden, wie in alter Zeit; das Recht kann die Unwissenheit der Damen nicht mehr so berücksichtigen, wie vor Jahrhunderten.

Ein anderes Argument des Herrn Dr. Alexander-Katz beruht, glaube ich, auf einem Mißverständniß. Ich hatte von der Erweiterung des Urheberrechtsschutzes nur darum gesprochen, weil ich betonen wollte, es sei eine Verengerung des Autorschutzes nach keiner Richtung hin gewollt. Man hätte sie auch in Rücksicht der Strafdrohung nicht eintreten lassen sollen, während sie im österreichischen Gesetz doch eingeführt ist.

Was speciell den einzelnen Fall anlangt, dessen ich gedachte, so lag gewiß höchstens Fahrlässigkeit vor. Statt 1000 Exemplaren, die der Verleger drucken durfte, waren 1500 gedruckt worden ohne sein Vorwissen. Er hatte den Auftrag gegeben an die Druckerei, hatte wahrscheinlich undeutlich geschrieben oder so etwas Aehnliches, kurz, die Druckerei verstand, es sollten 1500 Exemplare gedruckt werden und druckte diese. Dieser Verleger theilte sofort dem Autor mit, daß das geschehen sei und er weiter nichts zu thun habe, als das Honorar in Empfang zu nehmen und seine Zustimmung zu der Erhöhung der Auflage zu geben. Es ist selbstverständlich, daß in einem solchem Fall kein Schriftsteller einen Strafantrag stellt.

In der Abstimmung wird zunächst der Antrag des Rechtsanwalts Dr. Alexander-Katz (Berlin), dahin gehend:

> Der Juristentag wolle beschließen:
>
> Die Bestrafung der Verletzung des Urheberrechts ist auf die Fälle doloser Verletzung zu beschränken,

abgelehnt, sodann aber gegen 2 Stimmen der Antrag der beiden Referenten angenommen:

> Es empfiehlt sich nicht, die strafrechtliche Verfolgung der Verletzung des Urheberrechts nach dem Vorbild des österreichischen Gesetzes vom 26. December 1895 (§ 51) auf wissentliche Eingriffe einzuschränken.

Endlich wird beschlossen, daß die Angelegenheit dem Plenum lediglich zur Kenntnißnahme zu unterbreiten sei und Prof. Dr. Pfaff (Wien) die Berichterstattung zu übernehmen habe.

(Schluß: 11 Uhr 40 Minuten).

Erste Sitzung der dritten Abtheilung
am 11. September 1900.

(Beginn: Vormittags 10 1/4 Uhr.)

Auf Vorschlag des Herrn Ober-Landesgerichtspräsidenten Hamm (Köln) wird Herr Reichsgerichtsrath a. D. Stenglein durch Zuruf zum Vorsitzenden gewählt, auf dessen Vorschlag zum stellvertretenden Vorsitzenden Herr Oberreichsanwalt Dr. Olshausen (Leipzig), zu Schriftführern die Herren Prof. Dr. Hiller (Graz) und Rechtsanwalt Burgheimer (Minden).

Vorsitzender: An die dritte Abtheilung sind verwiesen drei Fragen: Erstens die dritte:

> Wie ist den Unzuträglichkeiten zu begegnen, welche die neuerdings hervorgetretenen Meinungsverschiedenheiten zwischen dem Reichsgericht und dem Preußischen Gerichtshofe für Competenzconflicte für die Rechtsverfolgung ergeben?

Dann die vierte:

> Bedarf es gesetzlicher Vorschriften darüber, unter welcher Voraussetzung ein Geisteskranker vor der Entmündigung in eine Anstalt gebracht und ein entmündigter Geisteskranker dort gegen seinen Willen festgehalten werden darf?

Endlich die achte:

> Wie ist im Strafprozeß der Gerichtsstand der begangenen That bezüglich der Vergehen der Presse zu regeln?

Die letzte Frage ist wohl die, die in die Strafabtheilung zunächst gehört, die beiden anderen Fragen sind mehr nur zur Aushülfe, damit die dritte Abtheilung genügendes Material zur Berathung hat, hierher verwiesen worden. Ich möchte Ihnen daher vorschlagen, die achte Frage, welche zur eigentlichen Competenz der dritten Abtheilung gehört und welche vor allen wohl von dieser Abtheilung erledigt werden muß, zuerst vorzunehmen. Wir können dann sehen, wie weit wir mit der Zeit reichen, ob vielleicht noch eine andere Frage vorgenommen werden kann. Sind die Herren damit einverstanden?

(Zustimmung).

Rechtsanwalt Dr. **Löwinson** (Berlin): Ich bin der Referent in der Competenzfrage; ich möchte die Mittheilung machen, daß ich Thesen zu diesem Thema in Druck gegeben habe, die heute noch nicht fertig gestellt werden können, wie mir der Herr Schriftführer des Ortsausschusses mittheilte. Aus diesem Grunde dürfte es sich empfehlen, daß diese Competenzfrage heute noch nicht zur Verhandlung gelangt, sondern morgen.

Professor Dr. **Oertmann** (Berlin): Ich möchte den Antrag stellen, daß trotzdem die Frage zur Verhandlung gestellt wird. Nach meinen Informationen hat ein großer Theil der anwesenden Herren den Wunsch, morgen an der Verhandlung über die Frage 9 in der Abtheilung 1 theilzunehmen, das würde uns andernfalls unmöglich gemacht werden. Ich wenigstens und verschiedene andere Herren sind hauptsächlich hergekommen, weil wir hofften, heute hier die Frage 8 zu erledigen und morgen an der Verhandlung der Frage 9 theilzunehmen.

(Zustimmung).

Ober-Landesgerichtspräsident **Hamm** (Köln): Dies Bedenken ist ganz richtig, aber meine Abtheilung hat noch eine andere Frage zu behandeln — den Schutz bei Unterbringung von Geisteskranken — worüber Geh. Rath Vierhaus Referent ist. Diese Frage dürfte auch allgemeines Interesse haben, vielleicht in gleichem Grade, wie die Frage des juristischen Studiums. Ich glaube, zwei Fragen können wir wohl heute erledigen. Ich möchte also vorschlagen, als erste Frage die über die Presse zu behandeln, als zweite die der Geisteskranken und dann die Competenzconflictfrage morgen.

Vorsitzender: Die Abtheilung hat das souveräne Recht, darüber zu beschließen. Ich bitte diejenigen Herren, welche die Frage über die Presse jetzt sofort vornehmen wollen, sitzen zu bleiben, und diejenigen, welche sie auf morgen vertagen wollen, sich zu erheben. — Es erhebt sich Niemand, ich kann also annehmen, die Abtheilung hat beschlossen, die Frage über die Presse jetzt vorzunehmen. Sind die Herren ferner damit einverstanden, daß, wenn uns Zeit genug bleibt, auch die Frage der Entmündigung heute als zweite vorgenommen wird? — Ich glaube, allgemeines Einverständniß annehmen zu dürfen. Ich bitte nun Herrn Präsident Hamm, uns Bericht zu erstatten.

Berichterstatter Oberlandesgerichtspräsident **Hamm** (Köln): Meine Herren! Die Frage, worüber ich zu referiren habe, lautet:

Wie ist im Strafprozeß der Gerichtsstand der begangenen That bezüglich der Vergehen der Presse zu regeln?

Die beiden Gutachter haben neben dieser gesetzgeberischen Frage im Eingang auch die Frage behandelt, wie die Sache ohne Aenderung der Gesetzgebung gegenwärtig liegt, also die Frage de lege lata: wo ist ein Preßvergehen im Sinne des jetzt maßgebenden § 7 der Strafprozeßordnung begangen? An sich ist die Frage nicht so gestellt, daß wir auch das behandeln müßten. Aber man muß allerdings zugeben, daß die Beantwortung der gesetzgeberischen Frage, wie es zu regeln ist, davon abhängen kann, wie man die Frage de lege lata beantwortet. Denn wenn man annimmt, es ist schon jetzt thatsächlich bei der richtigen Auslegung des § 7 die Sache in der Weise geregelt, wie wir wünschen, so bedarf es keines gesetzgeberischen Eingriffs. In Folge dessen werden wir die erste Frage wenigstens besprechen müssen, wenn ich auch der Meinung bin, daß wir sie schließlich am besten dahingestellt sein lassen. Sie werden mir daher gestatten müssen, im Anschluß an die Gutachten mit einigen Worten auch die Frage zu behandeln: wie liegt es de lege lata, wo ist nach unserer Rechtsanschauung ein Preßvergehen im Sinne des § 7 der Strafprozeßordnung begangen? Vor dieser Frage müssen wir zunächst die allgemeinere Frage beantworten: wo ist überhaupt eine strafbare Handlung im Sinne des § 7 der Strafprozeßordnung begangen? Der § 7 der Strafprozeßordnung begründet das forum delicti commissi, die Competenz des Ortes der begangenen That, und die Frage ist also zunächst die, wo ist der Sitz einer That? Dabei muß man davon ausgehen, was auch der erste Referent anerkennt, daß die Frage, wo der Ort, der Sitz einer That ist, nicht losgelöst bloß für die Competenz behandelt werden kann, sondern daß diese Frage überall, wo im Strafprozeß oder im Strafrecht von dem Ort der That die Rede ist, gleichmäßig zu beantworten ist. Man muß also meines Erachtens nicht blos sagen, das ist begangene That im Sinne des § 7 St.P.O., der speciell den Gerichtsstand der begangenen That regelt, sondern dasselbe muß insbesondere gelten auch für § 3 des Strafgesetzbuches, der die Anwendbarkeit des deutschen Strafgesetzes ebenso davon abhängig macht, wo die That begangen ist. Das Strafgesetzbuch für das Deutsche Reich findet nach § 3 Anwendung auf alle im Gebiete desselben begangenen strafbaren Handlungen, auch wenn der Thäter ein Ausländer ist. Das ist derselbe Begriff der begangenen That wie bei der Competenz. Derselbe Begriff ist weiterhin anzuwenden für die Beurtheilung, ob eine

Berechtigung zu der Handlung vorhanden war. Denken wir an den Jäger, der aus dem eigenen Jagdbezirke auf ein Wild schießt, daß sich im benachbarten fremden Jagdbezirke befindet. Diejenigen, die annehmen, daß Ort der begangenen That der Ort ist, wo der Thäter sich bei der That befindet, müssen sagen: wenn der Jäger in seinem Bezirk, wo er jagdberechtigt ist, steht, dann darf er, weil dort der Ort der begangenen That ist, von da auf das Wild in dem fremden Bezirke schießen, in welchem er nicht jagdberechtigt ist. Hier zeigt sich schon, es ist immer dieselbe Frage: was ist Ort der begangenen That? und diese muß gleichmäßig beantwortet werden sowohl für die Zuständigkeit des Gerichts nach § 7 St.P.O. und für § 3 des Strafgesetzbuches, um danach zu beurtheilen, ob das deutsche Strafgesetzbuch oder das ausländische Gesetz anwendbar ist, als auch, um zu entscheiden, ob der Thäter zu der That berechtigt ist; denn auch das hängt davon ab, wo er die That begeht. Nun gehen die Theorien sehr weit auseinander. Kronecker stellt eine ganze Menge Theorien nebeneinander, die sich m. E. nicht alle scharf unterscheiden lassen. Die den Begriff am engsten fassende Theorie betrachtet als Ort der That den Ort, wo sich der Thäter im Augenblick der That befindet. Diese Theorie würde, wie schon erwähnt, zur Folge haben, wenn wir sie auf die Berechtigung anwenden, daß derjenige, der in seinem Jagdbezirk steht und dort sein Gewehr anlegt auf das Wild im fremden Bezirke, nicht strafbar ist; denn die That wäre begangen, wo er sich befand. Es würde ebenso zur Folge haben, sofern im ausländischen Gesetz Sachbeschädigung nicht strafbar ist, daß ein Deutscher, der jenseits der Grenze im Ausland steht, von da vorsätzlich auf eine im Inland befindliche Sache wirft und diese beschädigt, nicht strafbar ist, weil dort, wo er wirft, Sachbeschädigungen nicht strafbar sind. Ich glaube, schon hieraus folgt, daß eine Lehrmeinung, die als Ort der That den Standort des Thäters annimmt, für die Praxis unverwendbar ist. Die Strafverfolgung würde in vielen Fällen unmöglich gemacht, wenn wir uns auf den Standpunkt stellten: die That ist begangen, wo sich der Thäter befindet. Es ist unbedingt geboten zu sagen: die That ist da begangen, wo sich die That vollzieht, wo sie in dem ganzen Laufe der That verläuft. Ist ein beleidigender Brief mittels der Post geschickt, so ist die Beleidigung nicht blos begangen, wo der Brief abgesendet wird, sondern auch wo er hingeschickt wird, wo er ankommt, und an jedem Punkt der Strecke, die er hat durchlaufen müssen. Der ausländische Lotteriecollecteur, der aus dem Auslande Lotterieloose in das Inland schickt, der begeht die That auch da, wo das Loos ankommt. Abgesehen zunächst von Preßsachen, können wir uns m. E. der Rechtsprechung des Reichsgerichts nur vollständig anschließen, daß der Ort der That überall da begründet ist, wo die That in ihrem ganzen Laufe verläuft. Ich verkenne nicht, daß sich bei Zugrundelegung dieses Begriffs im Einzelfalle Schwierigkeiten erheben können und daß in vielen Fällen zwischen mittelbaren und unmittelbaren Folgen der That, zwischen der Thathandlung selbst und deren Erfolg unterschieden werden muß. Ich brauche das hier blos mit einem Wort zu streifen. Wenn der Thäter aus dem Bezirke des einen Gerichts vorsätzlich auf einen sich in dem benachbarten Bezirk eines anderen Gerichts Befindenden schießt, um ihn zu töten, und ihn trifft, der Getroffene ist tötlich verletzt, wird in ein Krankenhaus gebracht, das in dem Bezirke eines dritten Gerichts liegt und stirbt dann dort an den Folgen der Verletzung: an welchen verschiedenen Orten ist der Ort der begangenen That? Nach meiner Anschauung und der Rechtsprechung des Reichsgerichts ist Ort der begangenen That der, wo der Thäter geschossen hat, der wo die Kugel geflogen ist, der wo die Kugel den Getödteten getroffen hat, aber nicht der Ort, wo dieser nun im Krankenhaus stirbt; diese spätere Folge gehört nicht mehr zur That, sondern ist Erfolg der That. Kronecker will unterscheiden: Bei einem Giftmord soll nur der Ort, wo das Gift dem Betreffenden eingegeben wird, Ort der begangenen That und der Ort, wo er in Folge des Giftes stirbt, nicht mehr der Ort der That sein. Bei dem Tödten durch einen Schuß soll dagegen das Sterben in Folge des Schusses mit zur That gehören und auch der Ort, wo der Getroffene stirbt, als Ort der That anzusehen sein. Eine solche Unterscheidung verstehe ich nicht. Ich muß aber zugeben, daß bei der Anwendung des Begriffs des Orts der That, wie ich ihn entwickelt habe, etwas Relatives hineinkommt; man kann oft schwer sagen: was ist mittelbare, was ist unmittelbare Folge, was ist Erfolg. Aber im Großen und Ganzen wird man doch diese der Rechtsprechung des Reichsgerichts entsprechende Begriffsbestimmung festhalten müssen. Der Ort der begangenen That ist dort, wo sich die That vollzieht. Wenden wir das nun auf Preßvergehen an, so glaube ich auch da, daß de lege lata das Reichsgericht mit seiner Rechtsprechung insbesondere in seinem Urtheil vom 17. Juli 1892 ganz recht hat, wenn es bei allen Druckschriften nicht blos bei der periodischen Presse, auch bei einzelnen Werken annimmt: die That der Verbreitung ist begangen nicht blos da, wo das Werk zuerst in Verbreitung gesetzt wird, wo das erste Exemplar ausgegeben wird, wo die Verbreitung beginnt, von wo die Druckschrift verbreitet wird, sondern auch da, wohin sie verbreitet wird, überall, wohin ein Exemplar im Wege der Verbreitung gelangt. Es verhält sich das mit der Druckschrift, gerade so wie mit dem Briefe, bei dem die

That auch begangen ist, sowohl von wo der Brief abgesendet wird, als wo er hinkommt. Die Rechtssprechung des Reichsgerichts bezüglich der Preßsachen ist sonach ganz consequent. Wenn ich den Begriff des Ortes der That so fasse, daß es der Ort ist, wo sich die That vollzieht, so kann ich in Preßsachen zu keinem anderen Ergebniß, als das Reichsgericht, kommen. Die That wird begangen überall, wo die Druckschrift bei ihrem Erscheinen verbreitet wird. Anders liegt nur die Sache, wenn es sich um eine zweite selbständige Verbreitung handelt. Wenn eine Zeitung heute mit der Absicht erscheint, sie in alle Orte, wo sich Abonnenten befinden, so gleichzeitig als möglich zu bringen, wenn sie nun durch die Post und Zeitungsträger überall hin verbreitet wird, wenn die Kölnische Zeitung an demselben Tage für die ganze Welt erscheint, dann wird die That der Verbreitung überall begangen, wo die Zeitung ausgegeben wird, und es ist richtig zu sagen, das sind alles Orte der einen begangenen That der Verbreitung. Nur dann kann von zwei Thaten die Rede sein, wenn sich nach der ersten Verbreitung eine zweite in Folge eines neuen selbständigen Entschlusses vollzieht, dann sind zwei Verbreitungshandlungen da. Aber im Uebrigen, ob ich mit einem Wurf zwei Sachen treffe, oder ob ich mit einem Erscheinenlassen der Zeitschrift dieselbe an zwei Orte hinbringe, in beiden Fällen ist das eine einzige Handlung; die eine Handlung vollzieht sich nur weiter, und es ist überall dort der Ort der begangenen That, wo die Schrift zur Verbreitung gelangt. Der hiervon ausgehenden Rechtssprechung des Reichsgerichts kann man m. E. de lege lata nur beitreten. Die Versuche, die viele Praktiker und auch Theoretiker gemacht haben, um wegen der thatsächlichen Schwierigkeiten und thatsächlichen Verlegenheiten, in welche die Presse auf diese Weise geräth, zu einer anderen Entscheidung zu kommen, ohne die Gesetzgebung zu ändern, sind m. E. unmöglich, und versagen, sobald man ernstlich an die Sache herantritt. Das gilt auch von dem Versuch unseres geehrten Herrn Vorsitzenden Reichsgerichtsrath Stenglein. Er geht davon aus: die Post, welche den Transport der Druckschriften, namentlich der periodisch erscheinenden Zeitungen übernimmt, oder der Sortimenter, der ein Buch vertreibt, das sind keine von den Thätern, vom Verfasser, Verleger und Redacteur in Bewegung gesetzten Kräfte, denn Post und Sortimenter melden sich dazu, bieten sich an, die Post bestellt beim Zeitungsverleger die Zeitung. Allein damit ist nicht viel gewonnen, der Transport und die Verbreitung geschieht doch immer mit Willen des Verfassers, Verlegers und Redacteurs; der Verleger schickt doch das Buch den Sortimentern, ist also auch für dessen Verbreitung verantwortlich. Wenn Post und Sortimenter sich auch zur Verbreitung anbieten, so benutzt der

Verleger doch die angebotene Kraft und setzt sie in Bewegung. Mit diesem Argument wird also nur, was de lege ferenda von Wichtigkeit sein kann, eine Eigenthümlichkeit des Preßgewerbes hervorgehoben, aber de lege lata können wir auf die Weise nicht dazu kommen, daß die Handlung des Verlegers in einem solchen Falle anders zu beurtheilen ist, als die Handlung desjenigen, der einen Brief mit der Post abschickt. Ebenso ist der zweite Gesichtspunkt, daß dem Verleger die Empfänger der Zeitung oder des Buches unbekannt seien, kein Grund, die Sache anders zu behandeln. Wenn ich eine Zeitung verbreite, wenn es mein Wille ist, sie an die unbekannten Abnehmer gelangen zu lassen, so kann es keinen Unterschied machen, daß ich nicht weiß, wie diese heißen, meine Absicht ist, sie an die Leute gelangen zu lassen, die bei der Post die Zeitung bestellt haben; ob ich sie kenne, ändert Nichts. Ich setze die Kraft in Bewegung; es ist meine Handlung, die sich vollzieht; die Verbreitung ist die Consequenz und Folge des Inhalts meiner Handlung. Kronecker beruft sich auf § 22 des Preßgesetzes, wonach der Moment der Verbreitung auch für die Verjährung maßgebend ist. Er meint, die Verjährung werde auf diese Weise zu lang, es gebe dann keine kurze Verjährung mehr für Preßvergehen. Da liegt allerdings die Frage genau ebenso, da ist auch die Verbreitung entscheidend. Allein, dann ist eben durch die richtige Auffassung vom Ort der begangenen That zum Theil die Absicht des Preßgesetzes, eine kurze Verjährung einzuführen, vereitelt. Uebrigens trifft das speciell bei Zeitungen kaum zu; denn die Zeitung wird in der Regel innerhalb weniger Tage an alle Orte gebracht, wo sie hinkommen soll; wenn sie später noch einmal aufgelegt wird, wäre das eine neue Handlung. Dann bezieht sich Kronecker auf die Vorgeschichte, auf die Berathung der Strafproceßordnung und namentlich den Antrag Wolffsohn und Schwarze. Aber gerade diese Verhandlungen beweisen, daß man de lega lata die Frage nicht entschieden hat und namentlich nicht in dem Sinne, wie die Anhänger dieser Theorie meinen. Der Antrag lautete nämlich: „Soweit die Verantwortlichkeit des Verfassers, Herausgebers, Redakteurs, Verlegers oder Druckers in Frage steht, wird angenommen, daß eine Handlung, deren Strafbarkeit durch den Inhalt eines Preßerzeugnisses begründet wird, nur an dem Orte verübt sei, an welchem das Preßerzeugniß erschienen ist". Zunächst liegt in dieser Fassung schon, daß die Antragsteller selbst der Meinung waren, daß an sich bei der Presse die Handlung nicht bloß an dem Ort verübt sei, an welchem das Preßerzeugniß erschienen ist, sondern daß die Antragsteller davon ausgingen, daß sie auch überall da verübt wird, wo sie mit dem Willen des Verlegers verbreitet wird. Es sollte bei Preßvergehen nur angenommen werden, daß sie an dem Ort begangen seien, wo das Preßerzeugniß erschienen sei, und auch das nur, soweit die Verantwortlichkeit des Verfassers, Herausgebers, Redacteurs, Verlegers oder Druckers in Frage stehe. Es war also an eine Ausnahmebestimmung für Preßvergehen gedacht, und diese Ausnahmebestimmung ist eben nicht durchgegangen. Der Vertreter der Bundesregierung, Hanauer, hat außer verschiedenen anderen Gründen gegen diesen Antrag der Verfolgung ausländischer Druckschriften gedacht, die bei einer derartigen Bestimmung unmöglich werde, und sodann hervorgehoben, daß ein anderer Gerichtsstand als der Entstehungsort vor Allem da wünschenswerth sei, wo die Tendenz des Reates auf einen bestimmten Ort gerichtet sei. An letztere Aeußerung haben sich die weiteren Discussionen angeschlossen. Prof. Hähnel hat ausgeführt, daß nach dieser Aeußerung des Regierungscommissars die größte Gefahr einer mißbräuchlichen Anwendung des Gerichtsstandes der begangenen That gegeben sei. Hanauer hat darauf diese Aeußerung etwas eingeschränkt; Frankenberg ist aber dabei geblieben, daß, wenn der Antrag nicht angenommen werde, die größten Mißstände entstehen würden; Lasker hat dann allerdings schließlich gesagt, nach der Erklärung des Regierungscommissars würde nur in ganz vereinzelten außergewöhnlich liegenden Fällen ein anderer Gerichtsstand als der des Erscheinungsorts begründet sein. Der Erklärung Laskers ist von den Regierungen nicht widersprochen worden, ebensowenig aber auch der Frankenbergs. Die Regierung hat sich auf den Antrag nicht eingelassen und der Antrag ist nicht angenommen worden. Aus dem ganzen Hergang läßt sich nichts folgern, als daß die Frage offen gelassen worden ist. Es ist aber auch sonst nicht möglich, aus der Vorgeschichte des § 6, wie Kronecker will, etwas Anderes herauszulesen. Im Gegentheil, die ganze Diskussion spricht dafür, daß die Frage offen gelassen worden ist, und wir kommen daher immer wieder zu dem Ergebniß, daß de lege lata die Entscheidung des Reichsgerichts der gesetzlichen Bestimmung entspricht.

Herr Prof. von Liszt, der zweite Gutachter, der im Allgemeinen die Vollendung der That sehr weit hinaus setzt und den Ort des Enderfolgs der That als den Ort der That ansieht, will bei Preßsachen eine Ausnahme machen: bei ihnen sei Ort der That der Verbreitungsmittelpunkt, der Ort, wo das Preßerzeugniß erscheint. Aber Alles, was er in dieser Beziehung sagt, sind meines Erachtens nur Ausführungen, die eine besondere Behandlung der Preßvergehen de lege ferenda rechtfertigen mögen. Ueber das Eine können wir doch nicht hinauskommen, daß das Erscheinen einer Preßsache da ist, wo die Verbreitung beginnt, wo der erste Akt der Verbreitung stattfindet. Dann muß man aber auch consequent sagen, die Handlung wird weiter begangen, wo die Verbreitung sich vollendet. Das ist alles die Folge des einen auf Verbreitung gerichteten Willens, das zuerst Erscheinen sowohl, als das Erscheinen an einem zweiten Orte und die weitere Verbreitung an anderen Orten. Wir kommen immer de lega lata nicht darüber weg, daß der Ort der That ist, wo sie sich vollzieht.

Hiermit möchte ich von der Frage de lega lata absehen und auch diejenigen Herren, welche über diese Frage anders denken und glauben, daß schon de lege lata der Ort für die begangene That da sei, wo das Preßerzeugniß erscheint, bitten, aus praktischen Gründen von einer Beschlußfassung in diesem Sinne abzusehen und sich auf eine Entscheidung der gesetzgeberischen Frage zu beschränken. Die Rechtsprechung des Reichsgerichts steht einmal fest, und es ist nicht anzunehmen, daß sie sich ändert. Da ist es auf jeden Fall praktisch richtiger, den Gesetzgebungsweg zu beschreiten.

Was nun den Weg der Gesetzgebung betrifft, also das eigentliche Thema, wie es uns gestellt ist, so wird die erste Frage sein: Giebt es Gründe, um die Preßvergehen besonders zu behandeln? Sind die Ausführungen der Presse und deren Vertreter berechtigt, die sagen: das Preßgewerbe ist so eigenartig, auch die Verfolgung der Preßvergehen ist so besonders, daß es für die Presse unerträglich ist, in der jetzigen Weise einen so vielfachen Gerichtsstand zu haben? In dieser Beziehung muß man von vornherein zugeben, daß der Gerichtsstand der begangenen That bei der Presse, zu deren Beruf und Aufgabe es gehört, ihre Erzeugnisse überall hin an möglichst viele Punkte zu verbreiten, nothwendig zu einer ganz unermeßlichen Vielheit des Gerichtsstandes führt, wenn wir keine besonderen Bestimmungen für die Presse erlassen. An sich wäre das vielleicht noch nicht ausreichend, um eine besondere Behandlung der Preßvergehen zu rechtfertigen. Wir haben das auch in anderen Verhältnissen. Gegen den Lotteriecollekteur, der die Loose in alle Welt an Orte schickt, wo das Angebot der Loose verboten ist, entsteht auch an den verschiedensten Orten von Deutschland und des Auslandes überall der Gerichtsstand der begangenen That, und es wird doch wohl keiner auf den Gedanken kommen, ihm seinen strafbaren Geschäftsbetrieb dadurch zu erleichtern, daß man für ihn einen ausschließlichen Gerichtsstand an dem Orte schafft, von wo er die Loose abschickt. Auch der Grund dürfte nicht für uns maßgebend sein, daß nach der jetzigen Einrichtung die Staatsanwaltschaft sich für die Verfolgung eines Preßartikels den Ort wählen kann, wo sie am meisten Aussicht auf Erfolg hat. Thatsächlich ist noch kein Fall nachgewiesen, wo die Staatsanwaltschaft in der That sich einen bestimmten Ort zur Verfolgung eines Artikels ausgewählt hätte, weil sie an diesem am meisten Aussicht auf Erfolg zu haben glaubte. Eine solche, meines Erachtens nur theoretisch denkbare Gefahr kann uns nicht veranlassen, Ausnahmebestimmungen für die Presse zu machen. Dagegen muß man zugeben, daß die Vielheit der Gerichtsstände, die mit der Art der Thätigkeit der Presse verbunden ist, die Presse, außer durch die Belästigung, welche eine Verfolgung an einem entfernten Orte mit sich bringt, noch besonders deshalb schwer bedrückt, weil die Frage, ob ein Preßartikel gegen ein Strafgesetz verstößt, meist sehr zweifelhaft und schwierig ist.

Die Natur der Preßvergehen bringt es mit sich, daß sie oft eine ganz verschiedene Beurteilung zulassen. Der nämliche Preßartikel wird von einem Gericht und von einer Staatsanwaltschaft als schon unter § 131 St.G.Bs. fallend oder eine Beleidigung der Staatsregierung enthaltend angesehen, während eine andere Staatsanwaltschaft ihn als eine berechtigte straflose Kritik von Anordnungen der Regiernng betrachtet. Die Presse ist wegen der Schwierigkeit der Beurtheilung, ob in einem Artikel die Grenze überschritten ist, und mit Rücksicht darauf, daß es ihr Beruf ist, Uebelstände in der Oeffentlichkeit zu besprechen, fortwährend einer so großen Gefahr, verfolgt zu werden, ausgesetzt, sie kann namentlich bei thatsächlichen Mittheilungen, die ihr zuverlässig gemacht sind, so leicht der Verfolgung wegen falscher Nachrede sich aussetzen und so schwer vorher sicher feststellen, ob eine ihr mitgetheilte Thatsache wahr ist, daß für sie allerdings die Vielheit der Gerichtsstände ganz besonders mißlich wird. Dazu kommt, was für mich entscheidend ist, wir haben es nicht bloß mit einem Mißstand für die Presse, für die Verfasser, Verleger und Drucker, sondern auch mit einer Gefahr für das allgemeine Rechtsbewußtsein zu thun, wenn der nämliche Zeitungsartikel am Ort des Erscheinens der Staatsanwaltschaft keinen Anlaß zur Verfolgung giebt und dann in einem entfernten anderen Ort eine Behörde sich findet, die ihn verfolgt. Darunter muß das allgemeine Rechtsbewußtsein leiden, und deshalb ist es nicht bloß ein Bedürfniß der Sicherung der Verfasser und Verleger, sondern auch für das allgemeine Rechtsbewußtsein wichtig, daß für jedes Preßerzeugniß ein einziges Gericht besteht, das über die Verfolgung entscheidet, daß von einem einzigen Gericht die Frage, ob ein bestimmter Preßartikel strafbar ist, beantwortet wird, und daß die Frage nicht der Beurtheilung einer großen Reihe von Gerichten und Staatsanwaltschaften unterworfen wird. Ich brauche nicht noch zu erwähnen, daß damit auch eine große Arbeitserleichterung erzielt wird, wenn nicht alle Staatsanwaltschaften der Monarchie sich mit dem Artikel befassen müssen, sondern sich darauf verlassen können, daß der Staaatsanwalt an dem Orte, wo der Artikel erschienen ist, den Artikel prüft und wenn er etwas Strafbares darin findet, verfolgt. Wenn wir aber einen einheitlichen Gerichtsstand für die Preßerzeugnisse bestimmen wollen, kann es bloß der sein, wo die Verbreitung beginnt, wo der Artikel, die Zeitung, wo das Buch erscheint, das ist das Verbreitungscentrum im Sinne des Herrn von Liszt. Das entspricht auch der Bestimmung in § 9 des Preßgesetzes, wonach bei periodischen Druckschriften ein Pflichtexemplar hinterlegt werden muß bei der Polizeibehörde des Ausgabeortes, das ist des Erscheinungsortes. Man kann auch annehmen, daß als Regel der Zeitungsartikel und die Brochüre aus dem Milieu, aus dem Anschauungskreise des Ortes heraus geschrieben sind, wo sie erscheinen. Allerdings kommt es vor, daß ein Verleger eine periodische Druckschrift absichtlich wo anders erscheinen läßt, als wo sie wirken soll. Aber im großen Ganzen wird doch bei der periodischen Druckschrift als Regel gelten, daß sie geschrieben wird aus dem Anschauungskreise, wo sie erscheint, und daß sie auch zunächst berechnet ist auf eine Verbreitung an dem Ort, wo sie erscheint. Es wird eine Ausnahme sein, wenn Zeitungen an Orten erscheinen, wo kein Exemplar von ihnen gelesen wird. Ich glaube daher, daß die Forderung der Presse eine berechtigte ist, und daß der Juristentag dem voll zustimmen kann, im Wege der Gesetzgebung für die Presse eine Ausnahmebestimmung zu schaffen, wonach nicht der Ort der begangenen That für sie maßgebend ist, sondern wonach sie nur verfolgt werden kann an dem Orte, wo das Preßerzeugniß erscheint.

Eine Ausnahme würde ich zunächst machen für die im Ausland erscheinenden Schriften. von Liszt will das nicht, weil er auf dem Standpunkt steht, daß de lege lata Ort der begangenen That bei der Preßvergehen der Ort sei, wo die Druckschrift zuerst erscheint und deshalb eine Regelung durch eine Aenderung des Gesetzes nicht für erforderlich hält. Die Ausnahme für die ausländische Presse ist meines Erachtens, wie unsere Gesetzgebung in Rücksicht auf das Ausland liegt, unbedingt nöthig und es ganz unmöglich, eine Aenderung zu Gunsten der Presse zu machen, wenn wir solche auch auf die im Auslande erscheinenden Druckschriften ausdehnen wollen. Es würde sonst nach unserer Gesetzgebung in den meisten Fällen keine Möglichkeit vorliegen, ausländische Schriften zu verfolgen, und wir würden dann alle Zeitungsverleger und alle Redakteure, welche eine etwas temperamentvollere Zeitung schreiben wollen,

(Heiterkeit)

und sich der Verfolgung ihrer Aeußerungen entziehen wollen, förmlich dazu einladen, die Zeitung im Ausland erscheinen zu lassen und sie von da in's Inland einzuführen. Ist fernerhin eine Druckschrift nur an dem Orte zu verfolgen, wo sie erscheint, so ist eine Verfolgung der im Auslande erscheinenden Druckschriften, wenn für diese keine Ausnahme gemacht wird, bei uns unmöglich. Und beschränkt man sich darauf, bei Druckschriften den Ort des Erscheinens zum Ort der begangenen That zu machen, so fände auf die im Auslande erscheinenden Druckschriften, wenn für sie keine Ausnahme gemacht würde, der § 9 Absatz 1 St.P.O. Anwendung, und darnach müßte das zuständige Gericht jedes Mal erst vom Reichsgericht bestimmt werden. Ja wenn wir bei einer ausländischen Schrift, die z. B. eine das deutsche Nationalgefühl verletzende Majestätsbeleidigung enthält oder eine Aufforderung zum Ungehorsam an das Heer, an die Reservisten, sich nicht zur Fahne zu stellen, warten müssen, bis das Reichsgericht die Zuständigkeit bestimmt hat, dann ist die Verfolgung in einer unter Umständen die Sicherheit des Staats gefährdenden Weise lahm gelegt. Es besteht aber meines Erachtens auch keine Berechtigung für die im Ausland erscheinenden Schriften, bei uns einen besonderen Gerichtsstand für sich zu verlangen. Wenn wir mit Rücksicht auf die Presse, die Eigenart ihres Gewerbes, ihrer ganzen Situation sagen: wir wollen für dich einen besonderen Gerichtsstand schaffen, wo die Schrift erscheint, während du nach allgemeinen Reichsgrundsätzen überall Rede und Antwort stehen müßtest, wo deine Zeitung verbreitet wird, dann können wir der Presse auch zumuthen, daß sie, wenn sie von diesem Privilegium Gebrauch machen will, ihre Schriften im Inlande erscheinen lassen muß. Es ist durchaus gerechtfertigt, von dem Verfasser oder Verleger, der eine Druckschrift in Deutschland verbreiten und den Ausnahmegerichtsstand des Erscheinungsortes für diese Verbreitung beanspruchen will, zu verlangen, daß er die Schrift in Deutschland erscheinen läßt. Läßt er die Schrift im Auslande erscheinen, so kann er sich nicht beklagen, wenn wir der Schrift den in Deutschland für die Presse eingeführten besonderen Gerichtsstand versagen und sie überall verfolgen, wo sie in Deutschland verbreitet wird. Ich würde daher, wie der erste Gutachter im Gegensatz zu dem zweiten Gutachter will, verlangen, daß die Druckschrift im Inland erschienen sein muß.

Eine zweite Ausnahme, die der erste Gutachter macht, geht dahin, daß er die Beschränkung auf den Gerichtsstand des Erscheinungsorts nur für die Verfolgung im Wege der öffentlichen Klage will, dagegen für die Verfolgung im Wege der Privatklage neben diesem Gerichtsstand einen Gerichtsstand an demjenigen Ort gewähren will, wo der Privatkläger zur Zeit des Erscheinens der Druckschrift seinen Wohnsitz oder in Ermangelung eines solchen seinen ständigen Aufenthalt hat. Hier bestimmt ihn das Interesse des Verletzten, er sagt, ich kann den Verletzten nicht zwingen, daß er bei einer Druckschrift, die ihn beleidigt, die eine ihn beleidigende Thatsache vorbringt, deren Unwahrheit er nachweisen kann, an einen vielleicht weit von ihm entfernten Ort gehen muß, wo die Druckschrift erschienen ist. Er hat dadurch große Kosten, muß sich an dem Gericht vertreten lassen, und es wird ihm zudem die Beweisführung erschwert, wenn der Angeklagte den Beweis der Wahrheit antritt und er nun den Gegenbeweis liefern muß. Ich muß gestehen, daß mir die Frage sehr zweifelhaft ist, ich möchte mich aber dem ersten Gutachter anschließen mit Rücksicht darauf, daß, wenn wir ein Privilegium für die Presse einführen, wir doch nicht wohl durch ein solches Privatinteressen so schwer verletzen dürfen. Mit welcher Bitterkeit würde sich ein Beleidigter über diesen privilegirten Gerichtsstand der Presse beschweren, wenn in einer Zeitung, welche an einem fernen Orte erscheint, aber an seinem Wohnsitze gelesen wird, eine falsche, ihn schwer beleidigende Nachricht mitgetheilt wird und er nun in Folge dieses Privilegiums der Presse genöthigt ist, an den entfernten Erscheinungsort der Zeitung zu gehen, dort einen Rechtsanwalt zu nehmen, dahin zu korrespondiren, dort seine Gegenbeweise zu erbringen! Ich glaube, es würde die neue Bestimmung sehr bald unpopulär machen und auf die Dauer als ein unberechtigtes Privilegium der Presse erscheinen lassen, wenn wir dem Privatkläger die Rechtsverfolgung in der Weise erschwerten. Ich schließe mich daher in diesem Punkte dem ersten Gutachter insoweit an, daß ich die neue Bestimmung überhaupt nur für die Verfolgung im Wege der öffentlichen Klage gelten lassen will.

Dagegen ist der erste Gutachter zu einer eigenthümlichen weiteren Beschränkung der neuen Bestimmung gekommen, in seiner Nummer 3. Dieselbe lautet:

> „Bezieht sich der strafbare Inhalt der Druckschrift auf Personen, Zustände oder Vorgänge an einem bestimmten Ort oder in einem bestimmten Bezirk, so kann auf Antrag der Staatsanwaltschaft das Reichsgericht die Verhandlung und Entscheidung der Sache dem für diesen Ort oder Bezirk zuständigen Gericht übertragen."

Das scheint mir doch ein zu großer Apparat für ganz vereinzelte Fälle zu sein. Es sind dies die Fälle, deren der Regierungscommissar Hanauer in der Discussion gedacht hat. Er hat gesagt, es könnte oft ein einzelner Artikel auf einen bestimmten Ort zugeschnitten sein, auf eine bestimmte Person sogar, die nicht am Ort des Erscheinens, sondern wo anders wohnt. Das sind Fälle, die vorkommen können, aber deshalb das Reichsgericht anzurufen und die Verfolgung auf ein anderes Gericht zu übertragen, geht doch wohl zu weit Zudem wird die Beurtheilung, ob ein Artikel auf einen bestimmten Ort, einen bestimmten Bezirk oder eine bestimmte Person berechnet ist, oft sehr schwierig sein. Die Beziehung einer Druckschrift auf eine bestimmte Person oder einen bestimmten Ort kann durchaus nicht in der Absicht des Verfassers gelegen haben, der Artikel durchaus aus allgemeinen Gesichtspunkten geschrieben sein, und dann soll deshalb, weil sich ein Einzelner getroffen fühlt, das Reichsgericht wegen Verlegung der Sache an ein anderes Gericht angegangen werden können. Das scheint mir eine sehr unzweckmäßige Bestimmung zu sein; ich würde sie streichen. Im Uebrigen würde ich mich aber den Anträgen des ersten Gutachters anschließen. Ich weiß nicht, ob die Anträge, die ich eingereicht habe, gedruckt worden sind, sie sind folgendermaßen gefaßt:

> „Begründet der Inhalt einer im Inland erschienenen Druckschrift (damit ist die im Ausland erscheinende ausgeschlossen), den Thatbestand einer strafbaren Handlung, so ist für deren Verfolgung im Wege der öffentlichen Strafklage (damit ist die Privatklage ausgeschlossen) dasjenige Gericht ausschließlich zuständig, in dessen Bezirk die Druckschrift erschienen ist."

Ich möchte nun auf einige Einzelheiten jetzt schon aufmerksam machen. Durch die Fassung habe ich ausgedrückt, daß die neue Bestimmung sich nicht erstrecken soll auf die im Ausland erschienenen Schriften. Ich habe zweitens durch die Fassung ausgeschlossen die Privatklage. Dann aber habe ich zum Unterschied von dem Gutachter die Fassung so gewählt, daß ich erkennen lasse: Die neue Bestimmung soll nicht dazu dienen, den Begriff der begangenen That zu erklären oder anders zu gestalten, als er jetzt in der Rechtssprechung feststeht, sondern sie soll eine besondere Bestimmung treffen zu Gunsten der Presse mit Rücksicht auf die Eigenart ihres Berufs und ihrer Thätigkeit. Ich sage nicht: bei der Presse ist der Ort der begangenen That ein anderer, sondern es ist bei ihr ein anderes Gericht als das des Orts der begangenen That, und zwar ausschließlich, zuständig oder vielmehr von den verschiedenen als Gerichten des Orts der That zuständigen Gerichten machen wir ein einziges ausschließlich zuständig, und zwar das, wo die Druckschrift erschienen ist. Ich erreiche damit auch noch einen zweiten Vortheil. Neben dem Forum der begangenen That haben wir bekanntlich auch das Forum domicilii. Wenn Sie nun mit dem ersten Gutachter sagen: der Ort der begangenen That ist in Preßsachen nur da, wo die Druckschrift erschienen ist, dann bleibt neben dem nunmehrigen Gerichtsstande des Erscheinungsorts der Gerichtsstand des Wohnsitzes bestehen, und der Gerichtsstand des Wohnsitzes kann ebensogut, wie der bisherige Gerichtsstand des Orts der That, zu einer Verschiedenheit der Gerichtsstände führen, die für die Presse sehr unangenehm sein kann. Der Verfasser kann wo anders wohnen, als wo die Druckschrift erscheint, der Verleger wieder wo anders, der Drucker desgleichen; es können drei, vier Mitthäter an verschiedenen Orten wohnen, und Sie hätten wieder eine große Vielheit von Gerichtsständen. Ich meine, wenn wir es als ein Bedürfniß für die Presse anerkennen, einen einheitlichen Gerichtsstand zu bekommen, die Frage der Beurtheilung der Strafbarkeit in eine Hand zu legen, in die Hand derjenigen Staatsanwaltschaft und desjenigen Gerichts, in deren Bezirk die Druckschrift erschienen ist, dann ist es richtiger zu sagen, auch der Gerichtsstand des Wohnsitzes, der bei Mitthäterschaft von Verfasser, Verleger, Redacteur und Drucker ein recht vielfacher sein kann, ist nicht begründet bei Preßsachen, es giebt für diese nur ein einziges zuständiges Gericht, dasjenige, in dessen Bezirk die Druckschrift erschienen ist. In der That ist ja auch der Wohnsitz des Druckers oder Verfassers nebensächlich; wichtig ist nur, wo die Druckschrift erscheint. Auch würde es bei einer Zeitung ebenso unnatürlich wie peinlich sein, wenn sie wegen eines einzelnen, ihr zugeschickten Artikels an dem vielleicht weitentfernten Orte verfolgt würde, wo der Verfasser des einzelnen Artikels wohnt, ohne daß an diesem Orte die Zeitung auch nur in einem einzigen Exemplar gehalten wird. Ich halte es demgemäß gegenüber der vom ersten Gutachter vorgeschlagenen Fassung für richtiger, zu sagen: Bei Preßvergehen ist dasjenige Gericht ausschließlich zuständig, in dessen Bezirke die Druckschrift erschienen ist.

Erwähnen muß ich am Schlusse noch einen zweiten Punkt. In Nr. 5 der Thesen des ersten Gutachters heißt es, daß diejenigen Fälle, in welchen die strafbare Handlung in der selbständigen Verbreitung der Druckschrift besteht, durch die neue Bestimmung nicht berührt werden sollen. Ich stimme dem vollkommen bei. Wir wollen den Gerichtsstand des Erscheinungsorts nur zum ausschließlichen machen für diejenige Verbreitung, die auf Grund des Entschlusses, die Druckschrift erscheinen zu lassen, geschieht, die eine Fortsetzung des Erscheinens ist. Wenn aber nachher auf Grund eines zweiten Entschlusses eine neue selbständige Weiterverbreitung stattfindet, wenn z. B. Jemand, der die Zeitung hält, sie seinerseits in seinem Kreise weiter verbreitet, dann handelt es sich um eine zweite Verbreitung einer schon erschienenen Schrift; für diese kann nicht der Gerichtsstand des Erscheinungsorts gelten, sondern es muß bei dem allgemeinen Gerichtsstande der begangenen That bleiben. Ich schließe mich demgemäß in dieser Beziehung sachlich dem Vorschlage des Gutachters an, schlage aber dafür in meiner Nr. 2 folgende Fassung vor: „Dies gilt nicht, sofern es sich um eine weitere selbständige Verbreitung der Druckschrift handelt."

(Beifall.)

Vorsitzender: Während des Referats ist mir ein Antrag des Herrn Ober-Reichsanwalts Olshausen eingereicht worden, derselbe lautet:

„Es wird beantragt, die dritte Abtheilung wolle beschließen:

1. Bei Preßdelicten, die mittels einer im Inlande erschienenen Druckschrift begangen werden, ist für alle Theilnehmer der Gerichtsstand der begangenen That nur bei demjenigen Gericht begründet, in dessen Bezirk die Druckschrift erschienen ist.

Als Preßdelicte im obigen Sinne gelten auch die mittels einer Druckschrift begangenen Beleidigungen. Dagegen werden diejenigen strafbaren Handlungen, welche in der selbständigen Verbreitung einer Druckschrift bestehen, durch die obige Bestimmung nicht berührt.

2. Bei Preßdelicten, die mittels einer im Auslande erschienenen Druckschrift begangen werden, ist der Gerichtsstand bei den erstinstanzlichen Gerichten in Leipzig begründet; ist die Stadt Leipzig in mehrere Gerichtsbezirke getheilt, so wird das zuständige Gericht von dem Reichskanzler durch allgemeine Anordnung bestimmt.

3. Für das sogenannte objective Verfahren auf Grund des § 42 des Strafgesetzbuchs in Verbindung mit § 41 ebendaselbst sind die zu 1 und 2 bezeichneten Gerichte ausschließlich zuständig."

Ich glaube, wir müssen, da die Anträge theilweise zusammenfallen, auch die Discussion zusammenfassen, und ich gebe vor Allem dem Herrn Antragsteller das Wort zur Begründung des Antrags.

Ober-Reichsanwalt Dr. **Olshausen:** M. H.! Worauf ich hinaus will, das zeigt der eben verlesene Antrag. Meinen Ausgangspunkt möchte ich zunächst von da nehmen, wo ich mit den beiden Herren Gutachtern und dem Herrn Berichterstatter übereinstimme. Ich setze deshalb da ein, daß wie die Verhältnisse jetzt liegen, der bestehende Zustand, wo ein Preßerzeugniß sozusagen an jedem Gericht in Deutschland verfolgt werden kann, unhaltbar ist. Mag man nun den Standpunkt der bekannten Entscheidung des zweiten Strafsenats des Reichsgerichts theilen oder nicht, über den jetzigen Mißstand ist alles einig. Ich will nur, da ich selbst als Miturtheiler in meiner damaligen Stellung an dem Urtheil theil genommen habe, und zwar in dem Sinne, in dem es unter dem Vorsitz des verstorbenen Präsidenten Löwe gefällt ist, sagen, daß ich allerdings dies reichsgerichtliche Urtheil für durchaus der Consequenz entsprechend halte bei dem Standpunkt, den das Reichsgericht bezüglich der begangenen That einnimmt und den ich theile. Das erkennt ja auch Kronecker an. Im Uebrigen hat ja das Urtheil viel Anfechtung erfahren, in neuester Zeit noch durch den eben erschienenen ausführlichen Aufsatz von Kohler über Ehre und Beleidigung in Goltdammer's Archiv. Aber so kann es nicht bleiben, und ich stimme auch darin überein, daß man streben müsse, an Stelle des Gerichtsstandes des Ortes der begangenen That zu substituiren denjenigen des Ortes, wo das Preßerzeugniß erschienen ist. Die Differenz, in der ich mich aber befinde mit den beiden Herren Gutachtern und auch mit dem Herrn Berichterstatter, geht zunächst dahin, daß alle Anträge nur davon sprechen, wenn der Inhalt einer im Inlande erschienenen Druckschrift den Thatbestand einer strafbaren Handlung enthält und nur dafür eine Ausnahmevorschrift treffen wollen. Ich verstehe eigentlich diese Beschränkung auf die Fälle, wo der Inhalt eines Preßerzeugnisses den Thatbestand der strafbaren Handlung bildet, nicht. Wir unterscheiden formelle Preßdelicte und die durch den Inhalt der Druckschrift begangenen; die Frage ist für die formellen Delicte, die Preßpolizeidelicte, ganz dieselbe; man wird auch bei den Polizeidelicten in Consequenz des reichsgerichtlichen Urtheils dazu kommen müssen, daß die Verfolgung überall, wo nach der Auffassung die That begangen ist, stattfinden kann. Ich glaube deshalb, daß diese Beschränkung ungerechtfertigt ist, und ich meine, sie wird wohl nur darin ihren Grund haben, daß die bekannte Verjährungsvorschrift sich lediglich auf die Verfolgung von Strafthaten bezieht, welche durch die Verbreitung von Druckschriften strafbaren Inhalts begangen werden. Also mein Antrag will zunächst dieser Beschränkung entgegentreten und verallgemeinern. In Uebereinstimmung befinde ich mich sowohl mit meinem verehrten Freunde Hamm, als auch mit Kronecker darin, daß die Beschränkung, die Liszt will, nämlich bezüglich einzelner bestimmter Theilnehmer eine Ausnahmebestimmung zu treffen, keinen rechten Grund hat. Ich würde im Anschluß namentlich auch an Kronecker's Gutachten meinen, daß eben für alle Theilnehmer dasselbe gelten müsse. Eine Hauptdifferenz liegt aber darin, wie weit man das Privilegium der Presse ausdehnen will. Beide Gutachten gehen davon aus, daß es sich nur darum handelt, einen einheitlichen Gerichtsstand zu bestimmen, soweit es sich um den Gerichtsstand der begangenen That handelt. Der Herr Berichterstatter geht bedeutend weiter und will überhaupt auf einen einheitlichen Gerichtsstand der Presse hinaus. Ich glaube, wenn wir uns an das practisch Erreichbare halten, werden wir uns den Beschränkungen der beiden gedruckten Gutachten anschließen müssen; ich glaube nicht, daß es gelingen wird, ein Privilegium so weitgehender Art zu schaffen, wie es von dem Herrn Berichterstatter gewünscht wird. Die Fälle, daß ein Drucker oder Setzer ꝛc. als Theilnehmer mit in Betracht kommt, sind ganz abnorm; sie sind vorgekommen, es ist Theilnahme dieser Personen angenommen, aber man weiß ja, was das bekannte Urtheil für Aufsehen erregt hat; jedenfalls sind solche Fälle doch nur ganz selten. Ich glaube, daß deshalb im Interesse des practisch Erreichbaren man in der That nur darauf hinausgehen muß, einen Ersatz zu finden durch feste Bestimmungen für den Gerichtsstand an Stelle desjenigen der begangenen That, daß man aber die weiteren allgemeinen Bestimmungen der Strafproceßordnung über den Gerichtsstand des Wohnorts unberührt läßt. Damit hängen nun weitere Vorschläge von mir auf das Genaueste zusammen; ich will zunächst erwähnen, was ich in dem zweiten Absatz Nr. 1 gesagt habe: als Preßdelicte im obigen Sinne gelten auch die mittels Druckschriften begangenen Beleidigungen. Das ist mehr declaratorischer Natur; die Definition, wie sie von Kronecker bezüglich der Preßdelicte gegeben wird, ist meines Erachtens durchaus richtig; er sagt: „Es sind darunter solche Strafthaten zu verstehen, bei denen zu dem strafbaren Inhalt nur noch die Verbreitung hinzukommen muß, um den strafbaren Thatbestand herzustellen, nicht aber diejenigen, bei denen zur Erfüllung noch ein weiteres Moment erfordert wird." Da liegt nun eine sehr erhebliche Controverse vor bezüglich der Beleidigungen, welche durch die Verbreitung von Druckschriften begangen werden. Das Reichsgericht und auch meine Wenigkeit gehen davon aus, daß wir sagen, das allgemeine Erforderniß über die Begehung von Beleidigungen muß auch hier Platz greifen, deshalb gehört nothwendig dazu, daß von der Beleidigung Kenntniß genommen werde. Ist das der Fall, so würde der Thatbestand der Beleidigung durch die bloße Verbreitung der Druckschrift nicht schon gegeben sein, folglich nach obiger Definition ein Preßdelict nicht vorliegen. Und weil die reichsgerichtliche Judicatur sich in dieser Richtung bewegt, so ist es nothwendig, auszusprechen, daß als Preßdelict in diesem Sinne auch die mittels Druckschrift begangene Beleidigung gilt. Demnächst habe ich hinzugefügt im Sinne beider Gutachter und des Berichterstatters, daß diejenigen strafbaren Handlungen, welche in der selbständigen Verbreitung einer Druckschrift bestehen, durch die obige Bestimmung nicht berührt werden.

Was nun die Frage betrifft, ob man den im Ausland erschienenen

Druckschriften und den dafür strafrechtlich verantwortlichen Personen auch das Privilegium einräumen soll oder nicht, so nehme ich einen vermittelnden Standpunkt ein. Der Herr Berichterstatter Hamm sagt: kein Privilegium; andere Herren sind entgegengesetzter Ansicht, kurz, der eine will es gewähren, der andere will es nicht gewähren. Meines Erachtens kann man allerdings nur zweifeln, ob man entweder den im Ausland erscheinenden Preßerzeugnissen das Privilegium überhaupt versagt, oder ob man nicht nach Maßgabe meines Vorschlages und analoger Anwendung, soweit es sich um den Gerichtsstand der begangenen That handelt, auch hierfür einen bestimmten Gerichtshof substituirt. Wir haben ja denselben Fall schon in der Strafprozeßordnung, und mir scheint, daß man für im Ausland erscheinende Erzeugnisse dadurch einen Ersatz für den Gerichtsstand der begangenen That schaffen könne, daß man ein erstinstanzliches Gericht, z. B. in Leipzig, für die Aburtheilung einsetzt, je nach der That das Schöffengericht oder die Strafkammer. Und ich habe dann auch in Anlehnung an eine neuere Vorschrift der Strafprozeßordnung, da man damit umgeht, Leipzig in mehrere Amtsgerichtsbezirke zu theilen, den Satz aufgenommen: „Ist die Stadt Leipzig in mehrere Gerichtsbezirke getheilt, so wird das zuständige Gericht von dem Reichskanzler durch allgemeine Anordnung bestimmt."

Es lehnt sich das an die Bestimmung im § 11 der Strafprozeßordnung an.

Mein Antrag erfordert nun aber noch ein Weiteres. Wenn man der Presse ein Privilegium gewähren will nur für das Forum der begangenen That und nur dafür das Gericht des Ortes, wo das Preßerzeugniß erschienen ist, substituirt, nicht aber so weit gehen will, wie der Herr Berichterstatter, dann ist meines Erachtens nothwendig, die von mir unter 3 vorgeschlagene Bestimmung, nämlich bezüglich des objectiven Verfahrens. Bezüglich dieses liegen meines Erachtens ganz böse Mißstände vor, gegen die ich schon vor vielen Jahren, als ich noch Richter beim Landgericht in Berlin war, angekämpft habe. Da würde meines Erachtens nothwendig sein, daß für das objective Verfahren, welches auf Grund des § 42 in Verbindung mit § 41 des Strafgesetzbuchs stattfindet, die zu 1 und 2 bezeichneten Gerichte ausschließlich zuständig sind. Eine entsprechende Bestimmung kann Herr Präsident Hamm in seinem Antrage entbehren; da ist sie nicht nöthig, wie der überhaupt nur einen ausschließlichen Gerichtsstand für sämmtliche Preßdelicte und damit auch für das objective Verfahren vorsieht. Von meinem Standpunkt aus aber ist diese Bestimmung durchaus nothwendig. M. H.! Ich will nicht weitläufig werden, das Hauptbedenken gegen den Antrag des Herrn Bericht=

erstatters liegt, wie gesagt, meines Erachtens darin, daß ich glaube, wir würden einen Beschluß fassen, dem ein Erfolg nicht zur Seite stehen würde. Ich kann nicht annehmen, daß die Bundesregierungen in ihrer Mehrheit so weit gehen würden, daß sie dem Privilegium in dieser ausgedehnten Weise ihre Zustimmung geben würden, sondern ich denke mir, daß sie sich auf den Standpunkt stellen würden und sagen: „Ja, die heutigen Zustände sind allerdings im höchsten Grade bedauernswerth und practisch nicht haltbar!" Ich glaube aber nicht, daß sie weiter gehen werden, als wie die Nothwendigkeit es verlangt. Wenn der Staatsanwalt seiner allgemeinen Zuständigkeit entsprechend den Verfasser des Artikels an seinem persönlichen Gerichtsstand anklagen will, und dieser sich unterscheidet von dem Gerichtsstand, wo das Preßerzeugniß erschienen ist, so läßt sich dagegen nichts einwenden, es ist das die Consequenz des concurrirenden allgemeinen persönlichen Gerichtsstandes. Es kommt übrigens endlich noch eine Ausnahme in Betracht, die in den Gutachten befürwortet worden ist und auch in dem Vorschlag des Herrn Berichterstatters gemacht ist, nämlich zu Gunsten der Privatklagesachen. Dehnt man das Privilegium nicht so weit aus, wie es hier von dem Herrn Berichterstatter empfohlen ist, sondern giebt man das Privilegium nur in der von mir befürworteten Beschränkung, d. h. also unter Festhaltung des Gerichtsstandes des Wohnsitzes, dann glaube ich, liegt auch kein genügender Grund vor, um bei Privatklagesachen eine Ausnahme zu machen. Ich meine, man muß die Grundsätze im Ganzen möglichst klar aufstellen und sie nicht durch Ausnahmen unterbrechen, die nicht absolut durch die Lage der Sache geboten sind. Ich bitte deshalb, daß Sie meinem Antrag Ihren Beifall schenken.

Justizrath **Beckh** (Nürnberg): M. H.! Wir haben zu Beginn unserer Berathungen den in gewohnter Weise höchst geistreich gehaltenen Vortrag unseres verehrten Collegen Präsidenten Hamm gehört, und in seinen Schlußfolgerungen, die er uns in seinen Thesen gebracht hat, kann ich ihm nur vollständig beistimmen, jedoch mit der Bitte verbunden, einen Zusatz noch hinzuzunehmen, welcher in Nr. 4 des Gutachtens von Kronecker enthalten ist, und der auch harmonirt mit den Ausführungen, welche der Herr Referent Hamm vorhin uns gebracht hat. Was meine Legitimation, zur Sache zu sprechen, anlangt, so glaube ich dieselbe damit begründen zu können, daß ich seit dem Jahre 1894, in der vorigen Reichstagsperiode und in dieser Reichstagsperiode, in der sogenannten Justizcommission gesessen habe, mit dieser Angelegenheit und speziell mit der vorliegenden Frage mich sehr eingehend beschäftigt habe, was vielleicht der Herr Geheimrath Vierhaus mir bestätigen wird, und daß auch im letzten Reichstage von mir und dem Collegen Munkel ein Antrag eingebracht war, welcher aber leider bei den vielen andern Sachen, die noch zu erledigen waren, lex Heintze u. s. w., nicht mehr zur Berathung kommen konnte, der sich indessen ziemlich vollständig deckt mit dem Antrag Hamm. Was nun die Ausführungen des ersten Herrn Redners anlangt, so bemerke ich, daß ich dem, was er de lege lata gesagt hat, gewissermaßen nicht widersprechen kann, insbesondere, was die Rechtsprechung des Reichsgerichts auf Grund der Rechtsnormen anlangt, die derselben zu Grunde gelegt sind, nur das Eine ist meines Erachtens vom Reichsgericht doch nicht in gehörige Erwägung gezogen worden, das ist nämlich die Thatsache, daß seiner Zeit bei der Berathung des Preßgesetzes man doch allseitig darüber einig war, daß ein solcher fliegender Gerichtsstand, wie er nachher ins Leben gerufen worden ist, nicht in Frage kommen könne, und daß auch angesichts der Motive sich in keiner Weise nachweisen und begründen läßt, daß eine solche Ausdehnung des Gerichtsstandes für möglich gehalten wurde. Und wenn man davon ausgeht, die Motive eines Gesetzes doch zunächst zur Grundlage der Auslegung zu machen, so war immerhin meines Erachtens die Rechtsprechung des Reichsgerichts sehr bedenklich und hat gerade aus diesem Grunde auch allerseits die größte Beanstandung erfahren.

M. H.! Es ist doch wohl sicher, und ich habe seiner Zeit in den Berathungen der Justizcommission fast dieselben Worte gebraucht, wie sie in dem Gutachten des Herrn Landgerichtsraths Kronecker enthalten sind, daß eben eigentlich durch diesen fliegenden Gerichtsstand der Betreffende seinem ordentlichen Richter entzogen wird, denn das ordentliche Gericht ist immerhin da, wo man seinen Wohnsitz hat, und bezüglich des Preßerzeugnisses da, wo dasselbe erschienen ist. Das ist nun aber vollständig in die Luft gestellt worden durch die Entscheidungen des Reichsgerichts, und wie wir heute gehört haben, wird auch allerseits anerkannt, daß diese Rechtsprechung in der That einen Uebelstand bildet. Ich will jedoch auf die Frage de lege lata nach den Ausführungen, die wir gehört haben, nicht weiter eingehen und mich bloß beschäftigen mit der Frage de lege ferenda, und in dieser Richtung sind nach meiner Meinung, wie ich bereits Eingangs erwähnt habe, die Thesen, welche uns der Herr Referent vorgelegt hat, lediglich noch etwas zu ergänzen. Sie stimmen auch so ziemlich überein mit dem Antrage, welcher seiner Zeit in den ersten Berathungen der Justizcommission im Jahre 1894/5 dort gebracht worden ist, wie er sich auf Seite 38 u. 39 des Referats des Herrn Kammergerichtsraths Kronecker findet. Damals wurde bereits ausgeschieden die Frage einer im Ausland erscheinenden Druckschrift, und hat man sich beschränkt auf den Inhalt einer im Inland erschienenen Druckschrift. Ich stehe auch heute noch auf diesem Standpunkt, daß ich es für richtig erachte, die Bestimmung in dieser Weise zu beschränken und die Frage des ausländischen Preßerzeugnisses in unsern Thesen nicht zu berühren. Wenn in dieser Richtung — ich erlaube mir, da gleich auf die Ansichten des zweiten Herrn Redners einzugehen —, wenn in dieser Richtung der Herr Oberreichsanwalt den Vorschlag gemacht hat, daß bezüglich der im Ausland vorgekommenen Preßdelicte ein besonderes Gericht in Leipzig als forum delicti constituirt werden soll, so kann ich mich nicht damit einverstanden erklären. Es ist meines Erachtens doch eine solche Ausnahmebestimmung nicht nothwendig und nicht am Platz. Die Sache wird sich ja sehr einfach regeln; wir werden in der Regel von dem Preßdelict erfahren durch eine Beschlagnahme, die stattfindet; da ist das Forum gegeben, wenn an dem Ort, wo die Beschlagnahme stattfindet, auch die Verfolgung eintritt; so würde sich meines Erachtens die Sache sehr einfach regeln; aber ein besonderes Gericht damit zu betrauen, was unter Umständen doch zu Einseitigkeiten führen kann, das ist meinen Anschauungen nach nicht entsprechend. Der Herr Oberreichsanwalt hat, nachdem ich mich mit seinen Ausführungen beschäftigt habe, auch davon gesprochen, daß der Begriff des Inhalts eine Einschränkung enthalte, welche unter Umständen wohl bei bloß formellen Vergehen wieder einen Zwiespalt bezüglich des Forums hervorrufen könnte, und daß eben deshalb der Antrag, den er eingebracht hat, Preßdelicte überhaupt in die These hereinzunehmen, das Richtigere wäre. Ich glaube doch nicht, daß das einem besonderen Anstand unterliegen würde, wenn wir bloß sagen „Inhalt"; ich finde, daß unter Inhalt Alles das verstanden wird, was eben auf dem betreffenden Druckbogen sich befindet, beziehungsweise nicht befindet. Wenn ein formelles Versehen vorliegt, dann geht doch eben aus dem Inhalt der Druckschrift hervor, daß ein Versehen vorgekommen ist; und ich würde ebenfalls den Inhalt nicht so eng beschränken, daß ich sage, es ist bloß der materielle Inhalt hier getroffen, wenn auch sich der Herr Redner darauf berufen hat, daß in einem weiteren Paragraphen speziell auf den „Inhalt" Bezug genommen worden ist. Also, wie gesagt, ich glaube, daß es nicht nothwendig ist, daß wir in dieser Beziehung Unterschiede machen und deswegen von der Fassung abgehen, die der Herr Referent Ihnen vorgeschlagen hat.

Nun muß ich aber doch noch ganz speziell auf einige Punkte aufmerksam machen, nämlich auf den Uebelstand, der von dem Herrn Redner nicht berührt worden ist, und der auch von dem Herrn zweiten Gutachter, Prof. Liszt, nur ganz flüchtig berührt worden ist, den ich aber seiner

Zeit in der Justizcommission ganz besonders hervorgehoben habe, leider nicht ohne die Gnade zu finden, welche ich voraussetzte und wie sie seiner Zeit im Reichstag obgewaltet hat, als die betreffende Bestimmung im Einführungsgesetz und im Gerichtsverfassungsgesetz festgesetzt wurde, und das ist die Thatsache, daß speziell für uns Süddeutsche, die wir noch die Geschworenengerichte haben in Preßsachen, daß wir gerade durch die Institution des fliegenden Gerichtsstandes im höchsten Grad benachtheiligt erscheinen. Es mag ja sein, daß, wie der Herr Präsident Hamm gesagt hat, die Staatsanwaltschaft sich nicht die Orte gerade aussucht, wo sie die Verfolgung eintreten läßt, aber wir haben doch Fälle gehabt, und das weiß der verehrte Herr Präsident Hamm auch, Fälle, in welchen eben die preußische Justiz zu Hilfe gerufen und in Preußen vorgegangen wurde gegenüber Preßerzeugnissen, die in Bayern erschienen waren, und die speziell nach unserem Recht vor die Schwurgerichte gekommen wären. Nun ist also unser ganzes Reservatrecht bezüglich der Aburtheilung von Preßvergehen durch die Schwurgerichte vollkommen in Frage gestellt durch diese Rechtsprechung des Reichsgerichts, wie sie sich herausgebildet hat, und durch die Thatsache, daß in Folge dessen im ganzen Deutschen Reich bis hinauf nach Memel das betreffende Preßerzeugniß verfolgt werden kann, und dann nicht vor die Geschworenen, sondern, wie das in Preußen und in der großen Mehrzahl der deutschen Staaten der Fall ist, vor den Strafrichter, beziehentlich vor den juristisch gebildeten Richter kommt. Das ist entschieden eine Benachtheiligung des Reservatrechtes, welches uns seiner Zeit im Wege des Compromisses von den Bundesregierungen und dem Reichstag eingeräumt worden ist. Und wenn wir nun die Bestimmung annehmen, welche uns vorgeschlagen ist von allen Seiten — in dieser Beziehung stimmen ja sowohl die Referate der Gutachter als das heutige Referat überein —, wenn wir diese Bestimmung annehmen, daß der Ort des Erscheinens der betreffenden Druckschrift als Zustandsort für die Verfolgung erachtet wird, dann ist diese offenbare Ungerechtigkeit, denn so müssen wir sie nennen, aus der Welt geräumt. Das ist also ein Punkt, der besonders uns Süddeutsche stets aufs Tiefste berührt hat, und wegen dessen ich mich seiner Zeit besonders veranlaßt gesehen habe, darauf zu dringen, daß endlich eine besondere Bestimmung in unsere Gesetzgebung hierwegen aufgenommen werde, nachdem ja, wie heute mehrfach gesagt worden ist, eine Aussicht, daß die Rechtsprechung des Reichsgerichts sich ändere, nicht gegeben ist. M. H.! Das unterliegt keinem Zweifel, wie das auch von den Herren Rednern ausgeführt worden ist, daß das allgemeine Rechtsbewußtsein dahin drängt, endlich einmal dem jetzt bestehenden Zustand ein Ende zu machen. Wie sich das dann gestaltet bezüglich der öffentlichen Klage und bezüglich der Privatklage, das ist eine Unterfrage, welche aber meines Erachtens auch von dem Herrn Gutachter Kronecker und von dem Herrn Präsidenten Hamm in richtiger Weise beantwortet worden ist. Auch im Schooße unserer Reichstagsjustizcommission ist die Entscheidung beziehungsweise Begutachtung in ähnlicher Weise ausgefallen. Damals wurden auch ausgenommen die Fälle der Verfolgung im Wege der Privatklage. Nun habe ich in dieser Beziehung den Wunsch, daß wir doch, und das habe ich ja vorhin bereits angeschnitten, noch einen Zusatz beifügen möchten. Wenn wir nicht zusätzlich zum Antrag Hamm speziell noch ausdrücklich bemerken, daß für die Privatklage außer dem Orte des Erscheinens als competentes Forum nur noch der Wohnsitz des Privatklägers genommen werden könne, dann können auch wieder meines Erachtens Fälle vorkommen, die durchaus nicht in unsere Judicatur und in unsere Anschauungen hereinpassen; nehmen wir den Fall an, daß Jemand auf der Reise sich irgendwo aufhält, und es kommt ihm ein Druckblatt in die Hand, in welchem er sich beleidigt erachtet, er ist nun ein heißblütiger Mensch, er nimmt die Zeitung, läuft damit sofort zu einem Anwalt, der dortige Anwalt nimmt auch die Sache an und reicht seine Klage sofort bei dem dortigen Gericht ein; das soll doch wohl von uns nicht beabsichtigt werden. Dagegen finde ich wohl begreiflich, daß, wenn Jemand als Privatperson beleidigt wird, und die ganzen Verhältnisse, welche dabei zur Erörterung gebracht werden, spielen im Ort seines Wohnsitzes, Alles, worauf angespielt wird, ist in dem Ort angeblich vorgekommen oder vorhanden, in welchem er seinen Wohnsitz hat, und der Kläger ist in der Lage, Beweismittel für die Unrichtigkeit dieser Behauptungen dort anzugeben, seine Beweismittel dort zu beschaffen, ihm dieses Benefiz noch gewährt werden soll, daß er in seinem Wohnsitz die Privatklage einreichen kann. Es kann ja vorkommen, daß in einem Blatt an einem ganz entfernten Ort die Beleidigung im Druck erscheint, und daß der betreffende Kläger dann unter Umständen seine Zeugen und alle sonstigen Beweismittel an diesen Ort hinschaffen muß mit großen Kosten, und unter Umständen kann ja in irgend einer Beziehung es hapern und mangeln und die Anschauung des Richters dahin gehen, daß der Beweis nicht ganz vollständig erbracht ist, dann hat er die großen Kosten noch dazu gehabt. Das würde der Billigkeit nicht entsprechen; in dieser Richtung würde ich Ihnen vorschlagen, es möchte zusätzlich des Antrages des Herrn Präsidenten Hamm die Nr. 4 des Herrn Gutachters Kronecker:

„Eine Privatklage wegen einer zu 1 bezeichneten strafbaren Handlung kann auch an demjenigen Ort angestellt werden, wo der

> Privatkläger zur Zeit des Erscheinens der Druckschrift seinen Wohnsitz oder in Ermangelung eines solchen seinen ständigen Aufenthalt hatte"

hinzufügen. Ich habe zu meinen Darlegungen nur das Eine noch zu bemerken: die Fassung des Herrn Referenten Hamm ist mir deshalb besonders auch sympathisch, weil die Frage der Theilnehmerschaft darin nicht in Betracht gezogen ist; es ist das eine Frage, die meines Erachtens so wichtig ist, daß sie hier nicht nebenbei in dem vorgeschlagenen Satz mit entschieden werden kann. Es ist das ja auch eine höchst strittige Frage bezüglich der Gehilfen, ob ein Setzer, Drucker, Corrector mit herangezogen werden, inwiefern er auch zum Zeugniß gezwungen werden kann. Es kann doch manchmal zu den größten Widerwärtigkeiten und Differenzen führen, wenn der betreffende Mann auf der einen Seite Zeugniß abgeben soll und auf der andern Seite verfolgt werden kann. Wir haben da schon Collisionen mannigfacher Art gehabt, und ist dies eine Frage, die nicht herangezogen, die hier vermieden werden soll. Wenn wir weder nach dem Gutachter sagen: „für alle Theilnehmer", noch wie der Herr Referent Liszt vorgeschlagen hat, nur „für Verfasser, Herausgeber, Redacteur, Drucker, Verleger", weil da auch wieder eine Beschränkung in gewissem Sinne gegeben ist, weil die Setzer und Correctoren deßfalls darin nicht enthalten sind, dann wird es am Besten sein, wenn wir die Anträge des Herrn Referenten Hamm einfach annehmen. Die Anträge des zweiten Herrn Redners, des Herrn Oberreichsanwalts, sind meines Erachtens doch nicht so geeignet, die allgemeine Anschauung zu erschöpfen, wie derselbe erhofft, und andererseits bin ich gar nicht bange darüber, ob die Bundesregierungen den Antrag, wie er von uns gestellt wird, acceptiren. Wir haben, m. H., nicht darauf zu sehen beim Juristentag, ob die Bundesregierungen unbedingt zustimmen; wir haben schon manche Sätze aufgestellt, die anfangs von den Bundesregierungen nicht gut geheißen wurden, aber doch schließlich durchgedrungen sind. In dieser Beziehung sind wir in keiner Weise gebunden, und selbst in der Justizcommission hat sich ja mehrfach gezeigt, daß, wenn anfangs in einigen Punkten Widerstand entgegengesetzt wurde, schließlich man doch auf dem Wege des Compromisses oder der Nachgiebigkeit dazu gekommen ist, zu sagen: Wenn andere Sätze angenommen werden, dann kann man ja diesen betreffenden Paragraph auch annehmen. Das würde mich also nicht hindern, ich glaube auch nicht, daß irgendwie seitens der Bundesregierungen diesem Antrag gegenüber ein besonderer Widerstand erfolgen wird. Es hat ja auch seiner Zeit der Antrag, der in der Commission gestellt wurde, wie auf Seite 190 des Referats mitgetheilt worden ist, und der sich so ziemlich deckt, wie ich vorhin sagte, mit dem Antrage des Herrn Präsidenten Hamm, besonderen Widerspruch seitens der Bundesregierungen damals nicht gefunden. Nur das Eine will ich noch bemerken: es ist seiner Zeit nur von „periodischen" Druckschriften die Rede gewesen und das hat speziell meinen Freund Munkel und mich veranlaßt, den Antrag im Reichstag einzubringen, daß das Wort „periodisch" gestrichen werde und somit Druckschriften jeder Art getroffen werden. Ich kann nicht einsehen, weshalb dasjenige, was in periodischen Druckschriften erscheint, anders behandelt werden soll, einer andern prozessualischen Behandlung unterworfen werden soll, als das, was in einem Buch erschienen ist. Auch in dieser Beziehung hat Herr Präsident Hamm das Richtige getroffen, und ich bitte, seinen Antrag anzunehmen mit Hinzufügung des Zusatzes, was vielleicht der Herr Referent nicht ablehnen wird, der sich unter Nr. 4 des Kronecker'schen Gutachtens findet.

Vorsitzender: Es ist mir in der Zwischenzeit ein Unterantrag zu dem Antrag des Herrn Referenten eingereicht worden von Herrn Rechtsanwalt Simon (Berlin). Er schlägt vor:

> Ich beantrage, den Antrag Hamm dahin zu amendiren:
>
> „Für die Verfolgung von Preßdelicten im Wege der öffentlichen Strafklage ist, sofern die Druckschrift im Inland erschienen ist, dasjenige Gericht ausschließlich zuständig, in dessen Bezirk die Druckschrift erschienen ist."

Der Herr Antragsteller hat das Wort zur Begründung.

Rechtsanwalt Dr. **Simon** (Berlin): Ich will nur wenige Worte zur Begründung anführen. Das Bedenken des Herrn Oberreichsanwalt bezüglich der formellen Preßdelicte scheint mir doch begründet zu sein und um denjenigen, die im Uebrigen für die Anträge des Herrn Referenten sind, die Annahme zu ermöglichen, würde ich Ihnen vorschlagen, mein Amendement anzunehmen, das einfach das Verfahren, auf alle Preßdelicte formelle und materielle, ausdehnt. Dann würde der Satz lauten: „Für die Verfolgung von Preßdelicten im Wege der öffentlichen Strafklage ist, sofern die Druckschrift im Inlande erschienen ist, dasjenige Gericht ausschließlich zuständig, in dessen Bezirk die Druckschrift erschienen ist." Was unter Preßdelicten zu verstehen ist, scheint mir klar zu sein; ich glaube, daß es deshalb des Zusatzes des Herrn Oberreichsanwalts bezüglich der Beleidigung kaum bedürfen wird, da wir uns ja mit der formalen Ausgestaltung des Gesetzgebungswortes nicht zu befassen haben.

Vorsitzender: Also es ist die Tendenz des Herrn Antragstellers, den ersten Satz zu streichen: „Begründet der Inhalt einer im Inlande erschienenen Druckschrift den Thatbestand einer strafbaren Handlung, so" . . soll gestrichen und der Beginn nur stilistisch geändert werden:

„Für die Verfolgung von Preßdelicten im Wege der öffentlichen Strafklage ist, sofern die Druckschrift im Inlande erschienen ist, dasjenige Gericht ausschließlich zuständig, in dessen Bezirk die Druckschrift erschienen ist."

Das Wort hat Herr Oberreichsanwalt Dr. Olshausen!

Oberreichsanwalt Dr. **Olshausen:** Ich kann dieses Amendement nur dankbar begrüßen für den Fall, daß im Uebrigen der Antrag Hamm angenommen werden sollte. Der Herr Justizrath Beckh ist ja, wenn ich recht verstanden habe, mit mir inhaltlich einverstanden; da möchte ich aber darauf aufmerksam machen, daß es doch wohl angebracht ist, dem auch in dieser Weise Ausdruck zu verleihen. Es ist ja nicht nur die Bestimmung des Preßgesetzes über die Verjährung, wo der Inhalt in Gegensatz steht zu den Formvorschriften, deren Verletzung den allgemeinen Verjährungsvorschriften unterliegt, sondern auch der § 41 des Strafgesetzbuches; der wird doch gleichfalls nur auf den Fall bezogen, wo der Inhalt als solcher im Gegensatz zur Form steht. Indem § 41 beginnt: „Wenn der Inhalt einer Schrift, Abbildung oder Darstellung strafbar ist", will er die Unbrauchbarmachung nicht in den Fällen, wo ein bloß formales Delict vorliegt. Deshalb meine ich, muß man dem Ausdruck geben — ich glaube übrigens, daß der Herr Präsident Hamm mit seinem Antrage etwas anderes gemeint hat; wie er mir sagte, wollte er thatsächlich eine andere Bestimmung. — Umsomehr ist es nothwendig, daß hierüber Klarheit geschaffen wird. Was mein Bedenken betrifft, ob unserem zu fassenden Beschlusse auch in der weiten Fassung des Herrn Präsidenten Hamm werde Folge gegeben werden, so kann ich mich doch der Fälle entsinnen, wo allerdings auch hier — auf dem Juristentage — Gewicht darauf gelegt wurde, daß wir nicht nur sogenannte papierne Beschlüsse faßten, sondern solche, welche sich realisiren lassen würden, und wenn Herr Rechtsanwalt Beckh Bezug genommen hat auf die Zustimmung der Bundesregierungen — oder gesagt hat, daß wenigstens kein Widerspruch erfolgt sei — gegenüber dem in der Commission gestellten Antrage, so bemerke ich, daß der ja ausdrücklich die Beschränkung will, nur an Stelle des Ortes der begangenen That eine specielle Bestimmung zu setzen, aber nicht in der weitreichenden Weise des Antrages Hamm.

Rechtsanwalt Dr. **Simon:** Ich bemerke, daß bei der von mir vorgeschlagenen Fassung ein kleines Versehen untergelaufen ist; es muß im

Eingange heißen: „Für die Verfolgung im Inlande begangener Preßdelicte"; ich bitte den Antrag dahin zu ergänzen.

Geh. Oberjustizrath **Vierhaus** (Berlin): M. H.! Bezüglich der Frage, ob ein ausschließlicher Gerichtsstand geschaffen, oder ob nur ein Gerichtsstand der begangenen That fixirt werden soll, stehe ich auf dem Standpunkte des zweiten Referenten, des Herrn Oberreichsanwalts; nicht aus dem Grunde, den er angeführt hat, mit Rücksicht auf die Erreichbarkeit der Beschlüsse, sondern aus praktischen Erwägungen. Gerade diejenigen Rücksichten, die bei der bisherigen Erörterung über die Privatklage für maßgebend erachtet worden sind, greifen auch hier Platz. Es ist der Fall vorgekommen, daß schwere Verleumdungen gegen einen oberschlesischen Grubenbesitzer in ein Flugblatt aufgenommen waren, daß der Thäter dort im oberschlesischen Grubenbezirk saß, daß er aber seine Verleumdungen wohlerwogen — es war noch vor der Judicatur des Reichsgerichts — in Berlin erscheinen ließ, die aber thatsächlich ohne besondere Verbreitungshandlungen ihre Verbreitung ausschließlich im oberschlesischen Grubenbezirk fanden. Nun mußte die Verhandlung stattfinden unter Vorladumg aller der Zeugen, die zum Beweise der Wahrheit vorgeladen waren, nach Berlin; man stand vor der Alternative, entweder das in solchen Sachen besonders mißliche Auskunftsmittel commissarischer Vernehmung zu ergreifen oder aber diese Zeugen mit einem großen Kostenaufwand nach Berlin zu laden und dort zu verhandeln. Gerade diese Erwägungen haben auch bei der Verhandlung in der Reichstagscommission eine Rolle gespielt und zu den Beschränkungen geführt, die in deren Beschlüssen enthalten sind, namentlich zu der Beschränkung auf den Gerichtsstand der begangenen That. Bei diesen Verhandlungen hat übrigens eine eigentliche Verständigung mit den verbündeten Regierungen nicht stattgefunden. Die Frage wurde angeregt aus Anlaß der Strafproceßnovelle und später aus Anlaß der sogenannten lex Rintelen. Die Mittheilungen in dem Gutachten des Herrn Kammergerichtsrath Kronecker sind nicht genau; der Vorschlag der Commission findet sich mit eingehender Begründung in dem Berichte, den die Reichstagscommission im Jahre 1896 dem Plenum erstattet hat, und dort sind alle diese Erwägungen bereits zum Ausdruck gebracht worden. Die verbündeten Regierungen haben sich bei der Wichtigkeit der Frage, und da man nicht wußte, wie der Reichstag und der Bundesrath sich stellen würden, an den Verhandlungen betheiligt, und zwischen ihren Commissaren und der Reichstags-Commission bestand ein Einverständniß in der Richtung der Fassung des Commissionantrags, darin war aber wohl erwogen die Beschränkung auf den Gerichtsstand der begangenen That enthalten, und ich möchte glauben, daß die Fälle, in denen der Wohnsitz des Thäters oder der Theilnehmer zu ähnlichen Uebelständen führen könnte, wie sie bei dem fliegenden Gerichtsstand in der jetzigen Auffassung des Reichsgerichts sich geltend gemacht haben, doch geringfügig sind in Vergleich mit den Uebelständen, die ich eben erwähnt habe. Ich möchte mir daher erlauben, den Antrag zu stellen, in dem Antrage des Herrn Präsidenten Hamm statt der Worte „dasjenige Gericht ausschließlich zuständig" zu setzen „der Gerichtsstand der begangenen That nur bei demjenigen Gerichte begründet". In dieser Form wäre ich in der Lage, den Antrag Hamm zuzustimmen.

Vorsitzender: Darf ich bitten, mir den Antrag schriftlich einzureichen.

Der Antrag Simon lautet jetzt folgendermaßen:

„Ich beantrage, den Antrag Hamm dahin zu amendiren:

Für die Verfolgung von Preßdelicten im Wege der öffentlichen Strafklage ist, sofern die Druckschrift im Inlande erschienen ist, dasjenige Gericht ausschließlich zuständig, in dessen Bezirk die Druckschrift erschienen ist."

Herr Geheimrath Vierhaus hat den Antrag gestellt;

„in vorstehendem Antrag (des Referenten Hamm) statt: „dasjenige Gericht ausschließlich zuständig" zu setzen „der Gerichtsstand der begangenen That nur bei dem Gericht begründet."

Das Wort wird nicht weiter begehrt.

Zur Geschäftsordnung hat das Wort Herr Dr. Olshausen.

Oberreichsanwalt Dr. **Olshausen:** Ich möchte nur zur Geschäftsordnung bemerken: ich habe wenig Aussicht, daß mein Antrag in vollem Umfange durchgehe; ich ziehe deshalb zu Gunsten des eben gestellten amendirten Antrags meinen Antrag zurück. Das Wesentlichste ist mir eben dieser Umstand, das nur das Privilegium soweit geschaffen wird, daß an Stelle des forums der begangenen That einfach festgestellt wird der Ort des Erscheinens der Druckschrift. Das Uebrige ist ja mehr oder minder Beiwerk, insbesondere, ob man nun für das Ausland eine besondere Bestimmung treffen will oder nicht.

Ich habe zwar das Gefühl, als ob man wohl ein Analogon schaffen könnte, aber ich lege darauf weniger Gewicht und ziehe meinen gesammten Antrag zurück.

Vorsitzender: Dann liegt uns nun vor der Antrag Hamm in der unveränderten Fassung, dann der Antrag Vierhaus als Amendement desselben, der Antrag Simon als Amendement desselben und der Zusatzantrag wegen der Privatklage.

Herr Dr. Levis hat das Wort zur Geschäftsordnung.

Amtsrichter Dr. **Levis** (Pforzheim): Ich wollte nur zur Geschäftsordnung die Frage stellen, ob der Herr Oberreichsanwalt denn auch hinsichtlich der Privatklage seinen Antrag zurückzieht; in seinem Antrage hat er das Privatklageverfahren dem Offizialverfahren gleichgestellt; und ich wenigstens für meine Person, möchte dem Antrage Hamm, insoweit er hiervon abweicht, nicht beistimmen.

Oberreichsanwalt Dr. **Olshausen:** Ich dachte eben zur Vereinfachung des Verfahrens beizutragen.

Vorsitzender: Ich habe formell die Discussion bereits geschlossen, sie ist aber wieder aufgenommen worden, und es bittet Herr Dr. Coumont um das Wort.

Wollen Sie ihm dasselbe gestatten?

Wenn ein Widerspruch nicht erfolgt, darf ich das annehmen.

Advocat Dr. **Eduard Coumont** (Wien): M. H.! Ich bin ein Wiener, ein österreichischer Jurist, und es ist sehr begreiflich, daß alle diejenigen, die in Oesterreich mit den Preßverhältnissen zu thun haben, was bezüglich meiner Person speciell zutrifft, weil ich Mitredacteur der allgemeinen österreichischen Gerichtszeitung bin, den Verhandlungen des Deutschen Juristentages gerade bezüglich des jetzt zur Diskussion stehenden Punktes lebhaftes Interesse entgegengebracht haben, namentlich in einer Beziehung, welche besonders von dem verehrten Herrn Oberreichsanwalt ausführlich berührt wurde, während sie so weit ich orientirt bin, bei den übrigen Herren Rednern vielleicht in Folge einer mißverständlichen Auffassung meinerseits nicht die gleich intensive Beachtung gefunden zu haben scheint. Es ist den Herren bekannt, daß die hauptsächlichste in Oesterreich geübte Remedur der Verfolgung von Preßdelicten im Wege des ordentlichen Verfahrens durch Beschlagnahme ohne subjective Verfolgung besteht. Es ist nun bei uns in Oesterreich eigentlich die Sache so, daß der betreffende Antrag des Staatsanwalts auf Bestätigung der Beschlagnahme einer Druckschrift wegen einer durch dieselbe begangenen strafbaren Handlung nicht als eine Strafklage aufgefaßt wird, sondern als ein Antrag, der von der Staatsbehörde bei dem competenten Gerichtshof gestellt wird. Es ist nun zwar durch die Formulirung des verehrten Herrn Oberstaatsanwalts jeder Zweifel darüber ausgeschlossen, daß auch diejenigen Anträge der Staatsbehörde, welche sich auf die Verfolgung einer durch eine Druckschrift begangenen strafbaren Handlung nicht im Wege der subjectiven Verfolgung, sondern im Wege des sogenannten objectiven Verfahrens beziehen, durch den Beschluß des Juristentages getroffen werden sollen. Ich möchte mir daher nur, so zu sagen, zu meiner Beruhigung an den verehrten Herrn Referenten die Anfrage gestatten, ob dies auch durch die Textirung seines Antrages in der Art der Fall ist, daß allgemein kein Zweifel darüber besteht, daß die beantragte Competenzregelung sich nicht nur auf die Uebelstände erstreckt, welche durch die Verfolgung in subjectiver Beziehung entstehen, sondern daß wie in Oesterreich in außerordentlich reichem Maße geschieht, auch das objective Verfahren in Folge Beschlagnahme mit dieser Competenzregelung getroffen werden soll.

Vorsitzender: Der Herr Oberreichsanwalt überreicht mir soeben den Antrag:

> „Unter Zurückziehung meines Antrages stelle ich nunmehr den Antrag, den obigen Antrag zu I (Antrag Hamm) unter Streichung der Worte „für deren Verfolgung im Wege der öffentlichen Strafklage" sowie mit dem Amendement Vierhaus anzunehmen."

Das Schlußwort hat Herr Präsident Hamm.

Berichterstatter Oberlandesgerichtspräsident **Hamm:** Wenn ich zunächst auf das, was der Herr aus Oesterreich bemerkte, antworten darf: Herr Olshausen hatte allerdings das objective Verfahren in seinem ersten Antrag zum Gegenstand einer besonderen Nummer gemacht. Dieselbe lautet: „Für das sogenannte objective Verfahren auf Grund des § 42 des Strafgesetzbuches in Verbindung mit § 41 ebendaselbst sind die zu 1 und 2 bezeichneten Gerichte ausschließlich zuständig." Er kam dazu, weil er für die Fälle des subjectiven Verfahrens keinen ausschließlichen Gerichtsstand bestellen, vielmehr sagen wollte: „Bei Preßvergehen ist der Gerichtsstand des Orts der begangenen That an demjenigen Gerichte begründet, in dessen Bezirk die Druckschrift erschienen ist." Da ich ganz allgemein für Verfolgung einer Druckschrift das Gericht des Erscheinungsorts als ausschließlich zuständig erkläre, umfaßt die von mir vorgeschlagene Bestimmung ohne weiteres auch das objective Verfahren. Bei meinem Antrag ist also eine besondere Bestimmung für das objective Verfahren nicht nöthig, das hat auch Herr Olshausen anerkannt.

Was die jetzt noch vorliegenden Abänderungsanträge zu meinem Antrag betrifft — der zurückgezogene Antrag braucht nicht erörtert zu werden — so handelt es sich um folgende Differenzen, wenn ich meinen Antrag zu Grunde lege. Zunächst der Antrag Simon. Während ich sage: „begründet der Inhalt einer im Inland erschienenen Druckschrift den Thatbestand einer strafbaren Handlung, so ist für deren Verfolgung im Wege der öffentlichen Strafklage u. s. w." will er sagen: „für die Verfolgung von Preßdelicten im Wege der öffentlichen Strafklage." So viel die Discussion ergeben hat und so viel ich den Antrag Simon verstehe, will er damit den neuen Gerichtsstand des Erscheinungsorts einführen auch für diejenigen Preßdelikte, die nicht durch den Inhalt der Druckschrift begangen werden, also namentlich für die Preßübertretungen, und das will ich gerade nicht, so daß hier nicht etwa blos eine verschiedene Fassung vorliegt, sondern ein materieller Unterschied besteht. Es ist meines Erachtens gar kein Grund dafür da, für die Preßübertretungen auch einen besonderen Gerichtsstand einzuführen. Gerade der Hauptgesichtspunkt für den neuen einheitlichen Gerichtsstand in Preßsachen, daß die Anschauungen darüber, ob die Erörterungen in einer Druckschrift strafbar sind, so ungemein verschieden sein können, trifft bei den Preßübertretungen nicht zu. Außerdem sind aber auch einige Preßübertretungen schon vollendet mit dem Moment des Erscheinens, so daß bei ihnen der einheitliche Gerichtsstand des Erscheinungsorts schon von selbst gegeben ist. Wenn es im § 6 des Preßgesetzes heißt: „Auf jeder im Geltungsbereich dieses Gesetzes erscheinenden Druckschrift muß der Name und Wohnort des Druckers u. s. w. genannt sein", so ist die durch Unterlassung dieser Benennung begangene Preßübertretung schon mit dem Erscheinen der Druckschrift begangen und vollendet und es ist daher schon nach allgemeinen Grundsätzen der Gerichtsstand der begangenen That ausschließlich am Erscheinungsort begründet. Es wäre aber auch eine Vielheit der Gerichtsstände für diese Preßübertretung gar nicht gefährlich, da schwerlich eine verschiedene Anschauung über den Sinn des § 6 oder darüber möglich ist, ob der Drucker auf der Druckschrift genannt ist oder nicht. Bei unserer Frage handelte es sich bisher überhaupt nie um diese Uebertretungen, um die Preßdelicte, die dadurch begangen werden, daß der Drucker nicht genannt oder daß das Pflichtexemplar nicht rechtzeitig eingereicht ist und dergleichen, sondern stets nur um die Preßdelicte, die durch den Inhalt einer Druckschrift begangen werden. Ich weiß keinen Grund, warum man darüber hinausgehen soll. Ich bitte deshalb den Antrag Simon abzulehnen und in diesem Punkt bei meinem Antrag zu bleiben.

Was sodann den Antrag Vierhaus betrifft, so besteht die Differenz zwischen meinem und dessen Antrag in Folgendem. Ich will für die Preßvergehen durch den neuen Gerichtsstand des Erscheinungsorts auch den Gerichtsstand des Wohnsitzes ausschließen, während der Antrag Vierhaus in Uebereinstimmung mit dem früheren Antrag Olshausen für die Preßvergehen neben dem neuen Gerichtsstande des Erscheinungsorts den Gerichtsstand des Wohnsitzes beibehalten will. Wenn Sie also den Antrag Vierhaus, der mit dem zurückgezogenen Antrag des Herrn Oberreichsanwalts übereinstimmt, annehmen, so würden Sie in Zukunft für Preßsachen haben den Gerichtsstand des Wohnsitzes und daneben als Gerichtsstand der begangenen That den, wo die Druckschrift erschienen ist. Nehmen Sie meinen Antrag an, so fällt auch der Gerichtsstand des Wohnsitzes, und wir behalten ausschließlich den Gerichtsstand des Erscheinungsorts. Nun hat Herr Vierhaus uns einen Fall erzählt aus Oberschlesien. Es ist das ein Fall, der, wie ich glaube, sehr häufig typisch in einer ganz anderen Form vorkommen wird. In der Regel wird sich ein Mann, wie der in Oberschlesien, welcher einen oberschlesischen Großindustriellen angreifen wollte und zu dem Ende einen diesen beleidigenden Artikel an eine Zeitung in Berlin schickte, sich streng anonym halten. Der Redacteur wird ihn, wie regelmäßig der Fall, nicht als Verfasser namhaft machen und es wird dann auch, wenn der Gerichtsstand des Wohnsitzes beibehalten wird, nichts übrig bleiben, als wegen des aus Oberschlesien stammenden, gegen einen Großindustriellen in Oberschlesien gerichteten Artikels in Berlin den Redacteur zu verfolgen. Die Leute, die so vorsichtig und schlau sind, ihre gegen Personen an ihrem Wohnort gerichteten beleidigenden Artikel an eine auswärtige Zeitung zu schicken, werden sich auch weiterhin in den Mantel der Anonymität zu hüllen wissen, so daß dem von Herrn Vierhaus gefürchteten Mißstand durch Beibehaltung des Gerichtsstandes des Wohnsitzes nur selten abgeholfen würde. Dem gegenüber hat aber die Beibehaltung des Gerichtsstandes des Wohnsitzes den großen Nachtheil, daß damit die Vielheit der Gerichtsstände für die Presse beibehalten wird. Drucker und Verfasser, selbst auch Drucker und Verleger werden sehr häufig bei einer Zeitung verschiedene Wohnsitze haben, große Zeitungen bekommen Artikel aus der ganzen Welt, und es bleibt dann der große Mißstand, daß der Verleger und der Redacteur einer großen Zeitung auch wegen eines durchaus keine persönliche Berührung enthaltenden Artikels an dem fernen kleinen Oertchen verfolgt werden kann, wo der Verfasser oder der Einsender des Artikels wohnt. Ich halte es nach wie vor für das Beste, daß wir den Ort, wo die Druckschrift erschienen ist, ausschließlich zum Gerichtsstand machen und auch den des Wohnsitzes ausschließen. Wenn Sie das wollen, müssen Sie den Antrag Vierhaus ablehnen und meinen Antrag annehmen.

Dann ist noch festgehalten derjenige Theil des Antrags Olshausen, der die Frage, ob der neue Gerichtsstand des Erscheinungsorts auch für die Privatklagen gelten soll, zu Ihrer Entscheidung bringt, und in diesem Punkte kommt weiter auch das Amendement Beckh zur Sprache. Hiernach bestehen bezüglich der Privatklagen drei Meinungen. Ich will die Privatklage ganz von der neuen Bestimmung des Gerichtsstandes ausschließen, also die Privatklage wegen Preßvergehen nach wie vor den Weg gehen lassen, wie bisher. Sie behält den Gerichtsstand der begangenen That, wie jetzt, und der Gerichtsstand der begangenen That ist auszulegen nach den bisherigen Rechtsanschauungen als Gerichtsstand der Orte der Verbreitung. Herr Olshausen will den neuen Gerichtsstand des Erscheinungsorts in Preßsachen auch für die Privatklagen einführen, keinen Unterschied zwischen Privat- und öffentlicher Klage machen. Herr Beckh will eine Vermittelung in demselben Sinne, wie sie Kronecker vorschlägt, nämlich während ich sage, bei der Privatklage soll es bei dem allgemeinen Recht bleiben, soll hier für die Privatklage etwas ganz Besonderes eingeführt werden. Es soll nämlich für sie der neue Gerichtsstand am Ort des Erscheinens mitgelten, es soll auch die Privatklage nicht mehr an jedem Ort der Verbreitung angestellt werden können, es soll aber für die Privatklage wegen Preßvergehen neben dem Gerichtsstand des Erscheinungsorts ein ganz neuer Gerichtsstand geschaffen werden, nämlich da, wo der Privatkläger zur Zeit des Erscheinens der Druckschrift seinen Wohnsitz oder seinen ständigen Aufenthalt hat. Das ist etwas ganz Neues, ein Gerichtsstand am Wohnsitz des Verletzten, den wir bisher nicht gekannt haben. Und das halte ich für höchst bedenklich. Unsere und alle Strafprozeßordnungen stehen auf dem Standpunkt, daß eine Strafthat außer am Orte, wo sie begangen ist, am Wohnsitz des Thäters verfolgt werden kann. Eine Verfolgung am Wohnsitz des Verletzten zulassen, ist etwas so Exceptionelles, daß ich Sie dann doch lieber bitten möchte, den Antrag Olshausen anzunehmen und den einen Gerichtsstand des Erscheinungsorts unterschiedlos für Privat-, wie öffentliche Klagen einzuführen. Das ist dadurch zu erreichen, daß Sie in meinem Antrage, wie Herr Olshausen vorschlägt, die Worte streichen „für deren Verfolgung im Wege der öffentlichen Strafklage". Wenn Sie diese Worte streichen, ist damit die Geltung der neuen Bestimmung auch für die Privatklagen ausgesprochen. Wollen Sie das Beckh'sche Amendement annehmen, so müssen Sie gleichfalls gedachte Worte in meinem Antrage streichen, aber dann zugleich folgende besondere Bestimmung meinem Antrage zusetzen, wie sie bei Kronecker unter 4 steht:

> Eine Privatklage kann auch an demjenigen Ort angestellt werden, wo der Privatkläger zur Zeit des Erscheinens der Druckschrift seinen Wohnsitz oder in Ermangelung eines solchen seinen ständigen Aufenthalt hat.

Im übrigen scheinen mir Amendements zu meinem Antrage nicht mehr vorzuliegen; die übrigen Anträge sind so viel ich weiß alle zurückgezogen. Ich bitte in der vorentwickelten Weise auch die Abstimmung im Anschluß an meinen Antrag und die Amendements vorzunehmen.

Vorsitzender: Meine Herren, wir stehen an der Fragestellung. Ich beabsichtige, die Frage in der Art zu stellen, daß in eventueller Form für die Annahme des Herrn Referenten Hamm die sämmtlichen Anträge auf Streichungen nach Ordnung des weitestgehenden zur Abstimmung kommen. Ich werde also zunächst den Antrag Simon zur Abstimmung bringen, sodann den Antrag Vierhaus, dann den Antrag Olshausen, als Amendement gewissermaßen des Antrags Olshausen den Antrag Beckh und zum Schluß, wie er sich gestaltet hat, den Antrag Hamm. Sind die Herren damit einverstanden?

Oberreichsanwalt Dr. **Olshausen:** Ich möchte etwas über die Reihenfolge sagen. Zu Grunde zu legen ist natürlich der Antrag Hamm, und nun meine ich, muß man weiter die Amendements in der Weise zur Abstimmung bringen, daß das am meisten entgegenstehende, das, was die radicalste Aenderung bringt, zunächst zur Abstimmung kommt. Das scheint mir der Antrag Vierhaus zu sein. Demnächst würde ich glauben, käme mein Antrag wegen der Privatklage, Streichung der Worte „für deren Verfolgung im Wege der öffentlichen Strafklage", und anschließend daran je nach dem Ergebniß der Antrag Beckh und endlich als am wenigsten abweichend, beinahe nur formeller Art, der Antrag Simon.

Vorsitzender: Ich war derselben Ansicht, aber der Herr Referent scheint der Ansicht zu sein, daß der Antrag Simon am weitesten geht.

Berichterstatter Oberlandesgerichtspräsident **Hamm:** Nein, das modificirt meinen Antrag am wenigsten, dem schließe ich mich an.

Simon: Dürfte es sich vielleicht empfehlen, den Antrag Olshausen in allererster Linie zur Abstimmung zu bringen, weil er sich gewissermaßen als Unterantrag zu dem Antrag Vierhaus darstellt?

Vorsitzender: Er schließt sich an den Antrag Vierhaus an. Ich bringe für den Fall, daß der Antrag Hamm angenommen wird, zur Abstimmung, ob er nach dem Antrag Vierhaus abgeändert werden soll. Der Antrag Vierhaus geht dahin, in vorstehenden Antrag statt: „dasjenige Gericht ausschließlich zuständig" zu setzen: „der Gerichtsstand der begangenen That wird nur bei demjenigen Gericht begründet." Diejenigen Herren, die diesen Antrag annehmen wollen, bitte ich, sich zu erheben.

(Geschieht).

Bitte um die Gegenprobe.

(Geschieht).

Der Antrag ist abgelehnt.

Herr Oberreichsanwalt Olshausen schlägt vor:

Unter Zurückziehung meines Antrages stelle ich nunmehr den Antrag, den obigen Antrag zu 1 (Hamm) unter Streichung der Worte „für deren Verfolgung im Wege der öffentlichen Strafklage" anzunehmen.

Ich bitte diejenigen Herren, welche dafür stimmen, sich zu erheben.

(Geschieht).

Ist augenscheinlich die Minorität. Wir kommen nunmehr zu dem Antrag Beckh. Herr Dr. Beckh will zu dem Antrag Hamm zugesetzt haben als Nr. 4 des Gutachtens Kronecker:

„eine Privatklage wegen einer zu 1 bezeichneten strafbaren Handlung kann auch an demjenigen Ort angestellt werden, wo der Privatkläger zur Zeit des Erscheinens der Druckschrift seinen Wohnsitz oder in Ermangelung eines solchen seinen ständigen Aufenthalt hat."

So wie er hier lautet, kann er unmöglich stehen bleiben, denn die Worte, „wegen einer zu 1 bezeichneten strafbaren Handlung sind aus dem Antrag des Herrn Kronecker herausgerissen und haben keinen selbständigen Sinn.

Berichterstatter Oberl.-Gerichtpr. **Hamm:** „Wegen einer zu 1 bezeichneten strafbaren Handlung" fällt weg, und es muß dann auch im ersten Satz gestrichen werden: „im Wege der öffentlichen Strafklage."

Vorsitzender: Das ist rein redactionell. Ich bitte also diejenigen Herren, welche dem Antrage in dieser Form zustimmen wollen:

Eine Privatklage kann auch an demjenigen Ort angestellt werden, wo der Privatkläger zur Zeit des Erscheinens der Druckschrift seinen Wohnsitz oder in Ermangelung eines solchen seinen ständigen Aufenthalt hat.

sich zu erheben.

(Geschieht).

Augenscheinlich die Minorität.

Wir kommen nunmehr zu dem Antrag Simon, welcher den Antrag Hamm dahin amendiren will, daß er lautet: für die Verfolgung von Preßdelicten im Wege der öffentlichen Strafklage ist dasjenige Gericht ausschließlich zuständig, in dessen Bezirk die Druckschrift erschienen ist. Ich bitte diejenigen Herren, welche für den Antrag Simon stimmen wollen, sich zu erheben.

(Geschieht).

Augenscheinlich die Minorität. Er ist ebenfalls abgelehnt. Wir kommen also nunmehr zu dem unveränderten Antrag Hamm:

> Begründet der Inhalt einer im Inlande erschienenen Druckschrift den Thatbestand einer strafbaren Handlung, so ist für deren Verfolgung im Wege der öffentlichen Strafklage dasjenige Gericht ausschließlich zuständig, in dessen Bezirk die Druckschrift erschienen ist.

Ich glaube, ich kann gleich die zweite Nummer, die eigentlich gar nicht angefochten wurde, hinzunehmen.

> 2. Dies gilt nicht, sofern es sich um eine weitere selbstständige Verbreitung der Druckschrift handelt.

Ich bitte diejenigen Herren, welche den Antrag in dieser Form annehmen wollen, sich zu erheben.

(Geschieht).

Bitte um die Gegenprobe.

(Geschieht).

Gegen 2 Stimmen angenommen.

Wir haben nun noch die Frage zu erledigen; soll dem Plenum über diesen Antrag nur Bericht erstattet werden oder soll es zur Diskussion im Plenum kommen?

Justizrath **Beckh:** Bei der Wichtigkeit der Frage halte ich es für angezeigt, die Sache im Plenum vorzubringen.

Oberlandesgerichtspräsident **Hamm:** Ich glaube, das Plenum wird hauptsächlich die wichtige Frage über die Ausbildung des Richterstandes behandeln wollen. Ueber unsere Frage hier ist eine solche Einmüthigkeit zu Tage getreten mit Ausnahme einiger Nuancen, daß es eigentlich nicht nöthig ist, sie im Plenum noch einmal zur Diskussion zu stelleu.

Justizrath **Beckh:** Angesichts des Einwands des Herrn Redners, daß die andere Sache im Plenum große Debatte hervorrufen wird, verzichte ich; außerdem würde mir die Sache wichtig genug erscheinen.

Vorsitzender: Darf ich als einstimmige Ansicht annehmen, daß wir diesen Beschluß dem Plenum nur zur Kenntniß bringen? Es ist allgemeine Zustimmung. Ich bitte, — wohl als selbstverständlich — Herrn Präsidenten Hamm, diese Anzeige dem Plenum zu erstatten.

Die Sitzung wird hierauf auf eine halbe Stunde vertagt.

Nach Wiedereröffnung derselben erhält zu Frage 4:

> Bedarf es gesetzlicher Vorschriften darüber, unter welcher Voraussetzung ein Geisteskranker vor der Entmündigung in eine

Anstalt gebracht und ein entmündigter Geisteskranker dort gegen seinen Willen festgehalten werden darf?

das Wort der

Berichterstatter Geh. Oberjustizrath **Vierhaus** (Berlin): Meine geehrten Herren! Am 18. Januar 1897 beschloß der Deutsche Reichstag auf den Antrag des Abgeordneten Dr. Kruse, welcher nur eine Aenderung und präcisere Fassung eines von dem Abg. Lenzmann gestellten Antrags darstellte, einstimmig,

> „die verbündeten Regierungen zu ersuchen, baldigst einen Gesetzentwurf vorzulegen, welcher Grundsätze feststellt wodurch die Aufnahme, die Aufenthaltsverhältnisse und die Entlassung von Geisteskranken in resp. aus den Anstalten reichsgesetzlich geregelt wird."

Auch im Jahre 1898 ist die Angelegenheit aus Anlaß der Etatsberathung wiederholt zur Sprache gekommen. Es erscheint daher als eine Aufgabe des Juristentages, die Frage, zu welcher die deutsche Volksvertretung so entschieden Stellung genommen hat, auch vom juristischen Standpunkt aus einer Prüfung zu unterziehen.

Diese Prüfung ist meines Erachtens umso nothwendiger, als jener Beschluß des Reichstages, wie die ihm vorausgegangene umfangreiche Discussion darthat, nicht auf einer genauen Würdigung des zur Zeit bestehenden Rechtszustandes beruhte, sondern sich als Ausfluß einer allgemeinen Volksstimmung darstellte, wie sie in der sogen. Irrenrechtsbewegung der 90er Jahre ihren Ausdruck fand und wie sie auch im Reichstage gerade in Anknüpfung an die damals kurz vorher vorgekommenen Mißbräuche in einer von Alexianern geleiteten Heilanstalt bei Aachen (Fall Forbes-Mellage) neue Nahrung empfangen hatte.

Ihnen ist bekannt, daß schon vorher im Jahre 1892 ein Aufruf erschien, unter den hochangesehene Juristen, wie z. B. Jhering und unser Gierke, ihre Namen gesetzt hatten, und in dem ein größerer Schutz für die in Irrenanstalten untergebrachten Geistesgesunden verlangt wurde, und zwar — abgesehen von schärferer Beaufsichtigung der Anstalten selbst — in der Richtung, daß die Entscheidung über die Unterbringung in die Hand einer Commission von unabhängigen Männern gelegt werden sollte, wobei dann ausschließlich die praktischen Gesichtspunkte der erwiesenen Hilfebedürftigkeit und Gefährlichkeit ausschlaggebend sein sollten. Kein geringerer als Otto Bähr hat damals diesen Aufruf — in der Kölnischen Zeitung, wenn ich nicht irre, — einer vernichtenden Kritik unterzogen. Gleichwohl nahm die Bewegung ihren Fortgang und führte zu einer Versammlung „unabhängiger Männer“, wie sie sich selbst nannten, in Göttingen, die dort am 21. November 1894 eine Reihe von Leitsätzen beschloß, welche nachher von Prof. von Kirchenheim in Heidelberg und Rechtsanwalt Reinartz in Düsseldorf herausgegeben worden sind mit Erläuterungen und Belegen, wobei aber characteristischer Weise die Namen der Beschlußfassenden nicht kund gegeben wurden.

Auf die Einzelheiten jener Leitsätze und auf die in ihnen enthaltenen schweren Vorwürfe gegen die Justizverwaltung und die Medizinalbehörden näher einzugehen, ist hier nicht der Ort; denn selbst wenn man, wie ich persönlich es aus Ueberzeugung thue, annimmt, daß jene Vorwürfe jedes Grundes entbehrten, so ist doch die Thatsache unbestreitbar, daß das Vertrauen in die staatliche Gesetzgebung über die Irrenpflege und in die Handhabung dieser Gesetzgebung durch die staatlichen Behörden in weiten Kreisen des Volkes erschüttert ist, und es ist daher ein Gegenstand ernstester Erwägung, ob und wie dieses Vertrauen eine neue Sicherung und Stärkung erfahren kann.

In den Göttinger Leitsätzen und der an die Leitsätze sich anschließenden umfassenden Broschürenlitteratur, deren äußerer Umfang übrigens in schreiendem Widerspruch mit ihrem Werthe steht, sind zwei Fragen durcheinander geworfen, deren Unterscheidung auch in dem unserer Berathung zu Grunde liegenden Gutachten des Herrn Prof. Bernhöft mit Recht verlangt wird, einerseits die Frage der Entmündigung wegen Geisteskrankheit und zweitens die Frage der Unterbringung des Geisteskranken in einer Irrenanstalt.

Nach § 6 Nr. 1 des Bürgerlichen Gesetzbuches kann entmündigt werden, wer wegen Geisteskrankheit oder Geistesschwäche seine Angelegenheit nicht zu besorgen vermag. Die Entmündigung ist rein facultativ, ist nicht obligatorisch vorgeschrieben, sie setzt voraus, daß der zu Entmündigende überhaupt Angelegenheiten, die nicht Vermögensangelegenheiten zu sein brauchen, zu besorgen hat. Dann hat die Entmündigung ganz bestimmte rechtliche Wirkungen; die Unterbringung in eine Anstalt dagegen steht an sich auf demselben Boden wie die Unterbringung eines körperlichen Kranken in einer Krankenanstalt, sie geschieht aus Fürsorge für den von ihr Betroffenen zum Zwecke der Heilung, und sie hat, soweit sie zwangsweise erfolgt, den Charakter einer polizeilichen Maßnahme, die im Interesse des Kranken oder seiner Umgebung geschieht. Irgend welche rechtliche Folgen hat sie an und für sich nicht.

Gemeinsam ist der einen wie der anderen Maßregel die Voraussetzung, nämlich die Geisteskrankheit des von ihr Betroffenen. Aber es würde meines Erachtens eine ungerechtfertigte Härte enthalten und ein entschiedener Mißgriff sein, wollte man die Entmündigung und die Unterbringung in einer Irrenanstalt in ein nothwendiges Verhältniß bringen, sodaß die Unterbringung oder Festhaltung in der Irrenanstalt nothwendig die Feststellung der Geisteskrankheit in einem förmlichen Entmündigungsverfahren voraussetzt. Man denke an einen rasche Heilung verheißenden Tobsuchtsanfall oder an einen vermögenslosen Blödsinnigen, der in einer Idiotenanstalt seinen Verhältnissen entsprechend trefflich untergebracht ist. In beiden Fällen würde die Entmündigung unnütz, wo nicht schädlich sein. Es ist ferner eine ärztliche Erfahrung, daß frische Fälle von Geisteskrankheit umso eher Heilung versprechen, je eher eine sachgemäße Anstaltsbehandlung eintritt. Diese ärztliche Erfahrung würde man vollständig verkennen, wenn man in jedem Falle erst die Entmündigung verlangen und davon die Unterbringung abhängig machen wollte. Man muß also festhalten: es giebt Irre, die einer Aufnahme, wenn auch nur vorübergehenden Aufnahme, in eine Anstalt nothwendig bedürfen, ohne daß die Entmündigung nothwendig wäre, und umgekehrt, es giebt Entmündigte, deren Aufnahme in eine Irrenanstalt nicht nöthig ist. Auf diesem Standpunkt steht auch eine über das Entmündigungswesen erlassene Verfügung des preußischen Justizministers vom 28. November 1899, die in einer Reihe von Bundesstaaten Nachahmung gefunden hat und sich zunächst an die Staatsanwaltschaft richtet und dieser vorschreibt:

> „Die Stellung des Antrags auf Entmündigung kann ausgesetzt werden, wenn der Geisteskranke oder Geistesschwache noch nicht als unheilbar erkannt ist, insbesondere, wenn eine baldige Genesung zu erwarten ist. Dies gilt auch von den in Irrenanstalten untergebrachten Personen."

Theoretisch betrachtet ist nun von den beiden hier erörterten Maßregeln die Entmündigung jedenfalls die weit schwerere; denn sie greift in das fundamentalste Rechtsgut, in die Geschäftsfähigkeit ein. Ich darf hierbei gleich bemerken, daß ich die Kritik des bestehenden Rechtszustandes, soweit die Folgen für die Geschäftsfähigkeit in Frage kommen, wie sie sich in dem Gutachten des Herrn Prof. Bernhöft findet, in keiner Weise zu theilen vermag. Es ist meines Erachtens von ihm nicht genügend beachtet worden, daß die Entmündigung wegen Geistesschwäche nicht Geschäftsunfähigkeit, sondern nur beschränkte Geschäftsfähigkeit zur Folge hat (§ 114 B.G.B.), und daß die Fälle, die Bernhöft anführt, wo der Geisteskranke mit dem ihm vom Vormund überlassenen Geld Geschäfte des täglichen Lebens gemacht hat, durch den § 110 des Bürgerlichen Gesetzbuchs gegen Nichtigkeit geschützt sind, so daß die üblen Folgen, die Herr Bernhöft aus dem Rechtszustande herleitet, meines Erachtens in keiner Weise eintreten, wofern nur die Gerichte den Takt besitzen, daß sie in den von Bernhöft vorausgesetzten Fällen die Entmündigung nicht wegen Geisteskrankheit sondern Geistesschwäche verhängen.

Aber immerhin sind doch die Folgen der Entmündigung so schwer, daß das Verlangen berechtigt ist, ein dahinzielendes Verfahren müsse mit den thunlichsten Garantien für die Feststellung der Geisteskrankheit umgeben werden. Ob diesen Ansprüchen unser Entmündigungsverfahren der Civilprozeßordnung genügt, ist bekanntlich bestritten. Ich für meine Person stehe nicht an, diese Frage nach den Verbesserungen, welche die Novelle von 1898 gebracht hat, zu bejahen; ja es ist neuerdings von irrenärztlicher Seite sogar darauf hingewiesen worden, daß diese Gesetzgebung im vermeintlichen Interesse des Geisteskranken zu weit geht, wenn sie die Zustellung des Entmündigungsbeschlusses wegen Geistesschwäche an den Kranken selbst verlangt und wenn sie ferner verlangt, daß der Entmündigungsbeschluß vollständig begründet ist, so daß also der Geistesschwache seine vollständige Krankheitsgeschichte in die Hände bekomme. Doch dies näher zu erörtern, ist nicht Aufgabe meines Berichts.

Ich wende mich jetzt zu dem eigentlichen Gegenstand, der Unterbringung der Geisteskranken in den Irrenanstalten. Wie ich vorhin bereits bemerkte, ist, theoretisch betrachtet, die Entmündigung ein weitaus stärkerer Eingriff in die Persönlichkeit. Gleichwohl wird practisch von dem Betroffenen gewöhnlich die Unterbringung in der Irrenanstalt als die weit schwerere Maßregel empfunden. Das ist nicht verwunderlich, denn in die Bewegungsfreiheit, in den Verkehr nach Außen, in die Selbständigkeit bei den Dingen des täglichen Lebens wird durch die nothwendige Ordnung und Einrichtung der Irrenanstalt ein weit einschneidenderer Eingriff vorgenommen, als durch die nur auf dem Rechtsgebiet sich bewegende Entmündigung. Selbstverständlich scheiden diejenigen Fälle von der Betrachtung aus, die gar nicht so selten sind, wo ein Patient, bei dem Spuren einer beginnenden Geisteskrankheit wahrgenommen sind, sich freiwillig der Anstaltsbehandlung unterwirft. Aber schon in den Fällen, wo die Entmündigung eingetreten ist und ein Vormund bestellt ist, der nun vermöge seiner Fürsorge für die Person des Mündels (§ 1901 B.G.B.), den Mündel in eine Irrenanstalt bringt, kann diese Unterbringung, obwohl sie formell juristisch gedeckt ist durch das Gesetz, eine sehr große Härte für den Geisteskranken, der vielleicht der Anstaltspflege nicht bedarf, in sich schließen. Vor Allem aber gilt das von denjenigen nicht entmündigten Geisteskranken, die wider ihren Willen in eine Anstalt gebracht werden. Es ist also auch meines Erachtens durchaus nicht laienhaft empfunden, sondern eine vollkommen berechtigte Erwägung, wenn man die Forderung erhebt, es müsse ein möglichst sicherer Schutz dafür gewährt werden, daß die so schwer wiegende Maßregel der Unterbringung in eine Irrenanstalt nur im Falle der Nothwendigkeit oder doch wenigstens der überwiegenden Nützlichkeit vom Standpunkte des zu Entmündigenden aus verhängt wird.

Welcher Art dieser Schutz im Einzelnen sein muß, ob es insbesondere gesetzlicher Vorschriften zu seiner Regelung bedarf, das wird sich nur beurtheilen lassen, wenn man sich über die rechtliche Natur jener Maßregel, der Unterbringung in eine Irrenanstalt, klar geworden ist, und in dieser Hinsicht befinde ich mich in ganz entschiedenem Gegensatz zu dem Gutachten des Herrn Prof. Bernhöft. Die Maßregel der Unterbringung wird in diesem Gutachten als eine „Sicherheitshaft" bezeichnet und mit der Untersuchungshaft des Strafprozesses in eine Linie gestellt. Ich halte diesen Vergleich für durchaus verfehlt, denn die Untersuchungshaft bezweckt lediglich die Freiheitsentziehung und zwar zum Zweck der Durchführung des Strafverfahrens, also im Interesse der staatlichen Rechtspflege. Vollkommen richtig aber bemerkt Prof. Schuchardt in den Noten zu Bernhöft's Gutachten — Prof. Bernhöft hat sich ja eine Aeußerung seines psychiatrischen Collegen erbeten —, daß der erste Zweck der Unterbringung die Krankenhausbehandlung sei, womöglich Heilung zu erzielen, und daß die Freiheitsbeschränkung sich nur aus dem Zweck der Krankenhausbehandlung erkläre, mit anderen Worten: Die Unterbringung geschieht im Interesse des Untergebrachten selbst, sie ist ein Akt der Fürsorge für ihn; die Untersuchungshaft dagegen wendet sich gegen den Verhafteten und sie enthält eine Beschränkung seiner Rechtssphäre, wie sie nicht schwerer gedacht werden kann und wie sie gelegen ist im Interesse anderer Personen, nicht des Verhafteten selbst. Was von der Untersuchungshaft bemerkt ist, gilt entsprechend auch von anderen Haftfällen, vom prozessualen Sicherheitsarrest und von der Zwangshaft bei der Zwangsvollstreckung.

Damit ist aber meines Erachtens der Charakter der Unterbringung gekennzeichnet; sie ist nicht Rechtszwang, sondern eine medicinalpolizeiliche Maßregel, wobei ich das Wort Polizei in dem alten ursprünglichen Sinn gebrauche, nach dem es jede Art verwaltender Thätigkeit des Staates bezeichnet. In Erfüllung der Wohlfahrtspflicht des Staates, für die Gesundheit seiner Unterthanen zu sorgen, bewirkt oder duldet er wenigstens die Unterbringung der Geisteskranken, soweit als es in dessen eigenem Interesse oder im Interesse der von ihm Bedrohten liegt. Auch der Scharlachkranke, der Diphtheritiskranke wird ins Krankenhaus gebracht, er muß sich dort der Krankenhausbehandlung unterwerfen, er muß sich der Isolirung fügen, und doch wird man in diesen Fällen nie von „Sicherheitshaft" reden. Nach meiner Ueberzeugung ist die Unterbringung in der Irrenanstalt begrifflich dasselbe, wobei ich gern anerkenne, daß der Unterschied quantitativ sehr beträchtlich ist, aber es handelt sich immer nur um einen Unterschied des Umfanges, nicht des Inhalts der verhängten Maßregel.

Aber auch selbst wenn man die Unterbringung in eine Irrenanstalt als eine Beschränkung der Rechtssphäre des Kranken betrachten und einen Eingriff in die persönliche Freiheit als Rechtsgut darin erblicken wollte, so würde noch immer nicht die von Bernhöft aufgestellte Forderung sich ergeben, daß es spezieller gesetzlicher Maßregeln bedürfte, um sie zu rechtfertigen. Die Aufgabe der Polizei bringt es vielfach mit sich, daß sie in fremdes Rechtsgut eingreifen muß. Wie weit sie dazu befugt ist, ist eine Frage des Staatsrechts, und nach der augenblicklichen Lage des Staatsrechts im Deutschen Reich ist es in erster Reihe eine Frage des Staatsrechts der Einzelstaaten. So ist z. B. in Preußen ganz unbestritten Rechtens, daß das Gesetz zum Schutz der persönlichen Freiheit keine Anwendung findet auf rein polizeiliche Beschränkungen der freien Bewegung der Person, sondern nur auf Verhaftungen und dergl., vorausgesetzt nur, daß sich jene Beschränkungen in dem allgemeinen der Polizei gesteckten Rahmen bewegen, der in Preußen nach der bekannten Landrechtsdefinition (§ 10 Theil II Tit. 17) dahingeht, daß es das Amt der Polizei ist, die öffentliche Ruhe, Sicherheit und Ordnung aufrecht zu erhalten und die dem Publikum und Einzelnen drohenden Gefahren abzuwenden. Ich bemerke, daß mir dabei nicht entgangen ist eine Judicatur des Oberverwaltungsgerichts und Kammergerichts, die sich an die Choleraepidemie von 1892/93 knüpfte und worin polizeiliche Verfügungen für ungültig erklärt worden sind. Diese Judicatur betrifft aber nur Polizeiverordnungen allgemein verbindlicher Art, und ich halte diese Judicatur auch von meinem Standpunkt aus nach der Lage des preußischen Rechts für zutreffend. Ueber die Zulässigkeit einer einzelnen Verfügung aber hat sich das Kammergericht und das Oberverwaltungsgericht nicht ausgesprochen. Für mich steht es außer Zweifel, daß überall da, wo die Aufgabe der Polizei ähnlich definirt ist, wie in Preußen, unter den Voraussetzungen, die dort gegeben sind, die Unterbringung in eine Irrenanstalt gesetzlich zulässig ist. Dabei bemerke ich, daß gesetzliche Vorschriften über die Unterbringung zur Zeit von sämmtlichen deutschen Bundesstaaten nur in Bremen und Weimar bestehen. Wenn Herr Prof. Bernhöft in seinem Gutachten also ausführt, es bedürfe unter allen Umständen einer gesetzlichen Regelung, und sich deshalb der Wiedergabe der Verwaltungsvorschriften für überhoben hält, so entgegne ich darauf, daß darin der Vorwurf für 23 deutsche Bundesstaaten, unter anderen auch für Bayern, liegt, daß dort bis jetzt bei der Unterbringung von Geisteskranken in Irrenanstalten ohne jede rechtliche Grundlage verfahren sei. Es liegt auf der Hand, daß dieser Schluß nicht zutreffend sein kann und daß daher auch die ganze Annahme, es bedürfe eines speziellen Gesetzes, wohl unrichtig ist.

Zugleich aber folgt aus dem, was ich sagte, etwas Anderes. Die Unterbringung ist eine reine Verwaltungsmaßregel und sie hat nur thatsächliche Bedeutung, sie hat weder zum Gegenstand eine Entscheidung über ein streitiges Privatrecht, noch hat sie irgend welchen Einfluß auf bestehende Privatrechte, überhaupt auf Rechte. Aus dem obersten Grundsatz des modernen Staates, Trennung von Justiz und Verwaltung, folgt daher meines Erachtens mit Nothwendigkeit, daß die Gerichte mit dieser Maßregel nicht zu befassen sind. Ich würde diese Befassung der Gerichte damit aber auch für unzweckmäßig halten, denn den Gerichten stehen Organe zur Ermittelung der Fürsorgebedürftigkeit oder Gefährlichkeit nicht zur Verfügung. Es würde sich also bei der gerichtlichen Entscheidung nur darum handeln, ein Urtheil zu gewinnen auf Grund von Maßnahmen von Verwaltungsbehörden und diesen schließlich ein Siegel aufzudrücken. Dies ist nicht Aufgabe der Gerichte.

Aus diesem meinem grundsätzlichen Standpunkt bitte ich keineswegs zu folgern, daß ich die Frage, ob gesetzliche Regelung sich empfehle, schlechthin verneine. Ich will mich nur dagegen wenden, daß eine gesetzliche Regelung nothwendig wäre, während für mich die Frage eine offene bleibt, ob sie zweckmäßig ist. Man könnte mir nun entgegenhalten, daß ja das neue Reichsgesetz, betreffend die Bekämpfung gemeingefährlicher Krankheiten, vom 30. Juni 1900, eine Reihe gesetzlicher Vorschriften über Freiheitsbeschränkungen und ähnliche Eingriffe der Medizinalpolizei enthält, nämlich im § 7 über solche Maßregeln zum Zweck der Ermittelung des Vorhandenseins gemeingefährlicher Krankheiten und in den §§ 12—21 hinsichtlich der Schutzmaßregeln, die dagegen zu ergreifen sind. Aber das beweist nichts gegen meine Rechtsauffassung. Gerade bei der Buntscheckigkeit des Rechtszustandes war es durchaus nothwendig, unabhängig von dem Staatsrecht der Einzelstaaten, die Grenze der polizeilichen Befugnisse auf eine unanfechtbare Grundlage zu stellen und gleichzeitig das Mindestmaß der medizinalpolizeilichen Befugniß festzusetzen, deren das Reich zur wirksamen Bekämpfung gemeingefährlicher Krankheiten zu bedürfen glaubt.

Es wäre ja nun denkbar, daß ähnliche Rücksichten wie die gekennzeichneten auch auf dem Gebiet des Irrenwesens eine gesetzliche Regelung als wünschenswerth erscheinen ließen. Um dies prüfen zu können, wird es sich empfehlen, daß wir uns über die einzelnen Maßregeln klar werden, die in Betracht kommen können, und zwar von dem doppelten Standpunkt aus der Fürsorge für die Kranken und des Schutzes seiner Umgebung. Diese Maßregeln sind theils präventiver Art, es soll also verhütet werden, daß eine ungerechtfertigte Unterbringung oder Festhaltung von Geistesgesunden überhaupt stattfindet, theils repressiver Art; es soll, wenn die Unterbringung gleichwohl stattgefunden hat, eingeschritten werden.

Welche Maßnahmen sind nun in den einzelnen in Betracht kommenden Culturstaaten, namentlich den deutschen, in dieser Richtung überhaupt in Anwendung gekommen? Beinahe überall wird wohl die Forderung aufgestellt sein, daß ein ärztliches Zeugniß der Unterbringung zu Grunde liegt, weil ja eben die Geisteskrankheit die Voraussetzung ist. In dieser Beziehung stimme ich mit dem Gutachten von Bernhöft vollkommen überein, daß auch ich das Zeugniß eines beamteten Arztes für unerläßlich halte, weil bei der Ausdehnung der medizinischen Wissenschaft nicht von jedem Arzt die nöthige psychiatrische Bildung verlangt werden kann. Dieses Erforderniß besteht aber auch meines Wissens in sämmtlichen Bundesstaaten. Ebenso ist nothwendig, und in Preußen vorgeschrieben, daß dieses Zeugniß aus einer bestimmten eng begrenzten neuesten Zeit sein muß, wenige Tage, eine Woche, so daß man nicht etwa auf Grund eines vor Monaten ausgestellten Zeugnisses die Unterbringung erwirken kann.

In Preußen und in den meisten Bundesstaaten beschränkt sich nun die ganze Fürsorge auf das Erforderniß eines solchen Zeugnisses; liegt es vor, so ist die Anstalt berechtigt, den Kranken aufzunehmen. In anderen Staaten werden weitere Garantien verlangt, es wird die Entscheidung einer Behörde gefordert, so in Württemberg der allgemeinen Verwaltungsbehörde, der Kreisregierung, oder aber einer besonders zu diesem Zweck gebildeten Behörde, die aus Laien und Juristen, unter Umständen unter Zuziehung von Aerzten, besteht. Das System ist in großer Vollkommenheit ausgebildet in England und findet sich auch in Norwegen. Andere Staaten verlangen eine gerichtliche Entscheidung, sei es auf Anrufen des Betroffenen (so in Belgien), sei es, daß sie in der vorhin von mir gekennzeichneten Weise die Fortdauer der Unterbringung von der Entmündigung, der Interdiction, abhängig machen, das ist das System des französischen Rechts und findet sich heute außerdem noch in Holland,

Italien und einer Reihe amerikanischer Staaten. Eine andere eigenthümliche Maßregel namentlich des englischen Rechts ist die, daß die Zulassung einer Unterbringung nur auf Zeit gilt. Ist die Zeit abgelaufen, so bedarf es einer neuen Beschlußfassung über die Fortdauer der Unterbringung. Es wird also hierdurch eine starke Gewähr gegen die Festhaltung Genesener geboten. Noch wieder in anderen Gesetzgebungen, z. B. in der belgischen, ist die obligatorische Bestellung eines Pflegers für den in einer Irrenanstalt Untergebrachten vorgeschrieben und zwar ohne alle Rücksicht darauf, ob Entmündigung erfolgt oder nicht. Gerade die letzte Forderung ist, sogar auch von den Medizinalverwaltungen, im Deutschen Reich in letzter Zeit mehrfach erhoben worden. Ich möchte mit Rücksicht darauf, daß diese Forderung in Deutschland besonders lebhaften Anklang gefunden hat, darauf ganz kurz eingehen. Ich verspreche mir von der rein formalen Bestellung des Pflegers in allen Fällen nicht zu viel, denn man wird hinsichtlich des Kreises dieser Pfleger doch wiederum zunächst auf die Angehörigen greifen müssen, und gerade von diesen wird von den Führern der Irrenbewegung die Hauptgefahr befürchtet. Außerdem aber bietet das Bürgerliche Gesetzbuch in den §§ 1906 und 1910 ein Mittel, auf diesem Wege, wenn es nöthig ist, vorzugehen. Man hat gegen die Anwendung des § 1910 namentlich von irrenärztlicher Seite neuestens eingewendet, die Maßregel sei wirkungslos, weil die Bestellung des Pflegers an die Zustimmung des unter Pflege zu Stellenden geknüpft ist, allein der letzte Absatz des § 1910 („es sei denn, daß eine Verständigung mit ihm nicht möglich ist") trifft ja hier in den meisten Fällen zu. In derselben Richtung bewegt sich eine Verfügung des preußischen Justizministers. In den Fällen, wo eine Anzeige über die Unterbringung eines Geisteskranken eingeht und bezüglich des Geisteskranken eine Entmündigung nicht beantragt wird, soll die Staatsanwaltschaft stets dem Vormundschaftsgericht Mittheilung machen, damit dieses prüfen kann, ob die Anordnung einer Pflegschaft auf Grund von § 1910 nöthig sei.

Im Uebrigen glaube ich nicht, es für meine Aufgabe erachten zu sollen, die einzelnen Maßregeln, die hier in Betracht kommen, des Näheren zu kritisiren. Ich möchte nun noch einmal hervorheben, daß ich die Forderung der Entmündigung in allen Fällen — System des französischen Rechts — weder für zweckmäßig, noch mit dem ganzen Wesen der deutschen Entmündigung und seiner Bedeutung vereinbar halte, und daß ich die Einmischung des Gerichts als vollständige Verwischung der Grenzen von Justiz und Verwaltung ebenso verwerfe.

Wenn man nun jene Maßregeln im Einzelnen durchgeht, so möchte ich noch erwähnen, daß eine gewisse Prävention auch noch von dem preußischen Justizminister im Verwaltungswege angeordnet ist. In der vom mir bereits erwähnten allgemeinen Verfügung vom 28. November 1899, die in einer ganzen Reihe von Bundesstaaten Nachahmung gefunden hat, ist ausdrücklich der Staatsanwalt angewiesen, Entmündigung in allen Fällen unverzüglich zu beantragen, wenn die Besorgniß einer sachlich nicht gerechtfertigten Beschränkung der persönlichen Freiheit durch Unterbringung in einer Anstalt vorliegt. Es soll also hier, weil wir den unmittelbaren Rechtsschutz nicht haben, dadurch daß eine Feststellung der Geisteskrankheit herbeigeführt wird, mittelbar auch eine Kritik der Festhaltung des Kranken in der Anstalt ermöglicht werden.

Repressiv haben wir ja allerdings den außerordentlich starken Schutz des § 239 des Strafgesetzbuches, nach welchem derjenige, welcher vorsätzlich und widerrechtlich einen Menschen einsperrt oder auf andere Weise des Gebrauchs der persönlichen Freiheit beraubt, mit Gefängniß und — abgesehen von anderen erschwerenden Umständen — wenn die Freiheitsberaubung über eine Woche gedauert hat, mit Zuchthaus bis zu zehn Jahren, bei mildernden Umständen mit Gefängniß nicht unter einem Monat bestraft werden soll. Ich muß aber zugeben, daß die Wirkung dieser Strafbestimmung durch zwei Umstände wesentlich beeinträchtigt wird. Zunächst ist es, wenn einmal ein ärztliches Attest vorliegt, außerordentlich schwer, den subjectiven Thatbestand festzustellen. In dieser Hinsicht hilft nur eine gründliche unparteiische ärztliche Untersuchung. Dann aber ist die Gefahr sehr naheliegend, daß in den uns beschäftigenden Fällen die Staatsanwaltschaft von dem Thatbestand des § 239 gar keine Kenntniß bekommt; wird ihr ein Attest vorgelegt, das vielleicht durch unrichtige Angaben erschlichen ist, so hat sie keinen Anlaß einzuschreiten, und ebenso wäre an sich denkbar, daß ein Geisteskranker von seiner Krankheit genesen wäre, ohne daß die Staatsanwaltschaft von seiner Festhaltung Kenntniß erhielte. In dieser Richtung scheint mir ein Vorgehen des englischen Rechts beachtenswerth, das eine strenge Strafbestimmung gegen denjenigen enthält, der schriftliche Eingaben des Geisteskranken an einen bestimmten Kreis von Behörden unterdrückt oder zurückhält. Ich glaube, die Gefahr, die jedenfalls vorliegt, daß diese Behörden nun mit Eingaben von geisteskranken Querulanten überschwemmt werden, muß man in Kauf nehmen, um die größere Gefahr zu vermeiden, daß Fälle ungerechtfertigten Festhaltens vorkommen.

Selbstverständlich soll diese flüchtige Skizze nicht alle Maßregeln erschöpfen, die als Schutz gegen ungerechtfertigte Unterbringung in Betracht kommen können. Diese Frage, die medizinischen Gesichtspunkte im einzelnen zu beurtheilen, liegt ja außer der Competenz des Juristentages. Ich möchte aber darauf hinweisen, daß inhaltlich und begrifflich diese sämmtlichen Maßregeln sich auf dem Gebiet des Verwaltungsrechts auch thatsächlich bewegen. Ob nun für diesen Weg die Gesetzgebung zu fordern ist oder die Verwaltungsanordnung, das ist zur Zeit eine von den Bundesstaaten verschieden beantwortete Frage.

Soll nun aber an Stelle dieses ungleichen Rechtszustandes, ähnlich wie für die ansteckenden Krankheiten, in der Reichsgesetzgebung einheitlich eine reichsgesetzliche Regelung eintreten? Ich meine: Nein. Alle diese Maßregeln stehen im engsten Zusammenhang mit der Beaufsichtigung und Fürsorge für die Irrenanstalten. Wie eng dieser Zusammenhang ist, geht insbesondere daraus hervor, daß in England, dessen Gesetz von 1890 wohl das Muster der Irrengesetzgebung genannt werden kann, die Commissioners und Visitors, die die Irrenanstalten zu beaufsichtigen haben, gleichzeitig die Behörde bilden, die über die Unterbringung entscheidet. Nun erstreckt sich die Reichszuständigkeit nach Artikel 4 Nr. 15 der Reichsverfassung nur auf Maßregeln der Medizinalpolizei; es ist im höchsten Grade zweifelhaft, ob man unter diesen Artikel auch die Einrichtung und Beaufsichtigung der Irrenanstalten mit wird begreifen können. Aber auch sachlich besteht zwischen der Frage der Unterbringung von Geisteskranken und den bei dem Seuchengesetz zu wahrenden Interessen ein ganz gewaltiger Unterschied. Hier, bei der Unterbringung von Geisteskranken kommen völkerrechtliche Gesichtspunkte, Beziehungen zum Auslande nicht zur Geltung. Es handelt sich auch nicht darum, durch rasches energisches einheitliches Eingreifen einer allgemeinen, das ganze Reich bedrohenden, rasch sich ausbreitenden Gefahr zu begegnen. Dazu kommt, daß bei den verschiedenen Organisationen der Medizinalverwaltung in den deutschen Bundesstaaten ein Reichsgesetz sich nur darauf würde beschränken können, in Beziehung auf die Construction der Behörden allgemeine Andeutungen zu geben, während es gerade concrete Schöpfungen sind, die Noth thun.

Ich fasse also meine Darlegungen dahin zusammen, daß ich allerdings einen wirksamen Schutz gegen die ungerechtfertigte Unterbringung für geboten halte, daß es auch wünschenswerth erscheint, die allgemeine Richtung, in der sich der Schutz zu bewegen hat, hier kurz zu kennzeichnen, daß aber die weitere Ausbildung den Einzelstaaten zu überlassen ist. Ob diese nach ihrer Verfassung zur Durchführung der einzelnen Maßregeln des Gesetzes bedürfen oder der Verwaltungsanordnung oder der landesherrlichen Verordnung, ist ja eben eine Sache des inneren

Staatsrechts. Wenn man dagegen die Frage, wie sie gestellt ist, von der reichsgesetzlichen Regelung versteht, dann ist sie meines Erachtens zu verneinen.

Ich habe mir erlaubt, den Gedankengang, wie ich ihn vorzuführen die Ehre hatte, in einigen Leitsätzen, die gestern schon vertheilt worden sind, zusammenzufassen, und darf mir vielleicht gestatten, sie kurz zu verlesen und bei diesem Verlesen einen Punkt noch etwas weiter auszuführen. Ich schlage Ihnen zur Beschlußfassung vor:

„I. Die Frage nach der Entmündigung wegen Geisteskrankheit oder Geistesschwäche und die Frage nach der Unterbringung oder Festhaltung eines Geisteskranken in einer Irrenanstalt sind verschiedener Natur und von einander zu trennen. Die erste Frage fällt in das Gebiet der gerichtlichen Thätigkeit, die zweite in das Gebiet der Medizinalverwaltung. Eine Befassung der Gerichte mit der zweiten Frage würde weder deren Aufgabe entsprechen noch sachgemäß sein.

II. Bei der schwerwiegenden Bedeutung, welche die Unterbringung oder Festhaltung in einer Irrenanstalt für den Betroffenen hat, empfiehlt es sich (abgesehen von einer strengen Beaufsichtigung der Anstalten):

1. bezüglich aller dahingehenden Maßnahmen den vollen Verwaltungsrechtsschutz zu gewähren.“

Meine Herren, ich habe den Ausdruck „Verwaltungsrechtsschutz“ im allerweitesten Sinne gebraucht. Es ist Ihnen ja bekannt, daß polizeilich keineswegs gleich willkürlich zu setzen ist, daß es gerade ein Fortschritt der modernen staatsrechtlichen Erkenntniß ist, anzuerkennen, daß auch die Polizei nach Rechtsnormen zu verfahren hat, und daß es nicht darauf ankommt, ob diese Rechtsnormen nach Maßgabe des betreffenden Strafrechts sich in einem Gesetz oder aber in einer Verwaltungsanordnung finden. Man hat ferner in der richtigen Erkenntniß nach Rechtsgarantien gesucht, die auch die Verwaltungsmaßregeln schützen, die auch die Beobachtung der Rechtsschranken durch die Verwaltung sicherstellen. Die Verwaltungsanordnung ist auch eine Rechtsentscheidung, sie bewegt sich nur in anderer Form, hat andere Rechtsmittel. Fast alle deutschen Bundesstaaten — ich glaube es fehlen jetzt nur noch zwei — haben diesen Verwaltungsrechtsschutz durch unabhängige Verwaltungsgerichte eingeführt. Hier wäre meines Erachtens der Punkt, wo eingesetzt werden könnte, und hier wäre auch nach meinem Erachten nach englischem Vorbild Platz für die gemischte Commission, in der nach meinem Gedanken Juristen, Mediziner, vielleicht auch einige angesehene Laien zusammen wirken können. Dies habe ich unter dem Ausdruck Verwaltungsrechtsschutz verstehen wollen.

Weiter aber halte ich für nothwendig:

„2. Fürsorge zu treffen, daß ein strafrechtliches Einschreiten gegen Mißbräuche auf Grund des § 239 des Strafgesetzbuches thunlichst erleichtert wird.

III. Die zu II empfohlenen Maßregeln hängen auf's Engste mit den Einrichtungen der Verwaltung, insbesondere der Medizinalverwaltung und mit dem Rechtsschutze auf dem Gebiete der Verwaltung zusammen. Eine reichsgesetzliche Regelung ist daher, selbst wenn sie nach Art. 4 Nr. 15 der Reichsverfassung zulässig sein sollte, nicht empfehlenswerth. Inwiefern in den Einzelstaaten zur Durchführung der in Nr. II bezeichneten Ziele der Erlaß neuer Vorschriften erforderlich und ob hierzu der Weg der Gesetzgebung oder der Verwaltungsanordnung zu betreten ist, bestimmt sich nach dem Rechtszustande in dem einzelnen Bundesstaat."

Meine Herren, ich empfehle Ihnen diese Leitsätze zur Annahme.

Oberlandesgerichtspräsident **Hamm:** Meine Herren! Ich glaube, daß Sie Alle für den ausgezeichneten Vortrag des Berichterstatters um so dankbarer sind, als in der That das schriftliche Gutachten eine bedenkliche Lücke aufwies. Denn gerade das, dessen es sich enthielt, war für die Beurtheilung der Frage das wichtigste, die Feststellung, in welcher Weise denn gegenwärtig ein Schutz gegen die Unterbringung von Geisteskranken in Irrenanstalten gegeben ist. Das Gutachten hat sich dieser Feststellung ganz enthalten, und auch in anderer Beziehung den Standpunkt, von dem m. E. unsere Frage zu beantworten ist, verschoben. Wir sind dem Herrn Referenten gewiß alle sehr dankbar für seine Leitsätze, und im Großen und Ganzen werden ich und wohl die meisten Herren denselben zustimmen, namentlich was 1 betrifft. Es ist ja unzweifelhaft ganz falsch — das hat aber auch schon das Gutachten nicht gethan — wenn man die Entmündigung und die Unterbringung der Irren in Zusammenhang bringen, die Entmündigung zur Bedingung der Unterbringung machen will, das ist vollständig unverständlich und die Art, wie die Franzosen es gemacht hatten, war im höchsten Grade unzweckmäßig. Ich habe früher selbst noch am Rhein in diesen Interdictionssachen gearbeitet, es war ja gar nicht durchzuführen, was die französischen Gesetze von uns verlangten, daß alle Leute, die in Irrenanstalten waren, entmündigt wurden. Die Thätigkeit der Staatsanwaltschaft beschränkte sich im großen Ganzen darauf, daß sie alle halben Jahre einen Bericht über die in Irrenanstalten untergebrachten Personen bekam, wo kein Zweifel über das Vorhandensein einer Geisteskrankheit bestand und auch sonst kein öffentliches Interesse zur Entmündigung vorlag, zog man die Sache hin. Eine Entmündigung sämmtlicher längere Zeit in einer Irrenanstalt untergebrachten Personen, das ist gar nicht zu machen. Es ist wegen der öffentlichen Sicherheit unmöglich, nur solche Geisteskranken in die Irrenanstalten aufzunehmen, die entmündigt sind, die Entmündigung zur Bedingung ihrer Aufnahme zu machen, und es ist auch für die Irren selbst die Unterbringung je früher desto besser. Die Aufnahme hat doch vor allen Dingen den Zweck, den Geisteskranken zur Heilung zu bringen. Sonach stehe ich für meine Person nicht an und sind wohl Sie Alle bereit, die Nr. I anzunehmen, abgesehen vielleicht von dem letzten Satze, der schon etwas in die anderen Fragen vorgreift, auch etwas sehr allgemein gefaßt ist. Meine Bedenken gegen die Leitsätze des Referenten richten sich nur dagegen, daß an einer Stelle sowohl in Nr. II als in Nr. III schon positiv entschieden oder wenigstens ausgesprochen wird, daß nur ein Verwaltungsrechtsschutz gewährt werden könne. Die Frage, ob Verwaltungs- oder Rechtsschutz, möchte ich gern offen lassen, da ich allerdings dem Referenten bei Nr. III darin zustimme, daß diese Frage vorläufig nicht reichsgesetzlich geregelt, sondern dem Landesgesetz überlassen wird. Mein Standpunkt ist der, daß ich zu Nr, I mit dem Referenten sage, Entmündigung und Unterbringung müssen getrennt werden, es ist unzweckmäßig und unrichtig, die Unterbringung von der Entmündigung abhängig zu machen. Ich stimme auch der Nr. III darin völlig zu, daß die Art, wie ein Schutz gewährt werden soll, durch Landesgesetz und nicht durch Reichsgesetz zu bestimmen ist, und daß wir deshalb darüber keinen Beschluß fassen können. Aber wenn die Nr. II und III, wie ich es an zwei Stellen nachweisen will, gewissermaßen sich schon dafür aussprechen, den Schutz nur als Verwaltungsrechtsschutz zu gewähren, dann kann ich das nicht billigen. Ich möchte nicht, daß wir hierin Partei ergreifen; ich finde das auch inconsequent, denn wenn der Berichterstatter selbst der Meinung ist, daß das landesgesetzlich zu bestimmen sei, haben wir uns nicht darüber auszusprechen. Meines Erachtens ist aber auch die Frage noch nicht spruchreif, ob wir nicht dem Geistesschwachen, der untergebracht ist, einen Rechtsschutz gewähren müssen. Gewiß hat der Herr Berichterstatter ganz recht, man kann die Unterbringung einer Per-Person, die als geisteskrank angesehen wird, in einer Irrenanstalt nicht vergleichen mit der Untersuchungshaft eines Verdächtigen. Die Festnahme und Unterbringung eines der Geistesschwäche oder Geisteskrankheit Verdächtigen geschieht zunächst zu seinem Schutz und im Interesse seiner Heilung. Aber die Beschränkung der Freiheit ist dieselbe in dem einen wie in dem anderen Falle, und die Gefahr, daß dem Festgenommenen Unrecht geschieht, ist bei der Unterbringung der Geisteskranken eine noch viel größere, weil bei den Untersuchungsgefangenen die Unterbringung auf Verlangen der öffentlichen Behörde geschieht, bei den Geistesschwachen dagegen im wesentlichen auf Verlangen von Privatpersonen. Es liegt da keine Entscheidung einer Behörde vor, es genügt, daß ein Arzt seine Annahme, daß der Betreffende geisteskrank sei, durch ein Attest bescheinigt. Selbst wenn dafür das Attest des Kreisphysicus verlangt wird, so geht doch auch dann der Antrag, die Anregung der Unterbringung meist nicht von diesem, sondern von der Privatpartei aus; die Festnahme und Loslassung des angeblich Geisteskranken liegt vollständig in der Hand der Privatpartei, und es ist immerhin möglich, daß aus Privatinteressen, was ja die der Irrenbewegung ausgesprochenermaßen zu Grunde liegende Befürchtung ist, ein Familienmitglied den Hausarzt bestimmt, auf Grund oberflächlicher Beobachtung ein Gutachten, daß die Unterbringung nothwendig sei, abzugeben. Da läßt sich doch fragen, ob wir nicht statt eines bloßen Verwaltungsschutzes Rechtsschutz gewähren müssen. Wenn wir in manchen anderen Verhältnissen, um das Publikum zu beruhigen, um das allgemeine Vertrauen in die Maßregeln, die ergriffen werden müssen, zu stärken, Verwaltungsmaßregeln unter den Schutz einer Rechtscontrole gestellt haben, wenn wir die polizeiliche Beschlagnahme durch gerichtlichen Beschluß controliren lassen, da bedarf es doch einer ernsten Erwägung, ob wir nicht die persönliche Freiheit schützen wollen gegen den Eingriff von Familienmitgliedern, die blos auf Grund eines ärztlichen Attestes oder meinetwegen eines Kreisphysicatattestes befugt sind, einen angeblich Geisteskranken auf Jahre in einer Irrenanstalt unterzubringen, deren Vorsteher, wenn es sich um eine Privat-Irren-Anstalt handelt, noch dazu ein Geldinteresse hat, den Mann zu halten, ob wir nicht dazu kommen müssen, wenn nicht aus sachlichen Bedenken, so doch wenigstens zur Beruhigung des Publikums, einen Rechtsschutz zu gewähren, eine gewisse formelle Rechtscontrole, vor allem ein Recht des Untergebrachten selbst, eine Klage desselben auf Entscheidung des Gerichts. Gewiß soll das Gericht nicht vor der Aufnahme des Kranken entscheiden, ob er untergebracht wird, aber es könnte doch eine gewisse richterliche Controle gegeben werden, es könnte doch dem Untergebrachten selbst die Möglichkeit geschaffen werden, eine Rechtsentscheidung nicht über seine Entmündigung, aber darüber zu verlangen, ob wirklich so viel vorliegt, daß er länger in der Anstalt festzuhalten ist. Es handelt ja sich nicht blos um die Frage, ob er geistesschwach ist, sondern weiter auch darum, ob die Geistesschwäche derart ist, daß zum Zweck der Heilung oder zum Zweck der Sicherung die Festhaltung noch ferner nöthig ist. Ich glaube für meine Person, daß man früher oder später dazu kommen muß, einen gewissen Rechtsschutz in dieser Richtung zu gewähren und sich nicht zu begnügen mit der Entscheidung der Verwaltungsbehörde. Um diesem Standpunkt nicht zu präjudiziren, möchte ich Sie bitten, in der Nr. II 1 das Wort „Verwaltungs" zu streichen. Unter Rechtsschutz verstehe ich sowohl Verwaltungsschutz als Rechtsschutz durch das Gericht. Die Frage müssen wir offen halten, es genügt, daß wir sagen, die Frage ist nicht reichsgesetzlich zu lösen, sondern landesgesetzlich. Demgemäß schlage ich vor, in Nr. II zu sagen: „empfiehlt es sich, den vollen Rechtsschutz zu gewähren", und in Nr. 3 den letzten Satz wegzülassen, in welchem es heißt:

> Inwiefern in den Einzelstaaten zur Durchführung der in Nr. II bezeichneten Ziele der Erlaß neuer Vorschriften erforderlich und ob hierzu der Weg der Gesetzgebung oder der Verwaltungsanordnung zu belieben ist, bestimmt sich nach dem Rechtszustande in dem einzelnen Bundesstaat.

Das ist mir doch zu resignirt. Mag der Rechtszustand in den einzelnen Bundesstaaten sein wie er will, vielleicht wird es nöthig, überall zu verlangen, daß eine gewisse Controle durch ein Gericht existirt, und dieser Lösung der Frage präjudicire ich, wenn ich sage, das soll sich nach dem Rechtszustand im einzelnen Bundesstaat bestimmen. Wir brauchen in Nr. II nur das Wort „Verwaltungs" und in Nr. III den letzten Satz zu streichen. Das ist das, was ich beantragen möchte.

Vorsitzender: Ich möchte den Herrn Redner bitten, das schriftlich zu formuliren, es ist für die Abstimmung nothwendig.

Amtsrichter Dr. **Levis** (Pforzheim): Nach den Ausführungen des Herrn Berichterstatters und des Herrn Präsidenten Hamm werde ich mir selbstverständlich nicht erlauben, irgendwie näher auf die Details einzugehen; ich bin auch im allgemeinen durchaus einverstanden. Ich möchte aber gerade an die Ausführungen des Herrn Präsidenten Hamm, die sich gegen den Herrn Berichterstatter gewendet haben, einzelne Bemerkungen knüpfen. Es scheint mir in der That in den Ausführungen des Herrn Berichterstatters etwas zu einseitig auf die polizeiliche Natur der fraglichen Maßregeln Werth gelegt worden zu sein, wenn daraus deducirt worden ist, daß die Verwaltungsbehörden unbedingt hier einzugreifen berufen sind. Ich glaube allerdings, daß die Gerichte unter Umständen zu einer gewissen Obercontrole zweckmäßiger Weise zu berufen sein werden, und da möchte ich namentlich gegen einen Einwand des Herrn Berichterstatters Front machen. Er glaubt, den Gerichten stehen Mittel nicht zur Verfügung, hier die nöthigen Ermittelungen zu machen. Bis zu einem gewissen Grade mag das zutreffen. Ich möchte aber die Frage aufwerfen: ist bei einer Entmündigung dasjenige was das Gericht zu ermitteln hat, wesentlich verschieden von dem, was hier zu ermitteln ist? Dem Inhalte nach schon, aber doch nicht in der Form der Ermittlung! Auch dort stehen dem Gerichte die Mittel zur thatsächlichen Aufklärung nicht immer zur Verfügung; aber es werden die Gerichte in sehr zweckmäßiger Weise durch die Staatsanwaltschaft unterstützt; und ich glaube, dieser stehen, ebensowohl wie der Polizeibehörde, die Mittel allerdings zur Hand. Ich glaube also nicht, daß den Gerichten die fragliche Fähigkeit abgesprochen werden kann; und wenn auch zugegeben werden muß, daß es dem derzeitigen Rechtszustand principiell mehr entsprechen dürfte, die Verwaltungsbehörden zur Entscheidung über die Unterbringung in einer Heilanstalt zu berufen, so kann doch die Uebertragung an die Gerichte zweckmäßiger sein. Wenn man aber gerade die Frage offen lassen will, ob nicht die Gerichte später an die Stelle treten sollten, dürfte es sich empfehlen, in dem dritten Leitsatz einzufügen, daß nur „zur Zeit" die Reichsgesetzgebung nicht berufen ist, hier irgend welche Normen aufzustellen. Denn wenn wir später — der Weg soll ja eben durch die Ausführungen des Herrn Präsidenten Hamm offen gehalten werden — wenn wir später Gerichte berufen wollen, so soll es doch jedenfalls auf dem Wege der Reichsgesetzgebung geschehen und nicht der Landesgesetzgebung; und ich glaube das apodiktische: „die Reichsgesetzgebung ist nicht berufen einzugreifen", steht dann nicht in voller Harmonie mit den übrigen Beschlüssen. Falls also dieser Antrag Hamm Annahme finden sollte, möchte ich doch anheim geben, ob hier nicht in dem dritten Leitsatz ein „zur Zeit" hinsichtlich der Reichsgesetzgebung eingeschoben werden soll.

Vorsitzender: Es ergreift Niemand mehr das Wort, ich schließe die Discussion, vorbehaltlich natürlich des Schlußwortes des Herrn Referenten.

Berichterstatter Geh. Oberjustizrath **Vierhaus** (Berlin): Meine Herren, mit Herrn Oberlandesgerichtspräsidenten Hamm bin ich sachlich ganz einverstanden. Auch ich will einen Rechtsschutz; ich habe nur in meinen Thesen zu der Frage Stellung genommen, ob dieser Rechtsschutz als ein Schutz durch die ordentlichen Gerichte oder durch die Verwaltungsgerichte zu denken sei. Nun bewegt sich meines Erachtens Herr Präsident Hamm auf einem Boden, auf dem ich ihm nicht folgen kann. Herr Präsident

Hamm will die Regelung der Frage der Landesgesetzgebung überlassen. Ich hege Zweifel, ob die Landesgesetzgebung befugt wäre, den ordentlichen Gerichten diese Funktion zu übertragen, eingedenk der Bestimmung des Gerichtsverfassungsgesetzes, wonach Verwaltungsgeschäfte Gerichtsbehörden nicht übertragen werden können, und ob also die Landesgesetzgebung befugt ist, zu sagen, dies halten wir für einen Akt der Rechtspflege und nicht für ein Verwaltungsgeschäft. Aber auch wenn man die Frage bejahen sollte, so ist doch die Rechtslage am 1. Januar 1900 eine wesentlich andere geworden, insofern als nunmehr das ganze Gebiet gerichtlicher Thätigkeit reichsgesetzlich normirt ist, zum Theil allerdings durch Ueberlassung an die Landesgesetze. Ob nun ein Gebiet, welches nicht zu diesen überlassenen gehört, irgendwo von einer Landesgesetzgebung occupirt werden kann, ist mir wiederum zweifelhaft. Ich möchte aber auch glauben, daß der Verwaltungs-Rechtsschutz — wie die Verwaltungsbehörde zu gestalten ist, will auch ich hier nicht entscheiden — ausreichen würde, und daß auch hier die Möglichkeit gegeben wäre, die Entscheidung dieser Behörden anrufen zu lassen durch den Entmündigten und seinen Pfleger. Ich will aber, um zu einer möglichst einhelligen Annahme der von mir vorgeschlagenen Leitsätze meinerseits beizutragen, auf den letzten Satz der These 3 gern verzichten, er enthält streng genommen nicht sowohl einen positiven Ausspruch, als die Consequenz des Vorhergehenden. Ebenso will ich auch darauf verzichten, daß zu der Frage, ob die Gerichte überhaupt mit dem Rechtsschutze befaßt werden dürfen, Stellung genommen wird. Nur möchte ich dann Herrn Präsident Hamm bitten, sich damit einverstanden zu erklären, daß in These II, 1 nicht etwa die Silben „Verwaltungs" gestrichen werden, weil man unter den dann stehen bleibenden Worten („vollen Rechtsschutz") kaum etwas Anderes, als Rechtsschutz durch die ordentlichen Gerichte verstehen würde; ich möchte hier vorschlagen zu sagen: „ausreichenden Rechtsschutz".

Was den Vorschlag des letzten Herrn Vorredners betrifft, ein „zur Zeit" einzuschieben, so muß ich mich dagegen ganz entschieden wenden. Ich sehe nicht ein, was in dieser Beziehung sich ändern soll. Hält der Herr Vorredner in dieser Beziehung die Reichsgesetzgebung für zweckmäßig, so ist für das „zur Zeit" kein Raum gegeben; hält er sie nicht für zweckmäßig, so ist ebenso kein Raum gegeben. Das „zur Zeit" setzt voraus, daß Veränderungen in dem Rechtszustand oder in den thatsächlichen Verhältnissen eintreten, zu denen irgend ein Anlaß mir nicht gegeben zu sein scheint.

Ich modificire also meine Thesen im Anschluß an den Antrag Hamm dahin, daß ich bitte, in These II, 1 statt „vollen Verwaltungsrechtsschutz" zu setzen „ausreichenden Rechtsschutz“ unter ausdrücklicher Constatirung, daß die Frage offen gehalten wird, ob der Rechtsschutz als gerichtlicher oder als verwaltungsgerichtlicher zu denken ist, und daß in der folgenden These der Satz gestrichen wird, der beginnt: Inwiefern u. s. w.

Oberlandesgerichtspräsident **Hamm:** Ich ziehe dann meinen Antrag zurück.

Landrichter Dr. **Simeon** (Landsberg): Wenn der Herr Berichterstatter die Worte „vollen Verwaltungsrechtsschutz zu gewähren“ in dieser Weise ändert, so dürfte es sich wohl auch empfehlen, in These 1 den letzten Satz, der zu dieser Frage der Entscheidung Stellung nimmt, zu streichen.

Berichterstatter Geh. Oberjustizrath **Vierhaus:** Ich schließe mich den Ausführungen des Herrn Präsidenten Hamm an. Wir sind darüber einverstanden, daß die Unterbringung als solche nicht den Gerichten übertragen werden soll, daß vielmehr die Unterbringung stets verfügt werden soll von irgend einer Verwaltungsinstanz, und daß gegen diese Verfügung ein Rechtsschutz gewährt werden soll. Dagegen bleibt die Frage offen, ob dies ein gerichtlicher oder Verwaltungsrechtsschutz sein soll.

Oberreichsanwalt Dr. **Olshausen:** Allerdings steht in der Nummer I: die Frage nach der Unterbringung oder Festhaltung eines Geisteskranken in einer Irrenanstalt sind verschiedener Natur und von einander zu trennen.

Berichterstatter Geh. Oberjustizrath **Vierhaus:** In dieser Beziehung erlaube ich mir zu bemerken, daß ich unter der „Festhaltung“ gedacht habe an die Zurückbehaltung gegenüber einer angeblichen Genesung. Nach meiner Auffassung wünscht aber Herr Präsident Hamm, daß zunächst auch über das Verbleiben wiederum eine Verwaltungsbehörde entscheidet, ähnlich wie bei der Anfechtungsklage, die gegen den Beschluß auf Ablehnung der Wiederaufhebung einer Entmündigung gerichtet ist.

Advokat **Coumont:** Ich glaube, es wären dann in Punkt II erste Zeile wohl die Worte „Unterbringung oder“ zu streichen, denn sonst dürfte sich dann die Sache in einem kleinen Widerspruch bewegen. Punkt I wäre unverändert zu lassen, aber in Punkt II soll der Rechtsschutz nur gegen die Festhaltung sich richten.

Berichterstatter Geh. Oberjustizrat **Vierhaus:** Es dürfen hier zwei Fragen nicht miteinander verwechselt werden, insbesondere nicht mit der uns vorliegenden Frage die Frage, ob einem in irgend einer Weise seiner Freiheit Beraubten eine civilrechtliche Klage zusteht gegen denjenigen, der ihn seiner Freiheit beraubt, auf Anerkennung seiner persönlichen Freiheit oder auf Loslassung. Das ist eine Frage des bürgerlichen Rechts oder auch des öffentlichen Rechts. Ich würde glauben, daß eine solche Klage nach unserem Recht umsoweniger gegeben ist, als auch die Unterbringung in einer Privatirrenanstalt von gewissen festen polizeilichen Voraussetzungen abhängig gemacht ist und insofern der Genehmigung des Medizinalpolizeibeamten bedarf. Ich glaube aber, diese Frage entscheidet hier nicht, und ich glaube auch nicht, daß es einer Aenderung der These bedarf. Unter dem Wort Festhaltung habe ich nicht etwa verstanden die Festhaltung einer Person, die, nachdem sie untergebracht ist, sofort dagegen Beschwerde erhebt, sondern die Festhaltung über den Zeitpunkt hinaus, in dem der Geisteskranke erklärt, genesen zu zu sein. Also das ist eine selbstständige Entscheidung, die ich vorhin schon mit der Wiederaufhebung der Entmündigung verglich, darüber muß die Möglichkeit gegeben werden, auch eine Entscheidung herbeizuführen, und diese denke ich mir so, daß hier auch eine Verwaltungsentscheidung getroffen wird, gegen die es Rechtsmittel giebt. Wenn man hier vielleicht hinter dem Wort Festhaltung „nach eingetretener Genesung" einschalten wollte, würde es wohl deutlicher sein. Ich möchte aber glauben, nach der Declarirung, die der Begriff hier in der Discussion gefunden hat, ist es ungefährlich, den Ausdruck stehen zu lassen. Die Streichung würde ich für bedenklich halten.

Advokat **Eduard Coumont** (Wien): Ich wollte mir nur die eine Bemerkung erlauben, daß das, was Herr Präsident Hamm angeregt hat, nämlich nach Erfließen des Verwaltungsakts bezüglich der Unterbringung in eine Irrenanstalt einen Schutz im Rechtswege im Zuge eines gerichtlichen Verfahrens zu gewähren, bei uns in Oesterreich seit dem Jahre 54 vollständig und zwar meines Wissens ziemlich klaglos durchgeführt ist. In allen Fällen, in denen auf Grund eines amtsärztlichen Zeugnisses oder auf Grund eines von einem Privatarzte ausgestellten, aber amtsärztlich bestätigten Zeugnisses die Unterbringung in die Irrenanstalt, sei es im Wege der betreffenden Polizeibehörde, sei es im Wege eines anderen staatlichen Verwaltungsorgans verfügt worden ist, wird für das betreffende Individuum sofort von Gerichtswegen nämlich von demjenigen Bezirksgerichte, in dessen Sprengel die fragliche Anstalt sich befindet, ein Pfleger (Curator) bestellt. Es ist das eine provisorische Verfügung, welche weiter nichts bezweckt, als eine Persönlichkeit zu schaffen, welche gegen die schwerwiegenden Folgen einer ungerechtfertigten längeren Unterbringung über die nöthigen Rechtsmittel verfügt, und auch das Interesse des Pflegebefohlenen zu wahren vermag. Dieser provisorische Pfleger ist auch dazu bestimmt, dem Gericht über die Verhängung der definitiven Curatel Bericht zu erstatten, und es erfolgt dann eine gerichtliche Entscheidung darüber, ob die Curatel wegen Geisteskrankheit verhängt werden soll oder nicht. Das ganze Verfahren spielt sich also nach unserem Gesetz in drei Stadien ab; der erste Act ist eine rein polizeiliche Maßregel, ein Act der Administrativbehörde, durch Instruction der Centralbehörde geregelt, welche bezwecken soll, die allgemeinen Grundlagen zu schaffen, unter denen jemand als geisteskrank oder geistesschwach in eine Anstalt vorläufig untergebracht werden kann. Natürlich ist noch nicht nothwendig, daß das betreffende Individuum schon gemeingefährlich ist. Ist dieser Act abgeschlossen, so tritt die gerichtliche Thätigkeit in Wirksamkeit. Es wird durch die Verhängung der provisorischen Curatel vor allem eine Maßregel verfügt, welche noch nicht Entmündigung ist, und hauptsächlich dazu dient, dem Betreffenden den Vortheil eines sachkundigen Beistandes zu geben, insbesondere die Möglichkeit zu gewähren, seine Vermögensangelegenheiten ohne Schädigung durch einen Rechtskundigen durchführen zu lassen. Dann kommt das auf Ermittelung der geistigen Krankheit oder Gesundheit der in den Anstalten Untergebrachten gerichtete weitere gerichtliche Verfahren, bei welchem als Sachverständige Aerzte beschäftigt sind, die das Gericht aus dem großen Kreise seiner Aerzte als die geeignetsten Persönlichkeiten wählt; sehr häufig wird bei großen Irrenanstalten diesbezüglich auf die Universitätsprofessoren Rücksicht genommen. Auf Grund dieses durchgeführten Verfahrens wird dann die Entscheidung in der Hinsicht gefällt, ob wegen Geisteskrankheit eine definitive Entmündignng zu verhängen ist, oder nicht, oder es wird beispielsweise dem Antrag des Curators beigepflichtet, daß vorläufig mit Rücksicht auf das Gutachten der Aerzte nur eine provisorische Maßregel getroffen und mit der definitiven Entscheidung noch zugewartet wird. Aber es findet in allen Fällen möchte ich sagen eine Ueberprüfung des Verwaltungsactes durch einen Spruch des zuständigen Gerichts statt. Gerade in Oesterreich, wo die Trennung der Verwaltung von der Justiz derart, daß allen möglichen Fällen Rechnung getragen wird, besonders scharf ausgebildet ist, was einem seit Jahrzehnten gehegten berechtigten Wunsch der Bevölkerung entspricht, ist man mit diesem Verfahren außerordentlich zufrieden. Ich habe zwar davon gehört, daß Wünsche nach einer größeren Beschleunigung des Verfahrens und nach Verwendung erfahrener und geschulter Spezialrichter laut wurden, der Wunsch, die gerichtliche Ueberprüfung zu beseitigen, wurde aber meines Wissens niemals geäußert. So bietet Oesterreich in der fraglichen Sache gerichtlichen Rechtsschutz in ausgiebigster Form.

Amtsrichter Dr. **Levis** (Pforzheim): Ich möchte doch noch mit einigen Worten auf die Ausführuugen des Herrn Berichterstatters zurückkommen. Er sieht nicht ein, warum zur Zeit die Reichsgesetzgebung sich anders stellen soll, als später. Mein Bedenken war das, daß ich glaube, die Landesgesetze sind überhaupt nicht zuständig, eine Verwaltungsmaßregel den Gerichten zu überweisen; ich glaube das ist gerichtsverfassungsmäßig unzulässig. Und wenn wir diesen Weg überhaupt offen halten wollen, wenn wir mit Herrn Präsidenten Hamm die Möglichkeit offen halten wollen, daß die Gerichte befaßt werden, dann müssen wir auch den Weg offen halten, daß die Reichsgesetzgebung die Frage regelt; ich glaube, das Eine bringt das Andere mit sich. Wenn die Herren anderer Meinung sind, so lege ich auf den Austrag dieser Meinungsverschiedenheit keinen Werth; es kam mir nur darauf an, die Tragweite des Hammschen Antrags klar zu stellen; nachdem der Hammsche Antrag eigentlich hinfällig geworden ist, da der Herr Berichterstatter seinen Antrag modificirt hat, ziehe ich auch meinen Antrag zurück.

Oberlandesgerichtspräsident **Hamm:** Die Begründung, mit welcher der Herr Vorredner mir einen Widerspruch in meinen Ausführungen nachweisen will, verstehe ich nicht. Wenn ich sage: „Eine reichsgesetzliche Regelung ist nicht empfehlenswerth", so verstehe ich darunter eine materielle reichsgesetzliche Regelung. Wenn wir später dazu kommen, daß wir einen Rechtsschutz wünschen, dann muß allerdings die Reichsgesetzgebung der Landesverwaltung den Weg dazu offen machen. Da müßte vom Reich die formelle Bestimmung erlassen werden: diese Sache kann durch Landesgesetz den Gerichten übertragen werden. Wenn demgegenüber in unserem Antrage steht, reichsgesetzliche Regelung ist nicht empfehlenswerth, dann will ich damit, wie gesagt, nur aussprechen, eine materielle reichsgesetzliche Regelung ist nicht empfehlenswerth.

Berichterstatter Geh. Oberregierungsrath **Vierhaus:** Ich möchte in Anknüpfung an Herrn Präsident Hamm bemerken, die den Juristentag beschäftigende Frage geht nur dahin, inwiefern sich eine gesetzliche Regelung der Unterbringung empfiehlt. Der Reichstagsbeschluß hat auch die materielle Regelung zum Gegenstande. Von diesem Standpunkt aus kann ich mich auch der Auffassung des Herrn Präsident Hamm anschließen, daß, wenn eine reichsgesetzliche Regelung für nicht empfehlenswerth erklärt wird, dies auch die materielle Frage betrifft. Was ferner die Ausführungen aus Oesterreich betrifft, so gestatte ich mir darauf aufmerksam zu machen, daß nach den hierüber gemachten Mittheilungen dort gerade die Verquickung der Unterbringungsfrage mit der Entmündigungsfrage besteht, die bei uns nicht zweckmäßig wäre, die ich aber auch überhaupt nicht für zweckmäßig erachte.

Referendar Dr. **Glücksmann** (Görlitz): Ich möchte mir ein Wort zu der Formulirung der Frage erlauben. Herr Präsident Hamm hat die Frage, ob eventuell die Gerichte mit der Unterbringung befaßt werden sollen, unerörtert lassen wollen, und hat zu dem Zweck einige Amendements an Nr. II und III der Leitsätze vorgenommen. Ich glaube, es wird auch eine Umformung von Nr. I nothwendig sein, denn wenn Nr. I unverändert stehen bleibt, so ist damit klar ausgesprochen, daß die Gerichte überhaupt mit der Unterbringungsfrage nicht zu thun haben. Um diese Consequenz zu vermeiden, und die Annahme der Leitsätze auch denen zu ermöglichen, die auf dem Standpunkt stehen, daß die Gerichte sich in die Unterbringungsfrage einzumischen haben, wird es wohl nothwendig sein, die beiden letzten Sätze von I vollständig zu streichen.

Vorsitzender: Ich mache den Herrn Redner nur darauf aufmerksam, daß die Hammschen Anträge zurückgezogen sind.

Berichterstatter Geh. Oberjustizrath **Vierhaus:** Der Standpunkt des letzten Herrn Vorredners ist eine Ablehnung meiner Leitsätze und weiter nichts, denn ich will eben keine Befassung der Gerichte mit der Unterbringungsfrage. Ich habe mich mit dem Hammschen Vorschlage nur deshalb einverstanden erklärt, weil ich mit ihm auf demselben Boden mich bewege, insofern über die Unterbringung als solche nicht in jedem Falle das Gericht zu entscheiden hat. Wir differiren darin, daß ich als Rechtsschutz nach der Unterbringung nach wie vor die Organisation einer besonderen verwaltungsgerichtlichen Instanz für geeignet halte, während Herr Präsident Hamm in diesem Falle reichsgesetzlich die Gerichte zur Entscheidung berufen will. (Präs. Hamm: Ich möchte die Frage bloß offen halten), und ich habe meinen Leitsätzen die Fassung gegeben in den modificirten Anträgen, nur um die Entscheidung dieser Frage, die mir heute auch nicht spruchreif scheint, vorbehaltlich meines Standpunktes, weiter hinauszuschieben. Wenn aber der Herr Vorredner die Gerichte mit der Unterbringung selbst befassen will, so ist das eine Ablehnung der Leitsätze.

Assessor Dr. **Aßmann** (Berlin): Der Antrag ließe sich, um schneller zum Ziele zu kommen, vielleicht in zwei Theile folgendermaßen formuliren:

> Erstens die Versammlung ist sich darüber schlüssig, daß es noch besonderer, im Wege der Gesetzgebung, nicht dem der Verordnung zu erlassender Cautelar-Vorschriften bedarf, durch welche Personen, die wegen einer größeren oder geringeren geistigen Störung in einer Anstalt untergebracht werden sollen oder in einer solchen festgehalten werden, ein voller Rechtsschutz gewährt wird.
>
> Hingegen ist die Versammlung sich darüber noch nicht schlüssig und läßt die Frage offen, ob dieser Rechtsschutz zu gewähren ist durch Verwaltungsgerichte oder durch die ordentlichen Gerichte

oder durch eine anderweite Commission, die ähnlich den englischen commissions in lunacy etwa aus Organen der Rechtspflege, der Verkehrs- und Medizinal-Polizei u. a., sowie aus Laien zusammen zu setzen sei.

Vorsitzender: Das ist eine ganz veränderte Redaktion, die uns schriftlich nicht vorliegt. Ich kann sie vorläufig als Antrag nicht behandeln, es ist mehr nur eine Anregung, anders zu redigiren, was recht wohl denkbar ist.

Assessor **Aßmann:** Es handelt sich bei mir nur um eine redactionelle Aenderung des ursprünglichen Antrags, der dadurch in zwei Theile zerlegt wird. Zunächst soll ausgesprochen werden, daß grundsätzlich ein „Rechts"schutz zu gewähren ist, in welcher Weise aber, das soll offen gehalten werden. Dadurch werden die beiden Anträge Hamm und Vierhaus gedeckt.

Vorsitzender: Auch eine veränderte Redaction ist ein Antrag. Ich bitte, den Antrag zu stellen oder nicht zu stellen.

Assessor **Aßmann:** Bei der großen Zahl der gestellten Abänderungsanträge möchte ich durch meinen Antrag zunächst nur eine Anregung gegeben haben.

Vorsitzender: Der Redner giebt nur eine Anregung; ein Antrag wird von keiner Seite eingebracht, ich kann sie also zur Zeit nicht weiter beachten. Es liegt nur ein Antrag vor, allerdings mit dem Unterantrag, aus der Ziffer I die zwei letzten Sätze zu streichen.

(Zuruf!)

Dieser Antrag wird zurückgezogen. Dann haben wir es mit einem Antrag zu thun, der lautet nach der Modification des Herrn Berichterstatters:

I. Die Frage nach der Entmündigung wegen Geisteskrankheit oder Geistesschwäche und die Frage nach der Unterbringung oder Festhaltung eines Geisteskranken in einer Irrenanstalt sind verschiedener Natur und von einander zu trennen. Die erste Frage fällt in das Gebiet der gerichtlichen Thätigkeit, die zweite in das Gebiet der Medizinalverwaltung. Eine Befassung der Gerichte mit der zweiten Frage würde weder deren Aufgabe entsprechen noch sachgemäß sein.

II. Bei der schwerwiegenden Bedeutung, welche die Unterbringung oder Festhaltung in einer Irrenanstalt für den Betroffenen hat, empfiehlt es sich (abgesehen von einer strengen Beaufsichtigung der Anstalten)

1. bezüglich aller dahin gehenden Maßnahmen ausreichenden Rechtsschutz zu gewähren;
2. Fürsorge zu treffen, daß ein strafrechtliches Einschreiten gegen Mißbräuche auf Grund des § 239 Str.=G.=B. thunlichst erleichtert wird.

III. Die zu II empfohlenen Maßregeln hängen aufs Engste mit den Einrichtungen der Verwaltung, insbesondere der Medizinalverwaltung und mit dem Rechtsschutze auf dem Gebiete der Verwaltung zusammen. Eine reichsgesetzliche Regelung ist daher, selbst wenn sie nach Art. 4 Nr. 15 der Reichsverfassung zulässig sein sollte, nicht empfehlenswerth.

Ich bitte diejenigen Herren, welche die Resolution in dieser Form annehmen wollen, sich zu erheben.

(Geschieht).

Bitte um die Gegenprobe.

(Geschieht).

Das ist die Minorität. Die Resolutionen sind also angenommen. Ich glaube wohl die allgemeine Meinung zu treffen, wenn ich annehme, daß davon dem Plenum nur Anzeige gemacht wird, und ich bitte den Herrn Referenten, diese Anzeige zu übernehmen.

Es wird ferner beschlossen, die Berathung der letzten Frage in einer morgen nach Schluß der Sitzung der I. Abtheilung abzuhaltenden Sitzung vorzunehmen.

(Schluß 3¼ Uhr Nachmittags).

Zweite Sitzung der dritten Abtheilung
am 12. September 1900.

(Beginn: Nachmittags 2½ Uhr.)

Vorsitzender: Ich eröffne die Sitzung.

Der Gegenstand unserer heutigen Berathung ist die Frage:

„Wie ist den Unzuträglichkeiten zu begegnen, welche sich aus den neuerdings hervorgetretenen Meinungsverschiedenheiten zwischen dem Reichsgericht und dem preußischen Gerichtshofe für Competenzconflicte für die Rechtsverfolgung ergeben?"

Ich bitte den Herrn Referenten, das Wort zu nehmen.

Referent Rechtsanwalt Dr. **Lövinson** (Berlin): M. H.! Die Frage, die durch das schriftliche Referat meines Herrn Collegen Hailliant vorbereitet worden ist, ist in Fluß gekommen durch einige Fälle in der Praxis. Wir sind in dieser Sache beide die Leidtragenden; der Herr College, der das schriftliche Referat gemacht hat, vertritt eine Kirchengemeinde. Ich referire hier kurz dasselbe noch einmal, was in dem schriftlichen Gutachten angeführt worden ist, in der Voraussetzung, daß Ihnen vielleicht dieses weitschichtige Material nicht vollständig gegenwärtig sei. — Es hatte eine Kircheugemeinde in Preußen geklagt gegen den Patron auf Erstattung von Kirchenbaukosten, und es war darauf ein verurtheilendes Erkenntniß ergangen. In der Revisionsinstanz erklärte das Reichsgericht den Rechtsweg für unzulässig, weil die höchste Aufsichtsinstanz, der Herr Minister, noch nicht gesprochen habe. Nun wurde eine Entscheidung des Ministers herbeizuführen gesucht. Der Minister erklärte, daß er in der Sache nicht zu entscheiden habe. Es lag somit ein negativer Competenzconflict vor, und der nunmehr angerufene preußische Gerichtshof zur Entscheidung von Competenzconflicten erklärte das Reichsgericht für zuständig, indem er das frühere Urtheil des Reichsgerichts aufhob und die Sache zur Entscheidung an dies Gericht zurückverwies. Der damit befaßte vierte Senat des Reichsgerichts hat mündliche Verhandlung angeordnet, anscheinend auf die Ladung — der Hergang steht aktenmäßig für uns nicht fest —, und in der mündlichen Verhandlung dann durch Beschluß erklärt, daß die weitere Verhandlung der Angelegenheit nicht zulässig sei.

Etwas anders hat der fünfte Senat des Reichsgerichts verfahren in der Sache, in welcher ich die Partei vertrat. Es ist die Klage einer Dorfgemeinde gegen ihren Gutsherrn auf die Erstattung von Kosten des Nachtwachdienstes gerichtet, die entstanden waren, weil die polizeiliche Aufsichtsbehörde der Dorfgemeinde die Verpflichtung des Nachtwachdienstes auferlegt hatte, und die Dorfgemeinde ihrerseits annahm, daß zur Leistung dieses Dienstes die Gutsherrschaft verpflichtet wäre. Die beiden Instanzen, das Landgericht und das Kammergericht, hatten in dieser Sache nach Prüfung der Frage den Rechtsweg für zulässig erachtet und die zweite Instanz hatte die Gutsherrschaft verurtheilt. Das Reichsgericht dagegen hat auf Revision des verurtheilten Beklagten und Widerklägers den Rechtsweg sowohl für die Klage als auch für die Widerklage für unzulässig erklärt und erklärt, daß über einen Fall dieser Art zu entscheiden habe die Verwaltungsgerichtsbehörde.

Die materielle Begründung der Entscheidung interessirt ja nicht weiter. Das Oberverwaltungsgericht erklärte sie für unrichtig und den ordentlichen Rechtsweg für allein zulässig. Auch hier wurde der Competenzgerichtshof angerufen und nach einer Zwischenentscheidung, die ich in dem Referat ohne Weiteres weglassen kann, gelangte auch in diesem Fall der Gerichtshof zu der Auffassung, daß allein der ordentliche Rechtsweg zulässig sei. Er hob die Entscheidung des Reichsgerichts auf und verwies die Sache zur weiteren Entscheidung an das Reichsgericht. Dasselbe, und zwar der V. Senat, erklärte in sehr eingehender Begründung, die im soeben erschienenen Band 44 der Entscheidungen S. 377 abgedruckt worden ist, daß ein preußischer Landesgerichtshof, sei es auch der Gerichtshof zur Entscheidung der Competenzconflicte, keineswegs das Reichsgericht zu binden in der Lage sei; es wurde überhaupt die Zustellung des Urtheils in dieser Sache abgelehnt, denn zunächst war das Reichsgericht lediglich darum ersucht worden, auf dem Wege über das preußische Justizministerium und das Reichsjustizamt, die Zustellung dieses Urtheils zu bewirken, wie es in der preußischen Verordnung, betreffend die Entscheidung der Competenzconflicte, dem Gericht — es ist nicht näher angegeben, welchem Gericht — auferlegt worden ist. Es erklärte das Reichsgericht in der ausführlichen Begründung, daß hier aus staatsrechtlichen und aus Gründen der Gerichtsverfassung keinesfalls ein preußischer Landesgerichtshof in der Lage sei, dem Reichsgericht irgend welche Anweisungen zu geben. Wenn in den Bestimmungen des § 17 des Gerichtsverfassungsgesetzes davon die Rede sei, daß die Gerichte durch solche Entscheidungen des Gerichtshofes gebunden würden, so seien darunter nur die Landesgerichte, keineswegs aber das Reichsgericht zu verstehen.

M. H.! Es liegt mir fern, eine Kritik an dem Urtheil des Reichsgerichts hier zu üben; einerseits hat der Herr College, wie ich meine, in dem schriftlichen Referat die Bedenken dieser Urtheile schon hervorgehoben, andererseits aber muß ich bekennen, daß ich, nachdem nun elf Instanzen angegangen sind, nicht die Absicht habe, noch eine weitere Instanz, den deutschen Juristentag, anzurufen; es würde auch für die weitere Behandlung der Sache nicht förderlich sein.

Es ist hier allein in Frage: wie ist in Zukunft derartigen Mißständen, die offensichtlich zu Tage liegen, zu begegnen? Es hat sich über die Frage, die seit vorigem Jahr an die Oeffentlichkeit gekommen ist, bereits eine kleine Literatur entwickelt. Es ist zunächst in der „Deutschen Juristenzeitung" nur der Thatbestand selbst mitgetheilt worden seitens des Herrn Assessor Rintelen, ohne daß Vorschläge zur Abhülfe daran geknüpft sind. Es hat sich sodann der Herr College Rechtsanwalt Benedikt vom Kammergericht in der „Deutschen juristischen Wochenschrift" darüber geäußert; er glaubt, daß Abhülfe möglich sei, wenn man den Grundsatz der Prävention, der in anderen Beziehungen für die Prozeßordnung acceptirt sei, auch für diesen Fall zu Grunde lege. Er ist der Meinung, daß die Zweifel schon gelöst seien, wenn man festlegt, sobald das Reichsgericht den Rechtsweg für unzulässig erklärt hat, sei die Auslegung der Zuständigkeitsgesetzgebung für die Verwaltungsbehörden sowohl wie für die Verwaltungsgerichte bindend, und daß andererseits die Gerichte gebunden seien, wenn zunächst sich die Verwaltungsbehörden oder der oberste Verwaltungsgerichtshof eines Bundesstaates für unzuständig zur Behandlung der Frage erklärt haben. Es berührt den Civilprozessualisten durchaus sympathisch, wenn an diesen Ausweg gedacht wird, und ich darf bemerken, daß dieser Ausweg schon vorgeschlagen wurde in der Commission zur Berathung des Gerichtsverfassungsgesetzes, und zwar ging der Vorschlag damals aus von dem Abgeordneten v. Puttkamer, der meinte, daß, wenn für die Gerichtsverfassung überhaupt das Prinzip der Regelung durch eine höhere Behörde nicht gewählt worden sei, daß damit bereits der Weg gewiesen sei, wie auch diese Frage des negativen Competenzconflictes zum Austrag zu bringen sei. Ebenso, wie bei der Verweisung vom Amtsgericht an das Landgericht das Landgericht an diese Entscheidung des Amtsgerichts gebunden sei, so könnte auch hier einfach der Grundsatz der Prävention entscheiden; stehe der einmal fest, dann sei ein Weiteres nicht zu prüfen. Doch es ist dieser Gedanke des Commissionsmitgliedes in keiner Weise im Gesetz zum Ausdruck gelangt; im Gegentheil, es ist bekannt, daß dieser § 17 des Gerichtsverfassungsgesetzes zu denen gehört, die ein Scheitern der ganzen Justizgesetzgebung des Jahres 1876/9 beinahe herbeigeführt hätten, und daß dieser Paragraph schließlich nur angenommen ist in Folge jener bekannten Compromißvorschläge. Zu den Gründen, aus denen die verbündeten Regierungen Bedenken erhoben gegen die Zulässigkeit des Paragraphen, der lediglich in der Commission zu Stande gekommen war und im Entwurf noch fehlte, zu den Gründen, aus welchen man gegen die gesetzgeberische Regelung, die vorgeschlagen, Stellung nahm, gehört insbesondere auch, und das ist ausdrücklich auch von mehreren Regierungsvertretern in der Commission und im Plenum ausgesprochen worden, der Umstand, daß die Regelung keine erschöpfende sei, daß eben der Fall des negativen Competenzconflictes durch den § 17 des Gerichtsverfassungsgesetzes oder durch irgend eine andere Bestimmung des Gesetzes in keiner Weise geordnet sei. Es ist damals von einem Abgeordneten und zwar gerade von demjenigen, der hauptsächlich der Verfasser des Amendements war, das später zum § 17 geführt hat, von Herrn Reichensperger einfach erwidert worden, es stehe der erste Grundsatz an der Spitze, die Gerichte entscheiden über ihre Zuständigkeit, und wenn man von diesem Gesichtspunkt ausgehe, so brauche in diesem Justizgesetz eine weitere Regelung nicht zu erfolgen; denn, wenn einmal das Gericht seine Unzuständigkeit ausgesprochen habe, so handle es sich lediglich darum: wie hat nunmehr die Verwaltungsbehörde zu entscheiden? und die Regeluug dieser Frage gehöre nicht in ein Gerichtsverfassungsgesetz, sondern in die Particulargesetze, die eben Anweisungen für die Verwaltungsgerichte und für die Verwaltungsbehörden enthalten mögen. Dem ist mit Recht entgegengehalten worden, daß man dadurch die Verwaltungsgerichte zu Gerichten zweiter Klasse mache, und das ist, wie ich meine, auch der durchschlagende Gesichtspunkt, der gegen eine andere Regelung, als die von mir vorgeschlagene, sprechen würde.

Meine Herren! Als im Jahre 1861 der zweite deutsche Juristentag sich mit dieser Frage beschäftigte, — und auf die Verhandlungen des Deutschen Juristentages ist auch in der Reichstagscommission Bezug genommen worden, da hatten wir noch nicht die derartig fein ausgebaute Verwaltungsgerichtsbarkeit, die inzwischen in der Mehrzahl der deutschen Staaten durchgeführt worden ist. Damals dachte man unter der Verwaltung sich eben eine Behörde, die lediglich thätig werde auf Anweisung des Staatsoberhauptes und die ihre Entscheidung ändern kann; ist einmal entschieden worden, daß die Unzulässigkeitserklärung eine falsche sei, so ist einfach ein Regierungsact nöthig, um diese frühere Entscheidung umzuwerfen, und dann muß die Verwaltungsbehörde in Thätigkeit treten. Das ist doch nicht mehr möglich, seitdem wir ein geordnetes Verwaltungsgerichtsverfahren haben; seitdem das existirt, sprechen die Verwaltungsgerichte nicht nach Zweckmäßigkeitsgründen, sondern sie sprechen nach Rechtsgründen, sie sprechen ihre Urtheile im Namen des Königs ebensogut wie die ordentlichen Gerichte in dessen Namen sprechen, und eine so gefällte Entscheidung beschreitet die Rechtskraft, mag sie vor dem Verwaltungsgericht ergangen sein oder vor dem ordentlichen Gericht. Haben also beide in diesem Falle die Unzuständigkeit ausgesprochen, so kann man nicht sagen, nunmehr hat die Verwaltung lediglich ihr Organ, das Verwaltungsgericht, in diesem Falle anzuweisen, sich der Entscheidung des ordentlichen Gerichts zu fügen; damit würden die Zustände hergestellt werden, die ein Regierungsvertreter sehr richtig dahin bezeichnet hat, daß man dadurch die Verwaltungsgerichte zu Gerichten zweiter Classe macht. Ich bin der Meinung, daß der Vorschlag des Herrn Collegen Benedikt aus diesem Grunde nicht acceptabel ist.

Der zweite Grund, der mich dabei leitet, ist der, daß damit eine endgiltige Regelung der Frage auch noch nicht gewonnen wäre, denn das Reichsgericht sagt mit Recht, es könnten sich die Parteien nicht darüber beschweren, daß sie in diesem Falle überhaupt zu keinem Recht gelangen können, denn solche Fälle seien durchaus nicht vereinzelt; solche Conflikte negativer Art seien auch möglich, sobald es sich handelt um die Unzuständigkeitserklärung einerseits des Reichsgerichts und andererseits einer Reichsbehörde, oder sobald es sich handelt um die Unzuständigkeitserklärung von Behörden und Gerichten verschiedener Bundesstaaten, und es seien solche Entscheidungen auch möglich, wenn eine Reichsbehörde einerseits sich für unzuständig erklärt habe und andererseits die Landesgerichte; auch die Rechtsprechung einer Reichsbehörde anderer Art als des Reichsgerichts könne in Frage kommen, vor allen Dingen das Bundesamt für das Heimathwesen, sodann aber auch das Reichsversicherungsamt und das Reichspatentamt. Immerhin sind Grenzstreitigkeiten zwischen diesen einerseits und den ordentlichen Gerichten andererseits möglich, und ich meine, daß man einen Ausweg anderer Art finden muß, der die Frage, die gegenwärtig nur für Preußen einerseits und das Reich andererseits brennend geworden ist, doch dauernd und nach allen Seiten hin regelt.

Der Vorschlag, der weiter in der Oeffentlichkeit bekannt geworden ist zur Regelung dieser Frage, ist derjenige des Herrn Referenten, der das schriftliche Referat erstattet hat. Der Herr College ist der Meinung, daß ein einfacher Zusatz zum Gerichtsverfassungsgesetz die Schwierigkeit schon aus dem Wege räume. Er schlägt vor, daß ein neuer Absatz 3 des § 17 des Gerichtsverfassungsgesetzes geschaffen werden solle, etwa in folgender Form: „Die Entscheidung der besonderen Behörde über die Zulässigkeit oder Unzulässigkeit des Rechtsweges ist für das Reichsgericht, die Landesgerichte, sowie die Verwaltungsbehörden und Verwaltungsgerichte bindend. Dieser Grundsatz findet auch auf Rechtsstreitigkeiten Anwendung, in welchen durch Entscheidung der besonderen Behörde der Rechtsweg bereits für zulässig erklärt worden ist."

Meine Herren! Die Bedenken, die ich gegen den Benedikt'schen Antrag habe, sind in verstärktem Maße vorhanden gegen diesen Antrag meines Herrn Collegen. Auch hier wird das Uebel nicht an der Wurzel gefaßt, auch hier steht man vor der Frage: Wie wird es bei den Schwierigkeiten, die durch den negativen Competenzconflikt zwischen Reichsbehörden und Reichsgericht entstehen, oder bei den Competenzstreitigkeiten zwischen den Behörden verschiedener Bundesstaaten? Geht man einmal an eine gesetzliche Regelung, so bin ich doch der Meinung, man mache keine Flickarbeit, sondern werde sich klar, wie man auf die Dauer solchen Schwierigkeiten vorbeugen kann. Man wird mir entgegenhalten, und hat mir entgegengehalten, es handle sich hier um so exceptionelle Fälle, daß dafür eine besondere Fürsorge nicht zu treffen sei; aber so gering ist die Zahl der negativen Competenzconflikte nicht, und Herr Direktor von Amberg hat seinerzeit in der Reichsjustizcommission schon Zahlen genannt, über die die Mitglieder sich außerordentlich entsetzt haben; er sprach davon, daß in einem größeren Bundesstaat, womit noch nicht einmal Preußen gemeint war, in wenigen Jahren über 300 negative Competenzkonflikte ausgebrochen und zur Kenntniß der Behörden gelangt seien. Ich bin der Ueberzeugung, daß solche sich heutzutage eher vermehrt als vermindert haben, denn die Gesetzgebung auf dem Gebiet des Verwaltungsrechtes ist eine außerordentlich fruchtbare gewesen, und ich meine, daß gerade mit dieser Vermehrung der Gesetze auch eine Vermehrung der Schwierigkeiten auf diesem Grenzgebiete stattgefunden hat. Ich bin also der Meinung, daß eine Regelung der Frage im Wege der Gesetzgebung dringend nöthig ist, und zwar nicht eine Regelung auf dem Wege der Landesgesetzgebung. Ich will den ganzen großen Stoff der Partikulargesetzgebung, der mir vorliegt, nicht vortragen bei der vorgerückten Zeit, in der sich der Juristentag befindet, ich will nur kurz erwähnen, daß man in erster Linie denken könnte an eine Nachahmung der bayerischen

Gesetzgebung. Da entscheidet der Artikel 22 des bayerischen Gesetzes vom 18. August 1879 dahin:

„Hat das Reichsgericht die Unzulässigkeit des Rechtsweges ausgesprochen, so haben die Verwaltungsbehörden oder der Verwaltungsgerichtshof die rechtliche Beurtheilung, welche dem Ausspruche zu Grunde gelegt ist, auch ihrer Entscheidung zu Grunde zu legen".

Es wird also damit dem Landescompetenzgerichtshof die Directive ertheilt, daß unter keinen Umständen etwa eine Verweisung an das Reichsgericht stattfinden könne, ein Vorbehalt, der im preußischen Gesetz fehlt. Die Gründe, die gegen diese Partikulargesetzgebung sprechen, habe ich schon bei Gelegenheit der Ablehnung der übrigen Vorschläge erwähnt. Der negative Conflikt zwischen Reichsgericht und Reichsbehörden wäre damit nicht gelöst.

Man wird mir nun sagen, daß eine Regelung der Competenz zwischen Reichsgericht einerseits und etwa dem Bundesamt für das Heimathwesen andererseits nicht nothwendig sei, weil solche Conflikte nicht oder doch höchst selten vorkämen. Um das Gegentheil zu beweisen, kann ich mich berufen auf das Buch von Droop, dem besten Kenner des preußischen Competenzwesens, das 1899 erschienen ist. Es ist die erste wissenschaftliche Durchdringung, wie ich meine, der langjährigen preußischen Judikatur auf dem Gebiete des Competenzwesens, und da erwähnt Droop doch eine große Anzahl von Fällen, bei denen die Competenz zwischen dem Bundesamt und einem ordentlichen Gericht streitig geworden ist; und wenn ein derartiger Fall noch nicht in die oberste Instanz gelangt ist, kann das doch jeden Tag eintreten, und es würde außerordentlich bedauerlich sein, wenn man in diesem Falle wieder vor der Frage stände, wie ist den Parteien ihr gutes Recht zu wahren; denn das Recht wird man der Partei unter allen Umständen zugestehen müssen, daß sie irgendwo ihr Recht bekommt. Ich halte deswegen die Regelung der Angelegenheit auf dem Wege der Reichsgesetzgebung für unbedingt geboten.

Es ergiebt sich aus meinen bisherigen Ausführungen zunächst, daß es nothwendig ist, in dem geplanten Gesetz den Grundsatz festzulegen, daß überhaupt eine Behörde zur Entscheidung der Competenzconflikte erforderlich ist, daß man nicht damit auskommt, wenn man sagt, es ist unbedingt die Entscheidung der Gerichte maßgebend, die Entscheidung aller anderen Behörden muß dem gegenüber zurückstehen, mögen die anderen, die Landesbehörden, sehen, wie sie weiterkommen. Ich bin der Meinung, daß ich meinen Standpunkt genügend begründet habe, der dahin geht: mit einem solchen Gesetz ist die Frage nicht entschieden, es ist eine höhere Instanz nöthig, welche die Zuständigkeit regelt. Das ist der Inhalt meines Leitsatzes Nr. 1. Leitsatz Nr. 2 geht dahin, daß der Bundesrath die geeignetste Behörde ist zur Entscheidung dieser Streitigkeiten, und zwar mindestens dann, wenn in irgend einer Weise eine Reichsbehörde oder das Reichsgericht dabei interessirt sei. Gegen die Zulässigkeit der Verweisung an den Bundesrath ist ja im Wesentlichen einzuwenden, daß er eine richterliche Behörde nicht ist. Die Mitglieder des Bundesrathes stimmen nach Instruktionen, sie würden dabei nicht lediglich auf die Anwendung der Gesetze angewiesen sein, sie sind zwar ein ständiger, aber nicht ein unabhängiger Gerichtshof. M. H.! Da sage ich, alle die Bedenken, die man dagegen hat, irgend welche Rechtsfragen entscheiden zu lassen durch eine Verwaltungsbehörde, fallen doch weg, wenn die berufenen Gerichtshöfe, wie im Falle des negativen Competenzconfliktes, erklärt haben, wir sind nicht zuständig, wir wollen, wir können nicht entscheiden. M. H.! Da wird man doch nicht sagen können, daß irgend Jemand seinem ordentlichen Richter entzogen sei, wenn dieser erklärt hat, er sei nicht der ordentliche Richter. Dann ist es zwar kein idealer aber doch ein gangbarer Weg, wenn man sagt, dann mag schließlich die oberste Behörde des Deutschen Reiches die Entscheidung treffen, wer hier ordentlicher Richter sei. Und man wird auch nicht sagen können, daß der Bundesrath dadurch eine übermäßige Belastung erfährt. Bei der großen Zahl von Arbeiten, die den Bundesrath beschäftigen, mögen jene kleinen Fragen, die sich im Laufe des Jahres auf einige wenige beschränken werden, nebenher erledigt werden können. Den großen Vortheil hat man bei dem Bundesrath, daß er wenigstens eine ständige Behörde ist, denn wenn man einen eigenen Reichscompetenzgerichtshof für solche Fälle construiren wollte, würde er doch keine ständige Behörde sein, wo sich gewisse Traditionen fortpflanzen und eine ständige Judikatur entsteht. Ein solcher Competenzgerichtshof des Reiches, der wirklich ein oder zwei Mal im Jahre berufen würde, würde schwerlich immer in derselben Zusammensetzung tagen, es wäre ausgeschlossen, daß die vollen Vortheile, die von der Ständigkeit einer Behörde erwartet werden, vorhanden sind.

Damit komme ich dann zu Nr. 3 meiner Vorschläge, daß dem Bundesrath auch ausdrücklich aufzutragen ist die Entscheidung solcher Streitfälle, in denen der negative Competenzconflikt bereits zur Zeit des Erlasses dieses Gesetzes ausgebrochen ist, in dem Umfange, wie ich sie ihm überhaupt zuweisen möchte. M. H.! Da ist doch zu berücksichtigen, daß die Frage des negativen Competenzconfliktes in vieler Beziehung an die Grundlagen unserer ganzen Rechts- und Gerichtsverfassung rührt.

Wir verbieten die Selbsthilfe im Bürgerlichen Gesetzbuche, aber doch nur insoweit die Hilfe des Staates zu spät kommen würde oder nicht zu erreichen ist. Wenn nun in solchen Fällen ausgesprochen ist, die Hilfe des Staates versagt überhaupt, das ordentliche Gericht und die Verwaltungsbehörde versagt, dann ist die Partei durch das Bürgerliche Gesetzbuch selbst hingewiesen auf den Weg der Selbsthilfe. Ist das ein Zustand, der in einem geordneten Staatswesen zulässig wäre? — Ich meine, daß deshalb für die Fälle, wo der negative Competenzconflikt jetzt schon ausgebrochen ist, ebenso wie für die späteren eine Behörde da sein muß, die in irgend einer Weise Abhilfe schafft, und dafür sorgt, daß es im Deutschen Reiche nicht Leute giebt, die nirgends ihr Recht finden können. Ich bitte den Deutschen Juristentag, meinen Anträgen zu folgen und hoffe, daß die Anregung nicht verfehlen wird, dort auf fruchtbaren Boden zu fallen, wo sie allein zur Ausführung in gesetzgeberischer Beziehung gelangen kann.

(Beifall.)

Die vom Berichterstatter aufgestellten Leitsätze lauten:

1. Wenn sich in demselben Rechtsstreit sowohl das ordentliche Gericht, wie diejenigen Behörden oder Verwaltungsgerichte, welche das ordentliche Gericht als zuständig bezeichnet hat, für unzuständig erklärt haben (negativer Competenzconflikt), so hat eine besondere Behörde die Zuständigkeit zu regeln.
2. Es erscheint zulässig und rathsam, daß zur Entscheidung solchen Conflikts der Bundesrath gesetzlich mindestens dann berufen wird, wenn in dem Streitfall die Unzuständigkeit erklärt ist
   a) vom Reichsgericht,
   b) von einer Reichsbehörde,
   c) von Gerichten und Behörden verschiedener Bundesstaaten.
3. Es empfiehlt sich, dem Bundesrathe auch die Entscheidung solcher Streitfälle ausdrücklich aufzutragen, in denen der negative Competenzkonflikt bereits zur Zeit des Erlasses dieses Gesetzes ausgebrochen ist.

Vorsitzender: Ich nehme an, daß sämmtlichen Mitgliedern der Abtheilung die Leitsätze, welche der Herr Referent entworfen hat, vorliegen. Es liegt dazu folgender Antrag des Herrn Oberlandesgerichtspräsidenten Hamm vor:

In § 17 G.V.G. ist folgender Satz einzufügen:

5. Sofern die Unzulässigkeit des Rechtsweges durch das Reichsgericht endgiltig ausgesprochen ist, bleibt diese Entscheidung maßgebend.

Ich ertheile ihm zur Begründung seines Antrages das Wort.

Ober-Landesgerichtspräsident **Hamm** (Köln): Bekanntlich ist im § 17 des Gerichtsverfassungsgesetzes zunächst der allgemeine Satz ausgesprochen, daß die Gerichte über die Zulässigkeit des Rechtsweges entscheiden. Sodann heißt es weiter, daß die Landesgesetzgebung „jedoch die Entscheidung von Streitigkeiten zwischen den Gerichten und den Verwaltungsbehörden oder Verwaltungsgerichten über die Zulässigkeit des Rechtswegs besonderen Behörden nach Maßgabe der folgenden Bestimmungen" — die ich jetzt nicht zu verlesen brauche — „übertragen kann".

Auf Grund dieses § 17 ist für Preußen eine Verordnung ergangen vom 1. August 1879, welche das Verfahren der Competenzconflicte regelt Wir müssen dabei zwei Dinge unterscheiden, den sogenannten positiven Competenzconflict und den negativen Competenzconflict. Durch die preußische Verordnung vom 1. August 1879 ist zunächst und zwar wesentlich im Anschluß an die Art, wie dies früher schon in Preußen durch das Gesetz vom 8. April 1847 geregelt war, die Frage des positiven Competenzconflictes folgender Maßen geordnet. Wenn eine Prozeßsache an einem Gericht anhängig ist, in welcher nach Ansicht der Verwaltungsbehörde der Rechtsweg nicht zulässig ist, dann kann, so lange keine rechtskräftige Entscheidung von dem Gericht erlassen ist — die *Verwaltungsbehörde*, nicht die *Partei* — den Competenzconflict erheben, indem sie sagt: „Ich bin der Meinung, die Sache gehört vor die Verwaltung; Gericht, halte ein!" Die Erhebung des Competenzconflictes hat die Folge, daß das Gericht das Verfahren sofort vorläufig einstellen muß, daß die Sache an den Competenzgerichtshof kommt, und daß dieser demnächst entscheidet, ob der Rechtsweg zulässig ist oder nicht. Sagt der Competenzgerichtshof, der Rechtsweg ist nicht zulässig, dann muß das Gericht das Verfahren *endgültig* einstellen. In dieses Gesetz, ebenso wie in das Gerichtsverfassungsgesetz, ist bereits die ausdrückliche Bestimmung aufgenommen, daß die Erhebung des positiven Competenzconflicts nur zulässig ist, so lange die Zulässigkeit des Rechtsweges nicht durch ein rechtskräftiges Urtheil des Gerichts feststeht. Es heißt im § 17 des Gerichtsverfassungsgesetzes unter den Bestimmungen, welche die Landesgesetzgebung, falls sie einen Competenzconflictsgerichtshof errichten will, beobachten muß, als Nr. 4: „Sofern die Zulässigkeit des Rechtsweges durch rechtskräftiges Urtheil des Gerichts feststeht, ohne daß zuvor auf die Entscheidung der besonderen Behörde angetragen war, bleibt die Entscheidung des Gerichts maßgebend."

Also muß bei dem positiven Competenzconflict die Verwaltungsbehörde den Conflict erheben, *ehe* das Gericht entschieden hat, und zwar nicht bloß ehe das Gericht zur Sache entschieden hat, sondern auch, wenn über die Zuständigkeit besonders entschieden worden ist, ehe das Gericht seine Zuständigkeit ausgesprochen hat. Hat das Gericht sich rechtskräftig für competent erklärt, so kann der positive Competenzconflict nicht mehr erhoben werden.

Neben dem positiven Competenzconflict sieht die preußische Verordnung vom 1. August 1879 auch einen negativen Competenzconflict vor, wie dies auch in dem preußischen Gesetz vom Jahre 1847 geschehen war. Die reichsgesetzliche Zulässigkeit steht außer Frage, da in den Discussionen im Reichstag ausdrücklich bemerkt worden ist, daß die Landesgesetzgebung den von ihr errichteten Competenzconflictsgerichtshof auch mit Regelung der negativen Competenzconflicte betrauen dürfe. Der negative Competenzconflict setzt voraus, daß eine endgültige Entscheidung ergangen ist sowohl von Seiten der Verwaltungsbehörde, daß sie nicht competent sei, als auch von Seiten des Gerichts; beide Entscheidungen müssen endgültig, müssen rechtskräftig sein. Liegen zwei rechtskräftige Incompetenz-Erklärungen vor, von der Verwaltungsbehörde und vom Gericht — es ist nicht nothwendig, daß in beiden Ressorts die höchsten Instanzen entschieden haben, es genügt auch, daß die beiden Entscheidungen durch Nicht-Einlegung der Rechtsmittel rechtskräftig geworden sind — und ist auf diese Weise der Partei jeder Weg zur Verfolgung ihres Rechts verschlossen, dann soll zur Entscheidung eines solchen negativen Competenzconflictes nach der Verordnung vom 1. August 1879 die Partei den Competenzconflictsgerichtshof angehen, an diesen die Frage stellen können: „Die Verwaltung will uns nicht helfen und die Justiz will uns nicht helfen, beide erklären sich für unzuständig, wer ist denn zuständig?" Dann soll der Competenzgerichtshof, wie in der Verordnung vom 1. August 1879 ausdrücklich steht, nachdem er sich darüber schlüssig gemacht hat, welches von beiden Ressorts zuständig ist, die Incompetenz-Erklärung des von ihr für zuständig gehaltenen Ressorts aufheben. Der Gerichtshof hebt also, wenn er das Gericht für zuständig hält, das rechtskräftige Urtheil des Gerichts, wodurch sich dieses für unzuständig erklärt hat, auf und erklärt das Gericht für zuständig; ebenso im umgekehrten Fall die Entscheidung der Verwaltungsbehörde oder des Verwaltungsgerichts und damit bekommen die Parteien dann einen Weg zur Verfolgung ihres Rechts. So ist die Sache durch die Verordnung vom 1. August 1879 geordnet; die uns beschäftigende Frage ist nun die: wie ist es zu halten, wenn der Competenzconflict in dem Moment erhoben wird, wo die Sache schon beim Reichsgericht anhängig ist, oder wo das Reichsgericht sogar schon entschieden hat? In dieser Beziehung hat nun meines Erachtens der erste Herr Referent sowohl in seinem schriftlichen Gutachten als in seinem heutigen Referat die Schwierigkeit nicht genug berücksichtigt, welche darin liegt, daß es sich nicht um einen Conflict zwischen Landesjustizbehörden und Landesverwaltungsbehörden handelt, sondern zwischen einer Reichsjustizbehörde und einer Landesverwaltungsbehörde. Die Fragen, die hinein gebracht worden sind von Conflicten zwischen einer Reichsbehörde und dem Reichsgericht, sind weder Gegenstand der Prozesse, um die es sich hier handelt, noch sind derartige Conflicte bisher überhaupt vorgekommen. Woran wir uns halten, das, wo geholfen werden muß, ist bloß der Conflict zwischen der Entscheidung des Reichsgerichts und der Entscheidung einer Verwaltungsbehörde oder eines Verwaltungsgerichts eines einzelnen deutschen Staates, nicht einer Reichsverwaltungsbehörde, und die Frage ist meines Erachtens aus dem Gesichtspunkt zu entscheiden, ob man nicht sagen muß, so gut wie Reichsrecht Landesrecht bricht, bricht auch Reichsurtheil Landesurteil, und ob man es nicht für unzulässig erklären muß, eine Entscheidung des Reichsgerichts aufheben zu lassen durch das Urtheil einer Landesbehörde, wie dies der preußische Competenzconflictsgerichtshof ist.

Der Standpunkt, auf den sich das Reichsgericht bezüglich des positiven Competenzconflictes gestellt hat, um das zunächst festzulegen, ist folgender: Wird der positive Competenzconflict erhoben, bevor die Sache beim Reichsgericht anhängig ist, so hat — darüber ist nie ein Zweifel gewesen — die Erhebung des Competenzconflictes die einstweilige Einstellung des Verfahrens beim Instanzgericht zur Folge und die demnächste Entscheidung des Competenzgerichtshofes, daß der Rechtsweg unzulässig sei, hat ebenso die endgültige Schließung des gerichtlichen Verfahrens und die nunmehrige Entscheidung der Sache durch die Verwaltungsbehörde zur Folge. Ebenso ist aber auch darüber kein Streit, daß, wenn der Competenzgerichtshof umgekehrt sagt, daß der Rechtsweg zulässig sei, die Instanzgerichte endgültig auch den Rechtsweg zulassen müssen. Und man wird auch — bis jetzt wenigstens hat das Reichsgericht sich nie dagegen ausgesprochen — annehmen müssen, daß, wenn die Instanzgerichte auf diese Weise gebunden sind, auch das Reichsgericht das respectiren muß. Also darf einerseits, wenn das Rechtsverfahren in einer bei einem Instanzgericht anhängigen Sache durch den Competenzconflictsgerichtshof endgültig für unzulässig erklärt ist, auch das Reichsgericht keine Revision mehr in der Sache annehmen. Und andererseits muß, wenn der Competenzgerichtshof den Rechtsweg für zulässig erklärt und nun der Instanzrichter — wenn er sich auch selbst nicht für zuständig hält — in der Sache auf Grund der ihn bindenden Zuständigkeits-

Entscheidung erkannt hat, das auch vom Reichsgericht respectirt werden; wenn Revision gegen ein solches Urtheil des Instanzgerichts eingelegt wird, muß das Reichsgericht, auch wenn es die Entscheidung des Competenzgerichtshofes für unrichtig, das gerichtliche Verfahren in der Sache für unzulässig hält, erkennen: Der Instanzrichter war an die den Rechtsweg für zulässig erklärende Entscheidung des Competenzgerichtshofes gebunden, in Folge dessen kann ich das Urtheil des Instanzrichters nicht wegen Unzulässigkeit des Rechtsweges aufheben.

Nun kommen wir aber an den Fall, daß der Competenzconflict erst erhoben wird, nachdem die Sache beim Reichsgericht anhängig ist. In diesem Punkt ist in der Literatur und auch anfänglich beim Reichsgericht in Zweifel gezogen worden, ob das Reichsgericht sich gefallen lassen muß, daß der positive Competenzconflict erst erhoben wird, nachdem die Sache schon beim Reichsgericht anhängig war. Das Reichsgericht hat aber in diesem Punkt nachgegeben. Wenn in einer bei dem Reichsgericht anhängigen Sache der positive Competenzconflict, ehe das Reichsgericht entschieden hat, erhoben wird, so stellt der betreffende Civilsenat des Reichsgerichts — und das geschieht alle Tage — das Verfahren ein, und wenn demnächst der Competenzgerichtshof erkennt, daß der Rechtsweg unzulässig sei, so schließt er das gerichtliche Verfahren endgültig und enthält sich der Entscheidung. Die Sache hat etwas Verwandtes mit der Frage, die von den Strafsenaten bezüglich des Abolitionsrechts zur Entscheidung gekommen ist. Als der Herzog von Anhalt bei Gelegenheit der Centenarfeier Wilhelms I. einen Gnadenerlaß erließ, wurde von der in diesem Erlaß mit enthaltenen Abolition ein Fall getroffen, welcher im Augenblick des Gnadenerlasses in Folge Revision gegen das verurtheilende Straferkenntniß beim Reichsgericht anhängig war. Damals hat der betreffende Strafsenat des Reichsgerichts erkannt, daß das Reichsgericht, wenn es auch anerkenne, daß in Anhalt dem Landesherrn das Abolitionsrecht zustehe, dies seinerseits nicht mehr respectiren könne, wenn der Gnadenerlaß erst ergehe, nachdem das Reichsgericht bereits mit der Sache befaßt sei. Das Urtheil sagte unter Anderem: „Das Reichsgericht kann nicht zu den Gerichtsbehörden gezählt werden, die der unbeschränkten Staatsgewalt jedes einzelnen der deutschen Bundesstaaten in Ansehung der aus dem einzelnen Bundesstaat erwachsenen Rechtssachen unterworfen wären. Das Reichsgericht ist ausschließlich eine Gerichtsbehörde des Deutschen Reichs. Das Reichsgericht spricht nicht Recht im Namen des Regenten des einzelnen deutschen Bundesstaates, sondern im Namen des Deutschen Reichs; es kann also in seiner amtlichen Thätigkeit der landesherrlichen Gewalt des einzelnen Landesfürsten nicht unterworfen sein, und es würde nur dann verpflichtet sein, das landesherrliche Abolitionsrecht anzuerkennen, wenn diese Verpflichtung aus den Vorschriften der Reichsverfassung oder der Reichsgesetze zu entnehmen wäre, was nicht der Fall ist."

Dieser Standpunkt, den das Reichsgericht im Jahre 1896 eingenommen hat, ist von dem nämlichen Strafsenat am 12. März d. J. in einer anderen Strafsache gegen einen Redacteur in Koburg aufgegeben worden. In den Gründen heißt es: „Die strafprozessuale Aufgabe des Reichsgerichts ist im Wesentlichen keine andere, als die der Strafgerichte der Einzelstaaten. Hieraus ergiebt sich, daß, wenn die maßgebende Instanz eine Erklärung dahin abgegeben hat, sie wolle den staatlichen Strafanspruch nicht geltend machen, die dem Richter von Staatswegen ertheilte Aufgabe erledigt und gegenstandslos geworden ist. Dies gilt auch gegenüber dem Reichsgericht als Revisionsgericht."

Diese zweite Entscheidung des Strafsenats ist meines Erachtens durchaus correlat den von den Civilsenaten erlassenen Entscheidungen, durch welche diese ebenso die Erhebung des positiven Competenzconflictes respectiren, auch wenn in dem Augenblick, in dem der Conflict erhoben wird, die Sache schon bei dem Reichsgericht anhängig war.

Bei dem positiven Competenzconflict, der in einer Sache erhoben wird, welche bereits bei dem Reichsgericht anhängig ist, macht das Reichsgericht nur in einem einzigen Punkt Schwierigkeiten. Es respectirt, wie gesagt, die Erhebung des Competenzconflictes, stellt in Folge dessen vorläufig sein Verfahren und stellt auch demnächst auf die Entscheidung, daß der Rechtsweg *unzulässig* sei, sein Verfahren endgültig ein; nur wenn die Entscheidung des Competenzgerichtshofes dahin ergeht, daß der Rechtsweg *zulässig* sei, hält es sich hieran nicht gebunden, prüft vielmehr seinerseits die Zulässigkeit des Rechtsweges von Neuem. Dabei geht das Reichsgericht augenscheinlich von dem grundsätzlichen Standpunkt aus, daß, wenn eine Prozeßsache am Reichsgericht zur Entscheidung komme, es die Entscheidung in allen Punkten nach seiner Ueberzeugung zu treffen habe, daß der Competenzconflictsgerichtshof als Landesgericht ihm nicht vorschreiben könne, die Frage der Zulässigkeit des Rechtsweges in der Sache nach der Rechtsanschauung dieses Gerichtshofes zu beurteilen. Das in diesem Sinn vom III. Civilsenat am 25. März 1884 erlassene Urtheil ist in den Entscheidungen B. 9 S. 394 abgedruckt.

Mit dieser Entscheidung stimmt das, was das Reichsgericht bezüglich des negativen Competenzconflictes erkannt hat. Auch hier ist darüber bis jetzt nie ein Zweifel gewesen, es ist jedenfalls vom Reichsgericht nie etwas Entgegengesetztes ausgesprochen worden, daß, wenn ein Instanzgericht durch rechtskräftiges Urtheil den Rechtsweg für unzulässig erklärt hat, und nun, weil die Verwaltung auch den Verwaltungsweg für unzulässig erklärt hat, die Entscheidung des Competenzgerichtshofs über diesen negativen Competenzconflict ergeht, durch den Competenzgerichtshof das Urtheil des Instanzgerichts aufgehoben und damit die Sache für den Rechtsweg erledigt werden kann. Das hat das Reichsgericht noch nie bestritten. Wenn aber der negative Competenzconflict erst entstanden ist, nachdem die Sache beim Reichsgericht anhängig geworden war, also wenn das Reichsgericht durch rechtskräftiges Urtheil den Rechtsweg für unzulässig erklärt hat, die Verwaltungsbehörde sich gleichfalls für unzuständig erklärt und nun auf Grund des Landesgesetzes der Competenzgerichtshof, weil er den Rechtsweg für zulässig erachtet, das rechtskräftige Urtheil des Reichsgerichts aufhebt, dann hat das Reichsgericht sich geweigert, das Erkenntniß des Competenzconflictsgerichtshofes zu respectiren und nun seinerseits dem eigenen früheren Urtheil entgegen in der Sache zu entscheiden. Das Reichsgericht geht dabei von dem Standpunkt aus, daß ein Landesgericht ihm nicht vorschreiben könne, eine Sache, die das Reichsgericht rechtskräftig entschieden habe, noch einmal und nun im entgegengesetzten Sinne zu entscheiden. Das sind die Reichsgerichts-Urtheile, um die es sich bei unserer Frage handelt.

Wenn wir nun untersuchen, ob der Standpunkt, auf den sich das Reichsgericht in diesen Urtheilen stellt, ein berechtigter ist, so darf man sich meines Erachtens bei dieser Untersuchung nicht an den Wortlaut des § 17 Gerichtsverfassungsgesetzes klammern. Als diese Bestimmung erlassen wurde, hat man die Beibehaltung oder Errichtung von Landesgerichtshöfen gestatten wollen, wie sie bisher bestanden für die Entscheidung von Competenzconflicten zwischen Verwaltung und Gericht. Aber zunächst war dabei doch offenbar nur gedacht an Competenzconflicte zwischen Verwaltung und Gericht innerhalb des Landes, und es hat sich in dem Moment oder bei dem Erlaß der Verordnung gewiß keiner vorgestellt, daß nun der Landesgerichtshof auch ein Urtheil des Reichsgerichts aufheben könne. Ich meine, die Empfindung des Reichsgerichts ist eine berechtigte, wenn es sagt: Es geht doch nicht an, daß das Urtheil einer Landesbehörde das Urtheil des Reichsgerichts breche; ich kann mir nicht gefallen lassen, daß mein Urtheil durch die Entscheidung einer Landesbehörde aufgehoben wird. Es ist das meines Erachtens eine gesunde berechtigte Anschauung des Reichsgerichts und wir können uns hier nicht an die formelle Fassung der auf Grund des § 17 erlassenen Landesverordnung halten. Landesurtheil kann nicht Reichsurtheil brechen, eine Landesbehörde kann nicht in die Entscheidung einer Reichsbehörde eingreifen, ein Landescompetenzgerichtshof nicht ein Urtheil des Reichsgerichts aufheben und das Reichsgericht zwingen, ein neues Urtheil zu erlassen und dabei die seiner rechtlichen Ueberzeugung widersprechende Entscheidung des Competenzgerichtshofes, daß der Rechtsweg zulässig sei, zu respectiren. Ich bin demnach, was die Frage de lege lata betrifft, abgesehen davon, daß die Entscheidung des Reichsgerichts nicht zu ändern ist, daß das Reichsgericht nicht von seiner Praxis abgehen wird, auch der Meinung, daß das Reichsgericht Recht hat. Der Satz, daß kein Landesgerichtshof eine Entscheidung des Reichsgerichts aufheben kann, folgt aus dem Grundprinzip, daß das Reich über der Landeshoheit steht. Das Reichsgericht hat ganz Recht, wenn es sich sein Urtheil nicht durch eine Landesbehörde aufheben läßt; das ist mit der Autoriät des Reichsgerichts als des höchsten Gerichts für das ganze Reich unvereinbar.

Wenn wir dann an eine Lösung der Frage de lege ferenda kommen, dann wünsche ich auch hier, daß dieselbe in dem Sinne gefunden wird, wie das Reichsgericht die Frage entschieden hat, und nicht in dem Sinne, wie das schriftliche Gutachten will. Der Vorschlag des Gutachters, daß die Entscheidung des Reichsgerichts durch die Entscheidung des Landesgerichtshofes gebeugt werden soll, daß eine Landesbehörde befugt sein soll, Urtheile des Reichsgerichts aufzuheben, und daß das Reichsgericht dies respectiren, von Neuem die Sache verhandeln und, während es den Rechtsweg für unzulässig hält und erklärt hat, jetzt auf Befehl einer Landesbehörde ihn für zulässig erklären und demgemäß entscheiden muß, halte ich für durchaus unannehmbar. Weise ich somit den Antrag, den der erste Referent seinem Gutachten gemäß stellt, zurück, weil er die dem Reichsgericht unbedingt gebührende Autorität nicht wahrt, so muß ich dagegen zugeben, daß diese durch den Vorschlag des zweiten Berichterstatters Herrn Lövinson gewahrt wird. Dieser Vorschlag will eine Entscheidung durch den Bundesrath einführen und solche dann auch ausdehnen auf Conflicte zwischen Reichsverwaltungsbehörden und Reichsgericht. Conflicte in letzterem Sinne sind bis jetzt nicht vorgekommen; wir haben es bis jetzt nur zu thun mit Conflicten zwischen Reichsgericht und Landesbehörden, und über solche zu entscheiden, ist der Bundesrath in keiner Weise geeignet. Der Bundesrath ist nach seiner Zusammensetzung durchaus nicht qualificirt, zu entscheiden, was nach preußischem Gesetz oder nach dem Landesgesetz eines anderen Landes in der Frage der Zulässigkeit des Rechtsweges Rechtens ist.

Es wäre aber auch höchst eigenthümlich, wenn man Preußen oder einen anderen Staat zwingen wollte, die Entscheidung über das, was bei ihm Rechtens ist, dem aus den Vertretern sämmtlicher Staaten gebildeten Bundesrathe zu übertragen. Der Bundesrath könnte blos in Frage kommen, wenn es sich um Reichsbehörden und Reichsgericht handelte, aber zwischen einer Landesbehörde und dem Reichsgerichte zu entscheiden, was nach Preußischem Recht für die Zulässigkeit des Rechtsweges gilt, dazu ist der Bundesrath nicht da; das läßt sich nur nach den preußischen Landesgesetzen beurtheilen und kann nur beurtheilt werden von einer Landesbehörde, die das Recht ihres Landes kennt, oder vom Reichsgericht, das das in den einzelnen deutschen Staaten geltende Recht kennen muß.

Ich halte beide Lösungen, die des ersten, wie die des zweiten Berichterstatters, für nicht angängig und bitte Sie, vielmehr zu sagen, daß, sobald das Reichsgericht erkannt hat, die Entscheidung des Reichsgerichts maßgebend sein muß. Gegenwärtig liegt die Sache für die Parteien so; das Reichsgericht hat den Rechtsweg für unzulässig, der preußische Competenzgerichtshof dagegen den Rechtsweg für zulässig erklärt und das Urtheil des Reichsgerichts aufgehoben; das Reichsgericht bleibt dabei, daß der Rechtsweg unzulässig ist und weigert sich in der Sache zu entscheiden. Es giebt demnach für die Parteien keinen Weg zur Verfolgung ihres Rechtes. Ein solcher wird den Parteien frei, wenn wir meinem Vorschlage gemäß bestimmen, daß, sobald das Reichsgericht sich endgültig ausgesprochen hat, die Verwaltung sich fügen muß. Eine solche Bestimmung fehlt bis jetzt. Die Verwaltungsbehörden sind im Recht, daß sie sagen, wie die Gesetzgebung gegenwärtig liegt, bindet uns die Entscheidung des Reichsgerichts nicht; und der Verwaltungsgerichtshof sagt mit Recht, auf Grund der für mich maßgebenden Verordnung hebe ich das Urtheil des Reichsgerichts auf. Da das Reichsgericht sich dem nicht fügt, ergiebt sich für die Parteien eine Rechtsverweigerung. Wenn ich zur Lösung dieser Schwierigkeit eine Bestimmung vorschlage, daß, sobald die Unzulässigkeit des Rechtsweges durch das Reichsgericht ausgesprochen worden ist, mag das nun durch rechtskräftiges Urtheil oder durch Beschluß geschehen sein, diese Entscheidung maßgebend ist und zwar wie selbstredend für die Gerichte, ebenso auch für die Verwaltung, daß die Verwaltung sich dem Urtheil des Reichsgerichts beugen muß, so können wir diese Bestimmung anschließen an das, was bereits im § 17 des Gerichtsverfassungsgesetzes steht; wir erhalten dadurch eine ganz harmonische Fassung. Darin steht unter Nr. 4: — und das ist wiederholt in der Verordnung, die auf Grund dessen in Preußen ergangen ist, — „Sofern die Zulässigkeit des Rechtsweges durch rechtskräftiges Urtheil des Gerichts feststeht, ohne das zuvor auf die Entscheidung der besonderen Behörde angetragen war, bleibt die Entscheidung des Gerichts maßgebend.“

Wir würden also jetzt sagen: „5) Sofern die Unzulässigkeit des Rechtsweges durch das Reichsgericht endgültig ausgesprochen ist, bleibt diese Entscheidung maßgebend.“ Hat das Reichsgericht gesagt, der Rechtsweg ist unzulässig, dann bindet diese Entscheidung auch die Verwaltung. Wenn in solcher Weise der § 17 des Gerichtsverfassungsgesetzes ergänzt wird, ist die Nothlage der Parteien erledigt, die Verwaltung ist gebunden und muß die Entscheidung des Reichsgerichts respectiren. Es liegt aber auch darin thatsächlich gar keine große Härte für die Verwaltung. Das Bedürfniß der Errichtung eines Kompetenzconfliktgerichtshofes ist, wenigstens in Preußen, nicht daraus entstanden, daß man gefürchtet hat, die Gerichte würden sich zuviel für incompetent halten, sondern nur daraus, daß man fürchtete, die Gerichte würden Uebergriffe in das Gebiet der Verwaltung thun, sie würden sich zu oft für zuständig halten, und dagegen ist ja in dem gegenwärtigen Rechtszustande auch dem Reichsgericht gegenüber gesorgt. Noch in der Revisionsinstanz kann die Verwaltungsbehörde, die den Rechtsweg für unzulässig hält, den positiven Competenzconflict erheben, wenn sie fürchtet, daß das Reichsgericht sich für zuständig halten wird, und der demnächsten Entscheidung des Competenzgerichtshofes, daß der Rechtsweg unzulässig sei, leistet dann das Reichsgericht unweigerlich Folge. Schwierigkeiten entstehen blos in denjenigen Fällen, wo das Reichsgericht sich für incompetent, die Verwaltung für zuständig erklärt, da wird der Verwaltung durch eine Bestimmung, wie ich sie vorschlage, nichts weiter zugemuthet, als in einem Falle, wo sie sich nicht für zuständig hält, doch zu entscheiden, und das meine ich, ist eine Zumutung, die für die Verwaltung nicht zu schwer ist. Die ganze Gesetzgebung über die Competenz-Conflicte beruht ja nur, wie schon hervorgehoben, auf der Angst, daß die Gerichte sich zu viel Rechte anmaßen, daß die Gerichte sich einmischen in Fälle, die zur Verwaltung gehören. Es werden auch aus einer derartigen Bestimmung keine Störungen im Verwaltungsbetriebe entstehen. Ich glaube daher, daß es gar keine Bedenken hätte, meinem Vorschlage gemäß zu bestimmen: „Sofern die Unzulässigkeit des Rechtsweges durch das Reichsgericht endgültig ausgesprochen ist, bleibt diese Entscheidung maßgebend.“

Ich habe aus dem Vortrage, wie aus mündlichen Aeußerungen der beiden berichterstattenden Herren Rechtsanwälte, die ja die Vertreter der Parteien in den betreffenden Sachen waren, zu ersehen geglaubt, daß es ihnen zugleich darum zu thun ist, auch wohl in den beiden in Frage stehenden Fällen einen Weg zur Rechtsverfolgung offen zu bekommen; der deutsche Juristentag soll insofern ihnen in ihren Prozessen helfen; sie haben gleichsam ein außerordentliches Rechtsmittel zum Juristentag eingelegt. Dazu sind wir nun nicht in der Lage, wir können uns meines Erachtens nicht dafür aussprechen, daß die neue Bestimmung mit rückwärtswirkender Kraft für die in Rede stehenden Fälle ergehe. Das hätte doch große Bedenken; es werden wohl in den beiden Fällen die Parteien sich bescheiden müssen, daß sie keinen Weg zur Verfolgung ihres Rechts haben. Herr Lövinson hat ausdrücklich in Nr. 3 gesagt: „Es empfiehlt sich, dem Bundesrath auch die Entscheidung solcher Streitfälle ausdrücklich aufzutragen, in denen der negative Competenzconflikt bereits zur Zeit des Erlasses dieses Gesetzes ausgebrochen ist." Wir sollen also da helfen, Sie wünschen, daß wir Ihnen in Ihrem Proceß noch eine Entscheidung ermöglichen.

(Heiterkeit).

Ich glaube nicht, daß die Gesetzgebung sich darauf einlassen kann; ich meine, wir können nichts Anderes thun, als für die Zukunft sorgen, indem wir die Verwaltung durch eine ausdrückliche reichsgesetzliche Bestimmung anweisen, künftig in denjenigen Fällen, wo das Reichsgericht den Rechtsweg endgültig für unzulässig erklärt hat, sich dieser Entscheidung zu fügen.

(Beifall).

Vorsitzender: Wenn ich den Herrn Antragsteller recht verstanden habe, will er seinen Antrag vollständig und ausschließlich an die Stelle des Antrags Lövinson stellen. Das Wort hat Herr Rechtsanwalt Hailliant.

Rechtsanwalt Dr. **Hailliant** (Bromberg): Meine Herren! Ich muß zunächst beginnen mit dem Schlußsatze des geehrten Vorredners, des Herrn Präsidenten Hamm, und muß in der That bekennen, es wäre doch ein recht kleinlicher Standpunkt, um nur diesen milden Ausdruck zu gebrauchen, wenn ein Anwalt im deutschen Reiche sich nicht auf den Standpunkt stellen könnte, die Sache von oben herab anzusehen, sondern gewissermaßen zwei Fliegen mit einer Klappe schlagen wollte. Ich gehe principiell davon aus, die Sache lediglich von dem höheren, einzig maßgebenden Gesichtspunkte anzusehen und nur für die Zukunft Sorge zu tragen, daß ein Zustand der Rechtlosigkeit, der zum Schaden von verschiedenen Personen und merkwürdigerweise in ganz kurzer Zeit hintereinander in einer größeren Anzahl von Fällen eingetreten ist, in Zukunft anderen Angehörigen des Deutschen Reiches erspart wird. Ich glaube m. H., daß ich im Princip durchaus auf dem Standpunkt stehen bleiben kann, den den ich in dem schriftlichen Gutachten eingenommen habe, und zwar zunächst aus dem Grunde, weil materiell das Gerichtsverfassungsgesetz davon ausgeht, daß der Umfang derjenigen Streitigkeiten, die vor das Gericht oder vor die Verwaltung zu bringen sind, einzig und allein durch den augenblicklichen und jedesmaligen Umfang des Reichs- und Landesrechtes festgelegt wird; es muß deswegen dieses Princip auch festgehalten werden gegenüber dem Reichsgericht. Werfen Sie einen Blick auf § 13 des Gerichtsverfassungsgesetzes: da ist nicht etwa positiv gesagt, was bürgerliches Recht ist, und welche Sachen vor die ordentlichen Gerichte gehören, sondern es ist absichtlich negativ ausgesprochen, daß nur das zur Zuständigkeit der ordentlichen Gerichte gehört, was ihnen durch Landesrecht nicht entzogen ist. Wenn man diesen Standpunkt, der ja positiv in der Gesetzgebung Ausdruck gefunden hat, festhält, kann man principiell gar nicht zweifelhaft sein. Auch das Preußische oder irgend ein anderes Landesrecht kann bestimmen, inwieweit das Reichsgericht befugt ist, über eine Sache materiell zu entscheiden. Bei der Entstehung des Gerichtsverfassungsgesetzes waren Streitigkeiten darüber ausgebrochen, und der Herr erste Berichterstatter hat ja bereits mitgetheilt, daß daran sogar die ganze processuale Gesetzgebung beinahe zum Scheitern gekommen wäre. An sich gehört nach der Verfassung des Deutschen Reiches das öffentliche Recht, und dazu gehört ja unbedingt auch die Competenz der Behörden des Einzelstaates, nicht zur Zuständigkeit des Reiches. Aus diesem Gesichtspunkte heraus hat dann der § 17 principiell ausgesprochen, daß gerade die Zuständigkeitsfrage und Alles, was damit zusammenhänge, particularen Rechts sei. Er hat gewissermaßen ein Reservatrecht geschaffen nach dieser Richtung hin für alle Bundesstaaten, gleichgültig ob sie davon Gebrauch machen oder nicht; er hat die Reichsgesetzgebung und dem entsprechend die Functionen des Reichsgerichts ausgeschlossen. Der Zweck des § 17 ist also der Schutz des vorhandenen öffentlichen Rechts in processualer Beziehung und nach der Richtung hin, soweit die Organisation der Behörden in Frage kommt. Wir kommen daher zu dem Satze, den wir unbedenklich Alle anerkennen, daß auf dem Gebiete des öffentlichen Rechts erworbene Rechte genau wie im Privatrechte eine Schonung und Erhaltung verdienen. Nun, m. H., ist ja in den Verhandlungen, die wir heute Morgen über die Organisation des academischen Unterrichts und der Vorbereitung der jungen Juristen gepflogen haben, das Wort gefallen, die Einzelstaaten lebten ja nur von der Cession, nämlich von der Cession ihrer Rechte an das Reich. M. H.! Diese Auffassung ist doch entschieden nicht haltbar! Wenn die Reichsverfassung einen bestimmten Kreis von Befugnissen auf das Reich überträgt, so kann doch, solange die Reichsverfassung als solche, solange der Kreis dieser Befugnisse nicht erweitert ist, man nicht ohne Weiteres sozusagen eine Präsumption aufstellen, wie es heute vom Herrn Präsidenten Hamm geschehen ist, und wie es auch in dem einen Urtheil des Reichsgerichts zum Ausdruck gekommen ist: man kann nicht sagen, daß überall, wo das Reichsgericht und die Reichsbehörden nicht speziell eingeschränkt sind, sie eine Machtbefugniß gegenüber den Einzelstaaten haben; das Verhältniß ist im Bundesstaate genau umgekehrt: Das Prinzipale war der Einzelstaat; der Einzelstaat ist nur beschränkt in seinen Befugnissen, soweit er verfassungsgemäß Rechte an die neue Centralgewalt abgegeben hat. Von diesem Gesichtspunkt aus muß man entschieden Front machen gegen den Satz, der hier auch Anwendung finden sollte, nämlich: Reichsrecht bricht Landesrecht, wie dies Artikel 2 der Verfassung zum Ausdruck bringt. M. H.! Hält man die Präsumption nicht für zutreffend, so muß man sagen: Reichsrecht bricht Landesrecht, soweit auf Reichsbehörden eine Function übertragbar ist. Wo eine derartige Function nicht übertragen ist, bleibt es beim Landesrecht, und man kann auch nicht sagen, in diesem Falle erlaubt sich der Einzelstaat einen Eingriff in die Centralstaatsgewalt, denn das ist sein gutes Recht, es ist ja reservirt worden, und dieses Reservatrecht, oder dieser Vorbehalt ist in § 17 des Gerichtsverfassungsgesetzes mit klaren Worten zum Ausdruck gekommen. Also principiell muß man sagen, die Entscheidung, die ein Particularcompetenzgerichtshof fällt, muß das Reichsgericht naturgemäß binden, ganz gleich, in welchem Stadium die Sache sich befindet, ganz gleich, ob die Revision eingelegt ist, oder nicht, ob das Reichsgericht bereits entschieden hat oder nicht. Der Herr Vorredner hat ja ausdrücklich anerkannt, daß vielleicht nicht an diese Consequenz nicht gedacht worden ist, aber unbedenklich muß man aus dem Wortlaut, aus der historischen Entwickelung ganz positiv zu dem Schluß kommen, das Reservatrecht ist da, der Vorbehalt ist gemacht und muß respectirt werden. Nun, m. H., komme ich zu der Frage, wie dieser Conflict zu lösen ist. Wenn man sich auf den Standpunkt stellt, den ich principiell bei der Auslegung des § 17 für richtig halte, ist die Lösung eine ganz einfache, dann muß man eben das, was sozusagen etwas verschleiert in § 17 enthalten ist, mit klaren Worten durch authentische Interpretation in Form eines Zusatzes dem § 17 hinzufügen, um auf diese Weise für die Zukunft jede unzutreffende Auslegung seitens des höchsten Gerichtshofes zu verhindern. Ich verkenne aber nicht, m. H., daß man bei der principiellen Behandlung selbstverständlich auch einen andern Weg einschlagen kann, uud zwar würde dies eben der sein, den Herr Präsident Hamm in Vorschlag gebracht hat, daß man einfach sagt: es ist einmal ein höchster Gerichtshof da, dieser hat zwar bisher in diesen Entscheidungen nicht den Standpunkt eingenommen, den er nach dem Reservatrecht der Particularstaaten hätte einnehmen müssen; aber man kann, da das Gerichtsverfassungsgesetz sogar die Sache vorsieht, die Entscheidung der Particulargerichtshöfe durch eine Entscheidung des Reichsgerichts ersetzen. Es ist nämlich vorgesehen, daß die Particularstaaten eine Regelung dieser Frage dem Reichsgericht übertragen. Man kann diesem Gedanken nachgehen und sagen: da das Reichsrecht diese Uebertragung gewissermaßen in Aussicht gestellt hat, kann man dem Reichsgericht formell, was bisher nur seitens des bremischen Staates geschehen ist, diese Befugniß übertragen, und zwar dadurch, daß man einfach sagt, die ergangene Entscheidung des Reichsgerichts soll in diesem Falle maßgebend sein.

Nun, m. H., das war der zweite Weg. Der dritte Weg wäre der, daß der Particularstaat, der hier in Frage kommt, Preußen, im Wege der Verordnung die Fälle des negativen Competenzconflictes einfach ausscheidet wie das auch andere Particularstaaten gethan haben; die Entscheidung des Competenzgerichtshofes würde dann nur Platz greifen bei positiven Competenzconflicten.

Sie sehen, daß ich nach meiner Stellungnahme zu der Sache unbedenklich insoweit dem Herrn Präsidenten Hamm beipflichten kann, als ich die Vorschläge des Herrn Referenten, die den Bundesrath als Organ zur Lösung der Conflicte bestimmen wollen, weder für praktisch noch für überhaupt durchführbar halte. Und zwar gehe ich davon aus: — Die Gesichtspunkte habe ich in dem Gutachten schon angedeutet — es läßt sich eine Behörde, wie der Bundesrath, absolut nicht dazu brauchen, eine Entscheidung in particularrechtlichen Fragen zu fällen, die ihm fern liegen, und für die er auch gar nicht geschaffen ist. Vor allen Dingen ist es aber das Moment, das ja auch bei der Schaffung des Gerichtsverfassungsgesetzes betont wurde, es muß die Behörde, die eine Entscheidung in Competenzconflictssachen fällen will, ein Gerichtshof sein. Daß hierzu der Bundesrath nicht geeignet ist, darüber sind wohl Alle mehr oder weniger einig. Sie haben also verschiedene Wege. Ich will mich in keiner Weise auf den einen oder andern Weg capriciren, nur an dem Standpunkt muß ich festhalten, daß ich principiell nach dem geltenden Recht so zu sagen Recht habe, daß die Entscheidung des Reichsgerichts der Aufhebung unterliegt. Ich verkenne ja nicht, daß es selbstverständlich erheblich dazu beiträgt, die Stellung des Reichsgerichts zu festigen und für den ganzen Bau des Reiches die autoritative Stellung des Reichsgerichts zu erhöhen, wenn man das an sich vorhandene Recht abändert; aber dann mögen wir doch bewußt diesen Weg einschlagen und nicht etwa durch eine besondere und erzwungene Auslegung des § 17. Aber, m. H., geschehen muß etwas, und zwar, wie ich gern mit dem

Herrn Vorredner anerkenne und Ihnen anheimstelle, nach der Richtung hin, daß nur für die Zukunft eine Garantie dafür geschaffen wird, daß ein Zustand von Rechtlosigkeit im Deutschen Reiche überhaupt unmöglich ist.

Ich möchte Sie bei dieser Gelegenheit noch erinnern an die Zustände, wie sie in Preußen vor mehr als 100 Jahren bestanden haben; ich denke an den bekannten Fall des Müllers von Sanssouci. Damals wurde von verschiedenen Instanzen eine Entscheidung gefällt, die materiell unzutreffend war, wenigstens nach der Auffassung der Betheiligten. Sie wandten sich an den König. Der König, der auch die Ueberzeugung gewann, daß die Entscheidung völlig unrichtig sei, cassirte das Urtheil, die Richter wurden bestraft und sogar zur Zahlung von Entschädigungen durch königlichen Machtspruch verurtheilt. Ja, m. H., wir haben heute einen Verfassungsstaat. — Es war damals auch ein Conflict mit dem Rechtsbewußtsein, genau wie wir ihn heute haben; in dem absoluten Staat gab es ein Mittel zur Lösung des Conflictes durch einen Machtspruch —, wir leben jetzt aber in einem Rechtsstaat und da muß man die Consequenzen ziehen, wenn man die Parteien nicht auf den Weg der Selbsthülfe mit Gewalt stoßen will, muß man Abhülfe schaffen in der einen oder andern Weise. Wie gesagt, m. H., principiell lege ich auf die Art der Lösung keinen Werth, ich lege nur darauf Werth, daß eine Lösung überhaupt erfolgt, und deshalb würde ich Sie in erster Linie bitten, einen Antrag dahin anzunehmen:

„In den § 17 des Gerichtsverfassungsgesetzes ist folgender Absatz 3 einzufügen:

Die Entscheidung der besonderen Behörde über die Zulässigkeit oder Unzulässigkeit des Rechtsweges ist für das Reichsgericht bindend."

Lehnen Sie diesen Antrag ab, dann bin ich eventuell auch mit dem einverstanden, was Herr Präsident Hamm vorgeschlagen hat, denn dann meine ich, eine Lösung, wenn sie mich auch principiell nicht befriedigt, ist doch immer eine Lösung, die einen praktischen Wert hat und zwar nicht nur für Preußen, sondern für jeden Bundesstaat. Denn Sie wissen, m. H., daß in § 17 ausdrücklich vorgesehen ist, daß jeder Bundesstaat heute oder später eine Competenzorganisation schaffen kann, und für alle diese Fälle würde dann eine Abhülfe geschaffen sein, um einen Zustand der Rechtlosigkeit für die Zukunft unmöglich zu machen. In diesem Sinne bitte ich Sie, zu entscheiden.

(Beifall).

Geh. Ober-Justizrath **Vierhaus** (Berlin): Mein Standpunkt zu der Sache ist der, daß ich die Entscheidung des Reichsgerichts für unrichtig halte und daher zu der Consequenz gelange, daß das, was der Antrag des Herrn Vorredners will, im Wesentlichen geltenden Rechts ist, und daß es allerdings nothwendig ist, das jetzt durch ein declaratorisches Gesetz festzustellen. Ich kann natürlich die Gründe für und wider hier im Einzelnen nicht wiederholen, ich bedaure nur, daß in dem Gutachten und auch in dem mündlichen Referat die meines Erachtens eindringendsten beiden Abhandlungen über die Frage keine Berücksichtigung gefunden haben, nämlich die von Rassow in Gruchot's Beiträgen und von Edgar Löning im Verwaltungsarchiv. Die Ausführungen von Rassow gehen im Wesentlichen dahin, daß er sich auf den Standpunkt des Reichsgerichts stellt, aber die Gründe, die das Reichsgericht hat, verwirft und seinerseits auszuführen sucht, daß die Vollmacht des § 17 nur soweit gehe, wie das geltende Recht damals in den einzelnen Bundesstaaten gegangen sei, und daß er zu der Ueberzeugung gelangt sei, die Verordnung von 1879, welche auch den negativen Competenzconflict mit herangezogen hat, habe die reichsgesetzliche Vollmacht überschritten; also ein Gesichtspunkt, der vom Reichsgericht ganz außer Acht gelassen ist. Sehr eingehend und höchst interessant sind die Ausführungen von Edgar Löning-doch wohl einem der hervorragendsten Kenner des preußischen Staats- und Verwaltungsrechts, der namentlich auch historisch eingehend nachweist, daß der principielle Standpunkt des Reichsgerichts ein unzutreffender ist.

Ich stehe im Wesentlichen auf dem Standpunkt, den der Herr Vorredner skizzirt hat. Die Frage der Abgrenzung der Zuständigkeit von Justiz und Verwaltung, die Competenzregelung, ist Sache der Landesgesetzgebung. Der einzelne Prozeß steht unter der Landesgesetzgebung, das Reichsgericht ist nicht etwa Träger einer selbständigen Gerichtsbarkeit des Reichs, wie es in dem ersten der Abolitionsurtheile auszuführen versucht ist, sondern es ist die höchste Instanz für Sachen, die der landesrechtlichen Gerichtsbarkeit unterliegen. Ich glaube, gerade die Consequenz aus dem zweiten Abolitionsurtheil führt dahin, auch in diesem Falle das Landesstaatsrecht als maßgebend für das Reichsgericht anzuerkennen. Wir sind nun dadurch in eine sehr eigenthümliche Lage gebracht, daß in der That in einem der Fälle eine völlige Rechtsverweigerung vorkommt. In demjenigen Fall, in dem die Entscheidung in Preußen durch die Verwaltungsbehörde abgelehnt war, ist Remedur geschaffen worden, indem der Minister seinen Verwaltungsbehörden sagte: Gebt euren Standpunkt auf und entscheidet! Das geht nicht gegenüber dem Verwaltungsgericht, und hier haben wir also eine vollständige Rechtsverweigerung.

Meines Wissens ist die Sache jetzt von den Parteien an den Bundesrath gebracht worden, um auf Grund des Art. 77 der Reichsverfassung, sei es gegen das Reichsgericht, sei es gegen Preußen vorzugehen. Ich stehe allerdings auf dem Standpunkt, hier liegt ein Fall des Art. 77 vor, und daher wird sich auch die Partei in jener Sache mit der Aussicht auf künftige Regelung nicht begnügen können.

Was nun den Ausweg des ersten Herrn Berichterstatters, den Bundesrath als entscheidendes Organ zu wählen, betrifft, so halte ich außer den principiellen Gründen, bezüglich deren ich mit dem Herrn Präsidenten Hamm übereinstimme, denselben aus dem Grunde für ganz unmöglich, weil der Herr Antragsteller augenscheinlich von der allerdings nicht publicirten Geschäftsordnung und der thatsächlichen Geschäftsgebahrung des Bundesrathes keine Vorstellung hat. Es ist unrichtig, daß der Bundesrath eine ständige Behörde sei; in den einzelnen Ausschußsitzungen sind immer ganz andere Leute, jeder Staat hat ja doppelt so viel Bevollmächtigte ernannt als er Stimmen hat. Es ist ferner das Stimmenverhältniß im Bundesrath durch die Reichsverfassung festgelegt und es ist unmöglich, daß ein Gerichtshof tagt, wo ein Richter 17, der andere eine Stimme hat. Also der Bundesrath ist ganz ungeeignet, es bleibt nur der Weg der gesetzlichen Declaration.

Was nun die Frage betrifft, ob Reichsgesetz oder Landesgesetz, so steht für mich zweifellos fest, da es sich um die Declaration des § 17 des Gerichtsverfassungsgesetzes handelt, daß nur ein Reichsgesetz helfen kann, aber ich möchte den Herrn Antragsteller bitten, in seinem Antrage die Worte, daß die Entscheidung bindend sei auch für die Landesgerichte und Verwaltungsgerichte und Verwaltungsbehörden, zu streichen. Darüber hat das Reich nicht zu befinden. In dieser Form halte ich den Antrag für den juristisch allein möglichen. Ob ein solcher Antrag, wenn er an den Reichstag kommt oder an den Bundesrath, Aussicht auf Erfolg hat, in dieser Beziehung muß ich allerdings auch den lebhaftesten Zweifel äußern, und schließlich würde das Unglück nicht so groß sein, wenn die Frage auf dem Wege, den Herr Präsident Hamm vorschlug, den ich, wie gesagt, juristisch nicht für correct halte, der aber schließlich eine Abhülfe bringt, gelöst würde.

Ich werde zunächst für den Antrag des Herrn Gutachters stimmen und, falls er nicht die Mehrheit finden sollte, werde ich für den Antrag Hamm stimmen, und ich würde auch keinen Widerspruch erheben, wenn man einen andern Weg einschlägt, wenn ich auch die Einfügung des Bundesraths nicht für richtig halte.

Die Debatte wird geschlossen. Das Schlußwort erhält der

Berichterstatter Rechtsanwalt Dr. **Lövinson:** Ich möchte nur einige wenige Worte erwidern. Zunächst meine ich, daß die letzte Aeußerung des Herrn Präsidenten Hamm über den Grund, aus dem wir Beide die Sache hier vor den Juristentag gebracht haben, nur scherzhaft zu nehmen war und so aufgenommen ist. Es würde ja vor dieser Versammlung, die lediglich akademischen Charakter hat, nicht den geringsten Zweck haben, die Sache praktisch zu fördern. Wenn wir die Debatte eröffneten über Dinge, die wir studirt haben, so hat das lediglich den Zweck gehabt, die Aufmerksamkeit auf eine Frage zu richten, die im Vordergrund des praktischen Interesses für eine Anzahl Juristen steht. Ich glaube auch, den Vorwurf zurückweisen zu müssen, den Herr Geheimrath Vierhaus erhob, daß wir die Literatur nicht vollständig berücksichtigt hätten. Ich habe ausdrücklich hervorgehoben, daß ich zur Abkürzung der Verhandlung Alles das aus dem Spiel lassen will, was sich auf die Kritik der Urtheile des Reichsgerichts bezieht; ich meine, daß es uns in keiner Weise fördert, diese Gesichtspunkte hier zur Geltung zu bringen. Wir haben lediglich de lege ferenda referirt und das nöthige Material beigebracht, das wir weder bei Rassow noch bei Löning finden. Ich bin der Meinung, daß mein Vorschlag, der ja hier unter den Rednern der Versammlung durchaus keine Anhänger gefunden hat, an und für sich sich vollständig im Rahmen der Reichsverfassung hält, und daß auch praktisch die Ausführbarkeit nicht den Bedenken unterliegen könnte, ich denke dabei an den Artikel 77, der davon spricht, daß der Bundesrath einzutreten habe im Falle der Justizverweigerung.

Der Vorschlag, den ich mache, ist, wie ich glaube, lediglich eine Ausführung des in der Reichsverfassung gegebenen Rahmens. Es fehlt bisher an Vorschriften über das Verfahren vor dem Bundesrath in solchen Fällen; man weiß nicht, was der Bundesrath überhaupt thun soll, wenn ein solcher Fall der Rechtsverweigerung vorkommt. Wenn es hier heißt:

> „Es liegt dem Bundesrath ob, erwiesene, nach der Verfassung und den bestehenden Gesetzen des betreffenden Bundesstaates zu beurtheilende Beschwerden über verweigerte oder gehemmte Rechtspflege anzunehmen und darauf die gerichtliche Hülfe bei der Bundesregierung, die zu der Beschwerde Anlaß gegeben hat, zu bewirken",

so weiß ich nicht, wie der Bundesrath das anstellen soll, um in irgend einer Weise die gerichtliche Hülfe zu bewirken. Es wird nichts Anderes übrig bleiben als — ob das heute oder nach vielen Jahren geschieht — eines schönen Tages zu sagen durch ein besonderes Ausführungsgesetz zu

Art. 77: Der Bundesrath hat in solchen Fällen den betreffenden Gerichten eine Anweisung zu ertheilen, seien dies nun Gerichte des Landes oder des Reiches. Ich halte meinen Antrag principiell aufrecht, indem ich der Meinung bin, daß durch die Abstimmung doch klar gemacht werden wird, daß man heute schon das Bedürfniß nach Erlaß eines solchen Gesetzes, das mit der Zeit unbedingt wird kommen müssen, zum Theil erkannt hat.

Vorsitzender: Wir kommen zur Abstimmung. Es ist eine eigenthümliche Situation, indem drei vollständig parallel laufende Vorschläge gemacht sind. Wenn ich den Antrag des Herrn Referenten als Grundlage betrachte, also quasi als die Vorlage, über die wir abzustimmen haben, so würden die beiden Gegenanträge den Vorrang in der Abstimmung haben; welcher von diesen beiden mehr abweicht, das würde kaum zu entscheiden sein. Ich glaube, von dem praktischen Standpunkt ausgehen zu dürfen, daß ein Redner erklärt hat, er würde primär für den Antrag des Herrn Gutachters stimmen, eventuell für den Antrag Hamm. In dieser Lage sind vielleicht noch mehrere der Herren, und deshalb will ich den Antrag des Herrn Gutachters Hailliant erst zur Abstimmung bringen, dann den Antrag Hamm und zuletzt den Antrag des Referenten. Also der Antrag, wie er nunmehr modificirt ist von dem Herrn Dr. Hailliant, heißt:

„In § 17 des Gerichtsverfassungsgesetzes ist folgender Absatz 3 einzufügen:

Die Entscheidung der besonderen Behörde über die Zulässigkeit oder Unzulässigkeit des Rechtsweges ist für das Reichsgericht bindend."

Die Herren, die diesem Antrag zustimmen wollen, bitte ich, sich zu erheben.

(Geschieht).

Der Antrag ist gegen 4 Stimmen abgelehnt.

Ich bringe nunmehr den Antrag Hamm zur Abstimmung. Ich bitte diejenigen Herren, welche dafür stimmen wollen, sich zu erheben.

(Geschieht).

Der Antrag ist einstimmig angenommen.

Damit ist die Frage erledigt; der Antrag Löwinson fällt weg.

Wegen der Berichterstattung würde ich vorschlagen, Herrn Präsidenten Hamm zu bitten.

(Präsident Hamm: Das kann ebenso gut der Herr Berichterstatter).

Ich glaube, Herr Präsident Hamm hat bereits eine Anzeige zu machen. Wenn die Abtheilung damit einverstanden ist, bitte ich den Herrn Berichterstatter, darüber zu berichten.

Ober-Reichsanwalt Dr. **Olshausen:** Ich glaube, daß wir die Sitzung der Abtheilung nicht schließen können, ohne unserm hochverehrten Herrn Präsidenten, der in altgewohnter Weise die Sitzungen geleitet hat, unsern allerherzlichsten Dank auszusprechen mit dem Wunsche, daß er noch recht häufig in die Lage kommen möge, den Vorsitz in der Abtheilung zu führen.

(Beifall).

Vorsitzender: Ich danke herzlich für Ihre Anerkennung, es war aber glücklicher Weise eine leichte Aufgabe. Die Sitzung ist geschlossen.

(Schluß 4 Uhr).

Zweite Plenarsitzung

des

Fünfundzwanzigsten Deutschen Juristentages

zu Bamberg am 13. September 1900

im Schützenhaus.

(Beginn: Vormittags 9 Uhr.)

Präsident Dr. **von Stoesser** (Karlsruhe): Ich eröffne die zweite Sitzung des Plenums des Deutschen Juristentages. Bevor wir in unsere Tagesordnung übergehen, habe ich den verehrten Herren Mittheilung zu machen, zunächst darüber, daß mehrere bayerische Juristen einen ähnlichen Antrag heute wiederholt haben, wie ich Ihnen gestern einen vorgelesen habe. Zweitens: Sie wissen, daß in diesen Tagen zahlreiche Herren Notare in Bamberg getagt und über die Organisation der deutschen Notare berathen haben. Dabei haben das Einamtsnotariat und das Anwaltsnotariat sich freundschaftlich in der Art die Hand gereicht, daß sie einen für das Notariat in ganz Deutschland berechneten Verein gegründet haben, mit dem Zwecke, die gemeinsamen Interessen aller Notare zu pflegen und auch seinerseits die deutsche Rechtseinheit zu fördern. — Wir danken diesem neuen Verein für die freundliche Mittheilung und wünschen ihm den besten Erfolg.

Wir gehen nun über zur Tagesordnung und bitte ich zunächst die verehrten Berichterstatter aus der Abtheilung 1, 2 und 3 nur bezüglich der Mittheilungen das Wort zu ergreifen, welche lediglich zur Kenntnißnahme für das Plenum bestimmt sind. Soviel ich weiß, wird nur von einer Abtheilung der Antrag gestellt, daß eine von ihr berathene Angelegenheit nicht nur in dieser erledigt werde, sondern auch zur weiteren Berathung und Beschlußfassung bezw. Erklärung des Plenums gelangen soll, nämlich was das Studium auf der Universität u. s. w. betrifft. Ich glaube, es liegt im Interesse der Zeit, wenn ich zunächst diejenigen Gegenstände zum Aufruf bringe, welche nur zur Kenntnißnahme des Plenums bestimmt sind, so daß wir dann mehr freie Zeit haben zur Erörterung der Frage, welche zur Berathung im Plenum bestimmt ist. Sie werden mit diesem Plan einverstanden sein,

(Zustimmung)

und ich ertheile jetzt dem Herrn Berichterstatter aus der ersten Abtheilung über die Frage der Stellung der Versicherungsgesellschaften auf Gegenseitigkeit in dem zu erwartenden Versicherungsgesetze das Wort.

Berichterstatter Dr. **Samwer** (Gotha): Bei Berathung der Frage:

Welche Stellung ist in dem zu erwartenden Versicherungsgesetze den Versicherungsgesellschaften auf Gegenseitigkeit zu gewähren?

hatte die Abtheilung leichtes Spiel, da nach Stellung der Frage ein Gesetzentwurf erschienen ist, der sie erledigt. Nur wenige Bestimmungen des Entwurfs über die Versicherungsvereine auf Gegenseitigkeit haben Anfechtung erfahren. Unter ihnen ist von einiger Bedeutung der Angriff auf das vorgeschlagene oberste Organ, das entweder wie bei der Aktiengesellschaft eine Generalversammlung der Mitglieder oder eigenartig eine Versammlung von Vertretern der Mitglieder sein soll. Während der erste Berichterstatter dieser Regelung zustimmte, indem er auf die Vorzüge der Mitgliedervertretung hinwies, wünschte der zweite Berichterstatter, daß zwar den bestehenden Versicherungsanstalten auf Gegenseitigkeit, die eine Mitgliedervertretung hätten, diese erhalten bleiben sollte, daß aber im Uebrigen künftig nur die Generalversammlung der Mitglieder als oberstes Organ des Gegenseitigkeitsvereins zugelassen werde, um sämmtlichen Mitgliedern die Möglichkeit zu gewähren, ihre Ansicht zur Geltung zu bringen, und um eine Einheitlichkeit des Rechts bezüglich der obersten Organe unserer sämmtlichen Vereine herzustellen.

In der Besprechung wies Herr Prof. Ehrenberg darauf hin, daß ein großer Unterschied zwischen den übrigen Vereinen und den meisten Gegenseitigkeitsvereinen, nämlich den die reine Schadenversicherung betreibenden, insofern bestehe, als der Vorstand dieser Gegenseitigkeitsvereine den Mitgliedern die Versicherung und damit die Mitgliedschaft kündigen könne, und daß daher das Mitgliederschaftsverhältniß bei derartigen Gegenseitigkeitsvereinen nur locker gestaltet sei. Da die Frage, ob die Mitgliedervertretung zuzulassen sei, der grundsätzlichen Bedeutung entbehrt, sah der zweite Berichterstatter davon ab, durch einen eigenen Antrag einen Beschluß der Abtheilung über diese Frage herbeizuführen; er schloß sich vielmehr der von dem ersten Berichterstatter vorgeschlagenen Resolution an, die folgendermaßen lautet:

Der Deutsche Juristentag erkennt an, daß der Entwurf eines Gesetzes über die privaten Versicherungs-Unternehmungen eine geeignete Rechtsgrundlage für die Versicherungsvereine auf Gegenseitigkeit bietet.

Diese Resolution wurde von der Abtheilung einstimmig angenommen.

Präsident: Wir werden dem verehrten Berichterstatter, Herrn Dr. Sammer, Dank sagen für die ebenso kurze als vortreffliche Mittheilung, die er uns erstattet hat.

Wir gehen zum zweiten Gegenstande über.

Herr Geheimrath Dr. Gierke wird den Bericht erstatten über die Frage:

> Werden durch das Bürgerliche Gesetzbuch die Vorschriften über den Uebergang und die Führung adeliger Namen berührt?

Berichterstatter Geh. Justizrath Prof. Dr. **Gierke** (Berlin): Meine Herren! Zur zweiten Frage:

> Werden durch das Bürgerliche Gesetzbuch die Vorschriften über den Uebergang und die Führung adeliger Namen berührt?

hat die I. Abtheilung folgenden Beschluß gefaßt:

> Durch das Bürgerliche Gesetzbuch werden die Vorschriften über den Uebergang und die Führung von Adelszeichen nicht berührt. Die höheren Adelstitel, wie Freiherr, Graf, Fürst, Herzog, sind bloße Adelszeichen, nicht Namensbestandtheile. Ueberwiegende Gründe sprechen dafür, bei adligen Familiennamen auch das einfache „von" heute als bloßes Adelszeichen zu betrachten."

Der Beschluß wurde in seinem ersten Satze einstimmig, in den zwei folgenden Sätzen mit überwiegender Mehrheit gefaßt. Die Abtheilung beschloß einstimmig, ihren Beschluß dem Plenum nur zur Kenntnißnahme mitzutheilen.

In der Abtheilung herrschte Einigkeit darüber, daß in der schon vor Inkrafttreten des B.G.B. entbrannten, durch den R.Ger.Sen.-Präsidenten v. Bülow angeregten Streitfrage über den Einfluß des B.G.Bs. auf die adligen Familiennamen zwei Grundsätze als feststehend vorauszusetzen seien.

Erstens, daß trotz des Schweigens des B.G.Bs. über den Adel die Institution des Adels von der Einführung des B.G.Bs. unberührt geblieben ist. Sie besteht nach Maßgabe des bisherigen Rechts fort. Daher entscheidet sich auch nach Landesrecht, subsidiär nach gem. D.P.R. nach wie vor die Frage über Erwerb und Verlust des Adels. Unberührt geblieben ist das landesherrliche Recht der Adelsverleihung, unberührt geblieben sind auch die Vorschriften über Fortpflanzung des Adels.

Zweitens war man aber auch einig darüber, daß das B.G.B. jede Möglichkeit abschneidet, an die Zugehörigkeit zum Adel privatrechtliche Folgen zu knüpfen, soweit nicht ein Vorbehalt des E.G. eine Ausnahme gestattet. Das E.G. wahrt dem hohen Adel im Wesentlichen sein bisheriges Sonderrecht, ermöglicht auch für den ehemaligen niedern Reichsadel Besonderheiten des Familien- und Güterrechts, unterwirft dagegen im Uebrigen den niedern Adel dem gemeinen Familien- und Güterrecht. Nur in den dem Landesrecht ausschließlich vorbehaltenen Rechtsmaterien bleiben Besonderheiten für den Adel möglich, z. B. der bayrische Rechtssatz, daß Familienfideicommisse nur für adlige Familien gestiftet werden können. Auch kann das Landesrecht öffentlichrechtliche Folgen an den Adel knüpfen. Im Uebrigen scheitert jedes landesrechtiche Sonderrecht für den Adel an dem Codificationsprinzip.

Hieraus ergiebt sich, daß, während über Erwerb und Verlust des Adels das Landesrecht entscheidet, hinsichtlich des Ueberganges der adligen Familiennamen schlechthin das B.G.B. Platz greift. Das besondere Namenrecht des hohen Adels bleibt bestehen. Auch über Erwerb und Verlust adliger wie anderer Namen aus Gründen des öffentlichen Rechts entscheidet das Landesrecht. Dagegen gilt hinsichtlich des Eintritts in die adlige Familie und des hieraus folgenden Erwerbes des adligen Familiennamens ausschließlich das B.G.B. Hier greifen genau dieselben Grundsätze Platz, wie bei bürgerlichen Familien. Folgerungen sind z. B.: das uneheliche Kind der adligen Mutter tritt in deren Familie und erwirbt deren Familiennamen: adlig wird es fast durchweg nicht. Der Adlige, der ein Mädchen heirathet, das ein uneheliches Kind von einem Andern hat, kann dem Kinde seinen adligen Familiennamen verleihen: den Adel verschafft er ihm damit nicht. Der Adlige, der Jemanden an Kindesstatt annimmt, überträgt auf ihn den adligen Familiennamen: den Adel erwirbt das Wahlkind nicht ohne landesherrliche Zustimmung. Ebenso steht es mit den Vorschriften über den Erwerb des Namens des Mannes durch die Frau und über den Namen der geschiedenen Ehefrau.

Allein das B.G.B. ergreift mit seinen Bestimmungen über den Familiennamen eben nur den Namen, nicht die mit ihm verbundenen Adelszeichen. Adelsprädikate, Adelszeichen darf nach dem St.G.B. Niemand führen, der nicht adlig ist. Wer also den adligen Namen erworben hat, ohne adlig zu sein, muß ihn ohne Adelszeichen gebrauchen.

Die brennende Frage, die allein streitig sein kann, ist also lediglich, was ist Adelszeichen, was ist vielmehr integrirender Namensbestandtheil.

Im Einklange mit der von Bülow und Krückmann in den Gutachten vorgetragenen Ansicht — ursprünglich freilich hatte von Bülow das Gegentheil ausgesprochen — herrschte Einverständniß darüber, daß die hohen Adelstitel, wie Freiherr, Graf, Fürst, Herzog, bloße Adelszeichen, nicht Namensbestandtheile sind. Dafür spricht ihr geschichtlicher Ursprung; die Führung desselben Familiennamens in verschiedenen Zweigen einer adligen Familie mit oder ohne das höhere Prädikat; die häufig vorkommende Beschränkung der Titulatur auf das Familienhaupt; die Verschiedenheit der Form des Titels bei Männern und Frauen, jüngeren Herren und Fräulein; die Sitte der Uebersetzung bei ausländischen Titeln; das Nichtvorkommen solcher Titel bei Bürgerlichen; der im Titel enthaltene Hinweis auf eine bestimmte Rangstufe des Adels. Hier handelt es sich daher sicherlich um bloße Adelszeichen, über deren Erwerb und Verlust das Landesrecht entscheidet, während das B.G.B., wo es über Familiennamen Bestimmungen trifft, nur den Namensrest ergreift.

Schwieriger liegt die Frage beim einfachen „von". Denn nach der Meinung der Abtheilung ist das Wörtchen „von" seiner geschichtlichen Herkunft nach ursprünglich lediglich Namensbestandtheil und nicht Adelszeichen gewesen. Die Ausführungen Sohms in der Juristenzeitung, wonach der ursprüngliche Name identisch mit dem Stammgutsnamen ohne von gewesen sei und der einzelne Familienangehörige die Bezeichnung Herr von B., Frau von B., Fräulein von B. u.s.w. lediglich als Titel geführt habe, um sein Miteigenthum am Stammgut auszudrücken, und wonach dann an Stelle der Mitherrschaft die fingirte Mitherrschaft und bei Adelsverleihung fingirte Mitherrschaft an einem fingirten Rittergute (dem Rittergut Müller u. s. w.) getreten sei, fanden keine Vertheidigung. Man verkannte auch nicht, daß bis heute beim Uradel der Familienname eigentlich das „von" als ein wesentliches Element enthält, daß das „von" beim Namen v. Schwerin sprachlich so unentbehrlich ist wie das „er" im Namen Schweriner, daß die Namen v. Schwerin und Schwerin vielfach als verschieden empfunden werden. Ebensowenig verkannte man, daß Manches dafür spricht, auch bei Adelsverleihungen in der Verleihung des „von" zugleich eine Namensänderung zu sehen. Dazu kommt, daß es einerseits auch zahlreiche bürgerliche Namen mit von giebt, und daß andererseits adlige Namen ohne von vorkommen, mit „zu" oder „auf", oder von Amtsnamen gebildete, sowie ursprünglich beim Stadtadel. Alle drei dem

Juristentage erstatteten Gutachten sind ja auch zu dem Ergebniß gelangt, das „von“ bei adligen wie bürgerlichen Namen als Namensbestandtheil zu betrachten.

Gleichwohl schienen der Mehrheit überwiegende Gründe dafür zu sprechen, daß heute das „von“ zum bloßen Adelszeichen geworden ist. Diese Entwicklung ist Folge der massenhaften Adelsverleihungen, bei denen das „von“ dem Namen zugesetzt wurde, ohne daß eine Namensänderung anzunehmen ist. Auch der Uradel hat diese Auffassung sich mehr und mehr zu eigen gemacht, wie sich darin zeigt, daß er fast durchweg das „von“, wo es ihm fehlte, seinem Namen zugesetzt hat. So bei Namen wie „von zur Westen“, „Marschall von Biberstein“, „Schenk von Schweinsburg“ und beim Stadtadel. So sieht auch die Volksanschauung heute das „von“ als Adelszeichen an. Denselben Standpunkt hat die bisherige Gesetzgebung. Ueberall bisher hat das uneheliche Kind der adligen Mutter bisher den Namen der Mutter ohne „von“ geführt. Ebenso das Wahlkind den Namen des Wahlvaters ohne „von“. So lange der Adel durch Betreibung des bürgerlichen Gewerbes verloren ging, wurde der Familienname ohne „von“ weiter geführt. Als eine Aberkennung des Adels durch Strafurtheil noch bei uns zulässig war, blieb der Name ohne „von“ zurück. So noch heute in Oesterreich: aus Herrn v. Schönerer wurde Herr Schönerer.

(Heiterkeit.)

Nicht anders im Falle des Verzichtes. Das „von“ zu führen gilt nur als Recht, nicht als Pflicht; wer den Namen ohne „von“ führt, wird nicht etwa wegen falscher Namensführung bestraft. Die Niederlegung des Adels und damit Ablegung des „von“ ist ohne staatliche Genehmigung zulässig, die Namensänderung nicht. Bei Verleihung von Orden, mit denen Adel verbunden ist, wird von Namensänderung Nichts gesagt. In Adreßbüchern und Ranglisten sucht man die adligen Namen nicht unter „V.“, sondern unter dem Anfangsbuchstaben des Namens,

(Heiterkeit)

dagegen die bürgerlichen Namen mit „von“ unter „V“.

(Heiterkeit.)

Endlich kommt in Betracht, daß es in manchen Staaten eine Verleihung des persönlichen Adels giebt, den in Bayern nur die Frau, in Württemberg auch diese nicht theilt. Hier haben doch die Kinder, oder in Württemberg die Frau nicht einen anderen Namen, was nach dem B.G.B. ja unzulässig sein würde.

So überwog die Meinung, das „von" ist heute Adelszeichen, nicht Namensbestandtheil. Es darf daher im adligen Familiennamen auch von dessen berechtigtem Träger, wenn er nicht adlig ist, nicht geführt werden. Hierdurch allein wird eine Auslegung des B.G.Bs. ermöglicht, die mit den Anschauungen und Bedürfnissen des Lebens übereinstimmt und zugleich die Rechtscontinuität wahrt.

Eine Meinungsverschiedenheit — und an ihr scheiterte die Einstimmigkeit — bestand nur in folgendem Punkte. Die Mehrheit nahm an, wenn das „von" als Adelszeichen nicht mitübergehe, könne es auch in anderer Beziehung nicht als Namensbestandtheil behandelt werden und entbehre daher des Schutzes aus § 12. Ein Herr v. Bülow könne gegen einen gewöhnlichen Bülow, der sich v. Bülow nenne, nicht aus § 12 klagen. Eine Minderheit meinte, daß in dieser Richtung trotzdem das „von" als Namensbestandtheil behandelt werden dürfe. Dies schien der Mehrheit rechtlich unmöglich. Indeß stellte sich die Frage als praktisch nicht erheblich heraus, da anerkannt wurde, daß in solchen Fällen eine Feststellungsklage auf Nichtdasein der Zugehörigkeit zum Adel möglich sei, sobald rechtliche Interessen, z. B. Folgefähigkeit in ein Familienfideicommiß, davon abhängen. Auch wurde darauf aufmerksam gemacht, daß mehrere A.G. zum B.G.B. dem § 12 entsprechende Anwendung auf Adelszeichen, die keine Namensbestandtheile sind, sichern. Freilich könnte man zweifeln, ob nicht damit in unzulässiger Weise ein dem B.G.B. unbekanntes neues Privatrecht geschaffen wird. Aber man wird diese Bestimmung der A.G. doch wohl als giltig ansehen dürfen, weil es den Landesgesetzen unverwehrt ist, auch ein öffentliches Recht mit civilrechtlicher Klage auszurüsten. Dann ist also für den Wegfall der Klage aus § 12, womit der Adel sich den Schutz gegen die Consequenzen der Bestimmungen des B.G.B erkaufen muß, ausreichender Ersatz geschaffen.

Präsident: Meine Herren! Ohne besondere Anfrage unterstelle ich jeweils, daß ein Antrag aus Ihrer Mitte, gemäß Satzungen § 6, auf Berathung im Plenum nicht gestellt wird, und ertheile nun den Herren Berichterstattern der 2. Abtheilung das Wort, zuerst dem Herrn Landgerichtspräsidenten Pfaff-Tübingen.

Berichterstatter, Landgerichtspräsident **v. Pfaff** (Tübingen: Meine Herren! Ueber die Frage:

„In wie weit sind an die Veröffentlichung von Briefen ohne Zustimmung des Verfassers beziehungsweise seiner Erben Nachtheile zu knüpfen?"

wurde im Wesentlichen anknüpfend an die Ausführungen des Herrn Dr. Wildhagen in seinem Gutachten, denen auch der Referent durchaus beipflichtete, Folgendes beschlossen:

Es wird beschlossen vorzuschlagen, daß dem § 44 Abs. 2 des Entwurfs eiues Gesetzes betreffend das Urheberrecht an Werken der Litteratur und der Tonkunst, soweit er sich auf Privatbriefe bezieht, folgende Fassung gegeben werde:

„Das Gleiche gilt, wenn jemand vorsätzlich Privatbriefe, die noch nicht erlaubter Weise veröffentlicht worden sind, wörtlich oder dem Inhalte nach unbefugt öffentlich mittheilt.

Unbefugt ist eine Mittheilung, die ohne Einwilligung des Verfassers bezw. Absenders und des Empfängers der Schrift erfolgt.

Nach dem Tode des Verfassers haben an seiner Stelle, soweit er nicht besondere Bestimmungen getroffen hat, dessen Erben über die Einwilligung zu befinden. Dieselbe ist als nicht gegeben zu beachten, wenn auch nur ein Erbe widerspricht.

Die Vorschriften der Absätze 1 und 2 finden keine Anwendung, soweit die Mittheilung zur Wahrnehmung berechtigter Interessen erfolgt oder wenn seit dem Tode des Verfassers zehn Jahre abgelaufen sind."

Präsident: Einen weiteren Bericht aus der zweiten Abtheilung giebt uns Herr Professor Dr. Pappenheim.

Berichterstatter Professor Dr. **Pappenheim** (Kiel): Meine Herren! Die Frage, über welche ich die Ehre habe, im Auftrage der zweiten Abtheilung deren Beschlüsse dem Plenum zu übermitteln, lautet:

„Soll der Verleger berechtigt sein, das Verlagsrecht ohne Zustimmung des Autors zu übertragen."

Es handelt sich bei dieser Frage um einen Widerstreit collidirender Interessen auf Seiten beider Vertragsparteien, einen Widerstreit, der Ausgleichung durch die Rechtsordnung fordert. Auf der einen Seite steht der Verfasser, im Vertragsschlusse sich einlassend mit einem Verleger, dessen Persönlichkeit und Geschäftsprincipien ihm regelmäßig bekannt sind und bei der Wahl des Vertragsgegners für ihn mehr oder weniger bestimmend sein werden, trauend darauf, daß diese von ihm ausgewählte Geschäftspersönlichkeit ihm dauernd als Vertragsgegner gegenüber stehen und die durch den Vertrag übernommenen Verpflichtungen ihm gegenüber treu erfüllen werde. Er verlangt, daß nicht im Wege einseitigen Handelns des Verlegers durch eine Uebertragung seiner Rechte aus dem Verlagsvertrage ein Dritter in das Verhältniß eingeführt werden könne, der nicht im Stande oder nicht Willens sei, den Pflichten des Verlegers in gleicher Weise wie dieser selbst zu entsprechen. In den verschiedensten Beziehungen wird sich das practisch zeigen, ebenso in der Art der Vervielfältigung des Werkes, (Ausstattung des Buches, Papier, Typen, Einband u. s. w.), wie in der Art der Verbreitung (mehr oder weniger vornehme Art, Ablehnung oder Verwendung auch marktschreierischer Reclame und dergl. mehr). Der Verfasser wird demnach geneigt sein, Nicht-Uebertragbarkeit des einer individuellen Leistung des Verlegers entsprechenden Verlagsrechtes zu postuliren.

Auf der anderen Seite steht der Verleger, für den die durch die verschiedenen Verträge erworbenen Verlagsrechte einen wesentlichen Bestandtheil seines Vermögens bilden, welcher durch Opfer an Zeit, Mühe, Geld, erlangt ist und regelmäßig die wichtigste Entschädigung für diese Opfer darstellt. Der Werth dieser Verlagsrechte wird naturgemäß sehr verschieden sein, je nachdem sie als übertragbar anerkannt sind oder nicht. Die Verselbstständigung zu frei übertragbaren Vermögensbestandtheilen wird ihnen einen Tauschwerth verleihen, den sie nicht haben können, wenn sie an die Person des Verlegers geknüpft sind. Von hier aus wird der Verleger verlangen, daß nicht durch Vorenthaltnng der Uebertragbarkeit ein Theil seines Vermögens eine wesentliche Werthverminderung erfahre.

Eine unbefangene Betrachtung wird keine der beiden Auffassungen als schlechthin unbegründet verwerfen können. Es ist dafür bezeichnend, daß in der umfassenden Literatur, die dieser Frage gewidmet worden ist, durchgehends von den principiell auf sehr verschiedenem Standpunkt stehenden Betrachtern Ausnahmen in engerem oder weiterem Maße zugelassen werden. Streit herrscht nur über das anzunehmende Princip einerseits und über Art und Menge der zuzulassenden Ausnahmen andererseits. Dieser Streit ist denn auch in den Verhandlungen geführt worden, die zu den Beschlüssen der zweiten Abtheilung geführt haben. Er ist hier um so actueller gewesen, als nach Abschluß der erstatteten Gutachten und vor Beginn der auf Grund derselben geführten Verhandlungen der neue Entwurf zu einem Reichsgesetz über das Verlagsrecht bekannt gegeben worden ist, der naturgemäß auch die Regelung unserer Frage nicht hat umgehen können. Er hat sich dabei im Princip auf den Standpunkt der Uebertragbarkeit des Verlagsrechts gestellt, und denselben Standpunkt hat auch der Herr Correferent zunächst eingenommen. Dagegen haben sich die beiden Gutachten und der Referent im Princip für die Nichtübertragbarkeit ausgesprochen, aber auch ihrerseits im Einzelnen wiederum aus einander gehend gewisse Ausnahmen zugelassen. In der Discussion ist dazu unter den Vertretern der Nichtübertragbarkeit noch ein weiterer Gegensatz getreten. Es wurde zum Theil gefordert, daß die Nichtübertragbarkeit zum zwingenden Rechte gemacht, abweichende Vereinbarung wirksam sein sollte, weil die Autoren den Verlegern gegenüber wirthschaftlich schwächer und minder geschäftskundig und deshalb unter der Herrschaft nachgiebigen Rechts genöthigt sei, die ihnen von den Verlegern dictirten Bedingungen schlechthin anzunehmen. Das Ergebniß, welches die Resultate dieser verschiedenen Strömungen und einander entgegen wirkenden Kräfte bildet, bewegt sich auf einer Mittellinie. Es sind drei Sätze von der Abtheilung zum Beschlusse erhoben worden.

Erstens: Im Princip hat sie sich auf den Standpunkt der Unübertragbarkeit gestellt. Sie ist davon ausgegangen, daß das persönliche Element in dem Verlagsvertrag so wichtig sei, daß eine Uebertragung seitens des Verlegers ohne Einwillignng des Verfassers nicht zulässig erscheint. Dieses Princip habe den Ausgangspunkt für den Gesetzgeber und, was nicht geringere Bedeutung hat, für den Richter bei Beurtheilung der einzelnen Fragen zu bilden. Das bringt zum Ausdruck der erste Satz der gefaßten Beschlüsse:

> Die Uebertragung des Verlagsrechts durch den Verleger auf Dritte: kann nicht ohne Einwilligung des Verfassers erfolgen.

Zweitens aber ging man weiter davon aus, daß diese Anknüpfung der Uebertragung an die Einwilligung des Verfassers ihre Grenzen da finden solle, wo ein sachliches Interesse des Verfassers an dem Wechsel der Persönlichkeit des Verlegers nicht vorhanden sei. Unzweifelhaft giebt es zahlreiche Verleger, welche sachlich das Gleiche leisten können. Für Fälle dieser Art es nur auf den Willen des Autors abzustellen, ob ein durch die Umstände zur Veräußerung des Verlagsrechts genöthigter Verleger im Stande sein solle, sein Recht auf Dritte zu übertragen, erschien als unbillig. Dabei war namentlich auch zu berücksichtigen, daß die allgemeine Regelung der Frage in diesem den Verlegern ungünstigen Sinne eine nachtheilige Rückwirkung auch auf die wirthschaftliche Stellung der Autoren selber hätte ausüben müssen. Ein Verleger, der sein Recht niemals auf Dritte übertragen könnte, wäre naturgemäß nicht in der Lage etwa bei Bemessung des Honorars dem Verlagsvertrage dieselben Vortheile zu gewähren, wie ein Verleger, der auch die Möglichkeit einer Verwerthung des Verlagsrechts durch Veräußerung ins Auge fassen dürfte. Weiterhin aber wäre es sehr leicht möglich gewesen, daß die Verleger im Falle ausnahmsloser Statuirung der Nichtübertragbarkeit überhaupt sich nur selten zum Abschluß von Verlagsverträgen bereit finden ließen. Sie würden auf andere Weise mehr als das ihnen Entzogene erreichen können. Wenn sie wirklich in dem dabei vorausgesetzten Maße der wirthschaftlich überwiegende Theil wären, so brauchten sie nur statt des Abschlusses eines Verlagsvertrages von den Autoren die Einränmung eines selbstständigen Verlagsrechts zu fordern, um noch günstiger als selbst bei freier Uebertragbarkeit der Rechte aus dem Verlagsvertrage gestellt zu sein. Diese Erwägungen haben dazu geführt, die Ertheilung der stets erforderlichen Einwilligung nicht frei in das Belieben des Verfassers zu stellen, sondern für ihn eine gesetzliche Verpflichtung zu ihrer Ertheilung vorzuschlagen. Es ergab sich daraus der zweite Satz der Beschlüsse:

„Der Verfasser ist zur Ertheilung der Einwilligung verpflichtet, es sei denn, daß sie ihm nach den Umständen des Falles, insbesondere mit Rücksicht auf den Ruf und die Vermögensverhältnisse des Erwerbers, nicht zugemuthet werden kann."

In dieser allgemeinen Fassung „nach den Umständen des Falles" finden alle diejenigen Momente ihre Berücksichtigung, welche eine solche seitens des Gesetzgebers zu Gunsten des Verfassers beanspruchen dürfen. So würde beispielsweise auch der Fall einer persönlichen Feindschaft hierher gehören; denn es kann keinem Verfasser zugemuthet werden, daß er sich von seinem Verleger in ein Rechtsverhältniß zu einem ihm feindlichen Verleger setzen lasse. Natürlich wird es sich um eine Prüfung von Fall zu Fall handeln. Die Klausel ist absichtlich so allgemein gehalten, um der Praxis diese Prüfung frei zu gestatten.

Drittens entstand nun die Frage, ob die vorgeschlagenen Regeln als zwingendes oder nachgiebiges Recht zu gestalten seien. Es ist dies ja eine Frage, die auf verwandten Gebieten in neuerer Zeit immer häufiger auftaucht. Wir sehen mehr und mehr, daß das Princip der sogenannten Vertragsfreiheit auch im Gebiet des Vermögensrechtes sich da, wo nicht die Bedingungen für die Betheiligten gleich sind, ohne Fictionen nicht durchführen läßt. Eine Vertragsfreiheit für einen wirthschaftlich Starken und einen wirthschaftlich Schwachen ist in Wahrheit nur eine Knechtschaft für den letzteren; mit Rücksicht hierauf sind die Grenzen der Privatautonomie für eine ganze Reihe vermögensrechtlicher Vertragsverhältnisse in neuerer Zeit eingeengt worden, und wir werden darin künftig ganz gewiß noch weiter gehen müssen. Es konnte daher nur die Frage sein, ob die Dinge auf dem uns beschäftigenden Gebiet bereits so weit gediehen seien, daß man hier dem Vertragswillen Grenzen ziehen sollte.

Die Abtheilung hat überwiegend das Gegentheil angenommen. Zur Zeit liegen die Verhältnisse im Buchhandel noch nicht so, daß man die Verleger als eine schlechthin überlegene Einheit den Autoren als den unbedingt Schwächeren gegenüberstellen darf. Die Verhältnisse sind im Einzelnen sehr verschieden geartet, und der Beweis dafür, daß der Autor allgemein in die Hand des Verlegers gegeben sei, ist noch nicht erbracht worden. Und wenn dem wirklich der Regel nach so wäre, dann müßte, wie gezeigt, zugleich mit der Schaffung zwingenden Rechts für den Verlagsvertrag auch die Einräumung selbständiger Verlagsrechte, also die Verfügung über das Urheberrecht, Einschränkungen unterworfen werden. Hieran aber ist zur Zeit nicht zu denken. So ist denn in den Beschlüssen der Abtheilung im Princip die Dispositionsfreiheit aufrecht erhalten, der tiefgehende Eingriff, der ja doch immer in der Schaffung zwingenden Rechts auf dem Gebiet des Vermögensrechtes liegt, als zur Zeit noch nicht geboten und deshalb als nicht thunlich unterlassen worden. Man hat aber doch den Schäden einen Riegel vorgeschoben, welche aus Sorglosigkeit und Geschäftsunkenntniß den kontrahirenden Autoren erwachsen können. Das ist der Zweck des dritten Satzes der Beschlüsse, welcher lautet:

> „Eine Abänderung dieser (d. h. der erwähnten) Bestimmungen kann, insoweit durch sie die Rechte des Verfassers beschränkt oder aufgehoben werden sollen (d. h. also zum Schaden des Verfassers), nur ausdrücklich und durch geschriebene Vereinbarung erfolgen."

Eine die gesetzlichen Rechte des Verfassers einschränkende Vereinbarung ist also zwar zulässig, aber sie kann nur in der angegebenen Art, insbesondere nicht durch gedrucktes Formular erfolgen. Der Verfasser muß so beim Abschluß des Vertrages ausdrücklich auf die seine rechtliche Stellung beschränkenden Vereinbarungen hingewiesen werden.

Indem ich die Ehre habe, die mitgetheilten Beschlüsse dem Plenum zur Kenntniß zu bringen, bemerke ich noch, daß ihre Fassung einem Compromiß unter den verschiedenen in der Verhandlung vertretenen Meinungen ihre Entstehung verdankt. Sie kann wohl eine geeignete Grundlage für das von der Praxis aufzurichtende Gebäude abgeben, in welchem die für unser gesammtes Bildungswesen bedeutsame Frage der Verständigung zwischen Verfasser und Verleger bis auf Weiteres ein gutes Unterkommen finden dürfte.

(Beifall).

Präsident: Ich darf wohl in Ihrem Sinne auch diesem unserm Herrn Berichterstatter unsern aufrichtigsten Dank aussprechen.

Wir gehen nun über zur Frage 7, Herr Prof. Dr. Pfaff (Wien) übernimmt die Berichterstattung.

Berichterstatter Prof. Dr. **Pfaff** (Wien): Ob Eingriffe in das Urheberrecht auch im Fall bloßer Fahrlässigkeit des Thäters oder nur im Fall der Vorsätzlichkeit bestraft werden sollen, das ist eine in verschiedenen Gesetzgebungen sehr verschieden beantwortete Frage. In Deutschland ist zur Zeit Vorsätzlichkeit des Thäters nicht in allen Fällen Thatbestandsmoment und ebenso war es bis zur Wirksamkeit des Gesetzes von 1895 in Oesterreich. Dieses Gesetz aber fordert grundsätzlich die Wissentlichkeit des Eingriffs, und ähnlich fordert nun der deutsche Entwurf vom Jahre 1899 die Vorsätzlichkeit.

Dieser Umschlag der Anschauungen erklärt sich nicht aus der höheren Entwicklung, die das Urheberwesen im Laufe der letzten 50 Jahre gewonnen hat, und ebensowenig aus der vertieften Einsicht, welche die Wissenschaft in das Wesen des Urheberrechts erlangt hat. Seit wir das Urheberrecht nicht mehr als ein im Verkehr rollendes Vermögensstück, sondern als ein Persönlichkeitsrecht behandeln (welche Auffassung gerade in dem österreichischen Gesetz in einer großen Zahl bis dahin noch nirgends anerkannter Rechtssätze zur Geltung gekommen ist), hat uns das Urheberrecht eine so hohe Dignität gewonnen, daß eine Abschwächung des ihm zu gewährenden Rechtsschutzes sehr schwer zu rechtfertigen wäre. Daß nun eine solche in Oesterreich gleichwohl vollzogen wurde, erklärt sich meines Erachtens — es sprechen viele Anzeichen dafür — wohl nur aus der schon seit Dezennien bestehenden, neuestens auf diesem Gebiet besonders erstarkten, auf Decrescenz des Strafrechts gerichteten Strömung, die bereits auf verschiedenen Gebieten, wo früher Strafschutz gewährt war, diesen beseitigt hat; aber diese Strömung findet, wie zahlreiche, aus den am meisten betheiligten Kreisen stammende Denkschriften beweisen, in diesen keine Freunde, während die Stimmen der Wissenschaft allerdings noch sehr getheilt sind. Das österreichische Gesetz, das in dieser Frage sehr oft als Vorbild empfohlen wird, fordert, wie gesagt, Wissentlichkeit des Eingriffs; die Praxis zeigt aber, daß diese Forderung nicht wohl durchführbar ist. Der österreichische Cassationshof hat bei jeder Gelegenheit, die sich ihm seit der Wirksamkeit des neuen Gesetzes geboten hat, auch den dolus eventualis genügen lassen; er verurtheilt den Thäter auch dann, wenn dieser den Bestand des Urheberrechts nicht wirklich gekannt hat, sondern seinen Eingriff unternommen hat auf die Gefahr hin, daß ein Urheberrecht bestehe und durch den Eingriff verletzt werde. Damit ist aber gesagt, daß man dem bestimmt ausgesprochenen Gedanken des Gesetzes untreu wird, mit andern Worten, daß man in gewissen Fällen auch die bloße Fahrlässigkeit straft.

Andererseits bleiben, wenn man an dem Erforderniß der Wissentlichkeit beziehungsweise der Vorsätzlichkeit streng festhält, gewisse Fälle von Eingriffen zweifellos straflos, gegen deren Straflosigkeit die schwersten Bedenken bestehen. So müßten straflos bleiben fahrlässige Veranlassung vorsätzlicher Veranstaltung des Nachdrucks, ebenso umgekehrt vorsätzliche Veranlassung fahrlässiger Veranstaltung des Nachdrucks und nicht minder die vorsätzliche Veranlassung der vorsätzlichen Veranstaltung eines Nachdrucks dann, wenn der Veranstalter aus einem persönlichen Grunde, aus einem in seiner Person gelegenen Strafentschuldigungsgrunde straflos bleiben muß. Es wäre ferner eine schwere Incongruenz, wenn, wie das nach dem österreichischen Gesetz zweifellos der Fall ist, die fahrlässige Unterlassung der Quellenangabe strafbar wäre, während die empfindlichsten anderweitigen Eingriffe, wofern sie nur nicht wissentlich verübt werden, straflos bleiben müßten. Die zweite Abtheilung hat denn auch im Anschluß an das Gutachten des Herrn Reg.-Rath Daude, im Einklang mit dem übereinstimmenden Antrag ihrer beiden Berichterstatter mit allen Stimmen gegen zwei den Beschluß gefaßt, zu erklären:

> Es empfiehlt sich nicht, die strafrechtliche Verfolgung der Verletzung des Urheberrechts nach dem Vorbilde des österreichischen Gesetzes vom 26. December 1895 auf wissentliche Eingriffe einzuschränken.

Die Gründe für und wider sind in der Abtheilung sehr eingehend erwogen worden; ich beschränke mich darauf, folgende Hauptpunkte hervorzuheben. Für die Meinung, die in der Abtheilung zur Geltung gekommen ist, spricht vor Allem theoretisch, daß gar kein Grund vorhanden ist, einen Eingriff in das Autorrecht wesentlich als ein bloßes Vermögensdelict zu betrachten. Dies ist das Argument, mit welchem man die Wissentlichkeit als ein wesentliches Thatbestandsmoment hinstellt. Man sagt: Das geltende Strafgesetz straft Vermögensdelicte in großer Regel nur dann, wenn sie dolos begangen werden; bloß culpose Vermögensverletzungen werden nur bestraft, wenn eine Gemeingefahr dabei unterläuft. Die Abtheilung hat dieses Argument nicht für durchschlagend erachtet. Urheberrechtseingriffe sind in erster Linie Delicte gegen die Person. Wenn nun Delicte gegen den menschlichen Körper auch dann bestraft werden, wenn sie auf bloßer Fahrlässigkeit beruhen, so ist nicht einzusehen, warum fahrlässige Delicte gegen die nichtkörperliche Seite der Persönlichkeit straflos bleiben sollen. Die Abtheilung hat ferner auch gefunden, es liege keineswegs eine Inconsequenz darin, daß Patenteingriffe und Verletzungen des Gebrauchsmusterrechts nach dem geltenden Recht nur bei wissentlichen Eingriffen bestraft werden, während andere Urheberrechtsverletzungen, so diejenigen, die Schriftwerke oder Werke der bildenden Kunst betreffen, auch bei fahrlässiger Begehung mit Strafe bedroht sind. Die Gesetze über das Patentrecht und über das Gebrauchsmusterrecht gehören eben schon einer wesentlich neueren Zeit an, stammen schon aus der Zeit, in welcher jene Strömung gegen die Criminalisirung übermächtig geworden war. Es kommt aber noch weiter in Betracht, daß bei dem Patentrecht und bei dem Gebrauchsmusterrecht die individuelle, die höchst persönliche Seite stark zurücktritt und vielmehr die wirthschaftliche Verwerthung in den Vordergrund gestellt wird. Bildwerke behalten immer einen individuellen Charakter, auch nachdem sie veröffentlicht sind, während das bei Patentfragen ganz anders ist. Endlich aber setzen die Patenteingriffe auch aus einem Utilitätsgrunde die Wissentlichkeit voraus. Man kann dem Publikum nicht zumuthen, daß es über den Inhalt aller Patentverhältnisse vollständig informirt sei. Das ist ja eine Rücksichtnahme, die auch bei dem Gesetz vom Januar 1870, betreffend das Urheberrecht, insofern maßgebend gewesen ist, als eine Bestrafung wegen bloßer Verbreitung eines Nachdrucks und wegen Beihülfe zu einem solchen nur bei Vorsätzlichkeit der That einzutreten hat. Ebenso gesellten sich praktische Erwägungen in gleicher Richtung hinzu. Es haben sich bei der Anwendung des bisher in Deutschland geltenden Rechts ebensowenig praktische Bedenken ergeben, als sie sich in Oesterreich ergeben hatten, so lange daselbst das alte Recht in Geltung stand. Straft man auch die Fahrlässigkeit, so zwingt dies zunächst zur Anspannung der Aufmerksamkeit und es werden viele Eingriffe ganz und gar vermieden; wird aber der Eingriff nicht vermieden, so wirkt dieses Gesetz wenigstens dahin, daß der Eingreifende einen annehmbaren Vergleich anbietet, ohne es auf einen Richterspruch ankommen zu lassen. Man hat dagegen eingewendet, man strafe hiermit reine Vertragsverletzungen, deren Bruch ja doch durch rein civilrechtlichen Schutz genügend ausgeglichen werden könne. Dagegen wurde bemerkt, die beiden Fälle stehen nicht auf gleichem Niveau. Wenn ich in meinem Walde tausend Stämme verkaufe, der Käufer aber zwölfhundert schlägt und abführt, dolos oder fahrlässig, so reichen meine Augen hin, den Schaden wahrzunehmen; wenn ich aber meinem Verleger erlaube, tausend Exemplare zu drucken und er druckt das Doppelte, so werde ich in der Regel von diesem Eingriff gar nichts erfahren. Nun handelt es sich aber bei dem Verhältniß zwischen Autor und Verleger in der That um ein Vertrauensverhältniß im strengsten Sinne; Vertrauensverhältnisse aber sind von jeher, sind schon im römischen Recht unter einem besonders strengen Schutz der Rechtsordnung gestanden. Und wie oft ist es denn auch nur glaubhaft, daß der stattgehabte Eingriff ein bloß fahrlässiger gewesen sei? In der großen Regel fällt dem Nachdrucker Dolus zur Last. Straft man nun auch die Fahrlässigkeit, so schneidet man windige Exculpationen ab; verlangt man umgekehrt den Beweis des Dolus, so wird der Verletzer tausendmal frei ausgehen auch in solchen Fällen, wo ihm das Recht, das er verletzt hat, unmöglich unbekannt bleiben konnte, und es wird der Verletzte vielleicht auch noch die Prozeßkosten zu tragen haben. Gegen diese praktischen Erwägungen wird eingewendet: Ein für richtig erkannter materieller Rechtssatz dürfe wegen bloßer Beweisschwierigkeiten niemals fallen gelassen werden, sonst käme man zu dem Ergebniß, Culpa bei allen Delicten genügen zu lassen, bei denen die Strafgesetzgebung bisher die Vorsätzlichkeit gefordert hat. Allein einerseits ist das eine viel zu weit getriebene Consequenzmacherei, indem allgemein anerkannt ist, daß die Urheberrechtsdelicte viele Eigenthümlichkeiten aufweisen; zum Anderen aber wird kein Jurist verlegen sein, Fälle zu nennen, wo die Rechtsordnung aus praktischen Gründen von einem für richtig erkannten Rechtssatz unbedenklich abweicht. Ich sage aber noch mehr: Selbst wenn die Rechtsordnung wirklich nur dem Dolus entgegentreten will, müßte sie in unserem Fall auch die Culpa strafen, um das Ziel, das sie im Auge hat, auch nur mit einiger Sicherheit zu erreichen.

Dies waren die Erwägungen für den Beschluß der zweiten Abtheilung, den ich hiermit zur Kenntniß zu bringen die Ehre hatte.

(Beifall).

Präsident: Ich danke dem Herrn Berichterstatter für seine Mittheilung.

Wir gehen über zu den Mittheilungen aus der Abtheilung 3 und zwar zunächst zu der Frage 3. Ich bitte den Herrn Berichterstatter, das Wort zu ergreifen.

Berichterstatter Ober-Landesgerichts-Präsident **Hamm** (Köln): Die erste Frage, welche die dritte Abtheilung besprochen hat, war die Frage nach dem sogenannten fliegenden Gerichtsstand der Presse:

> Wie ist im Strafprozeß der Gerichtsstand der begangenen That bezüglich der Vergehen der Presse zu regeln?

In der Besprechung wurde allgemein der Begriff der begangenen That, welcher der Rechtssprechung des Reichsgerichts zu Grunde liegt, als richtig anerkannt und es wurde ebenso allgemein anerkannt, daß von diesem Begriff aus die Rechtssprechung des Reichsgerichts richtig sei, wonach für ein Preßerzeugniß der Gerichtsstand der begangenen That überall da gegeben sei und die Preßartikel überall da verfolgt werden könnten, wo die Druckschrift verbreitet werde. Nur von einer Seite wurde bemerkt, es sei aus den Motiven und den Discussionen über die Strafprozeßordnung ersichtlich, daß jedenfalls die Absicht der gesetzgeberischen Factoren darauf hinausgegangen sei, nicht den Gerichtsstand des Verbreitungsorts der Druckschrift zuzulassen. Aber auch von dieser Seite wurde aus ihrer Auffassung keine Consequenz gezogen. Man war vielmehr ganz allgemein der Meinung, daß man eine neue gesetzliche Regelung speciell für Preßsachen, für Druckschriften, in Aussicht nehmen müsse.

Es wurde dann von mir als Berichterstatter folgender Antrag gestellt:

1. Begründet der Inhalt einer im Inlande erschienenen Druckschrift den Thatbestand einer strafbaren Handlung, so ist für deren Verfolgung im Wege der öffentlichen Strafklage dasjenige Gericht ausschließlich zuständig, in dessen Bezirk die Druckschrift erschienen ist.
2. Dies gilt nicht, sofern es sich um eine weitere selbständige Verbreitung der Druckschrift handelt.

Es wurden zu diesen Anträgen vier Abänderungsanträge gestellt, die demnächst abgelehnt worden sind, und ist dann schließlich der Antrag in dieser Form angenommen worden. Ich will Ihnen kurz die vier Abänderungsanträge anführen. Der erste, der Antrag Simon, wollte die neue Bestimmung auch ausdehnen auf solche Preßdelicte, die nicht durch den Inhalt der Druckschrift begangen seien, sondern wo es sich um Uebertretung preßpolizeilicher Vorschriften, wie Bezeichnung des Verlegers, des Redacteurs auf periodischen Druckschriften, Abgabe des Pflichtexemplars u. dergl., handelt. Das ist nicht beliebt worden. Man hat gemeint, das Bedürfniß sei nur vorhanden für die Preßvergehen, welche durch den Inhalt der Druckschrift begangen werden. Demgemäß wurde zu diesem Punkt das Amendement Simon abgelehnt und meine Fassung aufrecht erhalten.

Der Antrag Vierhaus wollte bezüglich der Ausschließlichkeit des neuen Gerichtsstandes für die Presse nicht so weit gehen, wie mein Antrag. Er wünschte, daß bloß der Gerichtsstand des Orts der begangenen That für die Presse geregelt werde, daneben aber bestehen bleibe der allgemeine Gerichtsstand des Wohnsitzes. Auch dies wurde durch die Majorität abgelehnt und es wurde, wie es aus meinem Antrag folgt, auch der Gerichtsstand des Wohnsitzes für die Presse aufgehoben, damit bei einem verschiedenen Wohnsitz von Verfasser oder Verleger und Redacteur nicht die Möglichkeit bleibe, das Preßvergehen an verschiedenen Orten zu verfolgen, an dem Wohnsitz des Verfassers, dem Wohnsitz des Redacteurs oder dem des Verlegers, sondern für die Presse ein einziger

Gerichtsstand bestehe. Man wollte den neugeschaffenen Gerichtsstand des Orts, wo die Druckschrift erschienen ist, zum ausschließlichen machen.

Es war dann noch ein Antrag Olshausen gestellt, welcher die neue Bestimmung auszudehnen wünschte auch auf die Privatklage, während durch die Fassung meines Antrags ausdrücklich ausgesprochen ist, daß der neue Gerichtsstand nur für die öffentliche Strafklage gelten, also für die Privatklage der bisherige Gerichtsstand beibehalten werden solle. Der Antrag Olshausen wurde abgelehnt, ebenso der Antrag Beckh, der den neuen Gerichtsstand zwar auf die Privatklage ausdehnen, dann aber für die Privatklage daneben ein besonderes Forum begründen und gestatten wollte, die Privatklage am Wohnsitz des Klägers zu verfolgen. In letzter Beziehung trug man Bedenken, einen ganz neuen Gerichtsstand des Wohnorts des Verletzten einzuführen, während man doch bisher nur einen Gerichtsstand des Wohnorts des Thäters kenne.

Demgemäß wurde überall der vom Berichterstatter aufgestellte Antrag angenommen. Danach soll ein neuer Gerichtsstand für die Presse gegeben werden mit Ausschluß des Gerichtsstandes des Orts der begangenen That in dem bisherigen Sinne und dieser neue Gerichtsstand an demjenigen Ort bestehen, wo die Druckschrift erschienen ist; dieser neue Gerichtsstand soll nicht gelten für die Privatklage und für die im Ausland erschienenen Druckschriften. Ohne Widerspruch wurde sodann auch die zweite Nummer meines Antrages angenommen, wonach die neue Bestimmung nicht gilt, wenn es sich um eine weitere selbständige Verbreitung der Druckschrift handelt.

Wir waren der Meinung, daß auf diesem Wege am besten dem jetzigen Mißstand ein Ende gemacht werde. Hoffentlich entschließt sich die Gesetzgebung bald, demgemäß einzugreifen.

(Bravo!)

Präsident: Der nächste Berichterstatter ist Herr Geheimrath Vierhaus.

Berichterstatter Geheimer Ober-Justizrath **Vierhaus** (Berlin): Ihrer dritten Abtheilung war die Frage unterbreitet:

> Bedarf es gesetzlicher Vorschriften darüber, unter welchen Voraussetzungen ein Geisteskranker vor der Entmündigung in eine Anstalt gebracht und ein entmündigter Geisteskranker dort gegen seinen Willen festgehalten werden darf?

Es herrschte in der dritten Abtheilung Einvernehmen darüber, daß es räthlich sei, mit Rücksicht auf die vielfach hervorgetretene sogenannte Irrenbewegung sich mit dieser Frage zu befassen; denn wenn man sich auch jedes Urtheils darüber enthalten könne, ob die in dieser Bewegung und in der reichen Broschüren-Literatur erwähnten Fälle eines angeblichen Mißbrauchs begründet seien oder nicht, so sei doch jedenfalls die Thatsache anzuerkennen, daß in weiten Kreisen des Publikums ein gewisses Mißtrauen gegen die zur Zeit geltenden Einrichtungen auf diesem Gebiet bestände, und daß es im Interesse der Sicherung und der Festigung des Vertrauens auf die Rechtspflege wünschenswerth sei, in dieser Richtung wenigstens eine Prüfung eintreten zu lassen.

Es wurde ferner davon ausgegangen, daß man die Frage der Entmündigung und die Frage der Unterbringung in einer Irrenanstalt nicht miteinander verschmelzen dürfe. Die Entmündigung hat rechtliche Voraussetzungen und rechtliche Wirkungen; die Unterbringung in einer Irrenanstalt ist zunächst nur eine thatsächliche Maßregel, die Rechtsfolgen nicht äußert. Es wurde dabei gleichzeitig anerkannt, daß die Unterbringung in einer Irrenanstalt, rein theoretisch betrachtet, auf keinem anderen Rechtsboden steht, als auf dem, auf dem überhaupt eine zwangsweise Unterbringung eines Kranken, insbesondere auch eines ansteckenden Kranken, in ein Krankenhaus steht, daß es sich um einen Akt der Fürsorge für diesen Kranken handelt.

Es wurde ferner auch darüber Einverständniß erzielt, daß dieses Vorgehen gegen einen Geisteskranken nicht eine Maßregel der Rechtspflege, sondern eine Maßregel der Verwaltung, insbesondere der Medicinalverwaltung sei. Es herrschte aber auch darüber Einverständniß, daß der thatsächliche Eingriff in die Verhältnisse eines Geisteskranken, wie er in der Unterbringung in eine Anstalt liege, doch eine so schwerwiegende, wenn auch nicht rechtliche, doch praktische Bedeutung habe, daß es sich empfehle, diesen Akt mit den thunlichst weitgehendsten Garantien zu umgeben. Als solche Garantien kommen in Frage: präventiv durch geeignete Anordnungen zu verhüten, daß eine Unterbringung eines Geistesgesunden in eine Anstalt stattfindet, und repressiv, daß die vorgekommene Unterbringung eines Geistesgesunden möglichst bald wieder rückgängig zu machen und möglichster Strafrechtsschutz zu gewähren ist.

Eine Meinungsverschiedenheit bestand ferner nicht darüber, daß gegen die Unterbringung in einer Irrenanstalt ein Rechtsschutz zu gewähren sei, sondern nur über die Art dieses Schutzes. Während die eine Auffassung davon ausging, daß die Unterbringung in einer Irrenanstalt nur eine medicinalpolizeiliche Maßregel sei, daß daher sich die Gerichte auch nicht nachträglich damit befassen sollten, sondern daß der Rechtsschutz auf dem Gebiete der Verwaltungsrechtspflege zu suchen sei, wobei es dahin gestellt bleiben könnte, ob man etwa besondere Behörden unter Zuziehung von

Laien und unter Zuziehung von Aerzten schaffen solle, hielt eine andere Ansicht es für räthlich, in dieser Hinsicht auch den Gerichten auf Anrufen ein Beschlußrecht zu ertheilen. Diese letztere Ansicht warf aber selbst den Zweifel auf, ob zu einer solchen Befassung der Gerichte mit der Unterbringung von Geisteskranken in einer Irrenanstalt die Landesgesetzgebung competent sei oder ob es eines Actes der Reichsgesetzgebung bedürfe. Hierdurch entstand eine weitere Schwierigkeit; denn darüber herrschte wieder Einverständniß, daß die Regelung der Unterbringung allein auf landesgesetzlichem Wege stattfinden könnte. Einerseits ist es zweifelhaft, ob der Art. 4 Nr. 15 der Reichsverfassung, welcher die Maßregeln der Medicinalpolizei der Reichszuständigkeit überweist, sich auch beziehe auf die Beaufsichtigung und Einrichtung von Irrenanstalten. Andererseits aber ist es unzweifelhaft, daß die Art und Weise des Schutzes gegen ungerechtfertigte Unterbringung sich auf das engste anschließt an die Einrichtung und Beaufsichtigung der Irrenanstalten, und eine gewisse Gestaltung der hierauf bezüglichen Verwaltungsvorschriften zur Voraussetzung hat. So lange also in dieser Beziehung eine reichsgesetzliche Regelung nicht stattgefunden hat, hielt die Abtheilung wiederum einstimmig zur Zeit ein Vorgehen auf reichsrechtlichem Wege nicht für möglich. Nur darüber herrschte Einverständniß, daß die Verfügung der Unterbringung selbst niemals den Gerichten zu übertragen sei, sondern daß nur in Frage kommen könne die Gewährung eines Rechtsmittels, was dann entweder eine verwaltungsrechtliche Instanz oder eine gerichtliche voraussetzt. Es wurde gleichzeitig für wünschenswerth erachtet, diejenigen Richtungen im Allgemeinen zu bezeichnen, in denen ein Schutz als wünschenswerth erachtet wurde.

Auf diesen Erwägungen beruhen folgende Leitsätze, welche die Annahme der III. Abtheilung fanden:

I. Die Frage nach der Entmündigung wegen Geisteskrankheit oder Geistesschwäche und die Frage nach der Unterbringung oder Festhaltung eines Geisteskranken in einer Irrenanstalt sind verschiedener Natur und von einander zu trennen. Die erste Frage fällt in das Gebiet der gerichtlichen Thätigkeit, die zweite in das Gebiet der Medicinalverwaltung. Eine Befassung der Gerichte mit der zweiten Frage würde weder deren Aufgabe entsprechen, noch sachgemäß sein.

Das würde, wie ich mir darzulegen erlaubt habe, nur heißen: die erste Entscheidung über die Unterbringung oder über die Festhaltung (wenn nämlich der Betreffende genesen ist) bleibt eine medicinalpolizeiliche Maßregel.

II. Bei der schwerwiegenden Bedeutung, welche die Unterbringung oder Festhaltung in einer Irrenanstalt für den Betroffenen hat, empfiehlt es sich (abgesehen von einer strengen Beaufsichtigung der Anstalten)

1. bezüglich aller dahingehenden Maßnahmen ausreichenden Rechtsschutz zu gewähren,

wobei also, wie ich auch schon ausgeführt habe, die Frage des Rechtsschutzes durch die Verwaltungs-Rechtspflege oder im Wege des Anrufens der ordentlichen Gerichte offen gelassen wurde;

2. Fürsorge zu treffen, daß ein strafrechtliches Einschreiten gegen Mißbräuche auf Grund von § 239 des St.G.B. thunlichst erleichtert werde,

also durch die Verpflichtung der Anstalten zu Anzeigen über Einlieferung, durch strenge Ueberwachung; es wurde auch ein eigenthümliches, aber wohl nachahmenswerthes Mittel des englischen Rechtes erwähnt, wonach Strafbestimmungen bestehen gegen denjenigen, der den brieflichen Verkehr eines in einer Anstalt Untergebrachten mit denjenigen Behörden, die zur Aufsicht bestimmt sind, irgendwie verhindert oder erschwert.

III. Die zu II empfohlenen Maßregeln hängen auf das engste mit den Einrichtungen der Verwaltung, insbesondere der Medicinalverwaltung und mit dem Rechtsschutze auf dem Gebiet der Verwaltung zusammen. Eine reichsgesetzliche Regelung ist daher, selbst wenn sie nach Art. 4 Nr. 15 der Reichsverfassung zulässig sein sollte, nicht empfehlenswerth.

(Lebhafter Beifall.)

Präsident: Ein weiterer Bericht der Abtheilung 3.

Berichterstatter Rechtsanwalt Dr. **Vaillant** (Bromberg): M. H., die Frage, über deren Erledigung in der dritten Abtheilung ich Ihnen Bericht erstatten soll, geht dahin:

„Wie ist den Unzuträglichkeiten zu begegnen, welche die neuerdings hervorgetretenen Meinungsverschiedenheiten zwischen dem Reichsgericht und dem Preußischen Gerichtshofe für Competenzconflicte für die Rechtsverfolgung ergeben?"

Die Veranlassung zu dieser Frage haben verschiedene Entscheidungen des Reichsgerichts ergeben, welche ergangen sind, nachdem sich die Verwaltungsbehörden in Preußen zur Erledigung der fraglichen Sachen für unzuständig erklärt hatten, und nachdem das Reichsgericht nun auch seinerseits erklärt hatte, die Gerichte hätten mit der Sache nichts zu thun, die Entscheidung sei Sache der Verwaltungsbehörden. Wir haben, da theoretisch zwei Fälle des Competenzconflictes gegeben sind, nämlich der positive, wonach jede der verschiedenen Behörden sich für zuständig erachtet, und zweitens der negative, welcher darin besteht, daß die verschiedenen Behörden ihre Zuständigkeit einfach ablehnen, den zweiten Fall als gegeben anzusehen, also den Fall des sogenannten negativen Competenzconflictes. Es besteht nun in verschiedenen Bundesstaaten eine Methode der Erledignng solcher Competenzconflicte, dahin gehend, daß eine Behörde, soweit eine solche gegeben ist — denn alle Bundesstaaten haben diese Einrichtung nicht —, im Lauf eines geordneten Verfahrens diesen negativen Zwiespalt zwischen den Gerichten und den Verwaltungsbehörden in der Weise erledigt, daß diese dritte Behörde untersucht und entscheidet, wer von beiden im Rechte ist, und die Sache nun wieder auf den als richtig ermittelten Weg zurückleitet, wo sie endgültig erledigt werden kann. Das Reichsgericht hatte sich nun auf den Standpunkt gestellt, eine solche Zurückverweisung auf den Rechtsweg, ein solcher Zwang zur Entscheidung könne von dem Preußischen Gerichtshofe für Competenzconflicte nicht ausgeübt werden, die Sache sei als durch den Spruch des Reichsgerichts definitiv erledigt zu betrachten. Wir kämen also auf diese Weise zu einem Zustande von Rechtsverweigerung, und diese Frage, welche an sich ja ein Problem von principiell größter Tragweite bildet, wurde der dritten Abtheilung zur Erledigung überwiesen.

Es lag zunächst mein Gutachten vor, daß sich in Ihren Händen befindet. Dieses Gutachten führt an der Hand der Entstehung des Gerichtsverfassungsgesetzes den quellenmäßigen Nachweis — das ist wenigstens die Auffassung des Gutachters —, daß es einer neuen Regelung dieser Frage nicht bedürfe. Denn das Gerichtsverfassungsgesetz habe bei seiner Entstehung die Competenzfrage auch in den Kreis seiner Erwägung gezogen, es habe eine eingehende Erörterung stattgefunden, und es handle sich um weiter nichts als darum, das in dem § 17 des Gerichtsverfassungsgesetzes ausgesprochene Princip, nun durch eine authentische Interpretation festzulegen, welche auch vom Reichsgerichte zu respectiren sei. Der Nachweis, der an der Hand der Quellen des Gerichtsverfassungsgesetzes geführt war, ging dahin, daß zunächst in Anknüpfung an das ältere deutsche Recht die Gerichte principiell über die Zulässigkeit oder Nichtzulässigkeit des Rechtsweges zu entscheiden hätten. Es sei aber dann in dem Absatz 2, und zwar eben nach voller und reiflicher Ueberlegung und Erwägung Seitens aller damals maßgebend gewesenen Factoren, eine Einschränkung dahin gemacht, daß es jeder Bundesstaat in der Hand haben solle, durch Bildung eines Competenzconflictsgerichtshofes, für welchen gewisse Normativbestimmungen in dem § 17 des Gerichtsverfassungsgesetzes enthalten sind, nun seinerseits für die Erledigung einer solchen Angelegenheit zu sorgen. Man ging davon aus, daß die Organisation der Behörden öffentlichen Rechtes sei und daß die Frage, inwieweit eine Sache vor die ordentlichen Gerichte gehöre oder nicht, vollständidig der freien Entscheidung des Particularstaates überlassen bleiben solle. Da dieser Grundsatz in § 13 des Gerichtsverfassungsgesetzes zum vollen Ausdrucke gekommen sei, so müsse in der That sowohl für die positiven wie für die negativen Competenzconflicte die Entscheidung dieses Specialgerichtshofes maßgebend sein. Eine Ausnahme sei nur anerkannt im Gesetz bei den sogenannten positiven Competenzconflicten, weil da die Entscheidung des Gerichts definitiv maßgebend sein sollte, mochte sie nun materiell richtig oder unrichtig sein. Dies war der Standpunkt des Gutachtens.

Der Herr Referent nahm nun principiell einen ganz anderen Standpunkt ein. Er ging davon aus, die Sache sei im Reichsrecht nicht geregelt und müsse sozusagen vollständig neu geordnet werden. Er hielt es zunächst für sachgemäß, daß eine Behörde geschaffen werde, die die entstehenden Zweifel über die Zuständigkeit zu lösen habe; ferner erwog er, was ja auch im Gutachten eingehend berücksichtigt worden ist, daß auch noch andere Fälle von Competenzconflicten, nämlich zwischen den Reichsbehörden und den anderen Landesbehörden, zwischen den Reichsbehörden und dem Reichsgericht und ähnliche Fälle, die ja hier nicht speciell interessiren, auch bei dieser Gelegenheit mit geordnet werden könnten. Der Herr Referent hat folgende Leitsätze aufgestellt:

1. „Wenn sich in demselben Rechtsstreit sowohl das ordentliche Gericht, wie diejenigen Behörden oder Verwaltungsgerichte, welche das ordentliche Gericht als zuständig bezeichnet hat, für unzuständig erklärt haben (negativer Competenzconflict), so hat eine besondere Behörde die Zuständigkeit zu regeln.
2. Es erscheint zulässig und ratsam, daß zur Entscheidung solchen Conflicts der Bundesrath gesetzlich mindestens dann berufen wird, wenn in dem Streitfall die Unzuständigkeit erklärt ist
   a) vom Reichsgericht,
   a) von einer Reichsbehörde,
   c) von Gerichten und Behörden verschiedener Bundesstaaten.
3. Es empfiehlt sich, dem Bundesrathe auch die Entscheidung solcher Streitfälle ausdrücklich aufzutragen, in denen der negative Competenzconflict bereits zur Zeit des Erlasses dieses Gesetzes ausgebrochen ist."

Nun, meine Herren, die Abtheilung ist principiell davon ausgegangen — und da steht sie vollständig auf dem Standpunkte des Gutachtens, daß eine Erledigung anderer Fälle als der speciell durch die Processe in Frage kommenden nicht vorliege, daß man sich im Wesentlichen auf die negativen Competenzconflicte zwischen den Verwaltungsbehörden, zwischen den Verwaltungsgerichten und dem Reichsgerichte zu beschränken habe. Es ist ferner bei der Discussion zur Sprache gekommen, daß vor allen Dingen die Schaffung einer neuen Behörde oder die Uebertragung von Functionen auf den Bundesrath als vollständig unsachgemäß anzusehen sei, weil der Bundesrath vermöge seiner ganzen Organisation weder eine ständige Behörde sei, noch überhaupt — namentlich wurde hingewiesen auf die Vertheilung des Stimmrechts — nicht in der Lage sei, als Gerichtshof zu fungiren.

Der Antrag des Herrn Referenten — das möchte ich hier voranehmen — ist denn auch einstimmig abgelehnt worden. Bei der weiteren Discussion ist dann auch noch im Gegensatz zu dem, um es kurz zu bezeichnen, Legalitätsprinzipe des Gutachtens betont worden, daß man wohl das Reichsgericht, wenn es einmal eine Entscheidung gefällt habe, vermöge seiner ganzen Stellung in der Organisation der Reichsbehörden sozusagen nicht desavouiren könnte, und es wurde also, um es auch nach dieser Richtung hin zu präzisiren, die Autorität des Reichsgerichts in den Vordergrund gestellt.

Hierauf hatte, meine Herren, der Gutachter die Erklärung abgegeben, daß er ja principiell an der Meinung festhalten müsse, die in dem schriftlichen Gutachten zum Ausdruck gekommen sei und die sich an die Entwicklung des Gesetzes anlehne; es sei aber selbstverständlich der Schwerpunkt darauf zu legen, daß diese Sache überhaupt erledigt würde; hierbei käme es nicht darauf an, ob man, anknüpfend an die Legalität oder dem Gesichtspunkte der Autorität folgend, schließlich dem Reichsgericht gewissermaßen den Vorzug ließe; und es wurden anknüpfend an diese Ausführungen zwei Anträge gestellt: nämlich einmal auf der Grundlage des Gutachtens dahingehend, daß im Wege der authentischen Interpretation ein Absatz 3 zu dem § 17 des Gerichtsverfassungsgesetzes angeregt werden sollte, dahingehend:

> „Die Entscheidung der besonderen Behörde über die Zulässigkeit oder die Unzulässigkeit des Rechtsweges ist für das Reichsgericht bindend."

Der Herr Vertreter des Autoritätsprinzips hat sich veranlaßt gesehen, einen anderen Antrag zu stellen, und zwar dahingehend, einen Zusatz zu § 17 des Gerichtsverfassungsgesetzes einzufügen:

5. „Sofern die Unzulässigkeit des Rechtsweges durch das Reichsgericht endgültig ausgesprochen worden ist, bleibt diese Entscheidung maßgebend.“

Nachdem nun der Antrag des Herrn Referenten abgelehnt worden war, wurde auch der Antrag des Gutachters abgelehnt, nachdem er, wie gesagt, seine eventuell zustimmende Erklärung zu dem Antrage auf der Grundlage des Autoritätsprinzips ausgesprochen hatte, und es wurde dann also dieser Antrag, welcher sich an das Autoritätsprincip anlehnt, in Form einer Nummer 5 zu § 17 G.V.G. formulirt und einstimmig angenommen.

Nun, meine Herren, die Frage ist ja von principieller Bedeutung, sie wird zu lösen sein durch ein Reichsgesetz und wir können es den berufenen Organen, dem Bundesrath und dem Reichstage, vollständig anheimgeben, ob sie dem Autoritätsprincipe oder aber dem Legalitätsprincipe folgen werden. Jedenfalls halte ich es für ein großes Verdienst des Juristentages, hierzu die Anregung gegeben zu haben, um das Gespenst der Rechtsverweigerung, wie es uns aus der Rechtsgeschichte des Mittelalters in vereinzelten Fällen verknüpft mit brutaler Selbsthilfe und Landfriedensbruchs bekannt geworden ist, aus der Welt zu schaffen und definitiv zu einer Lösung der Frage zu gelangen.

(Bravo!)

Präsident: Wir kehren nunmehr zurück zu Abtheilung 1 und ich ertheile dem Herrn Geheimrath Prof. Dr. Kahl das Wort.

Berichterstatter Geheimrath Professor Dr. **Kahl** (Berlin): Meine Herren! Die erste Abtheilung hat gestern eingehend über die Frage berathen:

„Empfiehlt es sich, das Universitätsstudium und den Vorbereitungsdienst der Juristen gemeinsam für das Deutsche Reich zu ordnen?“

Sie hat am Schlusse der eingehenden Berathungen diesen Gegenstand zur Verhandlung in das Plenum verwiesen mit Rücksicht auf das allgemeine Interesse und die Wichtigkeit, welche die Frage in Anspruch nimmt. Habe ich den Hauptgrund der Verweisung richtig verstanden, so ist sie vornehmlich geschehen, um einer Anzahl von Mitgliedern, die gestern nicht zugegen sein konnten, Gelegenheit zu geben, sich auch ihrerseits zu äußern. Ferner, um zu ermöglichen, vielleicht da, wo Differenzen zurückgeblieben sind, heute einen Ausgleich zu gewinnen.

Meine Aufgabe als bestellter Referent ist lediglich, mit kurzen Worten objectiv darzustellen, wie die gestrigen Beschlüsse zu Stande gekommen sind.

Der Berathung waren zu Grunde gelegt die gedruckten Leitsätze des Abtheilungsreferenten. In diesen Leitsätzen war zunächst gefordert:

I. „Einheitliche Ordnung des juristischen Bildungsganges:

1. Hinsichtlich des Universitätsstudiums
   a) für seinen wissenschaftlichen Plan,
   b) für seine Dauer (7 Semester), und
   c) für das Maß der Anforderungen an die erste juristische Prüfung."

Es bestanden keinerlei Bedenken in der Hinsicht, daß eine einheitliche Ordnung des juristischen Bildungsganges stattfinde für seinen wissenschaftlichen Plan und für das Maß dec Anforderungen an die erste juristische Prüfung. Was dagegen die Erstreckung bezw. die Beschränkung des Universitätsstudiums auf sieben Semester betrifft, so wurde auf der einen Seite hervorgehoben, es sei nicht nothwendig, eine solche Erweiterung eintreten zu lassen, weil auch die bestehenden sechs Semester hinreichend seien. Auf der anderen Seite wurde eingewendet, es bestehe kein Grund, die in einem einzelnen Staat weitergehende Semesterzahl, nämlich bis zu acht Semestern, einzuschränken. Daraufhin wurde der Antrag gestellt, das Wort „mindestens" beizufügen. Die Mehrzahl der Abtheilungsmitglieder hat dem zugestimmt, und es kam in Folge dessen der in ihren Händen befindliche Beschluß der Abtheilung zu Stande, daß eine einheitliche Ordnung in dieser Beziehung zu fordern sei für ein „Mindestmaß der Dauer des Universitätsstudiums von sieben Semestern". Der Abtheilungsreferent hatte ferner:

2. „Einheitliche Ordnung für geboten erachtet:
   a) Hinsichtlich des Vorbereitungsdienstes bei den Gerichten, der Rechtsanwaltschaft und Verwaltung, ferner
   b) hinsichtlich seiner Dauer von $3^1/_2$ Jahren, und endlich
   c) für das Maß der Anforderungen an die zweite juristische Prüfung."

Auch hier hat der erste und dritte Punkt lediglich die Zustimmung der Abtheilung gefunden, nämlich Einheitlichkeit hinsichtlich der Oekonomie in der Vertheilung des Vorbereitungsdienstes und hinsichtlich der Gemeinsamkeit für das Maß der Anforderungen an die zweite juristische Prüfung. Dagegen wurde beantragt und beschlossen, den Beisatz der festen Normirung des Vorbereitungsdienstes auf $3^1/_2$ Jahre zu streichen; und zwar weil in Bayern bei seinem Universitätsstudium von vier Jahren ein Bedürfniß zur Erhöhung seiner jetzt bestehenden dreijährigen Vorbereitungspraxis nicht anerkannt werden könne, jedenfalls eine Nöthigung in dieser Richtung nicht ausgeübt werden solle. In Folge dessen finden Sie hier in den Beschlüssen der Abtheilung den Beisatz von $3\frac{1}{2}$ Jahren für die Dauer des Vorbereitungsdienstes gestrichen. Der Abtheilungsreferent hatte ferner in Absatz 2 zu These I beantragt, die Voraussetzung auszusprechen, daß jedenfalls hinsichtlich des Universitätsstudiums und des gerichtlichen Vorbereitungsdienstes der Bildungsgang für die künftigen Justiz- und Verwaltungsbeamten der gleiche sei; hatte dagegen empfohlen, man möge weitergehende Wünsche, soweit sie auch principiell gerechtfertigt seien, hinsichtlich einer einheitlichen Regelung der gemeinsamen Vorbildung von Justiz- und Verwaltungsbeamten mindestens zur Zeit zurückstellen. Ueber den ersten Satz in dieser Thesis war allgemeines Einverständniß, daß nämlich für das Universitätsstudium und die gerichtliche Vorbereitungspraxis, eine Trennung von künftigen Justiz- und Verwaltungsbeamten nicht einzutreten habe. Nur wurde sehr mit Recht geltend gemacht, daß man dies in den Beschlüssen der Abtheilung nicht als eine Voraussetzung, sondern als einen Wunsch, noch besser als eine Forderung aussprechen müsse, und daher finden sie nun den Absatz so formulirt: „es wird gefordert," daß jedenfalls hinsichtlich des Universitätsstudiums und des gerichtlichen Vorbereitungsdienstes der Bildungsgang für die Justiz und Verwaltung der gleiche sei. Die Fassung des nächsten Satzes des Abtheilungsreferenten begegnete Widerspruch oder mindestens Bedenken, als zu allgemein und unbestimmt. Im Großen und Ganzen äußerte sich die Stimmung bei den Verhandlungen für eine grundsätzlich einheitliche Ausbildung der künftigen Justiz- und Verwaltungsbeamten auch im vollen Vorbereitungsdienst. Mindestens aber wurde allseitig anerkannt, daß die Justizreferendare zugleich einige Ausbildung in der inneren Verwaltung erhalten müßten, und diesem wesentlichen Gedanken, worin man sich begegnete, wurde Ausdruck darin gegeben, daß, wie Sie sehen, der Satz dahin verändert worden ist, „die Gerichtsreferendare sollten während eines Theils des Vorbereitungsdienstes auch bei einer Behörde der inneren Verwaltung beschäftigt werden."

Es hatte der Abtheilungsreferent ferner in seinen Thesen unter II gewisse Gegenstände bezeichnet, welche der landesrechtlichen Regelung vorbehalten bleiben sollten. Es ergab sich ihm aus der Begrenzung der dem Reich zuzuweisenden Punkte naturgemäß auf der anderen Seite auch die Abgrenzung der dem Landesrecht zuzuweisenden Gegenstände. Hier haben sich aber Bedenken erhoben, und namentlich hat der Herr Correferent der ersten Abtheilung in einer eingehenden Begründung etwa Folgendes erklärt. Daß er zwar mit den Grundgedanken und Zielen der Anträge des Abtheilungsreferenten einverstanden sei, dagegen gehe ihm die Specialisirung zu weit, und er halte es für richtiger und besser, daß man einfach die Forderung gemeinsamer Regelung in Beziehung auf Universitätsstudium, Vorbereitungs- und Prüfungswesen für das Reich beschließe. Ausdrücklich betonte der Herr Correferent „für" das Reich, nicht „durch" das Reich, um in keiner Weise zu präjudiciren, in welcher Weise diese Regelung geschehen solle. Von anderer Seite wurde wiederum Gewicht gelegt gerade darauf, daß das Maß einerseits der einheitlichen Regelung durch das Reich, andererseits der landesrechtlichen Regelung im Einzelnen specialisirt auseinander gehalten würden. Diese letztere Anschauung fand denn auch die Zustimmung der überwiegenden Mehrheit. Daher finden Sie in den Ihnen vorliegenden Beschlüssen der ersten Abtheilung diese beiden Gebiete ebenfalls specialisirt, wonach II der landesrechtlichen Regelung vorzubehalten sind:

1. der gesammte Unterrichtsbetrieb auf den Universitäten,
2. die theoretische Fortbildung der im Vorbereitungsdienst stehenden Referendare (Rechtspracticanten 2c.),
3. die Organisation und Form beider juristischen Prüfungen.

Der Abtheilungsreferent hatte unter einer Ziffer III sich speciell mit der Frage der viel erörterten Zwischenprüfungen beschäftigt und diese für noch nicht spruchreif erklärt. In der Frage der rechtlichen Zulässigkeit der Einlegung solcher Zwischenprüfungen durch die Landesverwaltungen war man getheilter Ansicht. Von der einen Seite war mit dem Referenten die Meinung ausgesprochen, daß sie mit dem Gerichtsverfassungsgesetz nicht verträglich seien, eine andere Meinung hat dagegen die Vereinbarlichkeit angenommen. Darauf wurde nicht weiter eingegangen. Mit einer einzigen sehr beachtenswerthen Ausnahme hat sich eine überwältigende Einmüthigkeit hinsichtlich der grundsätzlichen Ablehnung der Zwischenprüfungen ergeben. Es wurden die meisten und vielseitigsten Bedenken gegen eine derartige Veranstaltung von Zwischenprüfungen hervorgehoben. Auch darin ergab sich Einmüthigkeit, daß, falls Zwischenprüfungen weiter eingeführt werden sollten, diese jedenfalls zu den Punkten gehören müßten, in welchen nicht landesrechtliche Freiheit, sondern einheitliche Ordnung bestehen müßte. Endlich auch Einmüthigkeit darin, daß, soweit Zwischenprüfungen schon bestehen oder etwa noch eingeführt werden würden, im Interesse der Freizügigkeit die Anerkennung dieser Zwischenprüfungen in den einzelnen Staaten nöthig und erwünscht sei. Die Zwischenprüfung hat eine längere Erörterung in der Abtheilung hervorgerufen. Der Referent verzichtete auf die Beibehaltung seiner Formulirung und hat sich einer Resolution angeschlossen, die dann zur Annahme gelangt ist, welche hier in den Beschlüssen der Abtheilung unter IV angeführt ist. Es wird darin ausgesprochen, daß die Sache zu einer nochmaligen Erwägung für den nächsten Juristentag zurückgelegt wurde:

IV. Die Frage der Zwischenprüfungen ist auf die Tagesordnung des nächsten Juristentages zu setzen und durch eingehende Gutachten vorzubereiten.

Wenn Sie diese wohlwollende Resolution vergleichen mit dem, was ich Ihnen eben über den Gang der gestrigen Verhandlung in der ersten Abtheilung mitzutheilen die Ehre hatte, so haben Sie vielleicht auch den Eindruck, den auszusprechen ich nicht unterlassen möchte, daß das, was in der Abtheilung zum Ausdruck gebracht wurde, nicht vollständig in dieser Resolution zum Ausdruck gekommen ist, nämlich die vielseitigen Bedenken, die grundsätzliche Ablehnung, und der Wunsch und die Nothwendigkeit der wechselseitigen Anerkennung solcher Zwischenprüfungen. Vielleicht wird es eine Frage der heutigen Plenarberathung bilden, ob nicht die einheitliche gestern hervorgetretene Anschauung auch noch etwas schärfer in einer erweiterten Formulirung zum Ausdruck gelangen könnte. Ich sehe aus den vertheilten Drucksachen, daß in dieser Beziehung schon ein Antrag gestellt ist, habe aber als lediglich objectiv verpflichteter Referent mich zur Zeit zu diesem Antrag noch nicht auszusprechen.

Endlich muß ich noch darauf hinweisen, daß der letzte Punkt der Anträge des Abtheilungsreferenten zu besonderen und am meisten zu Auseinandersetzungen und Schwierigkeiten geführt hat. Er hatte unter IV seiner Thesen die Form und den Weg bezeichnet, auf welchem die einheitlich gebotene Ordnung erstrebt werden solle, und in dieser Beziehung empfohlen, daß die gebotene einheitliche Ordnung des juristischen Bildungsganges nicht durch einen Act der Reichsgesetzgebung hergestellt werde, sondern „unter commissarischer Zuziehung von Vertretern der Wissenschaft und Praxis auf dem Wege freier Vereinbarung unter den Regierungen der deutschen Einzelstaaten". Er hat aber in der Einleitung der Begründung seines Referats sehr deutlich und ausführlich hervortreten lassen, daß dies natürlich nicht etwa auf irgend einer Ablehnung des Reichsgedankens oder politischen Erwägungen beruhe, sondern daß reichspatriotische Fragen mit diesem Problem, das lediglich nach nüchternen Erwägungen der Zweckmäßigkeit zu entscheiden sei, nichts zu thun haben. Dagegen wurde wiederum in der gestrigen Abtheilungsberathung gerade hervorgehoben, daß als Folge des Reichsgedankens und zur Verwirklichung desselben die reichsgesetzliche Regelung doch auch mindestens nicht ausgeschlossen werden dürfe, gleichviel ob diese nun zunächst gefordert oder eventuell vorbehalten werde. Jedenfalls trat die Meinung einer sehr starken und ansehnlichen Minorität hervor, daß man einen Act der Reichsgesetzgebung nicht total ausschließen dürfe. Per majora wurde gegenüber dieser Minderheit gleichwohl der Fassung des Abtheilungsreferenten zugestimmt, sodaß Sie nunmehr unter III beschlossen finden: — was in den Thesen des Referenten unter IV stand — „die gebotene einheitliche Ordnung des juristischen Bildungsganges ist nicht durch einen Act der Reichsgesetzgebung herzustellen, sondern unter commissarischer Zuziehung von Vertretern der Wissenschaft und Praxis auf dem Wege freier Vereinbarung unter den Regierungen der deutschen Einzelstaaten anzustreben." Auch in diesem Punkte ist vielleicht die Plenarberathung noch geeignet, ohne irgend welche Preisgabe der principiellen Stellung nach der einen oder anderen Seite, doch eine Formulirung zu gewinnen, die auf eine noch größere Majorität zu rechnen hat, als sie gestern am Schlusse der Abtheilungssitzung festgestellt werden konnte. Abgesehen von den beiden hervorgehobenen Punkten darf ich wohl feststellen, daß sich eine überaus erfreuliche Uebereinstimmung der Ansichten bei der Verhandlung der Sache ergeben hat, eine Uebereinstimmung, welche hoffen läßt, daß wir auch heute zu einer, wenn nicht einstimmigen, so doch mindestens einmüthigen Kundgebung in der wichtigen Frage gelangen können.

(Lebhafter Beifall.)

Präsident: Ich lasse Ihren Beifall vollständig ausklingen und gebe Herrn Justizrath Dr. Goldschmidt das Wort.

Justizrath Dr. **Goldschmidt:** M. H.! Ich bitte Sie, für die Beschlüsse der Abtheilung I, wie sie unter I des in Ihren Händen befindlichen Exemplars formulirt sind, zu stimmen mit der alleinigen Ausnahme des Punktes I 1b. Ich will mich hier weiterer Motivirung enthalten und bemerke nur, daß ich in diesem Punkte auch meinen gestrigen Widerspruch aufrecht erhalte. Er richtet sich nur gegen die sieben Semester. Das Mindestmaß der Dauer ist reichsgesetzlich geregelt, die Erhöhung dieses Mindestmaßes lehne ich aus den bereits dargelegten practischen und reichsgesetzlichen Erwägungen ab, ohne jetzt in eine nochmalige Begründung hiermit eintreten zu wollen.

Ich halte fernerhin auch meinen ablehnenden Standpunkt bezüglich der Anträge unter II in vollem Umfange aufrecht. Auf die Begründung kann ich auch hier um so bereitwilliger verzichten, als die Gründe meines abweichenden Standpunktes von dem Herrn Referenten in voller Objectivität Ihnen bereits mitgetheilt worden sind.

Endlich was den dritten Punkt der Resolutionen der Abtheilung I anbetrifft, so sind auch hier die Gründe bereits im Allgemeinen von dem

Herrn Referenten Ihnen mitgetheilt worden, und es bleibt mir nur eine ganz kurze Ergänzung übrig, eine Ergänzung, die einen wesentlich historischen Character hat, indem ich mich darauf beschränken will, Ihnen eine Reihe von Thatschen mitzutheilen, die in der gestrigen Verhandlung nicht zur Geltung gekommen sind und deren Kenntniß vielleicht nicht ohne Einfluß auf Ihre grundsätzliche Stellungnahme zu der Frage bleiben wird.

Die erste Thatsache ist diese: Bereits im Jahre 1878 hat sich der Deutsche Juristentag in Dresden, wie Ihnen bekannt sein wird, mit dieser Frage beschäftigt; die IV. Abtheilung des Juristentages hat beschlossen: „Reichsgesetzliche Vorschriften über das juristische Studium und über die juristischen Prüfungen sind ein dringendes Bedürfniß." Mehrere dahinzielende Detailvorschläge waren gemacht. „Im Plenum wurde darüber durch Generalstaatsanwalt von Schwarze nur berichtet. Eine Berathung fand nicht statt*)." Ich registrire also, daß insoweit ein Beschluß des Deutschen Juristentages in der von mir erwähnten Fassung bereits vorliegt. Die meisten Beschlüsse des Deutschen Juristentages sind nicht Plenar-, sondern Abtheilungsbeschlüsse.

Der XIV. Deutsche Anwaltstag, den ich bereits gestern erwähnt habe, hat am 8. September 1899 in seiner Versammlung zu Mainz auf des Herrn Collegen Dr. Klöpfel (Leipzig) und meinen Antrag einstimmig beschlossen:

> „Der XIV. Deutsche Anwaltstag zu Mainz empfiehlt die baldige Neuregelung des juristischen Universitätsstudiums, des Vorbereitungsdienstes und des Prüfungswesens im Wege der Reichsgesetzgebung."

Wenn nun der diesjährige Juristentag die Frage in einer von dem Beschluß des Anwaltstages in Mainz nicht unerheblich abweichenden Form zur Discussion gestellt hat, insofern als er das Requisit der reichsgesetzlichen Regelung hat fallen lassen, die Frage damit aber nicht hat verneinen oder bejahen, vielmehr hat offen lassen wollen, so legt schon die Stellung dieser Frage dem Juristentage bis zu einem gewissen Grade zum mindesten die Verpflichtung auf, nicht mit einem früheren, allerdings vor langer Zeit und, wie ich zugeben will, vor dem Inkrafttreten des Gerichtsverfassungsgesetzes erfolgten Beschlusse in Widerspruch zu treten. Von der Darlegung der Bedeutung der Beschlüsse des Anwaltstages in Mainz will ich aus leicht begreiflichen Gründen absehen. Ich resumire: es ist darüber Einstimmigkeit vorhanden, wie ich glaube,

---

*) cf. Das Wach'sche Gutachten.

daß die reichsgesetzliche Thätigkeit, oder ich will es anders formuliren, die Einwirkung des Reiches auf die Lösung der uns hier beschäftigenden Frage grundsätzlich nicht ausgeschlossen werden soll; es herrschen aber Bedenken über die Art dieser Einwirkung, Bedenken, deren Berechtigung ich keineswegs in Abrede stellen will, ob es sich nämlich unter den gegenwärtigen Verhältnissen aus Gründen rechtspolitischer Taktik empfiehlt, diese Frage an die Organe der Reichsgewalt zur definitiven Entscheidung zu bringen. Es ist nicht meine Absicht, auf diesen Punkt hier des Näheren einzugehen, aber ich würde mich einer Pflichtverletzung schuldig machen, wenn ich diese Erwägung, die bei der gestrigen Abstimmung thatsächlich eine nicht unerhebliche Rolle gespielt hat, ganz verschwiege. Was ich also wünsche, ist Folgendes: wir wollen die Frage, ob und inwieweit ein Eingriff des Reiches in die uns hier beschäftigende Frage zu erfolgen hat oder nicht, zum mindesten offen lassen. Wir befinden uns dem Reichsgedanken gegenüber, wenigstens in der scharfen Formulirung, wie sie in der von mir mitgetheilten Resolution des Dresdener Juristentages zum präcisen Ausdruck gelangt ist, bereits auf der Rückzugslinie. Das möge genügen. Aber vom Rückzuge in das gegnerische Lager überzugehen, dafür scheinen mir irgend welche Gründe nicht vorzuliegen, und deshalb würde ich Sie bitten, den Antrag III in folgender Fassung anzunehmen:

„Die gebotene einheitliche Ordnung des juristischen Bildungsganges ist“

— nun kommen die gesperrt gedruckten Worte: „nicht durch einen Act der Reichsgesetzgebung,“ — diese gesperrt gedruckten Worte sind zu streichen — und nun fortzufahren:

„Zunächst unter commissarischer Zuziehung von Vertretern der Wissenschaft und Praxis auf dem Wege freier Vereinbarung unter den Regierungen der deutschen Einzelstaaten herzustellen.“

„Zunächst unter commissarischer Zuziehung u. s. w.“ Ich bemerke zu diesem Punkte, daß hier ein Antrag des Herrn Prof. Rosin vorliegt, dessen Begründung ich zwar dem Herrn Antragsteller überlassen muß, der mir aber in seiner Grundtendenz und auch in seiner Fassung durchaus sympathisch ist, und daß ich, falls dieser Antrag zur Annahme gelangen sollte, auf den von mir gestellten Antrag verzichten würde. Zunächst aber muß ich meinen Antrag zu der Nr. III der Beschlüsse der Abtheilung als einen eventuellen aufrecht erhalten.

Geh. Justizrath Dr. **Brunner** (Berlin): Es war meine Absicht, genau denselben Antrag zu stellen, den der Herr Vorredner Ihnen vorgelegt hat, und zwar nur im Interesse der Erzielung einer möglichst großen Majorität ohne Rücksicht auf die Gründe, durch die Herr Justizrath Goldschmidt seinen Widerspruch begründet hat. Ich würde die Fassung, wie sie der Herr Vorredner eben vorgelegt hat, auch meinerseits vorziehen der ungefähr gleichbedeutenden, aber im Einzelnen abweichenden Fassung des Antrages Rosin. Doch möchte ich den Antrag nicht bloß bedingt stellen, wie Herr Justizrath Goldschmidt, der erklärt hat, auf seinem Antrag verzichten zu wollen, falls der Antrag Rosin angenommen wird. Im Uebrigen beschränkte ich mich auf die Bitte, die Fassung in I 1 d: „für ein Mindestmaß seiner Dauer von sieben Semestern" aufrecht zu erhalten. Die Sache ist gestern ausführlich besprochen worden; ich will nur constatiren, daß es nicht bloß nach meiner Auffassung, sondern auch nach der Auffassung zahlreicher juristischer Collegen schlechterdings unmöglich ist, den massenhaft angeschwollenen Unterrichtsstoff in weniger als sieben Semestern angemessen zu bewältigen.

Berichterstatter Geheimrath Dr. **Kahl**: Ich bitte ums Wort nicht als Referent, sondern lediglich im Lauf der Debatte, und zwar, um Herrn Justizrath Goldschmidt gegenüber zunächst festzustellen, was ich auch gestern schon angedeutet habe, wie nicht anzuerkennen sei, daß eine Bindung des Deutschen Juristentages vorliegt. Es besteht kein Beschluß des Deutschen Juristentages als solchen. Man kann also schlechterdings nicht sagen, daß der Juristentag in Widerspruch gerathen würde mit Beschlüssen, welche er früher bereits gefaßt haben sollte. Ich möchte ferner noch einmal den Finger darauf legen, daß für meine Ansicht nur Zweckmäßigkeitsgründe maßgebend sind. Der Juristentag würde, wenn er die Ordnung nicht durch die Reichsgesetzgebung beschlösse, keineswegs in den Verdacht kommen, als ob er den Reichsgedanken abschwächen wollte: Darauf wird in der That Niemand verfallen. Es sind reine Zweckmäßigkeitsgründe, und zwar vor Allem der Wunsch, daß nicht eine gesetzliche Bindung eintrete, welche eine Abänderung erschwert. Da unser juristisches Bildungswesen mit dem Gange der materiellen Entwickelung in so engem Zusammenhange steht, so kann schon nach 5—10 Jahren das Bedürfniß einer Aenderung eintreten, und daß es außerordentlich schwer ist, hierfür den Apparat der Gesetzgebung in Bewegung zu setzen, wird Niemand verkennen und bestreiten. Wir wollen zum Ziele kommen. Auf dem Wege der freien Vereinbarung können wir rasch zum Ziele kommen, auf dem Wege der Gesetzgebung können wir lange, lange warten müssen. In einzelnen Unterrichtsverwaltungen besteht sicherlich der gute Wille, möglichst bald und möglichst rasch zu einer Regelung der Verhältnisse zu gelangen. Warum soll diese Erschwerung in den Weg gelegt werden, daß man erst einen Act der Reichsgesetzgebung abwarten muß? Herr Justizrath Goldschmidt schien auch Gewicht darauf zu legen, daß ich die Worte „nicht durch einen Act der Reichsgesetzgebung" hatte fett drucken lassen. Damit wollte ich nicht eine besonders scharfe principielle Stellung zum Ausdruck bringen. Das ist mehr Zufall, daß ich einen Gedanken auch äußerlich mehr accentuirt habe, auf den ich Gewicht gelegt wissen wollte. Grundsätzlich würde ich mich, um auch hier eine Einigung herbeizuführen, wenigstens dem Antrage des Herrn Collegen Brunner anschließen können.

Justizrath Dr. **Goldschmidt** (Berlin): Zur Geschäftsordnung! Wenn ich vorhin meinen Antrag als einen Eventualantrag bezeichnet habe, so habe ich damit andeuten wollen, daß er zur Abstimmung nur dann kommen soll, wenn der Antrag Rosin abgelehnt worden ist. Das wollte ich zum Ausdruck bringen, um der scheinbar entgegengesetzten Auffassung des Herrn Geheimrath Brunner entgegenzutreten. Die Annahme, als wollte ich meinen Antrag fallen lassen, ist nicht richtig; ich halte ihn selbstverständlich aufrecht. Meine Bemerkung betraf nur den Gang der Abstimmung, wie sie sich aus der Lage der Dinge und der Stellung des Antrags Rosin von selbst ergiebt.

Präsident: Der Antrag des Herrn Justizrath Goldschmidt liegt nicht schriftlich vor, aber er ist so einfach, daß die schriftliche Einreichung meines Erachtens nicht nothwendig ist. Ich stelle fest, daß er dahin geht, in Nr. III die Worte „nicht durch einen Act der Reichsgesetzgebung herzustellen, sondern" zu streichen und statt dessen zu sagen: „zunächst."

Das Wort hat nun Herr Prof. Dr. Brunner.

Geheimer Justizrath Dr. **Brunner:** Das Verhältniß meines Antrags und des Antrags Goldschmidt zu dem Antrage Rosin scheint mir doch ein etwas anderes zu sein. Meines Erachtens ist zunächst über unseren Antrag abzustimmen, denn der Antrag Rosin unterscheidet sich im Wesentlichen nur durch den Zusatz, der das eventuelle Eintreten der Reichsgesetzgebung ausdrücklich verlangt oder wenigstens das Eintreten des Reichs. Meinerseits halte ich es nicht für nothwendig, besonders zu sagen, was eigentlich selbstverständlich ist, nämlich daß das Reich competent sei und daß das Reich eventuell einschreiten könne, wenn eine freie Vereinbarung nicht zu Stande kommt. Ich bitte, daß in erster Linie über den Antrag Goldschmidt-Brunner und dann über den Antrag Rosin abgestimmt werde.

(Justizrath Dr. Goldschmidt: Ich füge mich ohne Weiteres.)

Hofrath Prof. Dr. **Rosin** (Freiburg i. B.): Meine Herren! Ich bin heute morgen in diesen Saal mit bänglichem Herzen getreten, weil ich gefürchtet habe, daß mir für die Anträge, die ich schon gestern gestellt habe, die aber nicht die Annahme der Abtheilung gefunden haben, ein schwerer Kampf noch bevorstehen würde. Mein Herz ist jetzt wesentlich erleichtert, denn wir haben namentlich aus den Worten des ersten Herrn Referenten der Abtheilung durchaus Friedensschalmeien in höchst dankenswerther Weise gehört, und wenn vielleicht seine weiteren Worte wieder eine schärfere Tonart angenommen haben, so war doch sein Schlußwort eine vollständige Rückkehr zu der Versöhnungshymne, die er angestimmt hat. Ich bin dem Herrn außerordentlich dankbar für die entgegenkommende Art und Weise, in der er schon in einer Privatunterredung gestern mir die Möglichkeit der Herstellung einer Uebereinstimmung und damit einer größeren Majorität innerhalb des Juristentages nahe gelegt hat. Wir sollten uns doch alle, scheint mir, bestreben, zu einer solchen compacten Majorität, wenn nicht Einstimmigkeit, zu gelangen; denn wir müssen uns doch alle sagen, die Beschlüsse des Juristentages haben nur dann Anspruch auf Beachtung, wenn sie mit starker, wuchtiger Majorität gefaßt sind. Bei der ganz zufälligen Zusammensetzung, die der Juristentag hat, können Majoritätsbeschlüsse, die namentlich mit einer geringen Majorität gefaßt sind, besonders nach außen hin auf keine sehr große Beachtung Anspruch machen.

Von diesem Gedankengang ausgehend habe ich mich auch meinerseits bemüht, in den beiden Anträgen, die ich Ihnen vorgelegt habe — ich weiß nicht, ob man das „vorlegen" nennen kann, wenn man sie auf die Stühle legt, auf die Sie sich setzen,

(Heiterkeit)

— also in den Anträgen, die ich Ihnen gedruckt unterbreitet habe,

(große Heiterkeit),

eine wesentliche Resignation zu üben gegenüber demjenigen, was ich gestern erstrebte. Gestern ging meine Meinung dahin, die Reichsgesetzgebung in die erste Reihe zu schieben. Nun, auch ich füge mich demjenigen, was das Erreichbare erscheint, und Sie sehen demzufolge, daß ich nur eine kleine Aenderung in dem Antrage der Abtheilung vorgenommen habe. Die Worte, die gesperrt gedruckt sind, „nicht durch einen Act der Reichsgesetzgebung," habe ich mir erlaubt auszumerzen. Ob ein Beschluß des Juristentags von Dresden vorliegt, ob er bindend ist oder nicht, scheint mir wirklich von geringer Bedeutung zu sein. Ich glaube, auch wenn kein Präjudiz vorliegt, kann der Juristentag an seinem 25. Jubiläum keinen Beschluß fassen, der in apodictischer Weise den Eingriff der Reichscompetenz, des Reichsrechts ausschließt.

(Bravo!)

Ich glaube, jene Worte müssen fallen, und das ist ja auch beabsichtigt in dem Vermittlungsantrag Brunner-Goldschmidt. Es besteht, wie der Vermittlungsantrag jetzt gestellt ist, eine wesentliche Differenz zwischen diesem und dem Antrag, den ich gestellt habe, in der Sache nicht, namentlich — ich constatire das ausdrücklich — nach der Erläuterung, die Herr Geheimrath Brunner eben gegeben hat: das „zunächst„ bedeute: „zuerst landesrechtliche Vereinbarung unter den Regierungen und dann, wenn dieselbe nicht zu Stande kommt, eventuell ein Reichsact."

Darüber sind wir also alle einig. Nur frage ich dann das eine, und insofern gebe ich meinem Antrag trotzdem den Vorzug: wenn wir darüber einig sind, was das „zunächst" bedeutet, warum sollen wir es nicht sagen, daß dahinter das Reich steht? Das Reich ist doch kein Gespenst, welches verfliegt, wenn man es anruft. Im Gegentheil, es lebt in aller Herzen, und ein alter Satz ist: Weß das Herz voll ist, deß geht der Mund über. Wollen wir den Mund zuschließen, wenn unser Herz voll ist des Reichsgedankens? Also ich glaube, man kann denen, die draußen stehen und die Verhandlungen des Juristentages nicht lesen, sondern nur die Beschlüsse, die in die Presse kommen, keinen Commentar geben; warum soll man nicht sagen, was gemeint ist? Zuerst sollen sich die verbündeten Regierungen unter einander einigen! Wir hoffen doch alle, sie werden eine Einigung bei gutem Willen, der allerseits vorhanden ist, finden. Wenn sie sich aber nicht einigen können, dann, das soll gesagt werden, steht seit 1870, Gott sei Dank, das Deutsche Reich dahinter mit seinen festen Organisationsformen, die es ausschließen, soweit der Bundesrath in Betracht kommt, einerseits, daß, wie früher im alten Bunde, ein einzelner Staat durch Widerspruch die gemeinschaftliche Regelung hindern kann, und, was andererseits auch wichtig ist, daß Preußen mit seiner ganzen politischen Macht und Wucht thatsächlich den anderen deutschen Staaten Gesetze giebt, während es ihnen im Bundesrathe nur mit 17 unter 58 Stimmen gegenübertritt.

Warum wollen wir das nicht klar und deutlich aussprechen? Es ist doch nicht die Absicht der Herren, durch das Wort „zunächst" einen Schleier über das zu breiten, was dann kommen kann, sondern es soll ausgesprochen werden.

Ich habe bereits in der gedruckten Begründung zu meinem Antrag darauf hingewiesen, daß ich nicht mehr von „Reichsgesetzgebung" spreche, sondern vielmehr von einem „reichsrechtlichen Act", indem ich davon ausgehe, daß nicht unbedingt das Reichsparlament mit eingreifen muß, sondern daß auch die Reichsverwaltung, also der Bundesrath, zum Eingreifen berufen sein kann. Ich sehe nicht ein, warum der Bundesrath, der die medicinischen Prüfungsordnungen erlassen hat, nicht auch die juristischen Prüfungsordnungen ebenso gut soll erlassen können, und daraufhin scheint mir mein Antrag einen gewissen Vorzug vor dem Vermittlungsantrag der Herren Brunner und Goldschmidt zu haben. Gestern ist gegen meinen Antrag, der die Reichsgesetzgebung in den Vordergrund gestellt hat, eingewendet worden: Das können wir nicht, weil wir das Parlament nicht unbedingt damit befassen können; das ist zu schwierig. Ich bin dem gefolgt und habe von einem reichsrechtlichen Act gesprochen. Bleibt aber der Compromißantrag bestehen, so ist nach juristischer Auslegung zu sagen: Ursprünglich hieß es „nicht durch einen Act der Reichsgesetzgebung", jetzt heißt es „zunächst durch die landesrechtliche Vereinbarung"; daraus ist zu ergänzen im Sinn des ursprünglichen Antrags: „aber eventuell durch einen Act der Reichsgesetzgebung." Damit m. H., — das werden Sie mir zugeben — verfallen Sie ja in die Schlinge Ihrer eignen gegen meinen ursprünglichen Antrag gerichteten Argumente. Also scheint es mir, daß es besser ist, hier zu sagen, wie ich ausdrücklich vorschlage: „ein reichsrechtlicher Act".

Das im allgemeinen! Formell möchte ich nur hervorheben: nach meiner Meinung muß mein Antrag zuerst zur Abstimmung kommen, weil er der weitergehende ist. Wenn ich prinzipiell ausspreche: „zuerst die Einzelstaaten, dann aber das Reich" und die andern Herren das nicht aussprechen wollen, so ist ganz klar, daß in meinem Zusatz ein weitergehender Antrag gegeben ist, und daß er demzufolge an erster Stelle zur Abstimmnng gelangen muß. So viel in Bezug auf Ziffer III.

In Bezug auf Ziffer IV kann ich mich noch kürzer fassen.

Was jetzt IV in den gedruckt vorliegenden Beschlüssen der ersten Abtheilung heißt, wurde gestern als Resolution bezeichnet, die außerhalb der Beschlüsse steht. Die Beschlüsse endeten gestern mit III und dann kam die jetzige Ziffer IV als Resolution. Das ist ganz gleich; ich bemerke das nur ausdrücklich, um zu rechtfertigen, daß mein Antrag überschrieben ist: „Die von der ersten Abtheilung gefaßte Resolution so zu formuliren".

Zur Sache selbst kann ich ganz kurz sein. Der Herr Berichterstatter hat Ihnen das vollinhaltlich bestätigt, was ich in der Begründung zu meinem Antrag Ihnen gedruckt dargelegt habe. Sie haben daraus entnommen: es ist thatsächlich so, die Abtheilung war durchaus einig, daß erhebliche Bedenken, ob nach rechtlicher oder nach zweckmäßiger Seite, gegen das Zwischenexamen bestehen. Auch Herren aus Bayern, welche die Einrichtung seit zwei Jahren kennen, haben sich nach dieser Richtung in der Abtheilung ausgesprochen. Es ist Ihnen ferner bestätigt worden, daß Einigkeit darüber geherrscht hat: wenn Zwischenprüfung, dann gehört sie zu den Gegenständen, die einheitlich, sei es durch Vereinbarung der Regierungen, sei es durch das Reich, festgestellt werden müssen. Es ist Ihnen endlich bestätigt worden, daß eine große ausnahmelose Einmüthigkeit bestanden hat in Bezug auf dasjenige, was ich in dem zweiten Satz meiner Fassung ausgesprochen habe: wenn Zwischenprüfung, dann unbedingt gegenseitige Anerkennung unter allen Staaten, mag sie in Berlin oder mag sie in der kleinsten deutschen Universität abgehalten worden sein.

(Bravo!)

Es ist in der That nicht zu verkennen, das, was in der Resolution niedergelegt ist, ist furchtbar mager. Es enthält eigentlich gar nichts von demjenigen, worüber man einig war. Es enthält weiter nichts als einen Wechsel auf die Zukunft: wir wollen in zwei Jahren sehen! Das ist nicht ganz gefahrlos; denn man wird daraus schließen, daß der Juristentag absolut gar nichts in der Sache beschlossen hat, und alle Betheiligten werden einfach tabula rasa haben und werden sich für befugt und berechtigt halten, ohne Rücksicht auf die Stimmung des Juristentages vorzugehen. Und, m. H., ein solches Vorgehen ist ja doch nicht ausgeschlossen: Bayern hat schon ein Zwischenexamen; daß man sich in Preußen mit der Frage des Zwischenexamens beschäftigt, ist ja auch vollständig feststehend. Da kann die Wage hin- und hergehen. Ich weiß nicht, wie die Sache jetzt steht, ob man jetzt vielleicht bei den Verhandlungen des Preußischen Ministeriums mehr gegen das Zwischenexamen ist. Eine Zeit lang war man vielleicht mehr für das Zwischenexamen. Aber wir kommen erst in zwei Jahren wieder zusammen, möglicherweise allerdings schon in einem Jahre, möglicherweise aber auch erst in zwei Jahren. In dieser Zeit kann sich viel ereignen.

Daß die Freizügigkeit unter unseren Universitäten erhalten bleiben muß, darüber sind wir alle einig, und dafür brauchen wir keine eingehenden Gutachten. Diese Frage können wir ganz gut heute erledigen, und wir können damit auch den in Zukunft Studirenden die Gewißheit geben, daß ihre Freiheit gewahrt ist und sie sich Wissen und Lebensgenuß in allen deutschen Gauen suchen und holen können, so, wie es ihre Väter in den goldenen Tagen der eigenen Jugend selbst gethan haben.

(Lebhafter Beifall!)

Die von dem Redner gestellten Anträge lauten:

1. Den Beschluß zu III der 1. Abtheilung so zu formuliren:

„Die gebotene einheitliche Ordnung des juristischen Bildungsganges ist unter commissarischer Zuziehung von Vertretern der

Wissenschaft und Praxis auf dem Wege freier Vereinbarung unter den Regierungen der deutschen Einzelstaaten, eventuell aber durch einen reichsrechtlichen Act herzustellen."

2. Die von der 1. Abtheilung gefaßte Resolution so zu formuliren:

„Der Juristentag verkennt die Bedenken nicht, welche der Einführung einer sogenannten Zwischenprüfung entgegenstehen, beschließt indessen, den Gegenstand nochmals auf die Tagesordnung des nächsten Juristentages zu setzen und durch eingehende Gutachten vorzubereiten. Als unerläßlich bezeichnet er es aber schon heute, daß, soweit in den einzelnen Staaten Zwischenprüfungen bereits eingeführt sind oder noch eingeführt werden sollten, im Interesse der Freizügigkeit unter den deutschen Universitäten Vereinbarungen der Regierungen über die gegenseitige Anerkennung dieser Prüfungen getroffen werden."

Fürstlicher Kammerherr Dr. **Kekule von Stradonitz** (Groß-Lichterfelde): Meine Herren, als ich Punkt 1/2 10 Uhr dem Herrn Vorsitzenden einen Antrag einreichte, der sich im Wesentlichen mit dem Antrage des Herrn Professor Dr. Brunner deckt, habe ich natürlich nicht gewußt, daß Herr Professor Dr. Brunner dasselbe beantragen werde. Sonst hätte ich den Antrag meinerseits unterlassen. Mein Antrag unterscheidet sich von dem Antrage des Herrn Professor Dr. Brunner nur durch das eine Wort „zunächst", und ich habe daher weiter nichts zu thun als zu erklären, daß ich meinen Antrag mit dem mittlerweile zum Antrage Brunner-Goldschmidt gewordenen identificire.

Präsident: Gut, ich kann das feststellen.

Rechtsanwalt Dr. **Scherer** (Mainz): Meine Herren, es herrscht ja wohl Einheitlichkeit und Einmüthigkeit darüber, daß die Vorbildung der Juristen und wohl auch der Verwaltungsbeamten eine einheitliche im Deutschen Reiche sein soll. Es ist dies geboten sowohl im Interesse der Rechtseinheit, wie auch namentlich deshalb, weil ja die Berufsthätigkeit bei allen Juristen im Deutschen Reiche gewissermaßen die gleiche Ausbildung erfordert und sie in allen Disciplinen gleichmäßig ausgebildet sein müssen. Ich fordere daher nach der Richtung hin für die Juristen nicht bloß die Ausbildung im Civilrechte, im Proceßrechte, im Strafrechte, sondern ebenso gut auch in der Nationalökonomie und im Verwaltungsrechte. Auch diese Disciplinen sind nicht blos für den Richter, namentlich für den Anwalt erforderlich, sondern ebenso auch für den Verwaltungsbeamten, und es liegt deshalb im Interesse der Rechtsgleichheit und Einheitlichkeit und Ebenbürtigkeit der Juristen, daß sie nach der

Richtung hin gleichheitlich ausgebildet werden und daß deshalb auch gleichheitliche Bestimmungen und Vorschriften nach der Richtung getroffen werden.

Meine Herren, die Differenzpunkte, die bestehen, beziehen sich namentlich darauf: dreijähriges Universitätsstudium oder längeres Universitätsstudium? M. H., nach meiner Ansicht liegt absolut kein Grund vor, ein längeres als dreijähriges Universitätsstudium festzulegen, wie es bisher der Fall war. M. H., Sie alle waren auf der Hochschule, Sie alle wissen, wie es auf der Hochschule zugeht und wie die Herren studiren. Es wurde ja schon gestern wiederholt darauf hingewiesen, daß das 1. Semester das sogenannte Bummelsemester sei; da werde ja doch nichts gelernt. M. H., wenn das der Fall ist, brauchen wir doch die Zeit des Studiums auf der Universität nicht zu vermehren! Außerdem, m. H., wissen Sie selbst aus eigener Erfahrung, daß eine ganze Reihe von später sehr tüchtigen Richtern, Anwälten, Verwaltungsbeamten ihre Studien in weniger als 6 Semestern eigentlich beendet haben, indem sie nicht blos ein Semester, sondern sogar zwei verbummelt haben, und sie haben sich auf das Examen vorbereitet in 4 und 3 Semestern und haben sehr gute Examina gemacht. M. H., ich habe einen Collegen, einen Rechtsanwalt in Mainz, der in Gießen zugleich seiner einjährigen Militärdienstzeit genügte. Er stand auf dem Standpunkte: Collegien kann ich während dieser Zeit nicht besuchen, 6 Semester muß ich haben, also muß ich irgend etwas belegen. Er hat das Vorlesungsverzeichniß nachgesehen, und darin ein Colleg über Hufbeschlag gefunden.

(Heiterkeit.)

Es war einstündig und kostete 6 M.; das hat er belegt, und das Semester hat gezählt.

(Heiterkeit.)

Der Herr war der Sohn eines sehr angesehenen Rechtsanwalts in Mainz und ist selbst ein sehr angesehener Rechtsanwalt, es hat ihm also das Colleg über Hufbeschlag in seiner Ausbildung nicht geschadet,

(Heiterkeit)

er hat sein Examen ebenso gut gemacht. Ein anderer Herr in Mainz ist ebenfalls ein tüchtiger Rechtsanwalt. Er war in guten Verhältnissen und brauchte auf das Geld nicht zu sehen. Er hat gesagt: in diesen Semester widme ich mich dem Corpsleben, Vorlesungen belege ich nicht, ich belege nur Fechtunterricht. Dies genügte; er hat den Fechtunterricht belegt und seine Studien auch in der richtigen Frist beendigt. Also, m. H., wenn das möglich war, warum soll dann die Zeit des

Universitätsstudiums absolut verlängert werden? Es kommt doch nur darauf an, was einer lernt, in welcher Zeit er es fertig bringt, das ist seine Sache. Es ist nicht nöthig, daß jemand gesetzlich gebunden wird, 4 Jahre auf der Hochschule zu bleiben. Wenn er in 3 Jahren fertig ist, lassen Sie ihn doch ziehen! Lassen Sie ihn die Unannehmlichkeiten des Examens nach 3 Jahren überwinden! M. H., es giebt eine ganze Masse sehr strebsamer, fleißiger Studenten, denen es nur darum zu thun ist, etwas Tüchtiges zn lernen. Sie haben hinreichend Zeit, um zu bummeln und sich der Erholung zu widmen. Warum soll man die Herren, die es fertig bringen, binden und zwingen, länger auf der Hochschule zu bleiben? Es sind jetzt schon eine ganze Reihe von Juristen da, sie waren längere Zeit auf der Hochschule, allein nicht um diese längere Zeit zum Studium zu benutzen und auszunutzen, sondern um die Muße auf der Universität zu genießen. Schließlich kam das Examen, da hat es geeilt; gelernt haben sie alle nicht 3 oder 4 Jahre, sondern sie haben weniger gelernt als die andern, sie haben mit einer geringeren Vorbereitungszeit dem Examen genügt und haben die übrige Zeit zum Bummeln verwendet.

Präsident: Ich erlaube mir doch die Bemerkung, daß der gleiche Gedanke schon wiederholt ausführlich zum Ausdruck gebracht worden ist, und ich gebe dem geehrten Herrn Redner zur Erwägung, ob es sich nicht empfehlen dürfte, einen Gedanken nur einmal und in aller Kürze zu begründen.

(Lebhafter Beifall).

Wenn Sie noch weitere Gedanken geltend machen wollen, so bitte ich Sie, das jetzt zu thun. Sind Sie bald fertig?

Rechtsanwalt Dr. **Scherer** (Mainz), fortfahrend: Ja, mit dem Gedanken bin ich fertig.

M. H.! Nun kommt ein weiterer Streitpunkt; dies ist der Vorbereitungsdienst. Der Vorbereitungsdienst soll einheitlich sein im ganzen Deutschen Reiche. Das kann sehr wohl im Wege der Reichsgesetzgebung oder durch einen reichsgesetzlichen Akt gemacht werden. Was ist der Krebsschaden unseres Vorbereitungsdienstes? Die Zeit war bisher immer lang genug, allein die jungen Juristen wurden ausgenützt zu Schreiberarbeiten auf den Gerichtsschreibereien. Das ist der beste Beweis, daß die Zeit des Vorbereitungsdienstes genügt. Man soll ihnen die Schreiberarbeiten nehmen und sie mehr in der Sache selbst ausbilden! Man soll sie mehr arbeiten lassen in den Geschäften selbst, die sie später zu erledigen haben werden! Allein Schreiberarbeiten sind vollständig überflüssig.

Dann, m. H., kommt ein weiterer Punkt, die Prüfung. Da heißt es zunächst: Zwischenprüfung! Ich glaube, daß die Stimmung der ganzen Versammlung dahin geht, daß eigentlich Zwischenexamina nicht nöthig sind. Es muß die Freizügigkeit zwischen den Universitäten bestehen bleiben, und sie braucht nicht beschränkt zu werden. Es genügen auch die Examina, die bisher abgelegt worden sind.

Dagegen, m. H., wäre eine weitere Frage, ob nicht nach Ablegung der Prüfungen, wie sie das Gesetz erfordert, es angezeigt erscheint, ein erweitertes Examen einzurichten, in welchem die Berechtigung zur Bekleidung eines höheren Richteramtes, einer Präsidentenstelle, einer Directorstelle darzuthun ist.

(Große Heiterkeit und lebhafter Widerspruch).

Präsident: Meine Herren! Ich verkenne nicht, daß der geehrte Herr Redner Ihre Unruhe selbst hervorgerufen hat. Aber ich als Vorsitzender bin doch verpflichtet, Sie zu bitten, jetzt wieder etwas ruhiger zu sein. Auf der andern Seite erlaube ich mir aber die dringende Bitte an den geehrten Herrn Redner, daß er nur zur Sache sprechen möge und dies in aller Kürze, denn ich weiß nicht, ob nicht sonst der Antrag gestellt werden wird, daß nur noch eine bestimmte Zeit gegeben werde für die einzelnen Redner. Zur Zeit ist das noch nicht der Fall, es kann aber, wenn es so fortgeht, natürlich der Antrag gestellt werden, daß jedem Redner nur noch 5 oder 7 Minuten gegönnt werden, und diese Zeit hat der gegenwärtige Herr Redner schon vollständig ausgefüllt; aber er steht noch nicht unter diesem Banne der 7 Minuten.

Ich bitte ihn, fortzufahren.

Rechtsanwalt Dr. **Scherer** (Mainz): Meine Herren! Ich habe zu meinem letzten Vorschlag, der offenbar Ihre Billigung nicht gefunden hat, nur den einen Satz noch hinzuzufügen, es würde auf diese Weise die Mißstimmung, die vielfach unter den Richtern Platz greift, wenn ein jüngerer Herr als Präsident bestimmt wird, vollständig beseitigt werden.

(Widerspruch und Unruhe).

Meine Herren! Es ist dann noch ein Streit, ob der Vorbereitungsdienst 2, 3 oder 4 Jahre dauern soll. Ich glaube, daß 2 Jahre vollständig genügen, jedenfalls 3 Jahre. Die Zeit soll möglichst kurz sein, damit Jeder möglichst schnell über das Unangenehme des Examens hinwegkommt.

Sodann besteht weiter noch Streit darüber, wie die Sache erledigt werden soll, und nach der Richtung, meine Herren, möchte ich Ihnen empfehlen, daß der weitgehendste Antrag angenommen werde, der die

Sache der Reichsgesetzgebung eventuell einem reichsrechtlichen Akt überläßt. Ich habe auch nichts dagegen, wenn vorher Vereinbarungen zwischen den Regierungen stattfinden; allein, meine Herren, jedenfalls ist es besser, wenn die Sache reichsrechtlich erledigt wird. Die Gegenstände eignen sich sämmtlich zur reichsrechtlichen Erledigung, und wir dürfen wohl das Vertrauen zu dem Reichstag haben, daß er die Sache möglichst rasch, wenn die Frage an ihn herantritt, erledigen wird.

Professor Dr. **Oertmann** (Berlin): Hochverehrte Anwesende! Ich glaubte nicht nöthig zu haben, heute noch das Wort ergreifen zu müssen. Nachdem aber unser gestriger Beschluß, betreffend das siebente Semester, von zwei Herren zu meinem Bedauern bekämpft worden ist, wollte ich doch diese Ausführungen nicht unwidersprochen lassen, damit von unserem Nicht-Widersprechen-Wollen kein Schluß auf Nicht-Widersprechen-Können gezogen werde.

Meine Herren! Ich glaube, nachdem der Herr Vortragende vorhin sich auf eine Art Inductionsbeweis eingelassen hat, der ihm allerdings wohl schwerlich gelungen sein dürfte, daß wir Angehörige der meist frequentirten deutschen juristischen Facultät wohl Anspruch haben, mit unserer Meinung gehört zu werden. Es haben schon gestern die Herren Geh. Räthe Kahl und Gierke davon gesprochen, daß wir unter den jetzigen Verhältnissen mit unseren 6 Semestern absolut nicht auskommen können, und ich möchte auch meine Erfahrungen, die ich seit Jahren gesammelt habe, namentlich an der Hand der Anfängerpraktika, dem noch hinzufügen. Es ist gesagt worden: wenn man früher mit 3 Jahren das Studium hat vollenden können, warum sollte es da nicht jetzt auch der Fall sein? Ich möchte aber zu bedenken geben, daß, seitdem das Bürgerliche Gesetzbuch in den Mittelpunkt des Rechtsstudiums gerückt ist, eine solche Stoffverschiebung gegenüber den bisherigen Rechtszuständen in Preußen eingetreten ist, daß diese veränderte Sachlage eine andere Gestaltung des juristischen Bildungsganges erfordert. Früher war die Grundlage des geltenden Rechts bei uns das Landrecht, und das Landrecht pflegte im Großen und Ganzen doch erst während des praktischen Vorbereitungsdienstes erlernt zu werden. Jetzt ist die Grundlage das Bürgerliche Gesetzbuch, das uns auch noch aufgebürdet ist in unserem Rechtsunterricht, das wir zum Mittelpunkt des Lehrplanes erhoben haben. Und ich glaube, daß dadurch eine so große Belastung der Universitäten eingetreten ist, daß sie unseren Anspruch auf ein siebentes Semester vollkommen rechtfertigt.

Es kommt hinzu, daß in erhöhtem Maße die Fächer des öffentlichen Rechts zu Prüfungs- und Unterrichtsgegenständen herangezogen werden;

daß immer mehr die Nothwendigkeit einer nationalöconomischen Schulung erkannt wird. Kurz, alle diese Dinge haben eine derartige unendliche Mehrbelastung hervorgerufen, daß wir ohne ein 7. Semester gar nicht mehr auskommen können.

Nun glaube ich nicht, meine Herren, daß die Mehrheit von Ihnen sich dem verschließen wird, aber ich möchte Sie doch bitten: nehmen Sie den Antrag auf 7 Semester nicht mit einer kleinen zufälligen Mehrheit, sondern mit der Gesammtheit der Stimmen an! Ich glaube, behaupten zu können, daß es sich hier um keine kleine Frage handelt. Ich meine, das Wohl und Wehe der Wissenschaftlichkeit der deutschen Universitäten steht bis zu einem gewissen Grade auf dem Spiel. Sie wird arg gefährdet, wenn das römische und deutsche Recht nur in je einem Semester erledigt werden, und im zweiten Semester, nachdem die jungen Juristen die Grundlagen des römischen Rechts noch nicht ordentlich sich haben einprägen können, wir ihnen gleich mit dem bürgerlichen Recht kommen. Dann muß das römische und deutsche Recht, allgemein die wissenschaftliche Grundlage des geltenden Rechts, elend verkümmern; dann wird die Kunde des bürgerlichen Rechts bloße Dressur werden, wie ich schon in meinen Anfängerübungen zu meinem Schrecken immer mehr bemerkt habe. Diese Gefahr ist die größte, die uns droht; wird sie nicht beschworen, dann ist es vorbei mit dem wissenschaftlichen Geist der deutschen Universitäten. Deshalb, meine Herren, bitte ich Sie dringend, nehmen Sie das siebente Semester an mit einer an Einmüthigkeit grenzenden Mehrheit.

(Bravo und Händeklatschen).

Ober-Reichsanwalt Dr. **Olshausen** (Leipzig): Meine Herren! Ich habe einen Abänderungsantrag gestellt, der lediglich redactioneller Natur ist, und sich, wie ich bemerken darf, der Zustimmung des Herrn Geh. Raths Kahl erfreut.

Es ist verschiedenerseits aufgefallen, daß die Fassung unter I 2a dahingeht:

„Einheitliche Ordnung ist geboten hinsichtlich des Vorbereitungsdienstes für seine Theilung unter Gerichte, Rechtsanwaltschaft und (Justiz- und innere) Verwaltungsbehörden."

Man vermißt hier die Staatsanwaltschaften; Herr Geh. Rath Kahl hat aber die Staatsanwaltschaften mit umfassen wollen unter dem Ausdruck „Justiz- und Verwaltungsbehörden". Nun muß ich aber sagen, daß das, da die Staatsanwaltschaften ja ihre Hauptthätigkeit in der Strafverfolgung haben, ein in Preußen und, ich glaube, in weiten Theilen Deutschlands nicht gebräuchlicher Ausdruck ist; Verwaltungsgeschäfte haben aber auch in gewissem Umfange die Gerichte, und ich glaube, es wird richtiger sein, so zu fassen: „Für seine Theilung unter Gerichte, Staatsanwaltschaft, Rechtsanwaltschaft und Behörden der inneren Verwaltung". Also, wie gesagt, eine sachliche Aenderung ist es auf keine Weise, nur eine mehr dem üblichen Sprachgebrauch accomodirte Fassung.

Präsident: Darf ich feststellen, daß Herr Geh. Rath Kahl damit einverstanden ist?

(Zustimmung des Berichterstatters).

Ja, ich kann das constatiren!

Justizrath **Beckh** (Nürnberg): Meine Herren! Ich habe in der gestrigen Abtheilungsverhandlung mich zwar veranlaßt gesehen, fast durchaus für Nr. 2 der heute Ihnen hier vorliegenden Beschlüsse zu stimmen, weil ich es für geboten erachte, die betreffenden Einzelbestimmungen, wie sie dort vorgesehen sind, der landesrechtlichen Regelung vorzubehalten, und ich bin in dieser Beziehung also einer anderen Meinung, als der Herr Correferent Goldschmidt gewesen. Dagegen bin ich durchaus der Meinung des Herrn Correferenten Goldschmidt gewesen bezüglich des jetzigen Punktes 3 der Beschlüsse, und in dieser Beziehung stehe ich trotz der verschiedenen Ausführungen, die wir heute gehört haben, noch auf diesem Standpunkt.

Meine Herren! Es kommt mir so vor nach der Fassung, wie sie namentlich in dem ersten unter den mitgetheilten Beschlüssen der ersten Abtheilung figurirt, als ob in dieser Fassung, auch abgesehen von der Hervorhebung durch den fetten Druck, ein kleines Mißtrauensvotum gegen den Reichstag ausgedrückt wäre, es sieht so aus meine Herren. Ich bin der Ueberzeugung, daß die Herren nicht darauf ausgegangen sind, ein derartiges Mißtrauensvotum dadurch abzugeben, aber es sieht doch so ungefähr aus. Und doch, meine Herren, ist während der Berathung und bei der Debatte, die heute stattgefunden hat, auch nicht eine Aeußerung dahin gehend gefallen, daß es zu schwierig sein würde, diese Frage der reichsgesetzlichen Regelung zu unterstellen. Eine Schwierigkeit könnte auch nach dem Wortlaut des Beschlusses zu III selbst eben nur in einer etwaigen Theilnahme des Reichstags gefunden werden. Denn, meine Herren, es liegt in der Formel dieses Satzes und es ist heute hervorgehoben worden, daß die verbündeten Regierungen eben zunächst einmal über das betreffende Problem der einheitlichen Ordnung des juristischen Bildungsganges sich einigen sollten auf dem Wege der freien Vereinbarung. Ist denn nun eigentlich da ein großer Unterschied, ob das geschieht unter etwaiger Zuziehung von Commissaren, die ja jederzeit von der Regierung befragt werden können, oder ob es geschieht im Schooß des Bundesrathes selbst. Eine Präponderanz seitens des preußischen Staats im Bundesrath ist, wie heute mit Recht hervorgehoben worden ist, aus dem Grunde formell nicht gegeben, weil der preußische Staat nicht so viel Stimmen hat, um für sich allein majorisiren zu können. Es ist also gerade im Bundesrath meines Erachtens die Möglichkeit viel mehr gegeben, daß die anderen Staaten ihre Ansicht geltend machen, als wenn das im Wege der freien Vereinbarung geschieht, wo möglicher Weise gerade die Präponderanz des preußischen Einflusses sich erst recht geltend machen kann. Man kann also gewissermaßen sagen, es ist die Hand nicht umzudrehen und eher noch nach der Seite hinüberzudrehen, daß die Sache im Bundesrath berathen werden soll als im Wege commissarischer Verhandlung unter den einzelnen Staaten. Und wenn nun dies geschieht im Bundesrath, meine Herren, diese Vereinbarung unter den Regierungen im Wege des Bundesraths gepflogen wird, nun, meine Herren, dann wird eben die Sache im Wege eines reichsrechtlichen Aktes erledigt, und da muß ich denn doch sagen: ich halte dafür, daß es richtiger ist, wenn auch der Reichstag darüber gefragt wird und seine Meinung darüber abzugeben hat. Wenn man von einer Schwierigkeit spricht — ja ich bitte Sie, meine Herren, welche schwierigen Themata hat in den letzten Jahren der Reichstag zu behandeln gehabt! Ist denn das Bürgerliche Gesetzbuch weniger schwierig als die Regelung der einheitlichen Ordnung des Studiums der Rechtswissenschaft? Da haben wir doch noch ganz andere Aufgaben gehabt, die im Reichstag zu erledigen waren, und wir hatten ja viele ähnliche Dinge auch in unserer Reichsgesetzgebung zu absolviren; wir haben die Gewerbeordnung, die Anwaltsordnung, eine ganze Menge Ordnungen, die reichsgesetzlich festgestellt worden sind, warum wollen Sie nicht die Ordnung des juristischen Bildungsganges auch im Wege der Reichsgesetzgebung feststellen lassen? Meine Herren! Ich bin übrigens nicht der Ansicht, die, glaube ich, gestern und heute theilweise noch vertreten worden ist, wenn ich sage, in die Einzelheiten, in den Modus der Ausführung soll die Reichsgesetzgebung nicht eingreifen, aber die Grundzüge, meine Herren, sollten doch meines Erachtens reichsgesetzlich festgestellt werden, und die Grundzüge sind ja gerade die Sätze, wie Sie solche unter I als Beschlüsse der ersten Abtheilung vorgelegt erhalten haben. Diese Grundzüge, meine Herren, lassen sich doch im Wege der Reichsgesetzgebung feststellen. Ich habe deshalb auch einen Antrag in dieser Richtung eingebracht, der dahin geht:

„Die Grundzüge für die gebotene einheitliche Ordnung des juristischen Bildungsganges sind durch die Reichsgesetzgebung festzustellen.“

Ich habe hier den Ausdruck gebraucht festzustellen, weil ich eben von den „Grundzügen" spreche. In dem Beschluß zu III ist davon gesprochen, daß diese gebotene einheitliche Regelung anzustreben ist. Meine Herren! Der Ausdruck empfiehlt sich mir gewissermaßen für diese Vorbereitung, welche ja unter allen Umständen für einen solchen Gesetzentwurf stattzufinden haben würde, und deswegen finde ich den Ausdruck anzustreben jedenfalls viel besser als den Ausdruck herzustellen, wie er in dem Antrag des Herrn Prof. Rosin enthalten ist, denn der Antrag Rosin geht überhaupt meines Erachtens unter allen Umständen weiter als der Vorschlag der Beschlüsse der ersten Abtheilung. Es ist doch ein großer Unterschied zwischen anstreben und herstellen, und wenn die Regierungen veranlaßt werden sollen, unter commissarischer Zuziehung von Vertretern der Wissenschaft die gebotene einheitliche Ordnung herzustellen, so ist es eben ganz einfach in das Belieben der Regierung gestellt, wie sie das thun wird. Eine einseitig bureaukratische Herstellung dieser einheitlichen Ordnung wäre aber keineswegs im Interesse unseres Rechtsstaates, im Interesse unseres Reiches. Es ist in dem Antrag des Herrn Prof. Rosin dann weitergehend — deswegen muß ich mich speziell noch einmal gegen ihn wenden — gesagt, daß eventuell durch einen reichsgesetzlichen Akt diese Ordnung herzustellen ist. Das perhorrescire ich nun ganz entschieden, daß erst einmal die Feststellung in der commissarischen Weise durch die Vertreter der verschiedenen Regierungen hergestellt werden soll und eventuell, wenn es nicht zu Stande kommen sollte, die Reichsgesetzgebung in Anspruch zu nehmen sei. Ich habe ja darauf hingewiesen, daß das eigentlich auf dasselbe herauskommt, wenn im Bundesrath etwas durchgearbeitet wird, als wenn es unter den einzelnen Regierungen ausgearbeitet und festgestellt wird; aber daß die Reichsgesetzgebung nur eventuell berufen sein soll, wenn sich die Herren nicht einigen, das halte ich in der That nicht für passend. Die Herren, welche dem Antrag des Herrn Prof. Kahl beziehungsweise Brunner und Goldschmidt beistimmen würden, möchte ich doch aufmerksam machen: Sie können recht gut der Ansicht huldigen und beipflichten, die darin ausgesprochen ist, aber die Grundzüge, wie ich sie in meinem Antrag genannt habe, sollten Sie meines Erachtens gerade auf Grund ihrer Beschlüsse unter I in der That der reichsgesetzlichen Regelung unterwerfen lassen. Herr College Goldschmidt hat davon gesprochen, daß er die Beschlüsse des letzten Anwalttages hier nicht hereinziehen will. Meine Herren! Ich sehe hierfür keinen Grund ein; eine große Anzahl der deutschen Juristen ist eben in dem Anwaltstand vertreten, ich will nicht sagen die Majorität, aber ich darf wohl sagen, fast die Hälfte; warum sollen die Beschlüsse, die dort vom Deutschen Anwalttag einstimmig gefaßt worden sind, nicht auch eine Wirkung äußern und eine Bedeutung haben für den Deutschen Juristentag?! Ich glaube, das werden Sie doch vollkommen zu würdigen haben, wenn ein solcher Antrag nach reiflicher Berathung von den deutschen Anwälten einstimmig gefaßt worden ist. Wir sollten uns in allen solchen Sachen, wo es eine einheitliche Regelung gilt, auf den Boden des Reichs und der Reichsgesetzgebung stellen, lieber etwas im Wege der Reichsgesetzgebung ordnen als im Wege freier Vereinbarung, welche immerhin einen particularrechtlichen Beigeschmack hat. Der Herr Referent Kahl hat vorhin selbst in seiner Ausführung von „Grundsätzen" gesprochen, die geltend gemacht werden sollen. „Grundsätze" und „Grundzüge" sind im Wesentlichen dasselbe, nur sind die Grundsätze mehr ideellen Charakters, die Grundzüge werden aber praktisch verwerthet. So, meinte ich, ließe sich das sehr wohl thun. Was die Zweckmäßigkeit dieser Grundzüge anlangt, meine Herren, ich glaube nicht, daß sich die Bundesregierungen irgendwie verletzt fühlen könnten oder irgendwie angegriffen in der landesrechtlichen Hoheit, wenn wir in einer solchen Weise einen Beschluß fassen, daß diese Grundzüge festgelegt werden. Dadurch ist gerade die Thätigkeit der einzelnen Landesregierungen in keiner Weise beeinflußt und beschränkt, aber wir gewinnen dadurch die Grundzüge für die gesammte Gesetzgebung, für die gesammte Ausbildung der Gesetzgebung in dieser Richtung. Wenn der Herr College Goldschmidt sich mir heute anschließen würde, wäre ich ihm sehr dankbar, und, da die Zeit für meine Ausführungen herum ist, möchte ich Sie bitten, meine Herren: verschließen Sie Ihr Ohr nicht den Erwägungen, welche ich ausgesprochen habe und welche in meinem Antrag niedergelegt sind, der ganz gewiß weder dem Deutschen Juristentag irgendwie seinen Einfluß verkürzt, noch Anstoß erregt bei den Regierungen, obgleich es nicht darauf ankommen kann, daß wir mit den verbündeten Regierungen stets in vollem Einverständniß sind. Aber ich bitte Sie, ermöglichen Sie es für den Juristentag, daß solche Beschlüsse, wie sie hier aufgestellt werden, auch zur Durchführung gelangen.

Präsident: Zur Geschäftsordnung ist ein Antrag von Herrn Präsidenten Hamm angekündigt, daß künftige Redner nur 5 Minuten sprechen dürfen. Eine weitere Begründung und Erörterung wird nicht nöthig sein. Ich bringe den Antrag Hamm, daß die künftigen Herren Redner gebeten sind, nur 5 Minuten lang zu sprechen, beziehungsweise, daß der Vorsitzende gehalten ist, auf die Einhaltung dieser 5 Minuten zu achten, zur Abstimmung. Ich bitte diejenigen Herren, welche mit dem Antrag Hamm einverstanden sind, sich gefälligst zu erheben. (Geschieht.)

Ich stelle fest, daß fast die einstimmige Ansicht dahin geht, daß die Sache so gehandhabt werden soll.

Ich gebe nun Herrn von Pechmann das Wort.

Freiherr **von Pechmann,** Director der bayerischen Handelsbank, München: Meine Herren! Ich habe den Antrag gestellt, die Ziffer III so zu fassen:

> „Die gebotene einheitliche Ordnung des juristischen Bildungsganges ist zweckmäßiger Weise unter commissarischer Zuziehung von Vertretern der Wissenschaft und Praxis auf dem Wege freier Vereinbarung unter den Regierungen der deutschen Einzelstaaten anzustreben."

Ich halte den Antrag aufrecht, in der Hoffnung, daß es gelingt, auf diesen Antrag, wenn nicht Einstimmigkeit so doch eine wirklich ganz überwiegende Mehrheit zu vereinigen. Ich kann mich nicht befreunden mit den Abänderungsvorschlägen des Herrn Prof. Rosin, „die gebotene einheitliche Ordnung ist so und so, . . . eventuell aber durch einen reichsrechtlichen Act herzustellen;" weil er klingt wie eine an die Adresse der verbündeten Regierungen gerichtete Drohung. Etwas ähnliches liegt in dem Wort „zunächst," auf das sich die Herrrn Brunner, Goldschmidt und Kekulé geeinigt haben; zum Mindesten aber hat dies Wort doch gegen sich, daß es die Frage offen läßt, was geschehen soll, wenn die zunächst in Aussicht genommene Maßregel nicht den erwünschten Erfolg hat. Ich hätte deshalb den Wunsch gehabt, zu der ursprünglichen Fassung des Herrn Referenten zurückzukehren; die ursprüngliche Fassung hat auch gestern von einer Reihe höchst autoritativer Seiten die lebhafteste Zustimmung gefunden, sie ist geradezu als der beste von den ausgezeichneten Anträgen des Herrn Referenten mehrfach ausdrücklich anerkannt worden, allein man hat nun einmal Anstoß genommen an den Worten „nicht durch einen Act der Reichsgesetzgebung." Diese Worte sollen gewiß nicht das ausdrücken, was Herr Prof. Rosin in sehr lebhaften Worten darin gesucht hat, von irgend einer Verletzung des Reichsgedankens, oder auch, ich wende mich damit gegen Goldschmidt, von irgend einem Rückzug gegenüber dem Reichsgedanken kann nicht die Rede sein. Wie der Herr Referent schon gestern überzeugend und nachdrücklich betont hat, daran, daß wir an dem Reichsgedanken genau so festhalten, wie schon im Jahre 1878 in Leipzig oder Dresden, daran wird von keiner Seite überhaupt gezweifelt werden. Der Herr Referent wollte nur sagen, es ist nicht zweckmäßig, den Weg der Reichsgesetzgebung ins Auge zu fassen aus zwei Gründen: Erstens handelt es sich um Angelegenheiten der Verwaltung, für die die Zuständigkeit des Reiches entweder offenbar fehlt, oder doch nicht ganz unzweifelhaft feststeht. Dann aber handelt es sich um Angelegenheiten, die im Wege der Gesetzgebung nicht dauernd festgelegt, sondern im Wege flüssiger Verwaltungsbestimmungen geregelt werden sollen. Zweckmäßigkeit, das war der Gedanke des Herrn Referenten, und ich glaube, diesen seinen Grundgedanken in absolut unanstößiger Weise herauszugreifen, wenn ich Ihnen empfehle, Ziffer III wie vorhin beantragt, zu fassen: „Die gebotene einheitliche Ordnung des juristischen Bildungsganges ist zweckmäßiger Weise unter commissarischer Zuziehung von Vertretern der Wissenschaft und Praxis auf dem Wege freier Vereinbarung unter den Regierungen der deutschen Einzelstaaten anzustreben."

Ich hoffe, nicht über 5 Minuten gesprochen zu haben.

(Lebhafter Beifall.)

Berichterstatter Geheimer Rath Prof. Dr. **Kahl** (Berlin): Ich spreche jetzt wieder als Mitglied der Versammlung, nicht als Berichterstatter. Der Herr College Rosin hat bei mir eine Differenz der Tonarten beobachtet, insoferne ich bald Friedensschalmeien blasen, bald eine gewisse Schärfe haben soll. Allerdings. Im ersteren Falle habe ich mich als Referent vollständig objectiv gehalten, im andern Falle habe ich meine persönliche Ansicht etwas energischer zum Ausdruck gebracht. Nun gestatte ich mir, da ich in diesem Falle als Mitglied spreche, die etwas energischere Tonart zu gebrauchen.

(Heiterkeit.)

Und zwar freue ich mich, in Uebereinstimmung mit dem Antrage des Herrn Collegen Rosin selbst zu sein, ja ihn sogar noch in der mir gestatteten schärferen Tonart verschärfen zu können. Herr Rosin hat beantragt zu Punkt IV; daß man beschließen wolle:

> „Der Juristentag verkennt die Bedenken nicht, welche der Einführung einer sogenannten Zwischenprüfung entgegenstehen u. s. w."

Ich glaube, daß auch darin noch nicht vollständig zum Ausdruck kommt, wie schwere Bedenken gestern erhoben worden sind, und ich möchte, um dies nachzuholen, hiermit beantragen:

> „Der Juristentag hat schwere Bedenken gegen die Einrichtung von sogenannten Zwischenprüfungen, beschließt indesseu, den Gegenstand nochmals auf die Tagesordnung des nächsten Juristentages zu setzen und durch eingehende Gutachten vorzubereiten u. s. w.

(Beifall.)

Ich glaube, daß erst hiermit die Stimmung zum wahren Ausdruck gebracht ist. Ich kann constatiren, daß mein College Rosin einverstanden ist mit dieser Fassung. Ich darf ferner feststellen, daß selbst Herr College Hiller, der Einzige, der gestern noch eine Lanze für die Zwischenprüfungen eingelegt hat, damit einverstanden sein würde, weil wir doch die nochmalige Behandlung vorbehalten haben.

(Beifall.)

Ich möchte daher diesen Antrag Ihnen zur Annahme empfehlen.

Prof. Dr. **Pappenheim** (Kiel): Meine Herren! Ich glaube, daß die beiden Anträge Pechmann und Brunner-Goldschmidt in der Sache nicht wesentlich verschieden sind, unter der Voraussetzung allerdings, daß im letzteren Antrage das Wort „zunächst" nicht so verstanden ist, wie es der Herr College Rosin vorhin von dieser Stelle aus interpretirt oder als übereinstimmend angenommen darzustellen gesucht hat. Ich würde für den Antrag Brunner ohne Weiteres stimmen, wenn das Wort „zunächst" nur bedeuten soll, daß es den ersten Schritt, der zur Zeit als angezeigt erscheint, begreift, im Uebrigen aber freie Bahn bleiben, insbesondere nicht die Entscheidung getroffen werden soll über die verschiedenen schwierigen Competenzfragen, welche in dem eventuellen Zusatz Rosin enthalten sind: „eventuell aber durch einen reichsrechtlichen Act herzustellen". Wenn ich aber im Antrag Brunner das Wort „zunächst" in diesem Sinne auffassen darf, dann meine ich, deckt sich der Inhalt des Antrages im Wesentlichen mit dem des Herrn von Pechmann. Denn eben derjenige Schritt, welcher „zweckmäßiger Weise" angezeigt erscheint, wird auch derjenige sein, den man zunächst thun soll. Ich glaube daher, daß eine Einigung sehr leicht zu erzielen wäre. Vielleicht würden die Herren Brunner und Goldschmidt, wenn sie in diesem Sinne das Wort „zunächst" auffassen, gegen die Einsetzung des Wortes „zweckmäßiger Weise" nichts einzuwenden haben. Was die Reihenfolge der Abstimmung anbetrifft, die Geschäftsordnungsfrage, so stehe ich in dieser Beziehung auf der Seite des Herrn Collegen Rosin. Ich meine, es muß zunächst in eventum über den letzten Passus des Antrags abgestimmt werden, damit diejenigen, die in erster Linie einen Zusatz wollen, nicht gegen den ganzen Antrag zu stimmen genöthigt sind, wenn sie aber überstimmt werden, dann noch für den Antrag Brunner sich erklären können.

Geheimer Justizrath Dr. **Brunner:** Ich kann nur bestätigen, daß ich das Wörtchen „zunächst" nicht in dem Sinne gemeint habe, daß etwa den Landesregierungen gedroht werden soll: wenn ihr nicht rasch einig werdet, so kommt sofort die Reichsgesetzgebung; sondern ich habe nur hervorheben wollen, daß die Competenz des Reiches in Sachen der einheitlichen Regelung von mir in keiner Weise bestritten werden soll; wenn etwa die Vereinbarungen unter den Regierungen nicht sofort Erfolg haben, so können zunächst noch andere Mittel angewendet werden, aber in letzter Linie steht das Reich. Was die Frage betrifft, in welcher Ordnung abgestimmt werden soll, so würden wir einer längeren Debatte aus dem Wege gehen, wenn Herr Dr. Rosin geneigt wäre in seinem Antrag das Wörtchen aufzunehmen „anzustreben", so daß er lautet:

> die gebotene einheitliche Ordnung des juristischen Bildungsganges ist unter commissarischer Zuziehung von Vertretern der Wissenschaft und Praxis auf dem Wege freier Vereinbarung unter den Regierungen der deutschen Einzelstaaten anzustreben, eventuell aber durch einen reichsrechtlichen Act herzustellen.

Dann würde über die Worte „eventuell aber durch einen reichsrechtlichen Act herzustellen" in der Form eines Amendements, abgestimmt werden können und diese Abstimmung würde als eine Eventualabstimmung vorausgehen. Das Wörtchen „zunächst" möchte ich beibehalten. Mir ist es zwar an sich ziemlich gleichgiltig, ob es heißt: „zunächst" oder „zweckmäßigerweise." Ich möchte aber nicht, daß aus dem Fallenlassen des Wortes „zunächst" irgend welche Consequenzen gezogen würden. Uebrigens wird sich der Herr Berichterstatter über diesen Punkt noch zu äußern haben.

Oberlandesgerichtspräsident **Hamm** (Köln): Es wäre zweckmäßig, wenn über den Ausdruck „zweckmäßig" der Herr Referent sich jetzt erklärte.

Berichterstatter Geh. Rath Dr. **Kahl:** Ich darf dazu sagen, daß ich selbst in der Zwischenbesprechung den Ausdruck „zweckmäßigerweise" vorgeschlagen habe.

Justizrath Dr. **Goldschmidt** (Berlin): Nach der authentischen Interpretation des „zunächst", welche wir soeben aus dem Munde des Herrn Geh. Rath Brunner gehört haben, scheint mir ein Grund nicht vorzuliegen, von der von uns gemeinschaftlich vereinbarten Fassung abzugehen.

Präsident: Es ist nur noch ein Antrag eingegangen von Herrn Dr. Kockerols. Er hat das Wort.

Notar Dr. Kockerols-Koblenz: Nur wenige Worte. Ich bitte in I, IIa vor und noch einzuschalten „Notariat". Der Zusatz rechtfertigt sich durch die selbstständige Stellung der süd- und westdeutschen Notare, die nicht mit der Rechtsanwaltschaft verbunden sind.

Hofrath Prof. Dr. **Rosin** (Freiburg i. B.): Ich habe nur eine ganz kurze Reihe von Bemerkungen hinzuzufügen. Die schärfere Tonart des Herrn Geh. Rath Kahl hinsichtlich des Zwischenexamens war für mich Friedensschalmei, deshalb acceptire ich sie selbstverständlich. Was dann weiter anbetrifft den Antrag hinsichtlich des Reiches, so bin ich einverstanden mit der Modification, die Herr Geh. Rath Brunner vorgeschlagen hat, daß also gesagt wird: „auf dem Wege freier Vereinbarung anzustreben" und daß der Schlußsatz zu selbständiger Abstimmung in erster Reihe gelangt. Ich möchte aber, meine Herren, bitten, daß Sie diesen Antrag annehmen, und ich will vorzugsweise, um das zu erleichtern, hervorheben, daß doch gar keine Rede davon sein kann, als wenn ich mit meinem Antrag oder gar die Herren Brunner, Goldschmidt und Kekulé mit ihrem „zunächst" eine Drohung beabsichtigten gegen die Einzelstaaten. Und warum nur gar gegen Bayern? Bayern befindet sich in der ganz gleichen Situation wie alle Einzelstaaten, warum soll gerade gegen Bayern eine Drohung gerichtet sein?

(Zuruf: Von Bayern war gar nicht die Rede).

Dann bitte ich um Entschuldigung. Ich vertrete ja — das werden Sie aus meinen verschiedenen Reden gestern und heute gehört haben — durchaus den Standpunkt, daß ich keineswegs für irgend eine gewaltsame Majorisirung der Einzelstaaten, sei es durch das Reich, sei es durch Preußen, eingenommen bin; aber ich glaube, meine Herren, Ihnen doch auch empfehlen zu sollen, wenn das allseitig fixirt ist, daß von einer Drohung nicht die Rede ist, sondern daß es sich ganz einfach um die Thatsachen handelt, nicht zu nervös in dieser Sache zu sein, so daß Sie schon an dem kleinen Wörtchen „zunächst" Anstoß nehmen, und ich bitte Sie zunächst, zweckmäßiger Weise nichts hineinzulegen

(Heiterkeit)

in diese Anträge, was nicht darin ist, sondern der Antrag, den ich gestellt habe, sagt ganz einfach: zunächst sollen die verbündeten Regierungen sich einigen, und dann wollen wir bloß sagen, daß damit die Sache nicht zu Ende sein kann, wenn sie sich nicht einigen können. Das soll ausdrücklich ausgesprochen werden, denn darüber ist kein Zweifel, alle Herren haben es bestätigt, Preußen, Bayern, Badener und wer sonst hier im Saale ist, daß bei keinem irgendwie der Reichsgedanke im Rückgang ist. Warum so vorsichtig, das nicht auszusprechen? Ich verstehe das nicht, es steckt doch nichts dahinter. Warum soll man das nicht aussprechen?

Herr Geh. Rath Kahl hat vorhin gesagt, als er die schärfere Tonart anschlug: Wir wollen die schärfere Tonart, um zu sagen, was wir wirklich gemeint haben. Wir wollen auch hier in der schärferen Tonart sagen, was wir gemeint haben.

Für den Fall, daß Herr Geh. Rath Brunner das „zunächst" zurückziehen sollte, würde ich das wieder aufnehmen.

Ein Antrag des Ober-Reichsanwalts Dr. Olshausen, die Debatte unter Vorbehalt des Schlußworts für den Berichterstatter zu schließen, wird angenommen.

Das Schlußwort erhält

Berichterstatter Geh. Rath D. Dr. **Kahl:** Meine Herren! Ich genüge meiner Schlußaufgabe am kürzesten, wie ich glaube, wenn Sie mir gestatten, daß ich mich an die Beschlüsse der ersten Abtheilung eng anschließe und dabei nur einfüge, welche Abänderungsanträge gestellt sind.

I. Einheitliche Ordnung ist geboten:

1. hinsichtlich des Universitätsstudiums
   a) für seinen wissenschaftlichen Plan;
   b) für ein Mindestmaß seiner Dauer von sieben Semestern;

ich glaube nicht, daß Herr Justizrath Goldschmidt hier einen besonderen Antrag gestellt hat.

(Wird verneint).

Also kann weiter gegangen werden; und

   c) für das Maß der Anforderungen an die erste juristische Prüfung.

2. Hinsichtlich des Vorbereitungsdienstes:
   a) für seine Theilung unter Gerichte, Rechtsanwaltschaft und (Justiz- und innere) Verwaltungsbehörden.

Hier ist nun der Antrag gestellt von seiten des Herrn Ober-Reichsanwalts Dr. Olshausen, zu sagen:

„Für seine Theilung unter Gerichte, Staatsanwaltschaft, Rechtsanwaltschaft und Behörden der inneren Verwaltung."

Ich habe lediglich meine Zustimmung zu erklären. Dagegen ist noch ein anderer Antrag gestellt, einzufügen: „Notariat". Da muß ich widersprechen. Wenn es sich nämlich um die Frage handelt, daß die Notare unter die Gesetze der gemeinschaftlichen Ausbildung fallen, ja, dann ohne Weiteres! Aber da man auch allgemein verlangen will, daß ein Vorbereitungsdienst, wie bei der Rechtsanwaltschaft so bei dem Notariat stattfinde, so geht das weiter als ursprünglich vereinbart war. Ich betrachte das als Novum. Zuerst hatte ich geglaubt, der Gedanke des Antrags sei nur der, daß er die künftigen Notare der gemeinschaftlichen Ausbildung unterstelle. Das ist selbstverständlich. Nun aber erscheint als Antrag der, daß die Juristen in allen Einzelstaaten auch bei dem Notariat eine Vorbereitung absolviren sollen. Bei der Verschiedenheit der Rechtsstellung der Notare läßt sich das so allgemein nicht beschließen. Wenn dieser Antrag aufrecht erhalten wird, muß darüber abgestimmt werden. Ich kann ihn jetzt nicht mehr aufnehmen.

Einheit hinsichtlich des Vorbereitungsdienstes ferner:

b) für seine Dauer und

c) für das Maß der Anforderungen an die zweite juristische Prüfung.

Es folgt dann der von der ersten Abtheilung gestern umgeänderte Zwischensatz, der heute keine Anfechtung erfahren hat:

„Es ist zu fordern, daß jedenfalls hinsichtlich des Universitätsstudiums und des gerichtlichen Vorbereitungsdienstes der Bildungsgang für Justiz und Verwaltung der gleiche sei, und daß die Gerichtsreferendare (Rechtspraktikanten u. s. w.) während eines Theils des Vorbereitungsdienstes bei einer Behörde der inneren Verwaltung beschäftigt werden."

II. Der landesrechtlichen Regelung sind vorzubehalten:

1. der gesammte Unterrichtsbetrieb auf den Universitäten;
2. die theoretische Fortbildung der im Vorbereitungsdienst stehenden Referendare (Rechtspraktikanten u. s. w.);
3. die Organisation und Form beider juristischen Prüfungen.

Dazu ist heute ein abweichender Antrag gegenüber dem Abtheilungsbeschluß ebenfalls nicht gestellt.

Es folgt die Ziffer III. Gestatten Sie mir hierzu eine allgemeine Vorbemerkung. Dieser Punkt hat im Laufe der Debatte eine unendlich größere Bedeutung angenommen, als ihm der Sache nach wirklich zukommt. Wollen Sie nicht vergessen, es handelt sich hier lediglich um den Weg, auf welchem wir das Ziel erreichen wollen, nicht um die Sache selbst. Da möchte ich ernstlich bitten, daß Sie nicht ein zu entscheidendes Gewicht auf die Formulirung so oder so legen. Alle sind wir einig: kein Mensch denke daran, das Reich als solches auszuschließen, eine Abschwächung oder Eliminirung des Reichsgedankens eintreten zu lassen und Aehnliches Es sind lediglich Zweckmäßigkeits-Erwägungen, welche hier maßgebend waren und sind. Wenn ferner Herr Justizrath **Beckh** heute gesagt hat, daß man doch eine solche Aufgabe dem Reichstag wohl zumuthen könne, da dieser schon unendlich viel schwierigere Aufgaben gelöst habe, so ist das Wort „schwierig" in einem andern Sinne gedacht. Nicht, als ob der Reichstag nicht im Stande wäre, bei der Fülle seiner hervorragenden geistigen Kräfte die Frage an und für sich zu lösen. Die Schwierigkeit liegt vielmehr darin, daß in Folge der Mitwirkung des Reichstags eine Bindung eintritt, welche man nicht wünscht. Nun hat Herr Beckh weiter geäußert, reichsgesetzlich müßten wenigstens die Grundzüge festgestellt werden. Ja, die Grundzüge haben wir im Gerichtsverfassungsgesetz in den §§ 2 bis 4. Jetzt handelt es sich nicht mehr um die Grundzüge, sondern darum, wie wir von der Freiheit, welche uns im Gerichtsverfassungsgesetz gegeben ist, im Einzelnen Gebrauch machen wollen. Also, es bedarf nicht mehr erst ihrer Festlegung durch einen Reichsgesetzgebungsakt. Deshalb kann ich meinerseits dem von ihm gestellten Antrag, daß beschlossen werden soll, es möchten reichsgesetzlich die Grundsätze festgestellt werden, nicht zustimmen.

Es liegen ferner zu III nächst dem Antrag der Abtheilung noch drei Anträge vor. Der Antrag Brunner und Genossen, der Antrag von Pechmann und als dritter Antrag der Antrag Rosin. Die beiden ersten Anträge unterscheiden sich nur darin, daß der eine sagt „zunächst", der andere „zweckmäßigerweise". Mir ist — verzeihen Sie, es klingt nahezu scherzhaft — im Laufe des Vortrags die Idee gekommen, man sollte verbunden sagen „zweckmäßigerweise zunächst".

(Heiterkeit).

Ich möchte wirklich die Herren bitten, welche das Eine oder das Andere wollen: reiten Sie nicht auf der Wortfassung herum! Es handelt sich dabei nicht um die Sache, sondern nur um die Form. Ich beantrage also, zu sagen „zweckmäßigerweise zunächst".

(Große Heiterkeit).

Ich habe den Wunsch und die Hoffnung, daß sich eine recht große Majorität auf diese Formulirung zusammenfinden möge.

Nun endlich noch IV; nämlich die Frage der Zwischenprüfungen. Hier hat der Antragsteller selbst die Freundlichkeit gehabt, seine Zustimmung mit meiner schärferen Tonart, die ihm die reine Harmonie zu sein schien, auszusprechen und in Folge dessen beantrage ich nunmehr in Uebereinstimmung mit ihm:

„Der Juristentag hat schwere Bedenken gegen die Einrichtung von sogenannten Zwischenprüfungen, beschließt indessen, den Gegenstand nochmals auf die Tagesordnung des nächsten Juristentages zu setzen und durch eingehende Gutachten vorzubereiten u. s. w."

Alles Weitere bleibt so, wie der Antragsteller Herr Rosin in seinem gedruckten Antrag vorschlägt.

Nur noch das eine Wort: ich habe gestern schon den Wunsch ausgesprochen und es für nützlich gehalten, daß, wenn wir, wie doch zu hoffen ist, zu einer einmüthigen Beschlußfassung in der ganzen Sache gelangen, es auch von Gewicht sein könnte, daß wir unsere Beschlüsse den Bundesregierungen mittheilen. Ich möchte daher empfehlen, daß Ihr Organ beauftragt werde, Ihre Beschlüsse den Einzelregierungen zur geneigten Kenntnißnahme mitzutheilen. Damit glaube ich, im Interesse der Sache mein Referat beschließen zu sollen. Ich rechne fast auf Stimmeneinheit.

(Bravo!)

Geheimer Justizrath Prof. Dr. **Brunner** (Berlin): Zur Geschäftsordnung möchte ich, um die Abstimmung zu erleichtern, schon jetzt erklären, daß ich und ebenso Herr Justizrath Dr. Goldschmidt und Herr Dr. Kekule von Stradowitz mit der Fassung „zweckmäßigerweise zunächst" einverstanden sind.

(Heiterkeit).

Hofrath Prof. Dr. **Rosin** (Freiburg i. B.): Und ich für meinen Theil erkläre, daß ich diesen Antrag mit „zweckmäßigerweise zunächst" auch acceptire, und ich will Ihnen, nachdem ich das erreicht habe, verrathen, daß ich „zunächst zweckmäßigerweise" auf dem früheren Antrag stehen geblieben war.

(Große Heiterkeit).

Justizrath **Beckh** (Nürnberg), zur Geschäftsordnung: Auf Grund der Ausführungen des Herrn Referenten und da ich nicht eine falsche Auslegung meinem Antrag beigelegt wissen möchte, ziehe ich meinen Antrag zu Gunsten des Antrags Goldschmidt-Brunner zurück.

(Bravo!)

Präsident: Dann ist die Sache sehr einfach.

Notar Dr. **Kockerols** (Coblenz), zur Geschäftsordnung: Ich ziehe meinen Antrag mit Rücksicht auf die vorgeschrittene Zeit zurück, mache aber den Vorbehalt, daß dadurch der Frage nicht präjudicirt sein soll. In Elsaß-Lothringen und anderwärts besteht eine starke Strömung unter den Notaren darauf hin, daß Niemand als Notar angestellt werden solle, der nicht vorher bei einem Notar im Vorbereitungsdienst gestanden hat. Um dieser Frage nicht weiter zu präjudiciren, mache ich diese Motivirung bei der Zurücknahme meines Antrages geltend.

Präsident: Verehrte Herren! Auch heute haben die Herren Hauptberichterstatter unsere Aufgabe der Abstimmung wesentlich erleichtert. Ich glaube nun, eine kurze Zusammenstellung und Uebersicht Ihnen geben zu müssen; ich bitte Sie, die gedruckten Beschlüsse der Abtheilung I zur Hand zu nehmen. Wir haben hier also folgenden Satz:

I. Einheitliche Ordnung ist geboten:

1. hinsichtlich des Universitätsstudiums

a) für seinen wissenschaftlichen Plan

kein Antrag;

b) für ein Mindestmaß seiner Dauer von sieben Semestern, und —

der Antrag Goldschmidt ist dagegen.

Ich bin also dafür, daß abgestimmt wird über die Mindestdauer von 7 Semestern.

(Ruf: Es ist kein Antrag gestellt).

Herr Prof. Dr. Goldschmidt hat gesonderte Abstimmung gewünscht.

Zu 2a ist ein Antrag des Berichterstatters Olshausen vorhanden; der geht dahin:

a) für seine Theilung unter Gerichte, Staatsanwaltschaften, Rechtsanwaltschaften und Behörden der inneren Verwaltung

zu setzen. Also darüber braucht keine weitere Abstimmung stattzufinden, d. h. wohl eine Abstimmung, aber nicht über einen Gegenantrag;

b) für seine Dauer und

kein Antrag;

c) für das Maß der Anforderungen an die zweite juristische Prüfung.

Kein Antrag.

Abs. 2:

Es ist zu fordern u. s. w.

Kein Gegenantrag.

Zu II:

Der landesrechtlichen Regelung u. s. w.,

wird übrigens von Herrn Prof. Dr. Goldschmidt der Antrag gestellt, diesen Absatz zu streichen. Das ist aber kein Gegenantrag, der einer ausdrücklichen Abstimmung bedarf.

Dann ist aber viel umstritten Absatz III. Da haben wir jetzt glücklicher Weise nur noch folgende Anträge. Der Antrag Beckh wäre der radikalste gewesen, er ist aber zurückgezogen. Der Antrag Kekule von Stradonitz ist vereinigt mit dem Antrag Goldschmidt-Brunner.

Dann haben wir nur noch den Antrag Rosin und eventuell also die Abtheilungsfassung.

(Ruf: Der Antrag Rosin ist auch zurückgezogen).

III. Die gebotene einheitliche Ordnung des juristischen Bildungsganges ist **nicht durch** einen Akt der Reichsgesetzgebung **her**zustellen, sondern zweckmäßigerweise zunächst unter commissarischer Zuziehung von Vertretern der Wissenschaft --

(Ruf: Das ist gar kein Antrag Rosin mehr! Das ist der einzige Antrag!)

Hofrath Dr. **Rosin** (Freiburg i. B.): Das ist mein Antrag unter Einschiebung der Worte „zweckmäßigerweise zunächst“ und unter Weglassung der Schlußworte.

(Ruf: Es ist nur ein Antrag vorliegend!)

Präsident: Es wäre sonst natürlich ein himmelweiter Unterschied gewesen, ob ich sage „zunächst commissarische Verhandlung“ oder „zunächst gesetzgeberisch“. Dann kommt auch wieder der Unterschied von „durch Reichsgesetzgebung“ und „reichsrechtlich“. Das wäre auch ein Unterschied gewesen, den wir jedoch jetzt nicht weiter zu beachten haben.

Darf ich nun in der angedeuteten Weise zur Abstimmung übergehen?

(Zuruf: Resolution!)

Nun, die käme zum Schlusse, freilich; denn die Frage der Zwischenprüfung ist nun dahin erledigt, daß sich die Herren Berichterstatter mit dem Antrage Rosin übereinstimmend erklärt haben, noch verstärkt in folgender Weise:

Der Juristentag hat schwere Bedenken gegen die Einrichtung von sogenannten Zwischenprüfungen, beschließt indessen, den Gegenstand noch einmal auf die Tagesordnung des nächsten Juristentages zu setzen und durch eingehende Gutachten vorzubereiten.

Oberreichsanwalt Dr. **Olshausen** (Leipzig), zur Geschäftsordnung: Ich hatte noch ums Wort zur Geschäftsordnung gebeten. Allerdings wollte ich, wenn ich dies gethan habe, zunächst nur meinem verehrten langjährigen Freunde Goldschmidt ans Herz legen, ob er nicht auch seinen Widerspruch zurücknehmen wolle, damit wir zu einem wünschenswerthen Ergebniß kämen, falls auch Herr Geheimrath Dr. Brunner darauf verzichtet, die Resolution getrennt zur Abstimmung zu bringen, sodaß wir dann per Acclamation annehmen können, was Herr Geheimrath Kahl unter Acceptation der kleinen Amendements als seinen Antrag befürwortet hat. Ich glaube, das würde ein Ergebniß sein, das dieses Thema, das wir behandeln, würdig wäre.

(Großer Beifall.)

Justizrath Dr. **Goldschmidt** (Berlin), zur Geschäftsordnung: Herr Oberreichsanwalt Dr. Olshausen ist mir nur um eine Secunde zuvorgekommen. Ich hatte mich eben erhoben, um den Antrag fallen zu lassen, was hiermit geschieht.

(Beifall.)

Rechtsanwalt Dr. **Scherer** (Leipzig), zur Geschäftsordnung: Gegen die Acclamation muß ich mich ganz entschieden verwahren. Vorhin kam ein Geschäftsordnungsantrag: Es darf Niemand sprechen; die auf der Rednerliste standen, sind gestrichen. Die Anhänger der reichsgesetzlichen Regelung kamen überhaupt nicht zu Wort, und jetzt heißt es: Acclamation! Da giebt es keinen Widerspruch, während in der That keine Einstimmigkeit herrscht. Ich persönlich wäre eingetreten für die Regelung durch die Reichsgesetzgebung, um kein Mißtrauensvotum gegen den Reichstag aufkommen zu lassen.

Präsident: Wenn Herr Dr. Scherer erklärt hat, die Gegenpartei sei nicht zum Wort gekommen, so ist das ist ein unrichtiger Vorwurf. Den lasse auch ich mir nicht machen.

(Dr. Scherer (Mainz): So meine ich es nicht, durchaus nicht!)

So ist also dieser Gegenstand erledigt.

Was die Art der Abstimmung betrifft, so glaube ich allerdings, da wir hierwegen, Mangels besonderer Vorschriften in den Satzungen, souverän sind, Ihnen anheimgeben zu dürfen, ob wir, nachdem nun in so entgegenkommender Weise die verschiedenen Anträge beseitigt sind und die Herren Antragsteller sich übereinstimmend verständigt haben, die mehreren so einmüthig gestalteten Anträge durch sogenannte Acclamation zu den unsrigen machen sollen; vorausgesetzt, daß diese Form der Abstimmung einstimmig beliebt wird. Sind die Herren dieser meiner Meinung?

Justizrath **Beckh** (Nürnberg), zur Geschäftsordnung: Wenn der Antrag auf Acclamation gestellt ist und es erfolgt Widerspruch, so kann die Abstimmung nicht per Acclamation stattfinden.

Geheimer Justizrath Prof. Dr. **Gierke** (Berlin): Ich bin derselben Ansicht; ich meine aber, die Sache erledigt sich von selbst. Wir stimmen zunächst über die einzelnen Punkte ab und nehmen nachher die Gesammtabstimmung vor. Wir hoffen, daß dann bei der Gesammtabstimmung Niemand gegen die Acclamation ist.

Präsident: Sind die Herren damit einverstanden? — Einstimmig. Wir gehen nunmehr zur Abstimmung. Ich werde die einzelnen Sätze aber nicht mehr vorlesen, sondern nur die Ziffern aufrufen, nachdem unzweifelhaft und unmißverständlich festgelegt ist, wie die Anträge lauten:

I. „Einheitliche Ordnung ist geboten:

1. Hinsichtlich des Universitätsstudiums:

a) „Für seinen wissenschaftlichen Plan."

(Wird gegen diese Bestimmung irgend ein Einwand erhoben? — Es ist nicht der Fall.)

b) „Für ein Mindestmaß seiner Dauer von sieben Semestern."

(Gegen eine Stimme (Rechtsanwalt Dr. Scherer (Mainz) angenommen.)

c) „Für das Maß der Anforderungen an die erste juristische Prüfung."

(Angenommen.)

Zu 2a ist also der gemeinschaftliche Antrag von Herrn Olshausen und Kahl angenommen.

2. Hinsichtlich des Vorbereitungsdienstes:

a) „Für seine Theilung unter Gerichte, Staatsanwaltschaft, Rechtsanwaltschaft und Behörden der inneren Verwaltung.

(Angenommen.)

b) „Für seine Dauer."

(Angenommen.)

c) „Für das Maß der Anforderungen an die zweite juristische Prüfung."

(Angenommen.)

Zweiter Satz:

„Es ist zu fordern, daß jedenfalls hinsichtlich des Universitätsstudiums und des gerichtlichen Vorbereitungsdienstes der Bildungsgang für Justiz und Verwaltung der gleiche sei und daß die Gerichtsreferendare (Rechtspracticanten u. s. w.) während eines Theiles des Vorbereitungsdienstes bei einer Behörde der inneren Verwaltung beschäftigt werden."

(Einstimmig angenommen.)

II. „Der landesrechtlichen Regelung sind vorzubehalten:

1. Der gesammte Unterrichtsbetrieb auf den Universitäten."

(Gegen eine Stimme angenommen.)

2. „Die theoretische Fortbildung der im Vorbereitungsdienst stehenden Referendare (Rechtspracticanten u. s. w.).“

(Angenommen.)

3. „Die Organisation und Form beider juristischen Prüfungen.“

(Angenommen.)

III. „Die gebotene einheitliche Ordnung des juristischen Bildungsganges ist zweckmäßigerweise zunächst — das ist die vereinbarte Fassung — unter commissarischer Zuziehung von Vertretern der Wissenschaft und Praxis auf dem Wege freier Vereinbarung unter den Regierungen der deutschen Einzelstaaten anzustreben.“

Wer dafür ist, den bitte ich, sitzen zu bleiben! Ich stelle fest, daß der Antrag einstimmig angenommen worden ist.

(Bravo!)

Wir gehen zu IV. über. Meine Herren! Sie haben den Antrag Rosin gedruckt in der Hand.

„Der Juristentag hat schwere Bedenken gegen die Einführung von sogenannten Zwischenprüfungen, beschließt indessen, den Gegenstand nochmals auf die Tagesordnung des nächsten Juristentages zu setzen und durch eingehende Gutachten vorzubereiten. Als unerläßlich bezeichnet er es aber schon heute, daß, soweit in den einzelnen Staaten Zwischenprüfungen bereits eingeführt sind oder noch eingeführt werden sollten, im Interesse der Freizügigkeit unter den deutschen Universitäten Vereinbarungen der Regierungen über die gegenseitige Anerkennung dieser Prüfungen getroffen werden.“

(Gegen fünf Stimmen angenommen.)

Rechtsanwalt Dr. **Scherer** (Mainz): Ich bitte, in das Protocoll aufzunehmen „gegen fünf Stimmen“, das ist auch nicht vielmehr als 1.

Geheimer Justizrath Dr. **Brunner** (Berlin): Ich bitte event. auch meinen Namen dabei zu nennen.

Rechtsanwalt Dr. **Scherer** (Mainz): Meinen auch!

(Heiterkeit.)

Präsident: Meine Herren! Wir haben also nur geringe Minderheiten bisher gehabt. Es ist aber angeregt worden, daß das Ganze noch einmal zur Abstimmung gebracht wird: soll ich das thun?

(Zustimmung.)

Sie haben nun also gewissermaßen den vollständigen Text der Anträge und Erklärungen vor sich, und ich bitte also diejenigen Herren, welche mit den Nummern I bis IV einverstanden sind, sich gefälligst zu erheben!

(Geschieht.)

Ich bitte um die Gegenprobe!

(Geschieht.)

Der Antrag ist gegen zwei Stimmen angenommen.

Nun erlaube ich mir noch darauf aufmerksam zu machen, daß der verehrte Herr Berichterstatter Geheimrath Kahl gewissermaßen als eine Art noch zu fassender Resolution angedeutet hat, daß dieser Beschluß den Bundesregierungen bezw. dem Bundesrathe unterbreitet werden soll. Es ist Ihnen nicht unbekannt, verehrte Herren, daß ich vom Jahre 1860 an Mitglied des Juristentages bin und jeweils in der Deputation gewesen bin; ich darf Ihnen also nur eine geschichtliche Mittheilung machen. In den ersten Jahren ist allerdings von der einen und anderen Seite angeregt worden, ob wir nicht auch in gewisse Beziehungen zu den einzelnen Bundesstaatsregierungen treten und unsere Erklärung zu ihrer wohlwollenden Prüfung unterbreiten sollten u. s. w. Das wurde aber jeweils sowohl von der ständigen Deputation als auch von dem Juristentage abgelehnt mit Rücksicht auf die durchaus freie selbständige Stellung des Deutschen Juristentages gegenüber den Bundesregierungen, und seit vielen Jahren ist ein derartiger Antrag nicht mehr angeregt worden. Ich gebe das unmaßgeblich dem verehrten Herrn Berichterstatter zur Erwägung mit der freundschaftlichen Anfrage, ob sein Antrag aufrecht erhalten bleibe.

Geheimrath Prof. Dr. **Kahl:** Gegenüber einer feststehenden geschichtlichen Tradition bestehe ich selbstverständlich nicht darauf, daß über meine Anregung besonders abgestimmt werde.

Präsident: Es wird auch von anderer Seite nicht angeregt? — Nun, geehrte Herren, habe ich Ihnen noch mitzutheilen, daß die von Ihnen gewählten Vertrauensmänner Ihnen folgende Vorschläge unterbreiten, daß nämlich als Mitglieder der ständigen Deputation bezeichnet werden vorbehaltlich Ihrer Entschließung, ob dieselben durch Stimmzettel gewählt werden sollen oder durch sogenannten allgemeinen Zuruf; die Herren:

Brunner, Eck, Enneccerus, Gierke, Goldschmidt, Hamm, Kahl, Olshausen, von Pechmann, Pfaff in Wien, Reatz in Gießen, von Schnell, Stenglein, Strohal, Thinius, Thomsen, Vierhaus, Wildhagen, Wilke.

Ich stelle nun an Sie die Frage, ob Sie diese Herren für die Deputation durch Stimmzettel wählen wollen oder durch Zuruf. Diejenigen, welche für den Zuruf sind, bitte ich die Hand zu erheben. — Einstimmig. — Damit stelle ich ferner fest, daß somit die Herren mit den eben verlesenen Namen als Mitglieder der ständigen Deputation bis zur nächsten Tagung erwählt sind. Ich bitte die Herren, unmittelbar nach Schluß unser heutigen Sitzung sich hier noch zu versammeln, damit die nothwendigen Geschäfte, die sehr kurz erledigt werden können, noch vorgenommen werden können, und damit, verehrte Herren, sind wir an den Schluß unserer heurigen Tagung gelangt.

Ich glaube, daß die Erwartungen, die unser verehrter Freund Stenglein bei Erwiderung auf die freundlichen Begrüßungen am ersten Abende unserer Zusammenkunft ausgesprochen hat, daß wir nämlich mit großer Freude auf unsere geselligen reichen, schönen Vergnügungen, aber auch mit hoher Befriedigung auf das Ergebniß unserer Arbeit zurückblicken werden, vollständig in Erfüllung gegangen ist. Wenn das richtig ist, was Sie mit mir bestätigen werden, so glaube ich, sind wir auch in erster Reihe verbunden, den Männern, welche dieses Ergebniß herbeigeführt haben, unseren aufrichtigen Dank auszusprechen. In erster Reihe gebührt meines Erachtens dieser Dank Sr. Königl. Hoheit dem Prinzregenten Luitpold von Bayern. Von Höchstdemselben haben wir durch meinen verehrten Herrn Nachbar, den würdigen Dolmetscher seiner huldvollen Gesinnung und wohlwollenden Anschauung über die Thätigkeit des Juristentages, seine Aufgaben, seine Ziele und die bisherigen Errungenschaften, die er sich wohl zuschreiben darf, eine hohe Anerkennung gefunden; Höchstderselbe hat sogar uns eröffnen lassen, daß, wenn es ihm thunlich gewesen, er selbst uns die hohe Ehre eines Empfanges hier gegeben hätte. Dem hohen Herrn schulden wir also in erster Reihe unseren ehrfurchtsvollen Dank, dieser Dank wird von Ihren Vertrauensmännern so warm und dringend empfunden, daß wir Ihnen vorschlagen, sofort ein Telegramm an Se. Königliche Hoheit den Prinzregenten des Inhalts zu richten:

> Die 25. Versammlung des deutschen Juristentages in Bamberg bringt hiermit Euer Königlichen Hoheit Ihre allerehrfurchtvollste Huldigung dar, mit dem ehrerbietigsten Dank für die entbotene huldvollste Begrüßung.

Sind Sie damit einverstanden, daß ein Telegramm an den durchlauchtigsten Landesfürsten abgegeben wird, und sind Sie auch mit dieser Fassung einverstanden? Wenn das geschieht, so bitte ich Sie, sich zu erheben.

(Die Versammlung erhebt sich.)

Indeß, meine Herren, sind wir nicht nur Sr. Königlichen Hoheit dem Prinzregenten ehrfurchtsvollen Dank schuldig, sondern dieser gebührt auch der Königlichen Staatsregierung und namentlich dem Königlichen Staatsministerium der Justiz, dessen wohlwollende freundliche Aufmerksamkeit wir morgen noch besonders erfahren werden. Ich hoffe, daß Sie mit Freuden von diesem Anerbieten, welches dasselbe uns gemacht hat, Gebrauch machen werden. Wir dürfen ausdrücklich noch hervorheben, daß, als wir vorletztes Mal in Augsburg unsere Tagung hatten, der gegenwärtige Herr Minister Freiherr von Leonrod dieses Amt auch schon bekleidete und daß er damals uns persönlich in der wärmsten Weise begrüßte. Wir haben von meinem verehrten Herrn Nachbar gehört, daß wenn es ihm auch diesmal möglich gewesen wäre, er es wieder gethan hätte. Mit hoher Befriedigung stellen wir dessen wohlwollende Anerkennung und Gesinnung für den deutschen Juristentag ausdrücklich fest.

Geehrte Herren, damit sind wir aber mit dem Danke noch nicht fertig. Wir haben reichlichen Dank auch zu sagen der Stadt Bamberg. Die Stadt Bamberg hat, wie wir schon wiederholt erklärt haben, mit außerordentlicher Freundlichkeit und Aufmerksamkeit den deutschen Juristentag in ihren altehrwürdigen Mauern aufgenommen, und diese Mauern nicht nur auf den Ort selber beschränkt, sondern sie in der schönsten und wohlwollendsten Weise weit hinaus in die Umgegend ausgedehnt, was wir namentlich bei der gestrigen, herrlichen Wasserfahrt erfahren haben mit der freundlichen Erinnerung an die Jahre 1860 und 1900, und daß wir nun zum 25. Male unsere Tagung haben. Die Stadt Bamberg, sowohl die Vertreter der Stadt, als auch deren Einwohner in ihren mannigfachsten Berufen, in erster Reihe natürlich unsere verehrten Collegen als Richter, Staatsanwälte und Rechtsanwälte, haben wahrlich das Außerordentliche geleistet, uns den hiesigen Aufenthalt so schön und angenehm als nur irgendwie zu gestalten.

(Bravo!)

Und es ist wahrlich zu bedauern, daß diese Veranstaltungen nur einer so verhältnißmäßig kleinen Anzahl zu Nutze gekommen sind, indem kaum der fünfte Theil der Mitglieder des deutschen Juristentages nach Bamberg gewandert ist. Diese freundliche Mühe, die bei jedem Schritt und Tritt uns entgegentritt, hätte wahrlich die zehnfache Betheiligung des deutschen Juristentages wohl verdient.

(Bravo!)

Meine Herren! Soviel zunächst für den hiesigen Aufenthalt.

Noch wenige Worte gestatten Sie mir hinzuzufügen. So weit es sich um unsere Arbeit hier handelt. Wir wären sehr undankbar und kämen nicht zu dieser hohen Befriedigung über die Ergebnisse unserer heurigen Arbeit, wenn nicht so treffliche tüchtige Gutachter mit uns gearbeitet, oder vielmehr uns vorgearbeitet hätten und wenn wir uns nicht hätten erfreuen dürfen so ausgezeichneter, wahrhaft hervorragender Berichterstatter, wie sie diesmal den deutschen Juristentag, ich darf sagen, wahrlich geziert haben:

(Beifall.)

Ohne diese außerordentlich tüchtige Arbeiten bei der einen und andern Frage wäre es wohl auch nicht möglich gewesen, daß wir zu einem bestimmten Endergebniß gekommen wären, sonst hätte sich vielleicht die eine oder andere Frage noch weiter fort geschleppt. Ich glaube, wir werden alle Ursache haben, wenigstens im Allgemeinen mit unserer bisherigen Thätigkeit zufrieden zu sein. Diese Zufriedenheit kann aber nach meiner Ueberzeugung nicht eine reine sein, sie ist immerhin getrübt durch den Umstand, daß eine verhältnißmäßig geringe Betheiligung sich in Bamberg eingefunden hat. Ich glaube, wir müssen mit aller Entschiedenheit dahin zu wirken suchen, daß dieses, ich will nicht sagen: Herabsinken des Vereins, aber daß diese minder lebhafte Theilnahme an ihm unter unseren Berufsgenossen, sie mögen nun dem Richterstande, der Staatsanwaltschaft oder der Rechtsanwaltschaft angehören, wieder gehoben werde, denn der deutsche Juristentag hat, wie ich in den ersten Worten, die mir vergönnt waren, bereits hervorgehoben habe, seine Aufgabe noch nicht gelöst und soll in seiner Bedeutung wie in seinen Einflüssen auf die deutsche Gesetzgebung in gar keiner Weise eine Minderung erfahren; er hat noch seine vollständige Berechtigung, und wenn wir heute auseinandergehen, so wollen wir das mit dem festen Vorsatz thun, dahin zu wirken, daß der deutsche Juristentag nicht nur wieder zu seinem alten hohen Ansehen, — an seiner Ehre hat er nichts verloren — und starker Theilnahme heranwächst; dann dürfen wir auch um so mehr die vertrauensvolle Hoffnung haben, daß wir zum Wohle unseres Vaterlandes wirksam weiter arbeiten werden.

Geheimer Justizrath Dr. **Brunner** (Berlin): Die Fülle der Danksagungen ist noch nicht erschöpft, es fehlt noch ein sehr wichtiger und wesentlicher Dank; ich glaube im Sinne der gesammten Versammlung zu sprechen, wenn ich unserem hochverehrten Herrn Vorsitzenden, Herrn von Stoesser, den Dank der Versammlung ausspreche für die unparteiische und wohlwollende Leitung der Geschäfte dieser Versammlung.

(Lebhafter Beifall).

Präsident: Geehrte Herren! Ich bin tief gerührt durch die freundliche Zustimmung zu den ehrenden Worten meines verehrten Freundes. Ich habe meine schwachen Kräfte in den Dienst des deutschen Juristentages gestellt, Sie waren mit mir zufrieden, das ist die beste Erklärung, die ich je von Ihnen habe erhalten können. Uebrigens kann ich den Dank nicht für mich nehmen, Sie wissen recht gut, jeder, der in der Lage gewesen ist, eine große Versammlung zu leiten unter Mitwirkung von Collegen, von Mitvorsitzenden, und Schriftführern, daß der Vorsitzende den geringsten Antheil an der etwaigen Anerkennung verdient hat, sondern daß diese Anerkennung, dieser Dank hauptsächlich seinen verehrten und lieben Mitarbeitern gebührt. Herr Stenglein!

(Reichsgerichtsrath a. D. Stenglein: Herr Geheimrath Brunner ist mir zuvorgekommen, dasselbe zu sagen.)

Damit ist also unsere Sitzung erledigt und der Juristentag geschlossen.

(Schluß: 1 Uhr 25 Minuten.)

Druck von Leonhard Simion in Berlin SW.

FSC
www.fsc.org
MIX
Papier | Fördert gute Waldnutzung
FSC® C083411

Kolibri 360 GmbH
Ferdinand-Jühlke-Straße 7
99095 Erfurt, Deutschland
produktsicherheit@kolibri360.de